本书的出版得到
国家重点文物保护专项补助经费资助

梁王城遗址发掘报告

商周卷

（上）

南京博物院　徐州博物馆　浙江大学　邳州市博物馆　编著

主　编　林留根

副主编　胡颖芳　原　丰

文物出版社

北京·2023

图书在版编目（CIP）数据

梁王城遗址发掘报告·商周卷 / 南京博物院等编著
. -- 北京：文物出版社，2023.6
ISBN 978-7-5010-8034-2

Ⅰ.①梁... Ⅱ.①南... Ⅲ.①都城（遗址）—发掘报
告—邳州—商周时代 Ⅳ.①K878.35

中国国家版本馆CIP数据核字（2023）第074408号

梁王城遗址发掘报告·商周卷

编　　著：南京博物院
　　　　　徐州博物馆
　　　　　浙江大学
　　　　　邳州市博物馆

责任编辑：谷艳雪
责任印制：张　丽

出版发行：文物出版社
社　　址：北京市东城区东直门内北小街2号楼
邮　　编：100007
网　　址：http://www.wenwu.com
经　　销：新华书店
印　　刷：天津图文方嘉印刷有限公司
开　　本：889mm×1194mm　1/16
印　　张：47.75　插页4
版　　次：2023年6月第1版
印　　次：2023年6月第1次印刷
书　　号：ISBN 978-7-5010-8034-2
定　　价：780.00元（全二册）

The Archaeological Excavation Report of the Liangwangcheng Site

A Volume for the Shang and Zhou Remains

(Ⅰ)

(With Abstracts in English and Japanese)

by

Nanjing Museum   Xuzhou Museum   Zhejiang University   Pizhou Museum

Cultural Relics Press

Beijing · 2023

序　言

  梁王城遗址是第七批全国重点文物保护单位，是江苏为数不多的地层深厚、内涵丰富、文化接续发展的超百万平方米的大遗址，是深埋在黄淮大地上一部厚重的史书，《梁王城遗址发掘报告·史前卷》考古发掘报告是对这部史书的历史解读和科学阐释。《梁王城遗址发掘报告·商周卷》是江苏地域文明考古的重要成果，对于研究苏北地区商周考古以及黄淮地区的青铜文化、对于研究江苏北境徐夷、淮夷文化及其与中原文化互动关系提供了重要的考古新材料。

  与苏北地区商周考古以往零星的碎片化的考古发掘工作相比，梁王城遗址商周遗存考古就苏北地区乃至整个江苏商周考古来说都可以说是规模最大、历时最长、最为系统的科学发掘，所获取的考古材料最为丰富，所取得的学术成果不仅是江苏商周考古的重大发现，还大大推进了苏北地区商周考古的工作，随后由南京博物院和徐州博物馆所进行的万北遗址、庙台子遗址、聂墩遗址以及沂沭泗流域的商周遗址的考古调查等工作的开展拓展了对苏北地区商周考古的整体认识。

  梁王城遗址青铜时代的文化遗存可以分为四个时期，即岳石文化时期、商文化时期、西周时期、东周时期。而最为丰富最为重要的发现为西周时期的墓地和东周时期的城址。

  苏北地区以往发现岳石文化遗存的遗址有连云港土城、藤花落、下庙墩、沭阳万北遗址等。梁王城遗址发现有墓葬和灰坑等岳石文化遗存，出土陶器通过与山东尹家城、照格庄、郑州南关外等遗址出土的岳石文化器物比较，可以看出梁王城遗址岳石文化遗存大致落于岳石文化二期和三期。从陶器的特征及器物组合来看，梁王城、万北、藤花落及盐仓城遗址的岳石文化特征虽然也有少部分胶东地区的因素，但更多的是来自以尹家城遗址为代表的鲁中南地区的因素。梁王城遗址 H500 出土的两件陶斝，与南关外期的陶斝相似，显示其与豫东地区的早商文化也有一定关系。梁王城岳石文化遗存的发现丰富了岳石文化苏北类型的文化内涵。

商文化遗存发现有二十多座灰坑以及商文化器物标本。通过与安阳大司空、济宁潘庙、天齐庙、尹家城、安邱堌堆等遗址的器物比较研究，梁王城遗址商代遗存的中 A、B 型陶鬲年代属中商二、三期，其他陶器及标本的年代大致为殷墟一期至三期之间。从地域文化特征来看，在中商三期至殷墟一期前，梁王城遗址所属的徐海地区仍在商人的统辖范围之内，其文化特征比较接近中商文化的潘庙类型；殷墟一期之后，更大范围的苏鲁豫皖交界地带中，部分区域为当地土著文化所覆盖，但梁王城遗址所在的邳州地区，似乎仍然受到来自殷墟文化的强烈影响。

西周时期文化遗存是梁王城遗址中最重要的文化内涵，在发掘区内共清理出西周时期房址 5 座、灰坑 209 个，灰沟 2 条、墓葬 71 座、兽坑 12 座。墓葬为竖穴浅坑墓，有棺椁，以东西向为主，有一定数量的腰坑，随葬品的组合以单鬲或鬲、簋、豆、罐、罍的组合为主，不见鬲罐组合或单罐随葬。部分联裆鬲的绳纹不施至足尖，足尖常见刮削或打磨痕迹，有一定数量的分裆鬲；簋、罍多施刻划三角纹、网格纹、旋纹、泥饼等装饰；豆的数量较多等，这些都是典型商遗民墓葬的特点。说明至迟殷墟文化早期，遗址所在的沂沭泗流域，就已有商人在此活动。梁王城遗址发现的西周墓葬，应该是殷遗民墓葬，其直接来源为殷墟文化。

东周时期文化遗存是梁王城遗址考古发掘的最主要的收获。其最主要的发现是确认了一座面积超过 100 万平方米的东周城址，初步搞清了城址的形制特征、平面布局以及始建、使用和废弃年代，发现了高等级的建筑遗存，以及大量这一时期的遗迹和遗物。并由此推定梁王城城址属于徐国都城，填补了东周时期徐文化考古的空白。

梁王城东周城址由大城和小城组成，平面形状呈"凸"字形。小城即是利用"金銮殿"高台进行修筑而成，大城围绕小城由城墙、城壕围合而成，总体平面形状近长方形，南北略长，东西稍短，总面积约 100 万平方米。小城平面形状略呈北窄南宽的长梯形，南北最长 175 米，东西最宽 130 米，总面积约 20000 平方米。小城位于大城西部，即以"金銮殿"高台为特征的宫城，城内布局和给排水设施完善，具备人口聚居的生活条件。其上发现有大型夯土台基、石础建筑、石墙房址、大型排水设施以及数量众多的灰坑、灰沟、大型石砌水井等遗迹。所发现的相关建筑遗迹显示其具有"宫城"性质和功能。其一号夯土台基（TJ1）呈东西向长方形。台基东西长约24、南北宽约14.5~15.0米，台基残存高度0.2~1.6米，总面积约400平方米，采用挖坑和版筑相结合的办法修筑而成。夯土台基北侧有一面积约100平方米的石柱础建筑，面阔三间，应为一带回廊的木结构建筑，该建筑可能与夯土台基有关。夯土台基南部有规模庞大、体系完备的排水用水设施。这些生活遗存共同构成了东周时期宫城的平面布局和功能区分。

城址是按照东周时期都城建制流行的双城制进行布局的，分为大城和小城，其功能分别相当于郭城和宫城。小城处在全城地势最高处，高于城内活动面约5米，是俯瞰整个城址的中心和制高点，突出了王权地位。城址具有独特的地理位置和完备的防御体系。从地理位置看，城址依山傍水，其东为胜阳山和禹王山，其西为武原水。《水经注·泗水》武原水"出彭城武原县西北，会注陂南，迳其城西。"从防御体系看，梁王城构筑高大宽阔的城墙，底部宽度约25米，顶部宽度近12米，城墙底部开挖有基槽，整个墙体夯筑坚固；城墙之外有宽度约50米的宽阔城壕，从城壕布局看，西侧城壕可能借助武原水河道形成闭合的防御体系。

梁王城城址推定为古徐国后期的都城。主要依据如下：首先，年代上相吻合。从考古发现看，梁王城城址春秋中期开始修筑城墙，始建年代上限为春秋中期，主要使用年代为春秋中晚期，小城第一期、第二期遗存遗迹丰富，其时代集中在春秋中期至春秋晚期，战国时期城址废弃。其二，地望上，与文献记载徐国的活动范围和政治中心所处的地理位置相当。从文献记载看，《后汉书·东夷列传》："偃王仁而无权……乃北走彭城武原县东山下，百姓随之者以万数，因名其山为徐山。"《后汉书》中该条记载将周穆王、楚文王、徐偃王混在一起，现学者一般认为徐偃王"北走"时间为春秋中期。《水经注·泗水》武原"县东有徐庙山……山上有石室，徐庙也。"现梁王城遗址东有禹王山，因山上有禹王庙而得名，按禹、徐音近，禹王山即为徐王山。其三，梁王城作为徐国国都，其大城与小城的双城制格局，与春秋时期各诸侯国国都的形制格局一致。在梁王城周边还有鹅鸭城等同时期城址分布。其四，在梁王城遗址东北的禹王山北侧，当地人称之为"九女墩"的地方，自 1982 年以来，陆续发现五座春秋晚期的高等级大墓，均由斜坡墓道、墓坑组成，墓上由高大的封土堆，其中三号墓保存最好，墓室东西长 9.8~11.6、南北宽 9.5 米、深 3.1~3.2 米，墓内有殉人 18 个，出土各类随葬品 310 件，以工艺精美的青铜器为主，特别是墓内随葬一套编钟 19 件，其纽钟上有"徐王之孙ℰ丮乍，择其吉金，铸其和钟"等铭文，明确指出墓主人为"徐王之孙"。二号墓出土的青铜编镈上也有"余攻王之玄孙"的内容，一般认为"攻王"即驹王。因此，九女墩春秋墓群为徐国贵族墓地。《左传·昭公三十年》："冬十二月，吴子执钟吴子。遂伐徐，防山以水之。己卯，灭徐。徐子章禹断其发，携其夫人以逆吴子。吴子唁而送之，使其迩臣从之，遂奔楚。"公元前 512 年，徐国灭亡，随后梁王城一带先后成为吴、魏、齐、楚等列国攻伐之地，多次易主。梁王城遗址第三期文化遗存正是这一时期的文化特点，虽然基本陶器组合仍为罐、豆、盆、盂等，但文化面貌更为多元和复杂。

梁王城北朝、隋、宋元时期的文化遗存也非常丰富，证明梁王城从五千多年的史前时期，到数百年前的历史时期，一直都是作为南北要冲，其战略地位特别重要。特别是魏晋南北朝时期，其作为南北政权争夺的战略要地的地位更加突出。本报告中所体现的各个历史时期器物，除陶瓷器之外，石器、铜器、铁器等金属器中，尤以镞、刀、凿、斧、犁铧、锄、铲、镢等各类兵器、武器和工具、农具居多，透过它们身上的斑斑锈迹，不难体会到黄淮大地上人民的创造与英勇，感受到历史长河的跌宕起伏与波澜壮阔，即使它已经被厚达十米的黄泛层深深湮没。

梁王城有很多历史传说，也有很多考古人成长的故事。最难忘的是邹厚本先生的耳提面命，还有先生与我们朝夕相处的日子里给予年轻人的快乐。难忘梁王城工地庆祝先生七十寿辰的酒醉，难忘先生几十年春风化雨的教诲，在先生离开他挚爱一生的考古事业一周年之际，且把《梁王城遗址发掘报告·史前卷》的姊妹篇——《梁王城遗址发掘报告·商周卷》敬呈先生，以表达我们的深切怀念。

林留根

2023 年 3 月 14 日

目　录

上　册

下　册

插图目录

图版目录

第一章　岳石文化遗存

由于遭到晚期地层的破坏，梁王城遗址中并未发现典型的岳石文化地层堆积，仅发现有少量的灰坑、墓葬（图 1-1、1-2）以及零星的岳石文化器物标本。

第一节　灰坑与灰沟

一、灰坑

岳石文化灰坑共计 26 个，编号为 H12、H77、H87、H94、H96、H180、H253、H254、H255、H267、H385、H390、H408、H410、H427、H432、H470、H473、H474、H491、H500、H505、H508、H511、H525、H541，在整个"金銮殿"高台发掘区的东北、西南两区内均有分布。按坑口平面形状可分为方形、圆形、椭圆形及不规则形四类。（图 1-1、1-2）

H12

位于 T2 东部，向东延伸出探方外，开口于第 6 层下，打破第 7 层。灰坑已清理部分的平面近半圆形，斜壁，平底。坑口直径 1.15 米，坑深 0.5 米。坑内堆积为灰黑色土，土质疏松，夹杂有类似白灰泥的细泥。出土陶片以夹细砂灰陶、泥质灰陶为主，另有黑陶、红褐陶等。（图 1-3）

H77

位于 T8 西南部，开口于第 9 层下，打破 H87、第 10 层。灰坑平面近长方形，斜壁，平底。坑口长 3.2、宽 2.4 米，坑深 0.5 米。坑内填土为灰黑色土，土质松软。出土陶片以夹细砂或泥质的灰陶、红褐陶为主，陶片多素面，夹砂红褐陶多厚胎，其上有交叉刻划纹饰。（图 1-4）

H87

位于 T8 西南部，开口于第 9 层下，被 H77 打破。灰坑平面近椭圆形，直壁，平底。坑口长径 1.25、短径 0.97 米，坑深 0.2 米。坑内填土为灰黑色土。出土陶片多夹砂或泥质的灰

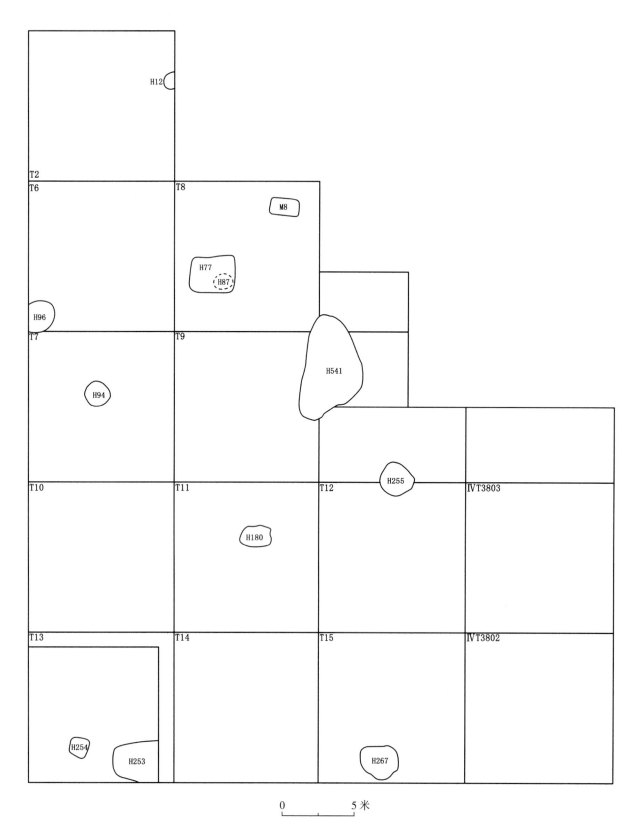

图 1-1　梁王城东区岳石文化遗迹分布图

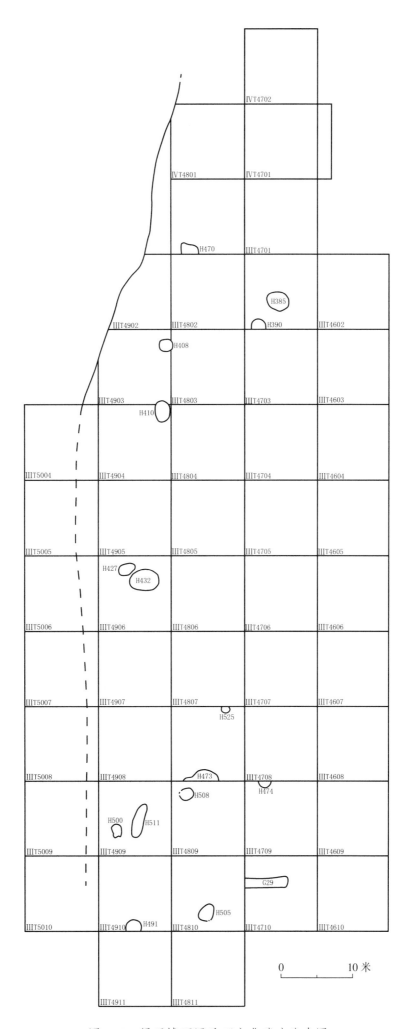

图 1-2　梁王城西区岳石文化遗迹分布图

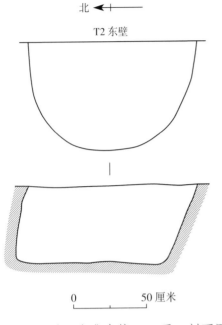

图 1-3　岳石文化灰坑 H12 平、剖面图

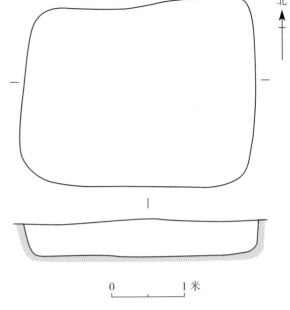

图 1-4　岳石文化灰坑 H77 平、剖面图

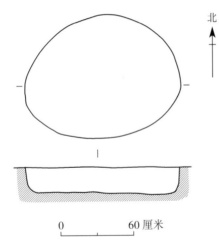

图 1-5　岳石文化灰坑 H87 平、剖面图

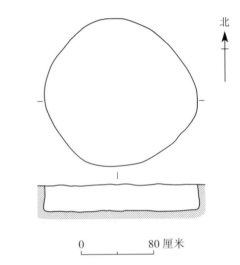

图 1-6　岳石文化灰坑 H94 平、剖面图

陶，纹饰以素面为主，另有细绳纹、交叉刻划纹及细刻划纹等，可辨器形有尊形器底、甗足、甗腰等。（图 1-5）

H94

位于 T7 中部，开口于第 9 层下。灰坑平面近圆形，直壁，平底。坑口直径 1.64 米，坑深 0.28 米。坑内填土为灰色土，夹杂少量黄色黏土颗粒。出土陶片多泥质或夹砂灰黑陶，偶见泥质红陶，纹饰以素面为主，另有附加堆纹、细绳纹及凸棱，可辨器形有尊形器、鬲腹片等。（图 1-6）

H96

位于 T6 西南角，开口于第 9 层下。已清理部分近大半个扇形，直壁，平底。坑口直径约 1.9 米，坑深 0.85 米。坑内填土为灰绿色土，夹杂较多的黄土颗粒。出土陶片以夹砂红褐陶为主，有罐、盆、杯等器物残片。（图 1-7）

H180

位于 T11 中部略偏西北，开口于第 8 层下。灰坑平面呈不规则形，弧壁，底近平。坑口东西长 2.1、南北宽 1.3 米，坑深 0.8 米。填土呈深灰色土，土质疏松。出土陶片多泥质灰陶片，有罐、器盖等器物残片。另外还有零星兽骨及蚌壳。（图 1-8）

H253

位于 T13 东南部，并向南、东延伸至隔梁内，开口于第 8 层下。坑口已清理部分近半长方形，斜壁，底近平。已清理部分坑口长 3.3、宽 2.6 米，坑深 0.5 米。填土呈灰褐色土，土质疏松，包含物较少。出土有零星陶罐、豆残片。（图 1-9）

H254

位于 T13 中部略偏西南，开口于第 9 层下。坑口平面近不规则方形，直壁，平底。坑口东西 1.28、南北 1.0~1.58 米，坑深 0.3 米。填土为灰黄色土，夹杂烧土块。出土陶片较少，多为泥质灰陶及黑陶，可辨器形有罐、圈足等。（图 1-10）

H255

位于 T12 北壁中部，开口于第 8 层下。坑口平面近不规则圆形，斜壁，平底。坑口东西

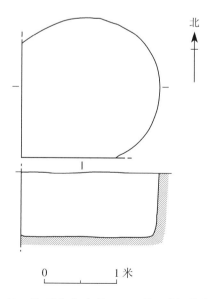

图 1-7　岳石文化灰坑 H96 平、剖面图

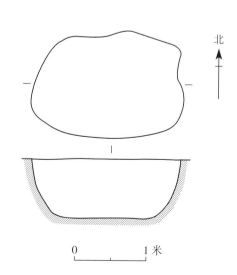

图 1-8　岳石文化灰坑 H180 平、剖面图

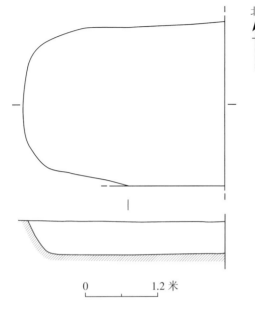

图 1-9　岳石文化灰坑 H253 平、剖面图

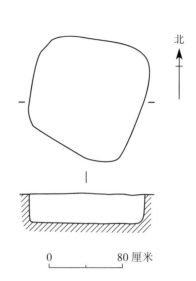

图 1-10　岳石文化灰坑 H254 平、剖面图

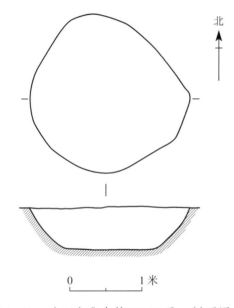

图 1-11　岳石文化灰坑 H255 平、剖面图

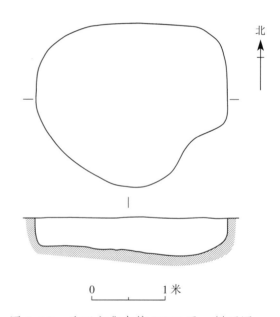

图 1-12　岳石文化灰坑 H267 平、剖面图

2.2、南北 2.1 米，坑深 0.55 米。坑内填土为黑灰色土，夹杂红烧土块。出土陶片有夹砂或泥质的红陶、灰陶及黑陶片，可辨器形有罐、圈足、鼎等。（图 1-11）

H267

位于 T15 南部，开口于第 8 层下，打破第 9 层。灰坑平面呈不规则形，直壁，圜底，坑底西高东低。坑口东西长 2.6、南北宽 2.15 米，坑深 0.38~0.5 米。坑内填土为黑色土，出土陶片较多，以泥质或夹砂红褐陶为大宗，少量泥质黑陶，纹饰以素面为主，余有细绳纹及附加堆纹，可辨器形有尊形器、碗、鬲足等。（图 1-12；图版一，1）

H385

位于ⅢT4702中部，开口于第8层下，打破至生土。灰坑平面近椭圆形，西壁斜弧内收，东壁斜，底不平。坑口长径3.0、短径2.44米，坑深0.47米。坑内填土为灰褐色土，内含大量的草木灰、零星烧土块。出土陶片多灰、黑色泥质陶，可辨器形有鼎、器盖。另有出土兽骨等。（图1-13）

H390

位于ⅢT4702西南部，向南伸入ⅢT4703北隔梁内，开口于H366下，打破至生土。灰坑已清理部分近半圆形，坑口由东向西向下倾斜，弧壁，底不平。坑口东西2.0、南北1.2米，坑深0.4米。坑内填土为灰褐色土，土质松散，含大量草木灰。出土较多的泥质红陶片，可辨器形有罐口沿。另出土有少量蚌壳。（图1-14）

H408

位于ⅢT4903东北角，进入东、北隔梁内，开口于第8层下，打破第9层至生土。灰坑平面近椭圆形，斜壁，平底。坑口长径1.8、短径1.56米，坑深0.15米。坑内填土为深灰色土，土质疏松。出土陶片有灰、红色泥质或夹砂陶片，可辨器形有罐、盆等。（图1-15）

H410

大部分位于ⅢT4904东北角，小部分伸入ⅢT4903内，开口于第8层下，打破至生土，被北朝—隋时期水井J8打破。灰坑平面近椭圆形，斜直壁，平底。坑口长径2.62、短径约1.9米，坑深0.6米。坑内填土为灰褐色土，土质疏松。出土陶片多为泥质灰陶罐、夹砂陶甗残片。（图1-16）

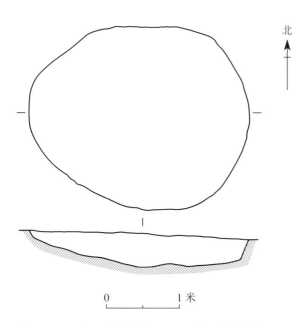

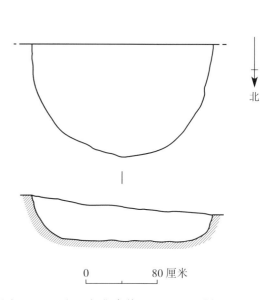

图1-13　岳石文化灰坑H385平、剖面图　　　　图1-14　岳石文化灰坑H390平、剖面图

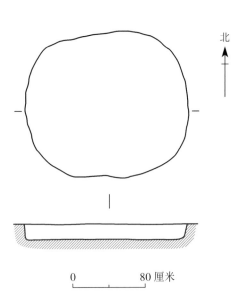

图 1-15　岳石文化灰坑 H408 平、剖面图

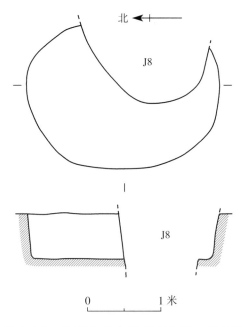

图 1-16　岳石文化灰坑 H410 平、剖面图

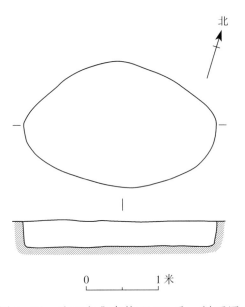

图 1-17　岳石文化灰坑 H427 平、剖面图

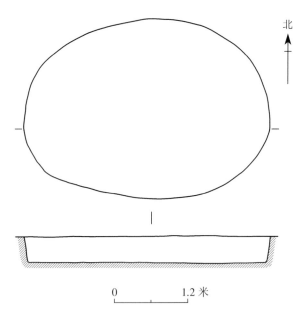

图 1-18　岳石文化灰坑 H432 平、剖面图

H427

位于Ⅲ T4906 西北部，开口于第 8 层下，打破至生土。灰坑平面近不规则椭圆形，直壁，平底。坑口长 2.63、宽 1.7 米，坑深 0.3 米。坑内填土为灰褐色土，夹杂烧土块。出土陶片以泥质灰陶为主，可辨器形有罐、鬲等。（图 1-17）

H432

位于Ⅲ T4906 北部，开口于第 8 层下，打破至生土。灰坑平面近椭圆形，直壁，平底。

坑口长径 4.0、短径 2.8 米，坑深 0.4 米。坑内填土为灰褐色土。出土陶片以泥质灰陶为主，可辨器形有罐、器盖等。（图 1-18）

H470

位于Ⅲ T4801 内，向南伸入Ⅲ T4802 北隔梁内，开口于第 8 层下，打破第⑧层。灰坑已清理部分坑口近梯形，直壁，底部出矮台阶。坑口长 2.35、宽 1.0~1.45 米，坑深 0.7~0.8 米。坑内堆积红烧土，土质坚硬。出土陶片以灰陶为主，少量红陶，可辨器形有器盖、盆、罐等。（图 1-19）

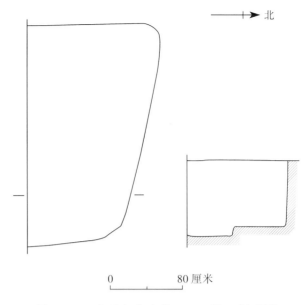

图 1-19　岳石文化灰坑 H470 平、剖面图

H473

位于Ⅲ T4808 南部，部分伸入Ⅲ T4809 北隔梁内，开口于第 8 层下，打破大汶口时期的红烧土台基（HT）以及第 10 层。灰坑已清理部分呈半椭圆形，弧壁，底部不规整，中间浅，东西深。坑口长径 5.2、短径 1.55 米，坑深 1.4~1.7 米。坑内填土为青灰色土，含草木灰，土质疏松。出土陶片较多，以泥质黑陶为主，少量泥质红陶及夹细砂灰陶，纹饰多素面，偶见凸棱，可辨器形有蘑菇形纽的器盖、尊形器、碗等。另有兽骨出土。（图 1-20；图版一，2）

H474

位于Ⅲ T4709 北部，大部分位于北隔梁下，部分伸入Ⅲ T4708 南部，开口于第 8 层下。灰坑平面已清理部分近半圆形，弧壁，圜底，底东高西低。坑口直径 1.8 米，坑最深处 0.35 米。坑内填土为青灰色土，土质松软。出土陶片以夹砂灰陶为主，少量红陶，可辨器形有鬲足、罐等。（图 1-21）

H491

位于Ⅲ T4910 南部，部分压于南壁下。开口于第 8 层下。灰坑平面已清理部分为半圆形，口大底小，斜壁，平底。坑口直径约 2.0 米，坑底直径约 2.15 米，坑深 0.95 米。

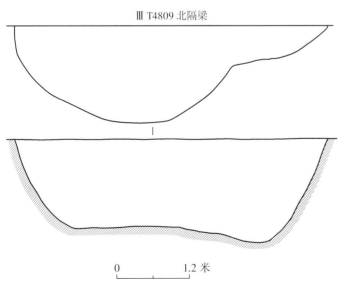

图 1-20　岳石文化灰坑 H473 平、剖面图

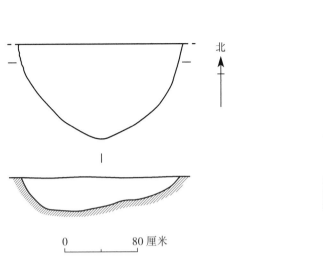

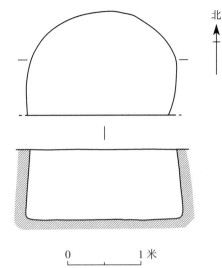

图 1-21　岳石文化灰坑 H474 平、剖面图　　　图 1-22　岳石文化灰坑 H491 平、剖面图

坑内填土为深灰色土，土质松软。出土少量陶器残片，可辨器形有鬲、罐等。另有零星的蚌壳、兽骨。（图 1-22）

H500

位于Ⅲ T4909 西南部，开口于第 8 层下，打破第 9 层。灰坑平面呈不规则形，弧壁，圜底。坑口南北 1.2、东西 0.8 米，坑深 0.15 米。坑内填土为深灰色土，夹杂较多的炭屑颗粒。灰坑内清理并复原 2 件完整的陶斝，为中原地区早商时期的典型器物。（图 1-23；图版一，3、4）

H505

位于Ⅲ T4810 南部，开口于第 8 层下，打破第 9、10 层。坑口平面近不规则椭圆形，斜壁，平底。坑口长径 2.5、短径 1.6 米，坑深 0.52 米。坑内填土为深灰色土，夹杂大量草木灰，土质疏松。出土陶器残片以夹砂灰陶为主，少量红陶，可辨器形有罐底、盖纽。（图 1-24）

H508

位于Ⅲ T4809 西北角，部分进入北隔梁内，开口于第 8 层下，打破红烧土台基。坑口平面近椭圆形，斜壁，圜底。坑口长径 1.9、短径 1.56 米，坑深 0.15 米。坑内堆积为青灰色土，夹杂烧土及草木灰，土质疏松。出土零星碎陶片。（图 1-25）

H511

位于Ⅲ T4909 中部，开口于第 8 层下，打破第 9、10 层至生土。灰坑平面呈长条形，斜直壁，平底微凹。坑口长 4.6、宽 1.4 米，坑深 0.84 米。填土为青灰色褐土，结构致密，含草木灰及碎蚌壳。出土陶片以泥质黑陶为主，可辨器形有尊形器、罐及蘑菇形盖纽。（图 1-26）

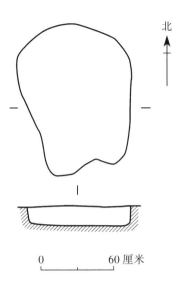

图 1-23 岳石文化灰坑 H500 平、剖面图

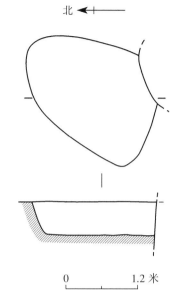

图 1-24 岳石文化灰坑 H505 平、剖面图

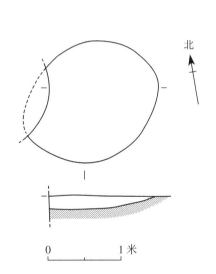

图 1-25 岳石文化灰坑 H508 平、剖面图

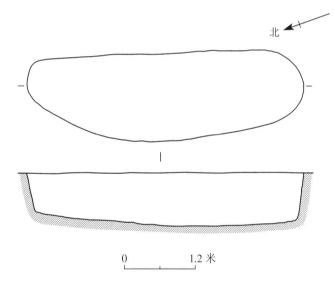

图 1-26 岳石文化灰坑 H511 平、剖面图

H525

位于Ⅲ T4808 北部，大部分位于北隔梁下，部分伸入Ⅲ T4807 南壁，开口于第 8 层下。坑口平面近圆形，直壁，平底。坑口直径 1.1 米，坑深 0.2 米。坑内填土为灰褐色土，土质松软。出土陶片以泥质黑、灰陶为主，可辨器形有杯、罐及鼎等。（图 1-27）

H541

大部分位于 T9 东扩方，小部分在 T8 内，开口于第 9 层下。灰坑平面呈不规则形，西壁斜坡状，东壁弧壁近直，平底。坑口南北长 7.0、东西宽 4.18 米，坑深 1.35 米。填土为灰黑

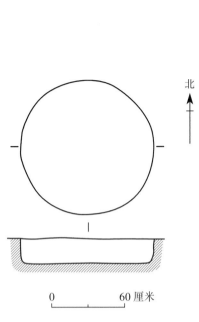

0　　　　　60 厘米

图 1-27　岳石文化灰坑 H525 平、剖面图

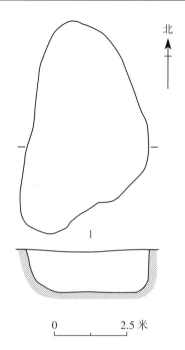

0　　　　　2.5 米

图 1-28　岳石文化灰坑 H541 平、剖面图

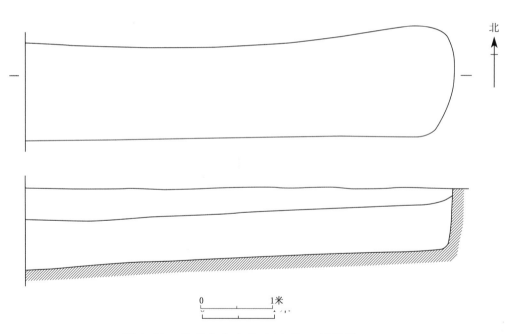

0　　　　　1 米

图 1-29　岳石文化灰沟 G29 平、剖面图

色土，夹灰白色土带，含烧土颗粒及炭屑。陶片以泥质黑陶为大宗，少量泥质红陶，可辨器形有尊形器、器盖等。（图 1-28）

二、灰沟

仅 1 条，为 G29。

G29

位于Ⅲ T4710 中部，开口于第 8 层下。灰沟平面呈长条形，斜直壁，坡底呈东高西低缓坡状。坑口残长 5.14、最宽 1.4 米，沟深 0.8~1.0 米。坑内堆积分 2 层：第 1 层填土为灰土，土质较硬，含较多的烧土块及草木灰；第 2 层为浅灰土，土质较软，烧土块及草木灰含量较少。两层所出遗物基本一致，陶片以泥质灰黑陶为主，少量泥质和夹砂红陶，陶片可辨器形有杯、蘑菇形器纽等。（图 1-29；图版一，5）

第二节　灰坑、灰沟及地层出土遗物

岳石文化遗物基本为灰坑所出，地层中仅见零星陶片。其中，陶器的陶质分泥质和夹砂两类，泥质陶多黑色及红褐色，胎质较细，器物表面多经磨光，以素面为主，偶见细刻划纹，器形多器盖、盒、尊形器、罐、罍等。夹砂陶多为褐陶，胎质粗疏，器表未经磨光，纹饰除素面外，另有十字刻划纹、绳纹等，器形多甗、鼎、鬲、盆等。另外，还有石刀、骨笄等石、骨器。

一、陶器

罍　2 件。分两型。

A 型　1 件。

H500：1，夹细砂红褐陶。喇叭口，圆唇，束颈，筒形腹略凹，底附三个空锥状足，半环形把手。口沿及把手上方各有一圆形泥饼。颈部两道凹弦纹，下腹部三道凹弦纹。口径 18.0、高 27.8 厘米。（图 1-30，1；图版二，1、2）

B 型　1 件。

H500：2，夹细砂红褐陶。敞口，圆唇，宽颈至下部微束，扁鼓腹，底附三个空锥状足，半环形把手。口沿上立有两个蘑菇顶状小柱，腹上部饰刻划网格纹，下部饰竖向浅刻划纹。口径 17.2、高 24.2 厘米。（图 1-30，2；图版二，3、4）

鬲口沿　2 件。均为夹砂褐陶。侈口，折沿，圆唇，束颈。颈部以下饰绳纹。

H87：1，口径 17.6、残高 4.7 厘米。（图 1-30，5）

H253：3，口径 23.3、残高 4.3 厘米。（图 1-30，6）

鼎　1 件。

H254：1，夹砂褐陶。侈口，圆唇，折沿，束颈，鼓腹，凿形足残。颈部饰模糊的细绳纹。口径 8.1、残高 7.6 厘米。（图 1-30，3）

甗口沿　1 件。

H410：5，夹砂红褐陶。侈口，方唇，束颈，弧腹。颈部饰一周附加堆纹，其上有菱形刻划纹。残高 11.7 厘米。（图 1-30，4）

罐　4 件。均为泥质灰陶。略分三型。

A 型　2 件。大敞口，束颈。

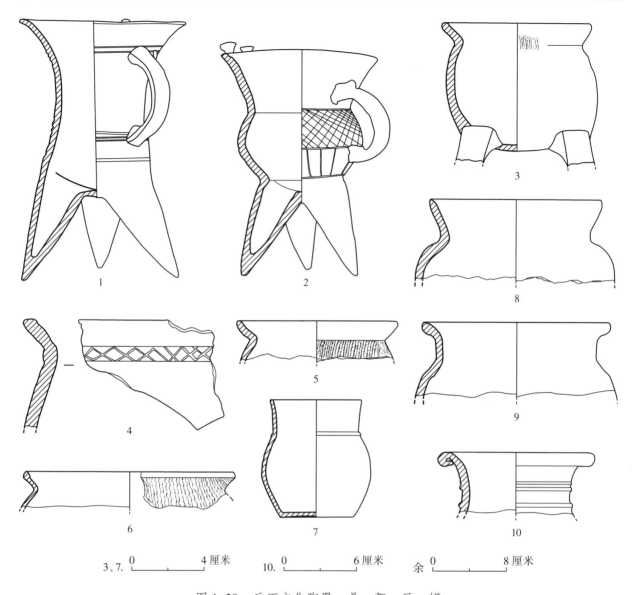

图 1-30　岳石文化陶斝、鼎、甗、鬲、罐

1. 斝 A 型（H500：1）　　2. 斝 B 型（H500：2）　　3. 鼎（H254：1）　　4. 甗口沿（H410：5）　　5、6. 鬲口沿（H87：1、
H253：3）　　7. 罐 B 型（H511：1）　　8、9. 罐 A 型（H267：3、H541：4）　　10. 罐 C 型（H541：5）

H267：3，侈口，束颈，鼓肩。口径 19.0、残高 9.1 厘米。（图 1-30，8）

H541：4，口沿微卷，束颈，鼓肩。口径 20.2、残高 8.2 厘米。（图 1-30，9）

B 型　1 件。直口微侈，直颈。

H511：1，口微侈，溜肩，弧腹，平底。口径 5.0、底径 4.0、高 6.2 厘米。（图 1-30，7）

C 型　1 件。卷沿，束颈。

H541：5，颈部残留三道细凸棱。口径 12.4、残高 4.5 厘米。（图 1-30，10）

器盖　7 件。均为泥质黑陶。依据纽部及整器形态差异可分为三型。

A 型　6 件。蘑菇形纽，盖壁略弧，口、壁处有突棱状折痕，口近直。

Ⅲ T4805 ⑧：1，纽处帽沿较短，近口部一道凸棱，口部较矮。口径 14.3、纽径 6.3、高 9.3

厘米。（图1–31，1；图版三，1）

  Ⅲ T4809 ⑦ c ：2，纽处帽沿不显，盖壁略弧，口微侈。口径13.5、纽径5.0、高8.4厘米。（图1–31，2；图版三，2）

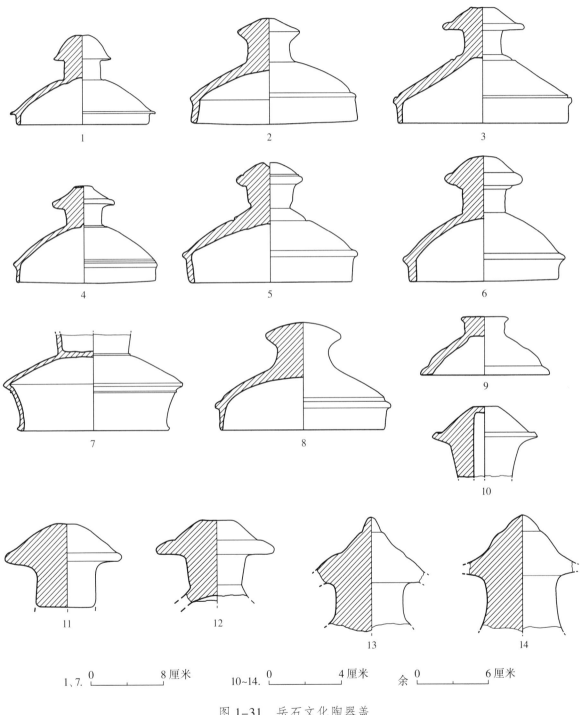

图1–31 岳石文化陶器盖

1~6.器盖A型（Ⅲ T4805 ⑧：1、Ⅲ T4809 ⑦ c：2、T6 ⑨：7、T6 ⑧：7、T6 ⑨：8、T8 ⑨：1） 7.器盖B型（H541：6）
8.器盖C型（Ⅲ T4908 ⑧：2） 9.器盖D型（H473：3） 10~12.器盖纽A型（H96：5、Ⅲ T4808 ⑧：7、H473：2）
13、14.器盖纽B型（T9 ⑨：3、T9 ⑦：3）

T6⑨：7，纽处帽沿较宽，近口部一道凹棱。口径 14.3、纽径 6.9、高 9.2 厘米。（图 1-31，3）

T6⑧：7，纽处帽沿窄细，盖壁较弧，直口。口径 10.9、纽径 5.2、高 7.8 厘米。（图 1-31，4；图版三，3）

T6⑨：8，纽处帽沿短近无，盖壁斜直，口部略敛。口径 13.6、纽径 5.4、高 9.6 厘米。（图 1-31，5）

T8⑨：1，纽处帽沿宽短，盖壁较弧，直口微内敛。口径 12.6、纽径 6.6、高 10.1 厘米。（图 1-31，6；图版三，4）

B 型　1 件。环形纽，盖壁斜弧，口部宽凹。

H541：6，侈口，圆唇。口部近折腹处有一道弦纹。口径 16.8、残高 10.1 厘米。（图 1-31，7）

C 型　1 件。扁圆形纽，直口。

Ⅲ T4908⑧：2，盖壁斜弧，口部较直，近口部一道凸棱。口径 13.3、纽径 6.0、高 8.5 厘米。（图 1-31，8）

D 型　1 件。盖纽扁平，敞口。

H473：3，泥质黑陶，器表抹光。口径 11.0、纽径 3.8、高 4.7 厘米。（图 1-31，9；图版三，5）

器盖纽　5 件。均为泥质黑陶。略分两型。

A 型　3 件。蘑菇形纽，顶平。

H96：5，帽沿细短，纽中心有一圆孔。纽径 5.8、残高 3.8 厘米。（图 1-31，10）

Ⅲ T4808⑧：7，纽径 6.4、残高 4.5 厘米。（图 1-31，11）

H473：2，帽沿较宽。纽径 6.4、残高 4.4 厘米。（图 1-31，12）

B 型　2 件。近三角形纽，顶尖。

T9⑨：3，帽沿残。纽残径 5.9、残高 6.0 厘米。（图 1-31，13）

T9⑦：3，纽残径 5.8、残高 6.0 厘米。（图 1-31，14；图版三，6）

尊形器口沿　3 件。均为泥质黑陶。略分两式。

Ⅰ 式　1 件。直口。

H94：1，尖圆唇，深弧腹，底残。沿下及下腹部各有一道凸棱。口径 11.6、残高 11.2 厘米。（图 1-32，1）

Ⅱ 式　2 件。口微侈。

T8⑨：2，沿下一道凸棱，腹以下残。口径 12.6、残高 6.8 厘米。（图 1-32，2；图版四，1）

H541：3，沿下一道凸棱，腹以下残。口径 16.4、残高 6.5 厘米。（图 1-32，3）

尊形器底　2 件。均为泥质黑陶，大平底。

T8⑨：3，底径 8.6、残高 7.0 厘米。（图 1-32，4；图版四，2）

H77：1，仅剩大平底。底径 9.2、残高 7.0 厘米。（图 1-32，5；图版四，3）

杯　1 件。

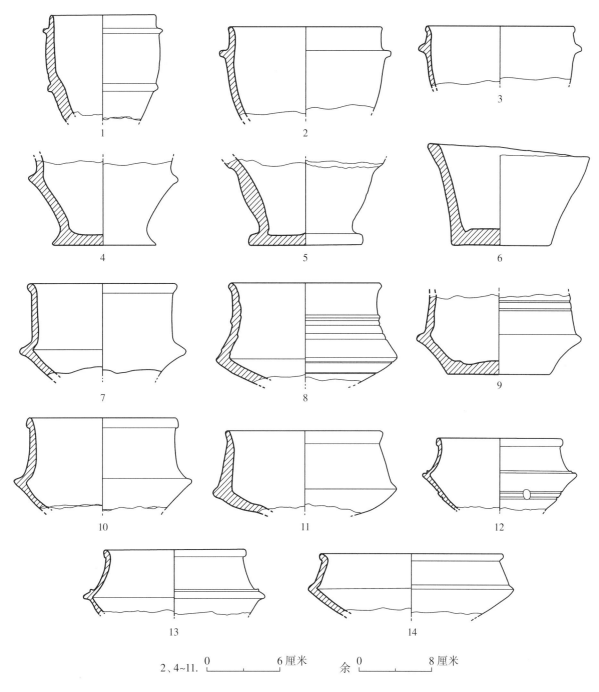

2、4~11.├─────────┤ 0　　　　6厘米　　　余├─────────┤ 0　　　　8厘米

图 1-32　岳石文化陶尊形器、杯、盒

1. 尊形器口沿 I 式（H94：1）　　2、3. 尊形器口沿 II 式（T8⑨：2、H541：3）　　4、5. 尊形器底（T8⑨：3、H77：1）
6. 杯（H267：1）　7. 盒 A 型 I 式（H541：7）　　8~11. 盒 A 型 II 式（Ⅳ T4701⑧：1、T2⑥：1、H267：6、H541：8）
12、13. 盒 B 型 I 式（H267：10、H267：14）　　14. 盒 B 型 II 式（H541：9）

　　H267：1，泥质灰陶。侈口，圆唇，斜腹，平底。口径13.5、底径8.1、高8.1厘米。（图
1-32，6）

　　盒　8件。均为泥质黑陶。侈口，圆唇，上腹弧凹，下腹斜收，上下腹交界处凸棱明显，
底残。可略分两型。

A 型　5 件。高口。略分两式。

Ⅰ 式　1 件。

H541：7，上腹壁较长且较直，口径 12.5、残高 7.2 厘米。（图 1-32，7；图版四，4）

Ⅱ 式　4 件。上腹壁弧且较长。

Ⅳ T4701 ⑧：1，口径 12.2、残高 7.9 厘米。（图 1-32，8；图版四，5）

T2 ⑥：1，底径 8.4、残高 6.3 厘米。（图 1-32，9；图版四，6）

H267：6，口径 12.4、残高 7.4 厘米。（图 1-32，10）

H541：8，口径 12.8、残高 6.6 厘米。（图 1-32，11）

B 型　3 件。矮口。略分两式

Ⅰ 式　2 件。上腹壁弧凹且趋短。

H267：10，下腹部两道凹棱，其上一个泥饼。口径 13.9、残高 7.6 厘米。（图 1-32，12）

H267：14，上腹一道细凸棱。口径 15.4、残高 7.0 厘米。（图 1-32，13）

Ⅱ 式　1 件。上腹壁短小且凹。

H541：9，口径 20.2、残高 6.6 厘米。（图 1-32，14；图版四，7）

二、石器

斧　1 件。

H541：1，器表灰褐色。整体圆厚，顶部较平，双锋弧刃。长 16.0、宽 7.2、厚 7.2 厘米。（图 1-33，1）

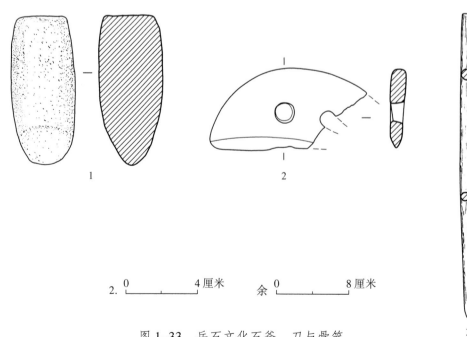

2. ⊢0——————4厘米⊣　　余 ⊢0——————8厘米⊣

图 1-33　岳石文化石斧、刀与骨笄

1. 石斧（H541：1）　2. 石刀（Ⅲ T4908 ⑧：1）　3. 骨笄（H541：2）

刀　1 件。

Ⅲ T4908 ⑧ : 1，残半。背部圆弧，刃部较直，单面锋，弧刃。器身残留一个半对钻圆孔。残长 8.7、宽 4.2 厘米，孔径 0.6~1.0 厘米。（图 1-33，2；图版四，8）

三、骨器

笄　1 件。

H541 : 2，整器经过打磨。顶部磨平，器身横截面近圆形，至尖部略扁，刃部较尖。长 32.4、最大径 1.2 厘米。（图 1-33，3）

第三节　墓葬

岳石文化墓葬仅 1 座，为 M8，位于"金銮殿"高台发掘区的东北区。（参见图 1-1）

M8

位于 T8 的东北部，开口于第 9 层下，打破第 10 层。方向 96 度。长方形竖穴土坑墓，墓坑口长 2.0、宽 1.0 米，深 0.08~0.15 米。填土呈灰绿色，内含有烧土颗粒。双人仰身直肢葬，未见葬具。北侧人骨头向东，面向上，经鉴定为女性，年龄 20~23 岁；南侧人骨头向西，面向上，经鉴定为男性，年龄 24~26 岁。墓内未发现随葬品。（图 1-34；图版五）

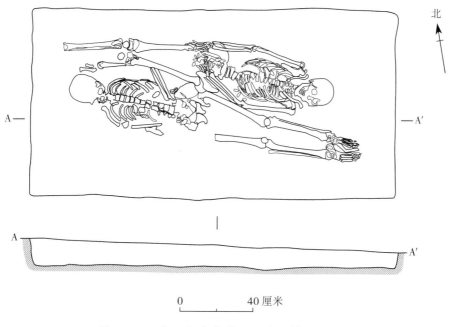

图 1-34　岳石文化墓葬 M8 平、剖面图

第四节　小结

由于遭晚期地层破坏以及本身堆积比较薄，梁王城遗址中未见典型的岳石文化地层，小件及陶片标本多为灰坑、灰沟所出，晚期地层中也有少量发现。这些灰坑、灰沟间缺乏可利用的叠压或打破关系，这就给分期与年代的判断带来了一定的困难。因此，我们参考已经发表的岳石文化遗址的材料，对梁王城遗址岳石文化的年代及文化特征做一个粗浅的分析。

一、年代

从梁王城遗址与尹家城、藤花落、南关外、盐仓城以及照格庄等遗址出土岳石文化器物的比较图（图1-35）中可以看出，梁王城遗址岳石文化遗存的年代跨度不是很大，大致落于岳石文化二期和三期[1]之间（图1-36）。典型器如陶鼎，梁H254：1与属岳石文化一期的尹H437：10[2]形态接近，均为小口、球腹、短足，唯前者腹底较平。蘑菇形纽器盖大多集中于岳石文化二期和三期。陶尊少见一、二期的斜直腹，一般为下腹弧鼓，也不见四期的假圈足。陶盒的颈部粗直略凹，下腹内收甚微，形态亦介于二期和三期之间。中口罐未见完整器，但依口、肩部特征看，最大腹径应该在肩部，未到三、四期时最大径近腹部。

两件陶斝的形态较为特殊。除这两件外，岳石文化的陶斝仅发现2件，一件是尹家城H165：5[3]；另一件则是城子崖早年出土的。与之形制近似的陶斝在郑州南关外发现4件，包括南关外下层1件[4]（T87：137）、中层2件[5]（H62：21、T86：52）、上层1件[6]（H60：15）。从形态上来看，梁王城H500：1与南关外T87：137、T86：52形态较为接近，尤其是与T86：52相比，两者皆为喇叭口、收腹，沿部贴泥饼或乳丁，腰部附半环形鋬，仅梁王城的这件空足外撇较甚。《郑州南关外商代遗址发掘简报》中将T86：52归为下层[7]，后在《郑州南关外商代遗址的发掘》中将其归为中层，《中国考古学·夏商卷》（以下简称《夏商卷》）中又将其归入下层[8]。属于中层的H62：21，口、颈部与梁H500：1、南T86：52接近，但腹部趋粗，特别是空锥足变得较为肥厚，实足尖明显，时代上较前二者显得晚近。因此《夏商卷》中将南T86：52复归入下层是较为合理。而梁H500：2这件斝，短颈，颈腹分界明显，腹部扁鼓，与之形态接近者为尹家城四期[9]出土的H165：5，但后者颈部变长，颈腹分界较为圆浑，腹部外鼓弧度较缓，三足也变得纤细，似

---

① 结合栾丰实《东夷考古》（山东大学出版社，1996年）、方辉《岳石文化的分期与年代》（《考古》1998年第4期）等，将岳石文化分为自早及晚延续的四期。

② 山东大学历史系考古专业教研室：《泗水尹家城》，文物出版社，1990年，第208页。

③ 山东大学历史系考古专业教研室：《泗水尹家城》，文物出版社，1990年，第211页。

④ 河南省博物馆：《郑州南关外商代遗址的发掘》，《考古学报》1973年第1期，第69页。

⑤ 河南省博物馆：《郑州南关外商代遗址的发掘》，《考古学报》1973年第1期，第76页。

⑥ 河南省博物馆：《郑州南关外商代遗址的发掘》，《考古学报》1973年第1期，第85页。

⑦ 赵霞光：《郑州南关外商代遗址发掘简报》，《考古通讯》1958年第1期。文中作者将此件斝归为"南关外层（即此次发掘之C5T95的第四层）"，与《郑州南关外商代遗址的发掘》中的下文化层相对应。

⑧ 中国社会科学院考古研究所：《中国考古学·夏商卷》，中国社会科学出版社，2003年，第167页。

⑨ 据方辉《岳石文化的分期和年代》等文章，尹家城四期年代相当于岳石文化四期。

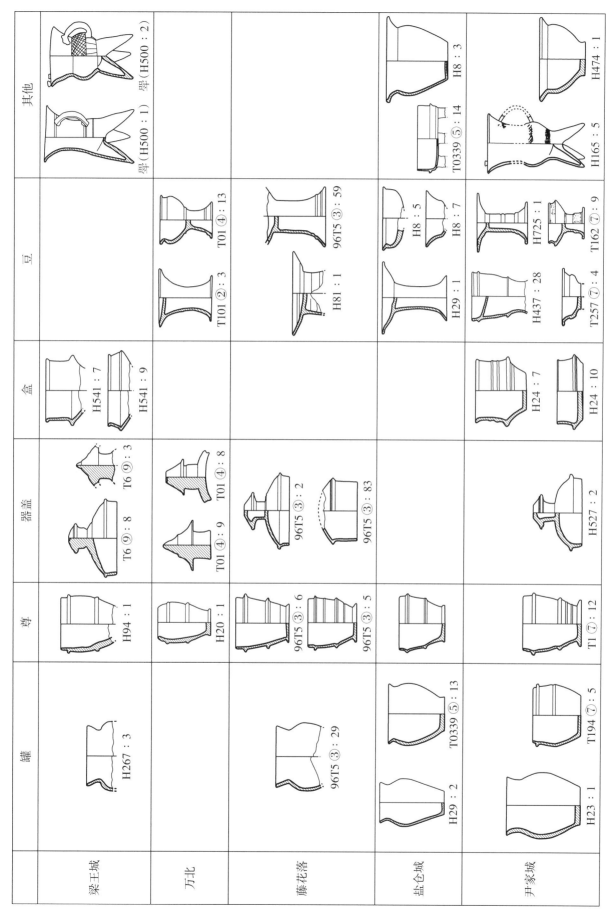

图 1-35 梁王城遗址与万北、藤花落、盐仓城、尹家城等遗址出土岳石文化器物比较图

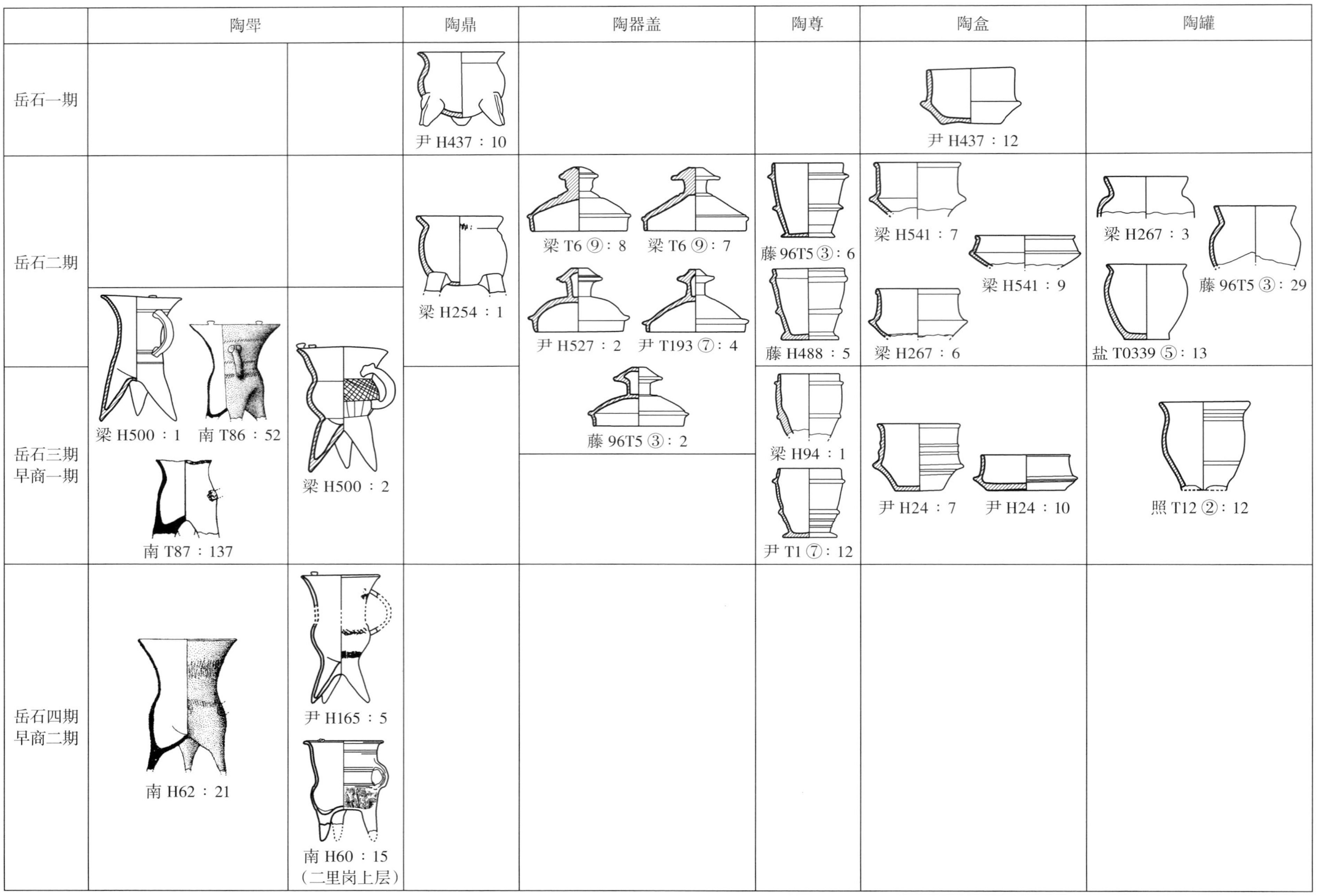

図 1-36 梁王城遗址岳石文化分期及与其他遗址同期遗物比较图
（南：南关外；尹：尹家城；藤：藤花落；照：照格庄）

	陶罐	陶盒	陶尊	陶器盖	陶鼎	陶甗	陶斝
岳石一期		尹H437：12			尹H437：10		
岳石二期	藤96T5③：29 梁H267：3 盐T0339⑤：13	梁H541：9 梁H541：7 梁H267：6	藤96T5③：6 藤H488：5	梁T6⑨：7 尹T193⑦：4 梁T6⑨：8 尹H527：2	梁H254：1	梁H500：2	梁H500：1 南T86：52 南T87：137
岳石三期 早商一期	照T12②：12	尹H24：10 尹H24：7	梁H94：1 尹T1⑦：12	藤96T5③：2		尹H165：5 南H60：15 （二里岗上层）	南H62：21
岳石四期 早商二期							

由前者发展而来。而到了南关外上层的陶鬶 H60 ： 15，虽然也是粗颈鼓腹造型，但颈部愈发粗直，三空锥足已趋实，实足粗高，整体风格有了较大的变化。

至于这两件鬶的年代，根据《中国考古学·夏商卷》，二里头文化分为一期至四期，商文化被划分为早、中、晚三个阶段，其中早商和中商又被划分为三期，二里头四期（最迟其晚段）已进入商代早期，与早商一期有重合。而南关外下层相当于早商一期，中层相当于早商文化二期偏早。至于二里头文化与岳石文化的关系，比较一致的意见是，岳石文化一至四期依次与二里头二期、二里头三期、二里头四期与早商一期、早商二期至早商三期初相当 [1]。因此，梁王城遗址出土的这两件鬶，年代也落在岳石文化三期内，与其他器物基本一致。故而梁王城遗址岳石文化的年代上限略晚于藤花落和尹家城岳石文化的上限，下限同藤花落而早于尹家城，约相当于岳石文化的二、三期。

二、地域特征

关于岳石文化的区域类型，目前意见比较一致的有照格庄、郝家庄、尹家城、王推官、安邱堌堆等类型。至于鲁东南和苏北地区的岳石文化，多年来由于材料匮乏老旧，该地区岳石文化的特征并不清晰，有的学者直接将其归入尹家城类型。高广仁、邵望平、栾丰实、方辉等先生虽将其单独列出，称之为苏北类型，或土城类型和万北类型，或下庙墩类型，但在论述其特征时也承认："从发表的材料看，这些遗址中岳石文化遗存均不太丰富，目前尚不能排出各遗址本身陶器发展的序列" [2]。近些年随着藤花落、盐仓城（庙台子 [3]）、万北以及梁王城等遗址的发掘，鲁东南和苏北地区岳石文化的材料也逐渐丰富起来。

从陶器的特征及器物组合来看，梁王城、万北、藤花落及盐仓城遗址的岳石文化特征虽然也有少部分胶东地区的因素，但更多的是来自以尹家城遗址为代表的鲁中南地区的因素，如常见直口、斜弧腹、大平底的尊，少见照格庄类型或郝家庄类型中常见的大口、下腹内敛较甚、小平底的尊或尊形器；多蘑菇形纽的器盖以及直口、上腹较直下腹斜收的盒，豆既有浅盘的也有深盘的等。具体到苏北地区，相对于万北、藤花落及盐仓城，梁王城的岳石文化特征与尹家城类型更为接近，如万北遗址的蛋形尊、钵形深盘矮柄豆，盐仓城遗址的三足盘等都有自身的特征，且这三处遗址中均不见陶盒。梁王城遗址中的尊、盒、器盖等都与尹家城遗址中出土的同类器极为接近，这可能与遗址的地理位置远近也有关系。

另外，梁王城遗址出土的两件陶鬶，显示其与豫东地区的早商文化也有一定关系。栾丰实先生早在《试论岳石文化与郑州地区早期商文化的关系——兼论商族起源问题》一文中就已指出："郑州地区的早期商文化遗址中，在时代最早的南关外下层时期，岳石文化或具有岳石文化因素的成分占据主导地位，东方气息极为浓厚"；并且认为"以南关外下层为代表的早商文化的直接来源，既不是龙山文化青堌堆类型，也不是所谓先商文化'漳河型'和'辉

---

① 主要结合方辉《岳石文化的分期和年代》以及《中国考古学·夏商卷》中关于二里头及早商文化分期的内容。

② 方辉：《岳石文化的分期与年代》，《考古》1998 年第 4 期，第 57 页。

③ 1959 年的调查称之为下庙墩遗址。见南京博物院《江苏赣榆新石器时代至汉代遗址和墓葬》，《考古》1962 年第 3 期，第 130 页。

卫型'，而应是岳石文化中的一支"，即"安邱堌堆类型"。[①] 梁王城遗址出土的这两件陶鬶，与南关外期的陶鬶关系紧密，不仅进一步表明"商族起源于豫东鲁西一代的说法是可信的"，而且还显示，这种"起源"的途径或方式应该是"多元"的，是区域内各文化碰撞交融的结果。

---

① 栾丰实：《试论岳石文化与郑州地区早期商文化的关系——兼论商族起源问题》，《华夏考古》1994 年第 4 期，第 86~88 页。

第二章 商时期遗存

同样由于遭到晚期地层的破坏，且本身的地层堆积较薄，梁王城遗址中也未发现典型的商文化地层堆积，仅发现有少量的灰坑以及商文化器物标本。（图 2-1、2-2）

第一节 灰坑

商文化灰坑共计 20 个，编号分别为 H18、H79、H82、H95、H103、H165、H166、H174、H213、H238、H244、H248、H251、H260、H262、H263、H266、H269、H406、H476，除 H18、H79、H406、H476 位于发掘区的西区外，余均分布于发掘区的东区内（图 2-1、2-2）。按坑口平面形状可分为圆形、椭圆形及不规则形三类。

H18

位于 T3 西北角，开口于第 6 层下，被东周遗迹 J2、H5 和西周灰坑 H60 打破。坑口平面近圆形，直壁，平底。坑口直径约 4.1 米，坑深 0.65 米。坑内填土为灰褐色土，夹杂烧土颗粒。包含物有陶片及动物骨骼，陶片可辨器形有罐、盆、鬲等。（图 2-3）

H79

位于 T4 西北角，开口于第 7 层下，打破第 8、9 层。坑口平面近椭圆形，口略小于底，直壁，平底。坑口长径 1.6、短径 1.2 米，坑深 0.33 米。坑内填土为黑土，土质松软。出土陶片以夹砂或泥质的黑陶、灰陶片为主，可辨器形有鬲、罐等。（图 2-4；图版六，1）

H82

位于 T7 北部偏西，开口于第 9 层下。灰坑平面近圆形，直壁，平底。直径约 1.9、深约 0.45 米。坑内填土为灰黑色土，土质松软，含烧土颗粒。出土陶片以夹砂灰褐陶为主，可辨器形有鬲腹片、罐口沿、盆口沿等，出土完整陶罐 1 件。另出土有少量的贝类。（图 2-5）

H95

位于 T6 北部，开口于第 9 层下，被 H81、G4 打破。部分在探方北壁下的未做清理。已清理部分呈不规则的扇形，直壁，平底。东西 1.5、南北 1.3、深 0.96 米。坑内填土为灰黑色土，

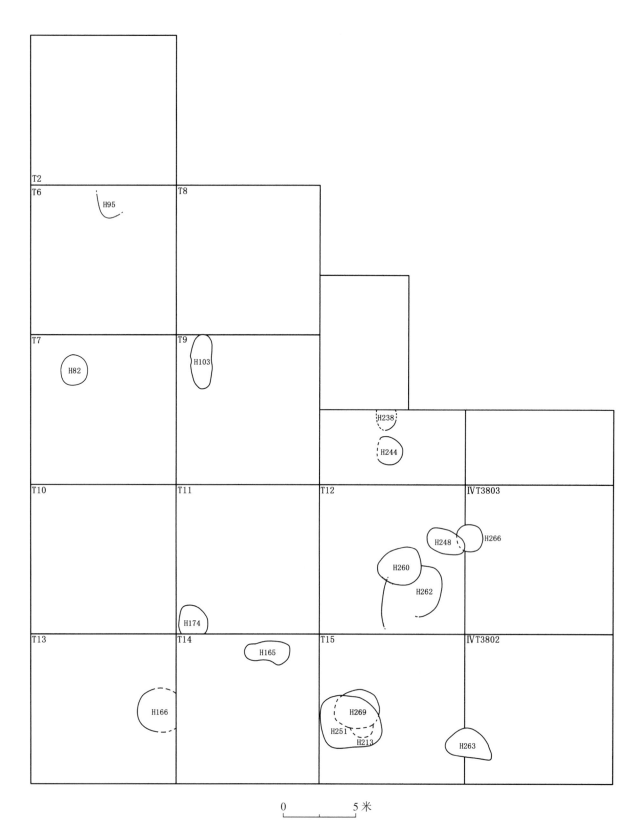

图 2-1　梁王城东区商时期遗迹分布图

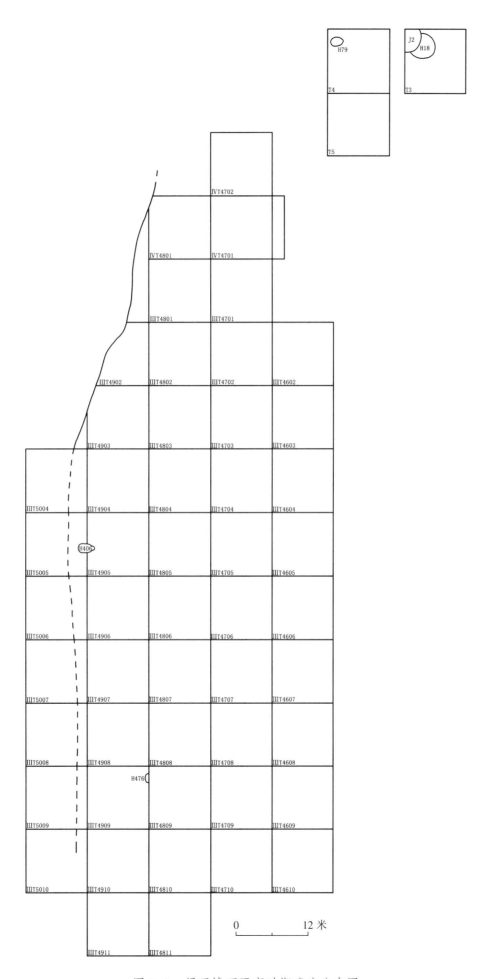

图 2-2　梁王城西区商时期遗迹分布图

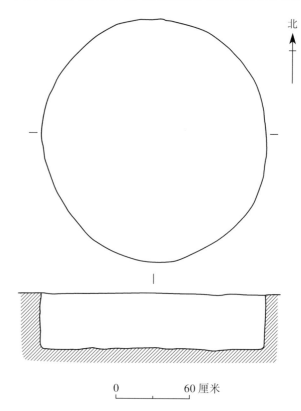

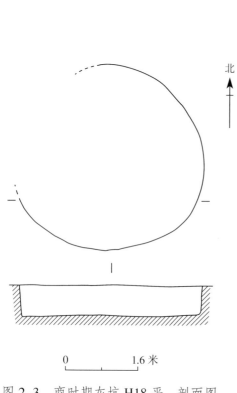

图 2-3　商时期灰坑 H18 平、剖面图

图 2-5　商时期灰坑 H82 平、剖面图

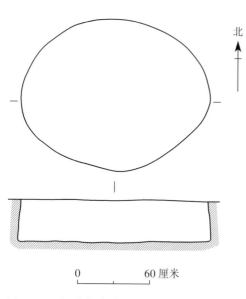

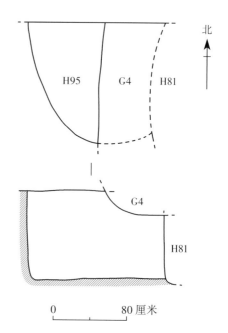

图 2-4　商时期灰坑 H79 平、剖面图

图 2-6　商时期灰坑 H95 平、剖面图

土质疏松。出土陶片以夹砂绳纹灰陶为主，出土完整陶罐 1 件。（图 2-6）

H103

位于 T9 西北角，开口于第 9 层下，打破至生土。坑口形状呈近不规则的长椭圆形，直壁，

平底。南北长径 3.9、东西短径 1.6、深 0.9 米。坑内
堆积分为两层：①层厚约 0.54 米，含较多草木灰，
土色灰黑；②层厚 0.36 米，含较多烧土块，灰色土。
两层出土陶片无明显区别，以夹砂灰陶或红褐陶为
主，可辨器形有罐、鬲等。（图 2-7）

H165

位于 T14 东北角，开口于第 8 层下，打破第 9 层。
坑口形状呈近不规则的长条形，弧壁，底部不平。
坑口东西长 3.2、南北宽 1.1~1.6、深 0.25~0.65 米。
坑内填土为灰黑色的草木灰堆积。出土遗物较少，
多为夹砂或泥质的灰色、红褐色陶片，可辨器形有罐、
鬲等。（图 2-8）

H166

位于 T13 东隔梁下，向东延伸至 T14 内，开口
于第 8 层下，打破第 9 层。坑口已清理部分近半圆形，
弧壁，圜底。南北径 3.0、东西已清理部分长约 1.6、
深 1.2 米。坑内堆积为灰黑色草木灰。出土遗物以夹
砂灰陶为主，夹砂红褐陶次之，少量泥质陶，可辨
器形有鬲、甗、钵、盆等。（图 2-9）

H174

位于 T11 西南角，开口于第 8 层下，被西周灰
坑 H169、H171~H173 打破。该坑已清理部分近椭圆
形，斜壁，平底。东西 2.1、南北已清理部分 2.0、深 0.75
米。坑内填土为深灰色，土质疏松。出土鬲、罐
各 1 件，出土的陶片以夹砂灰褐陶为主，偶见夹砂
红陶，陶片纹饰基本为绳纹，偶见素面、弦纹及附
加堆纹，可辨器形有鬲口沿、罐口沿、鬲足等。（图 2-10；图版六，2）

H213

位于 T15 西部，开口于夯土台基（TJ）下，被 H251、H269 打破。已清理部分坑口为小
半个扇形，直壁，平底。坑口直径约 1.63 米，坑深 0.45 米。坑内填土为灰褐色，土质较硬，
夹杂烧土粒。出土零星蚌壳及陶片。（图 2-11）

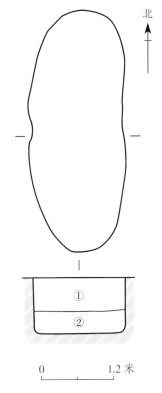

图 2-7 商时期灰坑 H103 平、剖面图

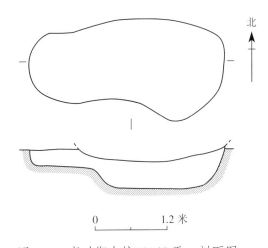

图 2-8 商时期灰坑 H165 平、剖面图

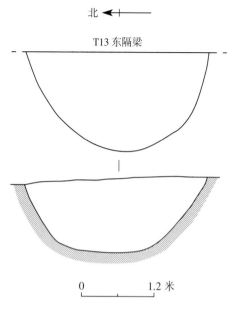

图 2-9　商时期灰坑 H166 平、剖面图

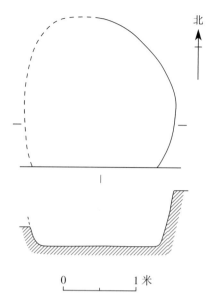

图 2-10　商时期灰坑 H174 平、剖面图

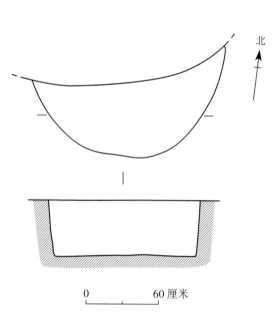

图 2-11　商时期灰坑 H213 平、剖面图

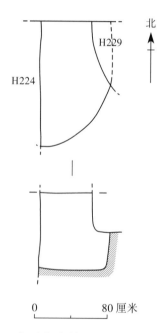

图 2-12　商时期灰坑 H238 平、剖面图

H238

位于 T12 北扩方北部，开口于第 8 层下，被东周灰坑 H224、西周灰坑 H229 打破。坑口已清理部分为小半扇形，直壁，平底。坑口已清理部分长径 1.3、短径 0.75、深 0.83 米。坑内填土为灰黑色土，土质疏松。出土陶片较少，多为灰陶绳纹陶片等。（图 2-12；图版六，3）

H244

位于 T12 北扩方，开口于第 8 层下，被东周灰坑 H224、西周灰坑 H233 打破。坑口已清理部分近扇形，直壁，平底。坑口长径 1.76、短径 1.0 米，坑深 0.45 米。坑内填土为灰黑色土，土质疏松。出土陶片多泥质或夹砂的灰陶片，可辨器形有鬲、罐等。（图 2-13）

H248

位于 T12 东部，开口于第 8 层下，打破 H266、第 9 层。坑口平面近椭圆形，直壁，平底。坑口长径 2.7、短径 1.6 米，坑深 0.6 米。坑内填土为黑褐色土，土质疏松。出土陶片以夹砂或泥质的红褐陶及灰褐陶为主，可辨器形有鬲口沿、鬲足等。（图 2-14）

H251

位于 T15 西部，开口于第 8 层下，打破 H213、H269。坑口平面为不规则形，西壁较直，东壁斜收为平底。东西长 4.3、南北长 3.5、深 0.84 米。坑内堆积为灰黄土。出土陶片以夹砂灰褐陶为主，次为夹砂灰陶、夹砂红褐陶，纹饰多绳纹，偶见弦纹及附加堆纹，可辨器形有鬲口沿、鬲足、篮腹片等，出土陶纺轮、石斧各 1 件。（图 2-15）

H260

位于 T12 中部，开口于第 8 层下，打破 H262、第 9 层。坑口形状近椭圆形，直壁，平底。长径 3.05、短径 2.6、深 0.6 米。坑内堆积为灰黑色土，土质疏松。出土遗物较少，陶片可辨器形为鬲、罐等。（图 2-16；图版六，4）

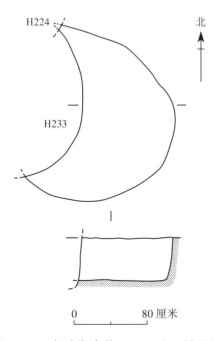

图 2-13　商时期灰坑 H244 平、剖面图

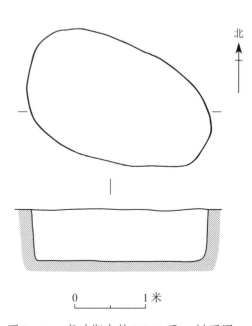

图 2-14　商时期灰坑 H248 平、剖面图

H262

位于 T12 东南部，开口于第 8 层下，打破第 9 层，被 H260、西周灰坑 H256 打破。坑口形状近椭圆形，斜弧壁，圜底。坑口长径 5.0、短径 3.2 米，坑深 0.6 米。坑内填土为黑灰色土，土质疏松。出土陶片可辨器形有鬲、罐等。（图 2-17）

H263

位于 T15 东南角，向东延伸至 Ⅳ T3802 内。开口于第 8 层下，打破生土。灰坑平面呈不规则形，弧壁，圜底。坑口长 3.1、宽 2.0 米，坑深 0.2~0.7 米。坑内填土为灰黑色土，土质疏松。出土陶片以泥质灰陶为主，可辨器形有鬲、罐、盆等。（图 2-18）

H266

位于 T12 东隔梁下，向东延伸至 Ⅳ T3803 内，开口于第 8 层下，打破第 9 层。灰坑平面近圆形，直壁，平底。坑口长径 2.0、短径 1.8 米，坑深 0.6 米。坑内填土为灰黑色，土质疏松。出土零星泥质灰陶片。（图 2-19）

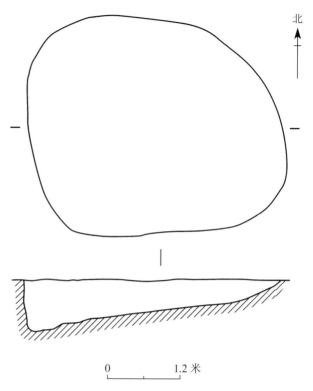

0 —————— 1.2 米

图 2-15　商时期灰坑 H251 平、剖面图

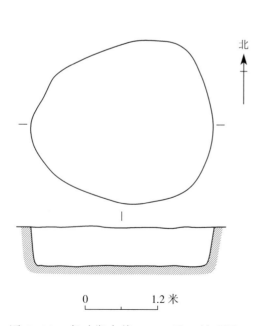

0 —————— 1.2 米

图 2-16　商时期灰坑 H260 平、剖面图

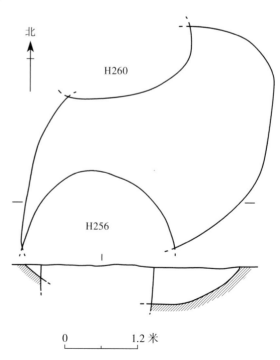

0 —————— 1.2 米

图 2-17　商时期灰坑 H262 平、剖面图

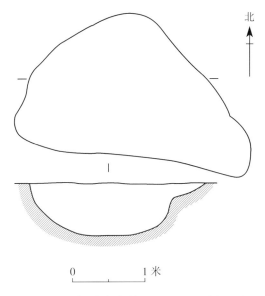

图 2-18　商时期灰坑 H263 平、剖面图

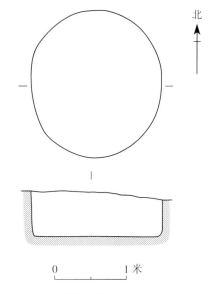

图 2-19　商时期灰坑 H266 平、剖面图

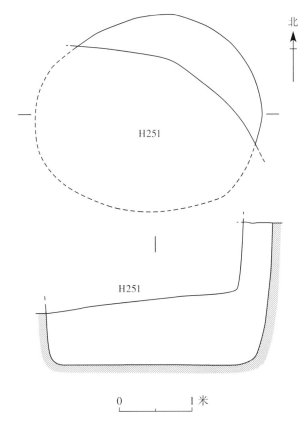

图 2-20　商时期灰坑 H269 平、剖面图

H269

位于 T15 中部近西壁处，开口于第 8 层下，打破 H213，被 H251 打破。灰坑平面近椭圆形，直壁，平底。坑底长径 3.05、短径 2.6、最深 1.9 米。坑内堆积为黑灰土。出土陶鬲 1 件，出土陶片以夹砂灰褐陶为主，次为夹砂灰陶、夹砂红褐陶，纹饰多绳纹，再次为弦纹及附加堆纹，可辨器形有鬲口沿、鬲足等。（图 2-20；图版六，5）

H406

位于Ⅲ T4905 西部，部分在Ⅲ T5005 内。开口于第 8 层下，打破第 9 层。灰坑平面近椭圆形，一端凸出，弧壁，近凸出口的坑壁加工成台阶状，底近平。坑口长径 3.0、短径 1.6 米，坑深 0.7 米。坑内堆积为灰褐色，土质疏松，含较多草木灰。坑内出土可修复完整陶鬲 1 件。（图 2-21；图版六，6）

H476

位于Ⅲ T4909 东北部，部分压在东隔梁下，开口于第 8 层下，打破第 9 层。灰坑已清理部分近半圆形，弧壁，圜底。坑口直径 1.4 米，坑深 0.6 米。坑内堆积为灰黑土，土质疏松。

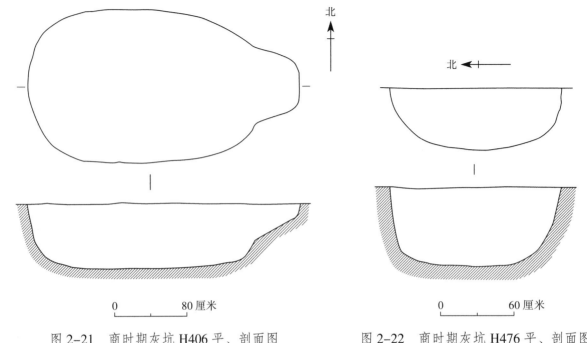

图 2-21　商时期灰坑 H406 平、剖面图　　　　图 2-22　商时期灰坑 H476 平、剖面图

出土陶罐、簋各 1 件，出土陶片以夹砂灰褐陶为主，次为夹砂红褐陶和灰陶。纹饰基本为绳纹，可辨器形有鬲口沿、罐口沿、环形腹耳等。（图 2-22；图版六，7）

第二节　灰坑及地层出土遗物

商时期的陶器以夹细砂的褐陶最为常见，器形有鬲、罐、盆、钵等，胎质略为粗疏，纹饰多竖向或斜向细绳纹及弦纹；泥质磨光褐陶也占一定比例，常见器形为豆、簋等，器表素面磨光，偶见弦纹或细绳纹点缀其间。除陶器外，还有石锛、石斧及骨簪、骨笄等小件器物。现按质地择其典型介绍如下。

一、陶器

鬲　4 件。依整器形态可分为三型。

A 型　1 件。长体，体丰满，口径小于最大腹径，实足跟高。

H174：1，夹砂灰褐陶。侈口，折沿，沿面内侧斜直无凹槽，束颈，深弧腹，分裆，裆较高，空锥状足，实足尖较高。肩部及袋足拍印交错绳纹，裆部饰横向绳纹，实足尖未饰纹饰。口径 18.4、高 24.8 厘米。（图 2-23，1；图版七，1）

B 型　2 件。长体，略瘦，唇外沿内凹，沿面内侧斜直有凹槽，口径与最大腹径相当，裆部及实足尖均不如 A 型高。

H269：1，夹砂灰褐陶。侈口，折沿，方唇，弧腹，分裆，裆较高，空锥状足，足尖残。颈部至袋足饰竖向绳纹，足尖不饰纹饰，裆部饰横向绳纹。口径 15.6、残高 16.2 厘米。（图 2-23，2；图版七，2）

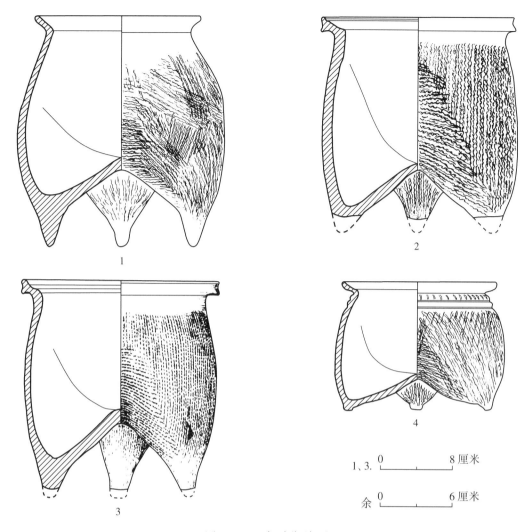

图 2-23 商时期陶鬲

1. A 型（H174：1） 2、3. B 型（H269：1、H406：1） 4. C 型（Ⅳ T4801 ⑦：1）

H406：1，夹砂灰褐陶。侈口，方唇，折沿，腹较直，分裆，裆较高，空锥状足，足尖残。颈部至袋足饰竖向绳纹，足尖不饰纹饰，瘪裆处饰横向绳纹。口径 21.6、残高 22.5 厘米。（图 2-23，3；图版七，3）

C 型 1 件。矮体，口径小于最大腹径。

Ⅳ T4801 ⑦：1，夹砂灰陶，胎壁较薄。侈口，折沿，沿面内凹，圆唇，束颈，弧腹，分裆，空锥状足，足尖呈疙瘩状。颈部至足尖饰竖向绳纹，裆部饰横向绳纹，肩部两道抹光。口径 12.6、高 10.2 厘米。（图 2-23，4；图版七，4）

鬲口沿 22 件。依口沿部分差异分为四型。

A 型 6 件。宽沿外折，或沿面贴塑细泥条。颈部或肩部以下饰绳纹。据口沿部和颈部变化分为三式。

Ⅰ 式 1 件。口近直，宽沿，直颈。

H262：6，夹砂黑褐陶。残高 9.8 厘米。（图 2-24，1；图版八，1）

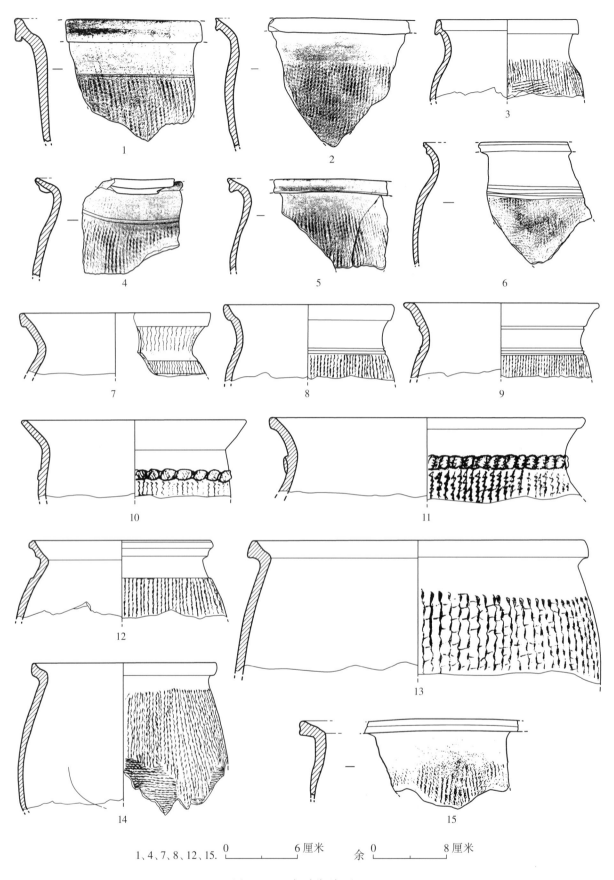

图 2-24　商时期陶鬲口沿

1. A 型 I 式（H262：6）　　2、3. A 型 II 式（H262：8、H260：3）　4~6. A 型 III 式（H262：3、H262：5、H262：10）

7、8. B 型 I 式（H165：2、H251：3）　9~11. B 型 II 式（H251：9、H174：4、H260：2）　12~15. C 型（H103①：5、

H238：2、H238：14、H262：1）

Ⅱ式　2件。口近直，宽沿略窄，颈微束。

H262：8，颈微束，溜肩。残高13.8厘米。（图2-24，2；图版八，2）

H260：3，口径15.6、残高8.4厘米。（图2-24，3）

Ⅲ式　3件。侈口，沿变窄，束颈。

H262：3，沿面外侧贴塑小泥条，肩部有弦纹两道。残高7.3厘米。（图2-24，4）

H262：5，外沿略凹。残高9.5厘米。（图2-24，5）

H262：10，尖唇，外沿内凹。肩部饰凌乱细弦纹。残高12.8厘米。（图2-24，6；图版八，3）

B型　5件。敞口，束颈，沿内侧斜直无凹槽。据沿外侧有无宽唇分为两式。

Ⅰ式　2件。沿外侧有宽唇。

H165：2，沿下及肩部饰细绳纹。口径15.8、残高4.8厘米。（图2-24，7）

H251：3，肩部两道凹弦纹，其下饰细绳纹。口径14.0、残高5.9厘米。（图2-24，8）

Ⅱ式　3件。沿外侧无宽唇。

H251：9，沿下一道凹槽，肩部两道凹槽，其下饰细绳纹。口径21.0、残高8.0厘米。（图2-24，9）

H174：4，肩部一周附加堆纹，其下饰细绳纹。口径25.0、残高8.1厘米。（图2-24，10）

H260：2，颈部一道附加堆纹，其下饰细绳纹。口径35.0、残高9.2厘米。（图2-24，11）

C型　4件。侈口，短折沿，方唇外翻，颈下饰绳纹。

H103①：5，唇面及唇外侧各有一道凹槽，折肩。口径15.0、残高6.3厘米。（图2-24，12）

H238：2，口径36.4、残高14.6厘米。（图2-24，13）

H238：14，裆较高内瘪。口径20.0、残高15.0厘米。（图2-24，14）

H262：1，唇面一道凹槽。残高7.2厘米。（图2-24，15；图版八，4）

D型　7件。侈口，短折沿，方唇外翻，沿内侧及唇外侧多有折痕或凹槽。

Ⅰ式　5件。鼓肩，口径小于或等于最大腹径。

H103②：2，肩部两道凹槽，其下饰绳纹。口径13.8、残高6.0厘米。（图2-25，1）

H103②：1，唇外侧两道凹槽，沿内侧无凹槽，肩部一道凹弦纹，其下饰细绳纹。口径22.2、残高7.0厘米。（图2-25，2）

H166：4，唇外侧略凹，颈部以下饰细绳纹。口径21.4、残高6.0厘米。（图2-25，3）

H103②：7，沿内侧及唇外侧各有一道凹槽，肩部一道凹弦纹，其下饰细绳纹。口径13.0、残高4.8厘米。（图2-25，4）

H262：4，唇外侧一道凹槽，颈部以下饰细绳纹。口径10.2、残高2.4厘米。（图2-25，5）

Ⅱ式　2件。宽颈，溜肩，口径大于最大腹径。

H248：1，唇外侧一道凹槽，颈部以下饰细绳纹。口径25.2、残高13.6厘米。（图2-25，7）

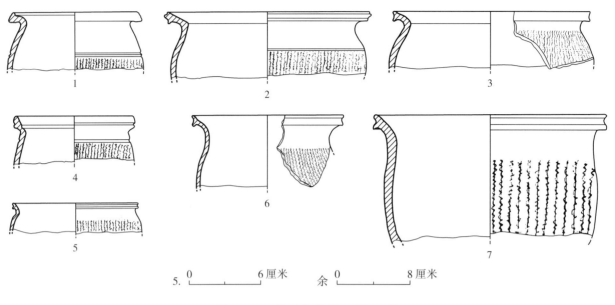

5.　0 ——————— 6厘米　　余 0 ——————— 8厘米

图 2-25　商时期陶鬲口沿 D 型

1~5. I 式（H103 ②：2、H103 ②：1、H166：4、H103 ②：7、H262：4）　6、7. II 式（H251：4、H248：1）

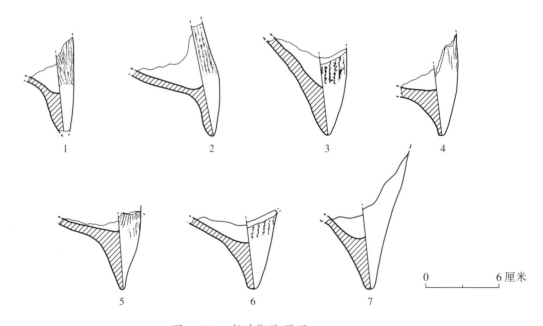

0 ——————— 6厘米

图 2-26　商时期陶鬲足

1. H18：5　2. T9 ⑧：8　3. H103 ②：4　4. H251：6　5. H103 ①：4　6. T9 ⑧：5　7. H263：3

　　H251：4，唇外侧一道凹槽，颈部以下饰细绳纹。口径 16.5、残高 7.5 厘米。（图 2-25，6）

　　鬲足　7 件。皆空锥状实足。夹砂褐陶。实足尖较高。袋足部绳纹较细或素面，足尖绳纹抹去。

　　H18：5，残高 7.5 厘米。（图 2-26，1）

　　T9 ⑧：8，残高 9.0 厘米。（图 2-26，2）

　　H103 ②：4，残高 8.1 厘米。（图 2-26，3）

H251：6，残高 7.8 厘米。（图 2-26，4）

H103①：4，残高 6.3 厘米。（图 2-26，5）

T9⑧：5，残高 6.2 厘米。（图 2-26，6）

H263：3，残高 10.5 厘米。（图 2-26，7）

甗口沿　1 件。

H248：2，夹砂灰褐陶。敞口。唇外侧及沿内侧各有一道凹槽，肩部凸、凹弦纹各一道，其下饰细绳纹。口径 33.7、残高 7.6 厘米。（图 2-27，1）

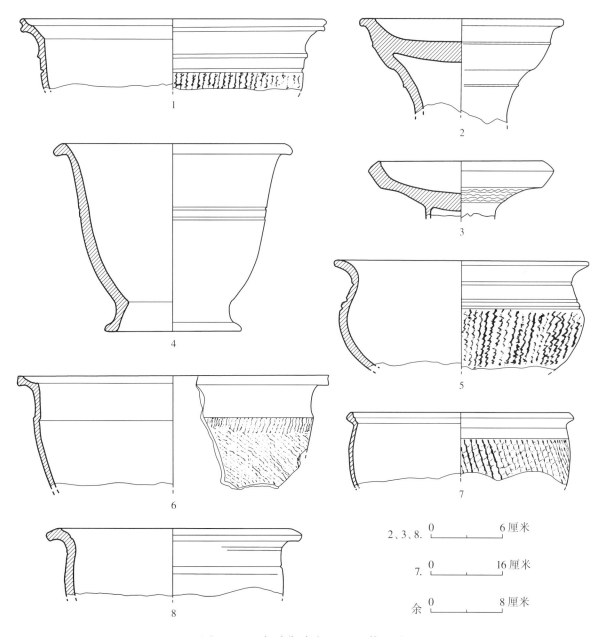

图 2-27　商时期陶甗、豆、簋、盆

1.甗口沿（H248：2）　2.豆 A 型（Ⅲ T4708⑦b：1）　3.豆 B 型（H165：5）　4.簋（H476：2）　5、7.盆 A 型（H260：4、H238：3）　6、8.盆 B 型（H166：8、H238：7）

簋　1件。

H476：2，敞口，唇外翻，深弧腹，矮圈足。肩腹处两道凹弦纹。口径24.0、足径15.2、高20.0厘米。（图2-27，4）

豆　2件。分两型。

A型　1件。

Ⅲ T4708 ⑦ b：1，泥质灰陶。口近直，平沿，圆唇，弧壁，浅盘，假腹，圈足残。腹中部及柄上部各饰一道细凸棱。口径17.1、残高8.1厘米。（图2-27，2；图版八，5）

B型　1件。

H165：5，泥质灰陶。敛口，尖圆唇，浅盘，折腹，柄部以下残。盘壁下部饰折线纹。口径13.5、残高4.8厘米。（图2-27，3）

盆　4件。均为泥质或夹细砂灰陶。分两型。

A型　2件。鼓腹。

H260：4，侈口，沿面内侧较弧，束颈，圆腹，底残。颈、肩部三道凹弦纹，其下为竖向绳纹。口径28.0、残高11.6厘米。（图2-27，5）

H238：3，侈口，短折沿，沿面内侧一道折痕，颈微束，弧腹，底残。肩部以下饰斜方格纹。口径49.3、残高15.4厘米。（图2-27，7）

B型　2件。斜折腹

H166：8，侈口，短折沿，沿面内侧略弧凹，直颈微束，斜直腹，底残。颈部以下饰斜向绳纹。口径34.0、残高11.6厘米。（图2-27，6）

H238：7，侈口，沿外折，方唇，束颈，腹较直，下腹及底残。口径19.0、残高5.4厘米。（图2-27，8）

罐　4件。分两型。

A型　2件。双耳罐。分两亚型。

Aa型　1件。

H95：1，泥质灰褐陶。侈口，圆唇，束颈，溜肩，深弧腹，底微凹。肩部一对环耳。肩部及上腹部饰竖向绳纹，下腹及底饰横向绳纹。口径14.0、底径10.8、高26.0厘米。（图2-28，1；图版九，1）

Ab型　1件。

H82：1，泥质灰陶。口残，束颈，圆弧腹，底微圜。肩部一对环耳。自肩部至器底饰间断绳纹。残高15.0厘米。（图2-28，2；图版九，2）

B型　2件。平底无耳罐。分两亚型。

Ba型　1件。

H174：2，夹砂灰黑陶。口残，长颈微弧凹，弧腹，底略凹。肩部两道不规则的弦纹抹光，其下饰绳纹及底。底径13.6、残高26.4厘米。（图2-28，4；图版九，3）

Bb型　1件。

H18：1，泥质灰陶。直口，唇面一道凹槽，粗颈，折肩，弧腹，平底。口径12.2、底径8.7、

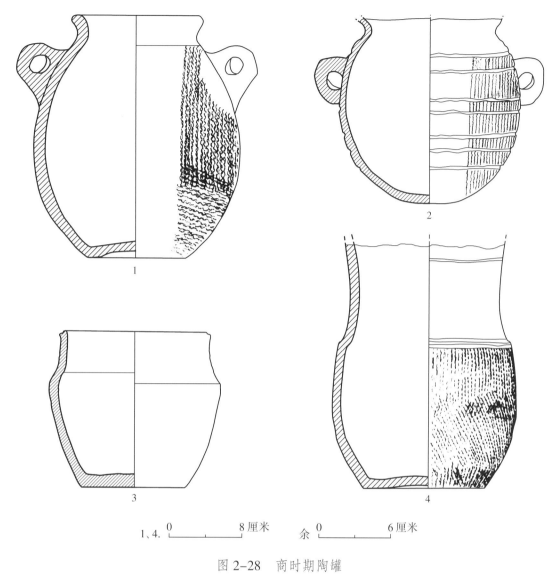

图 2-28　商时期陶罐

1. Aa 型（H95：1）　2. Ab 型（H82：1）　3. Bb 型（H18：1）　4. Ba 型（H174：2）

高 12.5 厘米。（图 2-28，3；图版九，4）

罐口沿　14 件。均为夹细砂或泥质的灰陶。根据口部特征分三型。

A 型　6 件。直口或侈口，唇外多贴边（或唇外翻）。

H103②：5，肩部一道凹槽，其下饰细绳纹。口径 17.3、残高 4.5 厘米。（图 2-29，1）

H166：5，唇外贴边处一道细槽。沿下饰绳纹，绳纹被抹断。口径 19.2、残高 6.8 厘米。（图 2-29，2）

H166：9，沿面内侧弧凹，唇外贴边处两道凹槽。口径 18.0、残高 5.7 厘米。（图 2-29，3）

H248：3，肩部饰凌乱细绳纹。口径 16.8、残高 6.0 厘米。（图 2-29，4）

T9⑧：14，肩部饰竖向细绳纹。口径 21.2、残高 7.2 厘米。（图 2-29，5）

T9⑧：13，沿面内侧弧凹。颈部及肩部饰竖向细绳纹，肩部一道弦纹抹光。口径

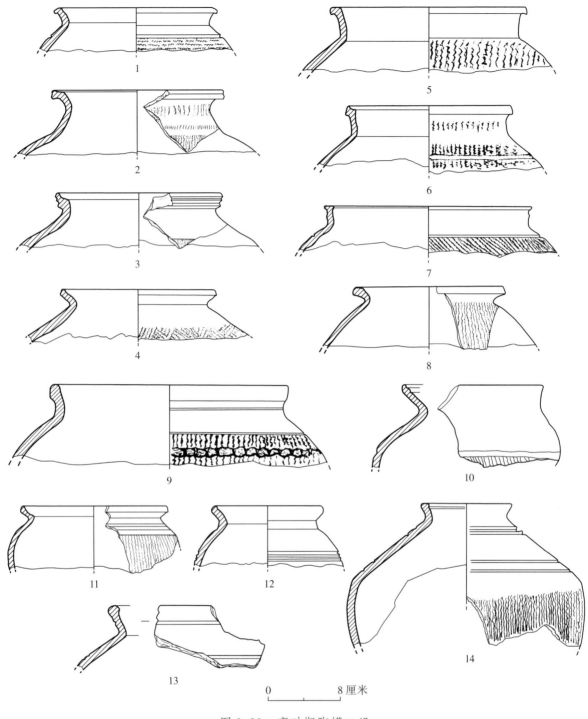

图 2-29　商时期陶罐口沿

1~6. A 型（H103②：5、H166：5、H166：9、H248：3、T9⑧：14、T9⑧：13）　7. B 型（H103①：3）　8~13. C 型（H166：10、
H174：3、H18：9、H238：10、T9⑧：15、H238：12）　14. D 型（H476：1）

17.6、残高 7.2 厘米。（图 2-29，6）

B 型　1 件。直口，唇面有一道凹槽。

H103①：3，肩部有一道凹弦纹，其下饰斜向细绳纹。口径 22.8、残高 5.6 厘米。（图
2-29，7）

C 型　6 件。侈口，圆唇。

H166：10，颈部以下饰竖向细绳纹。口径 16.0、残高 6.6 厘米。（图 2-29，8）

H174：3，颈部及肩部各一道凹弦纹，肩部饰竖向细绳纹及一周附加堆纹。口径 26.0、残高 8.8 厘米。（图 2-29，9）

H18：9，残高 8.7 厘米。（图 2-29，10）

H238：10，弧鼓腹。肩部三道细弦纹，其下饰竖向细绳纹。口径 15.8、残高 6.9 厘米。（图 2-29，11）

T9⑧：15，肩部三道凹弦纹。口径 12.1、残高 6.6 厘米。（图 2-29，12）

H238：12，颈、肩部各一道凹弦纹。残高 6.6 厘米。（图 2-29，13）

D 型　1 件。小口，广肩。

H476：1，颈、肩部饰四道凹弦纹，肩部以下饰竖向绳纹。口径 9.8、残高 15.2 厘米。（图 2-29，14）

钵　3 件。均为泥质灰陶。口微侈或微敛，短颈，弧腹。略分两型。

A 型　1 件。深腹。

H166：11，腹部饰乱绳纹。口径 22.5、残高 7.6 厘米。（图 2-30，1）

B 型　2 件。浅腹。

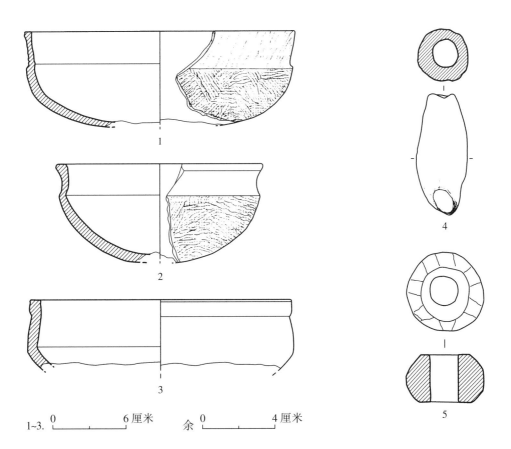

图 2-30　商时期陶钵、网坠、纺轮

1.钵 A 型（H166：11）　2、3.钵 B 型（H166：12、H103②：6）　4.网坠（H18：3）　5.纺轮（H251：2）

H103②：6，口径 21.7、残高 5.3 厘米。（图 2-30，3）

H166：12，腹部饰乱绳纹。口径 17.0、残高 7.9 厘米。（图 2-30，2）

网坠 1 件。

H18：3，泥质红褐陶。整体近梭形，中间粗，两端较细，上下贯穿一孔。长 6.6、最大径 2.8、孔径 1.4 厘米。（图 2-30，4）

纺轮 1 件。

H251：2，泥质灰陶。整体近算珠形，两面近平，两侧弧凸，中孔较大。正面孔外侧一周细弦纹，其外刻划长短相近的十三道短线。直径 4.3、厚 2.4、孔径 1.5 厘米。（图 2-30，5）

二、石器

斧 1 件。

H251：1，上略窄下略宽，双锋，刃部圆钝。长 10.1、最宽 5.3、厚 3.1 厘米。（图 2-31，1）

锛 2 件。

H165：1，顶部崩损较甚，上略窄下略宽，单锋直刃。长 7.6、最宽 4.8、最厚 2.1 厘米。（图 2-31，2）

H103①：1，上部残，单锋弧刃。残长 6.1、刃宽 6.6、厚 2.3 厘米。（图 2-31，3）

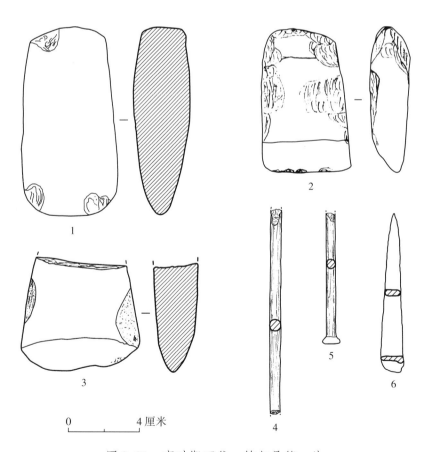

0 ————— 4 厘米

图 2-31 商时期石斧、锛与骨簪、片

1. 石斧（H251：1） 2、3. 石锛（H165：1、H103①：1） 4、5. 骨簪（H166：2、H166：1） 6. 骨片（H260：1）

三、骨器

簪　2 件。

H166 ： 2，首尾残断，横截面近圆形。残长 11.0、直径 0.55 厘米。（图 2-31，4）

H166 ： 1，尖部残断，顶部出台修成帽状，横截面圆形。残长 6.9、直径 0.5 厘米。（图 2-31，5）

骨片　1 件。

H260 ： 1，扁片状，上宽，下部修尖，横截面近扁方形。长约 8.7 厘米。（图 2-31，6）

第三节　小结

与岳石文化堆积相似，同样由于地层的缺失，梁王城遗址中的商文化遗存的材料依旧显得零散，一些灰坑出土遗物的时代特征晚商及西周初期兼具，显示着本地的文化并不因朝代的更迭而冒然断裂。本报告在此同样参考周边地区商晚及周初的相关材料，对梁王城遗址商代遗存的年代及文化特征做一个简单的总结。

这里进行比对的材料主要有安阳大司空、济宁潘庙、天齐庙、尹家城、安邱堌堆等（图 2-32）。铜山丘湾的材料固然重要，但因发掘年代久远，报告中一些器物的出土层位仍待商榷，本文在此暂不进行比对。另外，近年来考古新发掘的徐州庙台子遗址以及沭阳万北遗址等都发现有晚商时期的遗存，但具体材料尚未公布，故也不在本文比对材料之中。

陶鬲的形态比较典型。梁王城遗址出土的 A 型陶鬲 H174 ： 1，宽折沿，分裆，袋足肥厚，高实足尖，形态与潘庙 H81 ： 13 和 J1 ： 2[①] 以及天齐庙 H1393 ： 1[②] 接近，但梁王城的这件陶鬲，袋足显得肥厚，口径大于最大腹径，形态上似乎比对比者要略早。B 型陶鬲 H269 ： 1，长体，略瘦，方唇外翻，唇外沿略凹，高裆，袋足，足尖虽然均已残断，但据形态复原足尖应该较高，其形态与潘庙 H84 ： 6[③]、尹家城 H552 ： 2[④]、安邱堌堆 T13 ⑦ ： 50[⑤] 等陶鬲接近。以上 A、B 两种陶鬲的年代经过对比，大致为中商二、三期。另外，C 型陶鬲 Ⅳ T4801 ⑦ ： 1，器形已趋于扁方，矮裆，短小实足尖，形态上接近殷墟三期的陶鬲，如大司空 H305 ： 11[⑥]。

陶簋仅一件（H476 ： 2），口沿断面呈 T 字形，腹壁内收，矮圈足，同大司空居址陶簋 A 型 Ⅱ 式（如 T0528H314 ： 10[⑦] 等），年代约为殷墟二期。陶豆两件，一件为折

① 国家文物局考古领队培训班：《山东济宁潘庙遗址发掘简报》，《文物》1991 年第 2 期，第 73 页。

② 国家文物局田野考古领队培训班：《泗水天齐庙遗址发掘的主要收获》，《文物》1994 年第 12 期，第 40 页。

③ 国家文物局考古领队培训班：《山东济宁潘庙遗址发掘简报》，《文物》1991 年第 2 期，第 74 页。

④ 山东大学历史系考古专业教研室：《泗水尹家城》，文物出版社，1990 年，第 255 页。

⑤ 北京大学考古系商周组、菏泽地区博物馆、菏泽市文化馆：《山东菏泽安邱堌堆遗址 1984 年发掘报告》，《考古学研究（八）》，科学出版社，2011 年，第 377 页。

⑥ 中国社会科学院考古研究所：《安阳大司空——2004 年发掘报告（上）》，文物出版社，2014 年，第 124 页。

⑦ 中国社会科学院考古研究所：《安阳大司空——2004 年发掘报告（上）》，文物出版社，2014 年，第 84 页。

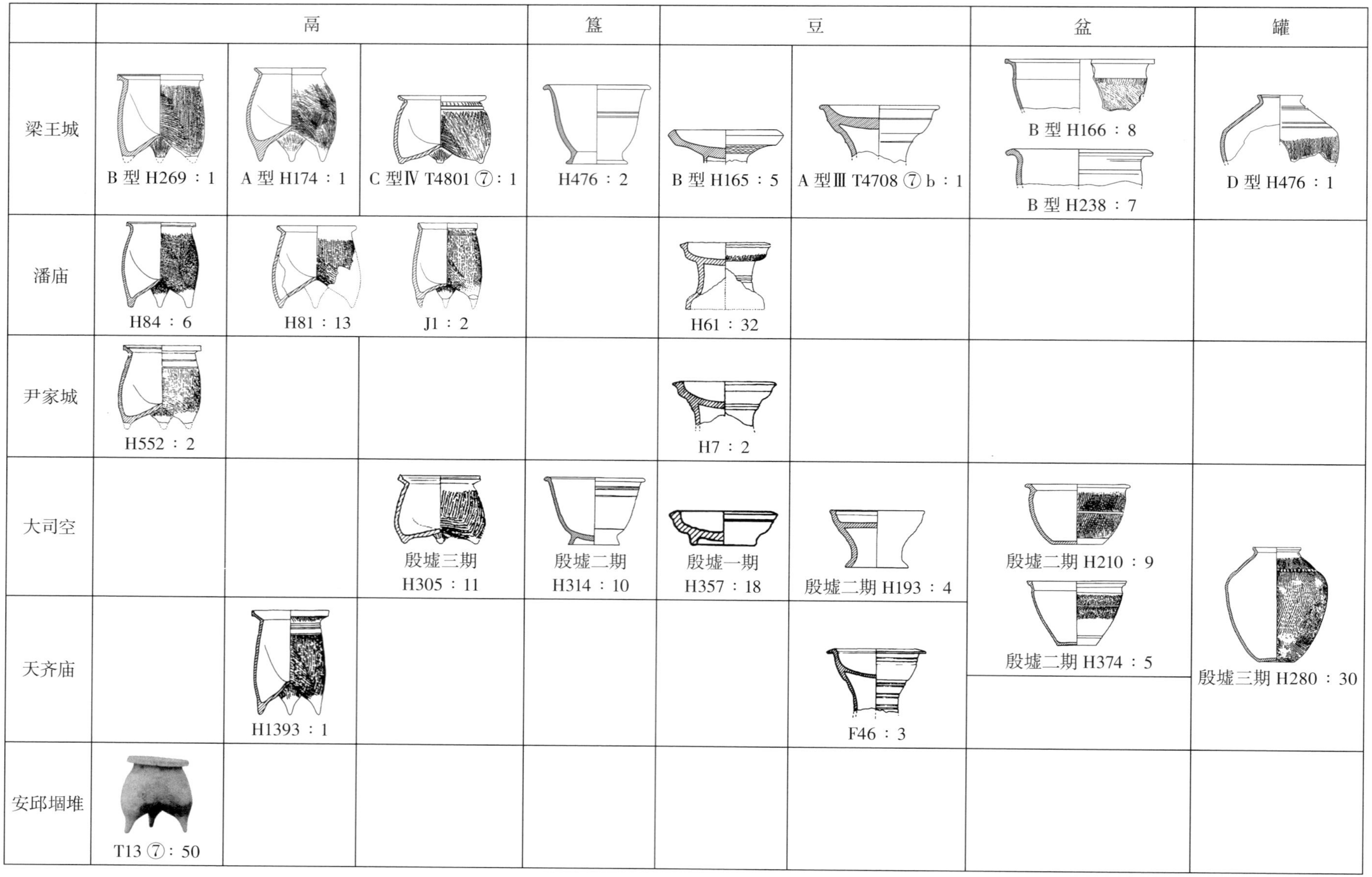

图 2-32　梁王城遗址与其他遗址点出土商时期典型器物比较图

	鬲		簋	豆		盆	罐
梁王城	B 型 H269：1	A 型 H174：1	C 型Ⅳ T4801⑦：1	H476：2	B 型 H165：5	A 型Ⅲ T4708⑦b：1	B 型 H166：8　B 型 H238：7	D 型 H476：1
潘庙	H84：6	H81：13	J1：2		H61：32			
尹家城	H552：2				H7：2			
大司空			殷墟三期 H305：11	殷墟二期 H314：10	殷墟一期 H357：18	殷墟一期 H193：4	殷墟二期 H210：9　殷墟二期 H374：5	殷墟三期 H280：30
天齐庙		H1393：1				F46：3		
安邱堌堆	T13⑦：50							

沿、浅盘（B 型 H165 ： 5），口部特征与潘庙 H61 ： 32[①]、尹家城 H7 ： 2[②] 以及大司空 T0601H357 ： 18[③] 等相似，对比者年代约为殷墟一期。另一件为假腹豆（Ⅲ T4708 ⑦ b ： 1），与大司空 T1513H193 ： 4[④] 形态接近，唇部略有差异，后者的年代约为殷墟二期。

另外还有陶盆，如梁王城 B 型盆 H166 ： 8，形态与大司空 T1515H210 ： 9[⑤] 相似；B 型盆 H283 ： 7，形态与大司空 T0608H374 ： 5[⑥] 接近，后两者的年代均为殷墟二期；陶罐，梁王城 H476 ： 1，小口、短束颈、宽肩，与大司空 T0605H280 ： 30[⑦] 形态接近，后者年代约为殷墟三期等等。

通过分析上述材料，并与《中国考古学·夏商卷》中中商及殷墟文化的对比，可以明确梁王城遗址商代遗存中的 A、B 型陶鬲年代属中商二、三期，其他陶器及标本的年代大致为殷墟一期至三期之间。从地域文化特征来看，在中商三期至殷墟一期前，梁王城遗址所属的徐海地区仍在商人的统辖范围之内，其文化特征比较接近中商文化的潘庙类型；殷墟一期之后，更大范围的苏鲁豫皖交界地带中，部分区域为当地土著文化所覆盖，但梁王城遗址所在邳州地区，似乎仍然受到来自殷墟文化的强烈影响。

---

① 国家文物局考古领队培训班：《山东济宁潘庙遗址发掘简报》，《文物》1991 年第 2 期，第 77 页。
② 山东大学历史系考古专业教研室：《泗水尹家城》，文物出版社，1990 年，第 256 页。
③ 中国社会科学院考古研究所：《安阳大司空——2004 年发掘报告（上）》，文物出版社，2014 年，第 70 页。
④ 中国社会科学院考古研究所：《安阳大司空——2004 年发掘报告（上）》，文物出版社，2014 年，第 79 页。
⑤ 中国社会科学院考古研究所：《安阳大司空——2004 年发掘报告（上）》，文物出版社，2014 年，第 81 页。
⑥ 中国社会科学院考古研究所：《安阳大司空——2004 年发掘报告（上）》，文物出版社，2014 年，第 87 页。
⑦ 中国社会科学院考古研究所：《安阳大司空——2004 年发掘报告（上）》，文物出版社，2014 年，第 97 页。

第三章　西周时期遗存

西周时期文化遗存是梁王城遗址中最重要的文化堆积之一，该堆积在"金銮殿"高台上普遍存在，其上叠压着东周文化堆积，其下为龙山文化堆积。在发掘区内共清理出西周时期房址 5 座、灰坑 209 个，灰沟 2 条、墓葬 71 座、兽坑 12 座（图 3-1、3-2、3-3），地层中也发现了大量西周时期的陶、骨、石器等标本。

第一节　房址

西周时期的房址 5 座，分别为 F2、F6、F14、F16 和 F19，除 F19 位于遗址西区外，余4 座均位于遗址东区。现将其介绍如下。

F2

位于 T2 南部第 6 层面上。平面近圆形，东西约 5.8、南北约 5.2 米，面积约 30 平方米。残存柱洞较为清楚。共发现柱洞 12 个，其中 3 个为室内柱，周边柱排列基本有序，南边柱洞稍疏，推测为门道所在。方向 30 度。柱洞平面呈圆形，圜底锥状，柱洞大小不一，口径12~40 厘米，深 25~40 厘米，柱洞内填土多为灰土、灰褐土，在中间立柱的柱洞底部发现柱础石，大多数柱洞里发现有碎陶片，也是作柱础用。居住面为细腻黄土，光滑平整坚硬，其间夹杂红烧土颗粒，没有发现明显的炙烤或踩踏面。（图 3-4；图版一〇，1）

F6

位于 T6 中部偏西（可能延伸至西壁外）第 9 层面上，被 H67、H68、H78、H99、H101及 M19、M22 打破。平面近长方形，东西长约 6.5、南北宽约 5.2 米，面积约 34 平方米。发现柱洞 12 个，除两个柱洞位于北部可能为门道外，其余 10 个柱洞排列有序。方向 0 度。柱洞平面形状均为圆形，直径 30~40 厘米，深 50 厘米左右。柱洞中间有朽痕，柱洞底部多发现了柱础石，铺于柱洞底部，以起到支撑柱子、防止房子下陷的作用。门道可能位于北部，仅发现两个柱洞，并未发现门槛及其他门的痕迹。居住面为灰黄细土，平整、光滑，没有发现明显的炙烤或踩踏面。（图 3-5；图版一一，1、2、3）

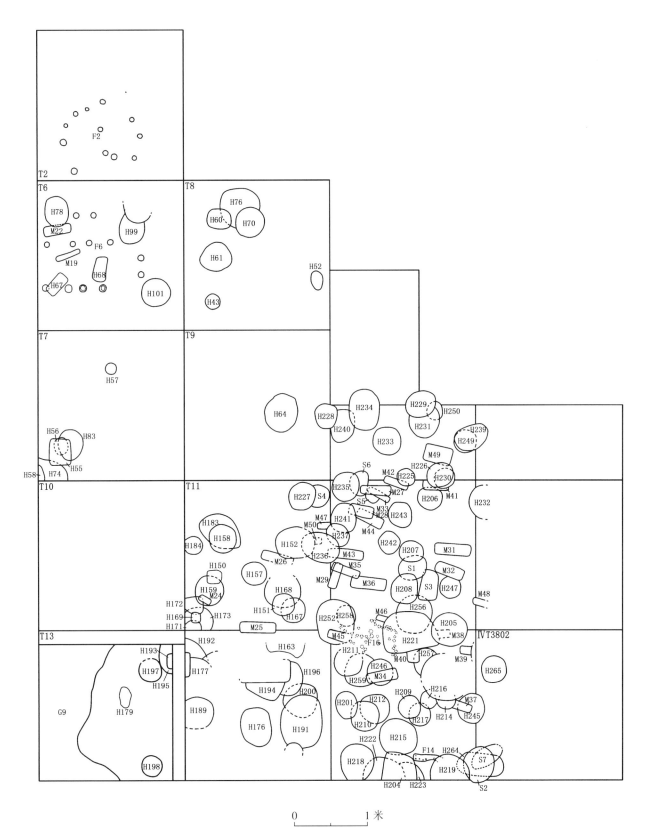

图 3-1 梁王城东区西周时期遗迹分布图

图 3-2　梁王城中区西周时期遗迹分布图

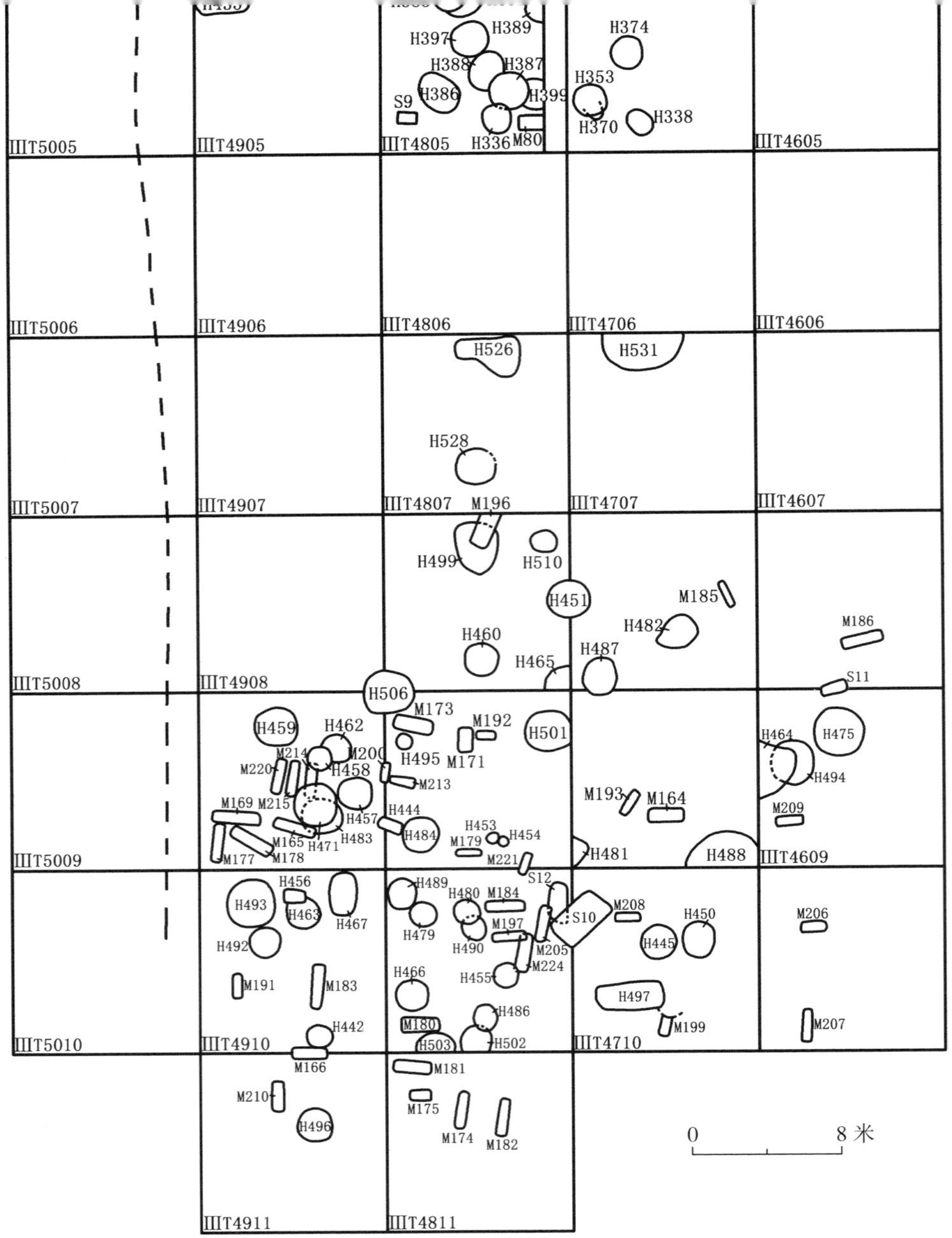

图 3-3　梁王城西区西周时期遗迹分布图

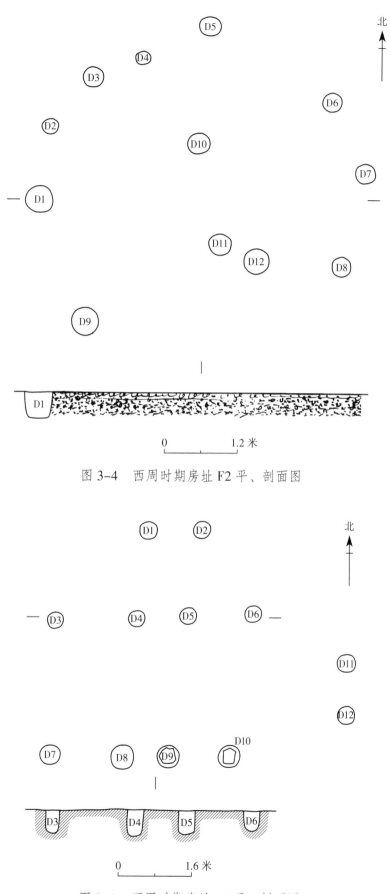

图 3-4　西周时期房址 F2 平、剖面图

图 3-5　西周时期房址 F6 平、剖面图

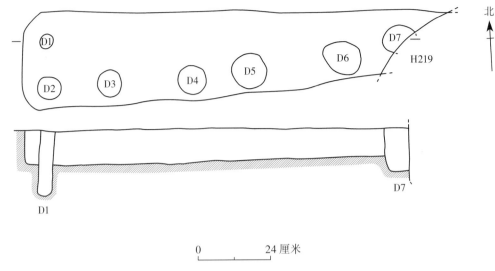

图 3-6　西周时期房址 F14 平、剖面图

F14

位于 T15 南部第 7 层面上，被 H219 打破。仅残留北壁基槽和部分柱洞，整体结构不明。现基槽为东西向长条形，西部保存完整，东部向南略转弯，被 H219 打破，基槽为直壁，平底，残长约 1.4、宽 0.2~0.3、深约 0.18 米。填土黄褐色，局部夹有草木灰。发现柱洞 7 个，均为直壁、圜底，直径 0.04~0.11、深 0.14~0.27 米。（图 3-6；图版一一，4）

F16

位于 T15 西北第 8 层面上，被 H221、H252、M45 打破。柱洞范围大致东西 4.5、南北 2.3 米，面积约 15 平方米。除北侧和东侧的柱洞分布可大致看出为房子的北墙及东墙外，其余柱洞的分布较为凌乱，房屋的整体结构不明，不排除房内分隔为多间的可能。39 个柱洞，多为直壁圜底，另有少量斜壁的柱洞，直径 10~20 厘米，深 12~27.5 厘米。柱洞填土为灰褐土，有零星红烧土粒。少数柱洞中包含有小陶片与小石块，陶片多泥质绳纹灰陶，可能为柱洞底部铺垫之用。没有发现居住面。（图 3-7；图版一○，2）

F19

位于Ⅲ T4704 南部第 7 层面上，被 H361 打破，打破 H404。整个房子被破坏较甚，经清理后露出大面积红烧土，红烧土范围东西 3.04、南北 3.7 米，厚 0.12~0.4 米，整个堆积西厚东薄，由西向东呈坡状堆积。红烧土面上未发现基槽及柱洞痕迹。清理完红烧土后，露出平整坚硬的居住面。居住面的北部发现柱石一块，柱石一部分暴露于居住面之上，一部分埋于地下，柱石周围未发现柱石坑。柱石长 22、宽 18、高 26 厘米。由于该房子破坏严重，清理的部分较少，对整个房子的结构还不甚明了。（图 3-8；图版一○，3）

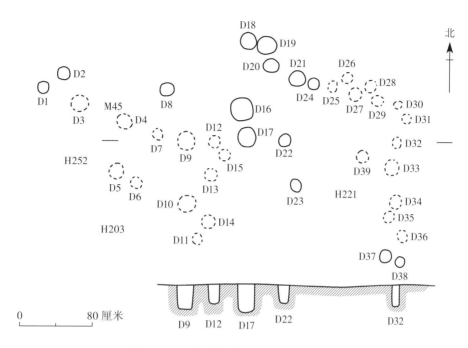

图 3-7　西周时期房址 F16 平、剖面图

图 3-8　西周时期房址 F19 平、剖面图

第二节　灰坑与灰沟

西周时期灰坑共计 209 个，东西两区均有分布。中区因发掘面积有限并未有灰坑揭露。其平面以圆形、椭圆形为主，另有部分圆形灰坑因被破坏或叠压，并未完全揭露，显示为半圆形，另外还有少量的长方形、长条形、不规则形、梯形、三角形等。灰坑的结构多为直壁、斜壁或斜直壁，平底、圜底或底部不甚平整。灰坑的尺寸大小不等，坑口径最大的超过 8 米，最小约 0.6 米，坑深 0.2~1.75 米不等。灰坑之间不仅叠压打破关系复杂，灰坑与其他遗迹，如墓葬、兽坑、房址，之间也存在着较为复杂的打破叠压关系。西周时期的灰沟仅 2 条，为 G9 和 G27。（参见图 3-1、3-2）

现将东西两区的典型灰坑和灰沟介绍如下。

一、东区灰坑与灰沟

H55

位于 T7 南部偏西，开口于第 6 层下，打破 H74 和第 7 层，叠压于 H56、H83 之上。坑口平面近似方形，直壁，平底。坑口南北长 2.1、东西宽 1.8、深 0.22 米。坑内堆积为灰色土，土质较软，含乳白色黏土。出土陶片以夹砂灰陶最多，次为夹砂红陶，纹饰多绳纹，偶见素面，可辨器形有罐口沿、罐腹片等。（图 3-9）

H60

位于 T8 西北部，开口于第 8 层下，打破 H76 和第 9 层。灰坑平面呈不规则形，直壁，平底。坑口长径 1.55、短径 1.2 米，坑深 0.35 米。坑内填土为黑黄色，土质较硬。出土陶片以夹砂灰陶为主，纹饰多绳纹，偶见素面及附加堆纹，可辨器形有鬲口沿、罐腹片、罐耳等。（图 3-10；图版一二，1）

H61

位于 T8 西部，开口于第 8 层下，打破第 9 层。坑口平面呈近不规则的圆形，直壁，平底。直径约 2.14、深 0.65 米。坑内堆积分为 2 层：第 1 层灰黑色土，土质较软，厚约 0.4 米；第 2 层黑土，土质较硬，厚约 0.26 米。两层出土的陶片基本一致，以夹砂灰褐陶和夹砂灰陶为主，可辨器形有鬲口沿、鬲腹片、罐口沿、罐腹片等。（图 3-11；图版一二，2）

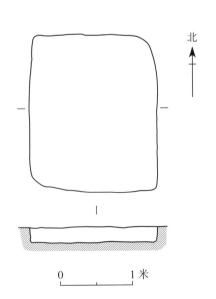

北

0　　　　1 米

图 3-9　西周时期灰坑 H55 平、剖面图

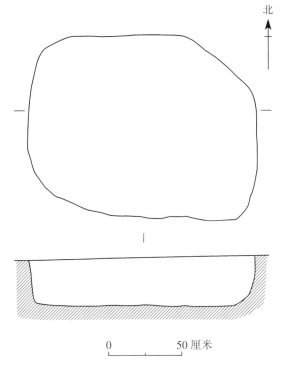

0　　　　　50 厘米

图 3-10　西周时期灰坑 H60 平、剖面图

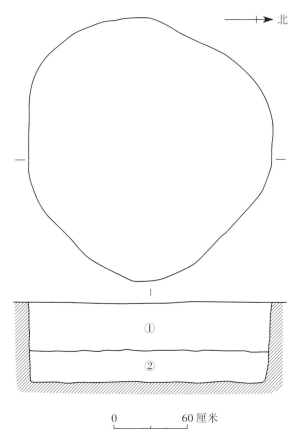

0　　　　　60 厘米

图 3-11　西周时期灰坑 H61 平、剖面图

H64

位于 T9 中部，开口于第 7 层下，打破第 8 层。该坑平面近椭圆形，在整体向下清理的过程中，发现坑内的西部、东北和东南角的堆积为坚硬的红烧土，其间夹杂炭灰及黄泥，明显区别于坑内其他部分的灰土堆积。坑口长径 2.33、短径 2.1 米，坑最深 0.48 米。坑内堆积分为 2 层：第 1 层即红烧土堆积，厚约 0.15 米，出土陶片细碎较少，陶片上发现有火燎痕迹，另出土骨镞 1 件；第 2 层为灰土，厚约 0.48 米，该层内未发现出土遗物。该灰坑较特殊，从第 1 层出土火燎的陶片看，不规则的红烧土范围可能是火塘，整个灰坑可能为一处窑址。（图 3-12）

H74

位于 T7 西南角，部分在探方西、南壁下未做清理，开口于第 8 层下，被 H55、H58 打破，直接打破生土层。已清理部分的坑口近扇形，直壁，平底。长径 1.63、短径 1.07、深 1.4 米。坑内堆积为灰黑色土，土质疏松。出土陶片以夹砂灰褐陶为主，少量夹砂灰陶和泥质灰陶，纹饰多绳纹，次为素面及附加堆纹，可辨器形有鬲口沿、鬲腹片、盆口沿、盆腹片等。（图 3-13；图版一二，3）

H101

位于 T6 东南角，开口于 G4 下，打破 F6、生土。坑口平面为圆形，小部分压于东隔梁下未做清理，直壁，平底。坑口直径 1.8 米，坑深 0.84 米。坑内填土为灰黑色，土质疏松。出土陶片多夹砂灰陶，纹饰以绳纹为主，可辨器形有鬲口沿、罐口沿、罐腹片等。（图 3-14；图版一二，4）

H150

位于 T11 探方中西部，开口于夯土台基下，

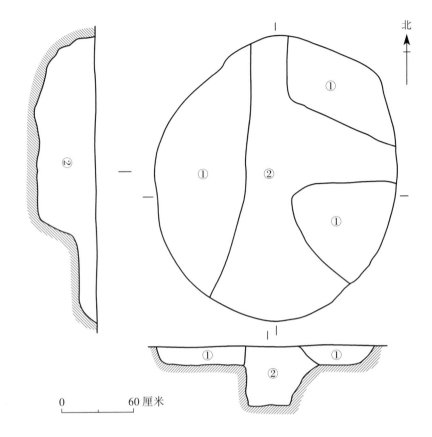

北

图 3-12　西周时期灰坑 H64 平、剖面图

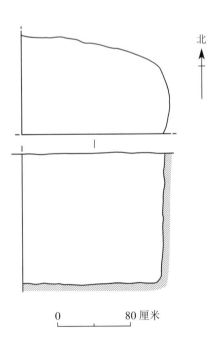

北

图 3-13　西周时期灰坑 H74 平、剖面图

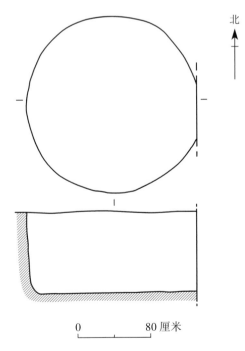

北

图 3-14　西周时期灰坑 H101 平、剖面图

打破 H159 及第 7 层。坑口平面呈圆角方形，斜壁，底不平。坑口长 0.9、宽 0.77 米，深 0.26 米。坑内填土为深灰色土，土质疏松。出土陶片较少，可辨器形有鬲口沿、鬲腹片等。（图 3-15；图版一二，5）

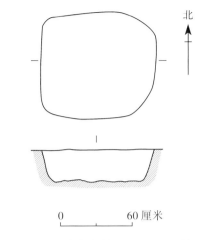

图 3-15　西周时期灰坑 H150 平、剖面图

H152

位于 T11 东北部，开口于夯土台基下，打破 M26、M50、H236 及第 7~10 层。坑口平面呈椭圆形，斜壁，平底。长径 2.5、短径 2.0、深 0.35 米。坑内填土为灰褐色夹杂黄土块，土质疏松。出土陶片以夹砂灰褐陶和红褐陶为主，可辨器形有鬲口沿、鬲腹片、罐口沿、罐腹片等。另含有零星蚌壳、兽骨等。（图 3-16；图版一二，6）

H163

位于 T14 北部，开口于夯土台基下，打破第 7 层。坑口平面为不规则形，弧壁，圜底。长 2.46、最宽 1.2、深 0.7 米。坑内填土为灰黑色土，土质疏松，夹杂大量草木灰。出土陶片不多，可辨器形有鬲口沿、罐口沿等。（图 3-17；图版一三，1）

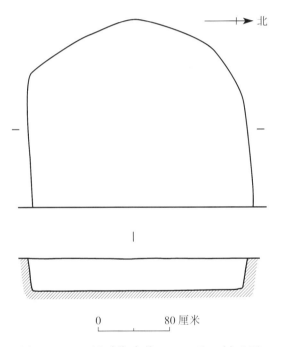

图 3-16　西周时期灰坑 H152 平、剖面图

H179

位于 T13 中部偏东处，开口于第 7 层下，打破第 9 层。坑口平面近椭圆形，弧壁，圜底。长径 1.7、短径 1.0、深 0.4 米。坑内填土呈灰黄色，土质疏松。出土完整陶盆 1 件。（图 3-18；图版一三，2）

H196

位于 T14 东北部，开口于第 8 层下，打破第 9 层，被 H194 打破，打破 H200。灰坑残存平面呈半圆形，直壁，平底。直径 2.35、深 0.45 米。坑内堆积为灰黑色土，土质疏松，夹杂大量草木灰。出土陶片以夹砂灰褐陶和红褐陶为主，有少量泥质陶，可辨器形有鬲、罐的腹片，出土完整陶罐 1 件。（图 3-19；图版一三，3）

H210

位于 T15 西部，开口于夯土台基下，打破 H212 及第 7 层，被 H201 打破。灰坑平面近圆形，直壁，平底。直径约 1.9、深 0.75 米。坑内堆积为青灰色土，土质松软，内夹杂零星烧土颗

粒及炭屑。出土陶片较多，陶片以夹砂灰陶为主，次为夹砂黑褐陶和红褐陶，陶片纹饰多绳纹，另有弦纹、瓦楞纹、附加堆纹等。可辨器形有罐口沿、罐腹片、盆腹片、簋腹片等。另有大量蚌壳及少量兽骨出土。（图3-20；图版一三，4）

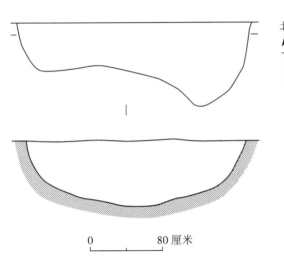

图 3-17　西周时期灰坑 H163 平、剖面图

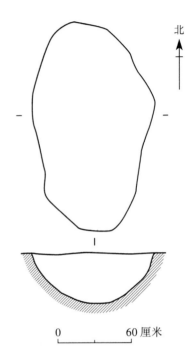

图 3-18　西周时期灰坑 H179 平、剖面图

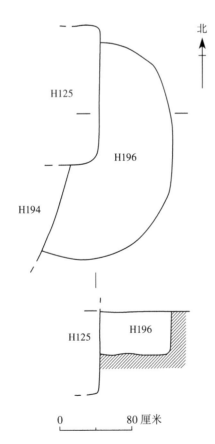

图 3-19　西周时期灰坑 H196 平、剖面图

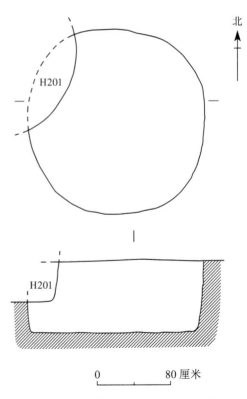

图 3-20　西周时期灰坑 H210 平、剖面图

H215

位于 T15 中部偏南，开口于第 6 层下，被 H204 打破。灰坑平面形状近圆形，直壁，平底。直径 2.6、深 1.1 米。坑内填土为青灰色土，土质松软，夹杂零星红烧土颗粒和草木灰。出土陶片较多，以夹砂灰褐陶为主，次为夹砂红褐陶及泥质灰陶，可修复陶鬲 2 件、陶罐 2 件、陶罍 1 件。另有蚌壳及兽骨等少量出土。（图 3-21；图版一三，5）

H227

位于 T11 东北角，开口于第 6 层下，打破 S4。灰坑平面近圆形，直壁，平底。直径约 1.9、深 0.48 米。坑内堆积为灰褐色土，土质疏松。出土泥质灰陶罐 1 件，出土陶片以夹砂灰褐陶为主，夹砂红褐陶次之，陶片纹饰基本为绳纹，偶见附加堆纹，可辨有鬲口沿、鬲足、罐底等。（图 3-22；图版一三，6）

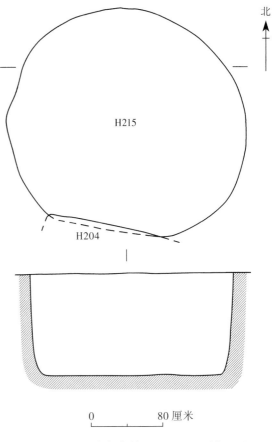

图 3-21　西周时期灰坑 H215 平、剖面图

H241

位于 T12 西部，开口于第 6 层下，打破第 7 层和 M28、M47，被 H237 打破。灰坑平面近圆形，直壁，平底。东西 1.87、南北 1.7、深 0.45 米。坑内堆积为灰黑色土，土质疏松。出土陶片较少，可辨器形有瓿腹片、罐口沿等。（图 3-23；图版一四，1）

H252

位于 T12 西南部，部分进入 T11、T14 及 T15 内，开口于第 6 层下，打破第 7 层和 H258、F16，被 M45 打破。坑口平面近椭圆形，斜壁，平底。坑口长径 3.0、短径 2.6、深 0.38 米。坑内填土为灰黑土，土质疏松。出土陶片较少，可辨器形有鬲口沿、罐口沿等。（图 3-24；图版一四，2）

G9

位于 T13 西半部分，向北、南、西均延伸出探方外，开口于夯土台基下，打破第 7 层至生土。沟口平面呈长条形，宽窄不一，弧壁，底近平，沟口最宽 5.0、最窄 2.6 米，沟深 1.7 米。沟内堆积为淤积土。出土陶片较多，以夹砂灰褐陶为主，次为夹砂红褐陶及泥质灰陶，纹饰多绳纹，另有弦纹及附加堆纹，可辨器形有鬲口沿、鬲腹片、鬲足、罐口沿、簋圈足等，可修复完整硬陶豆 1 件。（图 3-25；图版一四，3）

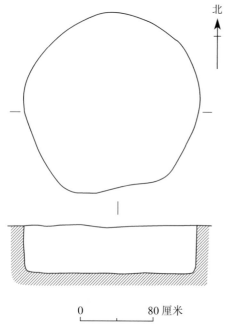

图 3-22　西周时期灰坑 H227 平、剖面图

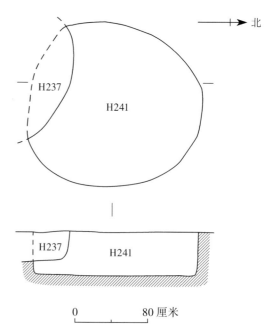

图 3-23　西周时期灰坑 H241 平、剖面图

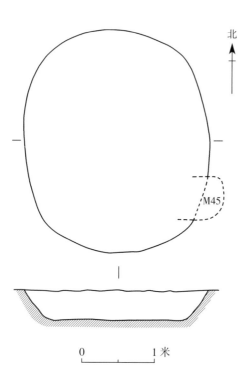

图 3-24　西周时期灰坑 H252 平、剖面图

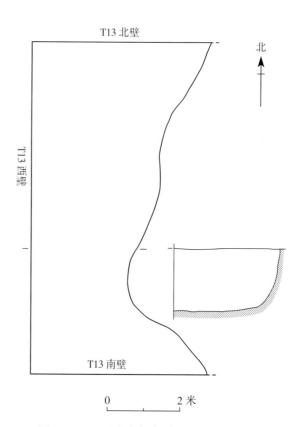

图 3-25　西周时期灰沟 G9 平、剖面图

二、西区灰坑与灰沟

H19

位于 T3 探方中部，开口于第 6 层下，打破第 7 层至生土。坑口平面圆形，直壁，平底。直径 2.12、深 0.62 米。坑内填土为灰绿色土，夹杂炭屑及烧土颗粒。坑内出土陶片较少，为夹砂灰褐陶及泥质灰陶，多绳纹及素面，可辨器形有鬲腹片、鬲足及罐腹片等。（图 3-26）

H23

位于 T3 东南部，开口于第 6 层下，打破第 7 层至生土。坑口平面圆形，斜直壁，平底，口小底大呈袋状。口径 2.5、底径 2.7、深 1.0 米。坑内填土为灰绿色。出土陶片多为夹砂红褐陶和夹砂灰褐陶，纹饰以绳纹为主，可辨器形有鬲腹片、罐腹片、钵口沿等。（图 3-27）

H62

位于 T4 东北，开口于第 5 层下，打破第 6 层。灰坑平面近椭圆形，弧壁，底近平。长径 2.7、短径 1.85、深 0.4 米。坑内填土为黑色土，土质疏松。出土陶片以夹砂灰陶和灰褐陶为主，纹饰多绳纹，可辨器形有鬲口沿、鬲足、鬲腹片、盆口沿、盆腹片等。另出土骨笄 1 件。（图 3-28；图版一四，5）

H73

位于 T4 东北角，开口于第 5 层下，打破第 6 层，叠压在 H90 上。部分在探方东、北隔梁内未

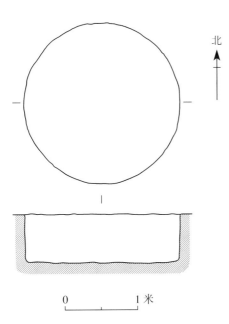

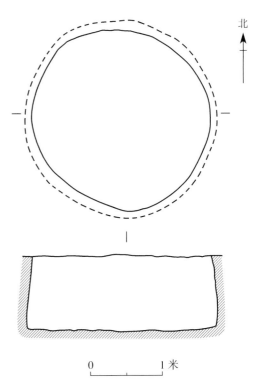

图 3-26　西周时期灰坑 H19 平、剖面图　　　　图 3-27　西周时期灰坑 H23 平、剖面图

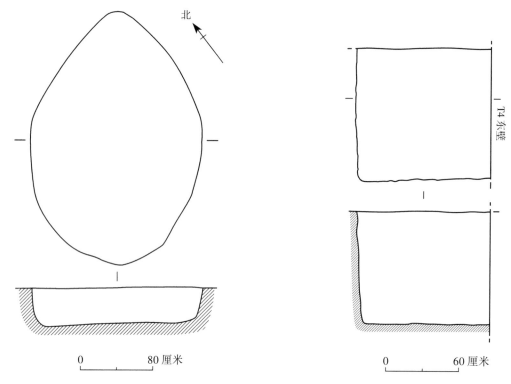

图 3-28　西周时期灰坑 H62 平、剖面图　　　　图 3-29　西周时期灰坑 H73 平、剖面图

做清理。已清理部分的坑口呈方形，直壁，平底。边长约 1.1、深约 0.9 米。坑内堆积为黑褐色土，土质细腻。出土陶片以夹砂灰陶为主，次为夹砂红褐陶。纹饰多绳纹，可辨器形有鬲口沿、罐口沿、环形罐耳、鬲足等。（图 3-29；图版一四，6）

H89

H89 位于 T5 中部，开口于第 6 层下，打破 H107、H109、第 7~10 层至生土层，叠压于 H108 上。灰坑平面为不规则的扇面，弧壁，圜底。长径 7.5、短径 2.5、深约 0.9 米。坑内堆积为青灰色土，夹杂黄色土斑，土质细密松软，夹有炭屑及红烧土颗粒。出土陶片多为夹砂灰褐陶，次为夹砂红褐陶。纹饰多绳纹，次为素面及附加堆纹，可辨器形有盆口沿、罐口沿、鬲足、篮底及环形器耳等。另有少量兽骨出土。（图 3-30）

H90

位于 T4 东北角，部分在探方东、北壁下的未做清理，开口于第 6 层下，叠压于 H73 之下，打破第 7 层。已清理部分的坑口略呈扇形，斜壁，平底。坑口半径约 4.4 米，坑深约 1.0 米。坑内填土为黑褐色土，土质松软。出土陶片较少，以夹砂灰褐陶和红褐陶为主，可辨器形有鬲口沿、罐腹片等。（图 3-31）

H362

位于 Ⅲ T4602 中部，开口于第 6 层下，打破第 7b、7c 层。坑口平面近梯形，直壁，底不平。

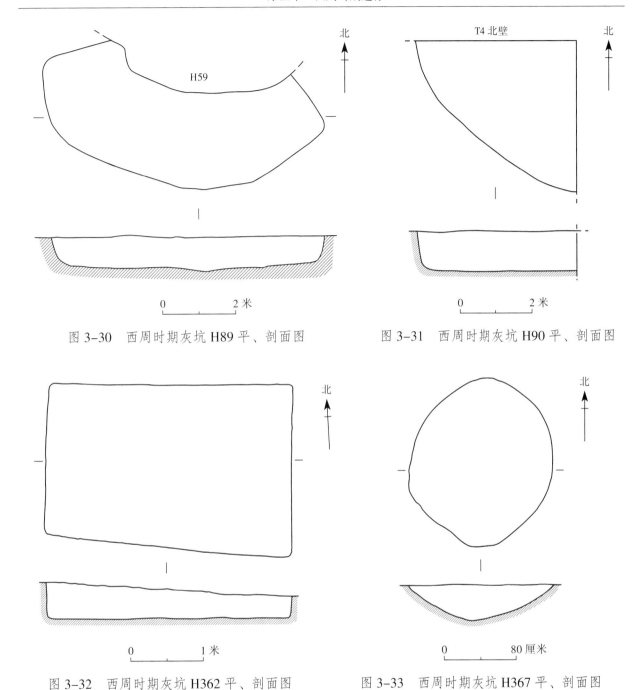

图 3-30　西周时期灰坑 H89 平、剖面图　　　图 3-31　西周时期灰坑 H90 平、剖面图

图 3-32　西周时期灰坑 H362 平、剖面图　　　图 3-33　西周时期灰坑 H367 平、剖面图

坑口西边长 2.0、东边长 2.3、东西长 3.3 米，坑深 0.27~0.45 米。坑内填土为灰褐色含水锈斑。出土陶片以夹砂灰褐陶和红褐陶为主，可辨器形有鬲、罐、盆等口沿、腹片，可修复大口器 1 件、盆 1 件。（图 3-32；图版一五，1）

H367

位于Ⅲ T4703 西南部，开口于第 6 层下，打破第 7b 层。坑口平面近椭圆形，弧壁，尖圆底。坑口长径 1.8、短径 1.6、深 0.38 米。坑内填土灰褐色。出土陶片较少，多为夹砂或泥质灰褐陶。（图 3-33；图版一五，2）

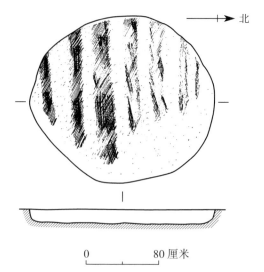

图 3-34　西周时期灰坑 H450 平、剖面图

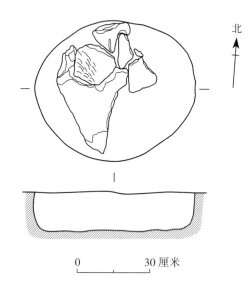

图 3-35　西周时期灰坑 H453 平、剖面图

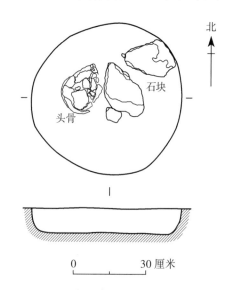

图 3-36　西周时期灰坑 H454 平、剖面图

H450

位于 Ⅲ T4710 中部略偏东北，开口于第 6 层下。坑口平面近椭圆形，破坏甚严，弧壁，底近平。坑口长径 2.02、短径 1.75 米，坑残深 0.15 米。坑内填土为深灰色土，土质松软。坑底用直径 10~16 厘米不等的圆木铺底，每根圆木间隔 10~20 厘米，圆木间用木板铺平，木板多残朽不见，原木依旧可见轮廓。坑内几乎不见遗物。（图 3-34；图版一五，3、4）

H453

位于 Ⅲ T4809 东南部，开口于第 7b 层下，打破 7c 层。坑口平面近椭圆形，弧凹壁，平底。坑口长径 0.66、短径 0.57 米，坑深 0.15 米。坑内堆积为青灰色土。未见陶片等出土，仅在坑底出土五块石头，似有意为之。（图 3-35；图版一五，5）

H453 紧邻同出石块且出人头骨的灰坑 H454，南距西周墓葬 M179 约 1 米，这三者之间或存在某种关系。

H454

位于 Ⅲ T4809 东南部，开口于第 7b 层下，打破 7c 层。坑口平面近圆形，弧凹壁，平底。坑口直径约 0.6 米，坑深约 0.1 米。坑内堆积为青灰色土。未见陶片等出土，在坑内发现一颗破碎人头骨以及三块石头。（图 3-36；图版一五，6）

H454 紧邻 H453 和 M179，三者之间或存在某种关系。

H461

位于 Ⅳ T4801 北部，开口于第 6 层下。灰坑平面呈椭圆形，直壁，平底。坑口长径 2.6、短径 2.2 米，坑深 1.6 米。坑内堆积为深灰色土，土质松软。出土陶片较多，以夹砂灰褐陶为主，少量夹砂红褐陶和泥质灰黑陶，可辨器形有鬲、罐口沿、罐腹片、簋圈足、簋腹片等，修复陶鬲 2 件、陶罍 1

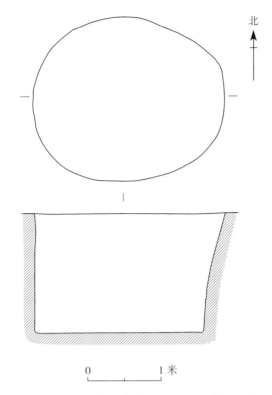

图 3-37　西周时期灰坑 H461 平、剖面图

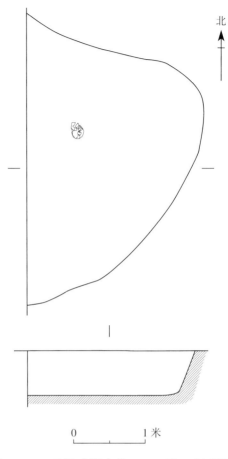

图 3-39　西周时期灰坑 H464 平、剖面图

件。（图 3-37；图版一六，1、2）

H462

位于 Ⅲ T4909 东部，开口于第 6 层下，打破第 7a、7b 层，被 H458 打破。灰坑平面呈圆形，弧壁，平底。坑口直径 1.75 米，坑深 0.7 米。坑内堆积为灰褐色土，土质较硬，含草木灰。出土陶片较少，多为夹砂灰褐陶和红褐陶，修复陶簋 1 件。（图 3-38；图版一六，3）

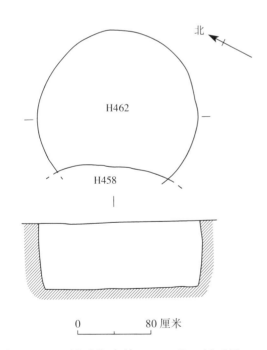

图 3-38　西周时期灰坑 H462 平、剖面图

H464

位于 Ⅲ T4609 中部偏西，部分压于西壁下，开口于第 6 层下，打破 H494。灰坑平面为不规则形，斜壁，平底。坑口最长 3.4、最宽 2.7 米，坑深 0.6 米。坑内堆积为深灰色土，土质松软。出土零星碎陶片。坑底中部略偏西南出土一颗人头骨。（图 3-39；图版一六，4~6）

H483

位于Ⅲ T4909 东南部，开口于第 7b 层下，被 H471、M165 打破，打破第 7c 层、第 8 层。灰坑平面近椭圆形，弧壁，圜底。坑口长径 2.1、短径 1.8 米，坑深 0.88 米。坑内堆积为青绿色土，土质细腻。出土陶片较少，修复陶簋、钵各 1 件。（图 3-40；图版一七，1）。

H492

位于Ⅲ T4910 西北部，开口于第 7b 层下。灰坑平面近圆形，斜直壁，平底，口小底大。坑口直径 1.5、深 0.95 米。坑内堆积为深灰色土，土质松软。出土陶片以夹砂灰褐陶和红褐陶为主，修复陶鬲、簋各 1 件。（图 3-41；图版一七，2）

H539

位于Ⅲ T4801 南部，开口于第 7 层下，打破第 8 层至生土层。平面近圆形，斜壁，平底。坑口直径 3.1 米，坑深 1.79 米。坑外围边缘有 4 个近圆形的柱洞，柱洞均打破灰坑边缘，一半在坑内。D1 长径 0.3、短径 0.26、深 1.9 米；D2 长径 0.32、短径 0.28、深 1.83 米；D3 长径 0.28、短径 0.24、深 1.8 米；D4 长径 0.28、短径 0.26、深 1.85 米。坑内填土为灰褐色土，土质较硬，夹杂有炭屑颗粒，坑内包含物极少。（图 3-42；图版一七，3、4）

H540

位于Ⅲ T4801 中部偏西，开口于第 7 层下，被 H472 打破。平面近圆形，直壁，平底。坑口直径 2.7 米，坑深 0.66 米。坑外围西缘有 2 个近圆形的柱洞，二柱洞均打破灰坑边缘，

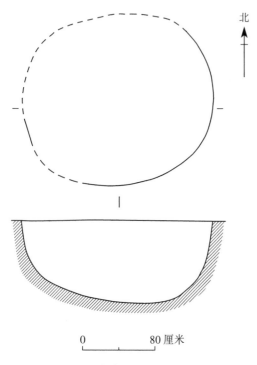

图 3-40　西周时期灰坑 H483 平、剖面图

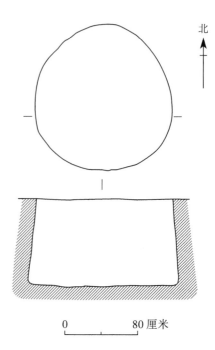

图 3-41　西周时期灰坑 H492 平、剖面图

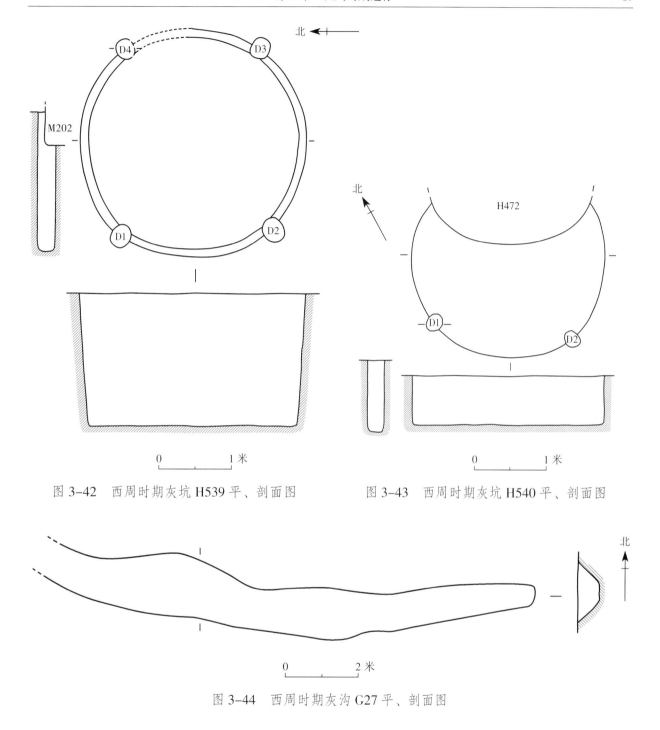

图 3-42　西周时期灰坑 H539 平、剖面图　　　图 3-43　西周时期灰坑 H540 平、剖面图

图 3-44　西周时期灰沟 G27 平、剖面图

且一半在坑内。D1 长径 0.26、短径 0.2、深 0.95 米；D2 长径 0.24、短径 0.2、深 0.94 米。坑内填土呈灰褐色，土质较硬，夹杂炭屑颗粒，几乎不见遗物。（图 3-43；图版一七，5、6）

G27

位于Ⅲ T4803、Ⅲ T4903 中部，开口于第 8 层下，打破第 9 层。灰沟平面呈不规则长条形，西—东走向，斜壁，底部略平。沟口东西长 13.75、南北宽 0.7~1.7 米，沟深 0.6 米。沟内填土为深灰色，土质松软。出土陶片较少，多为灰陶及红陶残片。（图 3-44；图版一四，4）

第三节　灰坑、灰沟及地层出土遗物

西周时期堆积是梁王城遗址历史时期堆积的重要组成部分，在"金銮殿"高台发掘区范围清理了大量西周时期的遗迹，同时在这些遗迹及地层中也出土了大量西周时期的遗物，除陶器陶片外，还有种类丰富的骨角器、石器以及少量的铜器等。其中，陶器（片）以夹细砂褐陶为主，器形常见造型丰富的鬲、罐、盆以及少量的甗、甑、钵，纹饰多竖向或斜向绳纹，间以弦纹或附加堆纹作隔断；簋、豆仍以泥质灰陶或黑陶为主，器表多磨光，偶饰细绳纹或弦纹；另外，还出土数量众多的纺轮、网坠等。铜器造型单一，仅有镞。骨器可见簪、镖、匕、镞等。石器常见锛、刀、斧、凿，新出现石权。

一、陶器

鬲　29 件。依据裆部特征可分为分裆、弧裆及平裆三类。

分裆鬲　13 件。空锥足，一般都有实足尖。依据器形大小略分两型。

A 型　9 件。根据足尖形态分两亚型。

Aa 型　3 件。有疙瘩状小实足尖。分两式。

Ⅰ 式　1 件。

T9⑧：1，整器呈长方体。夹砂灰褐陶。颈微束，深弧腹，裆内瘿。自颈部至足尖饰细绳纹，颈、肩部各有一道弦纹抹光。口径 18.3、高 19.5 厘米。（图 3-45，1；图版一八，1）

Ⅱ 式　2 件。整器趋于方体或扁方。

Ⅲ T4609⑦：3，夹砂灰褐陶。束颈，弧腹。颈部及足尖饰绳纹，肩部一道弦纹抹光。口径 17.6、高 15.6 厘米。（图 3-45，2；图版一八，2）

Ⅲ T4801⑦：1，夹砂灰褐陶。束颈，弧腹，疙瘩状足尖略残。自颈部至足部饰绳纹，是否施至足尖未知。口径 12.9、残高 13.1 厘米。（图 3-45，3；图版一八，3）

Ab 型　6 件。其中 5 件标本的足尖残，但从器物的足部形态来看，足尖应较长较宽，非小疙瘩状。分两式。

Ⅰ 式　2 件。器形较规整，裆部较高，整器近长方体。

H461：5，泥质灰褐陶。自颈部至足尖饰竖向绳纹，裆底饰横向绳纹，肩部一道弦纹抹光。口径 16.1、残高 16.7 厘米。（图 3-46，1；图版一八，4）

Ⅲ T4710⑦b：1，足尖残。唇面内侧有一道凸棱，自颈部至足部饰交错绳纹，肩部一道弦纹抹光。口径 16.2、残高 14.5 厘米。（图 3-46，2；图版一八，5）

Ⅱ 式　4 件。器形不甚规整，制作较随意，裆部趋矮，整器近方体或扁方。

Ⅲ T4811⑦：1，夹砂灰褐陶。侈口，圆唇，颈微束，弧腹，弧裆，裆内瘿较甚，空锥状足，足尖略残。自颈部至足部饰绳纹，是否施至足尖未知。口径 15.1、高 14.6 厘米。（图 3-46，3；图版一八，6）

T14⑦：3，夹砂灰褐陶。深弧腹，足尖残。自颈部至足部饰竖向绳纹，裆部饰横向绳纹。

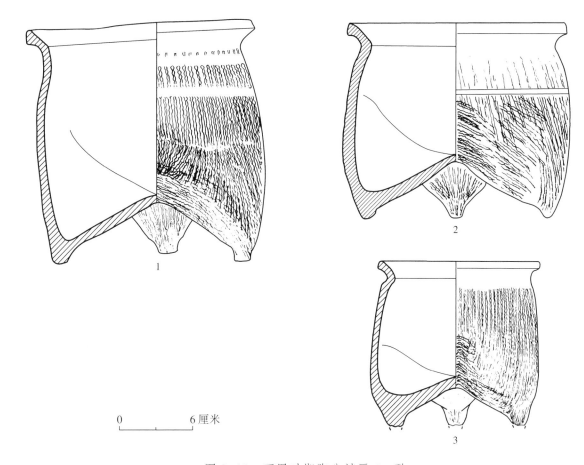

0 ————— 6厘米

图 3-45　西周时期陶分裆鬲 Aa 型

1. Ⅰ式（T9⑧：1）　2、3.Ⅱ式（Ⅲ T4609⑦：3、Ⅲ T4801⑦：1）

口径 19.4、残高 19.8 厘米。（图 3-46，4；图版一九，1）

　　Ⅲ T4810⑦a：1，夹砂灰褐陶。口残。束颈，足尖残。自颈部至足部饰交错绳纹。残高 13.2 厘米。（图 3-46，5；图版一九，2）

　　T7⑦：1，侈口，短折沿，唇面一道凹槽，颈微束，腹较直，裆内瘪，空锥状足略瘦，实足跟较高。自颈部至足尖饰竖向绳纹，瘪裆处饰横向绳纹。口径 11.0、高 8.9 厘米。（图 3-46，6；图版一九，3）

　　B 型　4 件。根据整器形态分为两亚型。

　　Ba 型　3 件。整体近方或略长方体，口、腹径相当，鼓腹，肥足，足尖较短。

　　H215：3，夹砂灰褐陶。自沿下至足尖饰竖向绳纹，肩部一道弦纹抹光。口径 34.1、高 33.2 厘米。（图 3-47，1；图版一九，4）

　　H215：2，夹砂灰褐陶。唇面一道凹槽，自颈部至足尖饰竖向绳纹，裆部饰斜向绳纹，肩部一周捺窝，以弦纹抹光相连。口径 28.6、高 33.6 厘米。（图 3-47，2；图版一九，5）

　　H461：10，泥质灰褐陶。自沿下至足尖饰竖向绳纹，裆底饰横向绳纹，肩部一周捺窝，颈部一周弦纹抹光。口径 26.9、残高 27.3 厘米。（图 3-47，4；图版一九，6）

　　Bb 型　1 件。

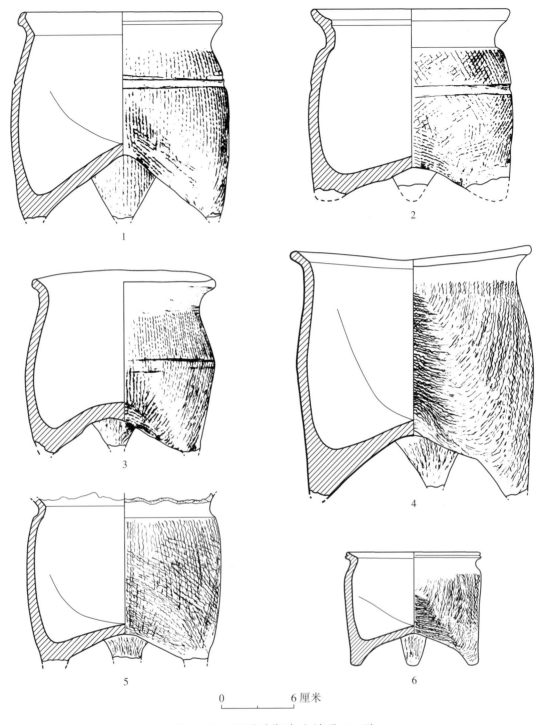

图 3-46　西周时期陶分裆鬲 Ab 型

1、2. Ⅰ式（H461：5、Ⅲ T4710⑦b：1）　3~6. Ⅱ式（Ⅲ T4811⑦：1、T14⑦：3、Ⅲ T4810⑦a：1、T7⑦：1）

Ⅳ T3904⑦：1，小口，宽肩，弧腹，高裆，空锥状足略肥，实足尖较高。自肩部至足尖饰竖向绳纹，裆部饰斜向绳纹。口径 16.8、高 32.4 厘米。（图 4-47，3；图版二〇，1）

弧裆鬲　11 件。依据整器形态可分为四型。

A 型　5 件。整器近方或略长方体，口与最大腹径相当，裆部较高，实足较高。分两式。

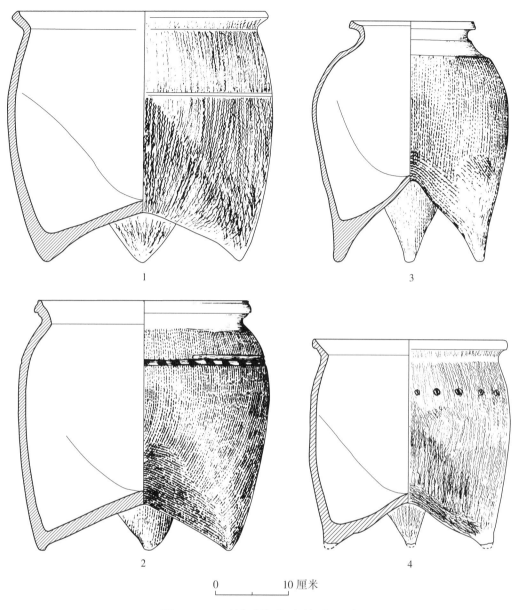

0 ————— 10 厘米

图 3-47　西周时期陶分裆鬲 B 型

1、2、4.Ba 型（H215：3、H215：2、H461：10）　3.Bb 型（Ⅳ T3904⑦：1）

Ⅰ式　3 件。侈口，卷沿，整器近方体，口径略大于最大腹径。

H81：1，自颈部至足尖饰竖向绳纹。口径 21.6、高 18.0 厘米。（图 3-48，1；图版二〇，2）

H181①：5，自肩部至足尖饰竖向绳纹，裆底饰横向绳纹。口径 17.1、高 16.0 厘米。（图 3-48，2；图版二〇，3）

H181①：3，口径略大于最大腹径，整器略呈扁方，颈部较高，弧裆较矮，实足尖较矮且残。肩部以下及足饰竖向绳纹，肩部一道弦纹抹光。口径 17.7、残高 14.7 厘米。（图 3-48，4；图版二〇，4）

Ⅱ式　2 件。侈口，短卷沿，整器略呈长方体，口径小于最大腹径。

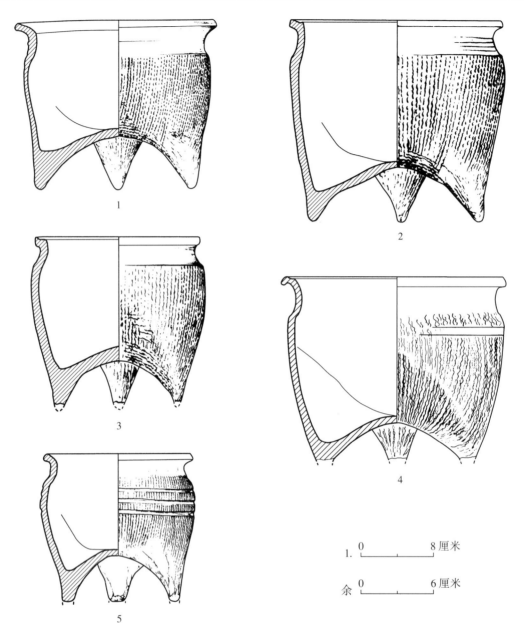

图 3-48　西周时期陶弧裆鬲 A 型

1、2、4. I 式（H81：1、H181①：5、H181①：3）　3、5. II 式（T1⑥：3、H185：1）

　　T1⑥：3，自颈部至足尖饰竖向绳纹，裆底部饰斜向绳纹。口径 13.4、高 13.0 厘米。（图 3-48，3）

　　H185：1，足尖略残。自颈部至足尖饰竖向绳纹，裆底未饰绳纹，肩部三道弦纹抹光。口径 11.7、残高 12.0 厘米。（图 3-48，5；图版二〇，5）

　　B 型　1 件。

　　III T4909⑦ b：1，夹砂灰褐陶，大口，宽折沿，口径大于最大腹径，裆较低，矮足。颈部至足尖饰竖向绳纹，裆部绳纹横拍。口径 13.8、高 12.0 厘米。（图 3-49，1；图版二〇，6）

　　C 型　1 件。

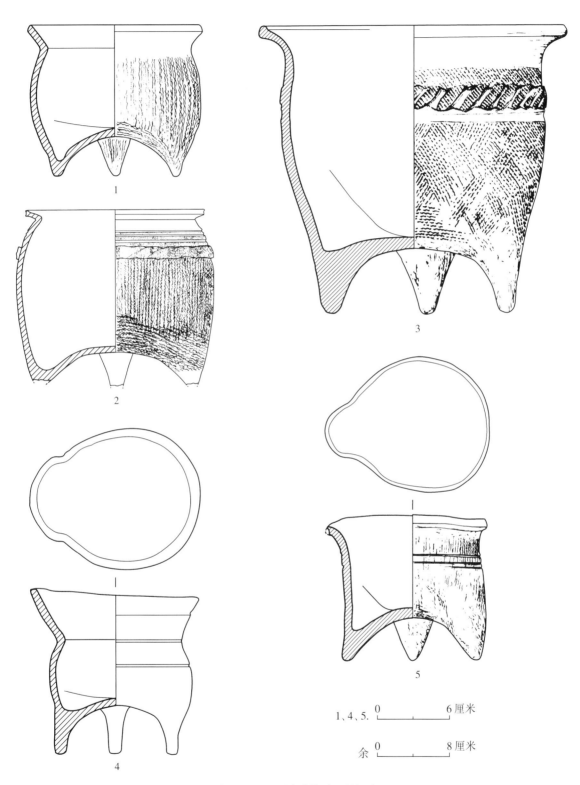

图 3-49　西周时期陶弧裆鬲

1.B 型（Ⅲ T4909⑦b：1）　2.C 型（G4③：9）　3.D 型（Ⅲ T4809⑦c：1）　4、5.E 型（Ⅲ T4710⑦a：3、T9⑧：2）

G4③：9，侈口，折沿，方唇内凹，束颈，圆肩圆腹，弧裆近平，空锥状足较肥，足尖残。自肩部至足饰竖向绳纹，裆部饰斜向绳纹，肩部三道弦纹抹光及一周附加堆纹。口径19.8、残高18.7厘米。（图3-49，2；图版二一，1）

D型　1件。

Ⅲ T4809⑦c：1，夹砂陶，红褐参半。整体长方形，口径大于最大腹径，矮颈，大敞口，圆唇，颈微束，弧腹，弧裆，空锥状足不显，实足跟较高。自颈部至足尖饰交错绳纹，裆部饰横向绳纹，肩部一周附加堆纹。口径33.7、高30.4厘米。（图3-49，3；图版二一，2）

E型　2件。口部有短流。

Ⅲ T4710⑦a：3，泥质灰陶。侈口，高颈，弧腹，弧裆较高，柱状实足。颈部一道折痕，颈、肩处及腹部各有一道凹弦纹。口径11.3~14.0、高13.0厘米。（图3-49，4；图版二一，3）

T9⑧：2，泥质灰陶。口微侈，无颈，直腹，弧裆，空锥状足，足尖较高。自颈部至足尖饰凌乱浅绳纹，肩部两道不规则的弦纹抹光。口径10.5~13.5、高11.7厘米。（图3-49，5；图版二一，4）

平裆鬲　5件。依整体特征略分三型。

A型　2件。大口，束颈，溜肩，空锥足较肥厚。

G4③：8，自颈部至足饰竖向绳纹，足尖不施纹饰，接足处无绳纹断开。口径23.0、高24.2厘米。（图3-50，1；图版二一，5）

H182：1，夹砂陶，红褐参半。沿下至足尖饰竖向绳纹，裆底饰斜向绳纹，腹中部接足处施一周附加堆纹。口径25.5、高29.3厘米。（图3-50，2；图版二一，6）

B型　2件。大口，短颈，腹、足壁较直。分两式。

Ⅰ式　1件。

H44：2，夹粗砂陶，红褐参半。颈、肩部不显。自颈部至足尖饰竖向绳纹。口径19.5、高21.3厘米。（图3-50，4；图版二二，1）

Ⅱ式　1件。

G4③：14，夹砂红褐陶。束颈，耸肩。颈、腹部饰斜向绳纹，足部饰竖向绳纹至足尖。口径19.4、高19.8厘米。（图3-50，3；图版二二，2）

C型　1件。

G1②：2，整体近球形，足尖短小内收。自颈部至足尖饰绳纹，纹饰较深，接足处绳纹不显。口径16.4、高16.1厘米。（图3-50，5；图版二二，3）

鬲口沿　18件，依据口、颈部特征可分为四型。

A型　4件。侈口，圆唇，口沿内外面略弧且无凹槽或折痕，束颈，鼓肩。

T2⑥：4，颈部以下饰竖向绳纹。口径19.2、残高4.8厘米。（图3-51，1）

H101：1，颈部以下饰间断绳纹。口径13.2、残高2.9厘米。（图3-51，2）

H150：1，肩部以下饰间断竖向绳纹。口径16.8、残高8.0厘米。（图3-51，3）

T2⑥：6，颈部以下饰竖向绳纹。口径27.6、残高8.0厘米。（图3-51，8）

B型　8件。侈口，方唇，唇外折痕明显，沿内侧斜直无凹槽或折痕，束颈。

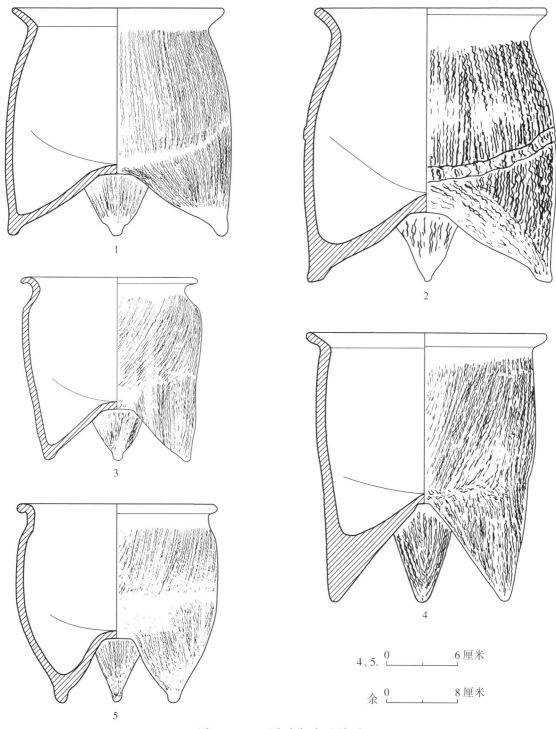

图 3-50　西周时期陶平裆鬲

1、2. A 型（G4③：8、H182：1）　3. B 型 II 式（G4③：14）　4. B 型 I 式（H44：2）　5. C 型（G1②：2）

H60 ：3，鼓肩，弧腹。颈部以下饰间断绳纹。口径 20.5、残高 11.3 厘米。（图 3-51，4）

H61 ：1，鼓肩。弧腹。沿下饰稀疏绳纹，颈部以下饰竖向绳纹，肩部一道弦纹抹光。口径 22.8、残高 8.8 厘米。（图 3-51，5）

H74 ：3，鼓肩较甚。颈部以下饰竖向绳纹。口径 21.2、残高 8.4 厘米。（图 3-51，6）

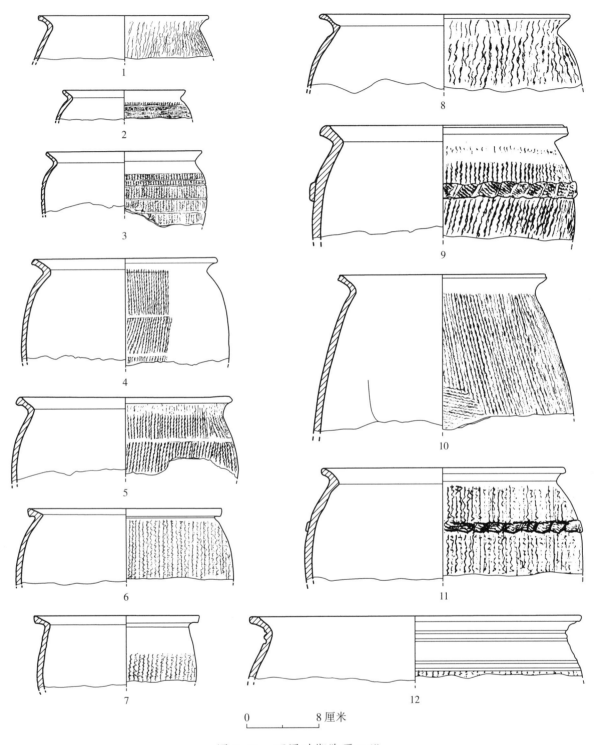

0　　　　　8厘米

图 3-51　西周时期陶鬲口沿

1~3、8. A 型（T2⑥：4、H101：1、H150：1、T2⑥：6）　4~7、9~12. B 型（H60：3、H61：1、H74：3、H90：2、T4⑥：2、Ⅳ T3904⑦：2、H252：3、H222：2）

H90 : 2，肩部以下饰竖向绳纹。口径 18.0、残高 7.1 厘米。（图 3-51，7）

T4 ⑥ : 2，鼓肩，肩部及以下饰竖向绳纹，肩部施一周附加堆纹。口径 26.1、残高 12.6 厘米。（图 3-51，9）

Ⅳ T3904 ⑦ : 2，溜肩，深弧腹，裆较高。颈部以下饰竖向绳纹，裆部饰横向绳纹。口径 22.0、残高 16.4 厘米。（图 3-51，10）

H252 : 3，鼓肩较甚。颈部以下饰竖向绳纹，肩部施一道附加堆纹。口径 26.5、残高 11.7 厘米。（图 3-51，11）

H222 : 2，颈、肩部各两道凹弦纹，肩部的凹弦纹以下饰绳纹。口径 36.6、残高 6.7 厘米。（图 3-51，12）

C 型 3 件。侈口，短折沿，唇外多有折痕，沿内侧斜直多有凹槽，直颈或微束颈，直腹。

H23 : 1，颈部饰稀疏浅绳纹，肩部一周捺窝纹，其下饰竖向绳纹。口径 34.5、残高 8.4 厘米。（图 3-52，1）

H74 : 1，沿内侧一道凹槽，颈部以下饰细间断绳纹。口径 29.4、残高 6.3 厘米。（图 3-52，2）

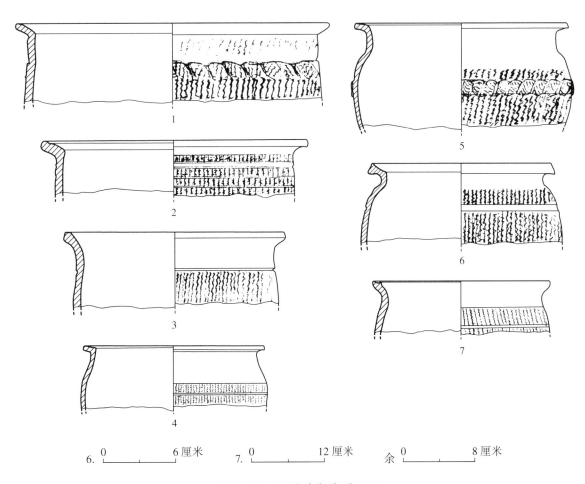

图 3-52 西周时期陶高口沿

1~3.C 型（H23：1、H74：1、H222：6） 4~6.D 型（H90：1、H152：1、H227：2） 7.E 型（H210：7）

H222：6，唇外侧折痕明显，肩部一道凹弦纹，其下饰竖向绳纹。口径24.2、残高8.0厘米。（图3-52，3）

D型　3件。侈口，短折沿，宽束颈，鼓肩。

H90：1，肩部以下饰竖向绳纹，其间一道弦纹抹光。口径20.0、残高7.0厘米。（图3-52，4）

H152：1，肩部及以下饰斜向绳纹，肩部施一周附加堆纹。口径23.2、残高11.2厘米。（图3-52，5）

H227：2，肩部一道弦纹抹光。口径14.7、残高6.4厘米。（图3-52，6）

E型　1件。

H210：7，大口，唇面一道凹槽，束颈，肩略弧。肩部以下饰斜向绳纹，其间一道弦纹抹光。口径29.9、残高8.7厘米。（图3-52，7）

鬲足　15件。依据足尖形态可大致分为三型。

A型　5件。足尖较短，足尖呈较明显的细疙瘩状。竖向绳纹一般均施至足尖。

H19：1，残高5.7厘米。（图3-53，1）

H196：4，残高4.5厘米。（图3-53，2）

H89：6，足尖略残。残高4.5厘米。（图3-53，3）

H89：7，残高7.6厘米。（图3-53，4）

H252：1，残高9.4厘米。（图3-53，5）

B型　7件。足尖细长。竖向或斜向绳纹多施至足尖。

H101：6，残高6.4厘米。（图3-53，6）

H101：4，残高6.6厘米。（图3-53，7）

H222：9，残高7.0厘米。（图3-53，8）

H23：4，足施交错绳纹。残高7.3厘米。（图3-53，9）

H23：3，残高6.0厘米。（图3-53，10）

H89：9，残高7.1厘米。（图3-53，11）

H152：5，残高4.4厘米。（图3-53，12）

C型　3件。短足，足尖圆钝。绳纹一般均施至足尖。

ⅢT4708⑦b：2，足尖略残，残高5.2厘米。（图3-53，13）

H89：8，残高6.2厘米。（图3-53，14）

H107：4，残高4.7厘米。（图3-53，15）

簋　完整器4件，陶片标本3件。依据器物及纹饰风格特征可分为四型。

A型　2件。厚唇。沿内侧有细弦纹，肩部饰网状划纹。

H462：1，泥质黑灰陶。敞口，方圆唇，颈微束，弧腹略垂，矮圈足。颈部饰两周凹弦纹，其间饰网状刻划纹，腹下部饰稀疏的浅绳纹。口径23.4、足径15.4、高17.1厘米。（图3-54，1；图版二二，4）

H483：2，泥质灰陶。敞口，弧腹，矮圈足。腹、足部外侧共饰四道凹弦纹，第一与第

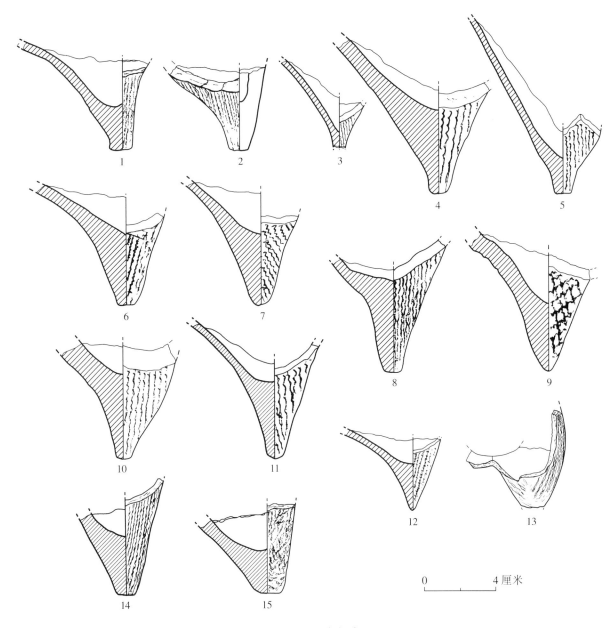

图 3-53 西周时期陶高足

1~5. A 型（H19：1、H196：4、H89：6、H89：7、H252：1） 6~12. B 型（H101：6、H101：4、H222：9、
H23：4、H23：3、H89：9、H152：5） 13~15. C 型（ⅢT4708⑦b：2、H89：8、H107：4）

二道凹弦纹之间饰网状刻划纹，其上堆贴泥饼三个。口径 19.6、足径 11.7、高 14.5 厘米。（图
3-54，4；图版二二，5）

B 型　2 件。垂腹，腹部多饰细绳纹。

ⅢT4710⑦b：3，泥质灰褐陶。侈口，尖圆唇，颈微束，圆弧腹，圈足较高。肩、腹
及圈足处饰多道弦纹，腹部饰断断续续的浅绳纹。口径 17.7、足径 11.1、高 15.0 厘米。（图
3-54，2；图版二三，1）

ⅣT3904⑧：1，口沿残，深鼓腹，圈足极矮。肩部两周弦纹，腹部饰斜向细绳纹。足

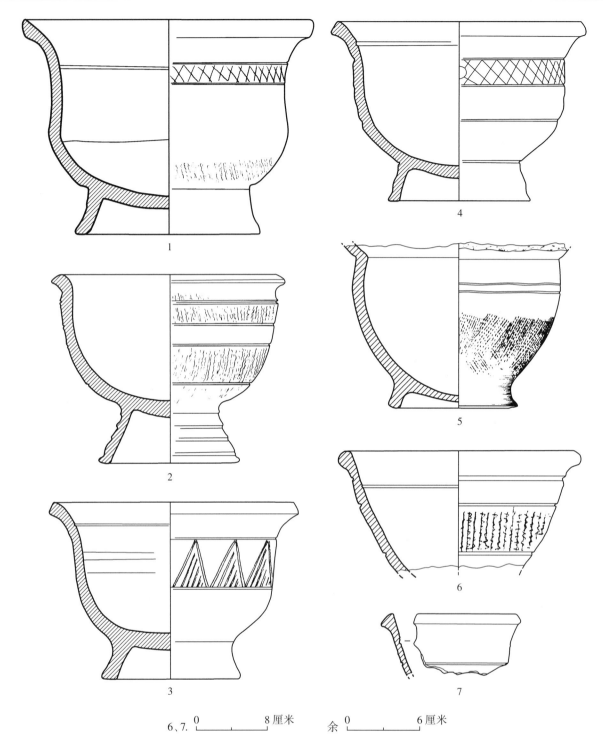

6、7.　0 ——— 8厘米　　余 0 ——— 6厘米

图 3-54　西周时期陶簋

1、4. A 型（H462：1、H483：2）　2、5. B 型（Ⅲ T4710⑦b：3、Ⅳ T3904⑧：1）　3. D 型（H492：2）　6、7. C 型（T12⑧：1、H243：1）

径 10.1、残高 13.2 厘米。（图 3-54，5；图版二三，2）

C 型　2 件。斜弧腹。腹部饰细绳纹或素面。

T12⑧：1，圆厚唇，斜腹，圈足残。肩部一道凹弦纹，腹上下各一道凹弦纹，弦纹中

间饰竖向细绳纹。口径24.8、残高12.4厘米。（图3-54，6）

H243：1，泥质灰褐陶。侈口，厚方唇，斜腹。腹部残存一周凹弦纹。残高6.6厘米。（图3-54，7）

D型　1件。厚唇。沿内侧有细弦纹，肩部饰刻划三角形纹。

H492：2，泥质灰褐陶。敞口，厚方唇，弧腹微垂，矮圈足。口沿内壁饰一周凹弦纹，器腹外侧颈、腹部各饰一周凹弦纹，其间饰刻划三角纹。口径20.0、足径11.7、高14.1厘米。（图3-54，3；图版二二，6）

豆　完整器2件，陶片标本2件。依据豆盘形态可将其分为两型。

A型　3件。直口或口微敛，盘壁较直，盘腹较深。

T7⑨：1，泥质灰黑陶。直口，尖圆唇，盘腹略深，粗柄，喇叭形圈足。盘壁外侧三道凸弦纹，残剩一个泥饼，盘心刻一龟形纹饰，柄部三道凹弦纹。口径15.6、足径12.9、高16.1厘米。（图3-55，1；图版二三，3）

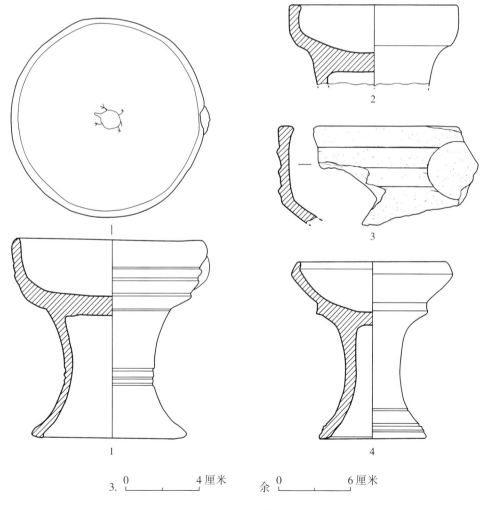

图3-55　西周时期陶豆

1~3. A型（T7⑨：1、H233：3、H237：1）　4. B型（Ⅲ T4604⑧：1）

H233：3，泥质灰陶。口微敛，方圆唇，盘腹略浅，柄及圈足残。口径 14.2、残高 6.3 厘米。（图 3-55，2）

H237：1，敛口，直壁，柄及圈足残。盘壁外侧残留三道凸弦纹及一个泥饼。残高 5.2 厘米。（图 3-55，3）

B 型 1 件。敛口，弧壁，浅盘。

Ⅲ T4604 ⑧：1，泥质灰陶。敛口，尖唇，斜壁，盘腹略深，细柄，喇叭形圈足。盘壁外侧一道凸棱，圈足三道细弦纹。口径 12.3、足径 9.0、高 14.3 厘米。（图 3-55，4；图版二三，4）

罐 完整器 8 件。根据器物整体特征分五型。

A 型 3 件。绳纹圆腹罐。夹砂灰陶。略分两式。

Ⅰ 式 2 件。肩部圆弧，深弧腹，小底内凹。器身满饰细绳纹，其间以弦纹或附加堆纹隔断。

H215：6，夹砂灰陶。侈口，沿外折，尖唇，束颈，深弧腹，凹底。自颈部至底部饰绳纹，近底部绳纹较乱，肩、腹部有三道弦纹抹光。口径 16.8、底径 10.4、高 35.3 厘米。（图 3-56，1；图版二四，1）

H215：5，夹砂灰陶。侈口，短折沿，方唇，束颈，深弧腹，凹底。自颈部至底部饰绳纹，腹中部绳纹较乱，肩部施一周附加堆纹，肩、腹部有四道弦纹抹光。口径 19.6、底径 11.2、高 44.6 厘米。（图 3-56，3；图版二四，2）

Ⅱ 式 1 件。肩部略折，小平底。

H196：1，夹砂灰陶。侈口，圆唇，束颈，弧腹，平底。肩部以下饰交错绳纹。口径 17.4、底径 9.7、高 32.0 厘米。（图 3-56，2；图版二四，3）

B 型 1 件。双耳罐。

Ⅲ T4802 ⑦：1，敛口，筒形，大平底微内凹。肩部一对疙瘩状小錾。器表饰粗疏绳纹。口径 9.7、底径 11.4、高 13.2 厘米。（图 3-57，1；图版二四，4）

C 型 1 件。泥质灰陶罐。

Ⅲ T4801 ⑦：2，口近直，尖圆唇，沿面内侧内凹，束颈，鼓肩，深弧腹，底微凹。口径 7.7、底径 4.7、高 10.2 厘米。（图 3-57，3）

D 型 2 件。

H227：1，侈口，圆唇，弧肩，弧腹，平底。口径 10.1、底径 8.1、高 14.8 厘米。（图 3-57，2）

H367：1，泥质灰陶。侈口，尖圆唇，束颈，溜肩，深弧腹，平底。肩部及底饰稀疏竖向绳纹。口径 9.8、底径 6.0、高 11.7 厘米。（图 3-57，4）

E 型 1 件。

T8 ⑧：1，侈口，短折沿，束颈，折肩，折腹，下腹斜收，平底。口径 11.3、底径 8.5、高 11.7 厘米。（图 3-57，5）

罐口沿 24 件。均为泥质或夹细砂灰陶或灰褐陶。依据口、颈、肩部等特征，分为五型。

A 型 9 件。口近直或微侈，高颈。

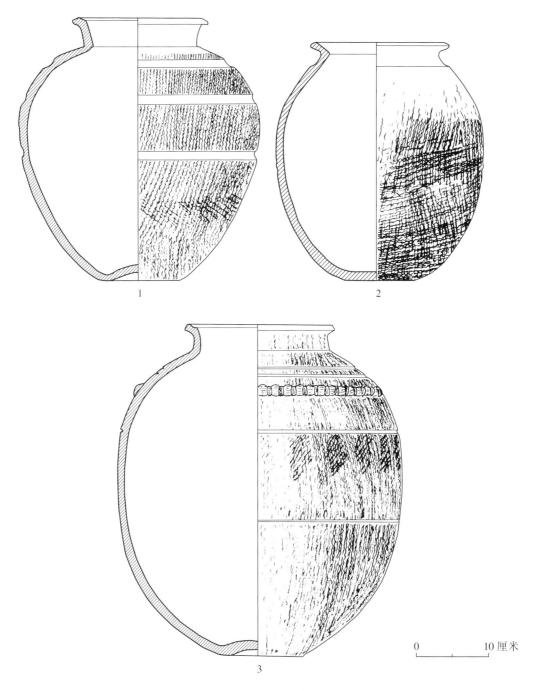

图 3-56　西周时期陶罐

1、3. A 型 I 式（H215：6、H215：5）　　2. A 型 II 式（H196：1）

T2 ⑥：22，圆唇，唇面一道凹槽。口径 18.5、残高 6.0 厘米。（图 3-58，1）

H61：2，圆唇，肩部及以下饰竖向绳纹。口径 14.2、残高 5.9 厘米。（图 3-58，2）

H101：3，唇外翻，圆唇。口径 20.4、残高 5.4 厘米。（图 3-58，3）

H189：1，短平沿，方唇外翻。口径 11.0、残高 6.0 厘米。（图 3-58，4）

H203：3，颈部饰弦纹。口径 20.0、残高 8.0 厘米。（图 3-58，5）

H203：4，肩部以下饰竖向绳纹。口径 10.2、残高 5.4 厘米。（图 3-58，6）

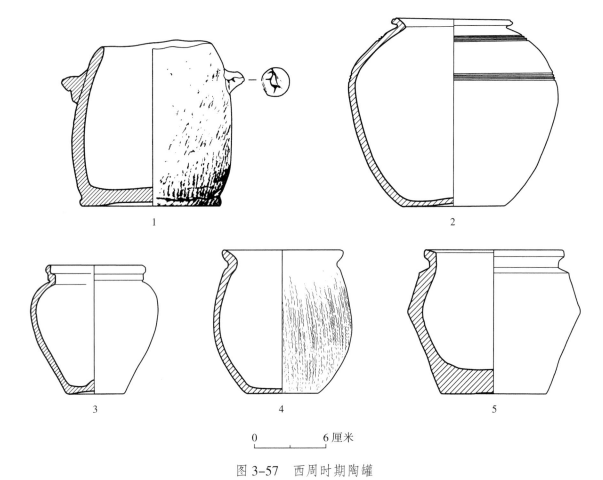

图 3-57　西周时期陶罐

1. B 型（Ⅲ T4802 ⑦：1）　2、4. D 型（H227：1、H367：1）　3. C 型（Ⅲ T4801 ⑦：2）　5. E 型（T8 ⑧：1）

H210：8，短沿，方唇。肩部及以下饰竖向绳纹，肩部一道弦纹。口径 17.7、残高 7.1 厘米。（图 3-58，7）

H210：9，圆唇，唇面一道凹槽，肩部及以下饰竖向稀疏绳纹。口径 23.8、残高 6.6 厘米。（图 3-58，8）

H246：4，圆唇，唇面一道凹槽。口径 13.2、残高 6.4 厘米。（图 3-58，9）

B 型　5 件。侈口，矮束颈，溜肩。

H89：5，唇面一道凹槽，颈部以下饰竖向绳纹。口径 22.7、残高 6.8 厘米。（图 3-58，10）

H163：2，肩部以下饰竖向绳纹，肩部一道弦纹。口径 16.2、残高 9.9 厘米。（图 3-58，11）

H233：5，宽折沿，方唇。肩部饰间断绳纹。口径 26.5、残高 7.6 厘米。（图 3-58，12）

H203：2，折沿，沿面内侧微凹。颈部以下饰间断绳纹。口径 9.8、残高 3.6 厘米。（图 3-58，13）

H241：2，口径 17.2、残高 4.5 厘米。（图 3-58，14）

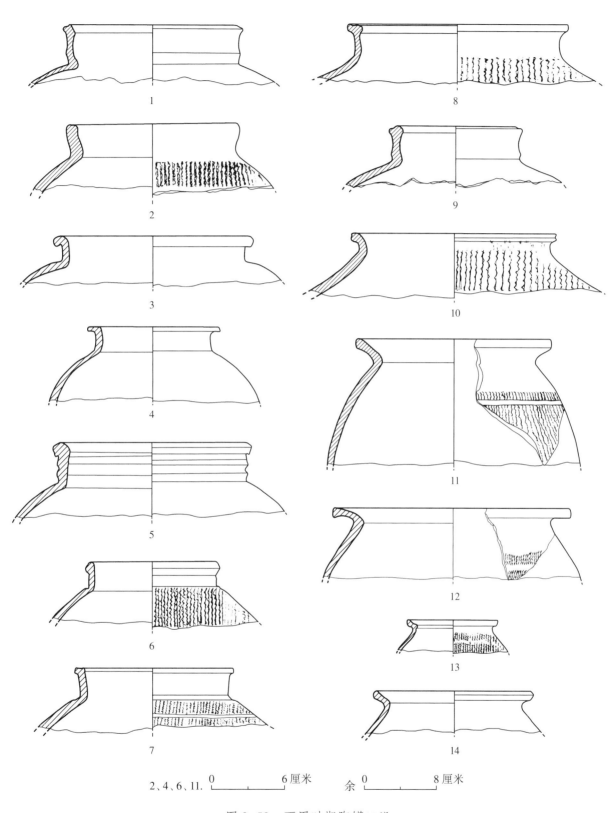

图 3-58　西周时期陶罐口沿

1~9. A 型（T2⑥：22、H61：2、H101：3、H189：1、H203：3、H203：4、H210：8、H210：9、H246：4）
10~14. B 型（H89：5、H163：2、H233：5、H203：2、H241：2）

C 型　6 件。侈口，矮束颈，鼓肩或广肩。

H62 ：4，颈部以下饰竖向绳纹。口径 38.7、残高 5.0 厘米。（图 3-59，1）

H73 ：8，肩部饰四道凹弦纹，弦纹下饰竖向细绳纹。残高 5.7 厘米。（图 3-59，2）

H89 ：10，颈部以下饰竖向绳纹。口径 19.7、残高 3.6 厘米。（图 3-59，3）

H152 ：3，颈部以下饰竖向绳纹，肩部一周附加堆纹。口径 30.7、残高 8.4 厘米。（图 3-59，4）

H252 ：5，口径 16.6、残高 3.6 厘米。（图 3-59，5）

H264 ：1，唇面一道凹槽，颈、肩部四道凹弦纹，肩部以下饰竖向绳纹。口径 19.2、残高 7.1 厘米。（图 3-59，6）

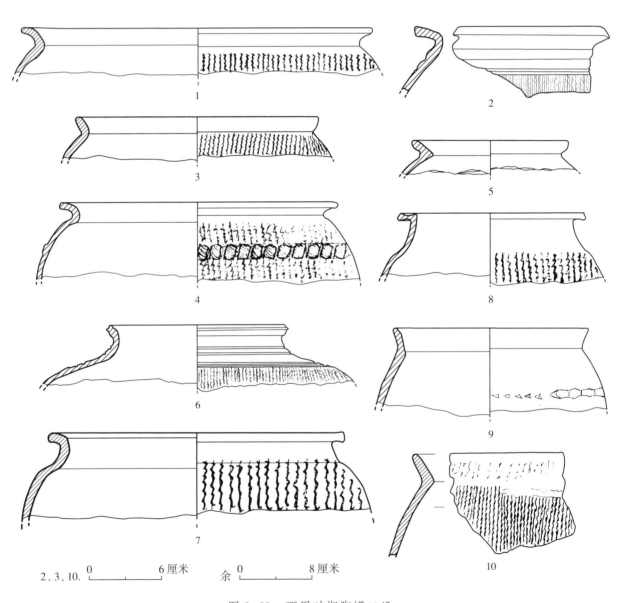

2、3、10. ├─0──────6厘米┤　　余 ├─0──────8厘米┤

图 3-59　西周时期陶罐口沿

1~6. C 型（H62 ：4、H73 ：8、H89 ：10、H152 ：3、H252 ：5、H264 ：1）　7、8. D 型（H62 ：3、H152 ：4）
9、10. E 型（T2⑥ ：11、H61 ：3）

D 型　2 件。侈口，高束颈。

H62：3，鼓肩。肩部及以下饰竖向绳纹。口径 32.4、残高 9.0 厘米。（图 3-59，7）

H152：4，平沿，沿面内凹，溜肩。肩部及以下饰竖向绳纹。口径 20.0、残高 8.0 厘米。（图 3-59，8）

E 型　2 件。侈口，折沿，沿下角较大，溜肩。

T2⑥：11，肩部施一周附加堆纹。口径 21.2、残高 9.2 厘米。（图 3-59，9）

H61：3，颈部以下饰竖向绳纹。残高 7.9 厘米。（图 3-59，10）

瓮　2 件。

H326：1，夹砂灰陶。口近直，方唇，短直颈，弧肩，深弧腹，底近圜。肩部四道细弦纹，其下至腹下部饰竖向绳纹，底部饰交错绳纹，肩腹部有数道弦纹抹光。口径 24.6、高 54.1 厘米。（图 3-60，1）

T11⑦：4，夹砂红褐陶。侈口，卷沿，方唇，束颈，折肩，深弧腹，底微凹。颈部饰稀疏绳纹，肩部以下饰绳纹至器底。口径 13.0、底径 9.2、高 23.5 厘米。（图 3-60，2；图版二三，5）

罍　5 件。矮腹，整器近方形。分两型。

A 型　3 件。圆肩。略分两式。

Ⅰ式　2 件。肩部贴附圆形泥饼，平底。

H215：4，夹细砂灰陶。口残，平底。肩部饰四道凹弦纹以及上下两排、每排各四个泥饼，腹中部饰绳纹。底径 7.8、残高 14.1 厘米。（图 3-61，1；图版二五，1）

H461：1，泥质灰褐陶。底残。肩部残留两个长方形短錾。颈、肩、腹部共饰五组凹弦纹，肩部饰上下两排泥饼，各残留三个。口径 15.0、残高 15.6 厘米。（图 3-61，2；图版二五，2）

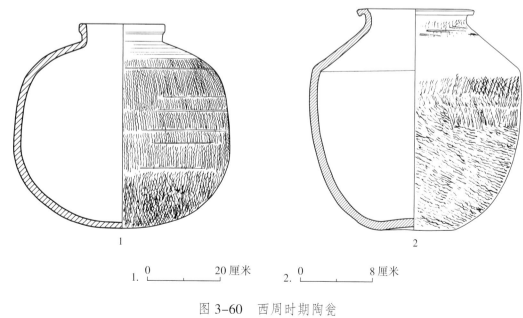

1.　　0　　　　20 厘米　　　2.　　0　　　　8 厘米

图 3-60　西周时期陶瓮

1. H326：1　2. T11⑦：4

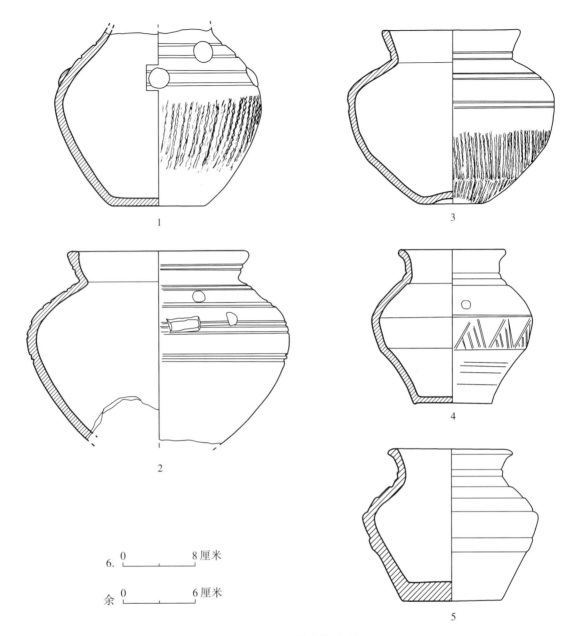

图 3-61　西周时期陶罍

1、2. A 型 I 式（H215：4、H461：1）　3. A 型 II 式（III T4710 ⑦ b：2）　4、5. B 型（H492：1、T12 ⑦：1）

II 式　1 件。泥饼不见，底微凹。

III T4710 ⑦ b：2，泥质灰陶。侈口，圆唇，束颈，鼓肩，弧腹，凹底。颈、肩部及肩腹交界处各饰两道凹弦纹，下腹部及器底饰竖向绳纹。口径 11.2、底径 5.0、高 14.0 厘米。（图 3-61，3；图版二五，3）

B 型　2 件。折肩，上、下腹之间有较为明显的折痕，周身凸棱及折痕发达。

H492：1，泥质灰褐陶。肩腹处饰一周凹弦纹，上腹部饰一周刻划三角纹，肩部应堆贴四个小泥饼，残剩一个。口径 8.4、底径 6.4、高 12.0 厘米。（图 3-61，4；图版二五，4）

T12 ⑦：1，泥质灰陶。颈、肩及腹部共饰弦纹七道。口径 9.4、底径 8.2、高 12.3 厘米。

（图 3-61，5；图版二五，5）

盆　5 件。根据整体特征可分为两型。

A 型　4 件。深弧腹，圜底。颈部以下至底部拍印交错绳纹。略分三式。

Ⅰ式　2 件。短折沿，无颈或颈部不显。

Ⅲ T4808 ⑦：6，泥质灰陶。无颈。唇外侧一道凹槽。口径 33.6、高 23.2 厘米。（图 3-62，1；图版二六，1）

T5 ⑤：1，泥质灰陶。颈微束。口径 24.8、高 17.4 厘米。（图 3-62，2；图版二六，2）

Ⅱ式　1 件。短折沿，宽束颈。

H179：1，夹砂灰褐陶。口径 34.9、高 24.4 厘米。（图 3-62，3；图版二六，3）

Ⅲ式　1 件。短折沿外翻，宽束颈。

H362：1，夹砂灰褐陶。口径 35.8、高 21.4 厘米。（图 3-62，4；图版二六，4）

B 型　1 件。腹较浅。

Ⅲ T4702 ⑦ c：1，夹砂灰褐陶。折沿，沿内侧微凹，凹底。腹部饰竖向绳纹，近底部饰交错绳纹。口径 20.3、高 11.7 厘米。（图 3-62，5；图版二六，5）

C 型　1 件。浅腹，大平底。

T14 ⑧：6，口微敛，平沿，宽颈微束，浅弧腹，大平底。腹部饰稀疏浅绳纹。口径 26.9、底径 16.8、高 8.0 厘米。（图 3-62，6；图版二六，6）

盆口沿　9 件。根据整器特征，可将其分为三型。

A 型　6 件。侈口，卷沿，弧鼓腹。

H73：2，肩部以下饰竖向细绳纹。残高 8.7 厘米。（图 3-63，1）

H73：4，肩部以下饰交错绳纹，肩部一周附加堆纹。残高 9.8 厘米。（图 3-63，2）

H73：7，肩部以下饰竖向细绳纹。残高 5.0 厘米。（图 3-63，3）

H152：6，唇外侧一道凹槽，颈部数道弦纹，腹部饰竖向绳纹。口径 20.6、残高 8.4 厘米。（图 3-63，4）

H89：3，肩部数道弦纹及一道附加堆纹，其下饰交错绳纹。口径 37.0、残高 11.7 厘米。（图 3-63，5）

H210：2，肩、腹部各一道凹弦纹，肩部及以下饰竖向绳纹。口径 22.1、残高 8.1 厘米。（图 3-63，6）

B 型　2 件。敞口，折沿，直颈，腹壁较直。

H62：5，肩部饰竖向绳纹，腹部饰横向绳纹。口径 29.4、残高 11.7 厘米。（图 3-63，7）

H83：5，唇面一道凹槽，肩部以下饰竖向绳纹。口径 39.1、残高 7.6 厘米。（图 3-63，8）

C 型　1 件。直颈，深腹。

T2 ⑥：2，敞口，直颈内束，折肩，直腹。肩、腹部饰凌乱浅绳纹。口径 50.0、残高 17.0 厘米。（图 3-63，9）

钵　12 件。均为泥质灰陶或灰褐陶。根据整器特征分为三型。

A 型　3 件。敛口，深腹。略分两式。

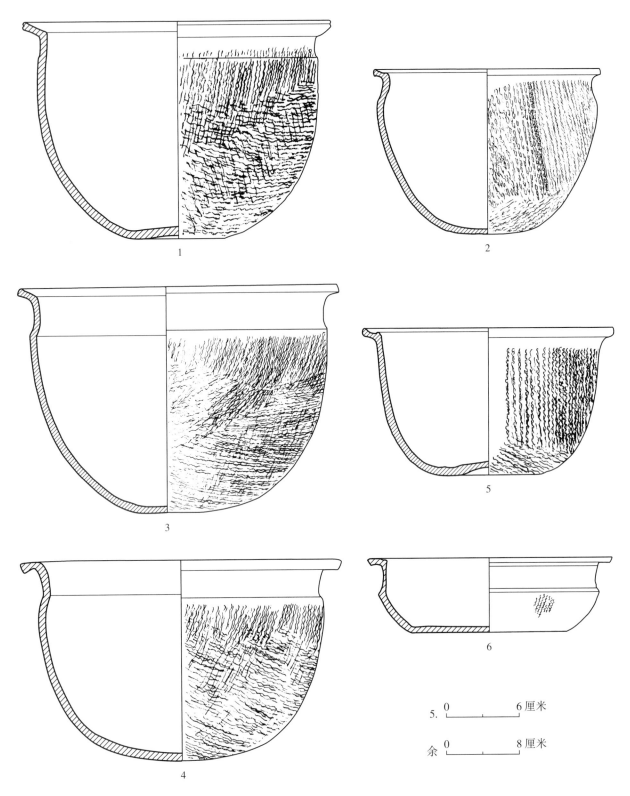

图 3-62　西周时期陶盆

1、2. A 型 I 式（ⅢT4808 ⑦：6、T5 ⑤：1）　3. A 型 II 式（H179：1）　4. A 型 III 式（H362：1）　5. B 型（ⅢT4702 ⑦c：1）
6. C 型（T14 ⑧：6）

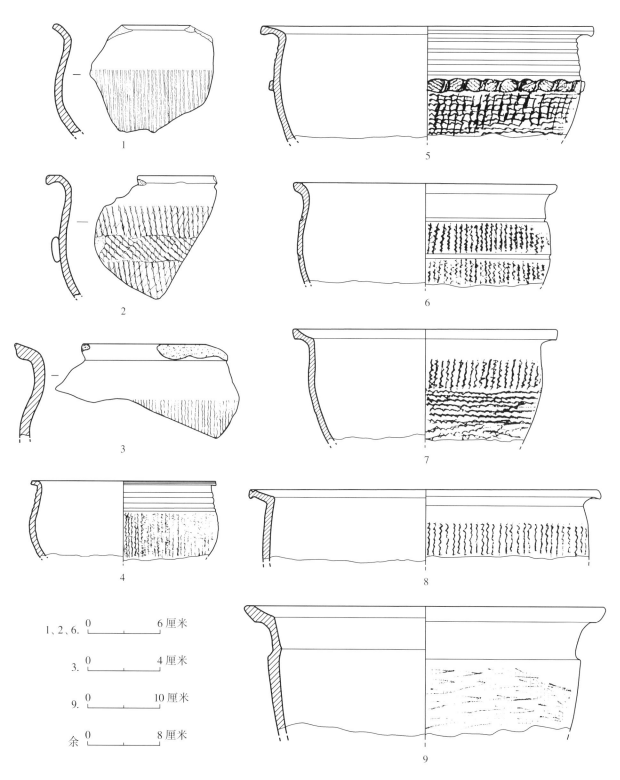

图 3-63 西周时期陶盆口沿

1~6. A 型（H73：2、H73：4、H73：7、H152：6、H89：3、H210：2） 7、8. B 型（H62：5、H83：5）
9. C 型（T2⑥：2）

Ⅰ式　1件。

Ⅲ T4702 ⑦ c ： 2，口微敛，深弧腹，底近圜。沿下至上腹部饰竖向绳纹，下腹部至近底部饰横向绳纹。口径 14.8、高 9.8 厘米。（图 3-64，1；图版二七，1）

Ⅱ式　2件。敛口，弧腹略浅，底微凹。下腹部至器底饰绳纹。

T11 ⑦ ： 2，近底部一道凹弦纹。口径 12.6、底径 7.1、高 6.9 厘米。（图 3-64，2）

H483 ： 2，口径 13.8、底径 6.9、高 9.8 厘米。（图 3-64，3；图版二七，2）

B 型　5件。直口或微侈，折肩，斜直腹，腹较浅，平底。略分三式。

Ⅰ式　1件。

T6 ⑦ ： 2，口微侈，唇面微凹，颈部斜收。口径 23.0、底径 9.0、高 7.0 厘米。（图 3-64，5）

Ⅱ式　2件。口近直，方唇，直颈。

H23 ： 2，口径 17.6、残高 4.4 厘米。（图 3-64，4）

T7 ⑦ ： 3，肩腹处一道凹弦纹，其下至器底饰竖向绳纹。口径 14.7、底径 6.7、高 4.5 厘米。（图 3-64，6）

Ⅲ式　2件。口微侈，颈部略弧凹。

T4 ⑦ ： 3，肩腹部一周凸棱。口径 16.0、底径 7.2、高 6.6 厘米。（图 3-64，7；图版二七，3）

Ⅲ T4202 ⑦ ： 1，口径 24.6、底径 8.5、高 10.4 厘米。（图 3-64，8；图版二七，5）

C 型　4件。敞口，浅腹。略分三式。

Ⅰ式　1件。

H152 ： 2，腹部较深。口径 17.6、残高 5.7 厘米。（图 3-64，10）

Ⅱ式　1件。

Ⅲ T4605 ⑦ c ： 2，腹趋浅，底微凹。腹部饰数道凹弦纹。口径 15.0、底径 8.2、高 4.5 厘米。（图 3-64，9；图版二七，4）

Ⅲ式　2件。颈微束。

T9 ⑦ ： 5，口径 19.5、底径 7.0、高 5.8 厘米。（图 3-64，11）

T6 ⑨ ： 1，口径 11.5、底径 4.4、高 3.6 厘米。（图 3-64，12）

甑　2件。均为夹砂灰褐陶。侈口，深腹，底部有孔。略分两式。

Ⅰ式　1件。

T11 ⑦ ： 5，短折沿，颈部不显，深弧腹，平底微凹，底部有一个圆孔。肩部九道弦纹，自沿下至底部饰绳纹。口径 28.6、高 28.2 厘米。（图 3-65，1；图版二八，1）

Ⅱ式　1件。

T11 ⑦ ： 1，沿略宽，束颈，弧腹趋浅，底微圜，底部有七个圆孔。肩部至底部依次饰竖、斜、横绳纹。口径 29.6、高 26.1 厘米。（图 3-65，2；图版二八，2）

甗　2件。均为夹砂灰褐陶。

T6 ⑧ ： 4，仅残留甗上部。敞口，短折沿，斜弧腹。腹部满饰交错绳纹。口径 36.2、残高 23.1 厘米。（图 3-65，3；图版二八，3）

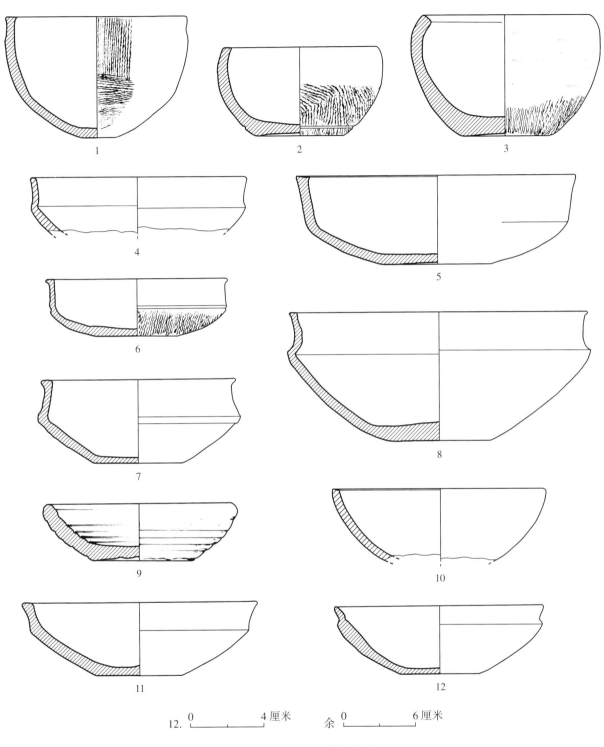

图 3-64　西周时期陶钵

1. A 型 I 式（Ⅲ T4702⑦c：2）　2、3. A 型 II 式（T11⑦：2、H483：2）　4、6. B 型 II 式（H23：2、T7⑦：3）　5. B 型 I 式（T6⑦：2）　7、8. B 型 III 式（T4⑦：3、Ⅲ T4202⑦：1）　9. C 型 II 式（Ⅲ T4605⑦c：2）　10. C 型 I 式（H152：2）　11、12. C 型 III 式（T9⑦：5、T6⑨：1）

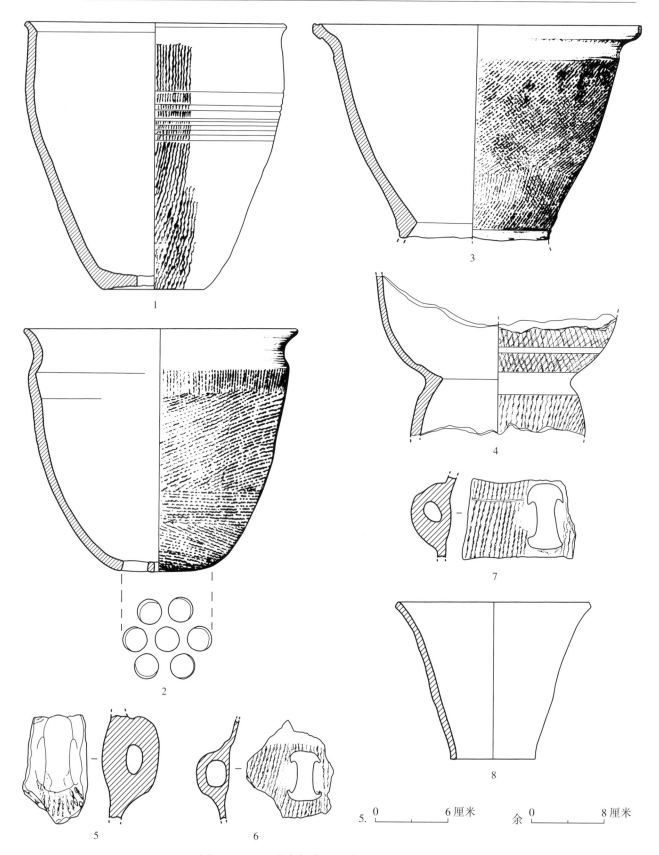

图 3-65　西周时期陶甑、甗、器耳及大口器

1. Ⅰ式甑（T11⑦：5）　2. Ⅱ式甑（T11⑦：1）　3、4. 甗（T6⑧：4、H246：1）　5~7. 器耳（H60：4、H58：2、H58：4）　8.大口器（H362：2）

H246：1，仅残留甗腰。束腰，腰上部饰交错绳纹及一道弦纹抹光，腰下部饰竖向绳纹。残高 17.2 厘米。（图 3-65，4）

器耳 3 件。均为泥质灰陶。环状，耳不施绳纹，周边多施绳纹。

H60：4，残高 8.1 厘米。（图 3-65，5）

H58：2，残高 10.2 厘米。（图 3-65，6）

H58：4，残高 8.8 厘米。（图 3-65，7）

大口器 1 件。

H362：2，大敞口，方唇，斜弧腹，无底。口径 20.8、高 16.8 厘米。（图 3-65，8；图版二八，4）

纺轮 5 件。均为泥质灰褐陶。略分两型。

A 型 4 件。平面圆形，横截面近长方形，两侧较直，中有钻孔。

Ⅲ T4911 ⑦ b：1，直径 4.6~5.0、厚 1.6、孔径 0.5~0.6 厘米。（图 3-66，1）

T8 ⑦：2，直径约 5.0、厚 1.4~1.8、孔径 0.6~0.7 厘米。（图 3-66，2）

Ⅲ T4810 ⑦ a：2，直径 4.6、厚 1.0、孔径 0.8 厘米。（图 3-66，3）

T13 ⑦：1，直径 3.8、厚 0.6、孔径 0.42 厘米。（图 3-66，5）

B 型 1 件。

T9 ⑦：2，平面圆形，横截面近梯形，两侧弧凹。上直径 3.2、下直径 4.1、厚 0.6、孔径 0.5 厘米。（图 3-66，4）

网坠 5 件。均为泥质灰褐陶。略分四型。

A 型 1 件。

T12 ⑦：8，圆柱形，上下贯穿一孔。长 6.0、直径 3.1、孔径 1.8 厘米。（图 3-66，6）

B 型 1 件。

T8 ⑦：1，茧形。两端横向及中部纵向各有一道凹槽。长 8.6、直径 3.3 厘米。（图 3-66，7）

C 型 2 件。亚腰形，平面长椭圆形，横剖面束腰。

T14 ⑧：4，长径 5.0、短径 2.4、高 2.2 厘米。（图 3-66，8）

T14 ⑧：3，长径 4.0、短径 2.2、高 2.2 厘米。（图 3-66，9）

D 型 1 件。

T8 ⑨：4，椭圆形，上下贯穿一孔。长 4.8、直径 3.2、孔径 1.2 厘米。（图 3-66，10）

二、铜器

镞 2 件。分两型。

A 型 1 件。

T14 ⑧：2，镞体中间起脊，两侧双翼扁平，两翼前聚成锋，翼脊间有细槽，脊后延成圆柱状，体末有细圆铤。长约 7.1 厘米。（图 3-66，11；图版二九，1）

B 型 1 件。

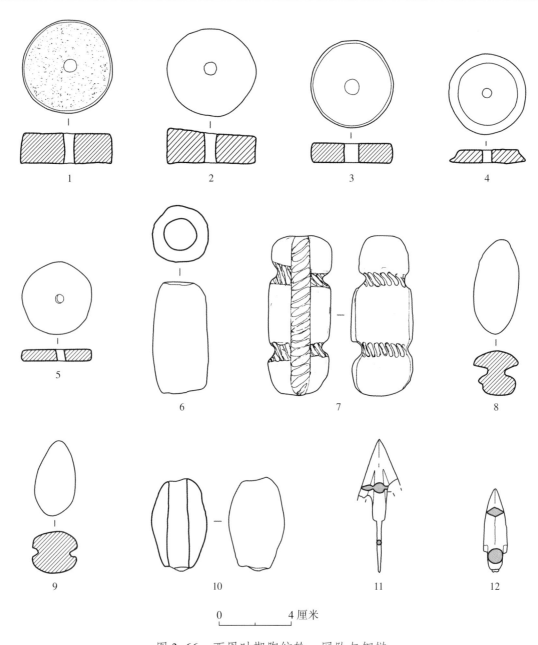

0　　　　　　4厘米

图3-66　西周时期陶纺轮、网坠与铜镞

1~3、5. 陶纺轮A型（ⅢT4911⑦b：1、T8⑦：2、ⅢT4810⑦a：2、T13⑦：1）　4. 陶纺轮B型（T9⑦：2）　6. 陶网坠A型（T12⑦：8）　7. 陶网坠B型（T8⑦：1）　8、9. 陶网坠C型（T14⑧：4、T14⑧：3）　10. 陶网坠D型（T8⑨：4）11. 铜镞A型（T14⑧：2）　12. 铜镞B型（T11⑦：7）

　　T11⑦：7，镞整体近长椭圆形，横截面菱形，中脊不明显，两翼收聚不显，铤残。残长约4.4厘米。（图3-66，12；图版二九，2）

三、石器

锛　3件。平面形状有梯形、长方形及方形。

T9⑦：1，平面呈上窄下宽的梯形，背略宽于腹部，单锋，直刃。长5.4、刃宽6.5、厚2.0

厘米。（图 3-67，1）

Ⅲ T4704 ⑧：1，平面呈上下大体同宽的长方形，腹部较弧，背部较直，背腹大体同宽，双锋，直刃。长 6.4、宽 4.4、厚 2.1 厘米。（图 3-67，6）

H350：2，平面略呈方形，下部残，两侧有崩损。残长 6.4、宽 7.3、厚 1.05 厘米。（图 3-67，7）

凿 1 件。

T12 ⑦：2，长条形，宽厚接近，直腹弧背，双锋直刃。器表有崩损。长 10.8、最宽 2.7、最厚 2.7 厘米。（图 3-67，3）

斧 2 件。

T9 ⑧：4，平面近方形，上部残，残半孔，孔为对钻，双锋，直刃。长 5.1、宽 6.0、厚 1.3、孔径约 1.4 厘米。（图 3-67，2）

Ⅲ T4803 ⑦ c：1，平面略成上窄下宽的梯形，双锋，斜刃。长 12.0、最宽 5.6、最厚 3.3 厘米。（图 3-67，5；图版二九，3）

刀 2 件。弯弧形。

H346：1，残长 8.4、厚 0.8 厘米。（图 3-67，8；图版二九，4）

H336：2，长 10.2、最厚 1.0 厘米。（图 3-67，12；图版二九，5）

权 2 件。平面均呈上端窄下端宽的椭圆形，上半部对钻圆孔一个。

T14 ⑧：1，器身有崩损。长径 7.1、短径 5.4、厚 0.5、孔径 0.52 厘米。（图 3-67，9）

T7 ⑦：2，长径 8.6、短径 8.0、厚 2.6、孔径 1.2~1.7 厘米。（图 3-67，10）

拍 1 件。

T12 ⑧：2，拍面圆形，拍把圆柱形。长 7.6、面径 4.0 厘米。（图 3-67，11）

砺石 1 件。

T12 ⑦：3，平面近上窄下宽的梯形，底部略弧，纵截面近长条形。长 11.6、最宽 5.6、厚 1.45 厘米。（图 3-67，4）

四、骨器

笄 15 件。笄体多为圆形，少数为椭圆形或扁椭圆形。

有笄帽者 6 件。笄体均为圆形。依笄帽形态将其分为三型。

A 型 4 件。笄帽为圆形。

T7 ⑦：4，长 17.4、直径 0.6、帽径 0.56 厘米。（图 3-68，1；图版三〇，1）

H60：1，长 13.2、直径约 0.5、帽径 0.68 厘米。（图 3-68，5）

H62：1，残长 10.0、直径 0.5、帽径 0.6 厘米。（图 3-68，11；图版三〇，2）

H210：1，帽残。长 10.1、直径 0.63 厘米。（图 3-68，13；图版三〇，3）

B 型 1 件。笄帽为圆锥形。

T7 ⑦：6，帽下有两个圆饼形箍，尖残。残长 12.8、直径约 0.6、箍径约 1.0、帽径约 0.94 厘米。（图 3-68，7；图版三〇，4）

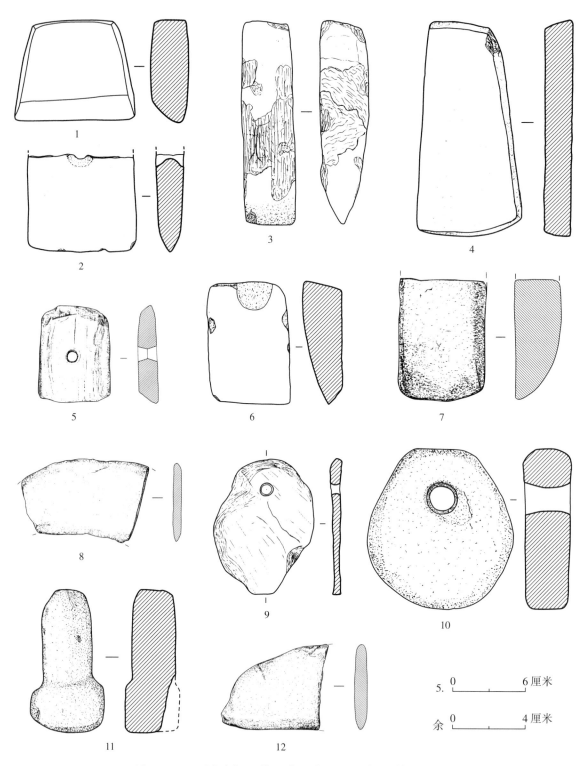

图 3-67　西周时期石锛、凿、斧、刀、权、拍、砺石

1、6、7.锛（T9⑦：1、Ⅲ T4704⑧：1、H350：2）　　2、5.斧（T9⑧：4、Ⅲ T4803⑦c：1）　　3.凿（T12⑦：2）
4.砺石（T12⑦：3）　8、12.刀（H346：1、H336：2）　9、10.权（T14⑧：1、T7⑦：2）　11.拍（T12⑧：2）

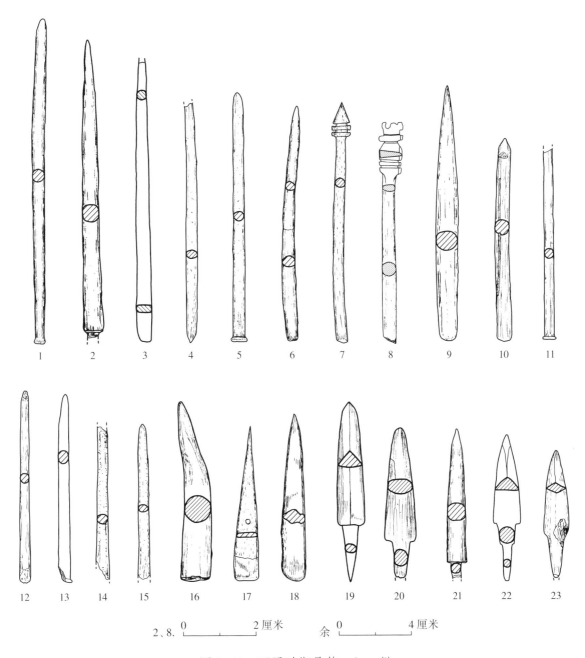

2、8. 0 ____ 2厘米   余 0 ____ 4厘米

图 3-68 西周时期骨笄、匕、镞

1、5、11、13. 笄 A 型（T7⑦：4、H60：1、H62：1、H210：1） 2~4、6、9、10、12、14、15. 笄（T7⑨：4、T15⑦：2、T7⑨：9、T7⑨：3、T5⑦：5、T12⑦：5、T5⑦：1、T9⑦：6、T7⑦：7） 7. 笄 B 型（T7⑦：6） 8. 笄 C 型（T9⑦：8） 16. 匕 A 型（T8⑨：5） 17、18. 匕 B 型（T6⑧：5、T7⑦：5） 19、22. 镞 A 型（H64：1、T15⑦：3） 20、21. 镞 B 型（T12⑦：4、T4⑦：2） 23. 镞 C 型（T14⑧：5）

C 型 1 件。笄帽为凤鸟形。

T9⑦：8，笄帽修饰成简化的凤鸟，下为三个厚薄不一的长方形抹角箍，尖残。残长 6.0 厘米。（图 3-68，8；图版三〇，5）

余 9 件，除 T15⑦：2 为笄尖近圆形、笄尾近扁椭圆形外，余均为圆形笄。现介绍如下。

T7⑨：4，残长 8.0、直径约 0.42 厘米。（图 3-68，2）

T15⑦：2，残长15.0、直径约0.6厘米。（图3-68，3；图版三〇，6）

T7⑨：9，残长12.8、直径约0.6厘米。（图3-68，4）

T7⑨：3，长12.6、直径约0.8厘米。（图3-68，6）

T5⑦：5，长13.6、直径约1.2厘米。（图3-68，9）

T12⑦：5，长10.6、直径约0.8厘米。（图3-68，10；图版三〇，7）

T5⑦：1，长10.0、直径约0.5厘米。（图3-68，12）

T9⑦：6，残长8.1、直径约0.6厘米。（图3-68，14）

T7⑦：7，残长8.3、直径约0.63厘米。（图3-68，15；图版三〇，8）

匕　3件。略分两型。

A型　1件。

T8⑨：5，羊角形，匕身圆形。长9.6、直径1.47厘米。（图3-68，16）

B型　2件。三角形，器身扁平，刃部尖锐。

T6⑧：5，器身中部钻一小孔。长8.1、最宽1.4厘米。（图3-68，17）

T7⑦：5，长9.0、最宽1.2厘米。（图3-68，18）

镞　5件。分三型。

A型　2件。镞身横截面为三角形，两翼收聚，细圆锥状铤。

H64：1，长约9.7厘米。（图3-68，19；图版三〇，9）

T15⑦：3，长约7.6厘米。（图3-68，22；图版二九，6）

B型　2件。镞身横截面为椭圆形，两翼收聚或不显，圆柱状铤。

T12⑦：4，残长约7.8厘米。（图3-68，20；图版二九，7）

T4⑦：2，残长约7.9厘米。（图3-68，21）

C型　1件。

T14⑧：5，镞身横截面为菱形。残长约6.7厘米。（图3-68，23；图版二九，8）

第四节　墓葬与兽坑

遗址中共计发现西周墓葬71座、兽坑12座，集中分布在发掘区的东、西两片。其中东区发现墓葬28座、兽坑7座，西区的南部发现墓葬36座、兽坑3座，西区的北部及中部发掘区之间零星分布7座墓葬及2座兽坑。现分区介绍。

一、东区墓地

东区墓地共清理墓葬28座和兽坑7座。（图3-69）

28座墓葬均为竖穴土坑墓。墓坑长1.62~2.55、宽0.36~1.16、深0.1~0.66米，大多数墓葬的宽度不及长度的二分之一，显得窄长。墓向以东南向最多，19座；次为东向，4座；东北向2座；西南、西北及北向各1座。有单侧熟土二层台的2座。墓底有腰坑的2座，坑内均殉狗。有5座墓坑底部残留板灰，推测可能有葬具。葬式以仰身直肢葬为主，个别屈肢葬

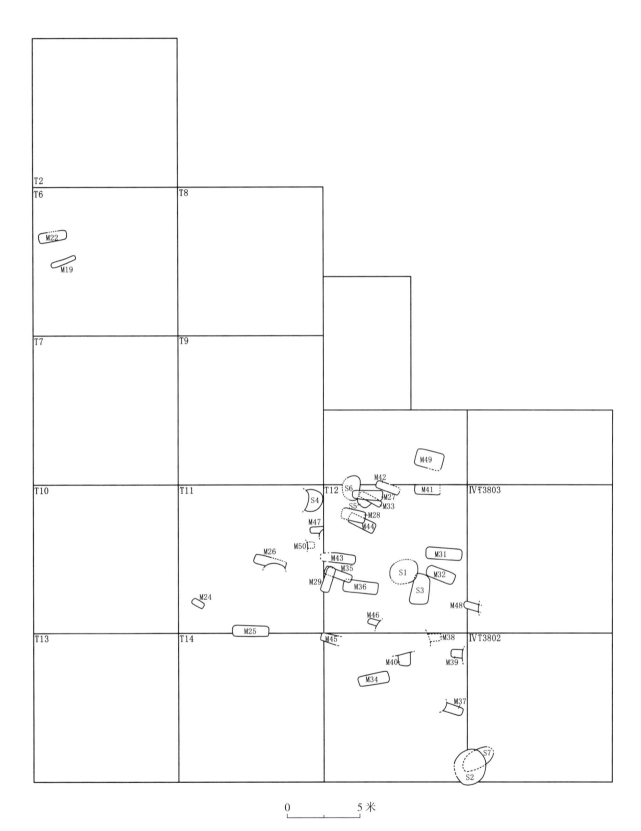

图 3-69　梁王城东区西周时期墓葬、兽坑分布示意图

和非正常埋葬。单人葬为主。成年合葬墓1座，成年女性与婴儿合葬墓1座。出土随葬品的墓葬有14座，随葬品不计贝、蚌类，数量9件者2座，4件及以下者9座。随葬品陶器有鬲、簋、豆、罍、罐，贝、蚌类装饰品也较多。

7座兽坑，包括马坑5座和牛坑、狗坑各1座。兽坑平面呈圆形或椭圆形，墓坑较浅，都遭到周围灰坑、墓葬或晚期地层不同程度的破坏，破坏部分的骨架多已散失，未被破坏部分的骨架保存较好，除S7马颈部出土一枚铜镞外，坑内未见其他随葬品。

M19

位于T6中部近西壁处，开口于第8层下，打破第9层。方向68度。长方形竖穴土坑墓，口长约1.8、宽0.36~0.4米，深0.37米。填土为五花土，夹杂绿色水沁。单人仰身直肢葬，头向东北，面向上。人骨保存较好。经鉴定，墓主为一男性，年龄40岁左右。墓内未发现葬具及随葬品。（图3-70）

M22

位于T6西北部，开口于第8层下，打破第9层，被H78打破。方向82度。长方形竖穴土坑墓，口长2.0、宽0.66~0.7米，深0.35米。填土为五花土，土质疏松。墓坑内发现木质棺材痕迹。棺内人骨架一具，单人仰身直肢葬，头向东，面向北。人骨保存一般。经鉴定，墓主为一成年女性。墓内未发现葬具及随葬品。（图3-71）

M24

位于T11西南角，开口于第6层下，打破第7层和H159、H172。方向118度。长方形竖穴土坑墓，口长0.8、宽0.4米，深0.13米。填土为灰褐色土，土质疏松。单人屈肢葬，头向东南，面向上。人骨保存较完整。经鉴定，墓主为一儿童，年龄3~6岁。墓内未发现葬

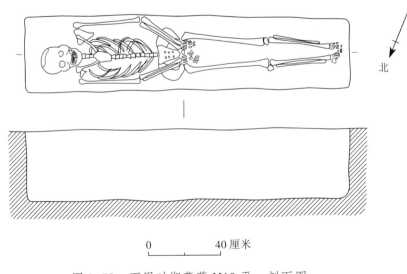

0　　　　　40厘米

图3-70　西周时期墓葬M19平、剖面图

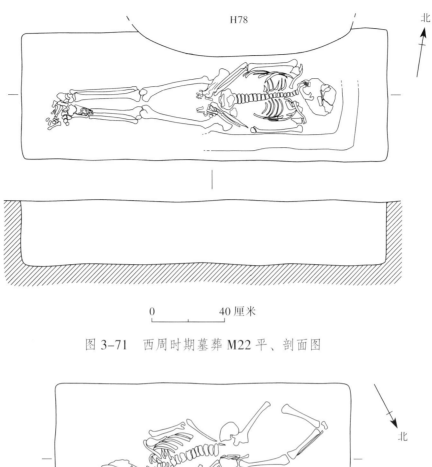

图 3-71　西周时期墓葬 M22 平、剖面图

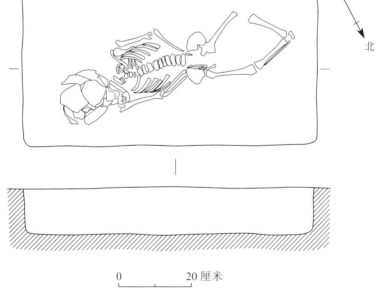

图 3-72　西周时期墓葬 M24 平、剖面图

具及随葬品。（图 3-72）

M25

位于 T11 南壁中部，开口于第 7 层下，打破第 8 层和生土，被东周灰坑 H153、H154 打破。方向 105 度。长方形竖穴土坑墓，口长 2.3、宽 0.68 米，深 1.1 米。填土为灰褐色土，土质松软。墓坑内发现木质棺材痕迹，单棺，棺木已朽，棺痕仅剩头部两边，宽 0.34、残长 0.3 米。单人仰身直肢葬，头向东，面向南。人骨保存较完整。经鉴定，墓主为一男性，年

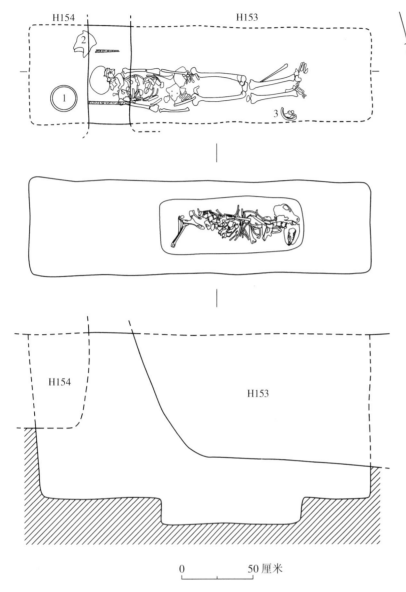

图 3-73A　西周时期墓葬 M25 平、剖面图

1.陶簋　2.陶鬲　3.残豆盘

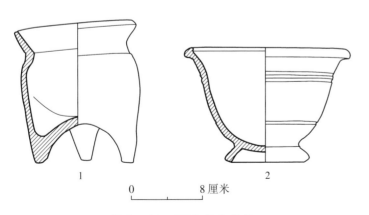

图 3-73B　M25 出土器物

1.陶鬲（M25：2）　2.陶簋（M25：1）

龄 35~39 岁。随葬品 3 件，陶簋、鬲及残豆盘各 1 件，其中簋、鬲置于墓主头部，残豆盘置于墓主右脚踝处，陶簋内有残碎动物骨骼。在清理完人骨后，在墓底中部发现一腰坑，长 0.98、宽 0.37、深 0.18 米。坑内殉一狗，狗头向西，后腿蜷曲。（图 3-73A；图版三一，1~4）

陶鬲　1 件。

M25：2，夹砂灰褐陶。素面。侈口，尖唇，宽沿，腹微鼓，联裆，三足较瘦。口径 13.4、高 15.2 厘米。（图 3-73B，1；图版三一，5）

陶簋　1 件。

M25：1，泥质灰陶。敞口，卷唇，斜腹微鼓，腹较深，矮圈足。沿下饰两周凹弦纹，下腹部饰一周凹弦纹。口径 18.5、足径 9.5、高 12.2 厘米。（图 3-73B，2；图版三一，6）

陶豆盘　1 件。残，未修复。

M26

位于 T11 中部，位于第 7 层面上，被西周灰坑 H152、东周灰坑 H164 以及北朝—隋水井 J6 打破。方向 109 度。长方形竖穴土坑墓，口长 2.2、宽 0.56 米，深 0.2 米。填土为灰褐

色土，土质较硬。单人仰身直肢葬，头向东南，面向西南。人骨保存较好。经鉴定，墓主为一女性，年龄 20~23 岁。随葬品 3 件，陶豆、鬲、罍各 1 件，置于墓主头部。（图 3-74A；图版三二，1）

　　陶鬲　1 件。

　　M26：2，夹砂灰陶。侈口，方圆唇，束颈，弧腹，联裆，裆部略瘦，袋足，足尖捏成短柱状。颈下饰绳纹不及足尖，肩、腹部各有一道弦纹抹光。口径 12.2、高 11.4 厘米。（图 3-74B，1；图版三二，2）

　　陶豆　1 件。

　　M26：1，泥质灰陶。口微敛，尖圆唇，深盘，圈足较高。盘身与圈足中部各饰有三道凹弦纹，盘身弦纹上饰三个等距分布的泥饼。口径 13.6、足径 11.4、高 13.4 厘米。（图 3-74B，2；图版三二，3）

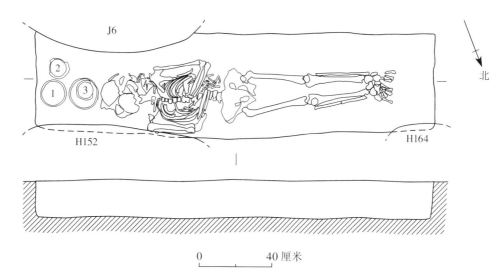

图 3-74A　西周时期墓葬 M26 平、剖面图

1.陶豆　2.陶鬲　3.陶罍

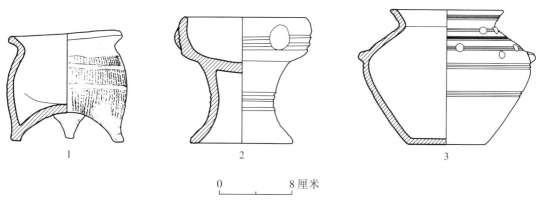

图 3-74B　M26 出土器物

1.陶鬲（M26：2）　2.陶豆（M26：1）　3.陶罍（M26：3）

陶罍　1件。

M26：3，泥质灰陶。侈口，平沿，束颈，鼓肩，弧腹，平底。沿下至腹部共饰有六组旋纹，肩部饰三排交错的泥饼，肩腹最大径处饰一对条形小耳。口径12.6、底径8.8、高14.3厘米。（图3-74B，3；图版三二，4）

M27

位于T12的北隔梁内，开口于第6层下，打破M33、S5、S6。方向94度。长方形竖穴土坑墓，一端略宽，一端略窄，长2.05、宽0.5~0.6、深0.66米。墓坑东侧有单侧熟土二层台，台长0.6、宽0.25、高0.22米。墓葬填土为灰褐色，土质松软，夹有炭屑及烧土颗粒。坑内人骨一具，为仰身直肢葬，头向东，面向北，双手抱于腹部，双脚并拢。经鉴定，墓主为一女性，年龄30~35岁。随葬器物共9件，其中陶器7件，计有陶罐1件、豆2件、鬲2件、簋1件、小钵1件，水晶饰2件，小钵和水晶饰置于墓主左手腕处，其余陶器置于墓主头部的二层台上。（图3-75A；图版三二，5、6）

陶鬲　2件。

M27：4，夹砂灰陶。侈口，斜平沿，沿面有一道凹槽，束颈，弧腹，分裆较低，袋足，足尖柱状。腹部满饰细绳纹，腹中部饰一道弦纹将绳纹隔开。在肩腹部饰三个鸡冠状扉棱堆饰。口径14.6、高11.3厘米。（图3-75B，1；图版三三，1）

M27：9，夹砂灰褐陶。侈口，折沿，束颈，分裆较低，袋足，足尖为疙瘩状。颈部饰粗疏的绳纹，颈部以下饰较细的绳纹，中以一道弦纹抹光隔开。口径17.5、高14.9厘米。（图

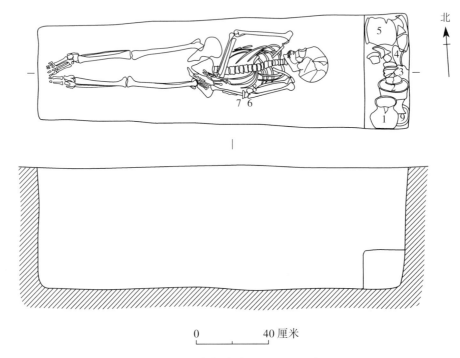

图3-75A　西周时期墓葬M27平、剖面图

1.陶罐　2、3.陶豆　4、9.陶鬲　5.陶簋　6、7.水晶饰　8.小陶钵

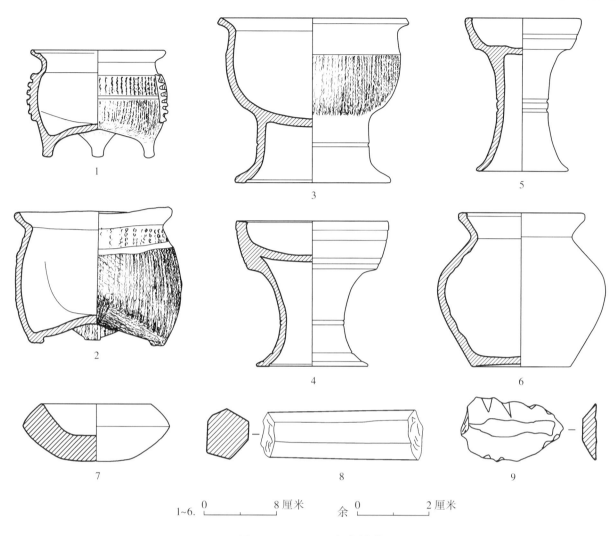

1~6.　0 —————— 8厘米　　余　0 —————— 2厘米

图 3-75B　M27 出土器物

1、2.陶鬲（M27：4、M27：9）　3.陶簋（M27：5）　4、5.陶豆（M27：2、M27：3）　6.陶罐（M27：1）　7.小陶钵（M27：8）　8、9.水晶饰（M27：6、M27：7）

3-75B，2；图版三三，2）

陶簋　1件。

M27：5，夹砂灰陶。侈口，方唇，折沿，弧腹，喇叭状宽圈足。腹中下部饰细绳纹，圈足饰一道凹弦纹。口径 20.8、足径 17.2、高 17.6 厘米。（图 3-75B，3；图版三三，3）

陶豆　2件。

M27：2，泥质灰陶。直口微敛，斜平沿，浅盘，直腹，圈足较高。盘身饰四道细凹弦纹，圈足饰三道细凹弦纹。口径 16.5、足径 12.2、高 15.5 厘米。（图 3-75B，4；图版三三，4）

M27：3，夹砂灰陶。口微敛，方圆唇，浅盘，直腹，高圈足。盘身饰一道凹弦纹，圈足饰两道凹弦纹。口径 13.0、足径 10.2、高 16.4 厘米。（图 3-75B，5；图版三三，5）

陶罐　1件。

M27：1，夹砂灰陶。侈口，卷唇微敛，束颈，鼓肩，弧腹，平底微凹。口径 14.2、底径 10.9、高 16.4 厘米。（图 3-75B，6；图版三三，6）

小陶钵　1 件。

M27：8，泥质灰陶。侈口，弧腹，底近平。口径 3.0、高 1.5 厘米。（图 3-75B，7）

水晶饰　2 件。

M27：6，通体磨制较光滑，两端残断，断面为六棱体。残长 4.3、宽 1.3 厘米。（图 3-75B，8）

M27：7，平面呈不规则状，四周磨损，断面略呈梯形。残长 2.8、残宽 1.6 厘米。（图 3-75B，9）

M28

位于 T12 的西北部，开口于第 6 层下，打破第 7 层和 M44，被 H241 打破。方向 95 度。长方形竖穴土坑墓，一端宽，一端窄，残长 1.64、宽 0.67~0.83、深 0.22 米。墓葬填土为灰褐色，土质软，夹有炭屑及烧土颗粒。坑内人骨为单人仰身直肢葬，头向东，面向北，双手抱于腹前，髋骨以下残失。经鉴定，墓主为一男性，年龄 45~50 岁。随葬品为 3 件铜镞，置于墓主左侧盆骨旁。（图 3-76A；图版三四，1、2）

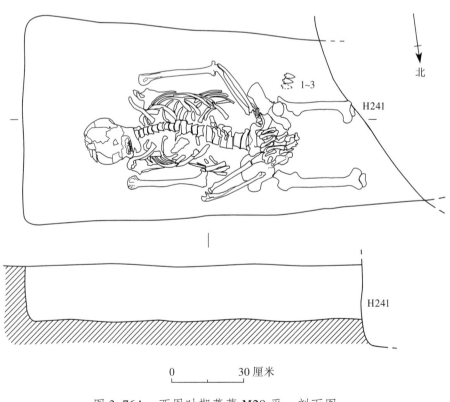

图 3-76A　西周时期墓葬 M28 平、剖面图

1~3. 铜镞

铜镞　3 件。

M28：1，残朽。

M28：2，两翼后掠，断面中间呈圆形，锋部残，翼铤分界明显。残长 4.0、宽 1.9 厘米。（图 3-76B，1）

M28：3，两翼后掠部分略残，断面中间呈圆形，翼铤分界明显。残长 2.6、残宽 1.4 厘米。（图 3-76B，2；图版三四，3）

M29

位于 T12 西壁，开口于夯土台基下，打破 M35 和第 7 层。方向 197 度。长方形竖穴土坑墓，长 1.7、宽 0.56、深 0.22 米。墓葬填土为灰褐色土，夹有炭屑及烧土颗粒。单人仰身直肢葬，头向西南，头骨移位置于左侧股骨处，面向东北，左侧肩胛骨及肱骨、尺骨不见，似被斜着砍下，右侧尺骨向上蜷曲，其余部分骨架正常。经鉴定，墓主为一男性，年龄 20~23 岁。墓内随葬器物仅 1 件陶鬲，置于墓主胸部右侧。（图 3-77A；图版三四，5）

陶鬲　1 件。

M29：1，夹砂灰褐陶。侈口，圆唇，束颈，裆部较高，三空锥状足。颈部以下施绳纹及足尖，腹中部饰一周弦纹抹光。口径 13.4、高 15.0 厘米。（图 3-77B；图版三四，4）

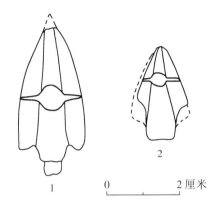

图 3-76B　M28 出土器物

1、2. 铜镞（M28：2、M28：3）

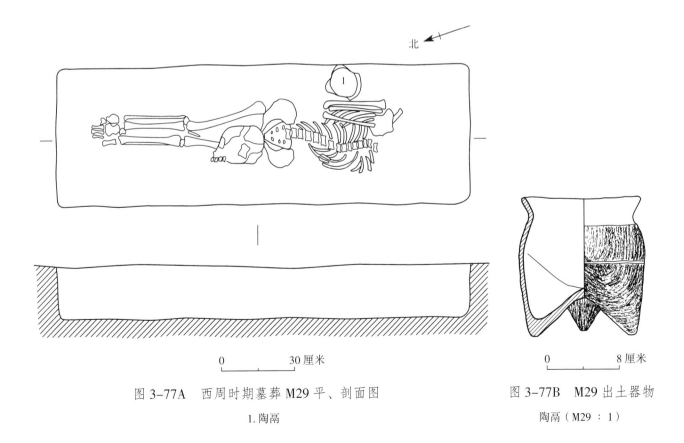

北

图 3-77A　西周时期墓葬 M29 平、剖面图

1. 陶鬲

图 3-77B　M29 出土器物

陶鬲（M29：1）

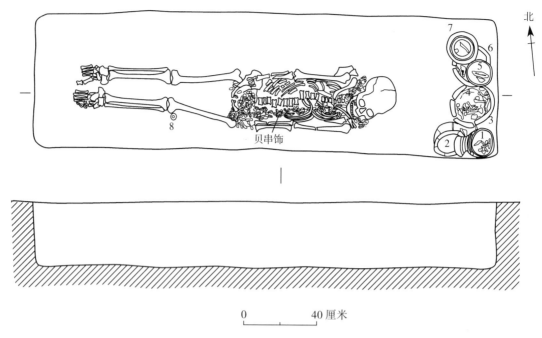

图 3-78A   西周时期墓葬 M31 平、剖面图

1、5. 陶豆 2、7. 陶罐 3、6. 陶簋 4. 陶鬲 8. 陶环

M31

位于 T12 东部，部分在东隔梁内。开口于第 6 层下，打破商代灰坑 H248 和第 7 层。方向 97 度。长方形竖穴土坑墓，长 2.55、宽 0.74、深 0.35 米。墓葬填土为灰黄色花土，土质软。单人仰身直肢葬，头向东，面向南。在左侧肱骨上部发现朱砂痕迹。经鉴定，墓主已成年，性别不详。墓内随葬品共 9 件，其中陶器 8 件，贝串饰 1 件；另在墓葬填土内发现骨针 1 件。陶器均置于墓主头部，计有豆 2 件、罐 2 件、簋 2 件、鬲 1 件、环 1 件，每件陶容器内都有动物骨骼，有鸡、鱼、猪、狗等。贝串饰由数枚小贝壳组成，上有小穿孔穿成一串，挂于颈上，垂于腹前，趾骨处也放置贝，可能为脚串饰。（图 3-78A；图版三五，1~3）

陶鬲 1 件。

M31：4，夹砂黑陶。侈口，折沿，圆唇，弧腹，瘪裆，空锥状足，足尖略呈疙瘩状。肩部以下饰细绳纹及足尖，肩、腹部饰一道弦纹抹光。口径 14.4、高 13.0 厘米。（图 3-78B，1；图版三五，5）

陶簋 2 件。

M31：3，泥质灰褐陶。侈口，折沿，方唇，深弧腹，喇叭状圈足。腹中部饰竖绳纹。口径 21.0、足径 13.4、高 16.4 厘米。（图 3-78B，2；图版三六，1）

M31：6，夹砂灰陶。侈口，折沿，方唇，弧腹较深，喇叭状宽圈足。腹部饰竖绳纹。口径 21.5、足径 16.8、高 17.2 厘米。（图 3-78B，3；图版三六，2）

陶豆 2 件。

M31：1，泥质灰陶。直口微侈，方唇，腹壁较直，喇叭形圈足较矮。盘腹饰三道细凹弦纹，圈足饰四道较粗凹弦纹，口沿下堆贴四个对称的泥饼。口径 14.3、足径 11.7、高 13.4 厘米。

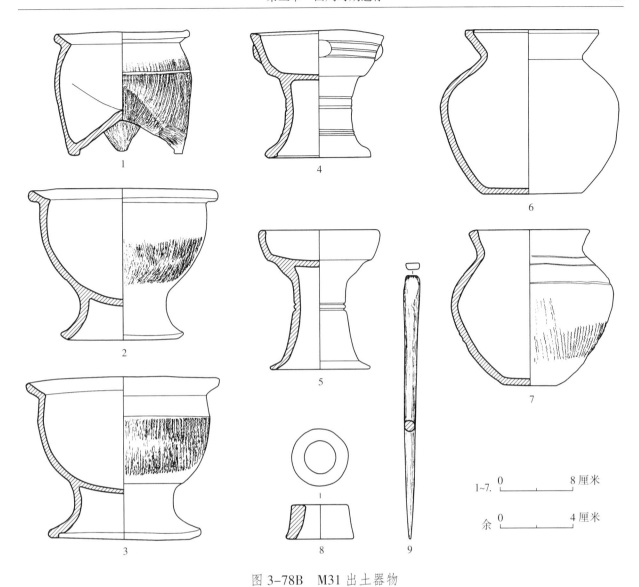

图 3-78B　M31 出土器物

1. 陶鬲（M31：4）　2、3. 陶簋（M31：3、M31：6）　4、5. 陶豆（M31：1、M31：5）　6、7. 陶罐（M31：2、M31：7）　8. 陶环（M31：8）　9. 骨针（M31：01）

（图 3-78B，4；图版三六，3）

　　M31：5，夹砂灰陶。敛口，圆唇，浅盘，盘腹较直，盘底折收，喇叭状高圈足。豆柄中部饰两道凹弦纹。口径 13.5、足径 10.9、高 15.1 厘米。（图 3-78B，5；图版三六，4）

　　陶罐　2 件。

　　M31：2，泥质黑皮陶。侈口，平沿，方唇，束颈，鼓肩，弧腹，平底。通体有轮制痕迹。口径 14.7、底径 10.9、高 17.6 厘米。（图 3-78B，6；图版三六，5）

　　M31：7，泥质灰陶。整器不甚规整。侈口，斜沿，圆唇，束颈，弧肩，弧腹，平底。肩部饰凹弦纹，下腹部饰细绳纹。口径 13.4、底径 5.5、高 16.8 厘米。（图 3-78B，7；图版三六，6）

　　陶环　1 件。

M31：8，泥质灰陶。上径 3.1、下径 3.8、高 1.9 厘米。（图 3-78B，8）

骨针　1 件。墓葬填土中出土。

M31：01，上端扁平，至末端收束成尖锥状，断面呈圆形。长 14.1 厘米。（图 3-78B，9；图版三五，4）

M32

位于 T12 东部，开口于第 6 层下，打破 H247 和第 7 层。方向 107 度。长方形竖穴土坑墓，长 2.0、宽 0.76、深 0.2 米。墓葬填土为浅灰黄色土，土质较软，夹杂炭屑及烧土颗粒。墓坑内人骨架两具，一具为成人仰身直肢葬，头向东南，面向西南，头骨破碎，口含 1 件贝壳，双手屈肘，怀抱婴儿，经鉴定为女性，年龄 45~50 岁；另一具为婴儿骨架，置于成人骨架南侧，侧身直肢，头向东，面向北，被成人抱于怀中，其下颌骨处放置 1 件贝壳，骨骼纤细，年龄 0~2 岁。（图 3-79A；图版三七，1、2）

贝壳　2 枚。背部均有穿孔。

M32：1，长 1.84、宽 1.2、厚 1.0 厘米。（图 3-79B，1）

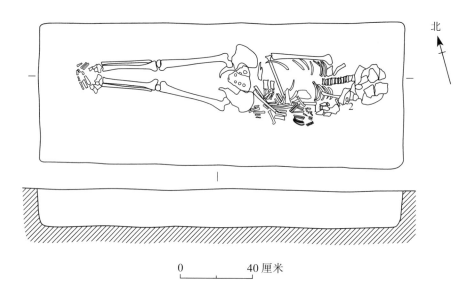

北

0 ————— 40 厘米

图 3-79A　西周时期墓葬 M32 平、剖面图

1、2. 贝壳

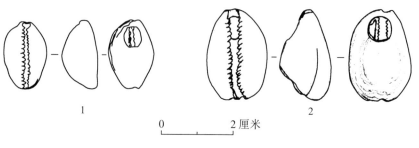

1　　　　　　　　2

0 ————— 2 厘米

图 3-79B　M32 出土器物

1、2. 贝壳（M32：1、M32：2）

M32：2，长2.42、宽1.6、厚1.4厘米。（图3-79B，2）

M33

位于T12的西北部，开口于第6层下的夯土台基下，打破S5，被M27打破。方向120度。长方形竖穴土坑墓，墓底东部略高，长1.6、宽0.37~0.42、深0.27~0.47米。墓葬填土为灰褐色，土质松软，夹有炭屑及烧土颗粒。坑内人骨为单人仰身直肢葬，头向东南，面向东北，头骨变形较甚，右手屈肘向上，左手微屈放于腹部，双脚并拢。经鉴定，墓主为一女性，年龄31~34岁。墓坑内未发现葬具及随葬品。（图3-80；图版三七，3）

M34

位于T15中部偏西北，开口于夯土台基下，打破H246、H259和第7层。方向87度。长方形竖穴土坑墓，口长2.05、宽0.68米，深0.66米。墓坑东侧有生土二层台，台宽0.36、高0.25米。墓葬内填土为深褐色土，土质松软。墓坑内人骨一具，仰身直肢葬，头向东，面向上，右手屈肘置于腹部。经鉴定，墓主为一女性，年龄35~39岁。随葬品12件，其中陶器3件，为豆、簋、罐各1件，置于墓坑东部的二层台上；骨笄1件，置于墓主腹部；贝壳8件，置于墓主的颈下、腹下及足部。（图3-81A；图版三八，1）

陶簋　1件。

M34：1，泥质灰褐陶。侈口，短沿外折，尖圆唇，颈微束，深弧腹，圈足较高。颈部饰两道凸弦纹，圈足中部饰一道凸弦纹，腹部饰凌乱的细绳纹。口径21.7、足径12.5、高17.2厘米。（图3-81B，1；图版三八，2）

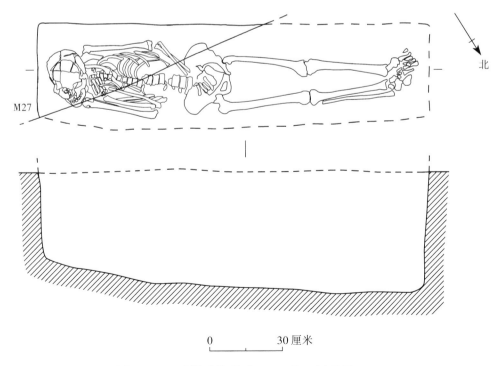

图3-80　西周时期墓葬M33平、剖面图

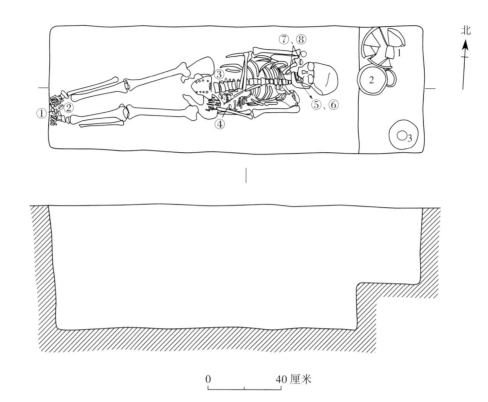

北

0 _____ 40厘米

图 3-81A　西周时期墓葬 M34 平、剖面图

1. 陶簋　2. 陶豆　3. 陶罐　4. 骨笄　①~⑧贝壳

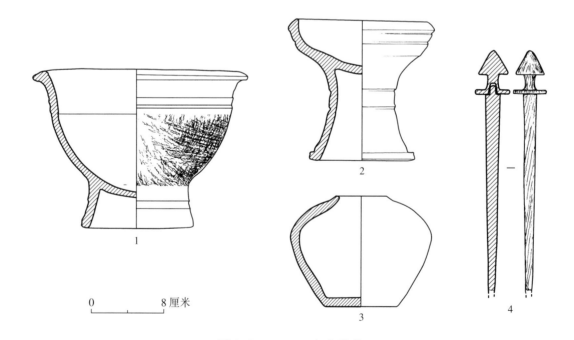

0 _____ 8厘米

图 3-81B　M34 出土器物

1. 陶簋（M34：1）　2. 陶豆（M34：2）　3. 陶罐（M34：3）　4. 骨笄（M34：4）

陶豆 1件。

M34：2，泥质灰陶。口微敛，尖圆唇，浅盘，盘壁微折，喇叭状高圈足。腹部饰一道凸弦纹，柄部饰两道凸弦纹。口径14.3、足径11.7、高15.1厘米。（图3-81B，2；图版三八，3）

陶罐 1件。

M34：3，泥质灰陶。敛口，圆唇，无颈，鼓肩，腹斜收为平底。口径5.4、底径8.0、高11.8厘米。（图3-81B，3；图版三八，4）

骨笄 1件。

M34：4，笄身与笄帽分开，笄身细长，末端残断，断面为圆形；笄帽捉手呈伞状，其下加工出一个圆形台面，台面中部内凹，与笄身顶端凸出处相契合。笄身残长21.0、笄帽高4.4、通高25.4厘米。（图3-81B，4；图版三八，5）

M35

位于T12西壁，开口于第6层下的夯土台基下，打破M36，被M29打破。方向108度。长方形竖穴土坑墓，长1.95、宽0.7、深0.57米。墓葬填土为灰褐色，土质松软，夹有炭屑及烧土颗粒。墓坑内发现人骨架一具，仰身直肢葬，头向东南，面向东北，双手屈肘抱于腹前。经鉴定，墓主为一男性，年龄40~44岁。墓坑内未发现随葬品。（图3-82；图版三九，1）

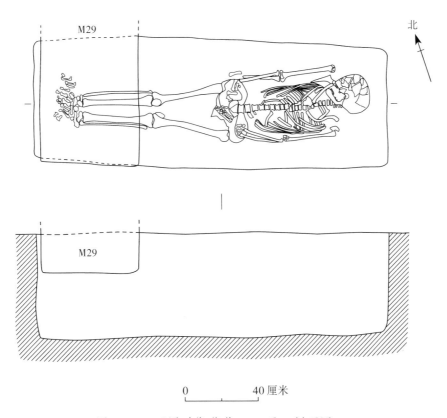

图3-82 西周时期墓葬M35平、剖面图

M36

位于 T12 西南，开口于夯土台基下，打破第 7、8 层，被 M35 打破。方向 98 度。长方形竖穴土坑墓，长 2.4、宽 0.84、深 0.55 米。墓葬填土为灰褐色土，土质较硬，夹有炭屑及烧土颗粒。墓坑内发现木质棺材痕迹，单棺已朽，长 2.1、宽 0.45~0.57、残高 0.16 米。棺内人骨架一具，仰身直肢葬，头向东，面向北，双手曲肘置于腹部。经鉴定，墓主已成年，性别不详。墓内随葬品 3 件，其中陶器 2 件，为罐、簋各 1 件，置于墓坑东部的棺外侧；骨镞 1 件，置于墓主小腹部。（图 3-83A；图版三九，2）

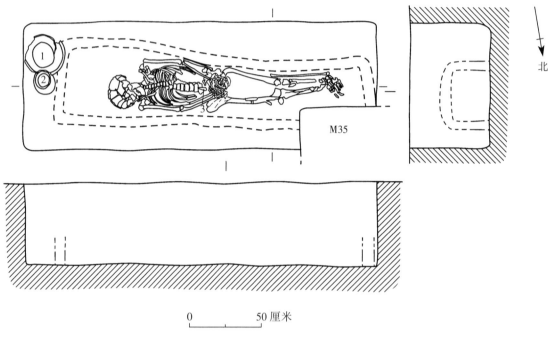

0   50厘米

图 3-83A 西周时期墓葬 M36 平、剖面图

1.陶簋 2.陶罐 3.骨镞

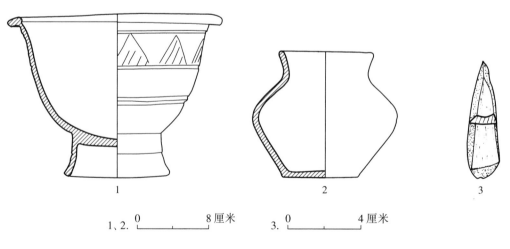

1、2. 0   8厘米   3. 0   4厘米

图 3-83B M36 出土器物

1.陶簋（M36：1） 2.陶罐（M36：2） 3.骨镞（M36：3）

陶簋　1件。

M36：1，泥质灰褐陶。侈口，沿外折，尖圆唇，深弧腹，高圈足。沿下两道凹弦纹间饰九个均等分布的三角形刻划纹，下腹部饰两道凹弦纹，圈足上饰一道凹弦纹。内壁留有轮修痕迹。口径 21.4、足径 11.6、高 17.6 厘米。（图 3-83B，1；图版三九，3）

陶罐　1件。

M36：2，泥质灰陶。侈口，圆唇，高束颈，斜肩，鼓腹，下腹弧内收，平底。口径 10.0、底径 8.2、高 13.4 厘米。（图 3-83B，2；图版三九，4）

骨镞　1件。

M36：3，利用动物骨骼磨制而成，一面内凹，断面呈不规则四边形。长 6.3、宽 1.7 厘米。（图 3-83B，3；图版三九，5）

M37

位于 T15 东壁下，开口于第 6 层下，打破 H245 和第 7 层，被 H214 打破。方向 110 度。长方形竖穴土坑墓，残长 1.25、宽 0.5~0.6、残深 0.07 米。墓内填土为浅灰黄色花土，土质软，夹有炭屑及烧土颗粒。墓坑内发现人骨架一具，仰身直肢葬，盆骨以下被破坏，头向东南，面向西南，双手屈肘置于腹部。经鉴定，墓主年龄 12 岁左右，性别不详。墓主小腹部发现贝壳 1 件。（图 3-84A；图版四〇，1）

贝壳　1件。

M37：1，背部有一穿孔。长 1.8、宽 1.2、厚 0.8 厘米。（图 3-84B）

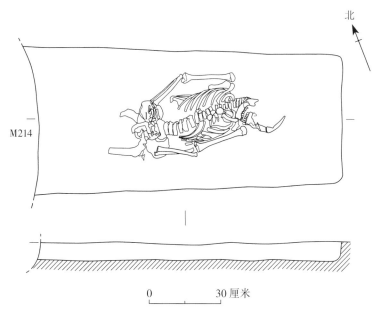

图 3-84A　西周时期墓葬 M37 平、剖面图
1. 贝壳

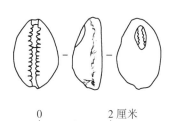

图 3-84B　M37 出土器物
贝壳（M37：1）

M38

位于 T15 的东北部，开口于第 6 层下，被 H205、H221 打破。方向 103 度。长方形竖穴土坑墓，残长 0.9、宽 0.5、残深约 0.1 米。墓内填土为浅灰黄色花土，土质软，夹有炭屑及烧土颗粒。墓内人骨架一具，仅残留头骨、部分

脊椎骨及左上肢骨，仰身直肢葬，头向东，面向上。经鉴定，墓主为一女性，年龄30~35岁。墓坑内未见葬具及随葬品。（图3-85；图版四〇，2）

M39

位于T15东北角，开口于第6层下，打破第7层，墓坑东部被晚期堆积破坏。方向101度。长方形竖穴土坑墓，残长0.8、宽0.5、残深0.05米。墓葬填土为浅黄色花土，夹有炭屑及烧土颗粒。墓坑内人骨架一具，仅存部分下肢骨，头向东，性别、年龄不详。墓坑内未见葬具及随葬品。（图3-86；图版四〇，3）

M40

位于T15近北隔梁处，开口于第6层下，被H221打破，打破H257和第7、8层。方向355度。长方形竖穴土坑墓，残长0.9、宽0.8、残深0.15米。墓葬填土为浅黄色花土，夹有炭屑及烧土颗粒。墓坑内人骨架一具，仅残留部分下肢骨，头向北。成年，性别不详。墓主脚部放置2件贝壳。（图3-87A；图版四〇，4）

贝壳　2件。背部均有穿孔。

M40：1，长1.9、宽1.25、厚0.9厘米。（图3-87B，1）。

M40：2，长1.9、宽1.2、厚0.9厘米。（图3-87B，2）。

M41

位于T12东北部的隔梁内，开口于第6层下，打破H206，被H226、H230打破。方向95度。长方形竖穴土坑墓，长1.8、宽0.6、残深0.07米。墓葬填土为浅黄色花土，土质较软，夹有炭屑及烧土颗粒。墓内人骨一具，因破坏严重，仅剩部分肢骨，头向东，葬式不明。经鉴定，墓主已成年，性别不详。墓内未发现葬具及随葬品。（图3-88；图版四〇，5）

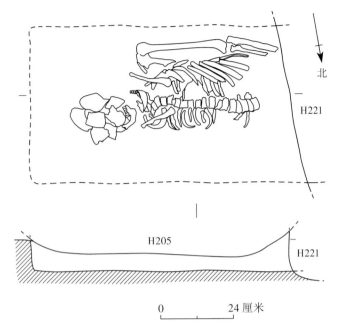

图3-85　西周时期墓葬M38平、剖面图

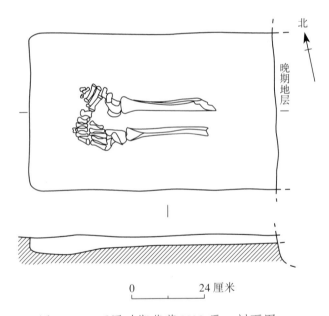

图3-86　西周时期墓葬M39平、剖面图

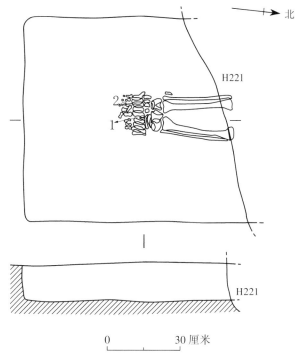

图 3-87A　西周时期墓葬 M40 平、剖面图

1、2. 贝壳

图 3-87B　M40 出土器物

1、2. 贝壳（M40：1、M40：2）

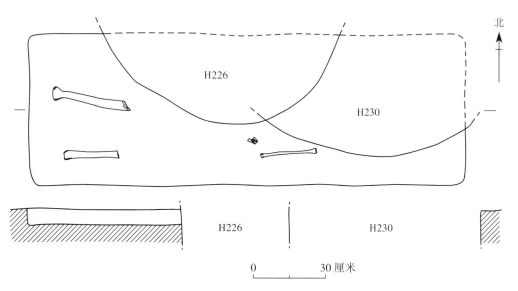

图 3-88　西周时期墓葬 M41 平、剖面图

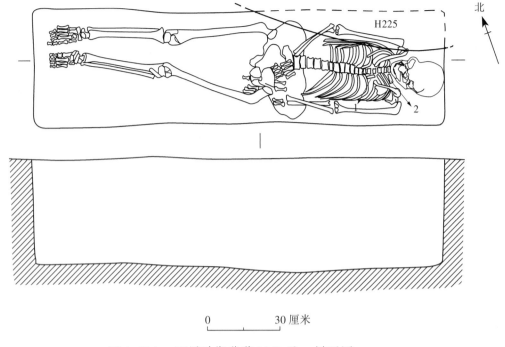

图 3-89A　西周时期墓葬 M42 平、剖面图

1. 骨管　2. 石器

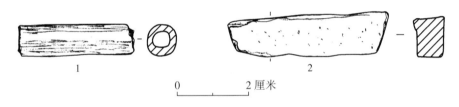

图 3-89B　M42 出土器物

1. 骨管（M42：1）　2. 石器（M42：2）

M42

位于 T12 的北隔梁内，开口于第 6 层下的夯土台基下，打破第 7 层，被 H225 打破。方向 108 度。长方形竖穴土坑墓，长 1.7、宽 0.47、深 0.42 米。墓内填土为灰黄色花土，土质较硬，夹有炭屑及烧土颗粒。墓内人骨一具，仰身直肢葬，头向东南，面向上，双手屈肘置于腹部。经鉴定，墓主为一女性，年龄 45~50 岁。随葬品有 1 件骨管，置于墓主胸间；石器 1 件，置于墓主颌骨下。（图 3-89A；图版四一，1）

骨管　1 件

M42：1，两段残断，截面近圆形，中空。残长 3.15、直径 0.8 厘米。（图 3-89B，1）

石器　1 件

M42：2，通体未经打磨。长条形。长 4.4、宽 1.1、厚 0.7 厘米。（图 3-89B，2）

M43

位于 T12 西部，开口于夯土台基下，打破第 7、8 层，被 H236 打破。方向 93 度。长方

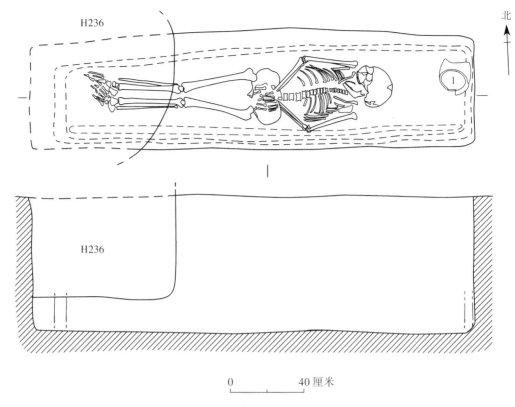

图 3-90A 西周时期墓葬 M43 平、剖面图

1. 陶鬲

形竖穴土坑墓，长 2.45、宽 0.55~0.66、深 0.75 米。墓内填土为灰黄色花土，土质较硬，夹有炭屑及烧土颗粒。墓坑内发现木质棺材痕迹，单棺已朽，棺南壁置双层木板，棺长 2.3、宽 0.41~0.55、残高 0.23 米。棺内人骨架一具，仰身直肢葬，头向东，面向北，双手屈肘抱于腹部。经鉴定，墓主为一女性，年龄 25~35 岁。墓内随葬陶鬲 1 件，置于墓坑东壁下的木棺上。（图 3-90A；图版四一，2）

陶鬲 1 件。

M43：1，夹砂灰褐陶。侈口，斜折沿，方圆唇，束颈，鼓腹，弧裆，空锥状足。颈以下饰细绳纹至足尖。口径 14.7、高 14.3 厘米。（图 3-90B；图版四一，3）

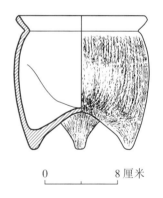

图 3-90B M43 出土器物

陶鬲（M43：1）

M44

位于 T12 西北部，开口于第 6 层下的夯土台基下，打破第 7、8 层，被 M28 打破。方向 135 度。长方形竖穴土坑墓，一端宽一端窄，长 1.95、宽 0.64~0.75、深 0.54 米。墓葬填土为灰褐色土，土质松软，夹有炭屑及烧土颗粒。墓坑内发现木质棺材痕迹，单棺已朽，长 1.77、宽约 0.54、残高 0.1 米。棺内人骨一具，仰身直肢，头向东南，面向西南。左手屈肘置于腹部，

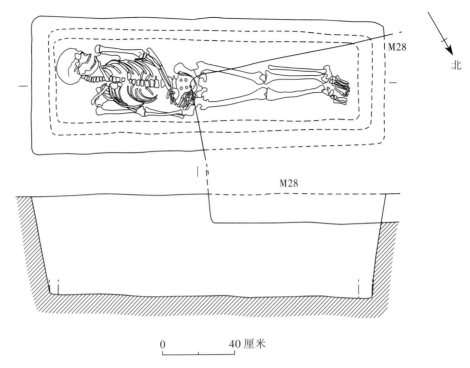

0　　　　　40厘米

图 3-91　西周时期墓葬 M44 平、剖面图

右手平放身侧。经鉴定，墓主为一女性，年龄 19~20 岁。墓坑内未发现葬具及随葬品。（图 3-91；图版四二，1）

M45

位于 T15 西北角，部分伸入 T14 内，开口于夯土台基下，打破 H252，被东周灰坑 H220 打破。方向约 106 度。长方形竖穴土坑墓，残长 0.87、宽 0.36~0.48、残深 0.26 米。墓葬填土为灰黄色土，土质松软，夹有炭屑及烧土颗粒。墓坑内发现人骨架一具，头骨及上肢骨被破坏不存，仅存部分下肢骨，头向东南。经鉴定，墓主已成年，性别不详。随葬陶簋、豆各 1 件，因墓葬被 H220 扰乱，簋、豆的出土位置已不知。（图 3-92A；图版四二，2）

陶簋　1 件。

M45：1，泥质灰陶。敞口，宽折沿，沿面内凹，方唇，深弧腹，喇叭状圈足较高。腹饰两道弦纹，圈足饰一道弦纹。口径 21.8、足径 12.2、高 17.0 厘米。（图 3-92B，1；图版四二，3）

陶豆　1 件。

M45：2，泥质灰陶。口微敛，圆唇，浅盘，弧壁，喇叭状圈足。盘壁饰两道凹弦纹，柄部

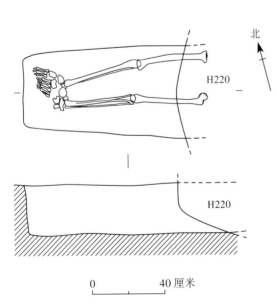

0　　　　　40厘米

图 3-92A　西周时期墓葬 M45 平、剖面图

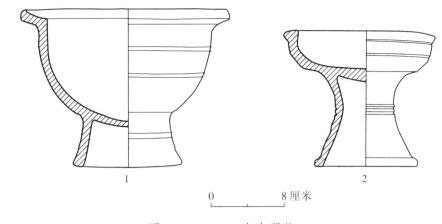

0 8厘米

图 3-92B M45 出土器物

1. 陶簋（M45：1） 2. 陶豆（M45：2）

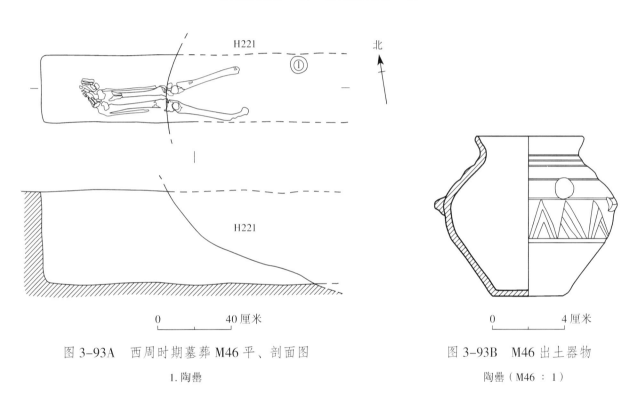

0 40厘米

图 3-93A 西周时期墓葬 M46 平、剖面图

1. 陶罍

0 4厘米

图 3-93B M46 出土器物

陶罍（M46：1）

饰两道凸弦纹。口径 16.8、足径 11.3、高 14.6 厘米。（图 3-92B，2；图版四二，4）

M46

位于 T12 近南壁，开口于夯土层下，打破第 7、8 层，被 H221 打破。方向 97 度。长方形竖穴土坑墓，墓底残长 1.5、宽 0.36 米，深 0.5 米。墓葬填土为灰褐色土，土质较硬，夹有炭屑及烧土颗粒。墓坑内人骨架一具，仅存部分下肢骨，仰身葬，头向东，面向不明。经鉴定，墓主已成年，性别不详。随葬品为 1 件陶罍，置于墓主腹部右侧。（图 3-93A；图版四三，1）

陶罍 1 件。

M46：1，泥质黑陶。侈口，圆唇，束颈，溜肩，折腹，下腹斜收，平底。颈、肩部饰五道细凹弦纹，肩部堆贴四个泥饼及两个小纽，腹部一周饰十四个刻划三角纹，下腹部饰一道凹弦纹。口径 5.9、底径 4.0、高 8.6 厘米。（图 3-93B；图版四三，6）

M47

位于 T11 东北部，开口于 6 层下的夯土台基下，打破第 7、8 层，被 H237、H241 打破。方向 96 度。长方形竖穴土坑墓，墓口残长 0.85、宽 0.41 米，残深 0.19 米。填土为黄灰色土，土质松软，夹有炭屑及烧土颗粒。单人仰身直肢葬，头向东，面向不明。墓坑东部因被灰坑破坏，人骨保存不佳，仅残留部分下肢骨，墓主的年龄、性别不详。墓坑内未发现葬具及随葬品。（图 3-94；图版四三，2）

M48

位于 Ⅳ T3803 的西南部，部分进入 T12 的东隔梁内，开口于第 7 层下，打破第 8 层，墓坑东部被晚期堆积破坏。方向 105 度。长方形竖穴土坑墓，墓底残长 1.36、宽 0.4~0.52 米，残深 0.3 米。墓内填土为浅灰黄色土，土质较软，夹有炭屑及烧土颗粒。墓坑内人骨架一具，头骨及上肢骨被破坏不存，仰身直肢葬，头向东，面向不详。经鉴定，墓主为一男性，年龄 20~23 岁。墓坑内未发现葬具及随葬品。（图 3-95；图版四三，3）

M49

位于 T12 北扩方，开口于夯土台基下，打破第 8、9 层，被 H226 打破。方向 284 度。长方形竖穴土坑墓，口长 1.92、宽 1.04~1.16 米，深 0.44 米。填土黄褐色，土质松软。双人仰身直肢葬，南北排列，头向西，面向北，双手置于腹部两侧，两腿伸直，双脚并拢。人骨

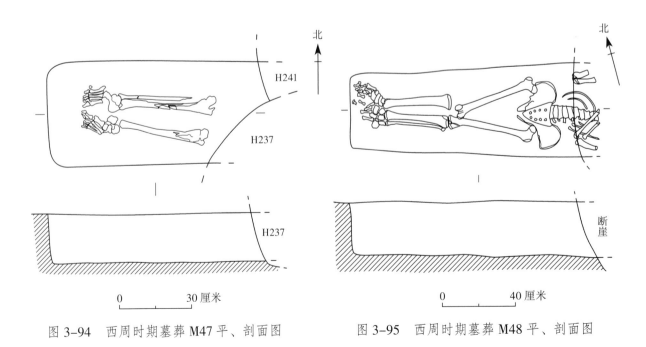

图 3-94 西周时期墓葬 M47 平、剖面图   图 3-95 西周时期墓葬 M48 平、剖面图

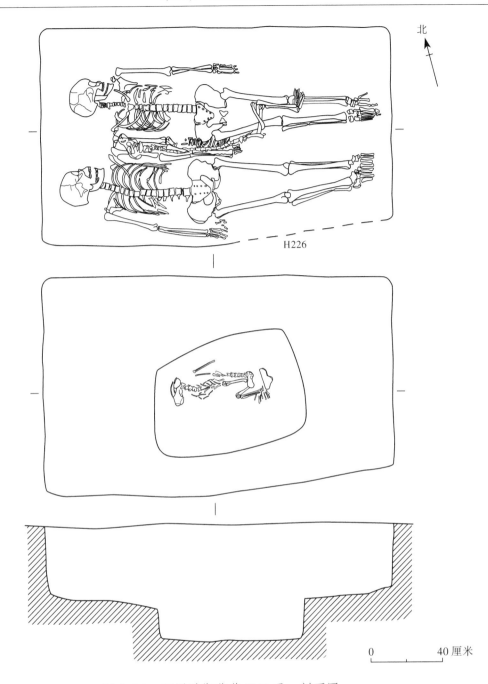

图 3-96　西周时期墓葬 M49 平、剖面图

保存较好。经鉴定，北侧墓主为女性，年龄 27~28 岁；南侧墓主为男性，年龄 20~25 岁。两具人骨之间，随葬一条完整狗骨，狗头向西，狗后腿蜷曲放置在南侧墓主腿上。墓坑内未见葬具及随葬品。在清理完人骨后，在墓底中部发现一腰坑，竖穴土坑，长 0.84、宽 0.62、深 0.22米，坑内殉一狗，狗头向西，后腿蜷曲。（图 3-96；图版四三，5）

M50

位于 T11 东北部，开口于 6 层下的夯土台基下，打破第 7、8 层，被 H152 打破。方向 88 度。长方形竖穴土坑墓，残长 0.55、宽 0.4、残深 0.28 米。填土为灰黄色土，土质较硬，夹有炭

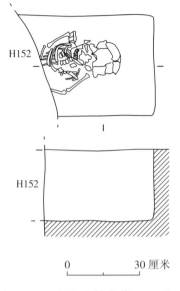

北

图 3-97　西周时期墓葬 M50 平、
　　　　剖面图

屑及烧土颗粒。单人仰身葬，头向东，面向上。墓坑西部因被灰坑破坏，人骨保存不佳，仅存头骨及部分上肢骨，墓主性别不详，年龄 1 岁左右。墓坑内未发现葬具及随葬品。（图 3-97；图版四三，4）

S1

位于 T12 的中部，开口于夯土台基下，打破 S3 和第 7 层。平面近圆形，坑壁较直，底部不明，直径 1.7~2.03、深 0.43 米。填土为灰褐色，土质疏松，夹杂草木灰颗粒。坑底埋一具较完整的马骨，头向东北，吻部向西北，四肢向西北侧卧。马首稍向上侧扬，前肢弯曲并拢，后肢分开稍弯曲。马骨下有植物纤维痕迹，可能用草席之类裹于马身。马骨除尾部稍残缺外，其余部分保存尚好。（图 3-98；图版四四，1）

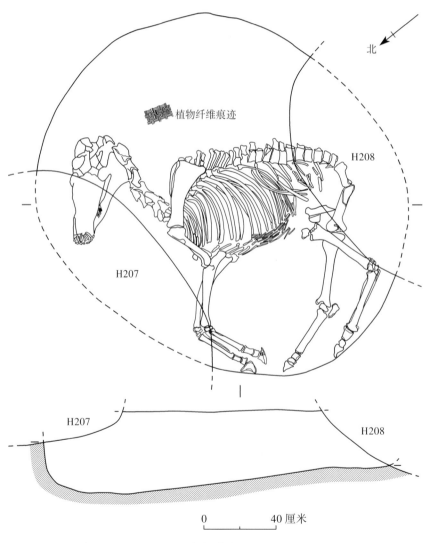

图 3-98　西周时期兽坑 S1 平、剖面图

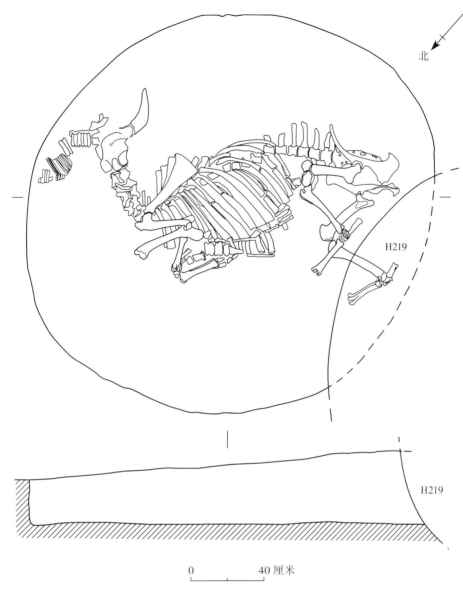

北

H219

H219

0　　　　　40 厘米

图 3-99　西周时期兽坑 S2 平、剖面图

S2

位于Ⅳ T3802 西南角，向西延伸入 T15，开口于第 6 层下，打破第 7 层，叠压于 S7 上。平面近圆形，直壁，平底，直径 2.2、深 0.25~0.38 米。填土为灰褐色土，土质疏松，坑底铺有一层草木灰，应是将坑挖好后，将底部烧灼后使用。坑底埋有一具较完整的牛骨，头向东北，吻部向西北，头部残缺较甚，牛角仅存一支，面骨破碎。侧卧，四肢向西北，前肢弯曲，分布较散乱，后肢分开稍弯曲。（图 3-99；图版四四，2）

S3

位于 T12 的中部，开口于夯土台基（TJ1）下，打破 H256 和第 7 层，被 S1 打破。平面近长方形，直壁，平底，长 1.98、最宽 1.26、深 0.36 米。填土为灰褐色土，土质疏松，夹

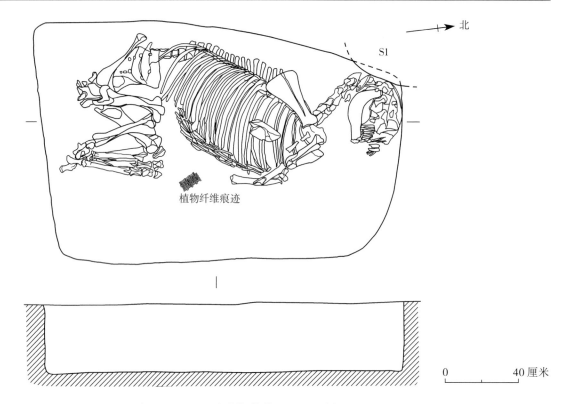

图 3-100　西周时期兽坑 S3 平、剖面图

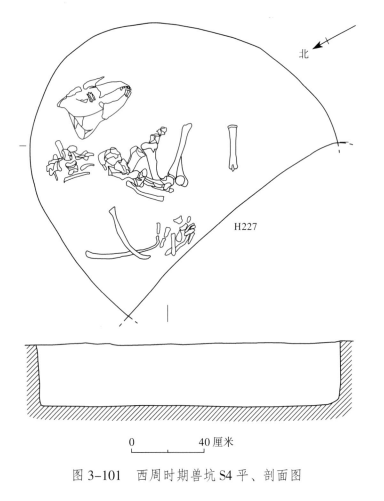

图 3-101　西周时期兽坑 S4 平、剖面图

杂草木灰。坑底埋一具较完整的马骨，头向北，吻部向东，四肢向东侧卧。马首稍向上侧扬，前后肢皆弯曲并拢，似为捆绑所致。马骨下有植物纤维痕迹，可能用草席之类裹于马身。马骨除尾部稍残外，其余部分保存完好。（图 3-100；图版四五，1）

S4

位于 T11 东北角，开口于第 6 层下，被 H227 打破。平面近椭圆形，直壁，平底，南北长 1.6、东西残长 1.2、深 0.33 米。填土为灰色沙土，土质较硬。坑底埋一具马骨，因被灰坑打破，马骨被扰，骨骼零散于坑中，马头向东，吻部向南。（图 3-101；图版四五，2）

S5

位于 T12 西北部，开口于第 6 层下，打破第 7 层，被 M27、M33 打破。平面近圆形，近直壁，平底，东西 1.0、南北 0.6、深 0.25 米。填土为灰黄色土，土质疏松。坑底埋一具狗骨，狗头与躯干分开，肋骨仅存少部分，其余骨骼皆被扰破坏。（图 3-102；图版四六，1）

S6

位于 T12 扩方的西南部，开口于第 6 层下，打破第 7 层，被 M27、H235 打破。平面椭圆形，斜壁，平底，坑长径 1.82、短径 1.36、深 0.47 米。填土为灰黄色土，土质疏松。坑底埋一具较完整的马骨，头向东，吻部向南，四肢向西侧卧。前肢残缺，后肢较散乱。（图 3-103；图版四六，2）

S7

位于 Ⅳ T3802 西南角，向西延伸入 T15。开口于第 7 层下，打破第 8 层，叠压于 S2 下，东部被晚期地层打破。平面近椭圆形，直壁，底呈斜坡状。长径 2.17、短径 1.2、深 0.24~0.36 米。坑底埋一具马骨，头向西南，吻部向东南，四肢向南侧卧，前肢弯曲分开，后肢被破坏。马颈骨处出土 1 枚青铜箭镞，已锈蚀。（图 3-104；图版四七，1）

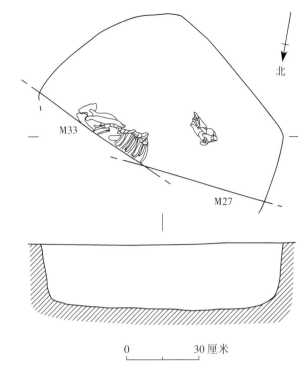

图 3-102　西周时期兽坑 S5 平、剖面图

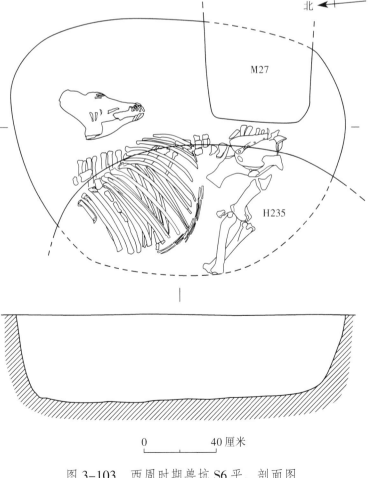

图 3-103　西周时期兽坑 S6 平、剖面图

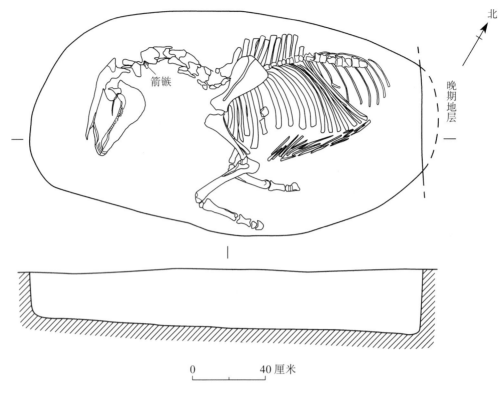

北

晚期地层

箭镞

0　　　　　40厘米

图 3-104　西周时期兽坑 S7 平、剖面图

二、西区墓地

西区墓地清理墓葬 36 座、兽坑 3 座（图 3-105）。集中分布于西区南部。

36 座墓葬均为竖穴土坑墓。墓坑长 0.9~2.5、宽 0.33~0.87、深 0.1~0.9 米。墓向以东向最多，11 座；次为南向，8 座；再次为北向，6 座；东南向 3 座；西南与东北向各为 3 座；西北向与西南向各 1 座；有两座墓方向不明。有单侧二层台的 2 座，四周均有二层台的 1 座。墓底有腰坑的 4 座，坑内均殉狗。有 7 座墓坑底部残留板灰，推测可能有葬具，其中 M169 和 M178 的棺底为弧形。葬式以仰身直肢葬为主，俯身葬 4 座，屈肢葬 3 座，葬式不详 5 座。均为单人葬。出土随葬品的墓葬有 13 座，随葬品数量在 3 件及其以下者 8 座，5 件者 1 座，4 件者 2 座，14 件者 1 座。随葬品陶器有鬲、簋、豆、罍、罐、贝、蚌类装饰品较多。

3 座兽坑均为马坑。兽坑平面呈长方形或圆角长方形，墓坑较浅，坑内骨骼基本保存完好。坑内未见遗物出土。

M165

位于 Ⅲ T4909 中部略偏南，开口于第 6 层下，打破 H483 和第 7a 层。方向 108 度。长方形竖穴土坑墓，口长 2.2、宽 0.5~0.6、深 0.2 米。填土为灰褐色花土，土质紧密略硬，含烧土颗粒。墓坑东侧有熟土二层台，台宽 0.32、高 0.1 米。墓坑内人骨架一具，仰身直肢葬，头向东南，面向东北。骨架保存较好。经鉴定，墓主为一男性，年龄 24~26 岁。随葬品 2 件，为陶鬲、罍各 1 件，置于墓主头部的二层台上；墓主的盆骨及左侧胫骨处散落有零星蚌壳。

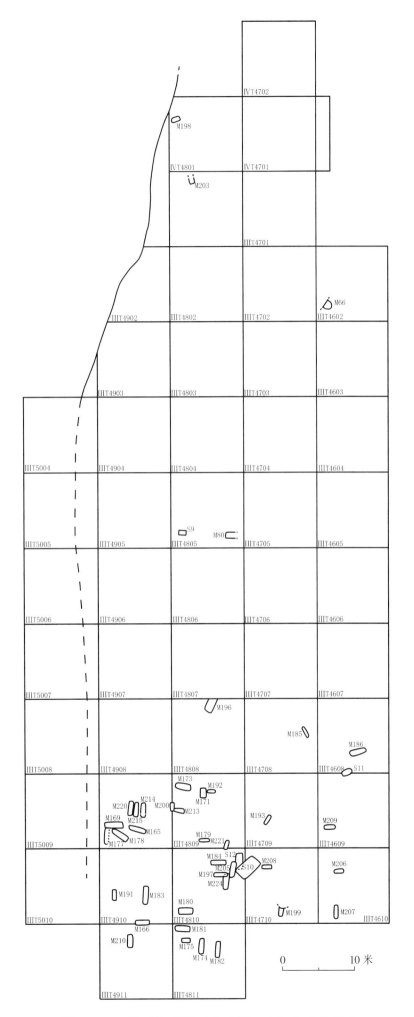

图 3-105　梁王城西区西周墓葬、兽坑分布示意图

（图 3-106A；图版四七，2）

陶鬲　1 件。

M165：1，夹砂灰褐陶。敞口，折沿，弧腹微鼓，联裆，空锥状足。口沿下饰绳纹及足尖，肩部一道弦纹抹光。口径 18.1、高 16.4 厘米。（图 3-106B，1；图版四七，3）

陶罍　1 件。

M165：2，泥质灰黑陶。口近直，圆唇，短颈，鼓肩，弧腹，平底。肩、颈、腹各饰两道凹弦纹，肩部饰两个泥饼。口径 8.2、底径 6.7、高 12.2 厘米。（图 3-106B，2；图版四七，4）

M166

叠压于Ⅲ T4910 南壁下，开口于第 6 层下，被 H442 打破。方向 93 度。平面略呈梯形

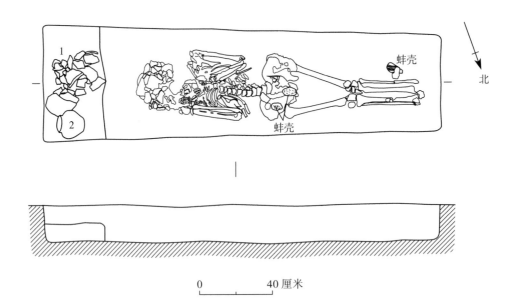

图 3-106A　西周时期墓葬 M165 平、剖面图

1.陶鬲　2.陶罍

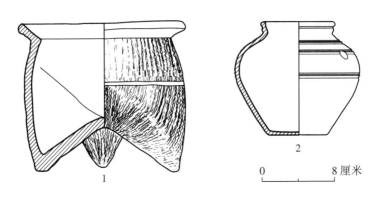

图 3-106B　M165 出土器物

1.陶鬲（M165：1）　2.陶罍（M165：2）

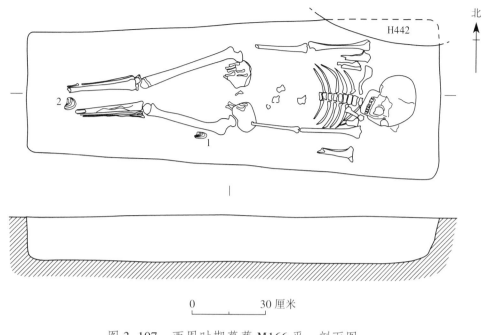

图 3-107　西周时期墓葬 M166 平、剖面图

1、2.蚌壳

的竖穴土坑墓，口长 1.68、宽 0.48~0.64 米，深 0.19 米。填土浅灰色，土质疏松。墓坑内人骨架一具，仰身直肢，头向东，面向南。骨架保存较差。经鉴定，墓主性别不详，年龄 50 岁左右。墓内未发现随葬品，骨架周围散落零星蚌壳。（图 3-107；图版四八，1）

M169

位于 Ⅲ T4909 西南，开口于第 6 层下，打破第 7a 层。方向 97 度。长方形竖穴土坑墓，口长 2.5、宽 0.56~0.63 米，深 0.2 米。墓坑内发现有木质棺材痕迹，棺底为弧形，单棺已朽，仅余板灰痕迹，长 2.08、宽 0.35~0.39、高 0.15 米。棺内人骨一具，仰身直肢葬，头向东，面向北。骨架保存较好。经鉴定，墓主为一男性，年龄 18~20 岁。随葬陶器 4 件，为簋、鬲、罐、罍各 1 件，均置于墓主头部的棺外侧，在墓主下颌、颈部、盆骨、足部附近还散落有贝壳和蚌壳。清理完人骨架及随葬品后，在墓主身下发现一椭圆形腰坑，长径 0.54、短径 0.35、深 0.07 米，坑内殉一只狗，狗身蜷曲，狗身旁发现蚌壳 1 件。（图 3-108A；图版四八，2）

陶鬲　1 件。

M169 : 3，夹砂灰褐陶。敞口，尖圆唇，折沿，弧腹，分裆，袋足，矮柱状实足尖。肩部以下饰交错绳纹。口径 16.4、高 14.8 厘米。（图 3-108B，1；图版四九，1）

陶簋　1 件。

M169 : 1，泥质灰褐陶，器表略发红。敞口，圆唇，宽折沿，弧腹较深，圈足较矮。圈足上有一道凹弦纹。口径 23.5、足径 13.4、高 16.8 厘米。（图 3-108B，2；图版四九，2）

陶罐　1 件。

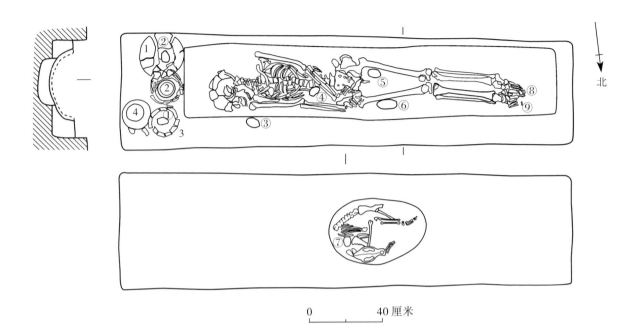

图 3-108A　西周时期墓葬 M169 平、剖面图

1. 陶簋　2. 陶罐　3. 陶鬲　4. 陶罍　①~⑦蚌壳　⑧、⑨贝壳

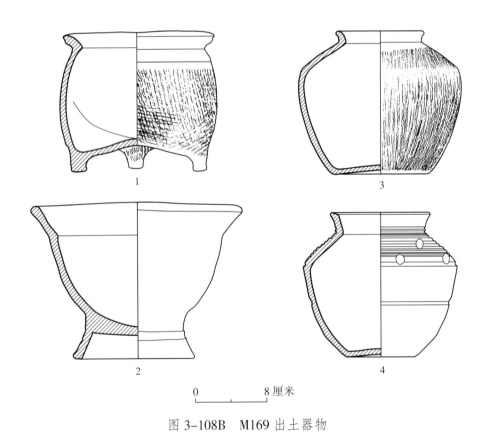

图 3-108B　M169 出土器物

1. 陶鬲（M169：3）　2. 陶簋（M169：1）　3. 陶罐（M169：2）　4. 陶罍（M169：4）

M169：2，泥质灰陶。侈口，尖圆唇，卷沿，矮颈，圆肩，弧腹较深，平底微凹。口沿以下满饰竖绳纹。口径 9.2、底径 10.6、高 15.4 厘米。（图 3-108B，3；图版四九，3）

陶罍　1 件。

M169：4，泥质灰陶。侈口，方唇，折沿微凹，折肩，鼓腹，平底微凹。颈、肩部饰数道凹弦纹，肩部饰十个泥饼，呈两行交错分布。口径 10.8、底径 7.6、高 15.5 厘米。（图 3-108B，4；图版四九，4）

M171

位于 Ⅲ T4809 中部偏北，开口于第 6 层下，打破第 7a 层。方向 185 度。长方形竖穴土坑墓，口长 1.4、宽 0.6 米，深 0.13 米。坑内填土为青灰色土，土质松软，夹杂少量的炭屑。坑内人骨架一具，仰身直肢葬，头向南，面向不详，骨骼纤细。经鉴定，墓主为一儿童，年龄约 2 岁。随葬品为 1 件陶鬲，置于墓主头部。（图 3-109A；图版四八，3）

陶鬲　1 件。

M171：1，夹砂灰褐陶。敞口，方唇，折沿，筒形腹，联裆，空锥状足。腹部饰竖绳纹。口径 15.6、高 16.0 厘米。（图 3-109B；图版四九，5）

M173

位于 Ⅲ T4809 西北角，开口于第 6 层下，打破第 7a 层。方向 105 度。长方形竖穴土坑墓，口长 2.2、宽 0.87、深 0.2 米。墓坑东侧有单侧生土二层台，宽 0.4、高 0.15 米。坑内填土为青灰色，土质松软，夹有炭屑。坑内人骨一具，仰身直肢葬，头向东，面向南。骨架保存较好。经鉴定，墓主为女性，年龄 17~19 岁。随葬品 4 件，为陶簋、鬲、罍、罐各 1 件，均置

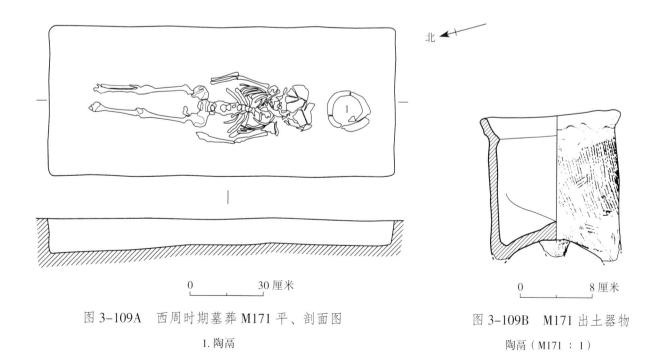

图 3-109A　西周时期墓葬 M171 平、剖面图

1.陶鬲

图 3-109B　M171 出土器物

陶鬲（M171：1）

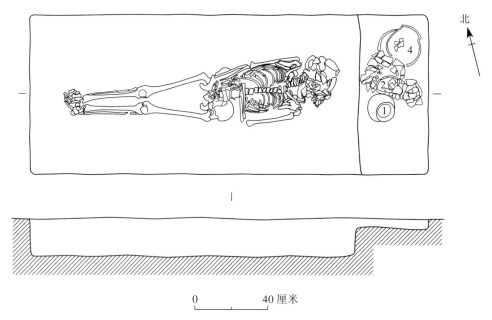

北

0 ————— 40厘米

图 3-110A   西周时期墓葬 M173 平、剖面图

1.陶罍   2.陶鬲   3.陶罐   4.陶簋

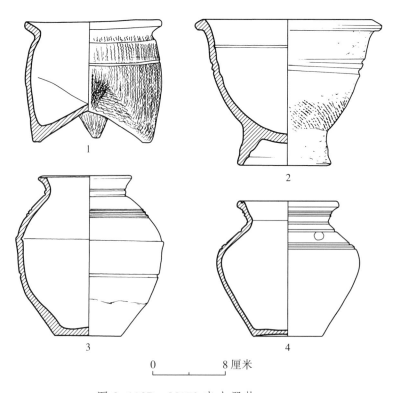

0 ————— 8厘米

图 3-110B   M173 出土器物

1.陶鬲（M173：2） 2.陶簋（M173：4） 3.陶罐（M173：3） 4.陶罍（M173：1）

于墓主头部的二层台上。（图 3-110A；图版五〇，1）

陶鬲   1件。

M173：2，夹砂灰褐陶。侈口，方唇，折沿，束颈，鼓腹，联裆，裆部较瘦，空锥状足。

沿以下饰绳纹至足尖，肩部饰两道弦纹抹光。口径 14.7、高 13.0 厘米。（图 3-110B，1；图版五〇，2）

陶簋　1 件。

M173：4，泥质灰褐陶。敞口，尖圆唇，沿外折，深弧腹，圜底，矮圈足。腹部饰两道凹弦纹，弦纹下饰斜向粗绳纹。口径 20.1、足径 10.2、高 15.2 厘米。（图 3-110B，2；图版五〇，3）

陶罍　1 件。

M173：1，泥质灰陶。侈口，圆唇，唇面一道凹槽，鼓肩，弧腹，平底稍内凹。颈部饰两道凹弦纹，肩部饰一道凹弦纹，肩腹交接处饰两道凹弦纹，肩部饰三个交错分布的泥饼。口径 11.0、底径 7.4、高 14.3 厘米。（图 3-110B，4；图版五〇，4）

陶罐　1 件。

M173：3，泥质灰陶。侈口，尖圆唇，平沿，束颈，折肩，深弧腹，平底微内凹。颈部饰一道凹弦纹，肩部饰两道凹弦纹，下腹处饰一道凹弦纹。口径 10.2、底径 7.4、高 16.8 厘米。（图 3-110B，3；图版五〇，5）

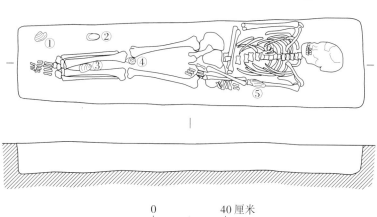

图 3-111　西周时期墓葬 M174 平、剖面图

①～⑥蚌壳

M174

位于Ⅲ T4811 中部略偏西北，开口于第 6 层下。方向 187 度。长方形竖穴土坑墓，口长 1.9、宽 0.4~0.48 米，深 0.17 米。坑内填土为灰黄色，土质略硬。墓坑内人骨架一具，仰身直肢，头向南，面向上。骨架保存一般。经鉴定，墓主为男性，年龄 27~28 岁。墓坑内未发现葬具及随葬品，仅在骨架上发现有零星蚌壳。（图 3-111；图版五一，1）

M175

位于Ⅲ T4811 西北角，开口于第 6 层下。方向 92 度。竖穴土坑墓，一头略宽，一头较

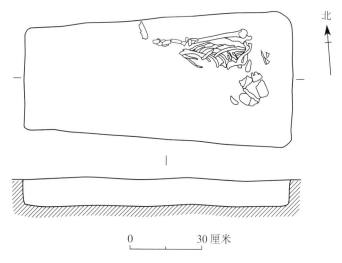

图 3-112　西周时期墓葬 M175 平、剖面图

窄，口长 1.1、宽 0.4~0.55 米，深 0.1 米。坑内填土为灰褐色，土质较软。墓坑内人骨架一具，残剩部分肢骨和肋骨，似被扰，葬式不明。经鉴定，墓主年龄 17~19 岁，性别不详。墓坑内未发现葬具及随葬品。（图 3-112；图版五一，2）

M177

位于Ⅲ T4909 东南部，开口于第 6 层下，打破第 7a 层。方向 10 度。长方形竖穴土坑墓，口长 2.0、宽 0.5 米，深 0.6 米。墓内填土为灰褐色土，土质紧密，内含黄褐土颗粒。单人仰身直肢葬，头向北，面向西。骨架保存状况较好。经鉴定，墓主为女性，年龄 35 岁左右。墓内随葬陶簋、鬲各 1 件，置于墓主头部；在墓主盆骨下腹置蚌壳和兽骨各 1 件。（图

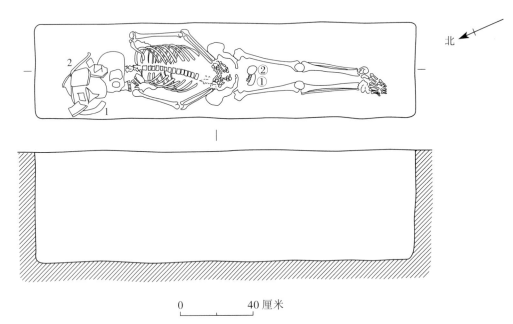

图 3-113A　西周时期墓葬 M177 平、剖面图

1.陶簋　2.陶鬲　①兽骨　②蚌壳

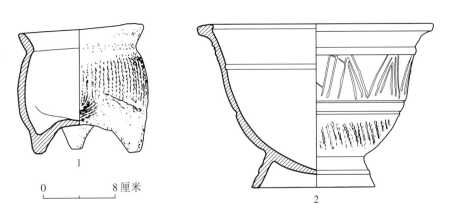

图 3-113B　M177 出土器物

1.陶鬲（M177：2）　2.陶簋（M177：1）

3-113A；图版五一，3）

陶鬲　1件。

M177：2，夹砂灰褐陶。敞口，圆唇，折沿，束颈，鼓腹，联裆，裆内瘪，空锥状足。器腹饰绳纹不及足尖。口径14.2、高13.9厘米。（图3-113B，1；图版五二，1）

陶簋　1件。

M177：1，泥质灰陶。敞口，方唇，平沿微凹，深弧腹，圜底，矮圈足。颈下一道凸棱，器腹饰两道凹弦纹，上腹饰十一个三角刻划纹，下腹饰粗疏的绳纹。口径26.0、足径13.4、高17.6厘米。（图3-113B，2；图版五二，2）

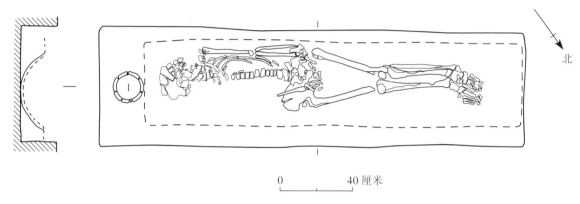

图3-114A　西周时期墓葬M178平、剖面图

1.陶鬲

M178

位于Ⅲ T4909西南部，开口于第6层下，打破第7a层。方向125度。长方形竖穴土坑墓，口长2.4、宽0.64米，深0.2米。坑内填土为灰褐色土，土质坚硬，内含黄褐土颗粒。发现木质棺材痕迹，棺底弧形，单棺已朽，仅余板灰痕迹，棺长2.1、宽0.5、高0.12米。棺内人骨架一具，仰身直肢葬，头向东南，面向西南。经鉴定，墓主为男性，年龄50岁左右。随葬品为1件陶鬲，置于墓主头部的棺外侧。（图3-114A；图版五二，3）

陶鬲　1件。

M178：1，夹砂灰褐陶。侈口，方唇，折沿，联裆，裆内瘪，空锥状足。器腹饰绳纹不及足尖，肩腹部多道弦纹抹光，口径15.2、高14.2厘米。（图3-114B；图版五二，4）

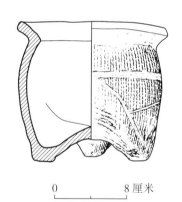

图3-114B　M178出土器物

陶鬲（M178：1）

M179

位于Ⅲ T4809近南壁处，开口于第7b层下。方向275度。长方形竖穴土坑墓，口长1.4、宽0.4米，深0.05~0.21米。坑内填土为灰褐色，土质坚硬，内含黄土颗粒。坑内人骨架一具，仰身直肢葬，双脚趾骨缺失，头向西，面向上。墓主性别不详，年龄50岁左右。墓坑内未

发现葬具及随葬品。（图 3–115）

M180

位于Ⅲ T4810 西南角，开口于第 6 层下。方向 91 度。长方形竖穴土坑墓，口长 1.95、宽 0.77 米，深 0.45 米。坑内填土为灰褐色，土质较硬。坑内发现人骨架一具，仰身直肢葬，头向东，面向上。骨架保存一般。经鉴定，墓主性别不详，年龄 17~19 岁。墓坑内未发现葬具及随葬品。（图 3–116；图版五三，1）

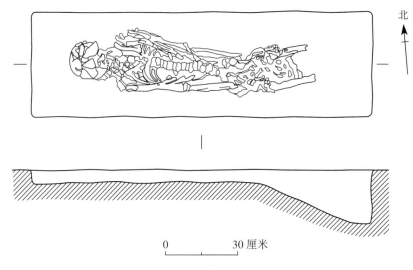

0　　　　　30 厘米

图 3–115　西周时期墓葬 M179 平、剖面图

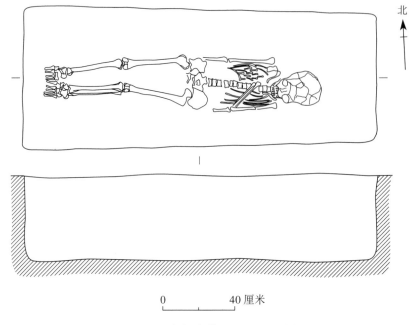

0　　　　　40 厘米

图 3–116　西周时期墓葬 M180 平、剖面图

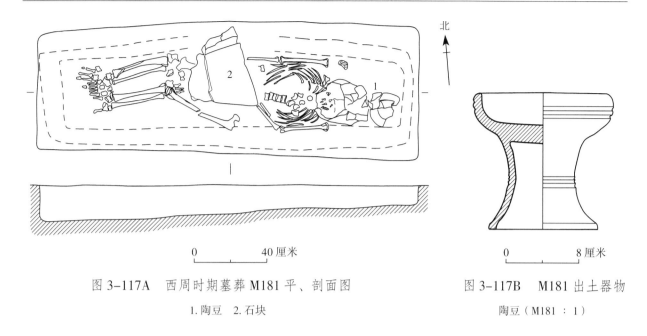

图3-117A　西周时期墓葬M181平、剖面图　　　　图3-117B　　M181出土器物

1.陶豆　2.石块　　　　　　　　　　　　　陶豆（M181：1）

M181

位于Ⅲ T4811西北角，部分压在北隔梁下。开口于第6层下。方向96度。长方形竖穴土坑墓，口长2.1、宽0.63~0.7米，墓底不平，深0.1~0.2米。坑内填土为灰褐色，土质疏松。墓坑内发现木质棺材痕迹，单棺已朽，仅剩板灰痕迹。棺内人骨架一具，仰身直肢葬，头向东，面向上，骨架保存一般，墓主腹部压有两块石头。经鉴定，墓主性别不详，年龄15~18岁。墓内随葬陶豆1件，置于墓主头部。（图3-117A；图版五三，2）

陶豆　1件。

M181：1，泥质灰黑陶。直口微敛，尖圆唇，浅盘，喇叭状高圈足。盘壁外侧及柄中部各饰有两道凹弦纹。口径14.3、足径12.2、高14.7厘米。（图3-117B；图版五二，5）

M182

位于Ⅲ T4811中部，开口于第6层下。方向175度。长方形竖穴土坑墓，口长1.75、宽0.32米，深0.12米。坑内填土为灰黄色，土质较硬。墓坑内发现木质棺材痕迹，单棺已朽，仅剩板灰痕迹。棺内人骨架一具，盆骨及以上部分不存，似被盗扰，头向南。墓主性别年龄无法鉴定。墓主两腿间有壳蚌饰1件。（图3-118；图版五三，3）

M183

位于Ⅲ T4910中部略偏东南，开口于第6层下。方向195度。长方形竖穴土坑墓，口长2.45、宽0.43~0.63米，深0.4米。坑内填土为褐色，土质坚硬，内含黄土颗粒。墓坑内发现木质棺材痕迹，单棺已朽，仅剩板灰痕迹。棺内人骨架一具，仰身直肢，头向南，面向上。骨架保存较差。经鉴定，墓主性别不详，年龄45~50岁。随葬陶器4件，鬲、簋、豆、罍各1件，均置于墓主头部；1件贝壳置于墓主前胸。（图3-119A；图版五四，1）

陶鬲　1件。

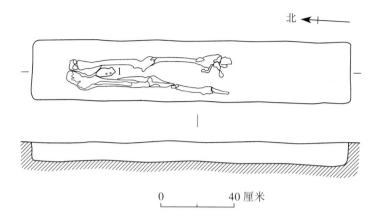

图 3-118　西周时期墓葬 M182 平、剖面图

1. 穿孔蚌饰

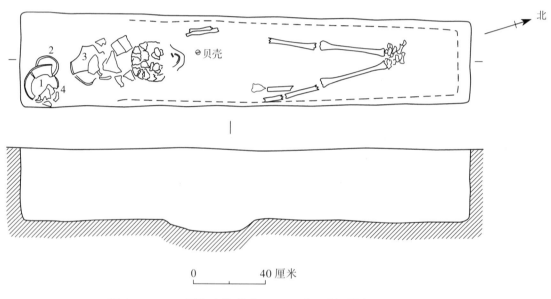

图 3-119A　西周时期墓葬 M183 平、剖面图

1. 陶篮　2. 陶鬲　3. 陶罍　4. 陶豆

M183 : 2，夹砂黑褐陶。敞口，圆唇，折沿，束颈，腹微鼓，裆较低，空锥状足，足尖残。腹部饰稀疏绳纹不及足尖。口径 13.4、残高 13.0 厘米。（图 3-119B，1；图版五四，2）

陶篮　1 件。

M183 : 1，泥质灰黑陶。敞口，方唇，唇面微凹，鼓腹，矮圈足。腹部饰有两道凹弦纹，其间饰有十个刻划三角纹。口径 20.7、足径 13.0、高 16.4 厘米。（图 3-119B，2；图版五四，3）

陶豆　1 件。

M183 : 4，泥质灰陶。敛口，圆唇，浅盘，盘壁弧鼓，高圈足。盘壁外侧及柄部各饰两道凹弦纹。口径 12.8、足径 10.9、高 14.7 厘米。（图 3-119B，4；图版五四，4）

陶罍　1 件。

M183 : 3，泥质灰陶。直口微敛，圆唇，平沿，束颈，折肩，弧腹内收，平底内凹。

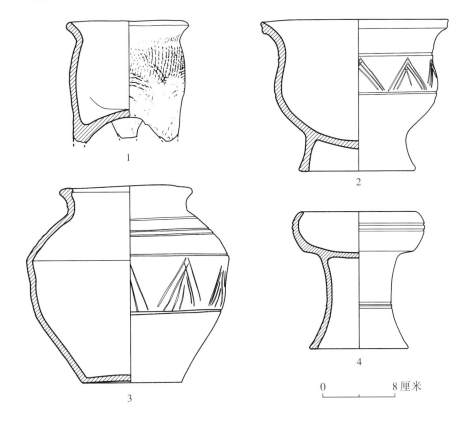

图 3-119B　M183 出土器物

1.陶鬲（M183：2）　2.陶簋（M183：1）　3.陶罍（M183：3）　4.陶豆（M183：4）

肩部饰三道凹弦纹，肩腹交界处及下腹部各饰一道凹弦纹，其间饰十一个刻划三角纹。口径 14.7、底径 10.9、高 20.9 厘米。（图 3-119B，3；图版五四，5）

M184

位于Ⅲ T4810 东北部，开口于第 6 层下。方向 90 度。长方形竖穴土坑墓，口长 2.0、宽 0.6~0.65 米，深 0.3 米。坑内填土为灰褐色，土质坚硬。墓坑内发现人骨架一具，仰身直肢葬，头向东，面向北。骨架保存较好。经鉴定，墓主性别不详，年龄 50 岁左右。墓坑内未发现葬具及随葬品。（图 3-120；图版五五，1）

M185

位于Ⅲ T4708 东部，开口于第 6 层下，打破第 7 层。方向 330 度。长方形竖穴土坑墓，口长 1.48、宽 0.34 米，深 0.1 米。填土为青灰色土，土质疏松。墓坑内人骨架一具，仰身直肢葬，头向西北，面向东北。经鉴定，墓主性别不详，年龄 10 岁左右。墓坑内未发现葬具及随葬品。（图 3-121；图版五五，2）

M186

位于Ⅲ T4608 东部，开口于第 7a 层下，打破第 8、9 层。方向 70 度。长方形竖穴土坑墓，

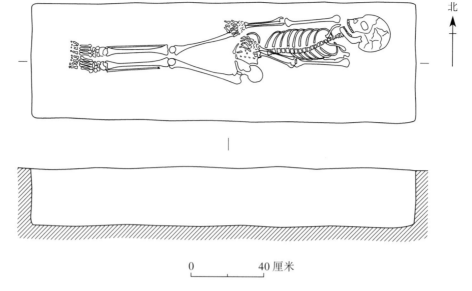

北

0 ————— 40厘米

图 3-120　西周时期墓葬 M184 平、剖面图

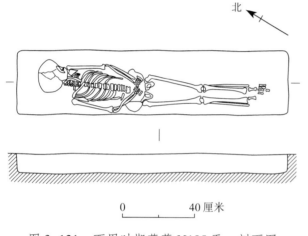

北

0 ————— 40厘米

图 3-121　西周时期墓葬 M185 平、剖面图

口长 2.26、宽 0.7 米，深 0.7 米。墓坑四侧均有熟土二层台，东、南、西、北分别宽 0.2、0.18、0.05 和 0.1 米，台高 0.2 米。墓葬填土为青灰色土，土质疏松。墓坑内人骨架一具，仰身直肢葬，头向东北，面向东南。经鉴定，墓主为男性，年龄 18~19 岁。墓内随葬陶簋、鬲各 1 件，鬲置于头部，簋置于头部的二层台上，鬲的边上置蚌壳 1 件。提取完人骨及随葬品后，在人骨下方发现一长方形腰坑，长 0.77、宽 0.4、深 0.2 米。坑内殉一只狗，狗头向西南，后肢蜷曲。（图3-122A；图版五六，1、2）

陶鬲　1件。

M186：2，泥质灰褐陶。侈口，圆唇，束颈较高，弧腹略直，裆较高，裆部略瘪，空锥状足。器身饰细绳纹不及足尖。口径 13.8、高 14.3 厘米。（图 3-122B，1；图版五六，3）

陶簋　1件。

M186：1，泥质灰陶。敞口，圆唇，唇面内凹，弧腹略折，矮喇叭形圈足。肩部饰两道凹弦纹，其间饰细网格纹，腹中部饰一道凹弦纹。口径 21.0、足径 11.7、高 15.3 厘米。（图3-122B，2；图版五六，4）

M191

位于Ⅲ T4910 西南，开口于第 6 层下。方向 180 度。长方形竖穴土坑墓，口长 1.4、宽

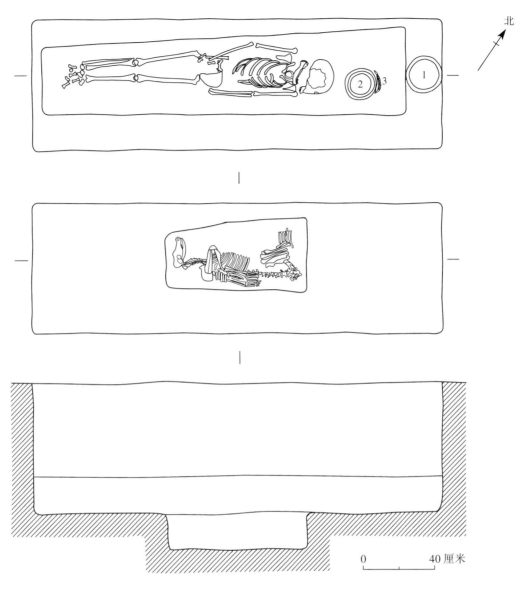

图 3-122A 西周时期墓葬 M186 平、剖面图

1. 陶簋 2. 陶鬲 3. 兽骨

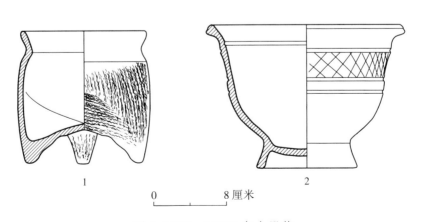

图 3-122B M186 出土物

1. 陶鬲（M186：2） 2. 陶簋（M186：1）

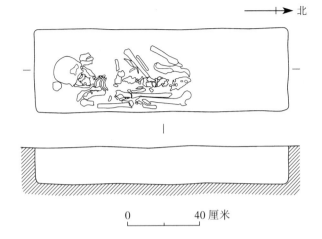

图 3-123　西周时期墓葬 M191 平、剖面图

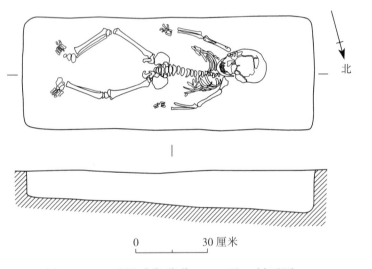

图 3-124　西周时期墓葬 M192 平、剖面图

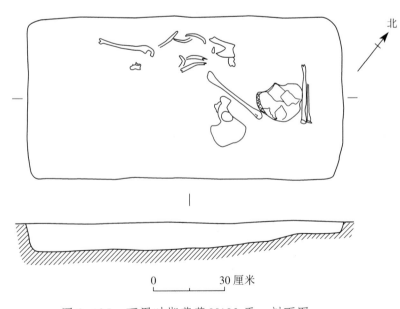

图 3-125　西周时期墓葬 M193 平、剖面图

0.44 米，深 0.2 米。填土为青灰色土，土质较硬。墓坑内发现有残碎的人骨架，墓主俯身葬，头向南，面向下。右侧上肢骨和下肢骨不存，头骨、左侧上肢骨及肋骨等残碎较甚，似被扰乱。经鉴定，墓主为男性，年龄 45~50 岁。墓坑内未发现随葬品。（图 3-123；图版五五，3）

M192

位于 Ⅲ T4809 北部，开口于第 6 层下，打破第 7a 层。方向 285 度。长方形竖穴土坑墓，口长 1.2、宽 0.45 米，深 0.1~0.17 米。填土为青灰色土，土质较硬，夹黄色斑块。墓坑内人骨架一具，单人屈肢葬，双腿略屈膝向外，头向西，面向上。经鉴定，墓主年龄约 4~5 岁，性别不详。墓坑内未发现葬具及随葬品。（图 3-124；图版五七，1）

M193

位于 Ⅲ T4709 中部偏西南，开口于第 6 层下，打破第 7a 层。方向 45 度。长方形竖穴土坑墓，口长 1.33、宽 0.65 米，深 0.05~0.1 米。填土为青灰色，土质较硬。墓坑内发现有残碎的人头骨、肢骨及肋骨等，似被扰乱。经鉴定，墓主为女性，年龄约 38 岁。墓坑内未发现葬具及随葬品。（图 3-125；图版五七，2）

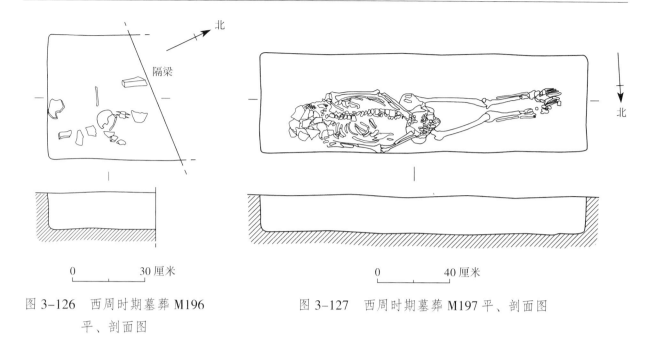

图 3-126 西周时期墓葬 M196
平、剖面图

图 3-127 西周时期墓葬 M197 平、剖面图

M196

位于Ⅲ T4808 北部，部分在北隔梁内。开口于第 7a 层下，打破第 7b 层。方向 205 度。长方形竖穴土坑墓，已清理部分长 0.56、宽 0.5 米，坑深 0.15 米。填土为青灰色土，土质松软，夹有黄色斑块。墓坑内发现有残碎的头骨，未发现肢骨，可能被扰乱。经鉴定，墓主性别不详，年龄 18~35 岁。墓坑内未见葬具及随葬品。（图 3-126；图版五七，3）

M197

位于Ⅲ T4810 东北部，开口于第 6 层下。方向 95 度。长方形竖穴土坑墓，口长 1.8、宽 0.5 米，深 0.2 米。填土为灰黄色土，夹杂较多炭屑。墓坑内发现人骨架一具，仰身直肢葬，头向东，面向南。骨架保存较差。经鉴定，墓主为女性，年龄 40~44 岁。墓坑内未发现葬具及随葬品。（图 3-127；图版五七，4）

M199

位于Ⅲ T4710 南部，开口于第 6 层下，被晚期灰坑打破。方向 205 度。长方形竖穴土坑墓，口残长 1.1、宽 0.5 米，深 0.1 米。坑内填土为青灰色土，土质松软，夹杂少量炭屑。墓坑内人骨架一具，仰身直肢葬，头向西南，面向东南。骨架的盆骨以下残失。经鉴定，墓主为年龄 17~19 岁的女性。墓坑内未发现葬具及随葬品。（图 3-128；图版五八，1）

M200

位于Ⅲ T4809 西壁中部，部分在西壁内，开口于第 6 层下，打破第 7 层。方向 185 度。一端宽一端窄的竖穴土坑墓，口长 0.98、宽 0.28~0.48 米，深 0.11 米。填土为青灰色土，土质疏松。墓坑内人骨架一具，屈肢葬，双腿屈于前胸，头向南，面向下。骨架保存状况一般。经鉴定，

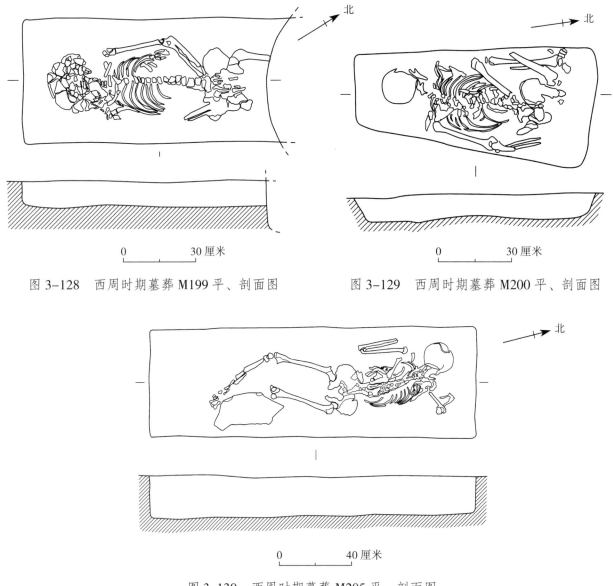

图 3-128　西周时期墓葬 M199 平、剖面图　　　　图 3-129　西周时期墓葬 M200 平、剖面图

图 3-130　西周时期墓葬 M205 平、剖面图

墓主为男性，年龄 19~20 岁。墓内未发现葬具及随葬品。（图 3-129；图版五八，2）

M205

位于Ⅲ T4810 东北部，开口于第 7a 层层面上，打破 S12。方向 14 度。长方形竖穴土坑墓，口长 1.7、宽 0.6 米，深 0.2 米。坑内填土为青灰色，土质松软，夹杂少量炭屑。墓坑内发现人骨一具，俯身葬，身体略呈"S"形，下肢骨略屈，头向北，面向下。右侧胫、腓骨处压着一块大石头，胫、腓骨不存。经鉴定，墓主为女性，年龄 29~30 岁。墓坑内未发现葬具及随葬品。（图 3-130；图版五八，3）

M206

位于Ⅲ T4610 中部偏西北，开口于第 6 层下。方向 85 度。长方形竖穴土坑墓，口长 1.3、

宽 0.45 米，深 0.1~0.2 米。坑
内填土为青灰色，土质松软，
夹杂少量炭屑。坑内人骨架一
具，仰身直肢，头向东，面向北。
骨架保存一般。经鉴定，墓主
为年龄约 6 岁的儿童，性别不
详。墓坑内未发现葬具及随葬
品。（图 3-131；图版五八，4）

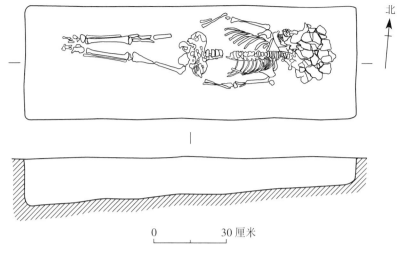

图 3-131　西周时期墓葬 M206 平、剖面图

M207

位于Ⅲ T4610 西南，开口
于第 6 层下。方向 180 度。长
方形竖穴土坑墓，口长 1.7、
宽 0.6 米，深 0.1 米。坑内填
土为青灰色土，土质松软。墓
内人骨架一具，仰身直肢，头
向南，面向上。骨架保存差，
左侧上下肢骨及盆骨不存，残
损严重，似被扰乱。经鉴定，
墓主为年龄 17~19 岁的男性。
墓坑内未发现葬具及随葬品。
（图 3-132；图版五九，1）

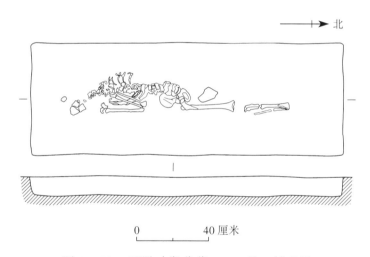

图 3-132　西周时期墓葬 M207 平、剖面图

M208

位于Ⅲ T4710 西北部，开
口于第 6 层下。方向 90 度。
长方形竖穴土坑墓，口长 1.85、
宽 0.5 米，深 0.09~0.16 米。
坑内填土为深灰色，土质松软。
墓坑内发现木质棺材痕迹，单
棺已朽，残长 1.76、宽 0.38 米。
棺内人骨一具，仰身直肢葬，
头向东，面向上。经鉴定，墓
主年龄 45~50 岁，性别不详。
墓坑内未发现随葬品。（图
3-133；图版五九，2）

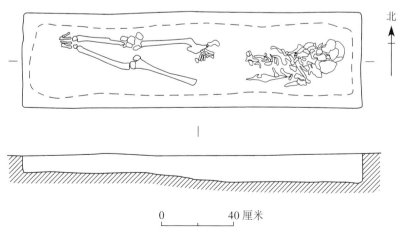

图 3-133　西周时期墓葬 M208 平、剖面图

M209

位于Ⅲ T4609 西南，开口于第 6 层下，打破第 7a 层。方向 80 度。长方形竖穴土坑墓，口长 1.74、宽 0.5 米，墓底不平，一端深，一端浅，最深处 0.24 米。填土青灰色，土质疏松。墓坑内发现木质棺材痕迹，单棺已朽。墓坑内人骨架一具，仰身直肢葬，头向东，面向北。骨架保存状况一般。经鉴定，墓主为年龄 18~19 岁的男性。墓坑内随葬品 2 件，陶罐置于墓主两胯之间，纺轮置于墓主右股骨旁。（图 3-134A；图版五九，3）

　　陶罐　1 件。

　　M209：2，泥质黑褐陶。口微敛，鼓肩，弧腹，圜底，底附矮圈足，残。肩部一周菱形网格划纹，残留两个小纽。口径 6.8、残高 8.4 厘米。（图 3-134B，1；图版五九，4）

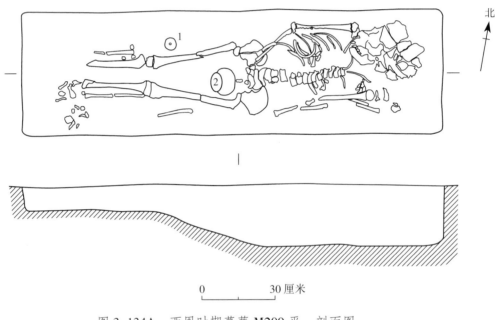

0　　　　　30 厘米

图 3-134A　西周时期墓葬 M209 平、剖面图

1. 陶纺轮　2. 陶罐

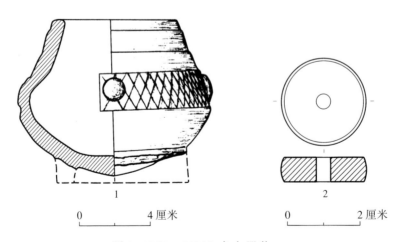

0　　　　4 厘米　　　　　　0　　　2 厘米

图 3-134B　M209 出土器物

1. 陶罐（M209：2）　2. 陶纺轮（M209：1）

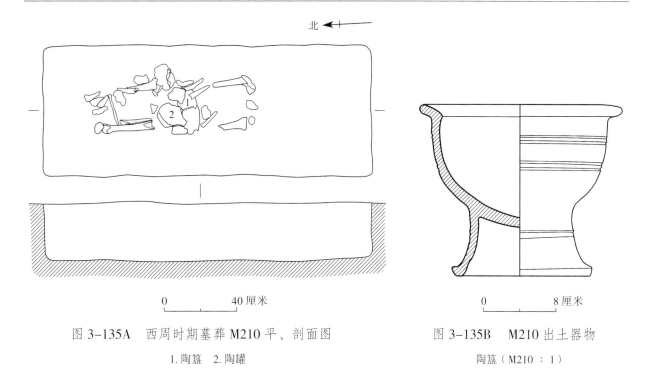

图 3-135A　西周时期墓葬 M210 平、剖面图　　　　图 3-135B　M210 出土器物

1. 陶簋 2. 陶罐　　　　　　　　　　　　　　　陶簋（M210：1）

陶纺轮　1 件。

M209：1，泥质黑褐陶。两面近平，两侧弧凸，中有一孔。直径 2.3、厚 0.64、孔径 0.37 厘米。（图 3-134B，2）

M210

位于Ⅲ T4911 北部，开口于第 6 层下。方向 187 度。长方形竖穴土坑墓，口长 1.8、宽 0.7 米，深 0.3 米。填土为灰褐色，土质疏松。墓坑内人骨架一具，似被扰，仅剩余部分肢骨，葬式不明，头向南，面向不明。经鉴定，墓主或为男性，年龄约 35 岁。墓坑内随葬品 2 件，为簋、罐各 1 件，置于墓主两腿间。（图 3-135A；图版六〇，1）

陶簋　1 件。

M210：1，泥质灰黑陶。敞口，圆唇，弧腹，圜底，圈足较高。肩、腹及圈足处各饰两道凹弦纹。口径 22.8、足径 15.5、高 18.5 厘米。（图 3-135B；图版六〇，2）

陶罐　1 件。残碎无法修复。

M213

位于Ⅲ T4809 近西壁处，开口于第 7c 层下，打破第 8 层。方向 95 度。长方形竖穴土坑墓，墓底不平，口长 1.58、宽 0.52 米，深约 0.1 米。填土青灰色，土质疏松。墓坑内人骨架一具，仰身直肢葬，头向东，面向北。骨架保存状况较好。经鉴定，墓主年龄 9~10 岁，性别不详。墓坑内未发现葬具及随葬品。（图 3-136；图版六〇，3）

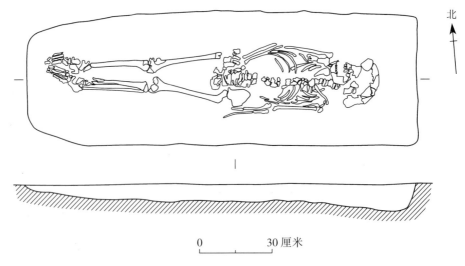

0　　　　30厘米

图 3-136　西周时期墓葬 M213 平、剖面图

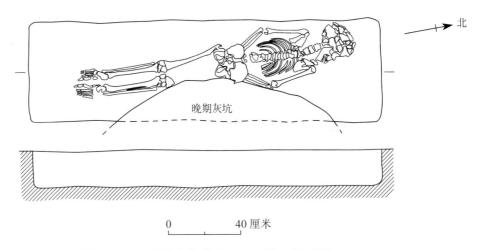

晚期灰坑

0　　　　40厘米

图 3-137　西周时期墓葬 M214 平、剖面图

M214

位于 Ⅲ T4909 中部，开口于第 7c 层下，打破第 8 层，被晚期灰坑打破，叠压于 H458、H471 下。方向 10 度。长方形竖穴土坑墓，口长 1.95、宽 0.53 米，深 0.2 米。填土为黄褐色花土，土质紧密较硬。墓坑内发现人骨架一具，仰身直肢葬，头向北，面向东，左腿股骨残失。经鉴定，墓主为年龄 17~19 岁的女性。墓坑内未发现葬具及随葬品。（图 3-137；图版六〇，4）

M215

位于 Ⅲ T4909 中部，开口于第 7c 层下，打破第 8 层。方向 9 度。长方形竖穴土坑墓，口长 2.0、宽 0.44~0.48 米，深 0.15 米。填土为黄褐色花土，土质紧密略硬，夹杂红烧土颗粒。墓坑内发现人骨架一具，仰身直肢葬，头向北、面向东。骨架保存较差，头骨仅残下颌骨，胫、腓骨残断。经鉴定，墓主为年龄 19~20 岁的女性。墓坑内未见葬具及随葬品。（图 3-138；图版六〇，4）

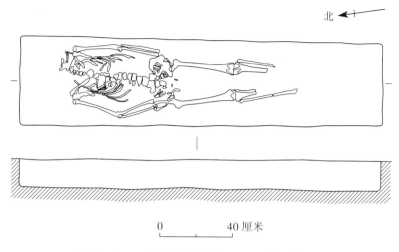

图 3-138 西周时期墓葬 M215 平、剖面图

M220

位于 Ⅲ T4909 中部偏西，开口于第 7c 层下，打破第 8 层。方向 350 度。长方形竖穴土坑墓，墓坑长 2.05、宽 0.5、深 0.65 米。填土为黄褐色花土，土质紧密略硬，夹杂红烧土块。墓坑内人骨架一具，俯身直肢葬，头向北，面向西。经鉴定，墓主为年龄 40~44 岁的男性。未发现葬具及随葬品。在整取完人骨架后，在人骨下方紧靠墓坑东壁处发现一长方形腰坑，坑长 0.78、宽 0.3、深 0.2 米，坑内殉一只狗，狗头向北，后肢蜷曲。（图 3-139；图版六一，1、2）

M221

位于 Ⅲ T4809 东南，部分压在南壁下。开口于第 7c 层下，打破第 8 层。方向 20 度。长方形竖穴土坑墓，一端较圆弧，圜底，墓坑长 1.6、宽 0.45、最深 0.12 米。填土为黄褐色土，土质略硬。墓坑内人骨架一具，仰身屈肢葬。头向东北，面向东南。经鉴定，墓主为女性，年龄 45~50 岁。墓坑内未发现葬具及随葬品。（图 3-140；图版六一，3）

M224

位于 Ⅲ T4810 东北处，开口于第 7c 层下。方向 10 度。长方形竖穴土坑墓，口长 2.1、宽 0.53 米，深 0.6 米。填土为深灰色土，土质松软，夹杂烧土颗粒及炭渣。墓坑内人骨架一具，俯身直肢葬，头向北，面向西。骨架保存较好。经鉴定，墓主为年龄 40~44 岁的男性。墓坑内未发现葬具及随葬品。在整取完人骨架后，在人骨下方的墓坑中部发现一圆角长方形腰坑，坑长 0.73、宽 0.3、深 0.17 米，坑内殉一只狗，狗头向北，后肢蜷曲。（图 3-141；图版六一，4）

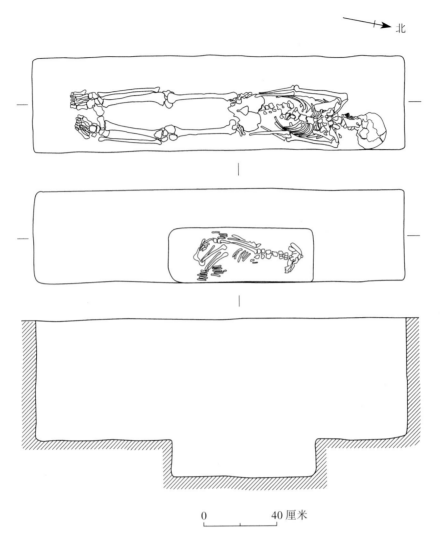

图 3-139　西周时期墓葬 M220 平、剖面图

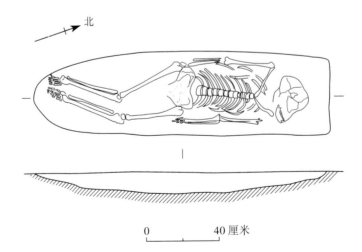

图 3-140　西周时期墓葬 M221 平、剖面图

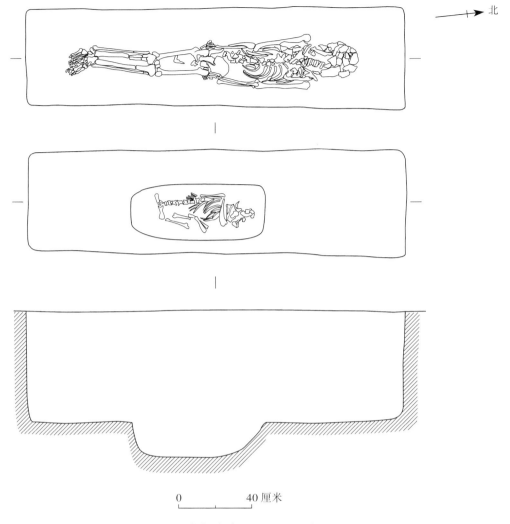

图 3-141　西周时期墓葬 M224 平、剖面图

S10

位于Ⅲ T4710 西北角，部分进入Ⅲ T4810 东隔梁内，开口于第 6 层下，叠压于 S12 上。平面呈长方形，直壁，平底。长 3.1、宽 1.8、深 0.4 米。填土为黄绿色，土质松软。坑内发现较完整的马骨架一具，头向东北，吻部向东南，前肢略弯曲，后肢伸直。马骨下有木板朽痕，应是以木板铺底。（图 3-142；图版六二，1）

S11

位于Ⅲ T4608 南部，开口于第 6 层下，打破第 8 层。平面呈长方形，直壁，斜平底。长 2.3、宽 0.7~1.0、深 0.1~0.3 米。填土为灰绿色土，土质略硬。坑内发现较完整马骨架一具，头向东，吻部向南，四肢蜷曲。骨架下发现木板朽痕，应是以木板铺底。（图 3-143；图版六二，2）

S12

位于Ⅲ T4810 东隔梁北端，开口于第 7c 层下，打破第 9 层，被 S10 叠压。平面近不规

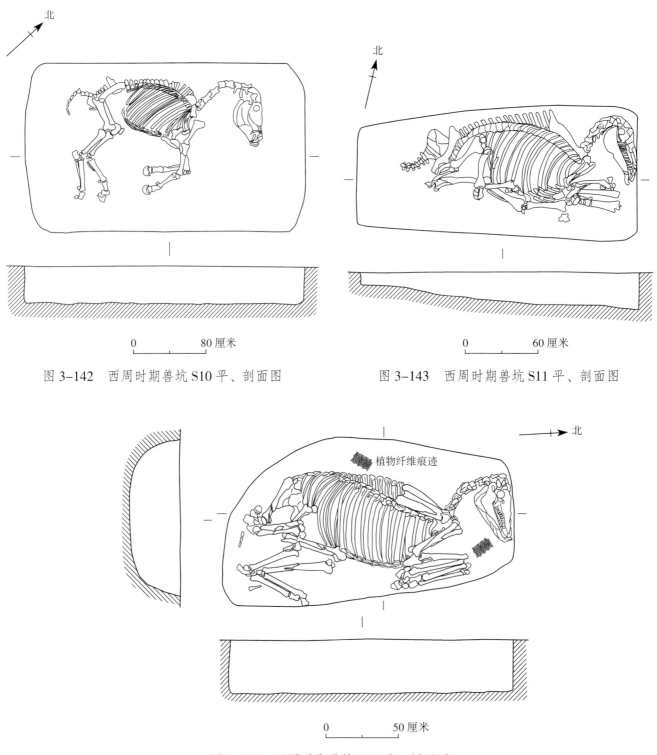

图 3-142 西周时期兽坑 S10 平、剖面图

图 3-143 西周时期兽坑 S11 平、剖面图

图 3-144 西周时期兽坑 S12 平、剖面图

则的长方形，西南角呈弧形，坑东西为弧壁，底近圜，南北为直壁，平底。长 1.95~2.0、宽 0.7~1.1、深 0.35 米。填土为黑色，土质松软，夹杂烧土颗粒。坑内发现较为完整的马骨一具，头向北，吻部向东，四肢蜷曲。马骨下有植物纤维痕迹，可能用草席之类裹于马身。（图 3-144；图版六二，3）

三、西区北部和中区之间的墓葬与兽坑

在西区北部与中部发掘区两区之间，零星分布着 M54、M55、M56、M66、M80、M198 和 M203 等 7 座墓葬以及 S8、S9 等 2 座兽坑。其中 M55、M56 墓主为典型的非正常死亡，M54 和 M198 为屈肢葬，M203 和 M66 被破坏，骨骼不全，此六座墓皆无随葬品。M80 为正常埋葬的墓葬，出土随葬品 3 件。两个兽坑分别为猪坑和羊坑。（参见图 3-3）

M54

位于 Ⅲ T4102 北部，开口于第 6 层下，打破第 7 层，被 S8 打破。方向 270 度。长方形竖穴土坑墓，口长 1.67、宽 0.6 米，深 0.28 米。填土为青灰色土，夹杂炭屑及烧土颗粒，土质较硬。墓坑内人骨架一具，侧身屈肢葬，头向西，面向不详。双腿交叉蜷曲，骨架保存一般。经鉴定，墓主性别不详，年龄 30 岁左右。墓坑内未发现葬具及随葬品。（图 3-145；图版六三，1）

M55

位于 Ⅲ T4205 内，开口于第 6 层下。方向 140 度。该墓未发现墓坑，似将人骨平地掩埋。人骨架一具，俯身屈肢葬，头骨缺失，双手并齐，置于背部，双腿并齐，双脚弯曲于盆骨，似为捆绑所致。墓坑内未发现随葬品。（图 3-146；图版六三，2）

M56

位于 Ⅲ T4205 内，开口于第 6 层下。方向 140 度。该墓未发现墓坑，似将人骨平地掩埋。

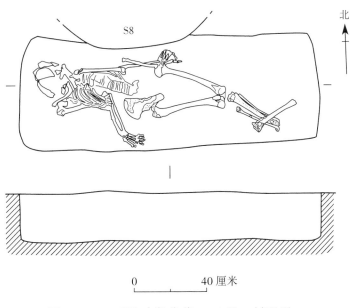

图 3-145 西周时期墓葬 M54 平、剖面图

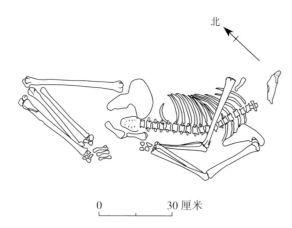

图 3-146　西周时期墓葬 M55 平、剖面图

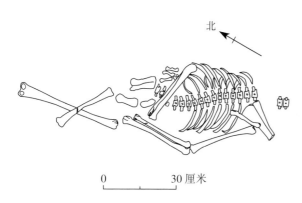

图 3-147　西周时期墓葬 M56 平、剖面图

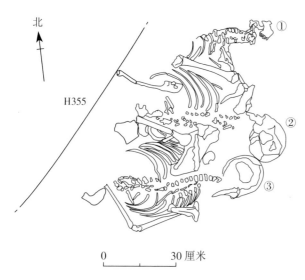

图 3-148　西周时期墓葬 M66 平、剖面图
①～③人骨

人骨架一具，俯身屈肢葬，头骨缺失，双手并齐，置于背部，下肢骨不完整，缺小腿骨，可能为反捆绑所致。墓坑内未发现随葬品。（图 3-147；图版六三，3）

M66

位于 III T4602 内，开口于第 6 层下，被 H355 打破。方向 95 度。该墓未发现墓坑，似将人骨平地掩埋。人骨架三具。自北向南编号分别为①、②、③号。①号人骨只保存部分下颌骨和脊椎骨，葬式不明；②号和③号人骨均为俯身葬，头向东，面向下，仅保存有头骨及部分脊椎骨、上肢骨。（图 3-148；图版六三，4）

M80

位于 III T4805 内，开口于第 6 层下。方向 90 度。长方形竖穴土坑墓，墓口长 2.4、宽 0.6 米，墓底西低东高，墓深 0.7~0.95 米。墓葬内填土为灰褐色，土质较硬，含烧土颗粒。墓坑内人骨架一具，仰身直肢葬，头向东，面向北。经鉴定，墓主为一男性，年龄 24~26 岁。骨架保存较好。墓坑内发现随葬品 3 件，为陶簋 1 件、豆 2 件，均置于墓主头部。（图 3-149A；图版六四，1）

陶簋　1 件。

M80：1，泥质灰褐陶。敞口，方唇，折沿，沿面微凸，鼓腹较浅，喇叭状高圈足，足为后接，足、腹交接处缝隙明显。唇部一周凹槽。口径 23.3、足径 15.1、高 20.6 厘米。（图 3-149B，1；图版六四，2）

陶豆　2 件。

M80：2，泥质灰黑陶。侈口，尖圆唇，平沿，盘壁较直，柄较高，喇叭状圈足。盘壁外侧及圈足均施较为密集的弦纹。口径 14.1、足径 9.7、高 13.8 厘米。（图 3-149B，2；

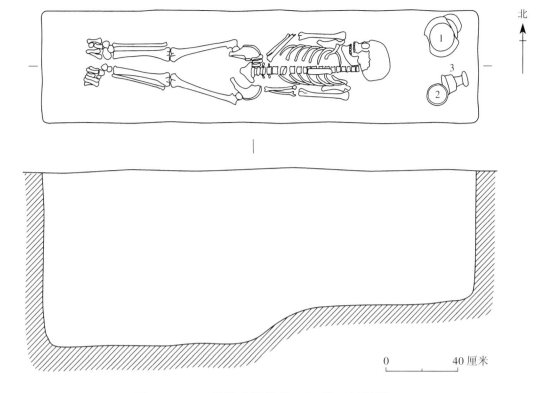

图 3-149A　西周时期墓葬 M80 平、剖面图

1. 陶簋　2、3. 陶豆

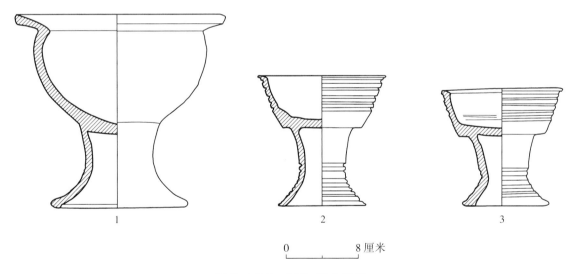

图 3-149B　M80 出土器物

1. 陶簋（M80：1）　2、3. 陶豆（M80：2、M80：3）

图版六四，3）

　　M80：3，泥质灰黑陶。侈口，尖唇，平沿，盘壁较直，柄较矮，喇叭状圈足。盘壁外侧及圈足均施较为密集的弦纹。口径 13.5、足径 9.5、高 12.6 厘米。（图 3-149B，3；图版六四，4）

M198

位于Ⅳ T4801 北部，开口于第6层下，打破第 7a 层，被 H461 打破。方向 255 度。长方形竖穴土坑墓，墓坑长 1.05、宽 0.5、深 0.1 米。填土为青灰色土，土质较软。墓坑内人骨架一具，仰身屈肢葬，骨架残碎较甚，似被扰乱，头向西，面向南。经鉴定，墓主为一男性，年龄 25~35 岁。墓坑内未发现葬具及随葬品。（图 3-150；图版六五，1）

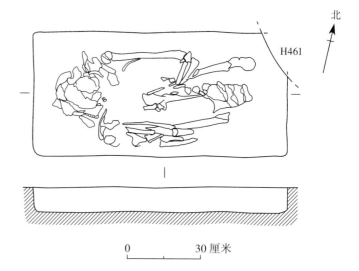

图 3-150　西周时期墓葬 M198 平、剖面图

M203

位于Ⅲ T4801 北部，部分压在北隔梁下。开口于第6层下，打破第7层。方向 165 度。长方形竖穴土坑墓，已清理墓口长 0.77、宽 0.6、深 0.09 米。填土为青灰色土，土质较软。墓坑内人骨架一具，仰身直肢葬，头向南，面向上，腰椎以下未清理。经鉴定，墓主年龄 15~18 岁，性别不详。墓坑内未发现葬具及随葬品。（图 3-151；图版六五，2）

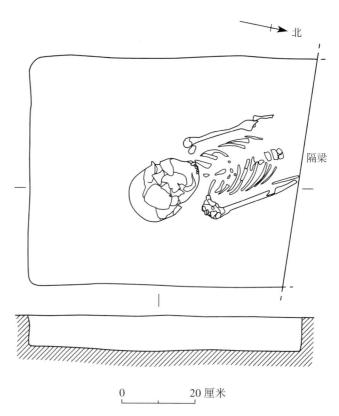

图 3-151　西周时期墓葬 M203 平、剖面图

S8

位于Ⅲ T4102 北部，开口于第6层下，打破 M54 和第7层。平面为椭圆形，直壁，平底，长径为 1.76、短径为 1.32、深 0.22 米。填土为青灰色花土，夹杂黄色土斑及炭屑、烧土颗粒。坑内发现两具猪骨架，南部一具保存较完整，为成年猪，头部向东，吻部向东，上肢弯曲，下肢较舒展；北部为一具幼猪个体，骨架较为零散。坑内分布有大大小小石块，石块上皆无人类加工痕迹，坑北部立一块较大石头，边上嵌两块稍小的石块，似有一定用途。（图 3-152；图版六五，3）

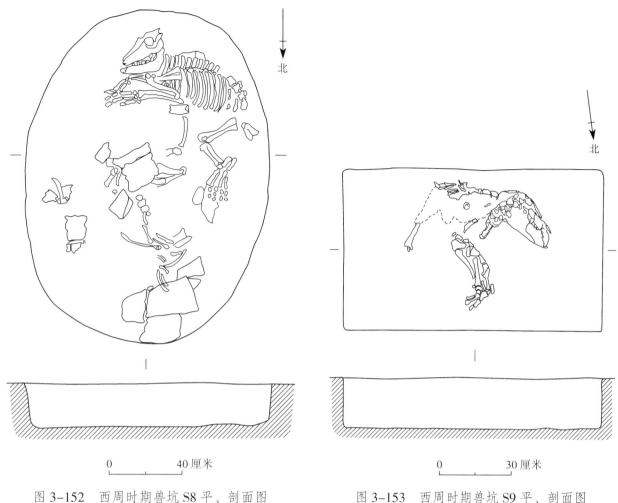

图 3-152 西周时期兽坑 S8 平、剖面图 图 3-153 西周时期兽坑 S9 平、剖面图

S9

位于 Ⅲ T4805 内，开口于第 8 层下，打破第 9 层。平面呈长方形，直壁，平底。坑口长
1.05、宽 0.64、深 0.2 米。填土为灰褐色土，土质较硬，含烧土颗粒。坑内发现动物骨架一具，
头向西部，吻部向西北。骨架朽蚀较甚，经鉴定为羊骨。（图 3-153；图版六六，1~3）

第五节 小结

梁王城遗址西周时期的文化堆积最厚，多在 1.5 米以上，遗迹丰富，除大量的灰坑、灰
沟等生活遗迹外，还发现了按区埋葬的西周墓地。整个西周遗存的年代从西周早期一直延续
直西周晚期。

一、生活遗存的年代及特征分析

西周地层及生活遗迹中出土的典型陶器包括鬲、簋、罐、盆、钵、瓮等，其中陶鬲的数
量较多、形态多变。

分裆鬲中，Aa 型足尖形成圆形疙瘩状（图 3-154，1），这在张家坡西周晚期的居址中较为常见，在安徽六安堰墩遗址中也有发现（F3 : 11[1]）（图 3-154，2），且后两者的肩腹部及袋足均较梁王城同类型的陶鬲肥腴，从形态演变角度来看梁王城出土的此类陶鬲的年代应该较早。Ab 型为典型的周式鬲，早期制作较规整，裆部较高，后制作显随意，裆部趋矮，如Ⅲ T4811 ⑦ : 1（图 3-154，3），与新沂钓台 T1722 ④ A : 3[2]（图 3-154，5）、六安堰墩 F3 : 3[3]（图 3-154，4）等形态接近，后两者的年代在西周中期。Ba 型分裆鬲（图 3-154，6），器形较大，空锥状袋足，形态同鲁故城 T110H20（下）: 2[4]（图 3-154，8）、大城墩 T5 ④ : 20[5]（图 3-154，7）以及盐仓城 T0439 ④ : 5[6]（图 3-154，9），后三者的时代均为西周早、中期。

弧裆鬲中，A 型Ⅰ式鬲（图 3-154，10）肩部及袋足均较瘦，实足尖较高，形态与六安堰墩 T806 ④ : 12[7]（图 3-154，11）、含山大城墩 T7 ④ : 2[8]（图 3-154，12）接近，后者的时代为西周早期。A 型Ⅱ式鬲的实足跟趋长，裆部抬高，与六安堰墩 T806 ④ : 12 形态接近，但后者的裆部更高，三足更显修长，形态更显晚近。B 型弧裆鬲（图 3-154，13）的肩部肥腴，折沿较宽，同堰墩 T606 ⑦ : 24[9]（图 3-154，14）。C 型弧裆鬲的颈部不显，裆部较高，与赣榆盐仓城 T0436 ③ : 6[10]（图 3-154，16）形态接近，后者肩部施附加堆纹的特征接近 C 型Ⅰ式鬲（图 3-154，15），裆部高弧的特征又接近 C 型Ⅱ式鬲。盐仓城这件陶鬲的时代约为西周中晚期，故梁王城 C 型Ⅰ式弧裆鬲时代较之略早，C 型Ⅱ式时代与此相当。D 型弧裆鬲（图 3-154，17）较为少见，在云梦楚王城西周中晚期遗迹中发现有与之类似的陶鬲（H11 下 : 3[11]）（图 3-154，18），后者形态愈显瘦长，故年代可能偏晚。

平裆鬲中，A 型的体型较大，同类器较少，新沂钓台发现有与之接近的陶鬲（F2JC1 : 2[12]），但体型较小。C 型折肩鬲（图 3-154，19），与盐仓城 T0436 ③ : 9[13]（图 3-154，20）类似，后者肩部已经完全折起，时代为西周中晚期，梁王城的折肩鬲形态要略早些。

高圈足侈口厚唇簋（图 3-154，21），延续了殷墟三、四期的风格，形态与孝民屯 M882 : 2[14]（图 3-154，22）接近，到西周中期这种下腹弧收的簋已不见，多呈下腹折收状，且腹变浅、圈足抬高，故梁王城遗址出土的这几件簋的年代应不晚于西周中期。

深腹罐 A 型Ⅰ、Ⅱ式（图 3-154，23）均为短折沿，短颈，弧肩，深腹，底或略凹，形

[1] 安徽省文物考古研究所、六安市文物管理所：《安徽六安市堰墩西周遗址发掘简报》，《考古》2002 年第 2 期，第 38 页。
[2] 南京博物院、徐州博物馆、新沂市博物馆：《江苏新沂钓台遗址发掘简报》，《东南文化》2017 年第 5 期，第 42 页。
[3] 同注释[2]。
[4] 山东省文物考古研究所、山东省博物馆、济宁地区文物组等：《曲阜鲁国故城》，齐鲁书社，1982 年，第 65 页。
[5] 安徽省文物考古研究所：《安徽含山大城墩遗址发掘报告》，《考古学集刊（6）》，中国社会科学出版社，1989 年，第 96 页。
[6] 南京博物院、连云港市博物馆、赣榆区博物馆：《江苏赣榆盐仓城（庙台子）遗址发掘简报》，《东南文化》2017 年第 5 期，第 28 页。
[7] 同注释[2]。
[8] 同注释[5]。
[9] 同注释[2]。
[10] 同注释[6]。
[11] 云梦县博物馆：《云梦楚王城 H11 清理简报》，《江汉考古》1996 年第 4 期，第 20 页。
[12] 同注释[2]。
[13] 同注释[6]。
[14] 殷墟孝民屯考古队：《河南安阳市孝民屯遗址西周墓》，《考古》2014 年第 5 期，第 23 页。

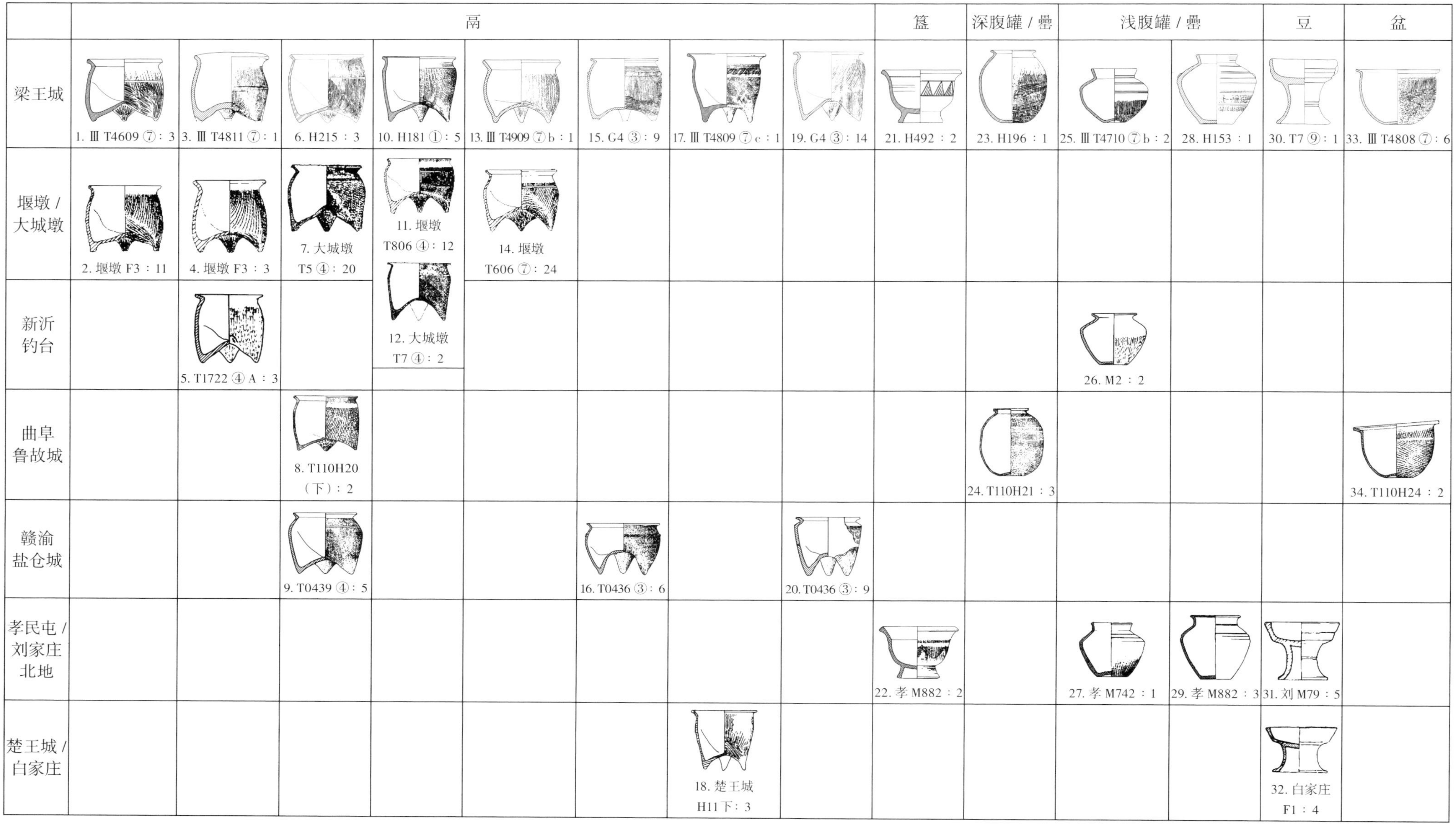

图 3-154　梁王城遗址西周时期生活遗存与其他各遗址点比较图

态上与鲁故城西周初期 T110H21 ： 3[①]接近（图 3-154，24）；B 型Ⅰ、Ⅱ式为折肩，腹部亦趋浅，同鲁故城 T110H20（上）： 6[②]、T110（4）： 2[③]，后两者时代约为西周晚期—春秋早期。

浅腹罐 A 型Ⅰ式及 B 型的肩、腹部还留有殷墟文化常见的泥饼、泥条及刻划三角纹等，可见其年代不会太晚；Aa 型Ⅱ式（Ⅲ T4710 ⑦ b ： 2）（图 3-154，25）及 C 型（H153 ： 1）（图 3-154，28）的形态分别与孝民屯 M742 ： 1[④]（图 3-154，27）、钓台 M2 ： 2[⑤]（图 3-154，26）及孝民屯 M882 ： 3[⑥]（图 3-154，29）接近，仅腹部略浅，后三者的年代亦同为西周早中期，故这两件陶罍的年代不晚于西周中期。

梁王城出土的陶豆数量不多，T7 ⑨ ： 1（图 3-154，30）豆柄较高且粗，与沣东白家庄 F1 ： 4[⑦]（图 3-154，32）、刘家庄北地 M79 ： 5[⑧]（图 3-154，31）形态接近，后两者的年代大致为西周早和西周中期偏早；Ⅲ T4604 ⑧ ： 1 的豆柄虽已变细，但仍较高，比西周晚期常见的细束柄的豆（如大寒南岗 M5 ： 1[⑨]、M5 ： 3[⑩]）偏早，年代大致为西周中期。

结合鲁故城遗址陶盆演变分期图来看，西周早期的陶盆多为深腹、凹底，宽沿斜折，如鲁故城 T110H24 ： 2[⑪]（图 3-154，34）与梁王城Ⅲ T4808 ⑦ ： 6（图 3-154，33）形态接近。至西周晚期腹变浅，沿变窄，沿面微凸；至春秋早期沿面突起较甚。从本遗址出土陶盆看，Ⅰ式时代约为西周早期，Ⅱ式近西周中期，Ⅲ式大约在西周晚期至春秋早期。

钵、盘的数量不多。钵的演变趋势大体上为直口变敛、深腹趋浅。A 型盘早期口径大于最大腹径，腹部折痕不显，至晚期口部略收，腹折突出，口径小于最大腹径；B 型盘的口下部愈显收束。

以上为梁王城遗址一些主要器形的演变过程（图 3-155），总体来说：①陶鬲，西周早期空锥状袋足肥腴明显，裆部较高，一些足尖捏为圆疙瘩状为殷商遗风；至西周中期，空锥状袋足趋瘦，裆及足尖抬高；西周晚期的典型陶鬲少见；②陶簋、浅腹罐及豆腹部贴有的泥饼、泥条及刻划网格纹、三角纹等同样也是殷商遗风，时代较早，最晚不超过西周中期；③深腹罐在西周早期肩部圆润，腹较深；至西周晚期肩部折痕明显，腹趋浅，部分罐年代下限或至春秋早期；④西周早期陶盆的腹依旧较深，口部为短折沿，颈部不显；至西周中晚期沿面外凸，颈部内束明显，腹部变浅；盘的折腹处由下往上移，唇部也由短平沿趋为短凸沿等。

由此可见，梁王城西周文化遗存的年代从西周早期一直延续至西周晚期；早期的器形主要由鬲、豆、簋、罍、罐、盆、钵、盘等，种类及数量都十分丰富；至西周晚期，陶器类型

————————

① 山东省文物考古研究所、山东省博物馆、济宁地区文物组等：《曲阜鲁国故城》，齐鲁书社，1982 年，第 63 页。

② 同注释①。

③ 同注释①。

④ 殷墟孝民屯考古队：《河南安阳市孝民屯遗址西周墓》，《考古》2014 年第 5 期，第 25 页。

⑤ 南京博物院、徐州博物馆、新沂市博物馆：《江苏新沂钓台遗址发掘简报》，《东南文化》2017 年第 5 期，第 42 页。

⑥ 同注释④。

⑦ 中国科学院考古研究所丰镐考古队：《1961-62 年长安沣东试掘简报》，《考古》1963 年第 8 期，第 411 页。

⑧ 中国社会科学院考古研究所安阳工作队：《河南安阳殷墟刘家庄北地殷墓与西周墓》，《考古》2005 年第 1 期，第 19 页。

⑨ 中国社会科学院考古研究所安阳工作队：《安阳大寒村南岗遗址》，《考古学报》1990 年第 1 期，第 65 页。

⑩ 同注释⑨。

⑪ 山东省文物考古研究所、山东省博物馆、济宁地区文物组等：《曲阜鲁国故城》，齐鲁书社，1982 年，第 71 页。

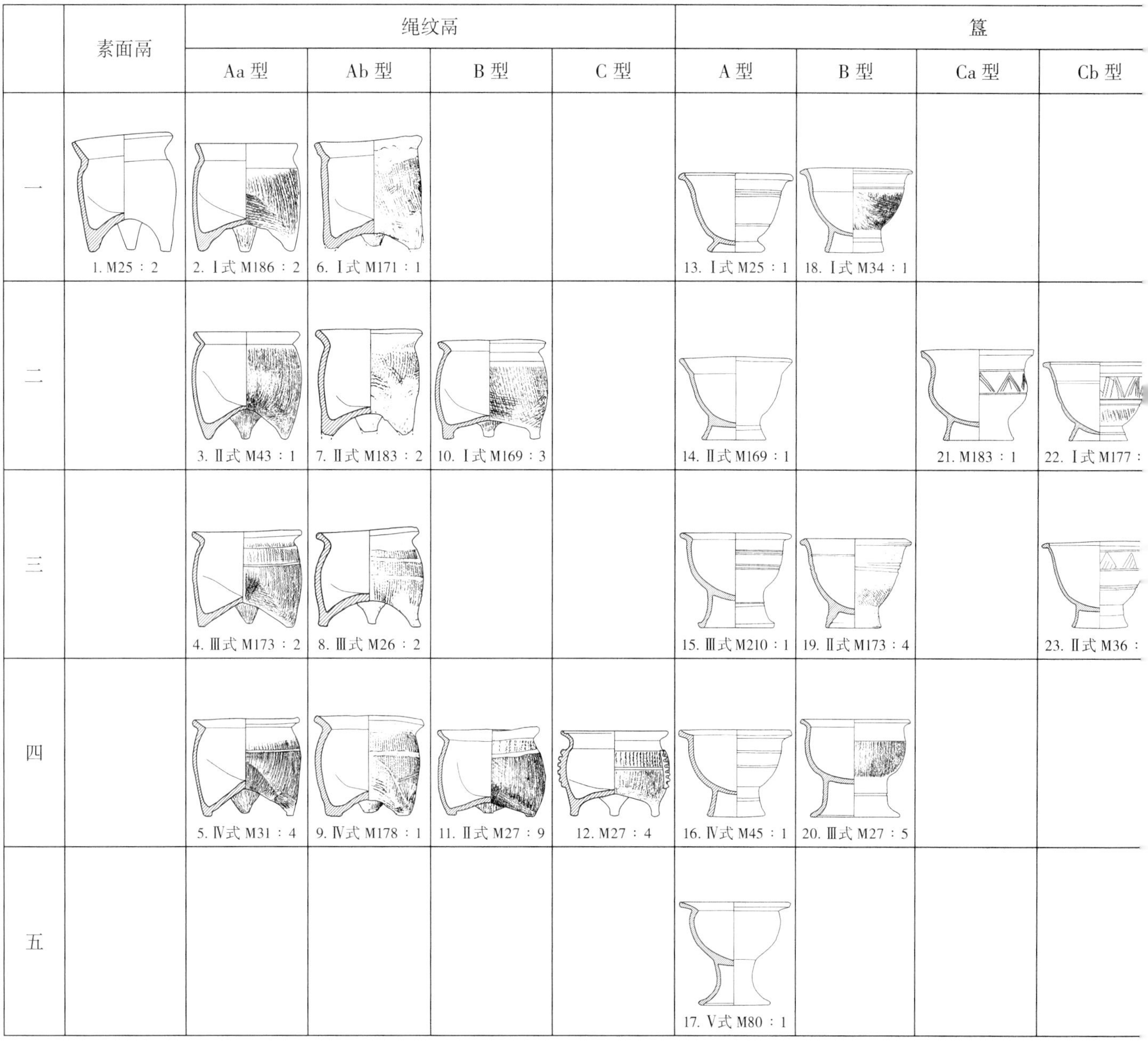

素面鬲	绳纹鬲				簋			
	Aa 型	Ab 型	B 型	C 型	A 型	B 型	Ca 型	Cb 型
一	1. M25：2	2. Ⅰ式 M186：2	6. Ⅰ式 M171：1		13. Ⅰ式 M25：1	18. Ⅰ式 M34：1		
二		3. Ⅱ式 M43：1	7. Ⅱ式 M183：2	10. Ⅰ式 M169：3	14. Ⅱ式 M169：1		21. M183：1	22. Ⅰ式 M177
三		4. Ⅲ式 M173：2	8. Ⅲ式 M26：2			15. Ⅲ式 M210：1	19. Ⅱ式 M173：4	23. Ⅱ式 M36
四		5. Ⅳ式 M31：4	9. Ⅳ式 M178：1	11. Ⅱ式 M27：9	12. M27：4	16. Ⅳ式 M45：1	20. Ⅲ式 M27：5	
五						17. Ⅴ式 M80：1		

图 3-156　梁王城遗址西周

陶罐					陶盆	陶钵			陶瓶
深腹罐		浅腹罐				A 型	B 型	C 型	
C 型	A 型	B 型	A 型	B 型					
G4③：14	H215：6		H215：4	H492：1	Ⅲ T4808⑦：6	Ⅲ T4102⑦：2	T6⑦：2	H152：2	T11⑦：5
H44：2	H196：1		H461：1	T12⑦：1	T5⑤：1				
		H326：1	Ⅲ T4710⑦b：2	H153：1	H179：1	H483：2	T7⑦：3	T9⑦：5	T11⑦：1
		T11⑦：4			H362：1	T11⑦：2	T4⑦：3	T6⑨：1	

遗存出土典型器物分期图

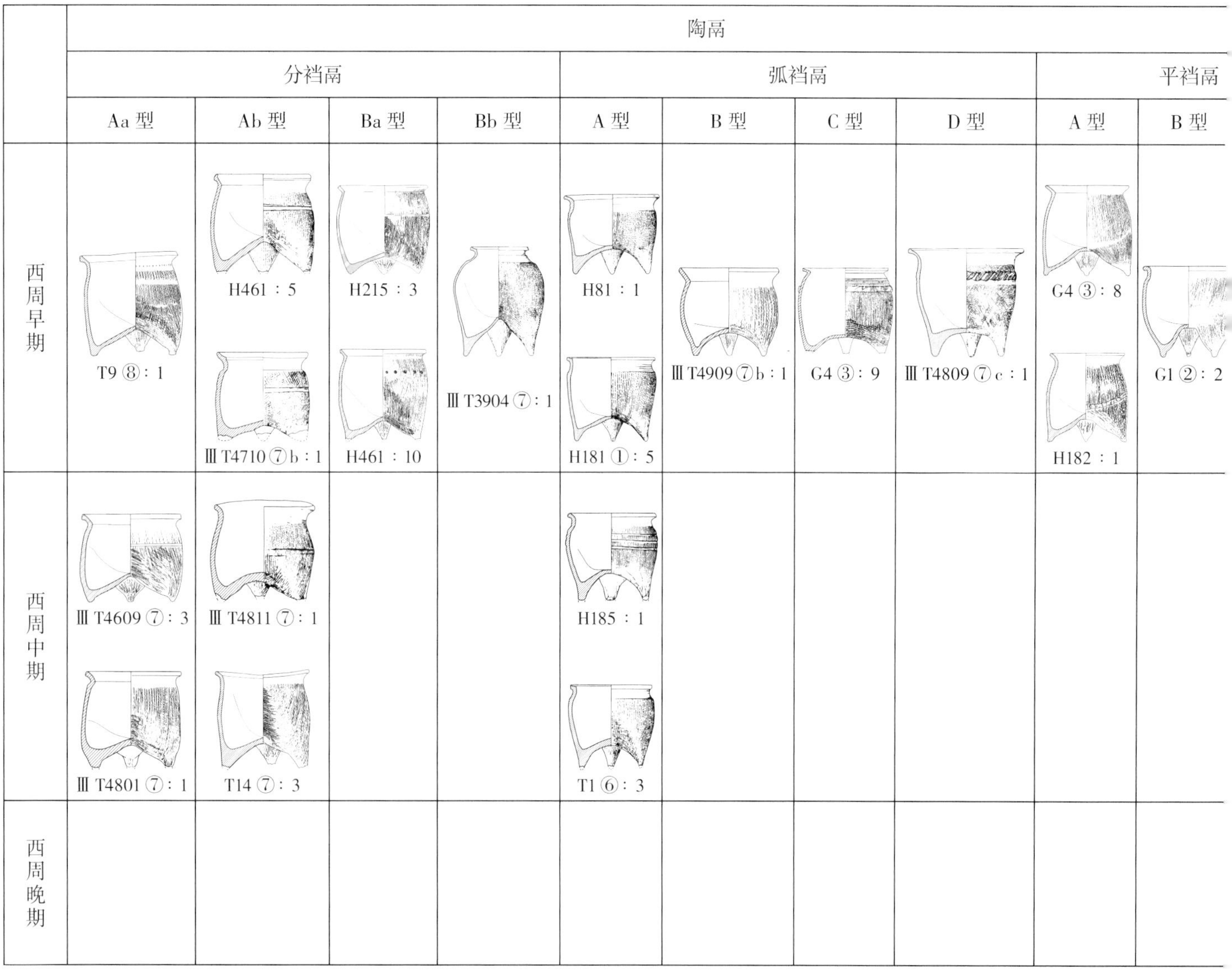

	陶鬲									
	分裆鬲				弧裆鬲				平裆鬲	
	Aa 型	Ab 型	Ba 型	Bb 型	A 型	B 型	C 型	D 型	A 型	B 型
西周早期	T9⑧:1	H461:5 Ⅲ T4710⑦b:1	H215:3 H461:10	Ⅲ T3904⑦:1	H81:1 H181①:5	Ⅲ T4909⑦b:1	G4③:9	Ⅲ T4809⑦c:1	G4③:8 H182:1	G1②:2
西周中期	Ⅲ T4609⑦:3 Ⅲ T4801⑦:1	Ⅲ T4811⑦:1 T14⑦:3			H185:1 T1⑥:3					
西周晚期										

图 3-155　梁王城遗址西周时期生活

D 型	豆		罍		罐				
	A 型	B 型	A 型	B 型	A 型	B 型	C 型	D 型	E 型
	25. I式 M34：2		31. I式 M46：1						
24. M186：1	26. II式 M183：4		32. II式 M183：3	33. I式 M169：4	36. M34：3				
	27. III式 M26：1			34. II式 M165：2		37. I式 M36：2		40. M169：2	41. M173：3
	28. IV式 M31：1	29. I式 M27：3		35. III式 M26：3		38. II式 M27：1	39. M31：7		
		30. II式 M80：2							

时期墓葬出土典型器物演变示意图

主要有罐、盆、钵、盘等，早期常见的鬲、豆、罍、簋等少见或不见，数量也有所减少。因此，梁王城西周文化遗存的年代虽然涵盖整个西周阶段，但遗址的主体年代还是以西周早中期为主，至西周晚期已呈式微之态。

二、墓葬年代及性质

（一）典型器物的分类及形态特征变化

71 座西周墓葬中，出土随葬品的墓葬共计 27 座，其中有 21 座墓葬出土典型陶器。这些陶器基本可分鬲、簋、罐、豆、罍五大类（除 M27 出土小陶钵 1 件，M209 出土陶纺轮 1 件），其中鬲 15 件、簋 14 件、豆 11 件、罐 8 件、罍 6 件，共计 54 件。下面就对这四类器物的形态特征及演变作简略的分析。

1. 陶鬲

15 件。均为夹砂褐陶，陶色或偏红，或偏黑。除一件为素面（图 3–156，1）外，其余均为器表饰绳纹的绳纹鬲。这里仅对绳纹鬲做简单的型式排比。

根据足、裆部特征的差异，可将 14 件绳纹鬲分为三型。A 型：联裆锥足鬲，共计 11 件。裆部连线呈 "⌒" 状，三足捏制呈空锥状。大部分在颈部以下至足尖满饰绳纹，有的在上腹部有一道弦纹抹光。B 型：分裆袋足鬲，共计 2 件。分裆，袋足，袋足模制，足尖为圆疙瘩状。C 型：仿铜鬲，共计 2 件。裆部微弧或近平，实足跟。部分上腹部装饰泥丁或扉棱。

A 型　11 件。根据整体特征的差异，可将其分为两亚型。

Aa 型　6 件。整器制作较规整，颈部至足尖常施竖向绳纹，瘪裆处施横向绳纹。可分四式。

Ⅰ 式　2 件。整器近长方体，沿下角较大。M29 ∶ 1，口径 13.4、高 15.0 厘米。M186 ∶ 2，口径 13.8、高 14.3 厘米（图 3–156，2）。

Ⅱ 式　1 件。M43 ∶ 1，整器近方形，沿下角趋小。口径 14.4、高 14.2 厘米（图 3–156，3）。

Ⅲ 式　2 件。整器近矮方，沿下角愈小。M165 ∶ 1，口径 18.1、高 16.4 厘米。M173 ∶ 2，口径 15.4、高 13.0 厘米（图 3–156，4）。

Ⅳ 式　1 件。M31 ∶ 4，整器愈显矮方，沿下角愈小。口径 14.4、高 13.0 厘米（图 3–156，5）。

Ab 型　5 件。整器制作较随意，自颈部向下施绳纹，但绳纹至腹中下部或近足尖处被刻意抹去。可分四式。

Ⅰ 式　1 件。M171 ∶ 1，整器近长方体，腹壁较直，沿下角较大。口径 15.6、高 16.0 厘米（图 3–156，6）。

Ⅱ 式　2 件。腹壁略弧，沿下角趋小。M177 ∶ 2，口径 14.2、高 13.9 厘米。M183 ∶ 2，口径 13.4、残高 13.0 厘米（图 3–156，7）。

Ⅲ 式　1 件。M26 ∶ 2，整器趋矮近方体，弧腹，沿下角愈小。口径 12.2、高 11.4 厘米（图 3–156，8）。

Ⅳ式　1件。M178：1，整器近方体，裆部趋矮。口径15.2、高14.2厘米（图3-156，9）。

B型　2件。分两式。

Ⅰ式　1件。M169：3，口径小于最大腹径，柱状足尖，较高。口径16.4、高14.8厘米（图3-156，10）。

Ⅱ式　1件。M27：9，口径与最大腹径相当，足尖呈疙瘩状。口径17.5、高14.9厘米（图3-156，11）。

C型　1件。M27：4，分裆较低，柱状实足尖。腹部满饰细绳纹，被一道弦纹抹光隔断，肩腹部饰三个鸡冠状扉棱堆饰。口径14.6、高11.3厘米（图3-156，12）。

2. 陶簋

14件。多为泥质陶，少数为夹细砂陶，陶色以灰色为主，少部分偏黑褐色。根据纹饰特征，可将其分为四型。

A型　5件。腹部饰弦纹。分五式。

Ⅰ式　1件。M25：1，卷沿，深弧腹，圈足极矮。口径18.5、足径9.5、高12.2厘米（图3-156，13）。

Ⅱ式　1件。M169：1，短折沿，深弧腹，圈足较矮。口径23.5、足径13.4、高16.8厘米（图3-156，14）。

Ⅲ式　1件。M210：1，折沿，沿略宽，腹变浅，圈足抬高。口径22.8、足径15.5、高18.5厘米（图3-156，15）。

Ⅳ式　1件。M45：1，宽折沿，腹变浅，圈足较高。口径21.8、足径12.2、高17.0厘米（图3-156，16）。

Ⅴ式　1件。M80：1，宽折沿，浅腹，圈足极高。口径23.3、足径15.1、高20.6厘米（图3-156，17）。

B型　5件。腹部饰绳纹。分三式。

Ⅰ式　1件。M34：1，卷沿，腹较深，圈足较高。腹部饰凌乱的细绳纹。口径21.7、足径12.5、高17.2厘米（图3-156，18）。

Ⅱ式　1件。M173：4，卷沿，腹较深，圈足略有抬高。下腹部饰绳纹较粗。口径20.1、足径10.2、高15.2厘米（图3-156，19）。

Ⅲ式　3件。折沿，腹趋浅，高圈足。腹部饰竖向细绳纹。M27：5，口径20.8、足径17.2、高17.6厘米（图3-156，20）。M31：3，口径21.0、足径13.4、高16.4厘米。M31：6，口径21.5、足径16.8、高17.2厘米。

C型　3件。腹部饰三角划纹。据器形特征略分两亚型。

Ca型　1件。M183：1，束颈，腹部鼓突，圈足较高。口径20.7、足径13.0、高16.4厘米（图3-156，21）。

Cb型　2件。略分两式。

Ⅰ式　1件。M177：1，折沿，深腹，圈足较矮。上腹部饰弦纹及三角刻划纹，下腹部饰粗浅绳纹。口径26.0、足径13.4、高17.6厘米（图3-156，22）。

Ⅱ式　1件。M36：1，卷沿，腹部趋浅，圈足抬高。口径21.4、足径11.6、高17.6厘米（图3-156，23）。

D型　1件。M186：1，肩部饰斜方格纹。口径21.0、足径11.7、高15.3厘米（图3-156，24）。

3.陶豆

11件。均为泥质灰陶或灰褐陶，多为素面，少数饰弦纹或乳丁纹。根据整器特征，可将其分为两型。

A型　7件。矮胖。分四式。

Ⅰ式　1件。M34：2，敛口，尖唇，盘腹较浅微外鼓，盘壁下部斜收。口径14.3、足径11.7、高15.1厘米（图3-156，25）。

Ⅱ式　2件。敛口，尖唇，盘壁外鼓，浅盘，盘壁下部弧收。M181：1，口径14.3、足径12.2、高14.7厘米。M183：4，口径12.8、足径10.9、高14.7厘米（图3-156，26）。

Ⅲ式　2件。口近直，浅盘，盘壁较深。M26：1，口径13.6、足径11.4、高13.4厘米（图3-156，27）。M45：2，口径16.8、足径11.3、高14.6厘米。

Ⅳ式　2件。口微侈，斜直壁，盘壁较深，下腹折收。M27：2，口径16.5、足径12.2、高15.5厘米。M31：1，口径14.3、足径11.7、高13.4厘米（图3-156，28）。

B型　4件。体形较瘦。分两式。

Ⅰ式　2件。直口，浅盘，盘腹较浅，柄较高。盘壁及柄部偶见饰弦纹。M27：3，口径12.6、足径10.2、高16.2厘米（图3-156，29）。M31：5，口径13.5、足径10.9、高15.1厘米。

Ⅱ式　2件。口微侈，深盘，矮柄。盘壁及柄部饰较多弦纹。M80：2，口径14.1、足径9.7、高13.8厘米（图3-156，30）。M80：3，口径13.5、足径9.5、高12.6厘米。

4.陶罍

6件。器高与器腹最大径大致相当。常见弦纹、泥饼、三角划纹或这几种纹饰的组合。依纹饰及器形特征分两型。

A型　2件。肩及下腹部折痕明显，以弦纹及三角划纹为主要纹饰。分2式。

Ⅰ式　1件。M46：1，最大腹径与器高相当，腹较浅。口径5.9、底径4.0、高8.6厘米（图3-156，31）。

Ⅱ式　1件。M183：3，最大腹径略小于器高，腹变深。口径14.7、底径10.9、高20.9厘米（图3-156，32）。

B型　4件。肩部折痕不显或圆肩，下腹弧收。以弦纹及泥饼为主要纹饰。分3式。

Ⅰ式　1件。M169：4，折肩不显，腹较高，底略凹。口径10.8、底径7.6、高15.5厘米（图3-156，33）。

Ⅱ式　2件。肩部圆滑，下腹弧收，腹较高。M173：1，口径11.0、底径7.4、高14.3厘米。M165：2，口径8.2、底径6.7、高12.2厘米（图3-156，34）。

Ⅲ式　1件。M26：3，扁圆肩，腹趋浅。口径12.6、底径8.8、高14.3厘米（图

3–156，35）。

5. 陶罐

8件，其中7件为平底罐，1件为圈足罐。一般为高领、束颈。纹饰以素面或绳纹为主。分五型。

A型　1件。M34：3，无颈，鼓肩，腹斜收为平底。素面。口径5.4、底径8.0、高11.8厘米（图3–156，36）。

B型　2件。高领，束颈。素面。分两式。

Ⅰ式　1件。M36：2，口微侈，颈略束，最大径近腹中部。口径10.0、底径8.2、高13.4厘米（图3–156，37）。

Ⅱ式　1件。M27：1，敞口，束颈，最大径在肩部。口径14.2、底径10.9、高16.4厘米（图3–156，38）。

C型　1件。M31：7，敞口，束颈，鼓肩，小平底。器腹饰弦纹及浅绳纹。口径13.4、底径5.5、高16.8厘米（图3–156，39）。

D型　1件。M169：2，小短领，鼓肩，斜腹，大平底。自颈部至底部满饰竖向细绳纹。口径9.2、底径10.6、高15.4厘米（图3–156，40）。

E型　1件。M173：3，最大腹径小于器高，深腹。口径10.2、底径7.4、高16.8厘米（图3–156，41）。

（二）墓葬分组及相对年代

根据桥联法和横联法，上述21座墓葬可分为五段：

一段：M25、M29、M34、M46、M171；

二段：M43、M169、M177、M181、M183、M186；

三段：M36、M165、M173、M210；

四段：M26、M27、M31、M45、M178；

五段：M80。

根据墓葬的层位和出土陶器的特征，我们又可将这21座墓葬大致归为三组：第一组包括M25、M29、M34、M43、M46、M169、M171、M177、M181、M183和M186等11座墓。这些墓中，鬲有素面联裆、绳纹联裆和绳纹分裆三种。绳纹联裆鬲整体近长方形，沿下角较大；分裆鬲袋足宽肥，足尖为矮柱状。簋的腹较深，圈足较矮，器腹除施绳纹及旋纹外，还流行三角划纹、网格纹。豆的口部内敛，盘壁弧鼓，外壁饰稀疏的旋纹。陶罍的制作较精致，盛行在肩腹部饰三角划纹、弦纹及堆贴泥饼。第二组包括M26、M27、M31、M36、M45、M165、M173、M178、M210等9座。这些墓中，绳纹联裆鬲整体近方形，沿下角较小；分裆鬲足尖呈小疙瘩状；素面鬲不见。簋的腹部变浅外鼓，圈足增高，三角划纹及网格纹极少或不见，流行旋纹和绳纹。豆的口部近直或外侈，折盘，外壁所饰旋纹较多，且贴泥饼。罍的制作趋于简化粗糙，三角划纹少见，多见旋纹和泥饼。有各种类型的罐。第三组仅M80一座。不见鬲、罐、罍。簋的腹部外鼓趋浅，圈足瘦高；豆的口部外侈，外壁旋纹密集。

我们将这些陶器与丰镐地区、洛阳地区、安阳地区以及鲁东南地区等地的西周墓葬进行比较，可以发现：

1）梁王城第一组中的分裆鬲（M169：3、M27：9）与安阳刘家庄北地（抗震大楼）M85：1[1]（图3-157，1）等分裆鬲的形制较为接近，分裆较高，大袋足，足尖呈矮柱状；梁王城第一组中的联裆鬲为周式联裆鬲，与陕西张家坡西周墓地出土的周式鬲（M166：4[2]）（图3-157，2）形制接近，整体呈长方形，沿下角较大，绳纹拍印稀疏且略浅。梁王城第一组中出土的陶簋，短沿外折，深弧腹，矮圈足，器身盛行网格纹、刻划三角纹、绳纹及弦纹等，与沣西97SCM4：8[3]（图3-157，7）、张家坡67SCCM33：1[4]（图3-157，9），洛阳东关M88：1[5]（图3-157，10），滕州前掌大M128：14[6]（图3-157，6）等遗址出土陶簋的形制基本一致。上述各地点的遗迹单位经分期排队，年代大致在西周早期。另梁王城遗址第一组出土的罍，制作精巧，流行刻划三角纹及泥饼，显然是沿袭了殷墟四期陶罍的特征，年代与之不会相差太远。因此，综上所述，梁王城遗址西周墓葬第一组的年代大致可定为西周早期。

2）梁王城第二组中的联裆鬲，器身整体近方形，沿下角较小，绳纹深且规整，施至足尖，与张家坡M376：2[7]（图3-157，3）、北窑M146：1[8]（图3-157，4）、前掌大M103：23[9]（图3-157，5）等形制较为接近。簋外折的沿变宽，器腹略浅，圈足变高，与张家坡M370：2[10]（图3-157，11）、刘家庄北地（抗震大楼）M104：6[11]（图3-157，12）以及前掌大M15：7[12]（图3-157，13）等同类器形制基本一致。豆为侈口，直壁，折腹，豆柄宽矮，与刘家庄北地（抗震大楼）M79：5[13]（图3-157，15），形态接近，略晚于前掌大M25：1[14]（图3-157，8），后者折壁还不太明显，柄也较粗。罍（或罐）折肩或圆肩，肩腹部多施旋纹和泥饼，形态同刘家庄北地（抗震大楼）M81：6[15]（图3-157，16）以及张家坡M279：3[16]（图3-157，17）等。上述各地点的遗迹单位经分期排队，除前掌大M15及M25为西周中期偏早外，余均为西周中期，因此梁王城遗址西周墓葬二期的年代也基本与之接近。

3）梁王城第三组墓葬仅一座，出土簋1件，豆2件，形制较为特殊，其他地区少见。

① 中国社会科学院考古研究所安阳工作队：《河南安阳殷墟刘家庄北地殷墓与西周墓》，《考古》2005年第1期，第18页。
② 中国社会科学院考古研究所：《张家坡西周墓地》，中国大百科全书出版社，1999年，第100页。
③ 中国社会科学院考古研究所丰镐工作队：《1997年沣西发掘报告》，《考古学报》2000年第2期，第233页。
④ 中国社会科学院考古研究所沣西发掘队：《1967年长安张家坡西周墓葬的发掘》，《考古学报》1980年第4期，第483页。
⑤ 洛阳市文物工作队：《洛阳东关五座西周墓的清理》，《中原文物》1984年9月，第26页。
⑥ 中国社会科学院考古研究所：《滕州前掌大墓地》，文物出版社，2005年，第149页。
⑦ 同注释②。
⑧ 洛阳市文物工作队：《洛阳北窑西周墓》，文物出版社，1999年，第199页。
⑨ 中国社会科学院考古研究所：《滕州前掌大墓地》，文物出版社，2005年，第146页。
⑩ 中国社会科学院考古研究所：《张家坡西周墓地》，中国大百科全书出版社，1999年，第112页。
⑪ 中国社会科学院考古研究所安阳工作队：《河南安阳殷墟刘家庄北地殷墓与西周墓》，《考古》2005年第1期，第19页。
⑫ 同注释⑥。
⑬ 同注释①。
⑭ 中国社会科学院考古研究所：《滕州前掌大墓地》，文物出版社，2005年，第187页。
⑮ 同注释①。
⑯ 中国社会科学院考古研究所：《张家坡西周墓地》，中国大百科全书出版社，1999年，第119页。

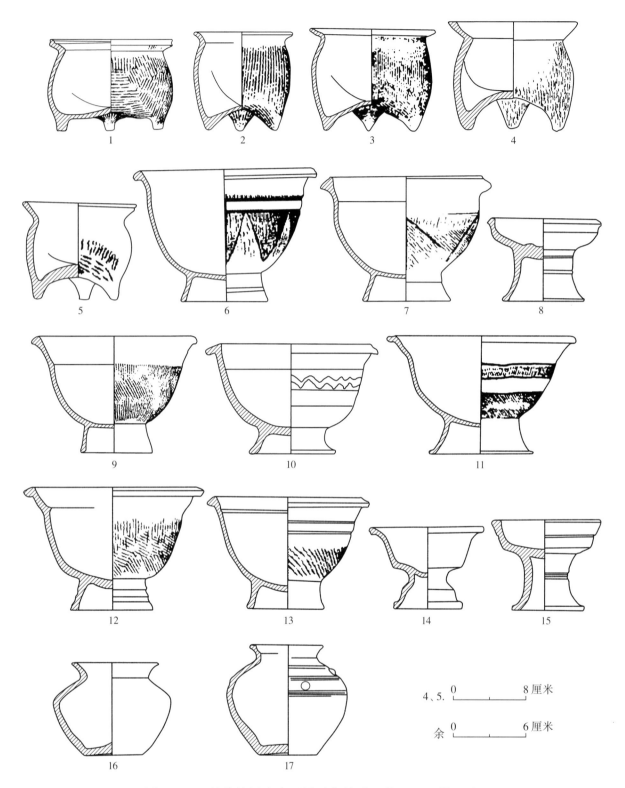

图 3-157　其他地区出土西周时期的鬲、簋、豆、罐、罍

1. 刘家庄北地（抗震大楼）M85：1　2. 张家坡 M166：4　3. 张家坡 M376：2　4. 北窑 M146：1　5. 前掌大 M103：23
6. 前掌大 M128：14　7. 沣西 97SCM4：8　8. 前掌大 M25：1　9. 张家坡 67SCCM33：1　10. 东关 M88：1　11. 张家坡
M370：2　12. 刘家庄北地（抗震大楼）M104：6　13. 前掌大 M15：7　14. 侯家庄南地 M13：2　15. 刘家庄北地（抗震大楼）
M79：5　16. 刘家庄北地（抗震大楼）M81：6　17. 张家坡 M279：3

从簋的腹部弧浅，圈足瘦高来看，与安阳侯家庄南地 M13：2①（图 3-157，14）的簋形态略接近，只是后者腹部为弧直壁折收，圈足呈台状，年代为西周晚期。考虑到器物发展的逻辑性，可将梁王城遗址西周墓葬三期的年代定为西周晚期偏早。

（三）墓地性质

这批墓葬从形制来看，墓向以东西向为主，有一定数量的腰坑，随葬品的组合单鬲或鬲、簋、豆、罐、甗的组合为主，不见鬲、罐组合或单罐随葬。部分联裆鬲的绳纹不施至足尖，足尖常见刮削或打磨痕迹，有一定数量的分裆鬲；簋、甗多施刻划三角纹、网格纹、旋纹、泥饼等装饰；豆的数量较多等。这些都是典型商遗民墓葬的特点。周人墓葬的风格，如墓向以南北向为主，墓底几乎不见腰坑，随葬品以单鬲、单罐或鬲、罐组合为主，联裆鬲的绳纹常施至足尖；簋多饰绳纹，甗、豆极少见，盛行各类高颈折肩罐等，这类风格在梁王城的这批西周墓葬中很少见，仅联裆鬲的整体风格与周人联裆鬲比较接近。因此，梁王城遗址出土的这批西周墓葬，应该是殷遗民墓葬，其直接来源为殷墟文化。

终商一世，商王朝对东方大致有两次东进浪潮，第二次东进即为考古学上的殷墟文化期，商王朝势力几乎囊括了除胶东半岛以外的整个海岱区②。梁王城遗址位于海岱区最南端，受商文化影响和控制最弱。但在遗址中，仍清理出不少商代灰坑，西周地层中也发现有少量的商代遗物，且这些遗物时代多为殷墟一期，由此可见，至迟殷墟文化早期，遗址所在的沂沭泗水流域，就已有商人在此活动。

至殷墟四期至商末，商夷关系恶化，殷商开始大规模征人方。其中，耗时最长、规模最大的一次对人方的征伐在帝乙、帝辛时期。乙辛时期卜辞所见"十祀征人方（《合集》36482）"，是甲骨征伐类卜辞中记载最多、最详细的一次战役，其所涉地点主要有大邑商、雇、嘉、商、亳、永、攸、危、齐杞等，尽管这些地点在今何处仍有争议，但大体范围在今淮河以北地区，自安阳至郑州、商丘、淮北、宿州一线。帝辛征伐人方时距商灭已不远。梁王城这批商遗民墓葬，既有可能是商都被攻破以后，之前在本地活动的商人从此滞留，也有可能是在战争中，少数将士或被俘虏，或叛逃，将梁王城遗址作为落脚聚居点之一，因为梁王城遗址所在的今邳州市戴庄镇李圩村，与上述征人方之范围所去不过百余千米，随后便于此地栖息居住下来。当然，从墓葬中还出土典型的周式鬲看，这批殷遗墓葬仍不排除是周初迁来此地，甚至可能与周初分封有关。这些假设要得到进一步的证实，还需要更多考古材料的支持。

① 见李宏飞《安阳地区西周时期考古学文化分期研究》，《南方文物》2014 年第 3 期，第 133 页，引中国社会科学院考古研究所安阳工作队资料。
② 高广仁：《海岱区的商代文化遗存》，《考古学报》2000 年第 2 期，第 184 页。

第四章　东周时期遗存

梁王城遗址东周时期文化遗存考古发掘的主要收获是揭露了一座面积超过 100 万平方米的城址，基本厘清了城址的平面布局及主要建筑遗存，发现大量这一时期的遗迹和遗物。

该城址是以"金銮殿"高台为中心四面筑城形成的，由大城和小城组成，平面形状呈"凸"字形。大城有城墙、城壕及相关遗迹；小城位于大城西部，即"金銮殿"高台，其上发现有大型夯土台基、石础建筑、石墙房址、排水设施以及数量众多的灰坑、灰沟、水井等遗迹。

第一节　大城

一、城墙

城址平面近长方形，地表保存有高出周围农田 1~2 米的城墙，现城墙顶部多为农业生产道路。其中南、北城墙主体保存较好，南城墙长约 1000 米，北城墙残长 925 米，其东段因 1958 年修筑中运河防洪大堤遭破坏不存。南北城墙相距约 1100 米（以两城墙主体中间点为准计算）。西城墙南北两端拐角处比较明确；东城墙地表已完全不可见。城址总面积超过 100 万平方米。

为揭示城墙结构，在南城墙布 TG1、北城墙布 TG2、西城墙布 TG3 和 TG5。因水利工程施工要求，各探沟发掘工作开展情况不一，其中 TG1 比较完整地揭露了南城墙结构；TG2 发现北城墙墙体，但未发掘至底；TG3 的发掘未发现西城墙；TG5 位于西城墙与小城交界处，基本解决了大城和小城的衔接问题；东城墙由于完全被现代村庄的路面覆盖，仅做了勘探工作。（图 4-1）

（一）TG1 与南城墙

TG1 位于南城墙中段偏西处，2005 年布方发掘。南北长 47、东西宽 3 米，发掘面积 141 平方米。方向正南北。TG1 的发掘表明，南城墙由基槽、墙体以及城墙外侧护坡组成，城墙内外两侧均有城墙使用和废弃以后形成的地层堆积，在城墙外约 23 米处发现了城壕遗迹。（图 4-2；图版六七，1）

1. 墙基槽

共发现有两道基槽，编号为 JC，均开口于城墙夯土最底部一层下，向下打破生土。两

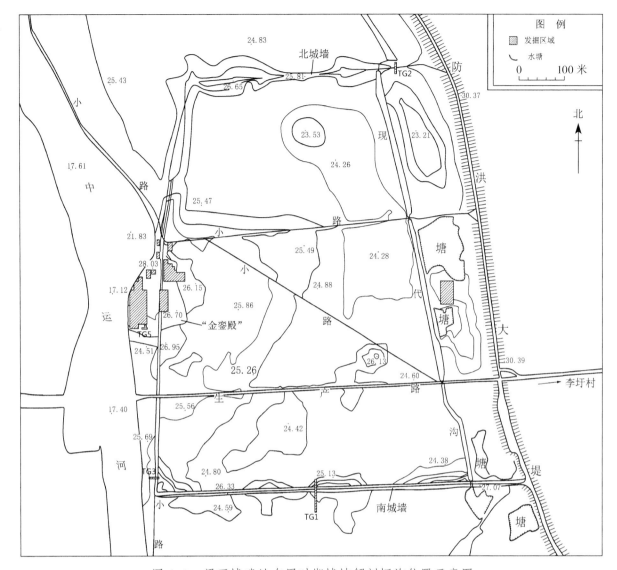

图 4-1　梁王城遗址东周时期城墙解剖探沟位置示意图

条基槽平面形状均呈东西向长条形，相距 3.1 米，向东西两侧延伸，近直壁，平底，宽约 2.5、深约 0.3 米。填土为灰褐色，经过夯打，未发现石块等，填土中发现较多的陶片。基槽类似于墙基，保证城墙的稳定性。

2. 墙体

表土层下即发现城墙墙体。从发掘情况看，墙体底部南北宽约 24.7（以城墙最底部一层夯土范围计算）、顶部宽约 11.8、现存高度约 3 米，全部用版筑法层层夯筑而成（图版六八，1）。根据夯土层厚度、夯土层土质土色以及夯窝（图版六八，2）的差别，墙体可明显分为 I 、II 、III 、IV 等四个区域。

I区：夯土为黄褐色搅拌土，土质疏松，结构不紧密。夯窝呈圆形圜底，直径约 8、深 10 厘米。夯土层厚约 15 厘米，分为 20 层。I区属于城墙的主体，延伸到 II 、III 区的底部。最后一层夯土一直延伸到城墙外侧护坡之下，为整个城墙的垫土层。各夯土层中出土较多陶片。

Ⅱ区：位于墙体上部，打破Ⅰ区夯土。夯土为灰褐色，土质坚硬，结构致密。夯窝呈圆柱状，直径约6、深2厘米。夯土层厚8~12厘米，分3层。在该层的底部发现一排近似夯窝的现象，只是窝口不外敞，推断可能为横木以加强城墙的坚固性。该区夯土层较纯净，未发现陶片。

Ⅲ区：位于墙体上部，打破Ⅰ、Ⅱ区夯土。夯土呈黄色，夹杂大量的砂浆颗粒，土质极硬，结构致密。夯窝呈圆形尖圜底，夯窝密集，且多有重叠现象，直径约5、深约2厘米。夯土层厚20~25厘米，分为6层。该区夯土层较纯净，未发现陶片。

Ⅳ区：位于墙体内侧，打破Ⅰ区夯土。夯土呈黄褐色，每层夯土底部夹了一层沙，土质坚硬。未发现夯窝。夯土层厚12~13厘米，分5层。该区夯土层较纯净，亦未发现陶片。

上述Ⅰ~Ⅳ区，Ⅰ区显然是墙体的主体，Ⅱ、Ⅲ、Ⅳ区的夯土层与夯窝与Ⅰ区差别明显，很可能是后期对墙体修补造成的。

3. 城墙外侧护坡

护坡位于南城墙的外侧，与城墙本体交接处近直壁，堆积呈斜坡状，未经过夯打，共有11层（图版六七，2）。从发掘情况看，附⑦~附⑫层直接在城墙底部夯土基础上修筑，应为城墙的组成部分，这一情况在其他几条解剖探沟中也得到证实。附②~附⑥应为城墙废弃以后形成的堆积。为保证资料的完整和统一，下文仍按发掘情况将地层堆积进行统一描述。

附②层：最厚处3.18米。灰砂浆土。出土较多的板瓦、筒瓦和少量夹砂灰陶片，瓦身饰粗棱纹或绳纹。

附③层：最厚处2.5米。黄砂浆土。出土零星灰陶片。

附④、⑤层：④层最厚0.82米，⑤层最厚0.8米。黄褐土，土质疏松。未见陶片出土。

附⑥层：最厚2.29米。灰褐色土，土质疏松。出土陶片较多，以夹砂灰陶为主，次为夹砂红褐陶，少量硬陶，夹砂陶纹饰以绳纹为主，硬陶纹饰有"米"字纹、小方格纹等，可辨器形有无盖豆、宽平沿的盆以及壶口沿等。有少量兽骨。

附⑦层：最厚0.25米。灰土，较细腻纯净。未见包含物。

附⑧层：最厚1.31米。灰土，土质疏松。出土陶片以夹砂交错绳纹灰陶片为主，可辨器形有双环耳罐口沿、高柄豆、沿外折较平的盂口沿等。

附⑨层：最厚1.3米。灰褐色土，土质较细腻。包含物较少，有少量的夹砂灰陶片。

附⑩层：最厚1.63米。灰褐色土，土质疏松。出土陶片较多，皆为夹砂灰陶，以绳纹为主，可辨器形有卷沿束颈罐口沿、壶口沿等。

附⑪、⑫层：⑪层最厚0.44米，⑫层最厚1.0米。深褐色土，土质较细腻纯净。未见包含物。

4. 城墙下的遗迹

在墙体底部发现H121、H122，其中H121打破H122。二灰坑开口于墙体Ⅰ区夯20层下，打破生土层。二坑平面均为圆形，圜底，出土陶片较少，以夹砂绳纹灰陶为主，少量夹砂红褐陶。其中，H121内出土有一件完整的弧壁深盘无盖豆，为判断城墙修筑的年代下限提供了重要的实物依据。H122内出土有宽沿宽颈陶罐口沿等。

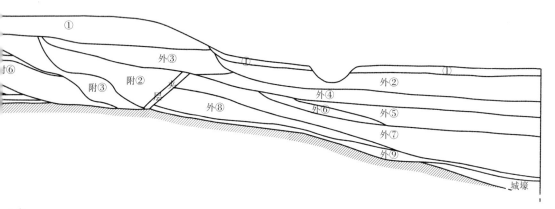

北 ←━┼━

	城外堆积	城壕
21

①

外③ 外①

附③ 附② 外② 外①

附③ 外④

外⑧ 外⑥ 外⑤

外⑦

外⑨

城壕

3 米

┄期南城墙平、剖面图

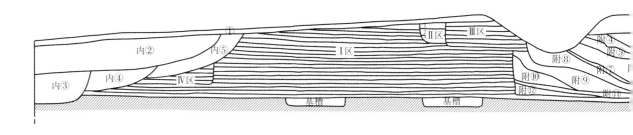

| 城内堆积 | Ⅳ区 | | 基槽 | Ⅰ区 | Ⅱ区 | 基槽 | Ⅲ区 | 城墙护坡 | H122 |

图 4-2　TG1 西壁剖面及东周时

5.城墙内外两侧的地层堆积

在城墙内外两侧均有城墙废弃以后形成的堆积，一些地层中出土有青瓷、瓦片等晚期遗物。

（1）城内侧堆积

内②层：最厚约 1.25 米。淤积层。黄褐土，土质疏松。出土有瓷片、瓦片等。

内③层：最厚约 1.2 米。灰黑土，土质疏松。出土有青瓷片、陶片等。

内④层：最厚约 0.81 米。黄褐土，夹杂大量的黄土颗粒。包含物极少。

内⑤层：最厚约 0.93 米。灰褐色土。包含物极少。

（2）城外侧堆积

外②层：最厚处 1.03 米。淤积层。黄褐土，土质疏松。出土有瓷片、瓦片等。

外③层～外⑨层：最厚处分别为 0.97、0.6、0.78、0.31、1.39、0.91、0.41 米。为破坏或填平城壕后的淤积层。黑色或青灰色淤土，土质黏稠，夹杂黄土颗粒。出土有各类晚期的瓷、瓦片等。

（二）TG2 与北城墙

TG2 位于梁王城遗址北城墙东段，2008 年发掘。南北长 20、东西宽 2 米。方向正南北。探沟横切现代道路，由于道路通行需要，探沟中部南北长 8 米的区域未进行发掘，实际发掘面积 24 平方米。TG2 共有 3 层堆积，除表土层外，第 2 层和第 3 层均为近现代为保障道路通行加宽形成的扰土层。扰土层下即为北城墙，北城墙由主墙体和内外两侧护坡组成，城墙底部宽度超过 20 米，顶部宽约 11.2 米，由于未发掘到底，城墙结构并不完全清楚。（图 4-3）

1.主墙体

在 TG2 表土层下即发现夯土墙体，上下基本同宽，约 11.2 米。由于工程施工影响，主体部分未发掘至底部，解剖深度约 1.67 米。整个墙体是用版筑法层层夯筑而成。夯土呈深灰

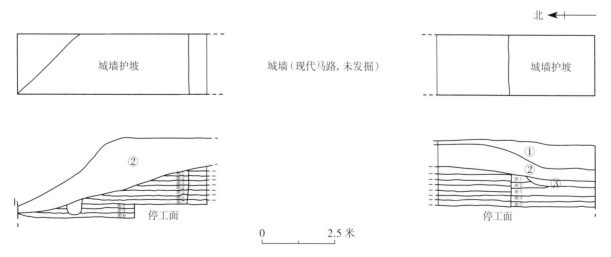

图 4-3　TG2 西壁剖面及东周时期北城墙平、剖面图

褐色，夹杂黄色斑块，土质较硬，包含物较少，仅零星碎陶片。夯窝圆形、圜底，直径 5~8 厘米。夯土层厚度 11~18 厘米，已清理部分共有 8 层。

2. 墙体两侧的护坡

与南城墙墙体外侧斜坡状堆积的护坡不同，北城墙墙体两侧均有护坡，且护坡呈平行状夯筑堆积。

（1）墙体北侧护坡

位于墙体北侧，距地表 1.1 米。整个护坡同样是用夯筑法夯叠而成，夯土层与城墙主体的夯土层相连，已清理部分分 10 层。夯土呈黄褐色，含水锈斑，土质硬且较纯净，夯土层内仅含零星料姜石。发掘宽度 5.9、高 1.63 米。

（2）墙体南侧护坡

位于墙体南侧，距地表 1.15 米。修建方式同墙体北侧护坡。护坡夯土呈灰褐色，土质坚硬，内含零星碎陶片。已发掘部分宽 2.93、高 1.18 米。夯土分 5 层，夯土层厚 14~20 厘米。

除城墙外，城墙之上的地层堆积还有 3 层，其中探沟北部 1 层，探沟南部 3 层。均为近现代扰土层。

（三）TG5 与西城墙

为了解西城墙的结构，开 TG3 和 TG5 两条探沟。TG3 的发掘未能揭露出西城墙，TG5 不仅揭露了西城墙，还揭示了西城墙与"金銮殿"高台（即小城）的叠压关系。TG5 位于遗址"金銮殿"南端与西城墙交界处，是为解决"金銮殿"与西城墙之间的叠压关系而做的工作，实际发掘南北 7 米，东西 4 米，方向正南北。在探沟南端向南 1.5 米处，借助工程施工的剖面铲出了西城墙堆积的情况。（图 4-4；图版六九，1）

1. 西城墙

受工程影响，利用施工造成的剖面铲出来的西城墙剖面仅为整个西城墙的一部分。从已铲出的剖面看，西城墙是由墙体和外侧斜坡状堆积的墙体护坡组成，同样不清楚墙体底部是否有基槽。

（1）墙体

在 1、2 层扰土层下即发现城墙墙体。顶部现宽 2.75、底部现宽 7.85 米，现高 3.05 米。墙体略呈上窄下宽的梯形，用版筑法夯叠而成。夯土为黄褐色，土质坚硬纯净，包含物极少，仅零星碎陶片。夯窝明显，圆形、圜底，直径 5~8 厘米。已清理部分可分 20 层，夯土层厚 10~20 厘米。夯土层第 1~17 层宽度相差不大，墙体陡直，自第 18 层起，夯土层伸入墙体外侧护坡之下，且愈接近底部的夯土层，伸入护坡的宽度也愈宽。推测第 18 层以下为城墙垫土，从第 18 层以上才开始修筑城墙。（图版七〇，1）

（2）墙体外的护坡

受清理面积所限，现仅在墙体外侧发现护坡。护坡修筑于墙体夯土层 18 层之上，斜向堆积，为附①～附④层，灰褐色土，土质较硬，包含物极少（图版七〇，2）。附①～附④层最厚处分别为 0.23、0.19、0.45、0.44 米。

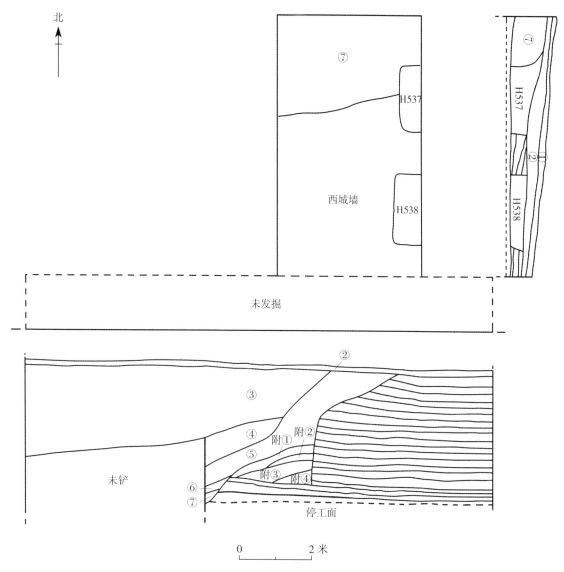

图 4-4 TG5 东壁剖面及东周时期西城墙平、剖面图

2. 西城墙与"金銮殿"高台的关系

TG5 所在地表由北向南渐低,在第 1、2 层耕土及扰土层之下即为西城墙墙体,分布于探沟的南部。已发掘部分的夯土分 4 层,夯土层厚 15~18 厘米。墙体向北叠压于第 7 层堆积之上(图版六九,2)。第 7 层为西周时期的堆积,土色呈深灰色,夹杂大量的草木灰,含少量西周时期的碎陶片。

3. 城墙外的地层堆积和遗迹

TG5 内城墙之上的地层堆积分 2 层,为耕土层和扰土层,最厚分别为 0.2、0.4 米。第 2 层下有 2 个灰坑,为 H537 和 H538,向下打破墙体。从出土遗物来看,两个灰坑的时代均为北朝。

TG5 南端剖面,城墙之上的地层堆积有 6 层,是城墙之后形成的晚期堆积,均呈坡状,其内出土有青砖、石块及各类青、白瓷片以及陶片等。第 2~7 层最厚处分别为 0.1、2.6、0.8、1.6、0.3、0.27 米。

二、城壕

据钻探，在南城墙现存面南侧约 19.2 米处钻探到有城壕。城壕的现存开口比城墙基槽的平面低约 2.5 米，推测城墙现存开口并非原始开口，其上已被晚期堆积填平或破坏。钻探结果显示，城壕宽约 50 米，现存深约 3 米。城壕内的堆积为黑色淤泥层。

三、城门

由于城墙大部分不存，现城门的位置、形制已不可得知。据当地居民反映，在 20 世纪 50 年代时南城墙的三座城门和北城墙的两座城门还可以看出大概。当时城址的卫星影像图，还可以清晰地看到南、北城墙上有明显的豁口，豁口处应为城门的位置。

四、城墙下的灰坑及其出土遗物

在 TG1 南城墙的夯土层下清理出两个灰坑 H121、H122（图版七一，1）。两个灰坑皆位于生土面上，叠压于南城墙护坡堆土之下，平面皆为圆形、直壁、平底，其中 H121 打破 H122。灰坑内出土陶片较少，H121 出土完整陶豆 1 件。

H121

直径 0.72、深 0.2 米。填土灰黑色，土质疏松。出土陶片（图版七一，2）以夹细砂灰黑绳纹陶为主，少见素面灰黑陶，可辨器形有浅盘豆（盘）、深腹罐（口沿）等，出土完整陶豆 1 件。（图 4-5）

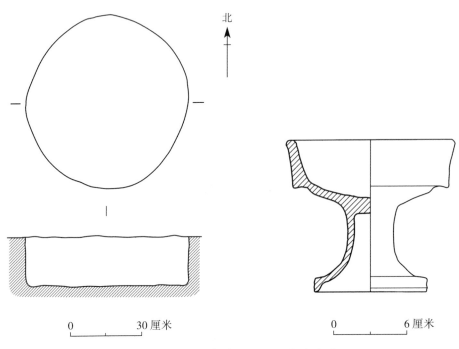

北

0   30 厘米   0   6 厘米

图 4-5   东周时期灰坑 H121 及其出土陶豆

陶豆（H121：1）

陶豆

H121 ：1，泥质灰黑陶。口微侈，圆唇，直腹，盘壁较深，盘壁底部内折，矮圈足。口径 13.5、足径 9.0、高 12.3 厘米。（图 4-5；图版七一，4）

H122

被 H121 打破。直径 1.1、深 0.24 米。填土灰黑色，土质疏松。出土零星碎陶片（图版七一，3），多夹细砂灰陶，器表饰细绳纹或小方格纹或素面，偶见夹细砂红褐绳纹陶片，可辨器形有盆（口沿）。（图 4-6）

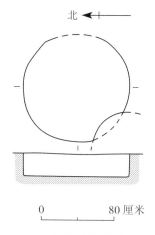

图 4-6　东周时期灰坑 H122 平、剖面图

五、城墙内出土遗物

由于受解剖及清理面积所限，城墙内出土的遗物基本为南城墙所出，在南城墙的基槽、墙体夯土层以及墙体外侧的护坡中均发现有相当数量的陶片。

（一）基槽出土遗物

基槽内出土的陶片（图版七一，5）以夹砂灰陶为主，次为硬陶，偶见夹砂红褐陶。夹砂陶以素面为大宗，硬陶多素面和小方格纹。典型标本有深盘折壁矮圈足豆、细柄豆、宽折沿盆、卷沿罐及唇外翻的小口溜肩罐等。

陶豆　均为泥质灰陶。豆盘均为侈口，盘壁较深，折壁。

JC ：5，口径 13.2、残高 4.5 厘米。（图 4-7，1）

JC ：1，口沿残，残高 6.0 厘米。（图 4-7，2；图版七二，1）

JC ：12，口径 15.0、残高 4.8 厘米。（图 4-7，3；图版七二，2）

陶豆柄　依柄高矮可分两类。

一类，细高柄。

JC ：4，残高 7.8 厘米。（图 4-7，4）

另一类，圈足较矮。

JC ：11，残高 6.9、足径 7.2 厘米。（图 4-7，5；图版七二，3）

陶盆

JC ：7，泥质灰陶。宽平沿，方唇，束颈，颈部以下残。器表饰横向细绳纹。口径 19.2、残高 4.2 厘米。（图 4-7，8；图版七二，4）

陶罐　依口沿分两类。

一类，卷沿，短颈，宽肩。

JC ：9，夹砂红褐陶。肩部以下残。口径 20.0、残高 5.2 厘米。（图 4-7，7；图版七二，5）

另一类，直口，唇外翻，唇面有一道凸棱。

JC ：10，泥质灰褐陶。溜肩，肩部以下残。颈部以下饰竖向细绳纹。口径 13.2、残高 8.1

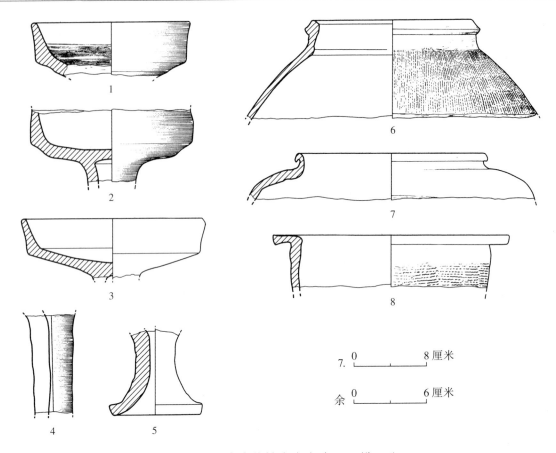

图 4-7　南城墙基槽内出土陶豆、罐、盆

1~3. 豆盘（JC：5、JC：1、JC：12）　4、5. 豆柄（JC：4、JC：11）　6、7. 罐口沿（JC：10、JC：9）　8. 盆口沿（JC：7）

厘米。（图 4-7，6；图版七二，6）

（二）墙体夯土层出土遗物

均为Ⅰ区夯土层所出。各夯土层中出土的陶片特点比较接近，以夹砂绳纹灰陶为主，晚期夯土层内夹砂红褐陶比例有所增加，有少量的硬陶。可辨器形有浅盘细柄豆、鬲口沿、各类罐口沿、盆口沿等。

陶豆盘　均为泥质灰陶或灰褐陶。按盘壁特征可分为两类。

一类，弧壁。

NCQⅠ⑮-⑯：2，口微侈，尖圆唇。口径 18.0、残高 4.2 厘米。（图 4-8，1）

NCQⅠ⑬-⑭：1，口沿略残，盘内壁有横竖相间的细刻划纹。残高 5.1 厘米。（图 4-8，4；图版七三，1、2）

NCQⅠ⑩-⑪：3，口近直，圆唇。口径 14.7、残高 3.6 厘米。（图 4-8，2）

NCQⅠ⑦-⑨：3，口微敞，尖圆唇，内壁有细刻划纹。口径 14.1、残高 4.8 厘米。（图 4-8，3）

NCQⅠ①-③：7，直口，尖圆唇，浅盘。口径 16.0、残高 3.1 厘米。（图 4-8，5；图

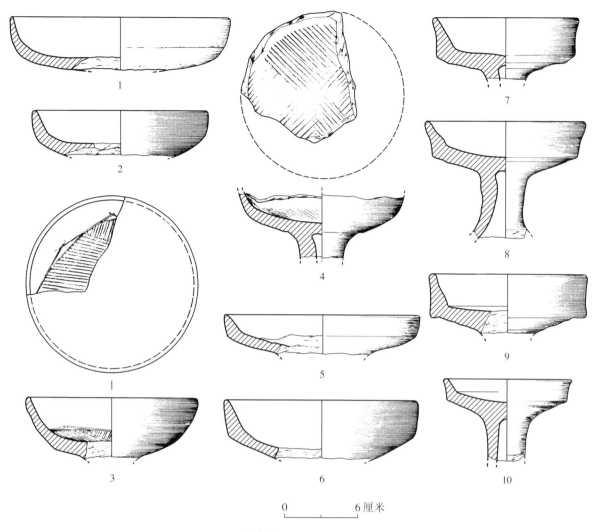

图 4-8　南城墙 I 区夯土层出土陶豆盘

1~5. 弧壁豆（NCQ I ⑮－⑯：2、NCQ I ⑩－⑪：3、NCQ I ⑦－⑨：3、NCQ I ⑬－⑭：1、NCQ I ①－③：7）

6~10. 折壁豆（NCQ I ⑩－⑪：2、NCQ I ⑰－⑱：5、NCQ I ⑯－⑰：6、NCQ I ⑦－⑨：4、NCQ I ①－③：8）

版七三，3）

另一类，折壁

NCQ I ⑰－⑱：5，敞口，圆唇，折壁，盘壁略深且弧凹。口径 11.7、残高 4.9 厘米。（图 4-8，7；图版七三，4）

NCQ I ⑯－⑰：6，形制基本同 NCQ I ⑰－⑱：5。口径 13.0、残高 9.4 厘米。（图 4-8，8；图版七三，6）

NCQ I ⑩－⑪：2，直口微侈，直壁，下腹折收，盘腹略浅。口径 15.6、残高 4.5 厘米。（图 4-8，6）

NCQ I ⑦－⑨：4，直口微侈，圆唇，直壁，下腹直收。口径 12.9、残高 4.8 厘米。（图 4-8，9；图版七三，5）

NCQ I ①－③：8，口微侈，圆唇，浅盘，细柄。口径 10.5、残高 6.6 厘米。（图

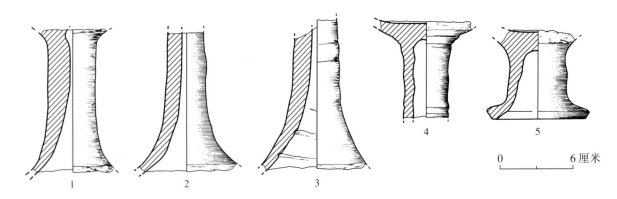

图 4-9 南城墙Ⅰ区夯土层出土陶豆柄

1~4.高柄豆（NCQⅠ①－③：6、NCQⅠ⑦－⑨：5、NCQⅠ⑮－⑯：1、NCQⅠ⑬－⑭：10） 5.矮柄豆（NCQⅠ⑰－⑱：2）

4-8，10；图版七三，7）

陶豆柄   均为泥质灰陶或灰褐陶。按柄高矮可分为两类。

一类，高柄。

NCQⅠ①－③：6，柄残高约11.7厘米。（图4-9，1；图版七四，1）

NCQⅠ⑦－⑨：5，柄残高约11.1厘米。（图4-9，2；图版七四，2）

NCQⅠ⑮－⑯：1，柄残高约12.0厘米。（图4-9，3；图版七四，3）

NCQⅠ⑬－⑭：10，柄残高约7.5厘米。（图4-9，4；图版七四，4）

另一类，矮柄。

NCQⅠ⑰－⑱：2，矮喇叭形圈足。高约7.2厘米。（图4-9，5）

陶罐口沿   多为泥质灰陶或灰褐陶，偶见泥质红陶和印纹硬陶。

印纹硬陶罐口沿

NCQⅠ⑰－⑱：8，尖唇外折，束颈，弧肩。口径15.6、残高2.7厘米。（图4-10，1；图版七四，5）

NCQⅠ⑬－⑭：4，尖唇内敛，短颈，弧鼓肩。口径20.0、残高3.2厘米。（图4-10，2；图版七四，6）

泥质陶罐口沿   可分四类。

A类   侈口，沿外折，直颈。

NCQⅠ⑬－⑭：8，残高6.0厘米。（图4-10，7）

B类   侈口，圆唇，颈较高。

NCQⅠ⑯－⑰：1，口径20.4、残高8.8厘米。（图4-10，5；图版七五，1）

C类   口近直，圆唇外翻，唇面一道凸棱。

NCQⅠ⑬－⑭：5，肩部以下饰细绳纹。口径19.6、残高6.0厘米。（图4-10，6；图版七五，2）

D类   侈口，矮束颈。

NCQⅠ①－③：4，肩部以下饰细绳纹。口径14.7、残高4.2厘米。（图4-10，3；图

版七五，3）

NCQ Ⅰ ⑩ - ⑪：4，口径 21.2、残高 4.4 厘米。（图 4-10，4）

NCQ Ⅰ ⑯ - ⑰：5，残高 4.2 厘米。（图 4-10，8）

陶鬲口沿　均为夹砂红褐陶。侈口，唇外翻，束颈。

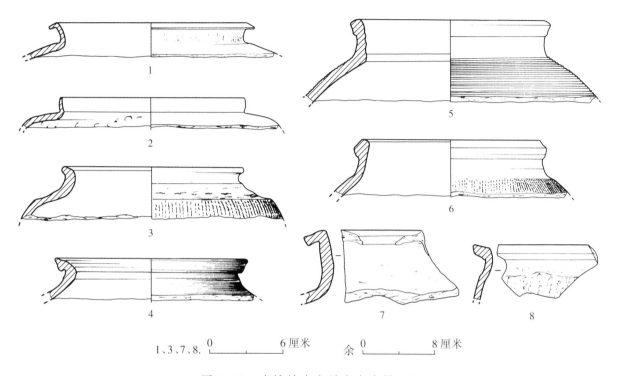

图 4-10　南城墙夯土层出土陶罐口沿

1、2.印纹硬陶罐口沿（NCQ Ⅰ ⑰ - ⑱：8、NCQ Ⅰ ⑬ - ⑭：4）　3~8.泥质陶罐口沿（NCQ Ⅰ ① - ③：4、NCQ Ⅰ ⑩ - ⑪：4、NCQ Ⅰ ⑯ - ⑰：1、NCQ Ⅰ ⑬ - ⑭：5、NCQ Ⅰ ⑬ - ⑭：8、NCQ Ⅰ ⑯ - ⑰：5）

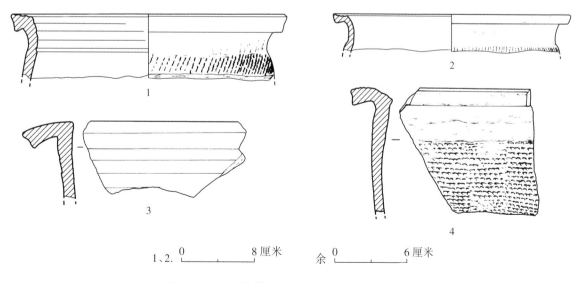

图 4-11　南城墙夯土层出土陶鬲、盆口沿

1、2.鬲口沿（NCQ Ⅰ ① - ③：2、NCQ Ⅰ ⑭ - ⑮：1）　3、4.盆口沿（NCQ Ⅰ ⑰ - ⑱：7、NCQ Ⅰ ① - ③：3）

NCQ Ⅰ①－③：2，肩部以下饰细绳纹。口径30.0、残高7.2厘米。（图4-11，1；图版七五，4）

NCQ Ⅰ⑭－⑮：1，肩部以下饰细绳纹。口径26.4、残高4.0厘米。（图4-11，2）

陶盆口沿　均为泥质灰陶。口近直，宽沿外折，沿面略鼓，直腹或弧腹。

NCQ Ⅰ⑰－⑱：7，器表饰细突棱。残高6.1厘米。（图4-11，3；图版七五，5）

NCQ Ⅰ①－③：3，器表饰横向细绳纹。残高10.2厘米。（图4-11，4；图版七五，6）

（三）墙体外侧护坡出土遗物

主要是NCQ附⑥、NCQ附⑧层中所出。

陶豆盘　均为泥质灰陶或灰褐陶，口微侈，折壁。

NCQ附⑧：4，尖圆唇。口径14.1、残高4.5厘米。（图4-12，1；图版七六，1）

NCQ附⑥：4，尖圆唇，盘壁弧凹且深。口径13.8、残高4.8厘米。（图4-12，2；图版七六，2）

NCQ附⑧：3，圆唇，浅盘。口径14.7、残高3.6厘米。（图4-12，3；图版七六，3）

陶豆柄　均为泥质灰陶或灰褐陶。细高柄。

NCQ附②：9，柄中空，圈足底部出台。残高16.2、足径11.4厘米。（图4-12，6）

NCQ附⑧：1，实心柄，圈足较矮。残高16.2、足径9.0厘米。（图4-12，7；图版七六，4）

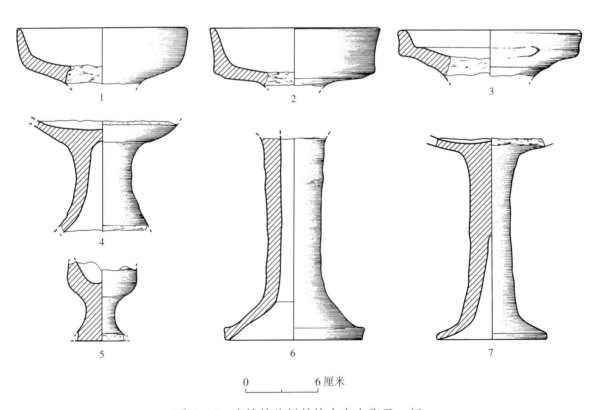

0　　　　6厘米

图4-12　南城墙外侧护坡内出土陶豆、杯

1~3.豆盘（NCQ附⑧：4、NCQ附⑥：4、NCQ附⑧：3）　4.残豆（NCQ附②：4）　5.杯（NCQ附⑥：3）　6、7.豆柄（NCQ附②：9、NCQ附⑧：1）

残陶豆

NCQ附②：4，泥质灰陶。口沿残，矮柄。残高8.7厘米。（图4-12，4；图版七六，5）

陶杯　1件。

NCQ附⑥：3，器形较小，厚胎，实柄，平底。残高6.3厘米。（图4-12，5；图版七六，6）

陶鬲口沿

NCQ附⑧：8，夹砂红褐陶。沿外折，方唇，束颈，弧腹。颈部以下饰竖向细绳纹。残高7.2厘米。（图4-13，1；图版七七，1）

陶盆口沿

NCQ附⑥：1，泥质灰陶。宽平沿，沿面微凹，圆唇，颈微束，弧腹。腹部饰横向细绳纹。残高8.7厘米。（图4-13，3；图版七七，2）

陶罐口沿　多为泥质灰陶或灰褐陶，偶见泥质红褐陶和硬陶。可大致分为四类。

A类　口近直，圆唇外翻，唇面一道凸棱。

NCQ附⑧：9，腹部饰竖向细绳纹。残高6.9厘米。（图4-13，2；图版七七，3）

B类　双耳罐。

NCQ附⑧：2，侈口，尖圆唇，斜颈，鼓肩，肩部一对环耳。口径9.6、残高5.4厘米。（图4-13，4；图版七七，4）

C类　口微侈，圆唇外翻，束颈。

NCQ附②：10，口径11.7、残高4.8厘米。（图4-13，5）

NCQ附②：3，肩部饰方格纹。口径16.4、残高4.5厘米。（图4-13，7；图版七七，5）

D类　侈口，尖唇，短颈。

NCQ附③：3，口径11.4、残高3.0厘米。（图4-13，6）

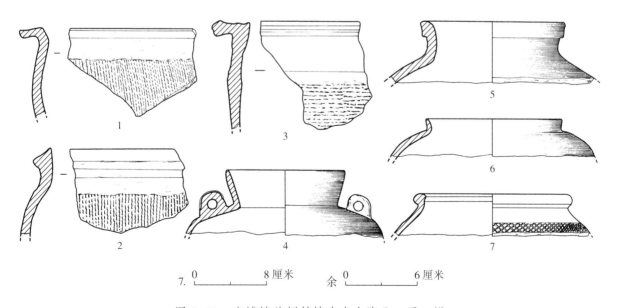

图4-13　南城墙外侧护坡内出土陶盆、鬲、罐

1. 鬲口沿（NCQ附⑧：8）　3. 盆口沿（NCQ附⑥：1）　2、4~7. 罐口沿（NCQ附⑧：9、NCQ附⑧：2、NCQ附②：10、
NCQ附③：3、NCQ附②：3）

第二节　小城

　　东周时期梁王城城址是以"金銮殿"高台为中心四面筑城形成的。城址由大城和宫城组成，平面形状呈凹字形（图4-14）。宫城，即为现"金銮殿"高台。遗址范围内地表多为农田，地势平坦，原有的文化堆积尽皆破坏，唯西部正中一块高出周围地表约1.5米的高台保存较好，当地居民称之为"金銮殿"。绝大多数遗迹均发现于"金銮殿"上。"金銮殿"平面近南北向梯形，南北长约175米，东西宽约130米，总面积约20000平方米。其上发现有东周时期大型夯土台基（TJ1）、大型石础建筑F5、石墙房址F18、大型排水设施G14和G15，清理灰坑102个、灰沟8条、水井5口等（图4-15、4-16、4-17）。

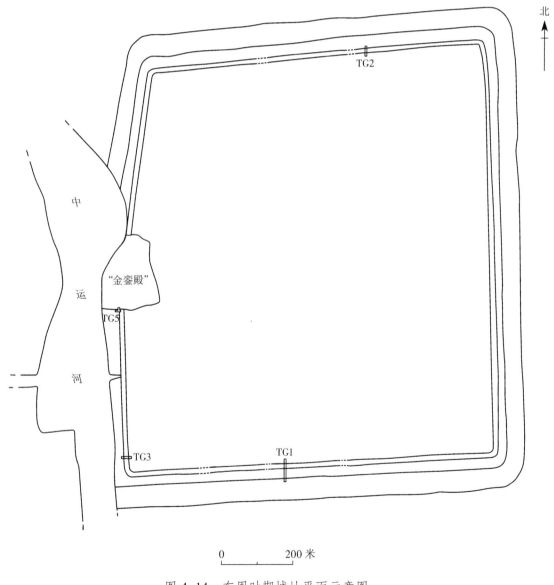

图 4-14　东周时期城址平面示意图

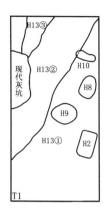

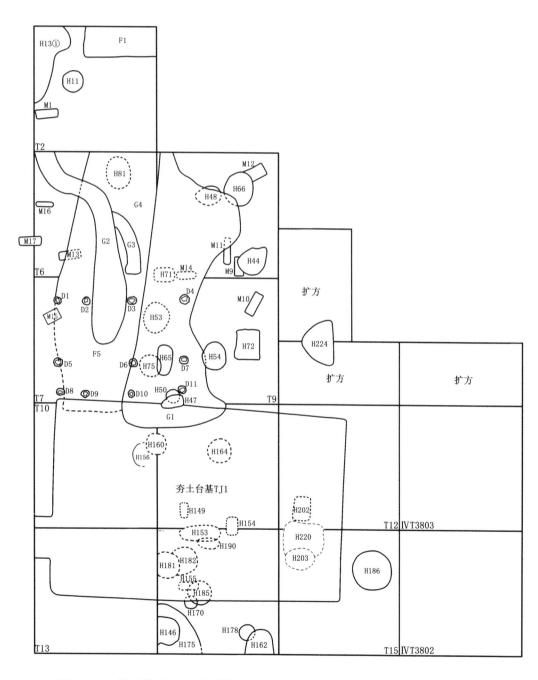

图 4-15　梁王城东区东周时期遗迹分布图

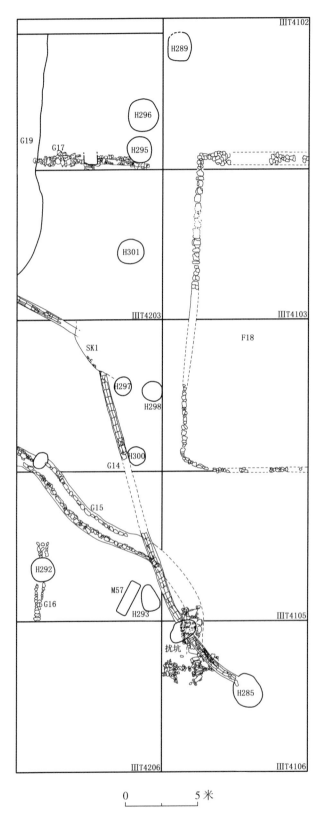

0 ———— 5 米

图 4-16　梁王城中区东周时期遗迹分布图

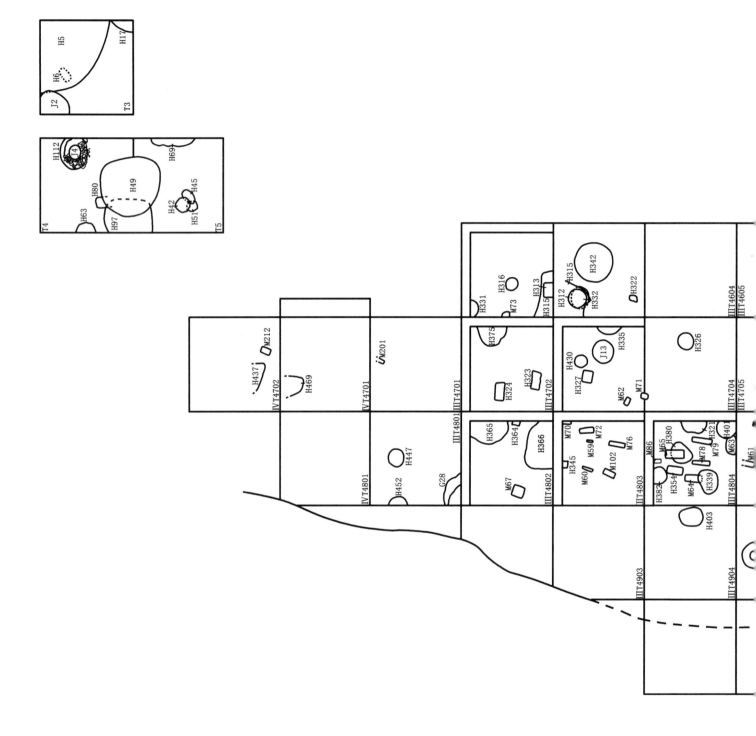

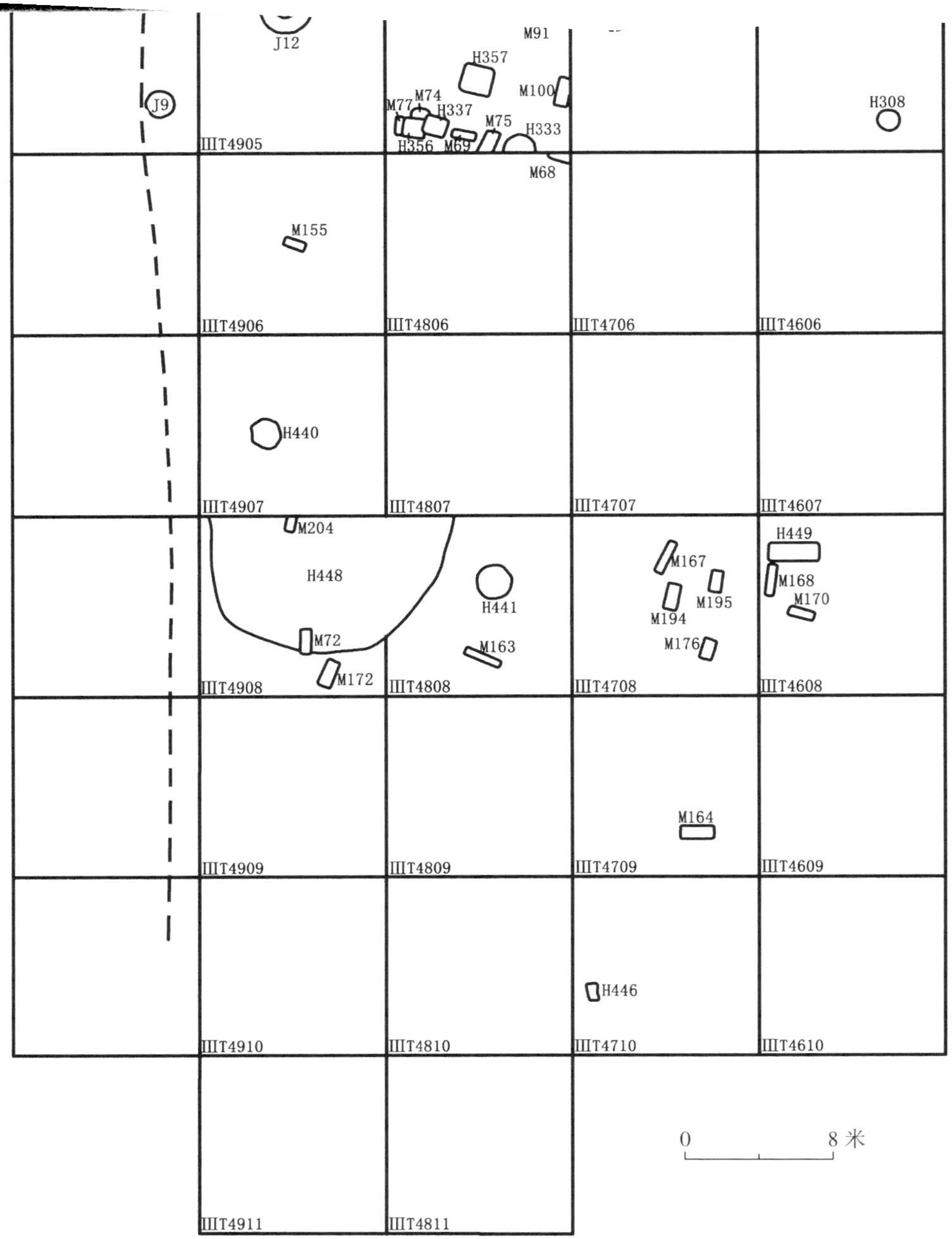

H308

H357 M91 M100 H333
M74 M75 M68
M77 H337
H356 M69

ⅢT4905 ⅢT4906 ⅢT4806 ⅢT4807 ⅢT4808 ⅢT4809 ⅢT4810 ⅢT4811

M155

H440

M204 H448 M72 M172

H441
M163

ⅢT4606

ⅢT4706 ⅢT4707 ⅢT4708 ⅢT4709 ⅢT4710

ⅢT4607
H449 M168 M170

M167 M195
M194 M176

M164

H446

ⅢT4608

ⅢT4609

ⅢT4610

J12

J9

0   8米

图 4-17 梁王城西区东周时期遗迹分布图

一、夯土台基（TJ1）

2004 年发掘 T7、T9 时，在探方南壁已发现夯土堆积，因当时暴露较少无法确定。2006 年的发掘确认了夯土台基的存在，编号为 TJ1 并基本搞清楚了它的范围以及修筑情况等。

TJ1 主要分布于 T10、T11 大部和 T12~T15 等探方局部，构筑于第 6 层面上。平面大致呈东西向长方形。台基表面被多处晚期灰坑破坏，其东界、北界基本清晰，西南部不完整。台基东西长约 24、南北宽约 14.5~15.0 米，顶部保存最高处距地表 0.4 米，台基残存高度 0.2~1.6 米，总面积约 400 平方米。方向北偏东 5 度。

TJ1 之上的建筑已破坏无存，现仅存基础部分，采用挖坑和版筑相结合的办法修筑而成。在台基底部的东、西两侧，均发现有挖浅坑的迹象，坑深约 0.2 米。浅坑具有基槽的性质，在其内填土夯实，然后向上采用版筑的办法，层层夯筑而成。在清理台基东壁时，发现有清晰的木板版筑痕迹。台基保存最好处夯土有 8 层，最薄处仅 1 层，夯土层厚 15~25 厘米。夯土呈灰绿色，内夹杂红烧土颗粒，夯土内可见较多的陶片，以灰陶或灰褐陶为主，另有少量红陶及印纹硬陶，可辨器形极少。因陶片较碎，推断其是铺垫于夯土层中用以加固夯土层的。夯面平整光滑，局部可见明显的夯窝。夯窝圆形，直径 4~5 厘米，夯窝较浅，圜底或平底。（图 4-18；图版七八、七九）。

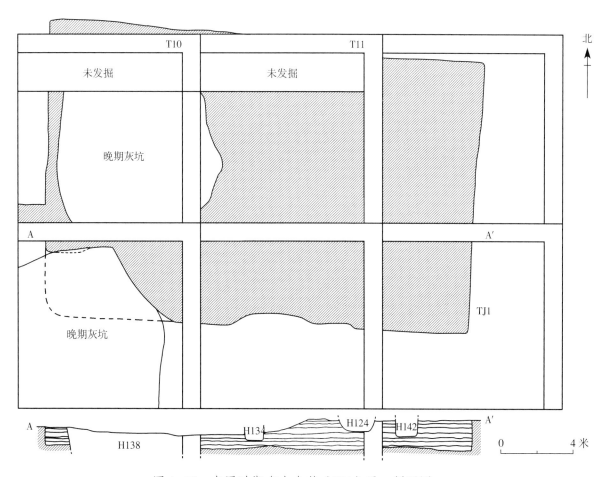

图 4-18　东周时期夯土台基（TJ1）平、剖面图

二、房址

发现房址三处，分别为 F1、F5 和 F18。F1 和 F5 位于东区，F18 位于中区。现逐一介绍如下。

F5

大型石础房屋建筑。位于 T7、T9 内，开口于第 5 层下，打破第 6 层，叠压于 G1、G2、G4、M15、H53、H75 之上；被 H65、H47、H50 打破。房址主体已被破坏无存，根据现存的柱础分布情况，推测 F5 平面为长方形，长约 11.7、宽约 8.6 米，总面积约 95 平方米。方向近正南北。（图 4-19；图版八〇，1）

F5 为立柱式地面建筑。房屋地面未发现基槽，仅发现 11 个柱础。柱础自北向南分三排，北一排与中间一排的间距较大，约 4 米，应为主室；中间一排与南一排的间距较小，约 2 米，可为回廊；同样，西一排和西二排柱础的间距较小，约 2 米，与南部的回廊相连，为西回廊。房屋东部未发现回廊。柱础圆形，内垫有石板（图版八〇，2~5）。柱础直径 58~80、深 15~22 厘米。

由于房屋破坏殆尽，墙壁及门道情况不知；从柱础较大且垫有石板看，推测房屋应该有横梁及椽等建筑结构。屋内也未发现隔间，灶、居住面等情况不明。

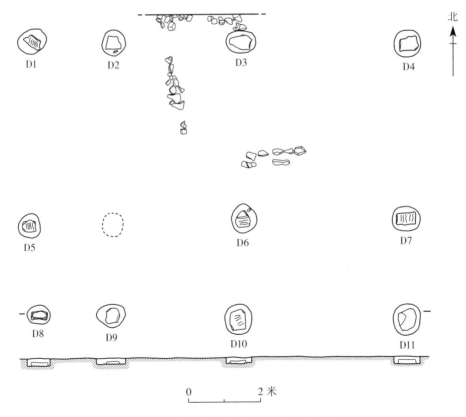

图 4-19　东周时期房址 F5 平、剖面图

F18

石墙房址。位于Ⅲ T4102、Ⅲ T4103、Ⅲ T4104 内，开口于第 6 层下，打破第 7 层，被晚期遗迹 ST1 和北朝—隋时期灰坑 H280、H290 打破。房体破坏严重，仅存一道南北向石砌墙基及部分东西向的墙基。石墙是用大小不一的石块垒砌而成，现存石墙垒石最高三层，高 0.4 米。南北向墙体长约 20 米，北侧墙体残长 7.5 米，南侧墙体残长 8.4 米，墙体宽 0.3~0.6 米。（图 4-20；图版八一，1~3）。

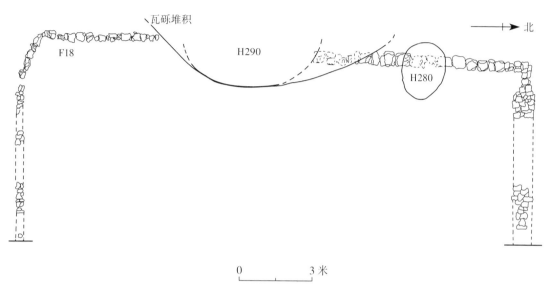

图 4-20　东周时期房址 F18 平面图

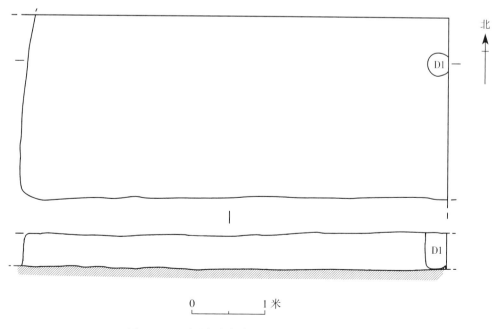

图 4-21　东周时期房址 F1 平、剖面图

F1

位于 T2 北部，部分延伸出探方外，开口于第 6 层下。F1 在 T2 内平面呈方形，东西长 5.8、南北宽 2.5 米，已清理面积 14.5 平方米。在清理的过程中，没有发现基槽和门道，仅在靠北隔梁处发现一柱洞。柱洞直径约 0.3、深约 0.5 米。居住面灰白色，平整坚硬，其间掺杂烧土颗粒，厚约 0.5 米。（图 4-21）

三、排水设施

G14 与 H285

G14 自西北向东南横跨 Ⅲ T4203、Ⅲ T4204、Ⅲ T4205、Ⅲ T4105、Ⅲ T4106 等探方，南端止于 Ⅲ T4106 探方中部的 H285，开口于第 5 层下，打破 G15 和第 6 层，被 H285 及 ST1 等遗迹打破。平面呈长条形，西北—东南向。G14 挖有基槽，基槽宽约 0.52、深约 0.5 米。基槽内叠有大型绳纹板瓦，板瓦对搭呈人字形立于基槽中，由北向南依次相扣。基槽的高度由西北向东南逐渐降低，总长 32.6 米。（图 4-22；图版八二，1~3）

H285 开口于第 5 层下，打破第 6 层和 G14。平面椭圆形，长径 2.25、短径 1.9、深约 0.65 米，斜壁，圜底，坑底铺有残碎的板瓦块。

H285 连接于 G14 的南端，在与 G14 的连接处有单片板瓦衔接，将 G14 与 H285 连成一个整体。因此，从 G14 作为排水系统的整体功能来看，H285 应该是其出水口，水流顺着 G14 由北向南排出，在 H285 内汇聚。

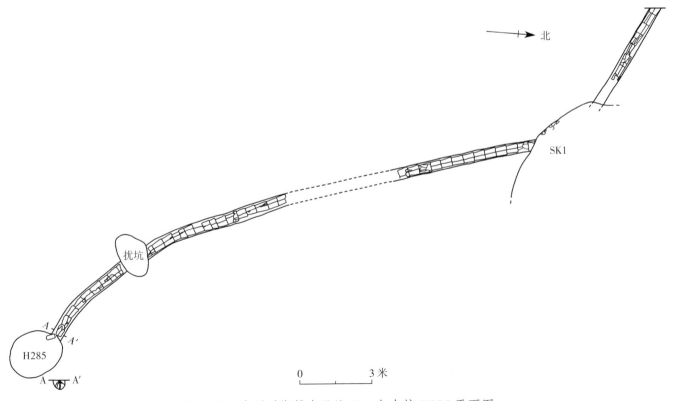

图 4-22　东周时期排水设施 G14 与灰坑 H285 平面图

G15

自西北向东南横跨ⅢT4204、ⅢT4205、
ⅢT4105、ⅢT4106等探方，开口于第6层
下，打破第7层，被晚期灰坑H299、G14等
打破。平面呈长条形，西北—东南向。G15
挖有基槽，由于被破坏，基槽现存宽度、深
度不一，A—A′处基槽宽约1.3、深约0.92米，
B—B′处基槽宽1.8、深约0.49米，基槽底部
小石块铺平，后沿槽壁两侧垒砌石块，顶部
用石板覆盖。G15现存总长约23.6米。（图
4-23；图版八三，1~3）。

G16

位于ⅢT4205内，开口于第6层下，打
破第7层，被H292打破。现因破坏严重，
保存甚少。G16南北向，平面呈长条形，
现存5.3米。挖有基槽，从剖面看，基槽宽
0.6~0.7、深0.37米，垒砌方法与G15相似，
基槽底部用石板或石块铺平，后沿槽壁两侧
垒砌石块，顶部用石板覆盖。由于破坏较甚，
槽内两侧的石块多坍塌，顶部石板不存。（图
4-24；图版八四，1）

G17

位于ⅢT4202南部，开口于第6层下，
被G19、H295及晚期灰坑H294打破。G17
呈东西向长条形，沟残长约7.7、宽约1.0、
残深约0.15~0.3米。东侧挖有浅基槽，基槽
底部铺有碎石，槽壁一侧垒砌石块，另一侧
不甚明显，槽底及槽壁的石块普遍较小；西
侧基槽不明显，石块较大，零散铺于地面，
从个别石块的堆砌方法看可能西侧没有挖基
槽，石块直接呈口字形垒叠。基槽内填土呈
青灰色淤土，夹杂细烧土颗粒及炭屑，土质
松软。包含物仅零星碎灰陶片，器形未辨。（图
4-25；图版八四，2）

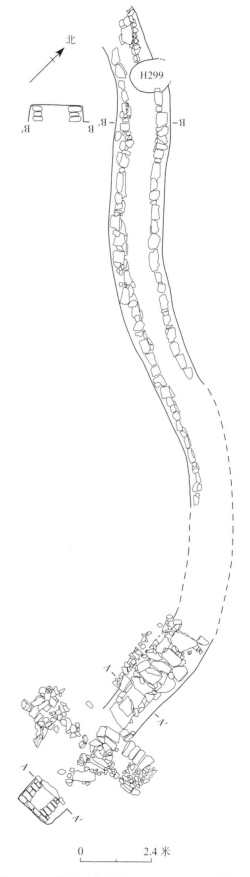

图 4-23　东周时期排水设施 G15 平、剖面图

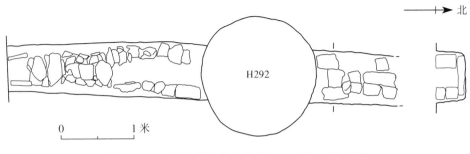

图 4-24　东周时期排水设施 G16 平、剖面图

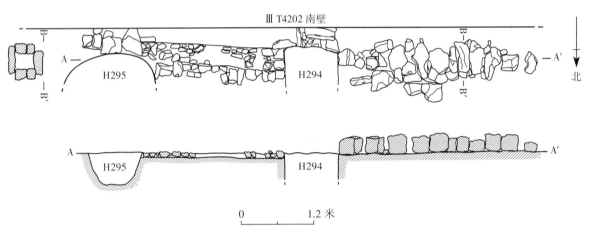

图 4-25　东周时期排水设施 G17 平、剖面图

四、水井

共计 5 口，分别为 J2、J4、J9、J12 和 J13，皆为圆口，其中 J2、J4 的井口外有圆形井坑，J2、J4 及 J13 的井壁用石块或石板错缝堆砌；J9 为普通土井；J12 的井壁由数个陶井圈上下相接而成。因地下水位较高，部分水井未清理至底。

J2

位于 T3 西北角，部分位于探方外，开口于第 3 层下，打破 H5。井口平面已清理部分呈扇形，内径 1.6 米，外径有圆形井坑，已清理部分南北长 3.2、东西宽 2.5 米，井深 5.8 米。井壁用大小不一的石块错缝叠砌，大部分已残，仅在近井底处保留有部分石砌井壁，底平。井内堆积为灰绿色土，土质松软。出土有绳纹筒瓦和板瓦残片及少量灰陶片等。（图 4-26；图版八四，3）

J4

位于 T4 中部偏东，开口于第 5 层下，打破 H112。井平面为圆形，井口用石块堆砌，不

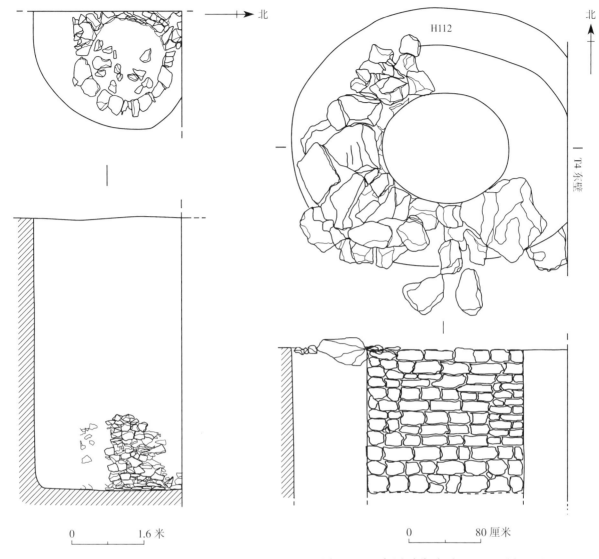

图 4-26　东周时期水井 J2 平、剖面图　　　　　　图 4-27　东周时期水井 J4 平、剖面图

甚齐整，井壁为直壁，系用大小、形状不一的石板叠砌而成，因积水较甚，井未挖至底部。井上未发现有关的建筑遗迹，其外侧的 H112 看似被 J4 打破，实为券井时挖的坑。井外径 3.2、内径 1.4 米，井内堆积无法分层，为灰绿色淤土，色偏黑，松软，夹有炭屑及红烧土颗粒。包含物有绳纹陶片、动物骨头等，可辨器类有原始瓷盏、鬲以及鹿角等。（图 4-27；图版八四，4）

J9

位于 Ⅲ T5005 东南部，开口于第 5 层下。井口呈圆形，倒梯状，井口直径 1.55 米，因地下水位较高，水井未清理至底，已清理深度 1.0 米。井内填土为灰褐色，土质细腻松软。出土灰陶豆 2 件以及泥质灰陶、灰褐陶及红陶片，可辨器形有豆、罐以及板瓦、筒瓦等。（图 4-28；图版八五，1）

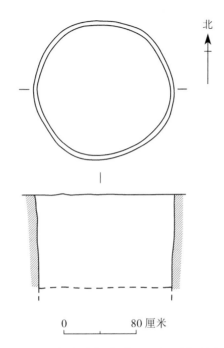

图 4-28　东周时期水井 J9 平、剖面图

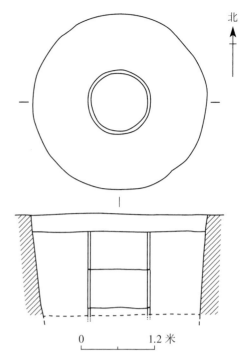

图 4-29　东周时期水井 J12 平、剖面图

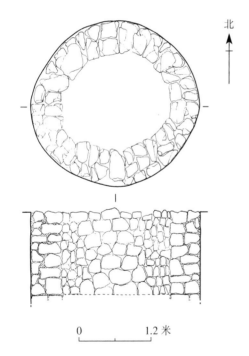

图 4-30　东周时期水井 J13 平、剖面图

J12

位于Ⅲ T4905 北部，开口于第 5 层下。J12 由两部分组成，内为圆形的陶井圈，是由数个井圈上下相接而成。单个井圈直径约 1.0 米，高 0.6 米，壁厚约 2 厘米。因地下水位较高，此井未能清理至底部，已清理深度约 1.3 米。井内填土为灰褐色，土质松软。出土遗物多为泥质灰陶，可辨器形有罐、盆及筒瓦、板瓦等。陶井圈外为井坑，直径约 2.8 米，土质较硬，含烧土粒，包含物较少。（图 4-29；图版八五，3）

J13

位于Ⅲ T4703 探方东部，开口于第 6 层下，向下直至打破生土。平面呈圆形，口底同径，外直径 2.8、内直径 1.7 米，已清理深 1.3 米，因地下水位较高未清理至底。井壁一周用大小不等的石块错缝垒砌而成。填土呈灰褐色，内含绳纹筒瓦、板瓦残片及零星陶器残片等。（图 4-30；图版八五，2）

五、灰沟

共计 6 条。深浅宽窄不一，皆为土质灰沟。现逐一介绍如下。

G1

绝大部分位于 T8、T9 内，小部分位于 T7 内，开口于第 6 层下，打破 H66、H48、H71、H53、H75 等灰坑及 M11、M14，被 H65、H47、H54 打破，被 F5 叠压。G1 平面呈不规则的长带状，斜壁，平底。灰沟最宽处 8.6、最窄处 4.0 米，长约 22.4 米。沟内堆积分 2 层：第 1 层土质疏松，黄绿色土，夹杂黄色斑块及烧土颗粒，厚约 0.38 米；第 2 层土质松软，灰黑色土，含沙量大，沟底有青灰色淤土，厚约 0.42 米。两层出土遗物接近，多为灰陶，可辨器形有鬲、盆以及板瓦、筒瓦等。（图 4-31）

G2

位于 T6、T7 内，开口于第 6 层下，打破 G3、G4，被 F5 叠压。G2 平面近"S"状长条形，斜壁，圜底。沟口最宽处 2.8、最窄处 1.4 米，长约 15.0、深约 0.7 米。沟内堆积未分层，填土为灰黄色土，土质疏松。沟内含灰陶片，可辨器形有钵、罐等，还出土较多的蚌壳。（图 4-32；图版八五，5、6）

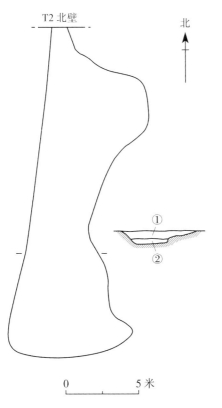

图 4-31　东周时期灰沟 G1 平、剖面图

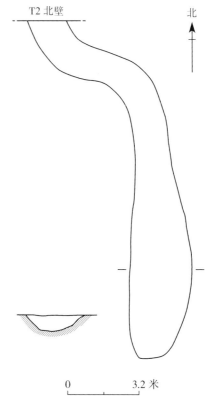

图 4-32　东周时期灰沟 G2 平、剖面图

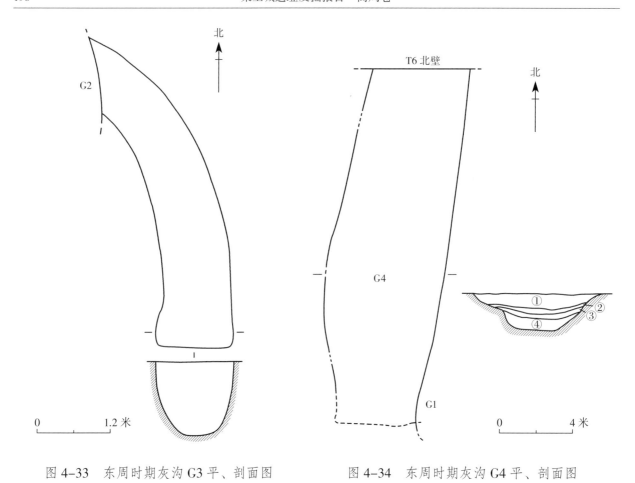

图 4-33　东周时期灰沟 G3 平、剖面图　　　　　图 4-34　东周时期灰沟 G4 平、剖面图

G3

位于 T6 内，开口于第 6 层下，被 G2 打破，打破 G4。平面呈长条弧形，弧壁，圜底。沟口宽约 1.3、长约 4.8 米，深约 1.2 米。沟内堆积未分层，填土为灰黄色土，土质疏松，夹杂淤沙及石块。出土大量蚌壳，出土陶片较少。（图 4-33；图版八五，4）

G4

位于 T6、T7 内，开口于第 6 层下，被 G1、G2、G3、TJ1 打破，叠压于 F5 下，打破 H81 和 M15、M13。平面呈长条形，斜壁，底部不平。沟口南北长约 19.2、最宽处 6.5 米。沟内堆积分 4 层：第 1 层遍布全沟，均厚 0.7 米，填土黄绿色，土质疏松，含大量泥沙，出土碎陶片等；第 2 层遍布全沟，均厚 0.33 米，土色灰黑，土质松软，几乎不见包含物；第 3 层遍布全沟，均厚 0.25 米，土色灰黑，出土陶片多为泥质灰陶或灰褐陶，另出土大量贝壳及少量兽骨；第 4 层仅存沟中部偏南约五分之一处，均厚 0.7 米，灰色淤土，土质较黏，出土陶片、瓦片、石块及零星兽骨等。（图 4-34；图版八六，1）

G19

位于 Ⅲ T4203、T4202 西部，向西都延伸出探方外，G19 开口于第 5 层下，打破 G17。

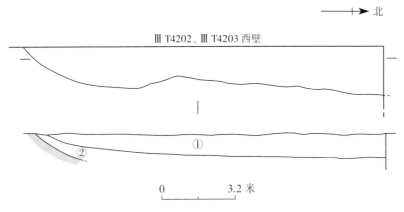

图 4-35　东周时期灰沟 G19 平、剖面图

已清理部分平面近不规则长条形，斜壁，未清理至底部。沟口最宽 2.0、最窄 1.25 米，长 15.3 米。沟内堆积分 2 层：第 1 层为灰黑色土，厚约 1.0 米，土质较硬，内夹杂烧土颗粒及草木灰，出土遗物较多有各类板瓦、筒瓦的残片以及泥质灰陶片、硬陶片、原始瓷片等，可辨器形有罐、豆、碗等；第 2 层为黄褐色沙性土，土质软黏，内夹杂烧土颗粒及草木灰，因水位较高未清理至底部，出土遗物与第 1 层接近。（图 4-35）

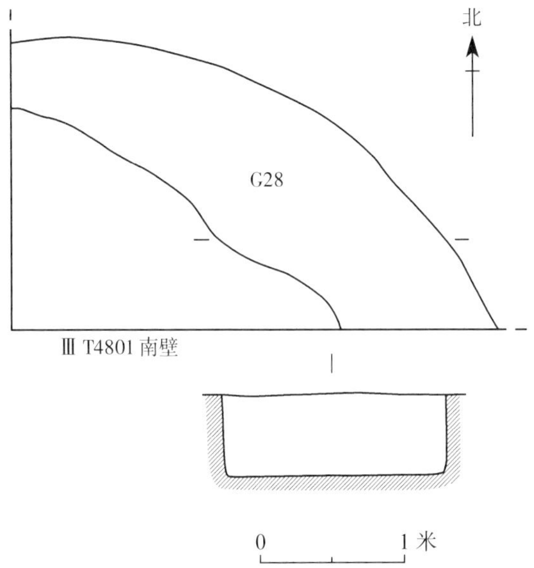

G28

位于ⅢT4801 西南角，向西、向南都延伸出探方外，开口于第 5 层下，打破第 6 层。灰沟平面为不规则的弯弧形，直壁，平底。沟口长 3.2、宽 0.45~1.2 米，沟深 0.6 米。坑内堆积为青灰色淤土，土质疏松，包含零星陶片。（图 4-36；图版八六，2）

图 4-36　东周时期灰沟 G28 平、剖面图

六、灰坑

105 个。多数为圆形浅坑，少数为长条形或不规则形坑，直径大小不一。现将部分灰坑介绍如下。

H5

位于 T3 东北部。开口于第 3 层下，打破 H6，被 J2 打破。已清理部分近四分之一圆形，斜壁，底微圜。已清理部分南北 7.0、东西 7.3、深 2.2 米。坑内填土为灰黑色土，土质较硬，夹烧土颗粒。出土遗物以灰陶为主，少量红陶和印纹陶，可辨器形有豆、盆、钵等，另出土

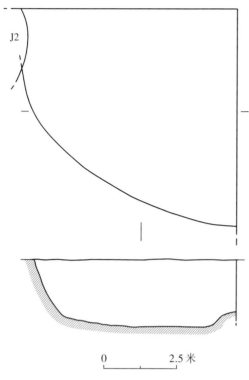

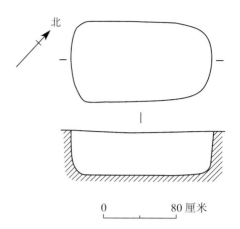

图 4-38　东周时期灰坑 H6 平、剖面图

图 4-37　东周时期灰坑 H5 平、剖面图

大量的筒瓦、板瓦。（图 4-37）

H6

位于 T3 西北部。开口于第 3 层下，被 H5 打破。平面近椭圆形，直壁，平底。长径 1.5、短径 0.85、深 0.47 米。填土为灰黑色土，土质疏松，夹有木炭屑。出土遗物以灰陶为主，偶见红陶，可辨器形有豆、盆、罐等，另出土有筒瓦、板瓦。（图 4-38）

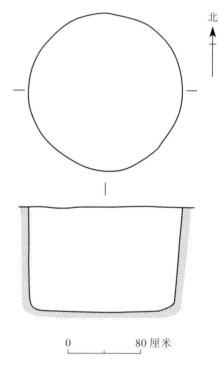

图 4-39　东周时期灰坑 H11 平、剖面图

H11

位于 T2 中部偏西处。开口于第 6 层下。平面为圆形，直壁，平底。直径约 1.7、深 1.1 米。坑内填土为灰黑色土，土质疏松，含较多草木灰。出土遗物以灰褐陶及灰陶为主，可辨器形有豆（盘）、盆、鬲口沿、鬲足等。（图 4-39）

H44

位于 T8 东南角。开口于第 6 层下，打破 M9。平面为不规则形，直壁，平底。南北 1.98、东西 2.3、深 0.52 米。坑内填土为灰黄色，土质松软。出土遗物多灰陶，可辨器形有鬲足、

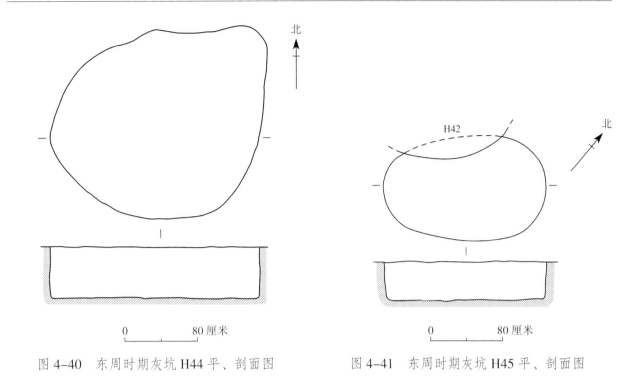

图 4-40　东周时期灰坑 H44 平、剖面图　　　　图 4-41　东周时期灰坑 H45 平、剖面图

鬲口沿、罐、盆等。另出土大量的蚌壳、兽骨以及少量的板瓦、筒瓦等。（图 4-40；图版八六，3 ）

H45

位于 T5 中部略偏西南。开口于第 4 层下，打破 H51，被 H42 打破。平面为椭圆形，直壁，平底。长径 1.8、短径 1.1、深 0.4 米。坑内填土为灰绿色土，土质松软，夹杂烧土颗粒。出土遗物多为灰陶，偶见红陶，可辨器形有豆、盆、罐、鬲足等。（图 4-41；图版八六，4 ）

H49

位于 T4 南部、T5 北部，开口于第 3 层下，打破 H80、H97。平面近椭圆形，东壁为斜直壁，西壁为直壁，平底。长径 2.6、短径 2.5、深 0.66 米。坑内填土为黑褐色，土质疏松。出土遗物多灰陶，偶见红陶，可辨器形有罐、盆等，另有板瓦、筒瓦。（图 4-42；图版八六，5 ）

H51

位于 T5 西南部，开口于第 4 层下，被 H42、H45 打破。平面近椭圆形，直壁，平底。长径 2.7、短径 2.3、深 0.68 米。坑内填土为灰黄色土，土质松软，夹杂有烧土颗粒及炭屑。出土遗物多灰陶，偶见红陶，可辨器形有罐、盆等，另出土大量板瓦、筒瓦及少量兽骨等。（图 4-43 ）

H69

位于 T5 东北部，大部分位于东隔梁下，开口于第 4 层下。已清理部分近不规则长条形，

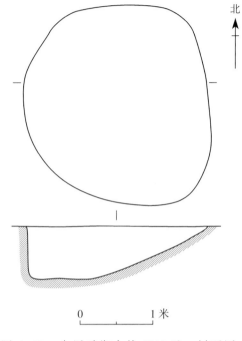

图 4-42　东周时期灰坑 H49 平、剖面图

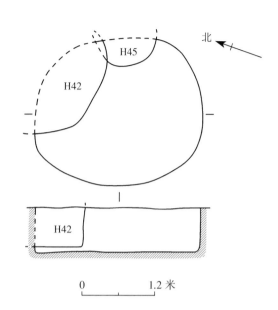

图 4-43　东周时期灰坑 H51 平、剖面图

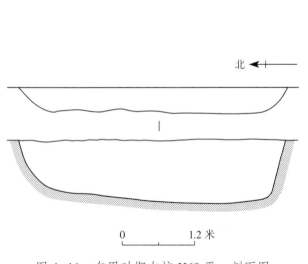

图 4-44　东周时期灰坑 H69 平、剖面图

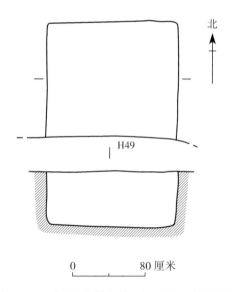

图 4-45　东周时期灰坑 H80 平、剖面图

弧壁，底微圜。长 4.5、宽 0.43、深 1.0 米。坑内填土为灰褐色土，土质松软，含烧土粒及炭屑。出土遗物多灰陶，可辨器形有豆、罐、盆等，另出土大量板瓦、筒瓦。（图 4-44）

H80

位于 T4 西南部，开口于第 4 层下，被 H49、H97 打破。已清理部分为长方形，直壁，平底。东西长 1.4、南北残宽 1.2、深 0.6 米。坑内填土为深褐色土。出土遗物以灰陶及灰褐陶为主，可辨器形有豆、罐、盆等，另出土有铁凿等铁器。（图 4-45）

H81

位于 T6 北部，被 G4 打破。平面为椭圆形，直壁，平底。长径 2.0、短径 1.88、深 0.77 米。坑内填土为灰绿色土，土质疏松。出土遗物以红褐、灰褐陶为主，灰陶较少，可辨器形有罐、鬲、器盖等，修复完整陶鬲 1 件。（图 4-46；图版八七，1）

H97

位于 T4 西南及 T5 西北角，开口于第 5 层下，打破 H80，被 H49 打破。已清理部分为圆角长方形，直壁，平底。南北长 5.0、东西宽 3.5、深 1.2 米。坑内填土为黑褐色土，土质疏松。出土遗物以灰褐色及灰陶为主，可辨器形有鬲足、盆、钵、罐等，另有一定数量的板瓦、筒瓦。（图 4-47；图版八七，2）

H153

位于 T14 北部，叠压于夯土台基下，打破 H190。该坑平面近椭圆形，弧壁，底不平。长径 3.4、短径 1.3、深 1.13 米。坑内填土为深灰色，土质松软，内含草木灰。出土少量泥质灰陶片，可辨器形为罐，另出土少量蚌壳和零星骨头。（图 4-48）

H155

位于 T14 西南部，叠压于夯土台基下，打破 H185。平面呈长方形，直壁，平底。东西长 1.6、南北宽 0.7、深 0.55 米。填土呈灰褐色，土质疏松。出土遗物以灰褐陶和灰陶为主，少见红陶，可辨器形有鬲、豆、盆、罐等，另出土有较多的板瓦、筒瓦。（图 4-49；图版八七，3）

H182

位于 T14 西部，开口于第 6 层下，被 H181 打破。坑为口小底大的袋状坑，平面近圆形，斜壁，平底。口径 2.2、底径 2.4、深 1.36 米。坑内填土为灰土，土质疏松。出土遗物以灰褐陶为主，少量红褐陶，可辨器形有鬲足、罐、盆、钵等。（图 4-50；图版八七，4）

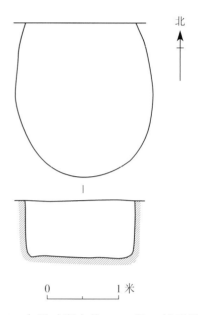

图 4-46　东周时期灰坑 H81 平、剖面图

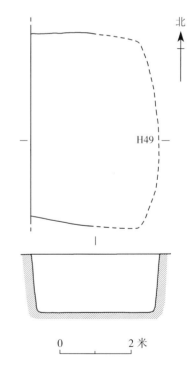

图 4-47　东周时期灰坑 H97 平、剖面图

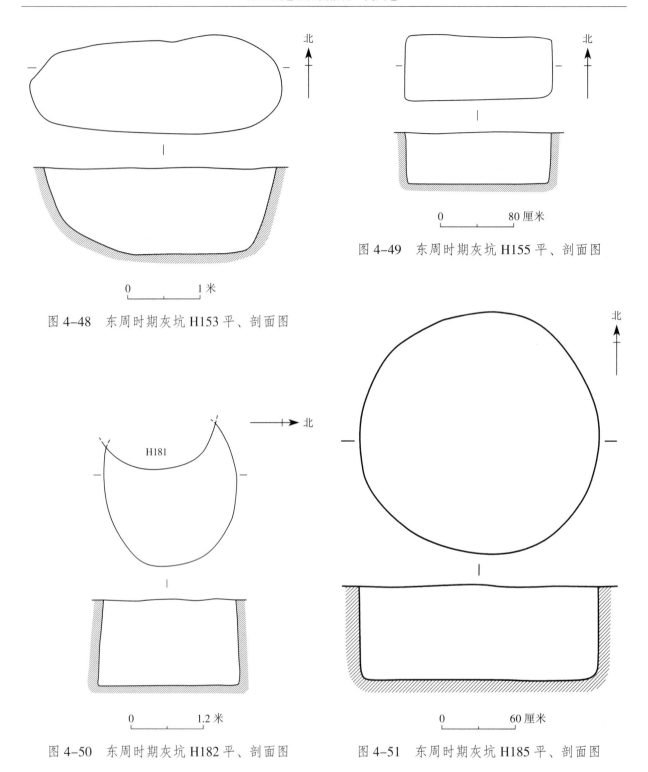

图 4-48　东周时期灰坑 H153 平、剖面图

图 4-49　东周时期灰坑 H155 平、剖面图

图 4-50　东周时期灰坑 H182 平、剖面图

图 4-51　东周时期灰坑 H185 平、剖面图

H185

位于 T14 中部偏西，开口于第 6 层下，被 TJ1、H155 和 H170 打破。平面近圆形，直壁，平底。坑口直径 2.0、深 0.77 米。坑内填土为灰褐色，土质疏松。出土遗物较少，多为夹砂绳纹陶片及零星兽骨，出土完整陶鬲 1 件。（图 4-51；图版八七，5）

H203

位于 T15 西北角，开口于夯土台基下，打破 H220。坑口平面呈椭圆形，斜壁，平底。长径 2.4、短径 1.7、深 0.6 米。坑内堆积为灰黄色土，出土陶片以夹砂灰褐陶为主，少量泥质红陶，可辨器形有鬲、罐腹片、罐口沿等，另有少量蚌壳和兽骨。（图 4-52）

H220

位于 T12 西南、T15 西北角，开口于夯土台基下，被 H203 打破。坑口平面近不规则椭圆形，斜壁，平底。长径 3.35、短径 2.1、深 0.5 米。坑内填土灰褐色，土质松软。出土遗物多灰陶片及灰褐陶片，少见红陶片，可辨器形有豆柄、鬲足、盆口沿、罐口沿等。（图 4-53；图版八七，6）

H289

位于 Ⅲ T4102 西北部并延伸至北隔梁下，开口于第 6 层下，打破第 7 层。坑口平面近圆角长方形，斜壁，平底。坑口南北长 1.84、东西宽 1.53 米，坑深 0.57 米。坑内填土灰黑色，土质较软。出土遗物多灰陶片及灰褐陶片，少见红陶片，可辨器形有豆柄、盆口沿、罐口沿以及筒瓦、板瓦、砖块等。（图 4-54；图版八八，1）

H298

位于 Ⅲ T4204 近东壁处，开口于第 6 层下，打破第 7 层。坑口平面近圆形，斜壁，平底。坑口直径 1.3~1.5 米，坑深 0.53 米。坑内填土黑褐色，土质疏松，含大量草木灰。出土遗物多灰陶及灰褐色陶片，另有少量的原始瓷片和印纹硬陶片，可辨器形有灰陶豆、罐以及原始

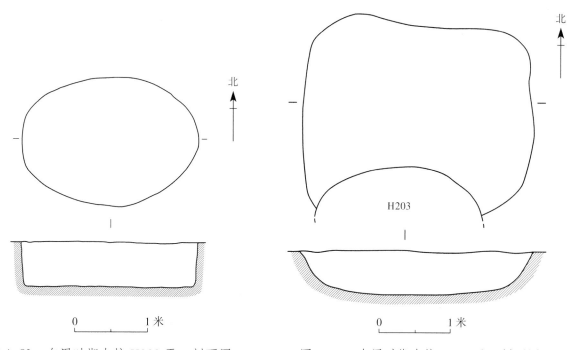

图 4-52　东周时期灰坑 H203 平、剖面图　　　图 4-53　东周时期灰坑 H220 平、剖面图

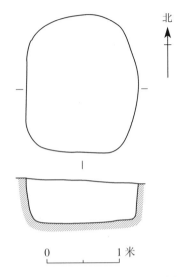

图 4-54 东周时期灰坑 H289 平、剖面图

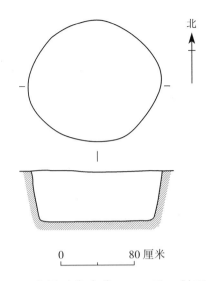

图 4-55 东周时期灰坑 H298 平、剖面图

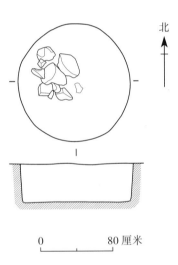

图 4-56 东周时期灰坑 H300 平、剖面图

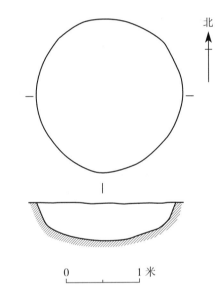

图 4-57 东周时期灰坑 H312 平、剖面图

瓷碗、印纹硬陶罐等。（图 4-55；图版八八，2）

H300

位于Ⅲ T4204 东南角，开口于第 6 层下，打破第 7 层。坑口平面近圆形，直壁，平底。坑口直径 1.25、深 0.4 米。坑内填土黑褐色，土质疏松，含草木灰。出土陶片较少，多为灰陶片，少见硬陶，可辨器形有灰陶豆、罐及硬陶杯等。（图 4-56；图版八八，3）

H312

位于Ⅲ T4603 西北角，开口于第 4 层下，打破 H315，叠压于 H332 上。坑口平面近圆形，斜壁，圜底。坑口直径 2.05、深 0.5 米。坑内填土为灰色土，土质疏松，夹杂草木灰及料姜石。出土遗物以夹细砂灰陶为主，可辨器形有豆、罐、盆等。（图 4-57；图版八八，4）

H313

位于 Ⅲ T4602 西南部，开口于第 4 层下，打破 H315。坑口已清理部分平面为长方形，直壁，平底。坑口东西长 1.5、南北宽 1.0 米，坑深 3.1 米。坑内填土分 2 层，上层为黄褐色土，下层为灰褐色土。两层出土遗物基本一致，多为夹砂或泥质的灰褐陶及灰陶，少见红陶，可辨器形有豆、罐、盆等。（图 4–58；图版八八，5）

H326

位于 Ⅲ T4704 东部，开口于第 4 层下，打破 6~8 层。坑口平面近圆形，口小底大，斜壁，平底。坑口直径 1.75、坑底直径 2.06 米，深 1.67 米。坑内填土为灰褐色，土质疏松。出土遗物基本为灰色或灰褐色陶片，可辨器形有鬲足、豆、罐、盆等，另有一定数量的筒瓦、板瓦。（图 4–59；图版八八，6）

H327

位于 Ⅲ T4703 西北部，开口于第 6 层下。坑口平面近方形，直壁，平底。坑口边长约 1.2、深 1.11 米。坑内填土为灰褐色，含草木灰。出土大量灰陶或灰褐色陶片，少量红褐色陶片，可辨器形有鬲、豆、罐、盆、钵等，另有大量板瓦、筒瓦。（图 4–60；图版八九，1）

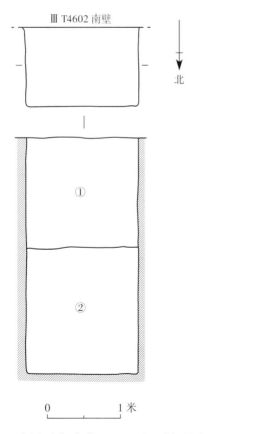

图 4–58　东周时期灰坑 H313 平、剖面图

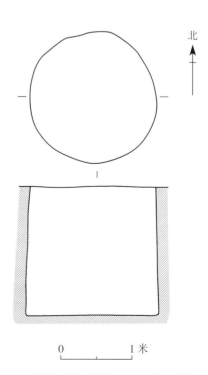

图 4–59　东周时期灰坑 H326 平、剖面图

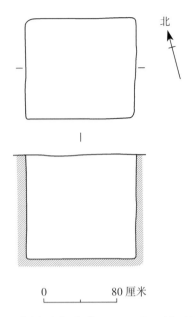

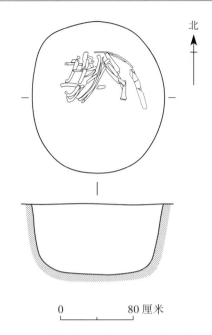

图 4-60　东周时期灰坑 H327 平、剖面图　　　　图 4-61　东周时期灰坑 H440 平、剖面图

H440

位于 Ⅲ T4907 中西部，开口于第 5 层下。坑口平面为椭圆形，弧壁，圜底。坑口长径 1.6、短径 1.4 米，坑深 0.75 米。坑内堆积为灰褐色土，土质较硬，含红烧土颗粒。坑内偏北处放置一堆被扰乱的牛骨，出土少量灰陶片等。（图 4-61；图版八九，2）

H448

位于 Ⅲ T4808、Ⅲ T4908 探方内，向北应延伸至 Ⅲ T4807、Ⅲ T4907，但未做清理，开口于第 5 层下，被 M72、M204 打破。已清理部分的坑口近半圆形，斜壁，底不平。坑口直径约 13.9、坑底直径 8.25 米，深度 1.6 米。坑内堆积可分为 5 层：第 1 层，黄褐色土，土质较硬，最厚约 0.6 米，出土少量灰褐陶片，以罐、盆口沿为主；第 2 层，浅灰褐色土，土质较软，最厚约 0.3 米，出土少量灰褐色陶片，可辨器形有豆、盆等以及零星印纹硬陶片；第 3 层，深灰褐色土，土质较硬，夹黄土块，最厚 0.42 米，出土零星灰褐陶片，可辨器形为盆、豆以及零星板瓦；第 4 层，黑灰色土，含烧土块及草木灰，最厚约 0.22 米，出土零星碎陶片；第 5 层，青灰色土，土质较软，最厚约 0.4 米，出土灰褐色陶片，可辨器形有豆、罐、盆等以及筒瓦。（图 4-62；图版八九，3）

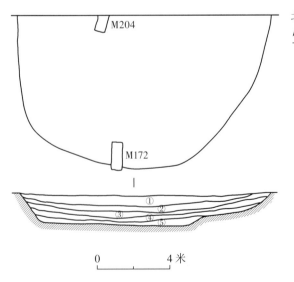

图 4-62　东周时期灰坑 H448 平、剖面图

第三节 出土遗物

东周时期文化层同样是梁王城遗址历史时期堆积的重要组成部分，在"金銮殿"高台区范围清理了大量东周时期的遗迹，同时在这些遗迹及地层中也出土了大量东周时期的遗物。东周时期的遗物以陶器为大宗，另有少量的原始瓷器和硬陶器，骨、角、石器的种类和数量不及西周时期丰富，还有少量的铁器。其中，陶器（片）以夹细砂或泥质的灰陶为主，器形常见鬲、豆、罐、盆、盂、钵、鼎、器盖等，鬲、罐、盆器身多拍印绳纹，间以弦纹或附加堆纹作隔断，豆、盂、钵等多为素面，表面常饰弦纹；原始瓷器有杯、盅；硬陶器有碗、杯；有一定数量的板瓦、筒瓦及半圆形瓦当。铁器均为凿；铜器多为镞（另有十余枚汉代及新莽时期的铜钱在此一并介绍）；骨器有笄、钉、针等。

一、陶器

鬲 3件。皆为矮弧裆，实足跟。根据口、颈部特征分为两型。

A 型 2件。短折沿，束颈较短。可分两式。

Ⅰ式 1件。弧裆较高，实足较长。

T4④：8，肩、腹部饰竖向绳纹，裆部及足尖饰交错绳纹。口径18.0、高12.1厘米。（图4-63，1；图版九〇，1）。

Ⅱ式 1件。弧裆较矮，实足跟残断。

Ⅲ T4603⑥：1，肩部及腹中部拍印小方格纹。口径15.0、残高9.4米。（图4-63，2）

B 型 1件。短沿较平，束颈较高。

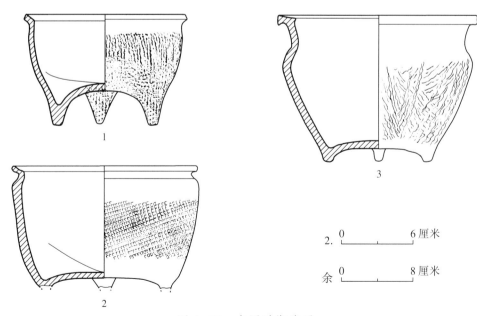

图 4-63 东周时期陶鬲

1. A 型Ⅰ式（T4④：8）   2. A 型Ⅱ式（Ⅲ T4603⑥：1）   3. B 型（H298：1）

H298：1，裆部近平，疙瘩状短足。肩部以下拍印乱绳纹，绳纹不及底。口径21.7、高15.3厘米。（图4-63，3；图版九〇，2）

豆　均为泥质灰陶或灰褐陶。完整器45件，仅剩豆盘或豆柄者13件，其中有4件可以参与型式分类，故可参与型式分期的陶豆标本有49件。根据陶豆的整体特征可分为矮柄豆、高柄豆。

矮柄豆　41件。根据豆盘特征可分为两型。

A型　18件。深盘。根据豆盘特征可分为三亚型。

Aa型　7件。盘壁内弧。可分三式。

Ⅰ式　3件。盘壁折角不明显，盘内底近平。

H313：3，口径15.0、足径9.6、高13.2厘米。（图4-64，1；图版九〇，3）

Ⅲ T4104⑥：5，口径11、足径10.2、高13.5厘米。（图4-64，2；图版九〇，4）

图4-64　东周时期陶矮柄豆Aa型

1~3.Ⅰ式（H313：3、Ⅲ T4104⑥：5、Ⅲ T4104⑥：6）　4.Ⅱ式（Ⅲ T4105⑥：1）
5~7.Ⅲ式（T5④：2、T5④：1、T14⑥：2）

Ⅲ T4104⑥：6，口径 13.4、足径 9.3、高 12.0 厘米。（图 4-64，3；图版九〇，5）

Ⅱ式　1件。盘壁折角变得明显。

Ⅲ T4105⑥：1，口径 14.4、足径 10.8、高 17.0 厘米。（图 4-64，4；图版九〇，6）

Ⅲ式　3件。盘壁折角明显，盘底内凹，盘腹略变浅。

T5④：2，口径 14.4、足径 9.9、高 14.7 厘米。（图 4-64，5；图版九一，1）

T5④：1，口径 14.2、足径 10.5、高 15.4 厘米。（图 4-64，6；图版九一，2）

T14⑥：2，口径 13.5、足径 9.3、高 13.8 厘米。（图 4-64，7；图版九一，3）

Ab 型　5件。敞口，斜壁。可分四式。

Ⅰ式　1件。深盘，盘壁斜弧无折痕。

Ⅲ T4202⑥：9，沿下一道浅凹槽。口径 14.7、足径 8.7、高 12.9 厘米。（图 4-65，1；图版九一，4）

Ⅱ式　2件。深盘，盘下部两道折痕，盘底斜弧。

H5：5，口径 15.0、足径 9.0、高 13.5 厘米。（图 4-65，2；图版九一，5）

H5：8，口径 14.4、足径 9.6、高 14.1 厘米。（图 4-65，3；图版九一，6）

Ⅲ式　1件。盘略浅，盘下部折收为平底。

Ⅲ T4104⑥：7，口径 13.2、足径 8.7、高 11.3 厘米。（图 4-65，4；图版九二，1）

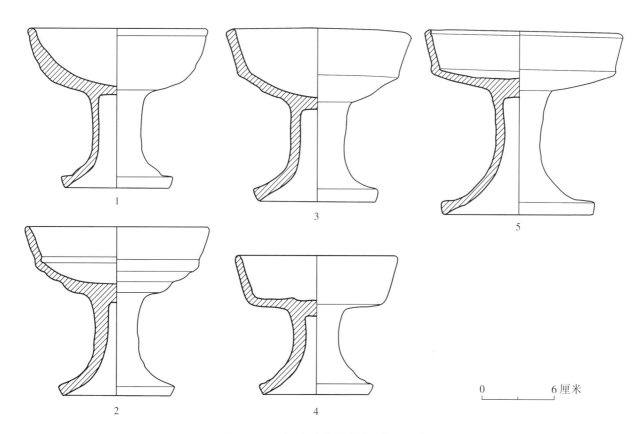

0　　　　　6厘米

图 4-65　东周时期陶矮柄豆 Ab 型

1. Ⅰ式（Ⅲ T4202⑥：9）　2、3. Ⅱ式（H5：5、H5：8）　4. Ⅲ式（Ⅲ T4104⑥：7）　5. Ⅳ式（H313：4）

Ⅳ式　1件。浅盘，盘下部折收为平底，足部底缘突出，圈足口渐大。

H313：4，口径16.5、足径12.6、高11.0厘米。（图4-65，5；图版九二，2）

Ac型　6件。其中T12⑥：3残，其余5件可参与分式。口近直，直壁，盘下部转折处折角明显。根据圈足特征可分两式。

Ⅰ式　2件。圈足底缘不突出。

Ⅲ T4202⑥：10，口径10.8、足径7.7、高11.4厘米。（图4-66，1；图版九二，3）

H448⑤：3，口径10.5、足径7.6、高10.8厘米。（图4-66，2；图版九二，4）

Ⅱ式　3件。圈足底缘出台。

H175：1，圈足上有四道凸棱。口径13.4、足径9.9、高15.5厘米。（图4-66，3；图版九二，5）

H313：2，口径13.8、足径9.0、高13.5厘米。（图4-66，4；图版九二，6）

H69：1，口径14.1、足径8.7、高12.3厘米。（图4-66，5；图版九三，1）

圈足残者　1件。

T12⑥：3，圈足残。口径13.8、残高11.7厘米。（图4-66，6；图版九三，2）

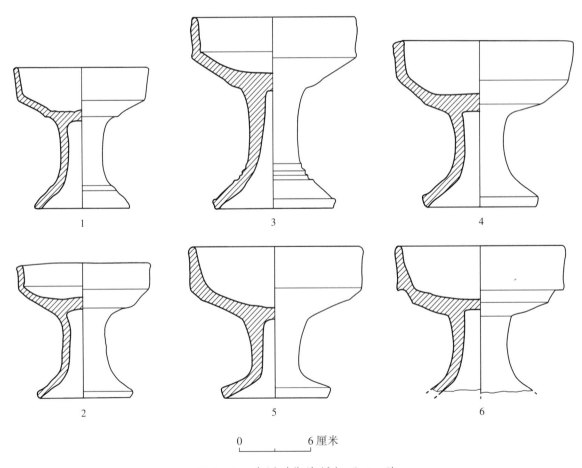

0　　　　　6厘米

图4-66　东周时期陶矮柄豆Ac型

1、2. Ⅰ式（Ⅲ T4202⑥：10、H448⑤：3）　3~5.Ⅱ式（H175：1、H313：2、H69：1）　6. T12⑥：3

B 型　23 件。浅盘。根据豆盘特征分为三亚型。

Ba 型　7 件。盘壁略弧凹。根据口、圈足特征可分三式。

Ⅰ式　1 件。口略内敛，圈足喇叭状较小。

Ⅲ T4202 ⑥：4，口径 9.9、足径 6.0、高 10.3 厘米。（图 4-67，1；图版九三，3）

Ⅱ式　4 件。侈口，圈足喇叭状较大。

图 4-67　东周时期陶矮柄豆 B 型

1. Ba 型Ⅰ式（Ⅲ T4202 ⑥：4）　2~5. Ba 型Ⅱ式（H65：2、H308：2、Ⅲ T4202 ⑥：7、H289：1）　6、11. Ba 型Ⅲ式
（Ⅲ T4104 ⑥：2、T6 ⑥：18）　7~10. Bb 型Ⅰ式（T2 ⑤：9、H155：1、H289：11、Ⅲ T4104 ⑥：8）

H65：2，口径14.1、足径8.7、高11.4厘米。（图4-67，2；图版九三，4）

H308：2，口径11.7、足径7.5、高10.2厘米。（图4-67，3；图版九三，5）

ⅢT4202⑥：7，口径11.4、足径7.8、高9.9厘米。（图4-67，4；图版九三，6）

H289：1，盘壁下腹有两道粗凸棱。口径10.5、足径6.3、高10.2厘米。（图4-67，5；图版九四，1）

Ⅲ式　2件。柄部趋高趋直。

ⅢT4104⑥：2，口径10.9、足径7.8、高12.6厘米。（图4-67，6；图版九四，2）

T6⑥：18，盘壁中心戳印一圆圈纹。口径12.9、足径8.4、高14.7厘米。（图4-67，11；图版九四，3）

Bb型　16件。口近直，尖唇，盘壁多较直。根据口、足部特征可分四式。

Ⅰ式　4件。唇部尖缘不明显，圈足不出台。

T2⑤：9，口径11.1、足径7.8、高11.1厘米。（图4-67，7；图版九四，4）

H155：1，口径11.1、足径8.4、高11.1厘米。（图4-67，8；图版九四，5）

H289：11，柄下部及圈足残。口径11.4、残高9.9厘米。（图4-67，9）

ⅢT4104⑥：8，盘壁内侧近口沿处数道细凸弦纹，近盘底一道凹弦纹，盘壁上有两个圆圈纹。口径11.1、足径6.3、高9.6厘米。（图4-67，10；图版九四，6）

Ⅱ式　6件。唇部尖缘不明显，底部出台。

ⅣT4701⑥：8，口径12.6、足径7.8、高12.3厘米。（图4-68，1；图版九五，1）

H312：1，盘壁内侧一道细凹弦纹。口径12.6、足径8.4、高10.8厘米。（图4-68，2；图版九五，2）

J9：2，泥质红褐陶。口径11.1、足径7.8、高9.7厘米。（图4-68，3；图版九五，3）

H326：3，口径11.0、足径8.1、高11.7厘米。（图4-68，4）

H155：3，口径11.7、足径7.5、高10.8厘米。（图4-68，5；图版九五，4）

H289：2，口径11.9、足径8.7、高10.3厘米。（图4-68，6；图版九五，5）

Ⅲ式　2件。盘内壁斜弧，盘壁浅。

J9：1，口径11.4、足径7.8、高9.3厘米。（图4-68，7；图版九五，6）

ⅢT4602⑥：1，口径11.6、足径8.4、高10.2厘米。（图4-68，8；图版九六，1）

Ⅳ式　4件。尖缘，折盘明显。

H97：10，柄下部及圈足残。口径11.7、残高7.2厘米。（图4-68，9）

H155：13，柄下部及圈足残。口径11.7、残高7.2厘米。（图4-68，10）

H297：2，口径11.1、足径8.1、高10.9厘米。（图4-68，12；图版九六，2）

ⅢT4203⑥：2，器形不甚规整。口径12.0、足径8.1、高10.8厘米。（图4-68，11；图版九六，3）

高柄豆　8件。其中豆柄3件，其余5件。根据盘、柄部特征分为三式。

Ⅰ式　2件。盘壁较深，弧壁。

T8⑥：3，口径17.1、足径13.5、高17.7厘米。（图4-69，1；图版九六，4）

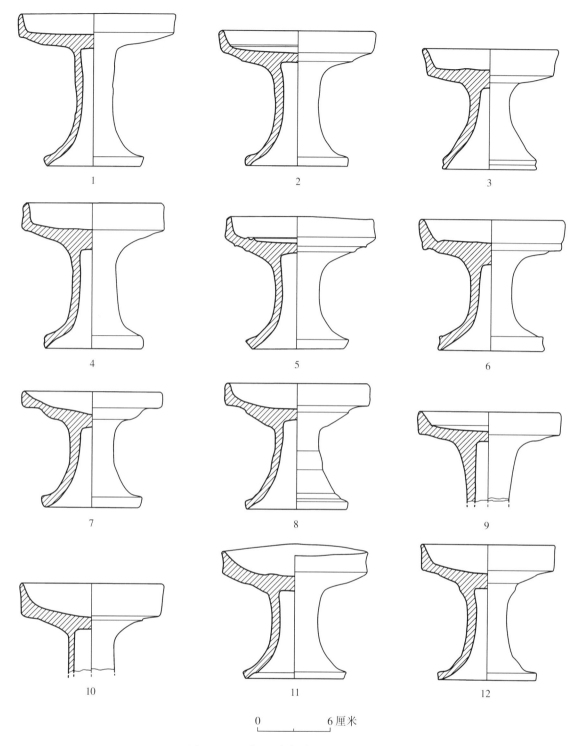

图 4-68　东周时期陶矮柄豆 Bb 型

1~6. Ⅱ式（Ⅳ T4701⑥：8、H312：1、J9：2、H326：3、H155：3、H289：2）　7、8. Ⅲ式（J9：1、Ⅲ T4602⑥：1）
9~12. Ⅳ式（H97：10、H155：13、Ⅲ T4203⑥：2、H297：2）

H327：3，圈足残。口径 15.5、残高 19.5 厘米。（图 4-69，2；图版九六，5）

Ⅱ式　3件。盘壁较浅，折壁，细高柄空心。

T6⑥：7，盘内壁有两周凹弦纹。口径 14.9、足径 13.5、高 21.0 米。（图 4-69，3；图

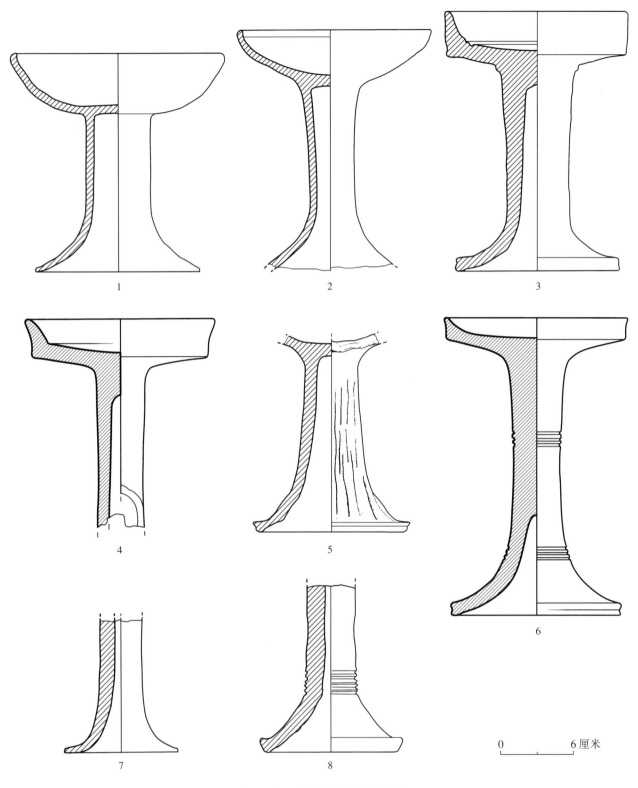

图 4-69　东周时期陶高柄豆

1、2. Ⅰ式（T8⑥：3、H327：3）　3~4. Ⅱ式（T6⑥：7、H5：11）　5、7、8.高柄豆柄（T2④：6、H220：9、T5④：3）
6. Ⅲ式（H332：1）

版九六，6）

H5：11，残存豆盘。口径 15.6、残高 16.6 厘米。（图 4-69，4）

Ⅲ式　1件。盘壁极浅，折壁，细高柄实心。

H332：1，柄部有两组凹弦纹，每组各有三道。口径 15、足径 13.8、高 24.0 厘米。（图 4-69，6）

豆柄　3件。根据柄部特征看也应属于高柄豆。

T2④：6，细高柄，喇叭形圈足。柄部有数道竖向抹光痕，略呈瓜棱状。足径 12.0、残高 15.4 厘米。（图 4-69，5）

T5④：3，细直柄，喇叭形圈足。柄部有五道凹弦纹。足径 10.8、残高 13.5 厘米。（图 4-69，8）

H220：9，足径 9.6、残高 10.5 厘米。（图 4-69，7）

除上述 49 件陶豆外，另有 9 件豆盘暂时无法归类。现简要介绍如下。

H65：4，口微侈，尖圆唇，盘壁弧凹。盘心饰折线菱形纹、弧线纹等组成的纹饰。口径 12.0、残高 3.0 厘米。（图 4-70，1）

H298：4，敛口，圆唇，盘壁较直，深盘。口径 13.5、残高 6.3 厘米。（图 4-70，2）

H155：9，侈口，尖圆唇，盘壁弧凹，盘腹较深。口径 13.5、残高 6.6 厘米。（图 4-70，3）

H155：8，口近直，尖唇，盘壁弧凹。口径 10.8、残高 5.1 厘米。（图 4-70，4）

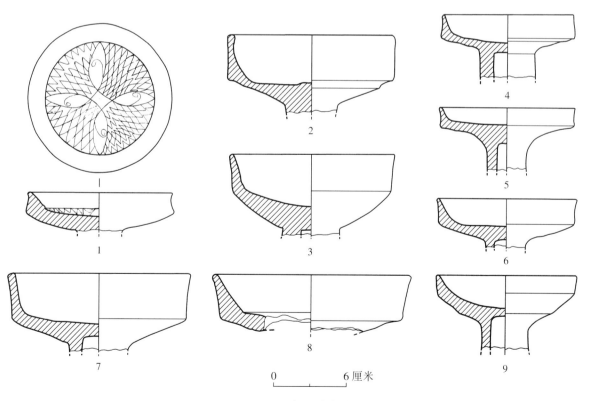

图 4-70　东周时期陶豆盘

1. H65：4　2. H298：4　3. H155：9　4. H155：8　5. H289：9　6. H293：2　7. H146：9　8. H97：9　9. H289：3

H289 ：9，直口，浅盘，盘壁弧凹。口径 11.4、残高 5.1 厘米。（图 4-70，5）

H293 ：2，直口，浅盘，盘壁略弧凹。口径 11.7、残高 3.9 厘米。（图 4-70，6）

H146 ：9，口近直，圆唇，直壁略弧。口径 14.7、残高 6.3 厘米。（图 4-70，7）

H97 ：9，侈口，圆唇，斜直壁。口径 16.5、高 4.5 厘米。（图 4-70，8）

H289 ：3，直口，尖唇，浅盘。口径 11.9、残高 6.0 厘米。（图 4-70，9）

罐　完整器 11 件。多为泥质灰陶或灰褐陶。根据器形特征分为五型。

A 型　3 件。小直口，鼓腹，圜底或平底内凹。纹饰多为肩部饰弦纹，腹、底部饰绳纹。根据底部特征可分两式。

Ⅰ式　1 件。

H326 ：2，口近直，方唇外翻，短颈，弧肩，深弧腹，小底微圜。肩及上腹部饰细弦纹，下腹部及底饰绳纹。口径 22.4、高 39.2 厘米。（图 4-71，1；图版九七，1）

Ⅱ式　2 件。

Ⅳ T4801⑥：1，口残，束颈微长，弧肩，弧腹，小底内凹。肩部数道细弦纹，下腹部及底部饰交错绳纹。底径 5.7、残高 21.5 厘米。（图 4-71，2；图版九七，2）

Ⅲ T4805⑥：3，直口微侈，沿下一周宽凸沿，束颈较长，溜肩，弧腹，小底内凹。肩部数道细弦纹，下腹部及底部饰斜向绳纹。口径 11.2、底径 5.2、高 23.8 厘米。（图 4-71，3；图版九七，3）

B 型　4 件。折沿折腹，平底。纹饰多为弦纹与浅绳纹、刻划纹组合，也有局部单施绳纹者。

H308 ：3，口残，肩部微鼓，弧腹略深，平底。肩部饰菱形刻划纹抹光，肩腹交接处饰三道凹槽。底径 12.0、残高 16.4 厘米。（图 4-72，1；图版九七，4）

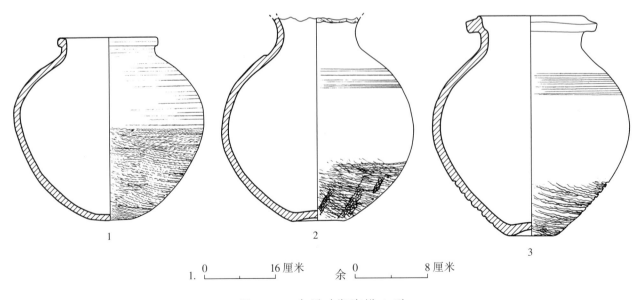

图 4-71　东周时期陶罐 A 型

1. Ⅰ式（H326：2）　2、3. Ⅱ式（Ⅳ T4801⑥：1、Ⅲ T4805⑥：3）

5、9. 0 ___ 6厘米   7. 0 ___ 4厘米   余 0 ___ 8厘米

图 4-72 东周时期陶罐

1~4. B 型（H308：3、T1④：6、H153：2、H190：1） 5. C 型（H181①：6） 6、7. D 型（H308：6、T2④：11）
8. E 型（H308：5）

T1④：6，口残。下腹部饰竖向细绳纹。底径9.2、残高19.0厘米。（图4-72，2）

H153：2，侈口，斜领较高，鼓肩，斜腹较深，平底。肩部五道凹槽、一对泥饼。腹中部饰竖向绳纹，其间两道弦纹抹光。口径13.2、底径10.4、高23.2厘米。（图4-72，3；图版九七，5）

H190：1，泥质黄褐陶。侈口，尖圆唇，矮束颈，宽耸肩，斜弧腹较浅，平底。肩部三道凹弦纹。口径15.2、底径12.1、高19.5厘米。（图4-72，4；图版九七，6）

C型 1件。双耳罐。

H181①：6，泥质黄褐陶。口残，束颈，扁鼓腹，平底微凹。肩部一对环形耳。底径10.5、残高11.7米。（图4-72，5）

D型 2件。小罐。

H308：6，夹砂灰褐陶。侈口，方唇略外折，束颈，鼓肩，弧腹，平底。颈部钻一圆形小孔。口径10.8、底径9.5、高13.2厘米。（图4-72，6；图版九八，1）

T2④：11，小口，圆唇，无颈，折肩，斜腹，大平底。口径4.4、底径5.4、高5.7厘米。（图4-72，7）

E型 1件。筒形罐。

H308：5，直口，厚唇，直腹，平底。口径23.2、底径21.6、残高14.9厘米。（图4-72，8；图版九八，2）

罐口沿 标本51件。依据质地分两大类。

泥质罐口沿 46件。多为灰陶或灰褐陶，偶见红陶。依口、颈、肩部特征分四型。

A型 24件。高颈直口罐。依沿部特征略分两亚型。

Aa型 17件。沿外侧多有一周凸起。依突出形态分四式。

Ⅰ式 3件。沿外突起较细窄，颈部以下饰间断绳纹。

H6：3，颈部数道细凹弦纹。口径14.8、残高10.2厘米。（图4-73，1）

H296：5，颈部上下各饰一道细弦纹。口径14.4、残高11.2厘米。（图4-73，2）

H5：10，颈部多周弦纹，通体饰绳纹，间以多周凹弦纹。口径13.6、残高13.4厘米。（图4-73，3）

Ⅱ式 1件。

H170：6，沿外凸起圆厚。口径24.0、残高7.5厘米。（图4-73，4）

Ⅲ式 7件。沿外凸起近方厚。

H289：6，口径11.0、残高3.4厘米。（图4-73，5）

ⅢT4205⑥：1，口径22.4、残高12.8厘米。（图4-73，6）

H5：1，腹饰交错绳纹。口径14.0、残高10.3厘米。（图4-73，7）

H156：2，颈部有两道凹弦纹。口径22.0、残高8.1厘米。（图4-73，8）

H5：2，夹砂灰陶。颈部饰多周凹弦纹，肩部饰断续绳纹。口径12.8、残高9.2厘米。（图4-73，9）

H296：1，口径18.4、残高9.2厘米。（图4-73，10）

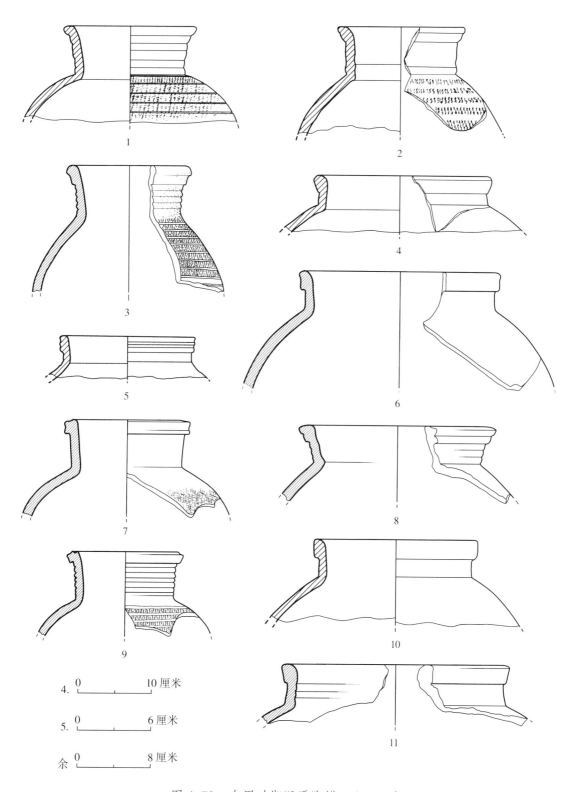

图 4-73　东周时期泥质陶罐口沿 Aa 型

1~3. Ⅰ式（H6∶3、H296∶5、H5∶10）　4. Ⅱ式（H170∶6）　5~11. Ⅲ式（H289∶6、Ⅲ T4205⑥∶1、H5∶1、H156∶2、H5∶2、H296∶1、H175∶2）

H175 ： 2，口径 25.6、残高 6.4 厘米。（图 4–73，11）

Ⅳ式　4 件。沿外愈加凸起形成一个小台面。

H69 ： 4，颈部以下饰竖向细绳纹。口径 17.2、残高 6.8 厘米。（图 4–74，1）

H146 ： 8，颈部以下饰竖向绳纹，肩部一道弦纹抹光。口径 25.0、残高 10.0 厘米。（图 4–74，2）

H65 ： 1，口径 19.6、残高 9.2 厘米。（图 4–74，3）

H156 ： 4，腹饰纵向绳纹。口径 13.3、残高 7.6 厘米。（图 4–74，4）

Ⅴ式　2 件。沿外凸起的台面内凹。

H292 ： 2，颈部以下饰竖向细绳纹。口径 12.0、残高 3.2 厘米。（图 4–74，5）

H292 ： 1，口径 23.2、残高 6.8 厘米。（图 4–74，6）

Ab 型　7 件。沿外一般无凸起。略分三式。

Ⅰ式　1 件。敛口，薄唇。

H155 ： 12，颈内侧有轮制痕迹。口径 20.0、残高 5.8 厘米。（图 4–75，1）

Ⅱ式　2 件。直口，厚唇。

H146 ： 10，颈外侧数道弦纹。口径 24.4、残高 8.0 厘米。（图 4–75，2）

H289 ： 5，颈部两道细凹弦纹。口径 18.0、残高 7.6 厘米。（图 4–75，3）

Ⅲ式　4 件。直口，唇外侧有细凹槽。

H170 ： 3，颈外侧数道弦纹。口径 20.0、残高 7.6 厘米。（图 4–75，4）

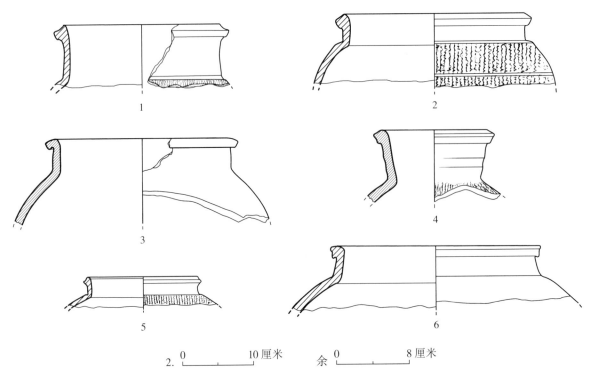

图 4–74　东周时期泥质陶罐口沿 Aa 型

1~4. Ⅳ式（H69 ： 4、H146 ： 8、H65 ： 1、H156 ： 4）　5、6. Ⅴ式（H292 ： 2、H292 ： 1）

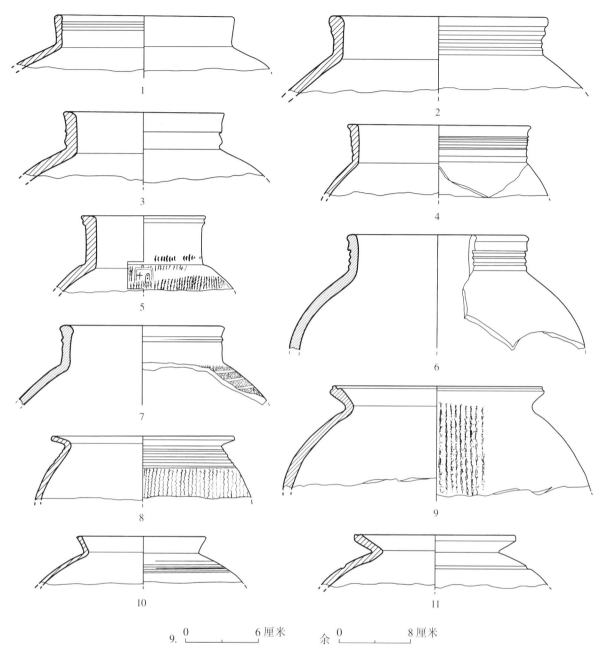

9. ⊢—0————6厘米┤　　余 ⊢—0————8厘米┤

图 4-75　东周时期泥质陶罐口沿

1. Ab 型 Ⅰ 式（H155：12）　2、3. Ab 型 Ⅱ 式（H146：10、H289：5）　4~7. Ab 型 Ⅲ 式（H170：3、H97：4、
Ⅲ T4102⑥：2、H5：4）　8~11. B 型（H75：4、H44：3、H162：3、H13：6）

H97：4，颈、肩部饰断续绳纹。口径 13.2、残高 8.0 厘米。（图 4-75，5）

Ⅲ T4102⑥：2，颈部有多周凹弦纹。口径 20.4、残高 12.4 厘米。（图 4-75，6）

H5：4，腹部饰绳纹，间以多周凹弦纹。口径 18.0、残高 8.4 厘米。（图 4-75，7）

B 型　4 件。折沿罐。侈口，圆唇，束颈较甚，弧肩。

H75：4，肩部数道凹弦纹，其下饰竖向绳纹。口径 20.0、残高 6.8 厘米。（图 4-75，8）

H44：3，唇部一道细凹槽，颈部以下饰竖向绳纹。口径 17.4、残高 9.0 厘米。（图 4-75，9）

H162：3，肩部数道细弦纹。口径 14.4、残高 5.2 厘米。（图 4-75，10）

H13：6，肩部一道凹弦纹。口径 18.0、残高 5.8 厘米。（图 4-75，11）

C 型　15 件。卷沿罐。直口或微敛或略侈，短颈，沿外有一周凸起。可分四式。

Ⅰ式　2 件。敛口，沿外凸起靠下。

H69：5，颈部两道细弦纹，肩部以下饰竖向绳纹，其间一道弦纹抹光。口径 21.6、残高 8.0 厘米。（图 4-76，1）

H155：14，颈部以下饰竖向绳纹，其间一道弦纹抹光。口径 22.5、残高 8.5 厘米。（图 4-76，2）

Ⅱ式　5 件。口近直，沿外凸起略上移。

H301：4，颈部两道细凹弦纹，其下饰竖向绳纹，其间一道弦纹抹光。口径 26.5、残高 11.5 厘米。（图 4-76，3）

H170：7，颈部以下饰竖向细绳纹。口径 24.0、残高 6.5 厘米。（图 4-76，4）

H292：5，颈部以下饰粗疏竖向绳纹。口径 24.8、残高 8.0 厘米。（图 4-76，5）

H5：3，肩部饰纵向绳纹，间以一周凹弦纹。口径 21.6、残高 9.2 厘米。（图 4-76，7）

H65：7，肩部饰细绳纹。口径 22.0、残高 5.6 厘米。（图 4-76，13）

Ⅲ式　2 件。口微侈。

H220：12，沿外凸起面有两道细弦纹。口径 16.0、残高 5.6 厘米。（图 4-76，9）

H292：6，颈部两道细弦纹，其下饰竖向绳纹。口径 26.4、残高 6.4 厘米。（图 4-76，10）

Ⅳ式　6 件。侈口，束颈，口沿及沿外凸起均变薄。

G1①：1，肩部饰竖向绳纹。口径 18.1、残高 6.4 厘米。（图 4-76，6）

H301：3，肩部饰竖向绳纹。唇面一道细凹槽。口径 18.8、残高 7.2 厘米。（图 4-76，8）

H9：2，肩部饰竖向绳纹。口径 16.8、残高 7.1 厘米。（图 4-76，11）

H296：2，肩部饰竖向绳纹。口径 22.4、残高 4.3 厘米。（图 4-76，12）

H146：4，口径 25.0、残高 11.5 厘米。（图 4-76，14）

H301：1，颈部饰一团花形纹饰。口径 23.5、残高 9.5 厘米。（图 4-76，15）

D 型　3 件。短颈直口罐。

H9：3，颈部未收，自沿下起饰竖向绳纹。口径 12.4、残高 6.2 厘米。（图 4-77，1）

H13：1，颈部一道凸棱。口径 12.0、残高 6.6 厘米。（图 4-77，2）

H170：12，尖唇，束颈，圆腹，底残。唇内侧一道细凸棱，颈部四道凸棱，下腹部饰横向绳纹。口径 26.5、残高 26.5 厘米。（图 4-77，3）

印纹硬陶罐口沿　5 件。

H162：5，侈口，尖唇，束颈，弧肩。颈部以下拍印菱形填线纹。口径 14.4、残高 6.4 厘米。（图 4-77，4）

H220：5，器形与 H162：5 同。颈部以下拍印回字纹穿插菱形纹。口径 18.8、残高 5.2 厘米。（图 4-77，5）

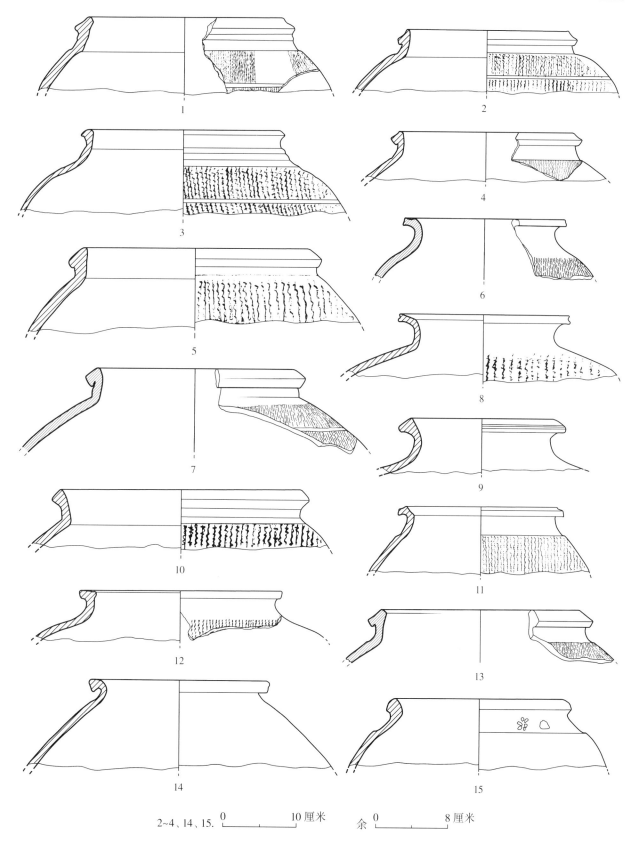

图 4-76 东周时期泥质陶罐口沿 C 型

1、2. Ⅰ式（H69：5、H155：14） 3~5、7、13. Ⅱ式（H301：4、H170：7、H292：5、H5：3、H65：7） 6、8、11、12、14、15. Ⅳ式（G1①：1、H301：3、H9：2、H296：2、H146：4、H301：1） 9、10. Ⅲ式（H220：12、H292：6）

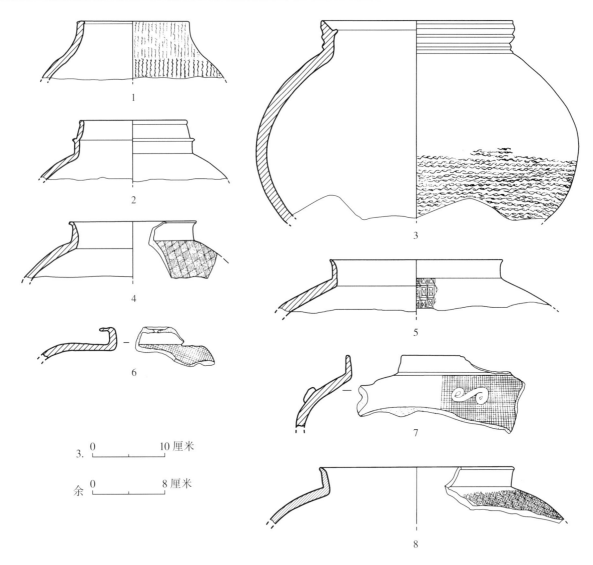

图 4-77　东周时期陶罐口沿

1~3.泥质陶罐口沿 D 型（H9：3、H13：1、H170：12）　4~8.印纹硬陶罐口沿（H162：5、H220：5、H298：6、H298：9、H202：4）

　　H298：6，直口，平沿，束颈，广肩。颈部以下拍印小方格纹。残高 4.1 厘米。（图 4-77，6）

　　H298：9，直口，窄沿，直颈，弧肩。颈部以下拍印小方格纹，肩部残留一个横"S"形鋬。残高 8.0 厘米。（图 4-77，7）

　　H202：4，直口外侈，圆唇，矮直颈，广肩，弧腹。腹部饰斜线方格纹。口径 21.3、残高 6.0 厘米。（图 4-77，8）

　　盆　分四型。

　　A 型　28 件。腹较浅。根据口沿变化特征分四式。

　　Ⅰ式　3 件。卷沿，口微敛。

　　H220：7，肩部以下饰横向绳纹，间饰少量竖向绳纹。口径 40.2、残高 9.0 厘米。（图

4-78，1）

H202：2，腹部饰横向绳纹。口径 45.6、残高 10.2 厘米。（图 4-78，2）

H220：10，唇略厚，沿面微凹。颈部以下饰稀疏绳纹。口径 34.2、残高 4.5 厘米。（图 4-78，3）

Ⅱ式　6件。斜折沿，沿面内凹且较窄。

H202：3，腹部饰纵向绳纹。口径 40.2、残高 10.8 厘米。（图 4-78，4）

H297：3，肩部三道细凸棱，其下饰横向绳纹。口径 27.6、残高 12.0 厘米。（图 4-78，5）

H220：4，折沿较宽，束颈及肩部弧折处均不明显。唇外侧一道细凹槽，肩部及以下饰

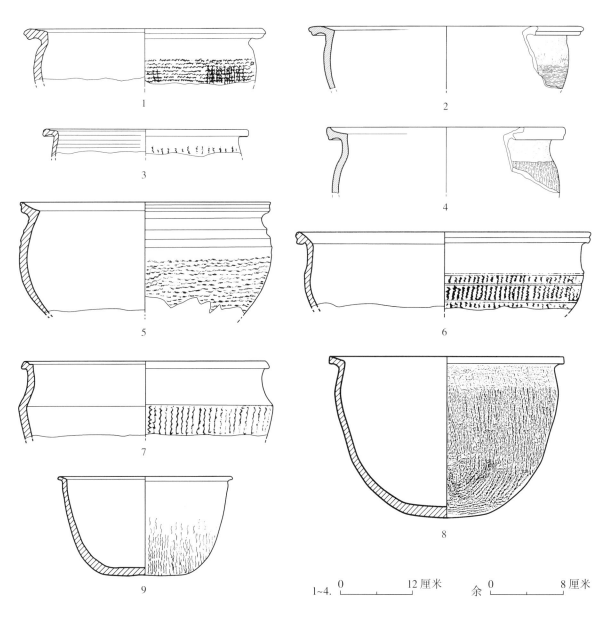

1~4. ┣━━━━┫ 0　12厘米　　余 ┣━━━┫ 0　8厘米

图 4-78　东周时期陶盆 A 型

1~3. Ⅰ式（H220：7、H202：2、H220：10）　4~9. Ⅱ式（H202：3、H297：3、H220：4、H53：4、T5⑤：2、T6⑥：2）

竖向绳纹，其间两道细弦纹抹光。口径32.4、残高8.4厘米。（图4-78，6）

　　H53∶4，短折沿，束颈较高，肩部弧折较甚，口径略小于肩径。肩部以下饰竖向绳纹。口径26.6、残高8.0厘米。（图4-78，7）

　　T5⑤∶2，折沿略宽微凹，束颈略矮，肩部弧折较缓，口径与肩径大致相当，深弧腹，圜底。颈、肩及上腹部饰斜向绳纹，近底部饰乱绳纹。口径24.4、高17.4厘米。（图4-78，8；图版九八，3）

　　T6⑥∶2，侈口，短折沿，弧腹，底微圜。下腹部及底饰绳纹。口径19.2、高10.8厘米。（图4-78，9；图版九八，4）

　　Ⅲ式　12件。斜折沿。

　　H301∶5，肩部略凹，腹部饰横向绳纹。口径60.0、残高15.0厘米。（图4-79，1）

　　H292∶3，肩部以下饰横向绳纹。口径15.5、残高4.0厘米。（图4-79，2）

　　H155∶10，肩部数道凸弦纹，腹部以下饰横向绳纹。口径32.4、残高9.0厘米。（图4-79，3）

　　H293∶1，肩中部饰竖向短绳纹，其下饰横向绳纹。口径43.2、残高13.2厘米。（图4-79，4）

　　H44∶4，肩部以下饰竖绳纹。口径32.4、残高10.8厘米。（图4-79，5）

　　H155∶11，肩部三道凸弦纹，其下饰横向绳纹。口径46.8、残高10.2厘米。（图4-79，6）

　　H162∶1，肩部以下饰竖绳纹。口径30.6、残高8.7厘米。（图4-79，7）

　　H53∶2，肩部以下饰稀疏竖向绳纹。口径16.8、残高3.3厘米。（图4-79，8）

　　H170∶9，肩部以下饰斜向细绳纹。口径43.8、残高12.6厘米。（图4-79，9）

　　H156∶6，肩部以下饰竖向绳纹。口径38.4、残高8.8厘米。（图4-79，10）

　　H156∶5，沿下有多周凸弦纹。口径43.2、残高7.8厘米。（图4-79，11）

　　H156∶7，肩部饰多周凹弦纹。口径44.4、残高6.0厘米。（图4-79，12）

　　Ⅳ式　7件。斜折沿近平。

　　H5∶6，口近直，沿近平。肩部以下饰横向绳纹。口径48.7、残高12厘米。（图4-80，1）

　　H170∶13，口近直，平沿。平沿修饰一周捺窝，肩部以下饰竖向绳纹。口径43.2、残高12.6厘米。（图4-80，2）

　　H170∶11，肩部一道细凸棱，其下饰斜向细绳纹。口径52.8、残高10.2厘米。（图4-80，3）

　　H65∶5，肩部以下饰横向绳纹。口径46.2、残高10.8厘米。（图4-80，4）

　　H297∶4，口微敛，宽折沿微向下卷。肩部两道凸弦纹，其下饰竖向绳纹。口径30.6、残高6.6厘米。（图4-80，5）

　　H175∶3，口径45.0、残高6.0厘米。（图4-80，6）

　　H5∶13，腹部饰横向绳纹。口径44.4、残高9.7厘米。（图4-80，7）

　　B型　8件。折腹较深，平底。分三式。

　　Ⅰ式　3件。侈口，短折沿，束颈略高，斜直腹较深，小平底微凹。

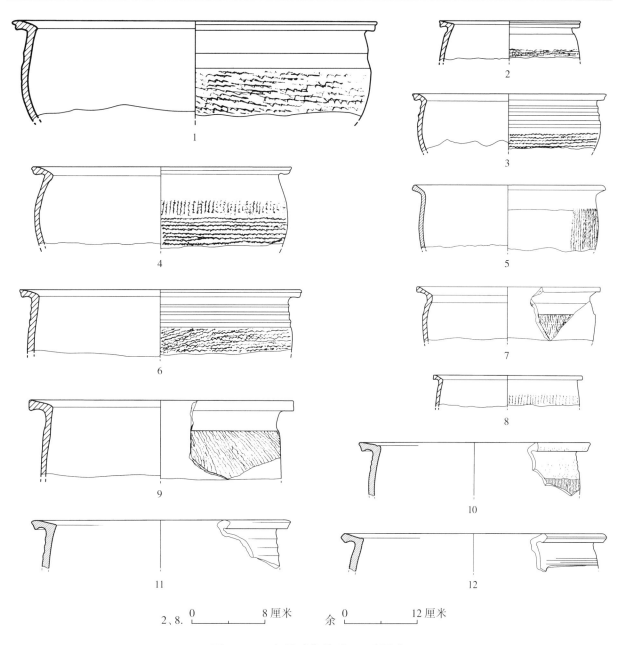

图 4-79　东周时期陶盆 A 型Ⅲ式

1. H301：5　2. H292：3　3. H155：10　4. H293：1　5. H44：4　6. H155：11　7. H162：1　8. H53：2　9. H170：9
10. H156：6　11. H156：5　12. H156：7

　　Ⅲ T4604⑥：7，肩部数道细弦纹。口径 27.7、底径 13.6、高 20.4 厘米。（图 4-81，1；图版九八，5）

　　H146：5，肩部一道凸棱。口径 41.0、残高 6.5 厘米。（图 4-81，2）

　　T4⑤：2，腹部饰绳纹。口径 31.6、高 8.4 厘米。（图 4-81，3）

　　Ⅱ式　2 件。沿下角趋小，斜腹变浅，平底变宽。

　　T1④：2，肩部两道细弦纹抹光。口径 37.5、底径 17.0、高 16.0 厘米。（图 4-81，4；图版九八，6）

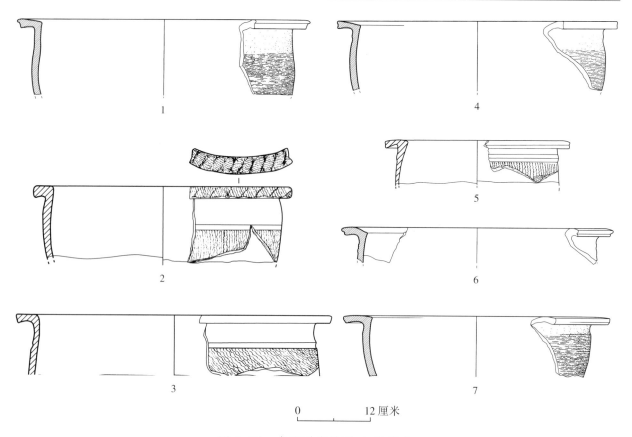

0　　　　12厘米

图 4-80　东周时期陶盆 A 型 Ⅳ 式

1. H5：6　2. H170：13　3. H170：11　4. H65：5　5. H297：4　6. H175：3　7. H5：13

H5：9，口径 34.9、残高 12.1 厘米。（图 4-81，5）

Ⅲ式　3件。折沿变卷，或唇部起凸棱，浅腹，大平底。

H65：8，肩部饰凸弦纹，下腹部饰绳纹。口径 40.9、残高 13.4 厘米。（图 4-81，6）

H65：6，腹部饰横向绳纹。口径 35.5、残高 13.0 厘米。（图 4-81，7）

H5：20，敞口，折沿内凹，厚唇，短颈，斜腹愈浅，大平底。口径 29.6、底径 20.0、高 11.3 厘米。（图 4-81，8；图版九九，1）

C 型　1件。敛口。

H97：6，敛口，弧腹。口下有凸起，腹部一道凹棱，其下饰斜向绳纹。口径 38.8、残高 11.5 厘米。（图 4-81，9）

D 型　2件。直口，短沿，浅弧腹，大平底。沿下饰竖排篦点。

Ⅲ T4605 ⑥：1，口径 23.8、底径 17.6、高 6.2 厘米。（图 4-81，10；图版九九，2）

Ⅲ T4705 ⑥：4，口径 26.0、底径 18.8、高 6.4 厘米。（图 4-81，11；图版九九，3）

盂　10件。其中完整器 8 件，陶片 2 件。多为泥质或夹细砂灰陶。根据整器特征分三型。

A 型　4件。扁圆腹，大平底。分四式。

Ⅰ式　1件。

T2 ④：15，敛口，扁腹，大平底。肩部及下腹部各有两道凹棱。口径 25.5、底径

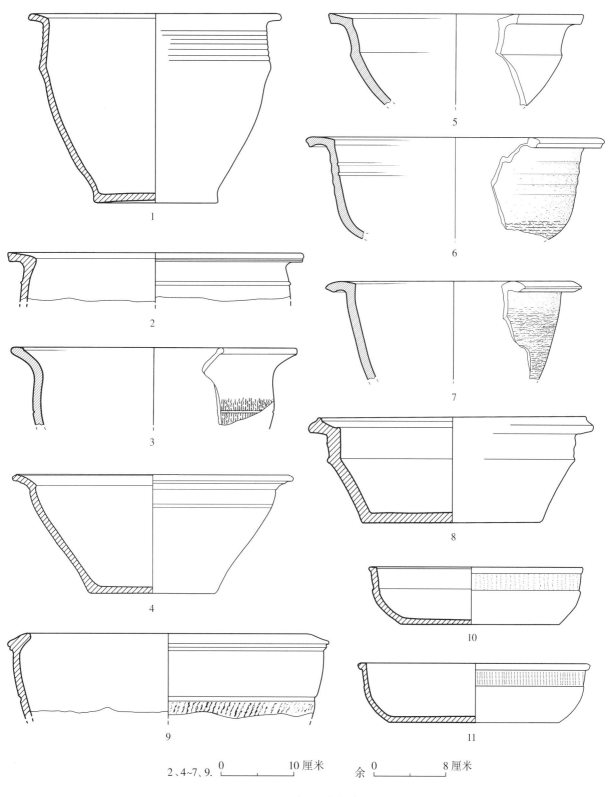

图 4-81　东周时期陶盆

1～3. B 型 I 式（Ⅲ T4604 ⑥：7、H146：5、T4 ⑤：2）　4、5. B 型 Ⅱ 式（T1 ④：2、H5：9）　6～8. B 型 Ⅲ 式（H65：8、H65：6、H5：20）　9. C 型（H97：6）　10、11. D 型（Ⅲ T4605 ⑥：1、Ⅲ T4705 ⑥：4）

23.7、高 9.0 厘米。（图 4-82，1；图版九九，4）

　　Ⅱ式　1件。

　　H220：13，口微敛，短沿不显，鼓肩，扁腹，底残。下腹部残两道细弦纹。口径31.0、残高 5.0 厘米。（图 4-82，2）

　　Ⅲ式　1件。

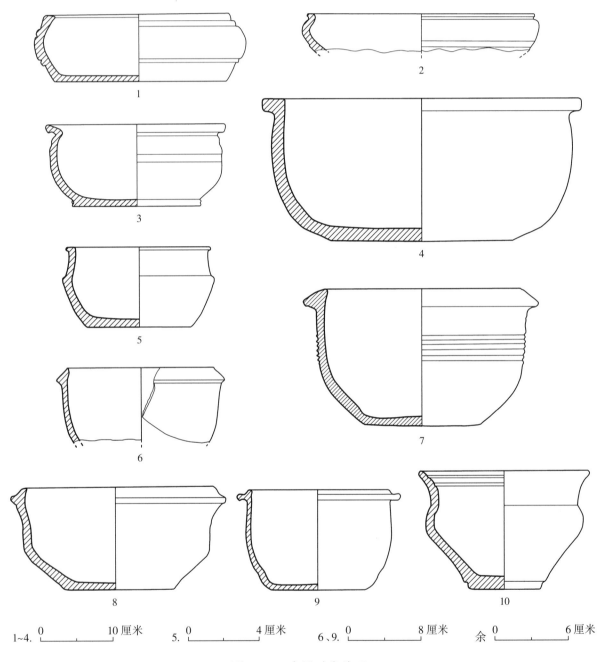

图 4-82　东周时期陶盂

1. A型Ⅰ式（T2④：15）　2. A型Ⅱ式（H220：13）　3. A型Ⅲ式（ⅢT4701⑥：2）　4. A型Ⅳ式（T2⑤：3）　5. B型Ⅰ式（H6：1）
6、7. B型Ⅱ式（H170：5、T12⑥：6）　8. B型Ⅲ式（H326：5）　9. B型Ⅳ式（H155：4）　10. C型（H382：1）

Ⅲ T4701 ⑥：2，口微侈，斜折沿，束颈，弧腹略深，近底部微束。颈部一道细凸棱，腹中部略弧凹。口径25.0、底径17.6、高11.0厘米。（图4-82，3）

Ⅳ式　1件。

T2 ⑤：3，口近直，平沿，弧腹略深，大平底。口径44.0、底径25.0、高19.1厘米。（图4-82，4；图版九九，5）

B 型　5件。钵形，器形偏小，直口或微敛口，沿下多有一周凸起。可分四式。

Ⅰ式　1件。

H6：1，直口微侈，沿外凸起细窄，上腹弧凹，折腹，平底。口径8.0、底径5.7、高4.3厘米。（图4-82，5；图版九九，6）

Ⅱ式　2件。敛口，斜沿外折，沿面平。

H170：5，底残。口径16.4、残高7.7厘米。（图4-82，6）

T12 ⑥：6，腹中部饰六道凹弦纹。口径16.2、底径9.5、高11.0厘米。（图4-82，7；图版一〇〇，1）

Ⅲ式　1件。

H326：5，敛口，斜沿外折，沿面微凹，上腹略弧凹，折腹，平底。口径15.5、底径9.0、高8.3厘米。（图4-82，8；图版一〇〇，2）

Ⅳ式　1件。

H155：4，敛口，斜沿外折，沿面内凹形成小平台。上腹较直，下腹弧收，平底。口径15.4、底径10.4、高10.8厘米。（图4-82，9；图版一〇〇，3）

C 型　1件。

H382：1，大口，口径大于最大腹径，鼓肩，斜腹略弧收，平底。沿内侧两周凹槽，近底部略凹。口径13.8、底径6.0、高9.6厘米。（图4-82，10）

瓮　2件。

Ⅲ T4705 ⑥：1，夹砂灰陶。直口微内敛，尖圆唇，沿外有一周凸起，弧腹。颈部以下饰纵向绳纹，间以两周凹弦纹。口径22.0、残高16.4厘米。（图4-83，1）

H326：7，夹砂灰陶。直口，方唇，短直颈，圆肩，弧腹，圜底。颈部以下至器底满饰细绳纹。口径23.2、高54.4厘米。（图4-83，2）

缸　2件。

H326：6，夹砂灰陶。直口，圆唇，直腹略弧，腹部两侧有两环状耳。沿外有折棱，通体饰绳纹，上腹部饰绞索状附加堆纹。口径35.6、残高24.0厘米。（图4-83，3）

H279：1，夹砂灰陶。直口，圆唇，斜直腹。沿下一对錾手，已残。口径68.9、残高18.3厘米。（图4-83，4）

盘　9件。根据口、腹部变化特征，分为四式。

Ⅰ式　1件。

H301：7，直口微敛，唇面内凹，弧腹，底残。唇面一周浅掐印，近底部饰乱绳纹。口径16.2、残高5.2厘米。（图4-84，1）

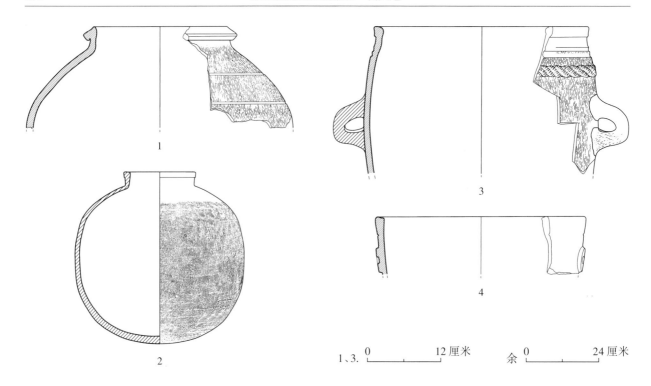

图 4-83　东周时期陶瓮、缸

1、2.瓮（ⅢT4705⑥：1、H326：7）　3、4.缸（H326：6、H279：1）

Ⅱ式　3件。

H45：1，口微敛，唇面内凹，颈部略弧凹，肩略折。肩部以下饰乱绳纹。口径18.0、底径7.2、高5.6厘米。（图4-84，2；图版一〇〇，4）

T2④：5，口微侈，圆唇，矮颈微束，凹底。腹部拍印散乱绳纹。口径15.4、底径6.0、高6.0厘米。（图4-84，3；图版一〇〇，5）

H5：7，底微凹。口径24.4、底径9.2、高6.4厘米。（图4-84，6）

Ⅲ式　4件。颈部略凹，折肩明显。

T2⑤：4，侈口，短沿，斜腹，平底。腹部及底拍印散乱绳纹。口径16.2、底径3.8、高6.0厘米。（图4-84，4）

T6⑥：11，侈口，短沿，斜腹，平底。口径18.0、底径6.0、高6.3厘米。（图4-84，5；图版一〇〇，6）

ⅢT4604⑥：3，底残。腹部拍印散乱浅绳纹。口径25.6、残高9.6厘米。（图4-84，7）

G2：1，侈口，短沿，平底。口径18.6、底径8.7、高6.6厘米。（图4-84，8；图版一〇〇，7）

Ⅳ式　1件。

H65：3，敞口，短沿外折，方唇，唇外一周凸起，折腹，斜腹内收，底残。口径38.9、残高8.6厘米。（图4-84，12）

钵　分三型。

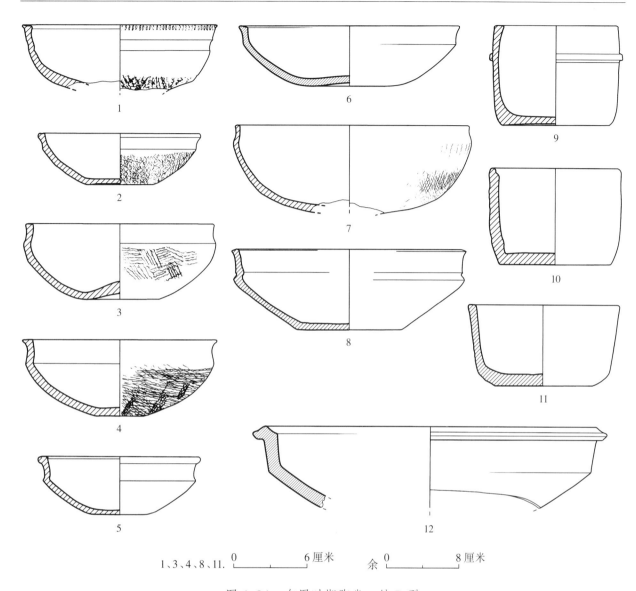

图 4-84　东周时期陶盘、钵 B 型

1. 盘 I 式（H301 : 7）　2、3、6. 盘 II 式（H45 : 1、T2④ : 5、H5 : 7）　4、5、7、8. 盘 III 式（T2⑤ : 4、T6⑥ : 11、
III T4604⑥ : 3、G2 : 1）　9. 钵 B 型 I 式（H5 : 14）　10. 钵 B 型 II 式（T6⑥ : 8）　11. 钵 B 型 III 式（T6⑥ : 10）
12. 盘 IV 式（H65 : 3）

A 型　16 件。弧腹钵。根据口部变化特征可分五式。

I 式　6 件。敛口，弧腹，平底。

T2④ : 13，唇下及腹上部各一周细凹槽。口径 14.1、底径 8.1、高 9.1 厘米。（图 4-85，1；
图版一〇一，1）

H6 : 2，唇略内凹。肩部一周细凹棱。口径 12.5、底径 9.5、高 8.7 厘米。（图 4-85，3；
图版一〇一，2）

H430 : 1，口径 16.2、底径 7.6、高 9.0 厘米。（图 4-85，2；图版一〇一，3）

T2④ : 4，腹中部一周细凹槽。口径 12.6、底径 7.6、高 8.1 厘米。（图 4-85，4）

H448⑤ : 1，口径 14.5、底径 7.5、高 8.0 厘米。（图 4-85，5；图版一〇一，4）

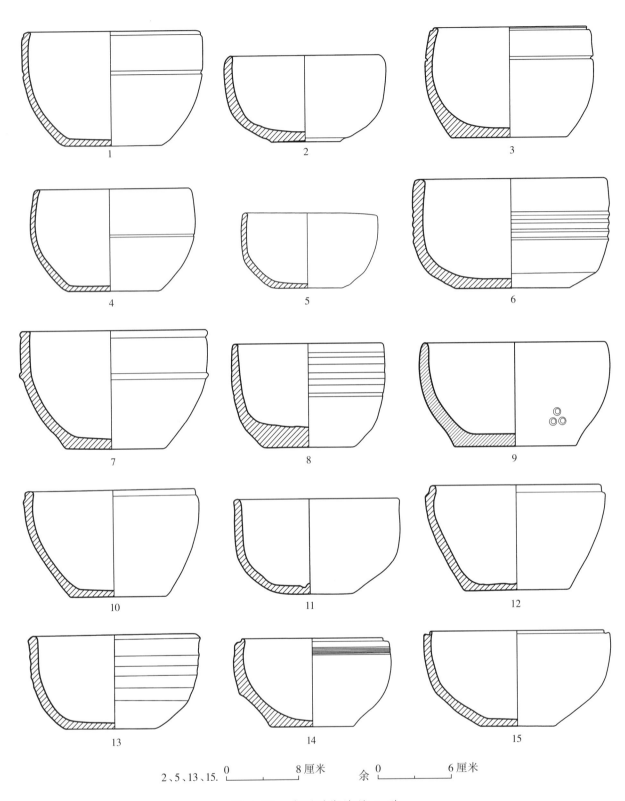

2、5、13、15. $\underset{0}{\rule{0pt}{0pt}}$ ⊢———┤ 8厘米   余 $\underset{0}{\rule{0pt}{0pt}}$ ⊢———┤ 6厘米

图 4-85 东周时期陶钵 A 型

1~6. Ⅰ式（T2④：13、H430：1、H6：2、T2④：4、H448⑤：1、T2④：7） 7~9、11、13. Ⅱ式（H448⑤：2、T2④：21、H332：2、H327：1、H80：4） 10、14.Ⅲ式（H11：1、H71：1） 12.Ⅳ式（H69：2） 15.Ⅴ式（H80：5）

T2④：7，腹中部四道细凸棱。口径15.6、底径9.3、高8.9厘米。（图4-85，6；图版一〇一，5）

Ⅱ式　6件。口近直，弧腹，平底。

H308：4，腹中部三道凹弦纹及一錾，錾残。口径14.0、底径9.0、高9.6厘米。（图版一〇二，1）

H448⑤：2，唇下有一道细凹槽，腹中部一周粗凸棱。口径15.6、底径8.0、高9.6厘米。（图4-85，7；图版一〇二，2）

T2④：21，腹部数道细弦纹。口径12.3、底径7.4、高8.4厘米。（图4-85，8；图版一〇二，3）

H332：2，泥质灰陶。下腹部有三个圆圈装饰。口径14.9、底径10、高8.4厘米。（图4-85，9）

H327：1，口径13.5、底径5.4、高7.5厘米。（图4-85，11；图版一〇二，4）

H80：4，腹部五道凸弦纹。口径17.7、底径10.5、高10.2厘米。（图4-85，13；图版一〇二，5）

Ⅲ式　2件。直口微敛，子母口不甚明显，弧腹，平底。

H11：1，唇下一道折痕。口径14.1、底径7.8、高8.7厘米。（图4-85，10；图版一〇三，1）

H71：1，沿下数道细弦纹。口径11.7、底径6.9、高7.2厘米。（图4-85，14）

Ⅳ式　1件。子母口较明显。

H69：2，口径14.1、底径8.7、高8.5厘米。（图4-85，12；图版一〇三，2）

Ⅴ式　1件。

H80：5，子母口愈加明显。口径19.2、底径8.4、高10.0厘米。（图4-85，15；图版一〇三，3）

B型　3件。直腹、平底。可分三式。

Ⅰ式　1件。

H5：14，敛口，腹上部有一道凸棱。口径13.6、底径12.0、高10.8厘米。（图4-84，9；图版一〇三，4）

Ⅱ式　1件。

T6⑥：8，直口。口径14.0、底径12.2、高10.4厘米。（图4-84，10；图版一〇三，5）

Ⅲ式　1件。

T6⑥：10，口微侈，腹略浅。口径12.6、底径8.0、高6.6厘米。（图4-84，11；图版一〇三，6）

C型　12件。多直口，上腹较直，下腹弧收。略分四式。

Ⅰ式　3件。薄唇，下腹内收时线条较直。

H5：15，上腹部饰折线纹及竖划纹。口径17.2、底径9.2、高8.8厘米。（图4-86，1；图版一〇四，1）

H6：4，上腹部饰折线纹。口径17.4、底径9.6、高8.4厘米。（图4-86，2）

T6⑥：17，器腹内外多轮修痕迹。口径18.4、底径10.8、高8.0厘米。（图4-86，3；图版一〇四，2）

Ⅱ式　4件。厚圆唇，下腹内收时线条较直。

H5：12，上腹部数道凹弦纹，内壁有轮修痕迹。口径17.0、底径10.4、高8.0厘米。（图4-86，4；图版一〇四，3）

H5：16，唇下及折腹处各有一道凹槽。口径19.6、底径8.4、高10.4厘米。（图4-86，5；图版一〇四，4）

H5：17，口径16.0、底径5.9、高8.0厘米。（图4-86，6）

H327：2，口径16.8、底径8.4、高6.9厘米。（图4-86，7；图版一〇四，5）

Ⅲ式　3件。厚圆唇，下腹内收时线条弧凹。

H5：22，口径15.6、底径6.3、高7.7厘米。（图4-86，8；图版一〇四，6）

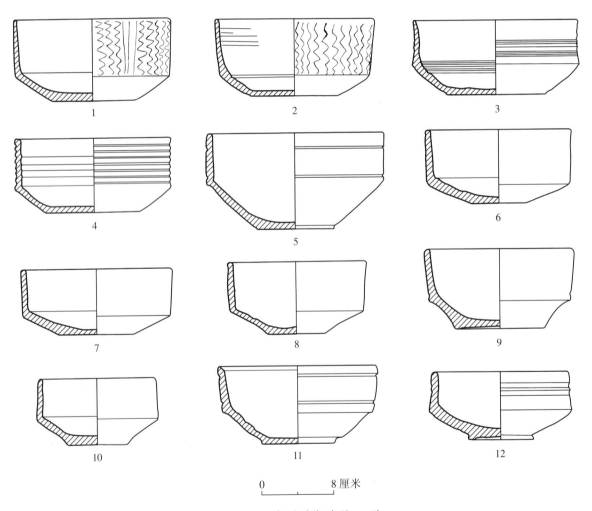

图4-86　东周时期陶钵C型

1~3. Ⅰ式（H5：15、H6：4、T6⑥：17）　4~7. Ⅱ式（H5：12、H5：16、H5：17、H327：2）　8~10. Ⅲ式（H5：22、H5：18、H5：19）　11、12. Ⅳ式（H49：2、T9⑥：2）

H5：18，口径 16.0、底径 10.0、高 8.5 厘米。（图 4-86，9；图版一〇五，1）

H5：19，口径 12.8、底径 6.8、高 7.2 厘米。（图 4-86，10；图版一〇五，2）

Ⅳ式　2件。口微侈，下腹内收时线条略弧凸，器腹略变浅。

H49：2，短折沿。唇下及折腹处各有一道凹槽，下腹有一道细凸棱。口径 17.3、底径 8.0、高 8.4 厘米。（图 4-86，11）

T9⑥：2，底部微收近矮圈足。上腹部有一道粗凸棱和两道细凸棱。口径 14.8、底径 7.2、高 7.3 厘米。（图 4-86，12；图版一〇五，3）

鼎　2件。均为夹细砂灰褐陶。敛口，圆唇，弧腹，圜底。

H97：2，三凿形足残。肩部有一道细凹槽并两道凸棱，凸棱下饰七道横向绳纹。口径 12.0、残高 9.9 厘米。（图 4-87，1；图版一〇五，4）

Ⅲ T4605④：2，肩部有一对立耳，肩部及底饰横向细绳纹，足大部分不饰纹饰，偶见

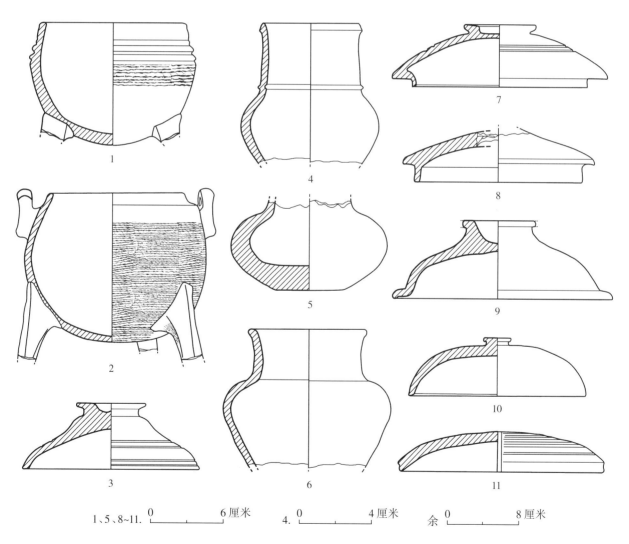

1、5、8~11.　⊢0━━━6厘米⊣　　4.　⊢0━━━4厘米⊣　　余　⊢0━━━8厘米⊣

图 4-87　东周时期陶鼎、壶、器盖

1、2.鼎（H97：2、Ⅲ T4605④：2）　3.器盖 A 型 Ⅰ式（H342：8）　4~6.壶（H13：4、H97：8、H297：1）　7、8.器盖 A 型 Ⅲ式（H51：1、H289：10）　9.器盖 A 型 Ⅱ式（采集：9）　10.器盖 B 型（Ⅲ T4605⑥：4）　11.器盖 C 型（H155：7）

细小斜向绳纹。口径 14.8、高 18.1 厘米。（图 4-87，2；图版一〇五，5）

壶　3 件，均残，均为泥质灰陶。

H13：4，直口微侈，高直颈，鼓肩，弧腹，底残。颈肩部有一道凸棱。口径 5.2、残高 7.2 厘米。（图 4-87，4）

H97：8，口、颈部残，扁腹，平底。底径 5.4、残高 7.2 厘米。（图 4-87，5）

H297：1，侈口，束颈较矮，鼓肩，斜腹，底残。口径 12.8、残高 14.8 厘米。（图 4-87，6；图版一〇五，6）

器盖　6 件。均为泥质陶。依据纽及整器形态可分为三型。

A 型　4 件。矮喇叭形纽，盖壁较直，敛口或呈子母状。略分三式。

Ⅰ式　1 件。

H342：8，口微敛，方唇，盖腹较深。盖壁四道细凹弦纹。口径 19.6、纽径 7.5、高 7.2 厘米。（图 4-87，3；图版一〇六，1）

Ⅱ式　1 件。

采集：9，短折沿，盖壁弧突，折沿。口径 18.0、纽径残宽 6.0、高 6.0 厘米。（图 4-87，9；图版一〇六，2）

Ⅲ式　2 件。直口，子母口状明显，盖腹浅且壁较直。

H51：1，盖壁有两道凹弦纹。口径 19.6、纽径 8.0、高 6.8 厘米。（图 4-87，7；图版一〇六，3）

H289：10，纽残。口径 14.1、残高 3.9 厘米。（图 4-87，8）

B 型　1 件。

Ⅲ T4605⑥：4，小圆饼状纽，盖壁较弧，盖腹较深。口径 14.7、纽径 2.4、高 4.8 厘米。（图 4-87，10；图版一〇六，4）

C 型　1 件。

H155：7，无纽，弧壁，口近直，圆唇，顶部一圆形钻孔。盖壁有数道抹光弦纹。口径 17.1、高 3.2 厘米。（图 4-87，11；图版一〇六，5）

陶文材料　共发现 7 件。可分为戳印和刻划两类。

戳印陶文　共 6 件。即陶器制作过程中，在陶器制坯成型入窑烧制前，用印章钤印而成，印文规整。6 件陶文材料中，4 件为阴文，2 件为阳文。陶文内容，除 1 件未能释读外，其余 5 件可分三类。

戳印阳文"禀玺"，3 件。

T7⑤：10，夹砂灰陶，陶色略泛橙色。陶片呈不规则形状，长 17.5、宽 10 厘米。从残存陶片可清晰辨识其为陶盆底部，平底，底厚 1.8 厘米，因器壁较厚，烧制过程中形成器表橙色、中间灰色的夹心现象。从仅存的局部还可判断器表饰有绳纹，并能复原陶盆底部尺寸，该器内底直径 21 厘米。印面完整，近方形，直边直角，长 2.8、宽 2.6 厘米。横向钤印于陶盆底部中心，戳印阴文，共二字，从右向左文为"禀玺"。（图 4-88，1；图版一〇七，1）

H5：21，夹砂灰陶。残存盆底，斜腹平底，稍内凹，外底直径 24、内底直径 21、残高 14、器壁厚 1.2、底厚 1.6 厘米，器外壁满饰纵向绳纹，间以两周凹弦纹，内底饰交错绳纹。

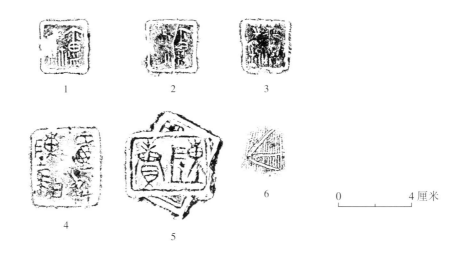

图 4-88　东周时期陶文

1. T7⑤：10　2. H5：21　3. H1：1　4. T6⑥：19　5. H323：1　6. H44：5

印面完整，位于内底中心，近方形，直边直角，长 2.8、宽 2.6 厘米。横向钤印，戳印阴文，共二字，从右向左文为"廪玺"。（图 4-88，2；图版一〇七，2）

　　H1：1，夹细砂灰陶。陶片形状为扇形，约四分之一圆，可辨其为陶盆底部，平底，厚 1.4 厘米，内底轮制形成的同心圆痕迹清晰，根据残存陶片可复原该陶盆内底直径 21 厘米。印文完整，位于陶盆内底中心，印面近长方形，直边直角，长 2.8、宽 2.6 厘米。戳印阴文，共二字，从右向左文为"廪玺"。（图 4-88，3；图版一〇七，3）

　　戳印阳文"莒齐陈驲"，1 件。

　　T6⑥：19，夹砂灰陶。陶片形状近半圆形，可辨为罐或盆底，平底稍内凹，底部厚 1.1 厘米，内底轮制的同心圆痕迹清晰，据残片可复原器内底直径 22 厘米。印文位于器底中心，印面长方形，直边直角，长 4、宽 3.7 厘米。戳印阳文，共四字，从右向左文为"莒齐陈驲"。（图 4-88，4；图版一〇七，4）

　　戳印阳文"陈赓"，1 件。

　　H323：1，夹细砂灰陶。陶片形状为扇形，约四分之一圆，可清晰辨其为罐或盆底，深凹底，内凹 1.5 厘米，底厚 0.9 厘米，可复原器内底直径 22 厘米。器底中心经过前后两次戳印，位置基本重合，方向交错，近乎垂直，两次印戳规格相同，印面均为长方形，直边直角，长 4.4、宽 3.4 厘米。横向钤印于器底，戳印阳文，第二次戳印印文清晰，共两字，从右向左读为"陈赓"，第一次戳印印文被覆盖，从右字右上角和左字右下角局部推断印文同为"陈赓"。（图 4-88，5；图版一〇七，5）

　　戳印阴文，内容未能释读者，1 件。

　　T7⑥：3，夹砂灰陶。残存豆柄，可判断该器矮柄、喇叭状圈足、折腹浅盘。印文位于豆柄上，戳印阴文，印面为长方形，直边直角，两侧边框较为模糊，上下两字，尚未能释读。

　　刻划陶文　1 件。

　　H44：5，夹砂灰陶。陶片形状不规则，可判断其为陶罐口沿下的一块腹片，器表满饰纵向绳纹，长 8、宽 7、厚 0.5 厘米。口沿下方横向刻划一箭头状符号，长 1.8、高 2 厘米。（图 4-88，6；图版一〇七，6）

二、原始瓷器

主要有碗、盅和杯三种器形。

碗　1 件。

T6 ⑤：20，直口微侈，上腹较直，下腹斜收，平底。内壁多道弦纹。胎色发灰，外壁青釉多已剥落。口径 7.8、底径 4.0、高 3.0 厘米。（图 4-89，1；图版一〇八，1）

盅　2 件。胎色发红，器表多施青釉。

T7 ⑥：2，侈口，方唇，折沿，斜直腹至底部弧收，平底。内壁多道弦纹。口径 12.9、底径 8.1、高 9.5 厘米。（图 4-89，2；图版一〇八，2）

H220：8，口残，弧腹，至底部微收，底微凹。内壁多道弦纹。底径 5.1、残高 5.4 厘米。（图 4-89，3）

杯　6 件。胎色青灰，至底部多泛红。器表多施青釉，部分剥落。直口或微侈口，斜弧腹，平底。

Ⅲ T4104 ⑥：9，口径 6.8、底径 3.8、高 5.7 厘米。（图 4-89，4）

Ⅲ T4105 ④：7，口径 7.1、底径 4.2、高 5.7 厘米。（图 4-89，5）

Ⅲ T4202 ⑥：8，口径 6.8、底径 5.0、高 5.5 厘米。（图 4-89，6；图版一〇八，3）

Ⅲ T4203 ⑥：1，口径 6.2、底径 3.6、高 4.4 厘米。（图 4-89，7；图版一〇八，4）

Ⅲ T4204 ⑥：5，杯身内外未施釉，杯内及杯外近底部胎色呈橘红色。口径 6.4、底径 3.4、高 4.6 厘米。（图 4-89，8；图版一〇八，5）

Ⅲ T4604 ⑥：6，口径 7.2、底径 3.2、高 6.4 厘米。（图 4-89，9）

三、硬陶器

有碗及杯两类。

杯　3 件。分两型。

A 型　2 件。敛口，深弧腹，平底。

H300：1，器表饰小方格纹。口径 8.6、底径 5.2、高 8.2 厘米。（图 4-89，10；图版一〇八，6）

H308：7，素面。口径 6.7、底径 2.9、高 6.5 厘米。（图 4-89，11）

B 型　1 件。

H298：2，口微侈，尖短唇，弧腹较浅，整体宽胖。器表饰小方格纹。口径 9.0、底径 5.2、高 6.9 厘米。（图 4-89，12；图版一〇八，7）

碗　1 件。

Ⅲ T4104 ⑥：3，敞口，薄唇，斜腹，平底。口径 10.8、底径 4.6、高 3.8 厘米。（图 4-89，13）

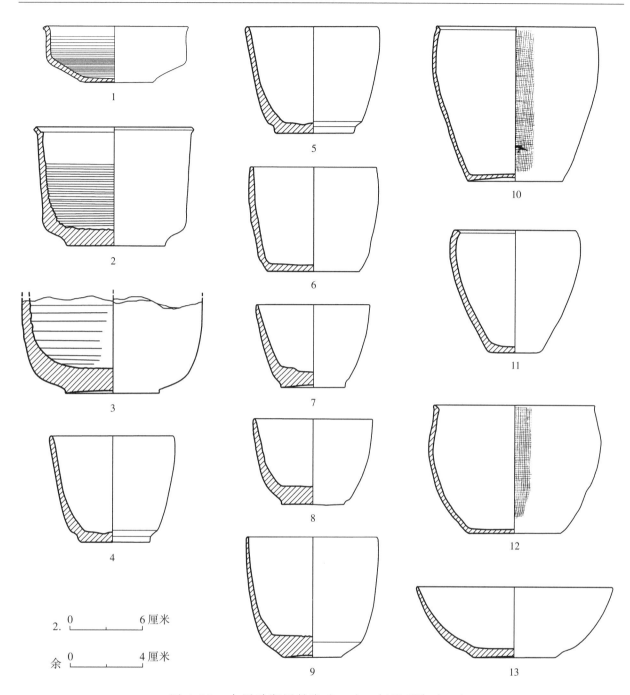

图 4-89　东周时期原始瓷碗、盅、杯及硬陶碗、杯

1. 原始瓷碗（T6⑤：20）　2、3. 原始瓷盅（T7⑥：2、H220：8）　4~9. 原始瓷杯（Ⅲ T4104⑥：9、Ⅲ T4105④：7、Ⅲ T4202⑥：8、Ⅲ T4203⑥：1、Ⅲ T4204⑥：5、Ⅲ T4604⑥：6）　10、11. 硬陶杯 A 型（H300：1、H308：7）　12. 硬陶杯 B 型（H298：2）　13. 硬陶碗（Ⅲ T4104⑥：3）

四、瓦

分为板瓦和筒瓦两类。择其典型加以介绍。

板瓦　2 件。

H313：1，瓦身凹凸面均为灰色。瓦身凸面近瓦头处有四道凹弦纹，余满饰细绳纹；凹面素面无纹。瓦身顶切面为方形，右侧切割面较规整。残长 32.0、残宽 19.0 厘米，瓦身均厚 1.3 厘米。（图 4-90，1；图版一〇九，1）

H326：4，瓦身凹凸面均为灰色。瓦身凸面近瓦头处有四道凹弦纹，余满饰斜向细绳纹；瓦身凹面有清晰的抹布垫痕及凹窝。瓦身两侧的切割面较平整，顶切面为方形。残长 16.8、宽 12.4 厘米，瓦身厚 0.8~1.6 厘米。（图 4-90，2）

筒瓦　3 件。

Ⅲ T4805⑥：1，瓦身凹凸面均为灰色。瓦身凸面瓦唇较圆，瓦舌较长，舌身结合处厚约 0.6 厘米。凸面上半部有五道明显凹槽，除瓦唇瓦舌外余满饰竖向绳纹。凹面素面无纹，两侧的切割面不甚规整。残长 37.5、宽 15.5 厘米，瓦身厚 0.75~1.0 厘米。（图 4-90，3）

Ⅲ T4803⑥：5，瓦身凹凸面均为灰色。瓦身凸面瓦舌较短，圆唇略外翻，除瓦舌外满饰竖向绳纹。凹面素面无纹，两侧切割面较规整。长 40.0、宽 13.5 厘米，瓦身厚 1.0~1.5 厘米。（图 4-90，4；图版一〇九，2）

H446：1，瓦身凹凸面均为灰色。瓦舌较短，瓦唇较圆，舌身结合处不明显。瓦舌下方满饰斜向细绳纹，两侧切割面较规整。长 42.0、宽 16.0 厘米，瓦身均厚 1.0 厘米。（图 4-90，5；图版一〇九，3）

五、瓦当

2 件。均为半圆形瓦当。当面素面无纹，当身隐约可见细绳纹，两侧切割面较平整。

Ⅲ T4102⑥：5，当面长径 15、短径 7.5、均厚 1.1 厘米，当身残长 21.5、均厚 1.0 厘米。（图 4-90，6；图版一一〇，1）

Ⅲ T4602⑥：2，当面长径 16.0、短径 8.0、均厚 1.0 厘米，当身残长 13.5、均厚 0.8 厘米。（图 4-90，7；图版一一〇，2）

六、铁器

均为凿，4 件。表面锈蚀严重。方銎，两侧较直。

T8⑥：3，平刃。残长 8.8、銎宽 3.6、刃宽 3.0 厘米。（图 4-91，1；图版一一〇，3）

H80：2，尖刃。长 10.0、銎宽 2.5、刃宽 3.6 厘米。（图 4-91，2；图版一一〇，4）

H447：1，平刃。残长 10.2、銎最宽处 2.4、刃宽 3.0 厘米。（图 4-91，3；图版一一〇，5）

H448⑤：5，刃部残。残长 9.6、銎宽 2.0 厘米。（图 4-91，4；图版一一〇，6）

七、铜器

镞　7 件。分两型。

A 型　5 件。镞身横截面为三角形。

Ⅲ T4102⑥：3，镞身中间起脊，两侧双翼内凹，两翼前聚成锋，脊后成圆柱状，细圆铤。长约 5.0、翼宽 1.1 厘米。（图 4-91，5；图版一一一，1）

图 4-90　东周时期板瓦、筒瓦、瓦当

1、2. 板瓦（H313：1、H326：4）　3~5. 筒瓦（Ⅲ T4805⑥：1、Ⅲ T4803⑥：5、H446：1）　6、7. 瓦当（Ⅲ T4102⑥：5、
Ⅲ T4602⑥：2）

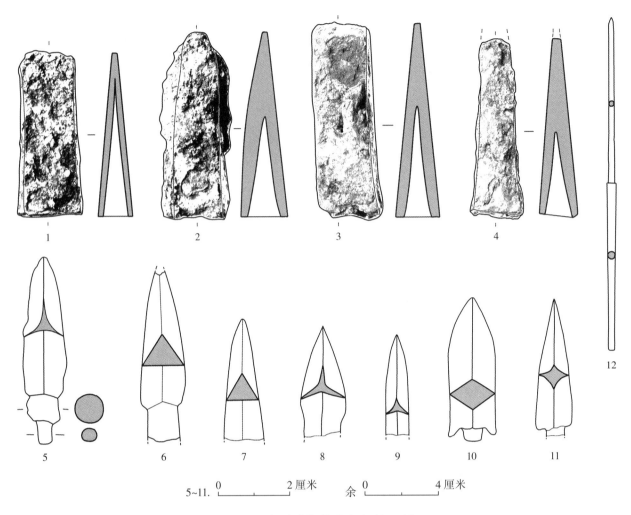

图 4-91　东周时期铁凿与铜镞、刻刀

1~4. 铁凿（T8 ⑥ ：3、H80 ：2、H447 ：1、H448 ⑤ ：5）　5~9. 铜镞 A 型（Ⅲ T4102 ⑥ ：3、Ⅲ T4202 ⑥ ：1、
Ⅲ T4202 ⑥ ：3、Ⅲ T4202 ⑥ ：2、Ⅲ T4204 ⑥ ：3）　10、11. 铜镞 B 型（T8 ⑥ ：1、Ⅲ T4202 ⑥ ：14）　12. 铜刻刀
（Ⅲ T4202 ⑥ ：12）

　　Ⅲ T4202 ⑥ ：1，镞身中间起脊，两侧双翼较平，两翼前聚成锋，铤部残。残长 4.6、翼宽 1.1
厘米。（图 4-91，6；图版——一，2）

　　Ⅲ T4202 ⑥ ：3，镞身中间起脊，两侧双翼较平，两翼前聚成锋，脊后及铤部残。残长 3.3、
翼宽 0.9 厘米。（图 4-91，7；图版——一，3）

　　Ⅲ T4202 ⑥ ：2，镞身中间起脊，两侧双翼内凹，两翼前聚成锋，脊后及铤部残。残长 2.9、
翼宽 1.2 厘米。（图 4-91，8；图版——一，4）

　　Ⅲ T4204 ⑥ ：3，镞身中间起脊，两侧双翼内凹，两翼前聚成锋，脊后及铤部残。残长 2.7、
翼宽 0.6 厘米。（图 4-91，9；图版——一，5）

　　B 型　2 件。镞身横截面为菱形。

　　T8 ⑥ ：1，镞身中间起脊，两侧双翼较平，两翼前聚成锋，锋尾外突，圆铤。长约 3.9、
翼宽 1.3 厘米。（图 4-91，10；图版——一，6）

Ⅲ T4202 ⑥：14，镞身中间起脊，两侧双翼内凹，两翼前聚成锋，铤残。残长约 3.8、翼宽 1.0 厘米。（图 4-91，11；图版一一一，7）

刻刀 1 件。

Ⅲ T4202 ⑥：12，双锋直刃，刀身细长，截面圆形。长约 18.0、直径约 0.4 厘米。（图 4-91，12；图版一一一，8）

钱币 主要发现有汉代及新莽时期的五铢、货泉及大泉五十等，由于梁王城遗址的地层中未能明确划分出汉代地层，也未出土有明显汉代特征的遗物，故将汉代及新莽时期的铜钱并入东周时期遗存章节中加以简略介绍。

货泉 周边起廓，中饰方孔，钱面由右及左隶书"货泉"二字，钱背无纹。

H294：8，直径 2.2、孔径 0.9、厚 0.15 厘米。（图版一一二，1）

Ⅲ T4805 ③：5，直径 2.2、孔径 0.8、厚 0.1 厘米。（图版一一二，2）

Ⅲ T4907 ⑤：2，直径 2.2、孔径 0.9、厚 0.15 厘米。（图版一一二，3）

Ⅲ T4907 ⑤：3，直径 2.2、孔径 0.9、厚 0.15 厘米。（图版一一二，4）

五铢 周边起廓，中饰大方孔，钱面由右及左隶书"五铢"二字，钱背无纹。

T3 ③：16，直径 2.5、孔径 1.0、厚 0.15 厘米。（图版一一二，5）

T9 ④：9，直径 2.5、孔径 1.0、厚 0.1 厘米。（图版一一二，6）

大泉五十 大币，周边起廓，中饰方孔，面文直读隶书"大泉五十"，钱背无纹。

Ⅲ T4605 ③：3，直径 2.7、孔径 0.8、厚 0.25 厘米。（图版一一二，7）

Ⅲ T4804 ④：7，直径 2.8、孔径 0.8、厚 0.25 厘米。（图版一一二，8）

八、骨器

笄 10 件。皆磨制光滑。

有笄帽者 1 件。

G19 ②：1，笄体横截面近圆形，尖部残断，笄帽为圆形台状，可取下。残长 27.8、截面宽 0.6 厘米，笄帽直径 1.6 厘米。（图 4-92，1；图版一一三，1）

无笄帽者 9 件。笄体多为圆形或扁圆形，尖部圆钝，尾部较平。

T4 ④：7，尾部为尖圆锥体。长 17.4、截面宽 0.6 厘米。（图 4-92，2；图版一一三，2）

G4 ②：7，尖、尾部皆较圆钝。长 16.8、截面宽约 0.6 厘米。（图 4-92，3；图版一一三，3）

H66：1，尾部较平。长约 13.2、截面宽约 0.6 厘米。（图 4-92，4；图版一一三，4）

G4 ②：10，笄体较扁，尾部扁平。长约 13.2、截面宽 0.25~0.5 厘米。（图 4-92，5；图版一一三，5）

G1 ①：6，笄体前扁后圆。长约 13.0、截面宽 0.4~0.5 厘米。（图 4-92，6；图版一一三，6）

T9 ⑥：3，尖部残断，尾部圆钝。残长 11.2、截面宽 0.6 厘米。（图 4-92，7；图版一一四，1）

H47：1，笄体前圆后扁。长 11.2、截面宽 0.4~0.6 厘米。（图 4-92，8；图版一一四，2）

T2 ⑤：6，尾部残断。残长 9.9、截面宽约 0.6 厘米。（图 4-92，9；图版一一四，3）

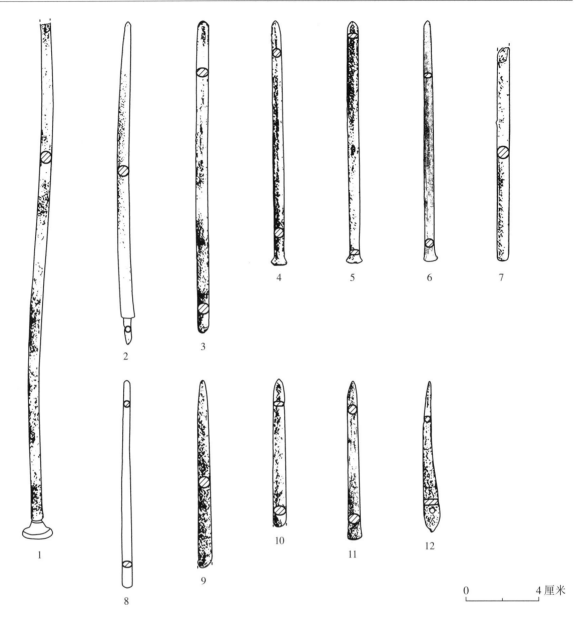

图 4-92　东周时期骨笄、钉、针

1~10. 笄（G19②：1、T4④：7、G4②：7、H66：1、G4②：10、G1①：6、T9⑥：3、H47：1、T2⑤：6、
Ⅲ T4202⑥：6）　11. 钉（H220：1）　12. 针（T2④：10）

　　Ⅲ T4202⑥：6，尾部残断，尖部扁圆。残长 8.0、截面宽 0.6~0.8 厘米。（图 4-92，
10；图版——四，4）

　　钉　1 件。

　　H220：1，长 8.6、截面宽 0.4~0.8 厘米。（图 4-92，11；图版——四，5）

　　针　1 件。

　　T2④：10，针体尖部较圆，尾部扁平，尾部有一圆形钻孔。长约 8.0、孔径 0.3 厘米。
（图 4-92，12；图版——四，6）

第四节　墓葬

梁王城遗址发现东周文化墓葬 48 座，其中东区 10 座（图 4-93）、西区 37 座（图 4-94）、中区仅 1 座。北区墓葬集中于 T7、T9 以北，10 座墓葬均为竖穴土坑墓，以东西向为多，南北向及东北—西南向亦有。墓坑狭小，单人仰身直肢葬 8 座，侧身屈肢葬 1 座，成人与幼儿的合葬墓 1 座。人骨保存较差。除 M17 随葬陶罐、豆各 1 件外，其余墓葬均未见随葬品。西区墓葬则多南北向，次为东北—西南向，少数东西向及西北—东南向。墓坑同样狭小，除竖穴土坑墓外，亦有瓮棺葬、瓦棺葬、不挖墓坑平地掩埋葬以及洞室墓等，埋葬形式多样。竖穴土坑墓中，部分有二层台，除一座为双人屈肢葬外，余皆为单人葬，因骨架保存状况普遍较差，墓主年龄多难以确定。瓮棺葬、瓦棺葬及洞室墓埋葬的皆为婴幼儿。骨骼纤细，保存较差。除部分瓮棺葬、瓦棺葬出土罐或瓦的葬具外，所有墓葬内均未发现随葬品。

一、东区墓葬

M1

位于 T2 西南部。墓坑开口于第 5 层下，打破第 6 层。方向 86 度。竖穴土坑墓，平面为一端略宽、一端略窄的梯形，直壁，平底。墓口长 2.0、宽 0.68~0.79 米，深 0.8 米。坑内填土为花土，含烧土颗粒。单人仰身直肢葬，头向东，面向上，双臂交叉于腹前。腓、胫骨缺失，但骨骼整体未被扰乱，骨架整体保存较好。经鉴定，墓主为女性，年龄 40~44 岁。墓葬内未发现随葬品。（图 4-95；图版一一五，1）

M9

位于 T8 东南角，开口于第 6 层下，被 H44 打破。方向 180 度。竖穴土坑墓，平面近长方形，直壁，平底。墓口长 1.4、宽 0.7 米，深 0.37 米。坑内填土为灰绿色土，夹杂烧土颗粒。单人仰身直肢葬，头向南，面向东。右侧尺、桡骨及以下以及左侧盆骨以下均缺失，其余人骨保存一般。经鉴定，墓主为女性，年龄 45~47 岁。墓坑内未发现随葬品。（图 4-96；图版一一五，3）

M10

位于 T9 东北角，开口于第 6 层下，打破第 7 层。方向 199 度。竖穴土坑墓，平面近长方形，直壁，平底。墓口长 2.0、宽 0.8 米，深 0.2 米。坑内填土为灰绿色。单人仰身直肢葬，头向西南，面向东南。墓主四肢肢骨缺失，脊椎骨及肋骨多不见，仅头骨、盆骨保存较为完好。经鉴定，墓主为男性，年龄 45~50 岁。墓坑内未发现随葬品。（图 4-97；图版一一六，1）

M11

位于 T8 的中部偏南，墓坑开口于第 6 层下，打破第 7 层。方向 182 度。竖穴土坑墓，

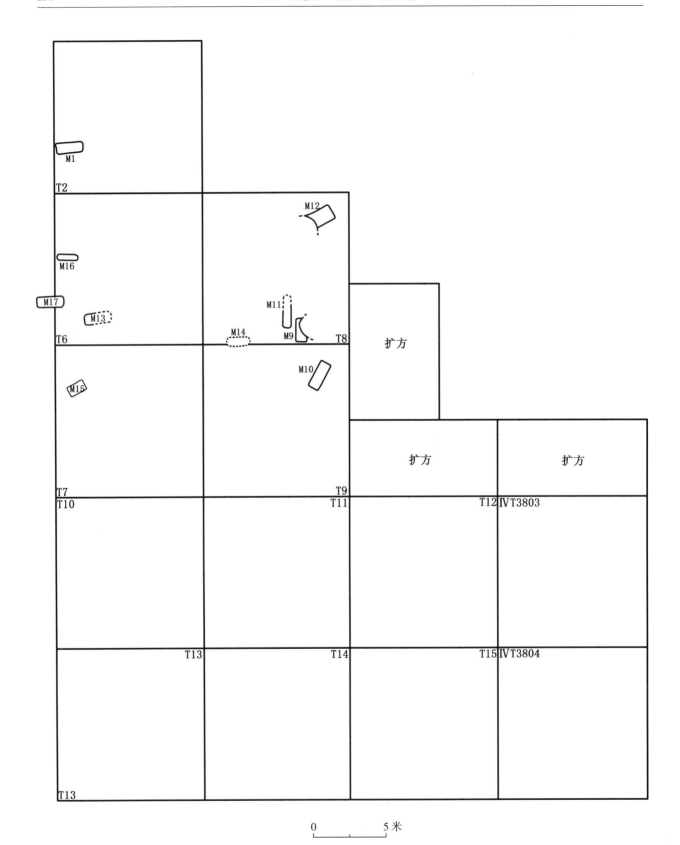

0 ————— 5米

图 4-93　梁王城东区东周时期墓葬分布示意图

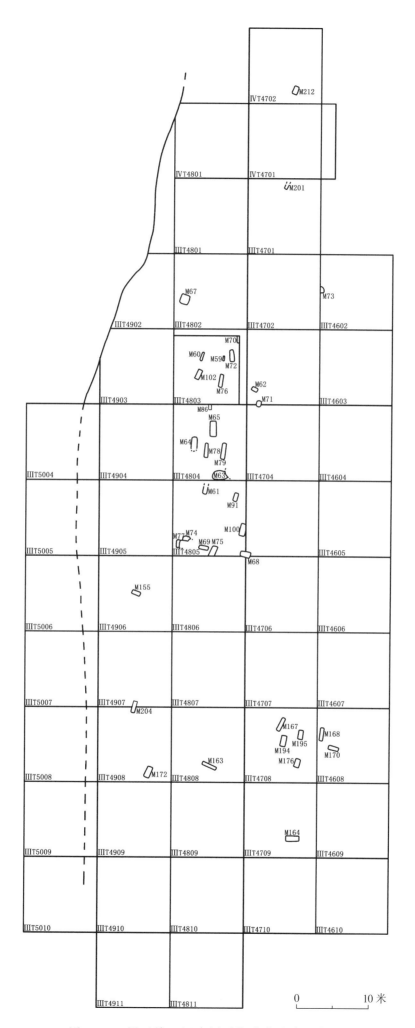

图 4-94　梁王城西区东周时期墓葬分布示意图

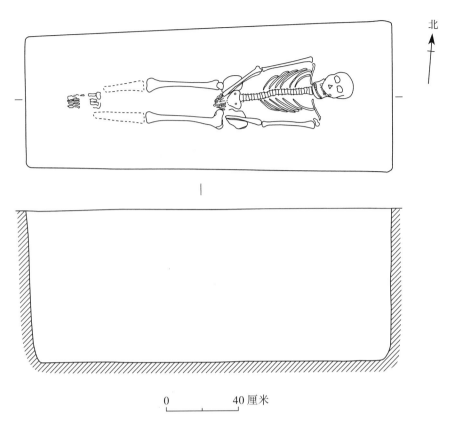

0 　　　　　40厘米

图 4-95　东周时期墓葬 M1 平、剖面图

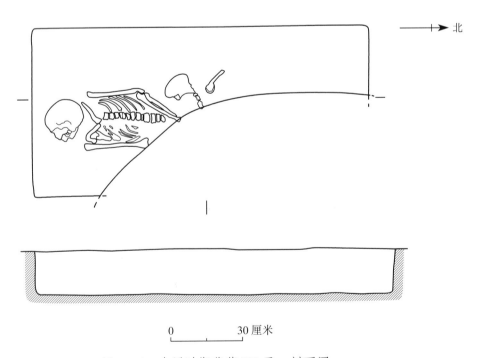

0 　　　　　30厘米

图 4-96　东周时期墓葬 M9 平、剖面图

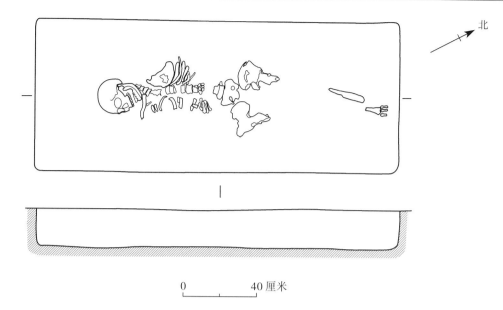

0　　　　　40厘米

图 4-97　东周时期墓葬 M10 平、剖面图

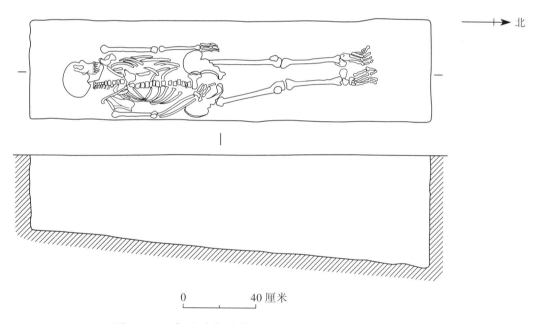

0　　　　　40厘米

图 4-98　东周时期墓葬 M11 平、剖面图

平面近长方形，直壁，斜底，底部北深南浅。墓口长 2.2、宽 0.54、深 0.4~0.59 米。坑内填土为灰绿色土，土质较硬。单人仰身直肢葬，头向南，面向西。人骨保存状况一般。经鉴定，墓主为男性，年龄 40~44 岁。墓葬内未发现随葬品。（图 4-98；图版一一五，2）

M12

位于 T8 东北部，开口于第 6 层下，被 H66 打破。方向 74 度。竖穴土坑墓，平面近长方形，斜弧壁，平底。墓口残长 0.8、宽约 0.5 米，残深 0.08 米。坑内填土为灰绿色，土质松软。

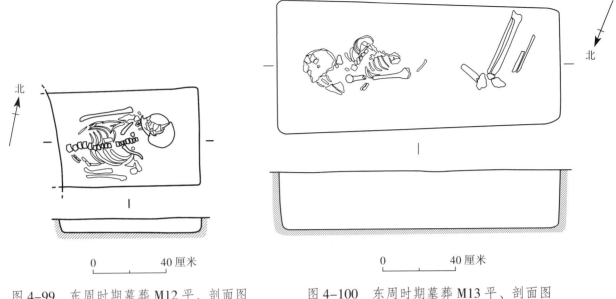

图 4-99　东周时期墓葬 M12 平、剖面图　　图 4-100　东周时期墓葬 M13 平、剖面图

单人仰身直肢葬，头向东北，面向西北。人骨架盆骨及以下被破坏不存。经鉴定，墓主为女性，年龄 31~35 岁。墓葬内未发现随葬品。（图 4-99；图版一一六，2）

M13

位于 T6 西南部，开口于第 6 层下，打破第 7 层，被 G4 打破。方向 75 度。竖穴土坑墓，平面呈一端较宽、一端较窄的长方形，直壁，平底。墓坑长 1.56、宽 0.6~0.7 米，深 0.3 米。坑内填土为五花土，土质较硬。单人侧身屈肢葬，头向东，面向北。人骨架保存较差且扰乱较为严重，头骨破碎，盆骨、股骨等缺失不见。经鉴定，墓主已成年，性别不详。墓葬内未发现随葬品。（图 4-100；图版一一六，3）

M14

位于 T8 南壁下，开口于第 6 层下，打破第 7 层。方向 90 度。平面长方形，直壁，平底。墓口长 1.52、宽 0.4 米，深 0.2 米。坑内填土为灰绿色，土质较硬。单人仰身直肢葬，头向东，面向上。人骨保存状况一般。经鉴定，墓主为女性，年龄 21~25 岁。墓坑内未发现随葬品。（图 4-101；图版一一六，4）

M15

位于 T7 西北部，开口于第 6 层下，打破第 8 层，被 G4 打破。方向 60 度。竖穴土坑墓，平面长方形，斜壁，平底。墓口长 1.7、宽 1.2 米，深 0.2 米。坑内填土为灰黑色土夹杂红烧土颗粒，土质较硬。双人葬，为一成人和一幼儿，其中成人头骨被取下置于左侧的幼儿骨架之上。成人上肢骨缺失，脊椎骨、肋骨及下肢骨亦有缺少，盆骨保存较完整。幼儿骨架纤细。经鉴定，成人为女性，年龄不详。墓坑内未发现随葬品。（图 4-102；图版

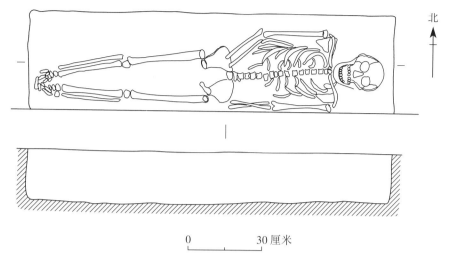

图 4-101　东周时期墓葬 M14 平、剖面图

一一七，1）

M16

位于 T6 西壁中部，开口于第 6 层下，打破第 7 层。方向 96 度。竖穴土坑墓，平面长方形，一端略宽，一端略窄，直壁，平底。墓口长 1.4、宽 0.38~0.4 米，深 0.42 米。坑内填土为五花土，夹杂红烧土颗粒及绿沁土，土质略硬。单人仰身直肢葬，头向东，面向南。人骨保存状况较好。经鉴定，墓主为少年，年龄 10~12 岁，性别不详。墓坑内未发现随葬品。（图4-103；图版一一七，2）

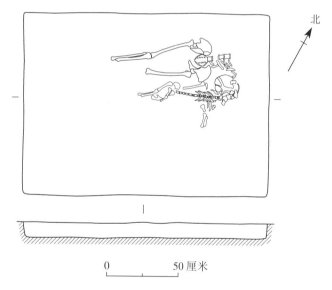

图 4-102　东周时期墓葬 M15 平、剖面图

M17

位于 T6 西壁下，开口于第 6 层下，打破第 7 层。方向 92 度。竖穴土坑墓，平面长方形，直壁，平底。墓口长 2.2、宽 0.7 米，深 1.4 米。墓坑南壁有一壁龛，距离墓口 0.85 米。壁龛平面为一半圆形，弧壁，平底，宽 0.58、深 0.26、高 0.34 米。单人仰身直肢葬，头向东，面向上，双手交叉置于腹部。人骨保存状况一般。经鉴定，墓主为女性，年龄 40~44 岁。壁龛内随葬 2 件陶器，为罐、豆各 1 件。（图 4-104A；图版一一七，3）

陶豆　1 件

M17：2，泥质灰陶。敛口，唇下一道细凹槽，圆唇，折壁，盘壁较浅，细矮柄，喇叭形圈足。盘壁中部一周凸棱。口径 15.6、足径 8.7、高 12.3 厘米。（图 4-104B，1；图版一一七，4）

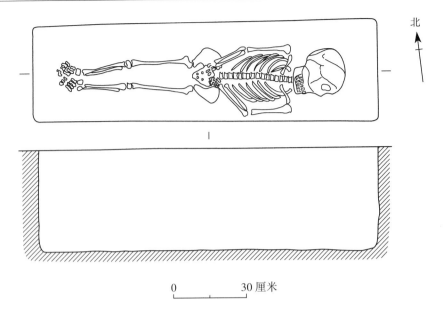

0　　　　　30厘米

图 4-103　东周时期墓葬 M16 平、剖面图

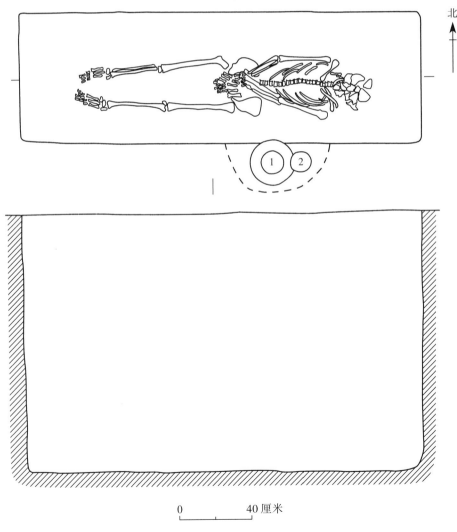

0　　　　　40厘米

图 4-104A　东周时期墓葬 M17 平、剖面图

1.陶罐　2.陶豆

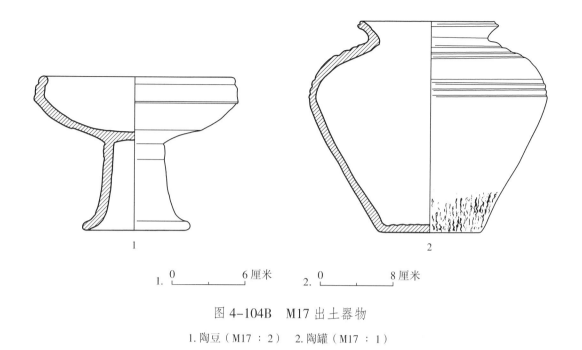

1.　　0　　　　　　6 厘米　　2.　　0　　　　　　8 厘米

图 4-104B　M17 出土器物

1. 陶豆（M17：2）　2. 陶罐（M17：1）

陶罐　1 件

M17：1，泥质灰褐陶。侈口，方唇，唇面一道凹槽，矮束颈，鼓肩，深弧腹，平底。肩部及肩、腹交接处各有数道弦纹，近底部有断续绳纹。口径 14.8、底径 11.2、高 22.8 厘米。（图 4-104B，2；图版一一七，5）

二、中区墓葬

M57

位于 Ⅲ T4205 东南角，开口于第 6 层下，打破第 7 层。方向 28 度。竖穴土坑墓，平面长方形，直壁，平底。墓口长 2.2、宽 0.7 米，深 0.7 米。坑内填土为灰土，土质疏松，夹杂碎陶片。单人仰身直肢葬，头向东北，面向东南，双臂置于身体两侧。除掌骨、指骨、跗骨、趾骨等缺失外，余骨架基本保存完好。经鉴定，墓主年龄约 6 岁，性别不详。墓坑内未发现随葬品。（图 4-105；图版一一八，1）

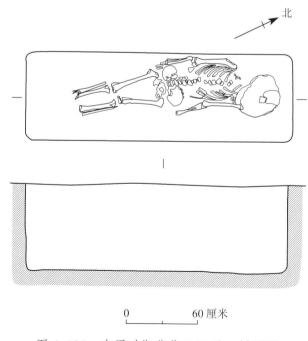

北

0　　　　　60 厘米

图 4-105　东周时期墓葬 M57 平、剖面图

三、西区墓葬

M59

位于Ⅲ T4803 东北部，开口于第 5 层下，打破第 6 层。方向 188 度。竖穴土坑墓，平面长方形，直壁，平底。墓口长 1.32、宽 0.4 米，深 0.32 米。坑内填土为灰褐色土，土质疏松，含少量陶瓦片。单人侧身葬，头向南，面向西。骨架保存一般，右侧股骨及以下和左侧腓骨、胫骨及以下全部缺失。经鉴定，墓主年龄 14~17 岁，性别不详。墓坑内未发现随葬品。（图 4-106；图版一一八，2）

M60

位于Ⅲ T4803 中部略偏西北，开口于第 5 层下，打破第 6 层。方向 190 度。竖穴土坑墓，平面长方形，直壁，平底。墓口长 1.9、宽 0.4 米，深 0.4 米。坑内填土灰褐色，土质疏松。单人葬，头向南，面向不详。骨架保存不全，仅余头骨、部分脊椎骨、肋骨及肱骨等，一段股骨被置于身体上部，整个墓葬似被盗扰过。经鉴定，墓主已成年，性别不详。墓坑内未发现随葬品。（图 4-107；图版一一八，3）

M61

位于Ⅲ T4805 北隔梁下，开口于第 5 层下，打破第 6 层，被北朝—隋时期灰坑 H329 打破。方向 190 度。竖穴土坑墓，平面长方形，直壁，平底。墓口残长 0.8~1.07、宽 0.55 米，深 0.45 米。单人葬，头向南，葬式不详。大部分骨架压于隔梁下，左右股骨缺失大半，仅保留左右髌骨、腓骨、胫骨等。经鉴定，墓主已成年，性别不详。在左侧股骨位置发现长铁条 1 件，未发现其他随葬品。（图 4-108；图版一一九，1）

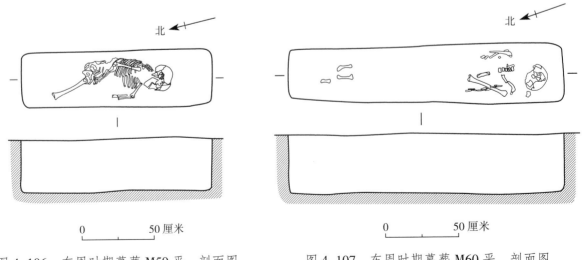

图 4-106　东周时期墓葬 M59 平、剖面图　　　　图 4-107　东周时期墓葬 M60 平、剖面图

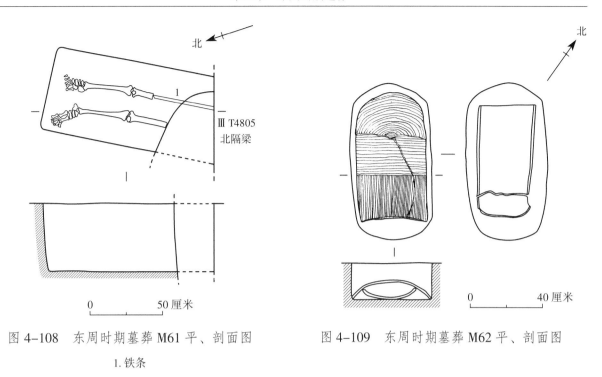

图 4-108　东周时期墓葬 M61 平、剖面图
1. 铁条

图 4-109　东周时期墓葬 M62 平、剖面图

M62

位于 Ⅲ T4703 西南角，开口于第 5 层下，打破第 6 层。方向 125 度。墓葬平面近椭圆形，直壁，平底。坑口长 0.82、宽 0.43 米，深 0.18 米。坑内有葬具，葬具为两片板瓦及两块大陶罐的底，扣合方式为墓葬底部铺放一片瓦及一块罐底，其上为人骨，再以另一片瓦及罐底扣合。葬具内的骨架已朽，根据葬具尺寸看，骨架应该较为纤细，推测墓主应为婴幼儿。墓坑内未发现随葬品。（图 4-109；图版一一九，2、3）

M63

位于 Ⅲ T4804 南部，开口于第 5 层下，打破第 6、7 层。方向 270 度。墓坑平面近椭圆形，直壁，平底。坑口长 2.2、宽 1.35 米，深 0.15~0.3 米。坑内骨架两具，呈不规则上下叠压放置。其中①号骨架叠压于②号骨架之上，头向南，面向东，上肢摆放于身体两侧，两下肢均残断，其中右侧腓骨、胫骨被置于人骨右侧肋骨上，左下肢骨均不见；②号骨架头向西，面向上，上肢与躯干呈 90 度折收，左右下肢骨略呈 "O" 型弯曲，不见双脚。经鉴定，①号人骨为男性，年龄 40~44 岁；②号人骨为女性，年龄 16~18 岁。墓坑内未发现随葬品。（图 4-110；图版一一九，4）

M64

位于 Ⅲ T4804 中部偏西，开口于第 5 层下，被 H339 打破。方向 20 度。竖穴土坑墓，墓口平面长方形，直壁，平底。坑口残长 1.41~1.58、宽 0.7 米，残深 0.15 米。坑内填土灰褐色，土质较硬。墓内人骨一具，仰身直肢葬，头向东北，面向东南，双臂置于身体两侧，双脚残失。经鉴定，墓主为男性，年龄 51~60 岁。墓坑内未发现随葬品。（图 4-111；图版一二〇，1）

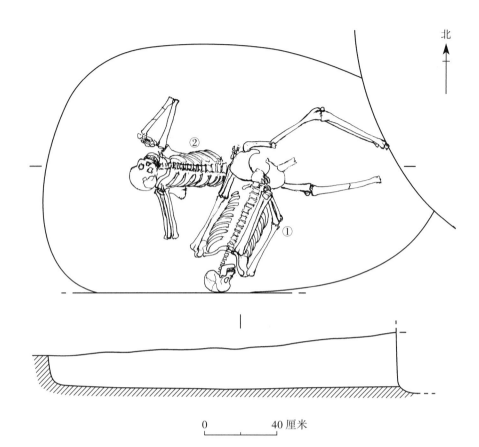

0　　　　40厘米

图 4-110　东周时期墓葬 M63 平、剖面图
①②人骨

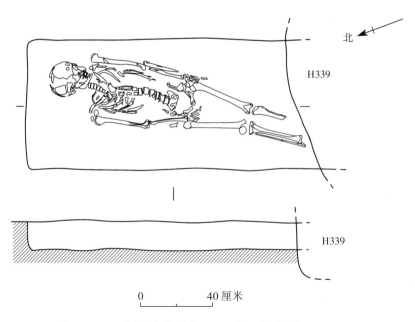

0　　　　40厘米

图 4-111　东周时期墓葬 M64 平、剖面图

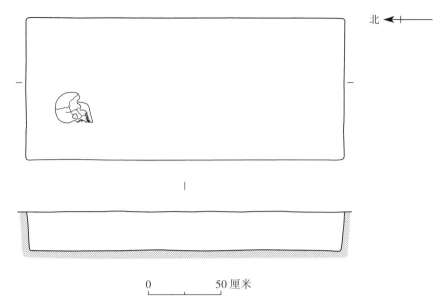

图 4-112 东周时期墓葬 M65 平、剖面图

M65

位于Ⅲ T4804 近北隔梁处，开口于第 5 层下，叠压于 H380 上，向下打破第 6 层。方向 0 度。竖穴土坑墓，墓口平面长方形，直壁，平底。墓口长 2.18、宽 0.95 米，深 0.26 米。坑内填土为灰褐色土，墓坑内发现头骨一个，头向北，面向西，未见骨架，葬式不详。经鉴定，墓主为女性，年龄 41~47 岁。墓坑内未发现随葬品。（图 4-112；图版一二〇，2）

M67

位于Ⅲ T4802 西南部，开口于第 5 层下。方向 20 度。竖穴土坑墓，墓坑平面长方形，直壁，平底，墓内西侧向内挖一壁龛，与墓室等长。墓口长 1.16、宽 0.6 米，深 0.63 米，壁龛宽 0.49、高 0.57 米。墓室内未发现骨架及随葬品，壁龛内放置两件口口相对的陶瓮，陶瓮内有残碎细小骨骼。（图 4-113A；图版一二〇，3、4）

陶瓮 2 件。葬具。

M67：1，泥质灰陶。侈口，短折沿，圆腹，圜底。肩部至下腹部饰竖向绳纹，底部饰横向绳纹。口径 25.2、高 29.2 厘米。（图 4-113B；图版一二一，1）

M67：2，无法修复。

M68

位于Ⅲ T4705 西南角和Ⅲ T4805 东南角，开口于第 5 层下。方向 108 度。竖穴土坑墓，墓口平面近长方形，一端略宽一端略窄。墓口长 1.05、宽 0.33~0.47 米，深 0.13 米。墓内填土为褐色土，夹杂绿色水沁斑，土质疏松。单人仰身直肢葬，头向东南，面向上。骨骼纤细，保存较差。经鉴定，墓主年龄 2~5 岁，性别不详。墓坑内未发现随葬品。（图 4-114；图版一二一，2）

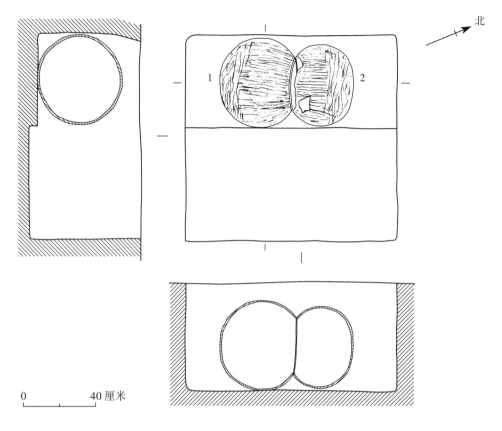

图 4-113A　东周时期墓葬 M67 平、剖面图

1、2.陶瓮

0　　　　　40 厘米

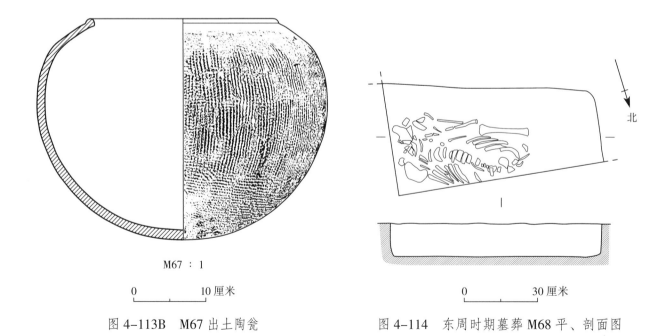

M67 ：1

0　　　　10 厘米

图 4-113B　M67 出土陶瓮

0　　　　30 厘米

图 4-114　东周时期墓葬 M68 平、剖面图

M69

位于Ⅲ T4805 近南壁处，开口于第 5 层下，打破第 6 层。方向 285 度，竖穴土坑墓，平面近长方形，一端略宽一端略窄。墓口长 1.1、宽 0.37~0.5 米，深 1.8 米。坑底北、南、西三侧有生土二层台，台宽分别为 0.08、0.12、0.08 米，台高约 0.28 米。墓坑填土灰黄色，夹杂料姜石及碎小陶、瓦片。单人仰身直肢葬，头向西，面向上。骨架纤细，保存较差。经鉴定，墓主年龄约 3 个月，性别不详。墓坑内未发现随葬品。（图 4-115；图版一二一，3）

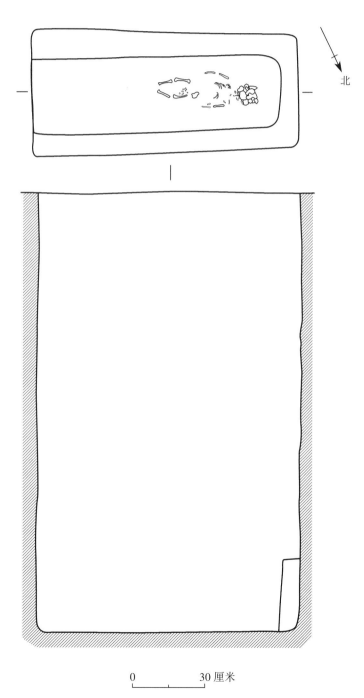

图 4-115　东周时期墓葬 M69 平、剖面图

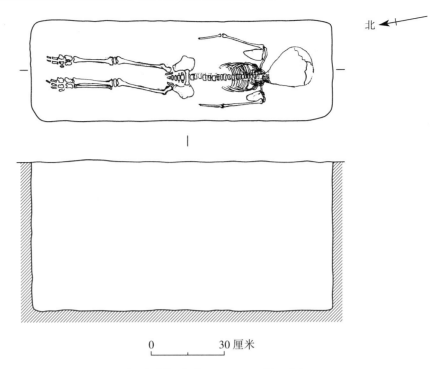

北

0　　　　　30厘米

图4-116　东周时期墓葬 M70 平、剖面图

M70

位于Ⅲ T4803 东北角，开口于第 5 层下。方向 190 度。竖穴土坑墓，平面近长方形，直壁，平底。墓口长 1.25、宽 0.32 米，深 0.6 米。墓坑内填土为灰色，土质疏松。单人仰身直肢葬，头向南，面向上。墓坑内未发现随葬品。（图 4-116；图版一二一，4）

M71

位于Ⅲ T4703 西南角，部分压于探方下，开口于第 5 层下。方向 25 度。墓坑平面呈一端圆弧、一端较直的长方形，直壁，平底。墓口长 0.88、宽 0.4~0.6 米，深 0.6 米。墓内填土为灰褐色土。葬具为两块对扣的板瓦。瓦外侧头处为横向瓦楞纹，余为浅细绳纹，瓦内侧为瓦楞纹，瓦长 0.75、宽 0.35 米。骨骼已朽殆尽。墓坑内未发现随葬品。（图 4-117；图版一二二，1、2）

M72

位于Ⅲ T4803 东北角，开口于第 5 层下。方向 175 度。长方形竖穴土坑墓，直壁，平底。墓口长 1.55、宽 0.55 米，深 0.3 米。墓内填土为灰褐色，土质疏松。单人仰身直肢葬，头向南，面向东，双臂略弯置于身体两侧，下肢亦微屈。经鉴定，墓主未成年，性别不详。墓坑内未发现随葬品。（图 4-118；图版一二二，3）

M73

位于Ⅲ T4602 中部近西壁处，开口于第 6 层下，方向 95 度。墓葬未发现墓坑，为平地掩埋，

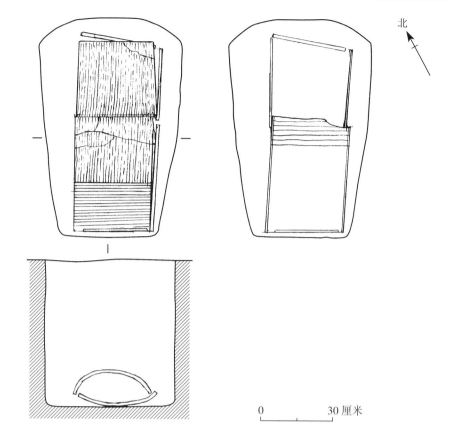

图 4-117　东周时期墓葬 M71 平、剖面图

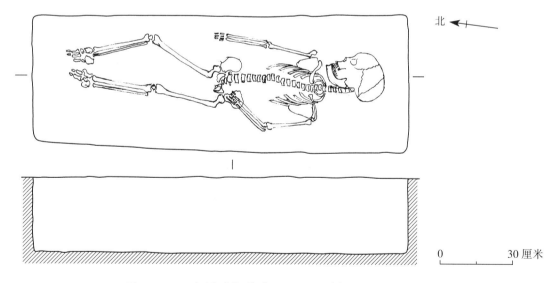

图 4-118　东周时期墓葬 M72 平、剖面图

因未扩方，在本探方内仅暴露头骨两个及部分上肢骨，头向南，面向下，葬式不明。头骨保存较差，性别、年龄不详。未发现随葬品。（图 4-119；图版一二一，5）

M74

位于Ⅲ T4805 西南角，开口于第 5 层下，被 H356、H337 打破。方向 88 度。椭圆形墓坑，

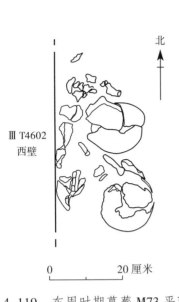

图 4-119　东周时期墓葬 M73 平面图

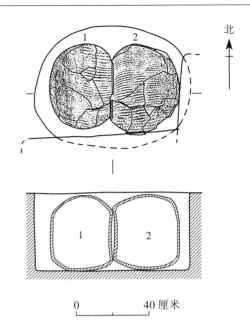

图 4-120A　东周时期墓葬 M74 平、剖面图

1、2.陶瓮

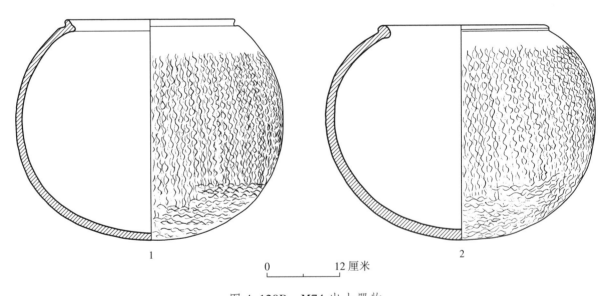

图 4-120B　M74 出土器物

1、2.陶瓮（M74：1、M74：2）

墓口长径 0.87、短径 0.67 米，深 0.42 米。墓内填土为灰褐色土，土质较硬。墓坑内发现葬具，为两件口口对扣的陶瓮，其内发现有朽碎残骨，骨骼纤细。经鉴定，墓主年龄约 3 个月。墓坑内未发现随葬品。（图 4-120A；图版一二三，1）

陶瓮　2 件。葬具，泥质灰陶。侈口，短折沿，圆腹，圜底。肩至下腹部饰竖向绳纹，底饰横向绳纹。

M74：1，口径 28.2、高 35.7 厘米。（图 4-120B，1；图版一二三，2）

M74：2，口径 27.0、高 34.8 厘米。（图 4-120B，2；图版一二三，3）

M75

位于Ⅲ T4805 南壁，部分叠压于南壁下，开口于第 5 层下，打破第 6 层。方向 20 度。长方形竖穴土坑墓，直壁，平底。坑口已清理部分长 1.22~1.45、宽 0.73、深 1.17 米。北、西、东三侧有熟土二层台，台宽分别为 0.35、0.28、0.03 米，台高约 0.05 米。坑内填土灰褐色，土质疏松。墓坑内发现零散人骨架，仅剩少许肋骨和肢骨，保存较差。葬式不详。墓坑内未发现随葬器物。（图 4-121）

M76

位于Ⅲ T4803 东南，开口于第 6 层下。方向 190 度。长方形竖穴土坑墓，墓口长 1.85、宽 0.45 米，深 0.18 米。墓内填土为褐色，土质疏松。墓内单人仰身直肢葬，头向南，面向西，身体略左侧，右臂置于盆骨处，左臂置于身体左侧，双腿交叉。经鉴定，墓主为女性，年龄 35~41 岁。墓坑内未发现随葬品。（图 4-122；图版一二四，1）

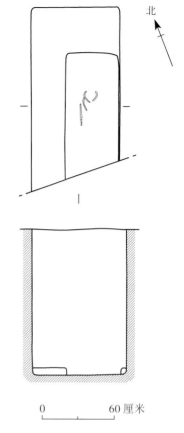

图 4-121　东周时期墓葬 M75 平、剖面图

M77

位于Ⅲ T4805 西南角，开口于第 5 层下，被 H356 打破。方向 5 度。长方形竖穴土坑墓，墓口长 0.92、宽 0.38~0.4 米，深 0.15~0.19 米。墓内填土为灰褐色，土质略硬。坑内发现葬具，

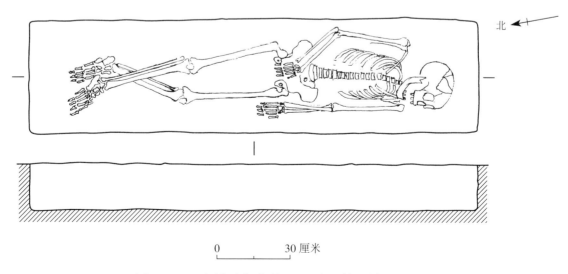

图 4-122　东周时期墓葬 M76 平、剖面图

为三块规格相同的板瓦，墓底铺垫一块板瓦，其上放人骨，人骨上再覆两块板瓦。瓦外侧头处为细绳纹，余为横向瓦楞纹，内侧素面，瓦长约0.45、宽约0.3米。墓内发现人骨一具，头向北，面向西，骨骼纤细，保存较差，双臂屈折于胸前，双腿右侧弯折。经鉴定，墓主年龄约2岁半，性别不详。墓坑内未发现随葬品。（图4-123；图版一二四，2、3）

M78

位于Ⅲ T4804中部，开口于第6层下。方向190度。长方形竖穴土坑墓，墓口长1.9、宽0.37~0.39米，深0.29米。墓内填土深褐色，土质较硬。单人仰身直肢葬，头向南，面向上。骨架保存较好。经鉴定，墓主为女性，年龄35~39岁。墓坑内未发现随葬品。（图4-124；图版一二四，4）

M79

位于Ⅲ T4804中部偏东，开口于第6层下。方向190度。长方形竖穴土坑墓，墓口长2.1、宽0.5米，深0.15米。墓内填土灰褐色，土质较硬。单人仰身直肢葬，头向南，面向上。骨骼保存较好。经鉴定，墓主为41~47岁左右的男性。墓坑内未发现随葬品。（图4-125；图版一二五，1）

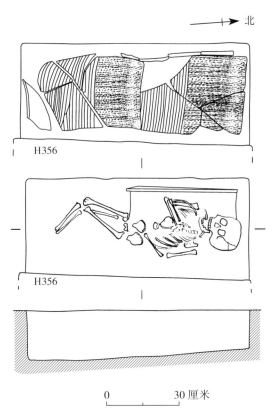

图4-123　东周时期墓葬M77平、剖面图

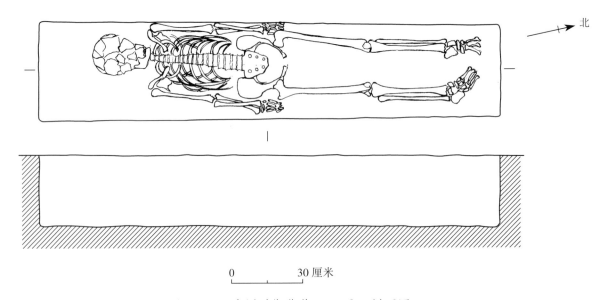

图4-124　东周时期墓葬M78平、剖面图

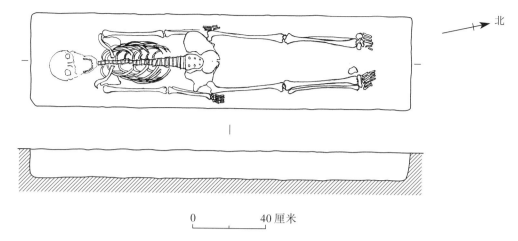

0   40 厘米

图 4-125 东周时期墓葬 M79 平、剖面图

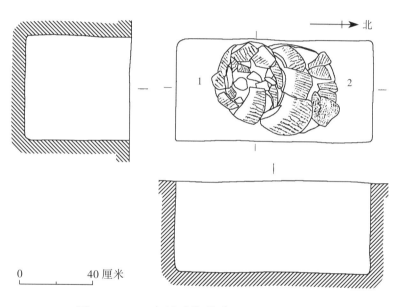

0   40 厘米

图 4-126A 东周时期墓葬 M86 平、剖面图

1、2.陶瓮

M86

位于Ⅲ T4804 北隔梁下，开口于第 6 层下。方向 180 度。竖穴土坑墓，墓坑平面长方形，直壁，平底。墓口长 1.1、宽 0.53 米，深 0.48 米。墓坑内放置两件口口相对的陶瓮，陶瓮内有残碎细小骨骼。（图 4-126A；图版一二六，1）

陶瓮 2 件。葬具，泥质灰陶。侈口，短折沿，圆腹，圜底。肩至下腹部饰竖向绳纹。

M86∶1，底饰横向绳纹。口径 25.2、高 32.0 厘米。（图 4-126B，1；图版一二六，2）

M86∶2，底饰凌乱绳纹。口径 26.8、高 30.8 厘米。（图 4-126B，2；图版一二六，3）

M91

位于Ⅲ T4805 东北角，开口于第 5 层下，打破第 6 层至生土。方向 195 度。长方形竖

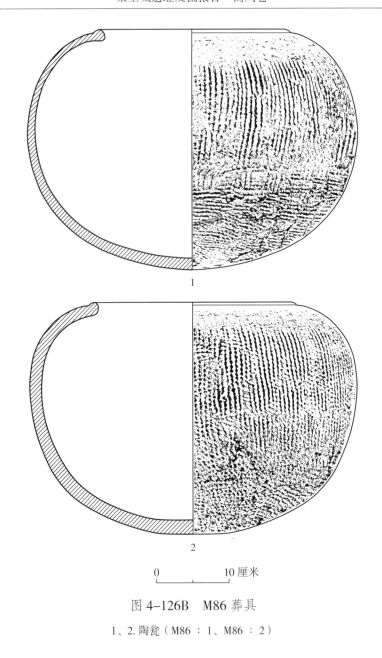

图 4-126B　M86 葬具

1、2. 陶瓮（M86：1、M86：2）

穴土坑墓，直壁，平底。墓口长 1.3、宽 0.6 米，深 0.64 米。墓内填土灰褐色，土质较硬。墓坑内发现人骨架，仅余部分头骨及肢骨，头向南，葬式不详。骨骼纤细，保存较差。性别年龄不详。墓坑内未发现随葬品。（图 4-127；图版一二五，2）

M100

位于Ⅲ T4805 东南部，部分叠压于东壁下，开口于第 5 层下，打破第 6 层至生土。方向 190 度。长方形竖穴土坑墓，直壁，平底。墓口长 1.5、宽 0.7 米，深 0.68 米。东西两侧有生土二层台，台宽分别为 0.1、0.12 米，台高约 0.25 米。坑内填土为灰褐色土，土质较硬。坑内发现零散人骨架，仅余部分头骨及肢骨，头向南，葬式、面向不详。骨架保存较差。经鉴定，年龄约 6 岁，性别不详。墓坑内未发现随葬品。（图 4-128；图版一二五，3）

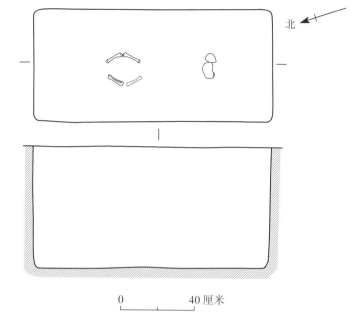

图 4-127　东周时期墓葬 M91 平、剖面图

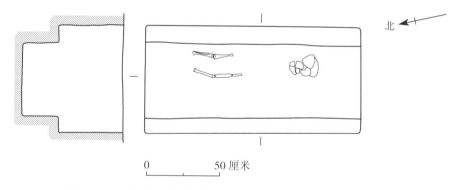

图 4-128　东周时期墓葬 M100 平、剖面图

M102

位于Ⅲ T4803 中部，开口于第 6 层下，向下直至打破生土层。方向 200 度。长方形竖穴土坑墓，直壁，平底。墓口长 1.3、宽 0.57 米，墓底宽 0.38 米，深 0.6 米。南北两侧有生土二层台，台宽约 0.1 米，台高约 0.38 米，坑内填土为灰褐色土，土质疏松。坑内发现零散人骨架，头向西南，面向西北。骨架保存较差。葬式、性别年龄不详。墓坑内未发现随葬品。（图 4-129；图版一二七，1）

M155

位于Ⅲ T4906 中部，开口于第 6 层下，打破第 7~9 层。方向 105 度。长方形墓坑，直壁，平底。墓口长 1.0、宽 0.4 米，深 0.42 米。墓坑内发现葬具，为绳纹板瓦四块，两块铺于墓底，两块扣合作为顶盖。板瓦长约 0.8、大端宽 0.38、小端宽 0.34 米，小端至三分之二处饰横向绳纹。两组板瓦之间发现人骨架一具，头向东。骨架纤细，保存较差，面向、葬式不详。经鉴定，

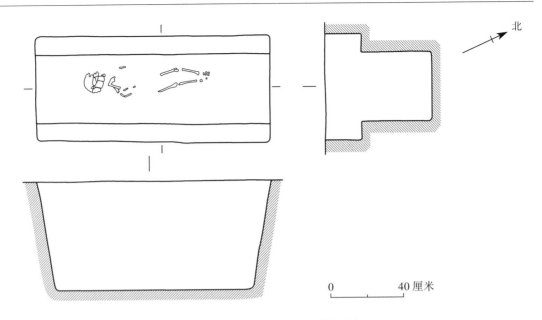

图 4-129   东周时期墓葬 M102 平、剖面图

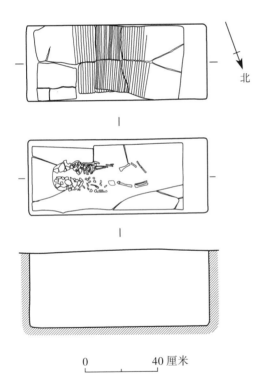

图 4-130   东周时期墓葬 M155 平、剖面图

墓主年龄 8~9 个月，性别不详。墓坑内未发现随葬品。（图 4-130；图版一二七，2、3）

M163

位于 Ⅲ T4808 南部，开口于第 6 层下，打破第 7a 层。方向 285 度。长方形竖穴土坑墓，直壁，平底。墓口长 2.0、宽 0.36~0.43 米，残深 0.05 米。墓坑填土为灰褐色，土质较软。坑内发现人骨架一具，仰身直肢葬，头向西，面向上，头颅与下颌分离，呈 180 度扭转。骨架保存状况不佳，头骨破损，下颌骨保存较好，体骨多处缺损。骨架右足下方有一块石头。经鉴定，墓主为女性，年龄 25 岁左右。墓坑内未发现随葬品。（图 4-131；图版一二八，1）

M164

位于 Ⅲ T4709 东南部，开口于第 6 层下。方向 90 度。长方形竖穴土坑墓，直壁，平底。墓口长 1.92、宽 0.72 米，残深 0.1 米。墓坑填土为青灰色土，土质松软。墓坑内发现人骨架一具，仰身葬，下肢骨略屈，头向东，面向北，右上肢骨向外侧折，下颌骨及颈椎骨的位置亦有少许错乱。下颌骨有涂朱痕迹。骨架的保存状况较好。经鉴定，墓主为女性，年龄 20~23 岁。墓坑内未发现随葬品。（图 4-132；图版一二八，2）

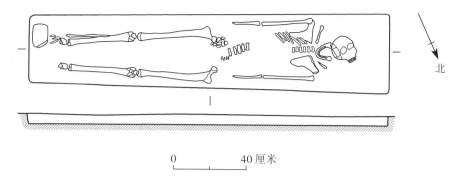

0　　　　　40厘米

图 4-131　东周时期墓葬 M163 平、剖面图

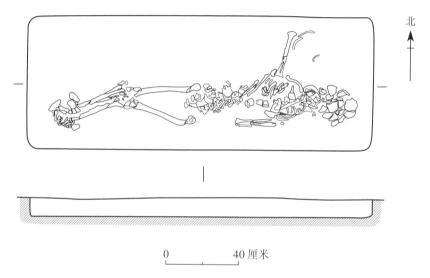

北

0　　　　　40厘米

图 4-132　东周时期墓葬 M164 平、剖面图

M167

位于Ⅲ T4708 北部，开口于第 6 层下，打破第 7a 层。方向 190 度。长方形竖穴土坑墓，直壁，平底。墓口长 1.96、宽 0.46 米，残深 0.07~0.15 米。墓坑填土为灰绿色花土，土质松软。单人仰身直肢葬，头向南，面向东。骨架保存较好。经鉴定，墓主为女性，年龄 30~35 岁。墓坑内未发现随葬品。（图 4-133；图版一二八，3）

M168

位于Ⅲ T4608 西北部，开口于第 6 层下，打破第 7 层。方向 185 度。长方形竖穴土坑墓，直壁，斜底，北部底较深。墓口长 1.8、宽 0.4 米，深 0.07~0.15 米。墓坑填土为灰色，土质松软。单人仰身直肢葬，头向南，面向东。骨架保存较完整。经鉴定，墓主为男性，年龄 35~39 岁。墓坑内未发现随葬品。（图 4-134；图版一二九，1）

M170

位于Ⅲ T4608 中部偏西，开口于第 6 层下。方向 284 度。长方形竖穴土坑墓，墓口长 1.4、

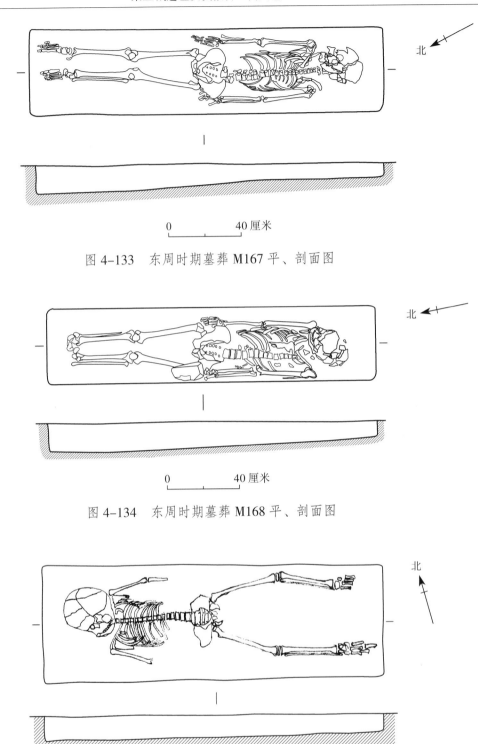

图 4-133　东周时期墓葬 M167 平、剖面图

图 4-134　东周时期墓葬 M168 平、剖面图

图 4-135　东周时期墓葬 M170 平、剖面图

宽 0.45 米，深 0.1 米。墓内填土为浅灰绿色，土质松软。单人仰身葬，头向西，面向南。骨架保存状况较差，左右手臂下部残缺，双腿略呈 "O" 型。经鉴定，墓主年龄约 6 岁，性别不详。墓坑内未发现随葬品。（图 4-135；图版一二九，2）

M172

位于Ⅲ T4908，开口于第 6 层下，打破第 7 层和 H448。方向 200 度。长方形土洞墓，在南北向的长方形竖穴土坑西侧，向内掏一土洞为侧室，墓坑为斜壁，平底，在墓底两侧有生土二层台。墓口长 1.45、墓底长 1.31、宽 0.65~0.72 米，深 0.9 米。洞室长约 1.35、宽约 0.38、高约 0.4 米，向外呈弧形。墓底的二层台高约 0.1 米，东、西侧宽分别为 0.1、0.2~0.25 米。洞室内发现幼儿骨架一具，头向西南，面向东南。骨架保存较差。经鉴定，墓主年龄约 1 岁。骨架周围发现一周青膏泥，其外侧有黄膏泥。墓坑内未发现随葬品。（图 4-136；图版一二九，3）

M176

位于Ⅲ T4708 东南部，开口于第 6 层下，打破第 7 层。方向 10 度。长方形竖穴土坑墓，直壁，平底。墓口长 1.1、宽 0.65 米，深 0.65 米。坑内填土为灰绿色，土质较软。墓坑内发现幼儿骨架一具，葬式不详，头向北，面向上。骨架保存较差，多数肢骨不存。经鉴定，墓主年龄约 18 个月，性别不详。另在骨架周围有一周黄膏泥，范围长约 0.98、宽 0.3~0.4、厚 0.03~0.05 米。（图 4-137；图版一三〇，1）

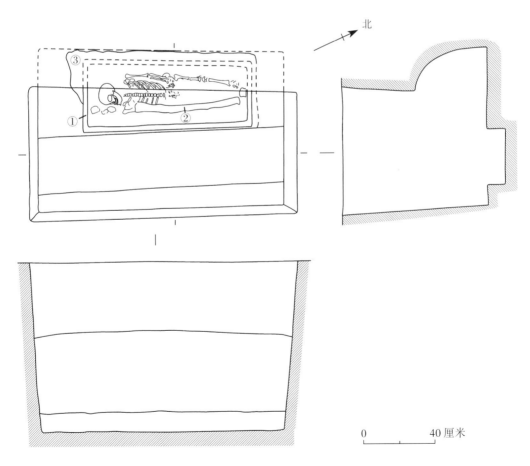

图 4-136　东周时期墓葬 M172 平、剖面图

（①②黄膏泥；③青膏泥）

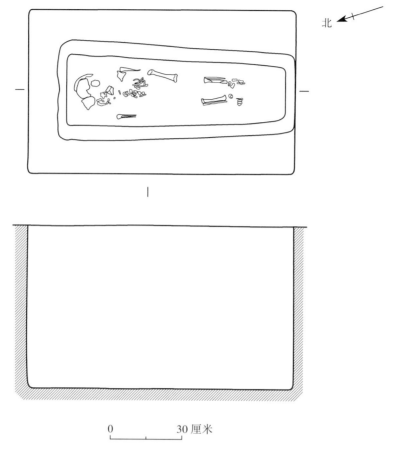

图 4-137　东周时期墓葬 M176 平、剖面图

M194

位于Ⅲ T4708 西部，开口于第 6 层下，打破第 7 层。方向 10 度。长方形竖穴土坑墓，斜壁，平底。墓口长 1.35、宽 0.66 米，墓底长 1.23、宽 0.56 米，深 0.9 米。墓底四周有熟土二层台，东、西侧宽约 0.08 米，南、北侧宽约 0.2 米，台高约 0.2 米。墓坑内填土为灰绿色花土，土质松软。墓内发现葬具，为瓦棺，由四块板瓦两两对扣，其内置放人骨。骨架保存极差。瓦外侧头处为横向瓦楞纹，余为竖向浅细绳纹，瓦内侧素面。墓坑内未发现随葬品。（图 4-138；图版一三一，1、2）

M195

位于Ⅲ T4708 东北部，开口于第 6 层下，打破第 7 层。方向 190 度。长方形竖穴土坑墓，斜壁，平底。墓口长 1.24、宽 0.66 米，墓底长 1.14、宽 0.56 米，深 0.44 米。墓底四周有生土二层台，东、南、西、北侧宽分别为 0.06、0.11、0.06、0.1 米，台高约 0.08 米。墓坑内填土为灰绿色花土，土质松软。墓内发现葬具，为瓦棺，由四块板瓦两两对扣，其内置放人骨。人骨残碎零星，葬式、性别年龄均不详。瓦外侧头处为横向瓦楞纹，余为竖向浅细绳纹，瓦内侧为素面。墓坑内未发现随葬品。（图 4-139；图版一三二，1、2）

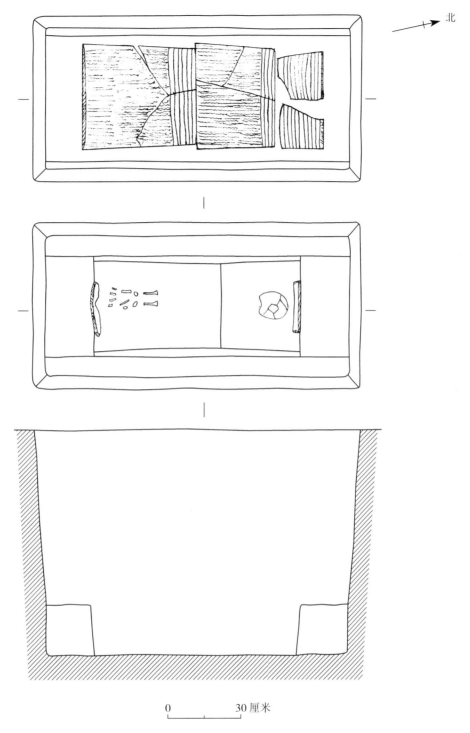

图 4-138　东周时期墓葬 M194 平、剖面图

M201

位于 Ⅲ T4701 北部，部分压于北隔梁下。开口于第 6 层下，打破第 7 层。方向 20 度。长方形竖穴土坑墓，墓口现长 0.55~0.73、宽 0.44 米，深 0.11~0.15 米。坑内填土为花土，土质松软。墓坑内发现人骨架一具，由于大部分墓葬叠压于北隔梁下未做清理，仅清理了骨架的下肢骨部分，头向东北，葬式、面向不详。经鉴定，墓主已成年，性别不详。墓坑内未发

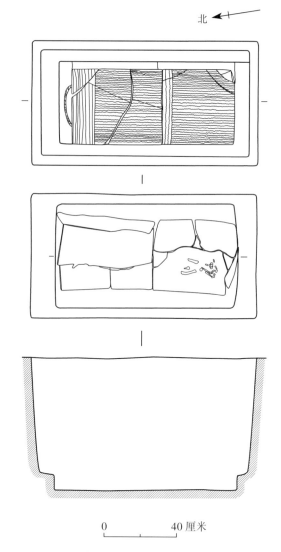

图 4-139　东周时期墓葬 M195 平、剖面图

现随葬品。（图 4-140；图版一三〇，2）

M204

位于Ⅲ T4908 北部和Ⅲ T4907 南部，开口于第 6 层下，打破第 7 层和 H448。方向 186 度。墓坑长方形，南宽北窄，直壁，平底。墓口长 1.2、宽 0.45~0.52 米，深 0.4 米。墓坑内填土为灰褐色花土，土质疏松。墓内发现葬具，为瓦棺，由四块板瓦两两对扣，其内置放人骨。人骨已腐朽不存。瓦外侧头处为横向瓦楞纹、余为竖向浅细绳纹，瓦内侧为瓦楞纹。墓坑内未发现随葬品。（图 4-141；图版一三三，1、2）

M212

位于Ⅳ T4702 近南壁处，开口于第 6 层下，打破第 7 层。方向 25 度。长方形竖穴土

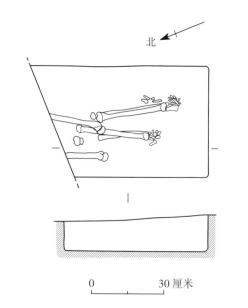

图 4-140　东周时期墓葬 M201 平、剖面图

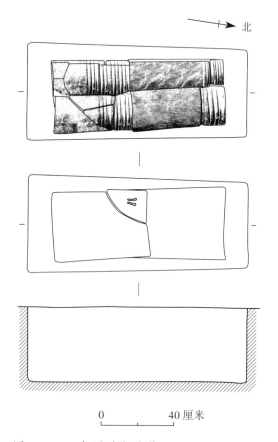

图 4-141　东周时期墓葬 M204 平、剖面图

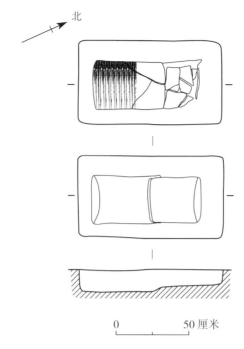

北

0 _____ 50 厘米

图 4-142　东周时期墓葬 M212 平、剖面图

坑墓，直壁，底不平。墓口长 1.0、宽 0.56 米，深 0.15 米。坑内填土为黄色淤土。墓内发现葬具，为瓦棺，墓底铺板瓦两块，其上放置人骨，人骨上再对扣一块板瓦。人骨已腐朽不存。瓦外侧头处至中部为横向瓦楞纹、余为素面，内侧素面。墓坑内未发现随葬品。（图 4-142；图版一三三，3、4）

第五节　小结

东周时期的文化遗存是梁王城遗址考古发掘的重要收获之一。在此以前，遗址主要分布在西部的"金銮殿"高台之上，至东周时期，以"金銮殿"高台为依托，形成了面积超过 100 万平方米的城址。城址包括大城和小城两部分，小城即是利用"金銮殿"高台进行修筑形成，大城围绕小城，由四面城垣围合而成。其中小城内进行了较大规模的考古发掘，考古资料更为充分，大城内除对城墙进行解剖发掘外，主要通过考古调查和勘探等形式对城内布局进行了解。

一、关于城址的布局与结构

梁王城城址大城总体平面形状近长方形，南北略长，东西稍短，总面积约 100 万平方米。小城因受中运河河道开挖、农业活动的影响，平面形状略呈北窄南宽的长梯形，南北最长 175 米，东西最宽 130 米，总面积约 20000 平方米。概括起来有如下特点：

1）城址是按照东周时期都城建制流行的双城制进行布局的，分为大城和小城，其功能分别相当于郭城和宫城。两城平面基本呈"凸"字形，小城为一台城，借助于早期人类活动

形成的高台地，修整加固并在其上构建建筑。大城依托小城，以小城为中心构筑城墙，大城西城墙修筑至小城南北两侧时与其交接，交接部位城墙夯土直接叠压于小城之上。小城处在全城地势最高处，高于城内活动面约5米，是统揽整个城址的中心和制高点，也是王权地位强化的表现。

2）城址具有独特的地理位置和完备的防御体系。从地理位置看，城址依山傍水，其东为胜阳山和禹王山，其西为武原水。《水经注·泗水》武原水"出彭城武原县西北，会注陵南，迳其城西。"[①] 明万历《淮安府志》："武河，沿西北五十里，源山东峄县马旺山许家泉，经流偃武乡，故名。入蛤湖，至乾沟口入泗。"[②] 从这些记载可以看出，武原水源于山东峄县，即现在枣庄市。明万历三十二年（1604），为避黄河漕运之险，明朝政府连接并拓宽诸多河流，最终开凿形成泇河运河，即中运河，包括武原水在内的诸多自然河流在这次工程后最终成为中运河的一部分。从防御体系看，梁王城构筑高大宽阔的城墙，底部宽度约25米，顶部宽度近12米，城墙底部开挖有基槽，整个墙体夯筑坚固；城墙之外有宽度约50米的宽阔城壕，从城壕布局看，西侧城壕可能借助武原水河道形成闭合的防御体系。

3）宫城作为整个城址的核心，城内布局和给排水设施完善，具备人口聚居的生活条件。主要遗存包括夯土台基、排水系统、水井等，其中夯土台基面积逾400平方米，夯筑坚固，夯土层清晰，保存最好的地方约1.6米。夯土台基北侧有一面积约100平方米的石柱础建筑，面阔三间，应为一带回廊的木结构建筑，该建筑可能与夯土台基有关。夯土台基南部有规模庞大、体系完备的排水用水设施，共发现4条方向不一的排水暗沟，G15、G16、G17略早，沟壁以石板垒砌，G14略晚，清理部分长达32.6米，为板瓦垒砌，从G14走向、沟底倾斜坡度及排水口聚水坑等情况判断，该区域排水大致为南北向，主要保证宫城主体建筑区域给排水所需。宫城内发现有石、土等各类水井，其中石砌水井3座，井口直径约3米左右，工程量较大的石砌水井的建造，是生产力发展的表现。这些生活遗存共同构成了东周时期宫城的平面布局和功能区分。除此之外，还发现有大量这一时期的房址、灰坑、灰沟、墓葬等，这些遗存是"金銮殿"高台前后延续使用期间形成的，大致分为城址始建、使用期间和废弃以后三个时期。

二、关于分期与时代

梁王城遗址发掘历时五年，东周时期各类遗迹不断揭露出来，对其认识也是一个逐渐深入的过程，以下按大城和小城分述。

1）关于大城的年代和分期

在对南、北、西三面城墙探沟解剖过程中，获取了大量的陶器残片，其中南城墙收获最大，在城墙基槽、墙体夯土层、城墙护坡填土内均有陶片出土，特别是TG1城墙底下发现H121、H122两座圆形灰坑，坑内出土一些陶片，这些遗物对于判断城墙的始筑年代非常重要。分析如下：

---

① 王国维校，袁英光、刘寅生整理标点：《水经注校》，上海人民出版社，1984年，第823页。
② 《天一阁藏明代方志选刊续编八：万历淮安府志、万历宿迁县志（江苏）》，上海书店，1990年，第188页。

第一，H121、H122 两座灰坑内出土陶片较少，可辨器形有弧腹浅盘豆、高领罐、盆等。H121 出土一件修复完整的矮柄豆，圆唇、盘外壁稍内弧、折腹较深、折腹处内收、圈足底部出台，与泗水尹家城 B 型 Ⅱ 式 H6：11[①]、曲阜鲁故城 M316：1[②] 等陶豆形制相近，尹家城 B 型 Ⅱ 式陶豆年代为春秋时期，鲁故城 M316 陶豆年代为春秋中期，H121 陶豆特征鲜明，其年代应该在春秋中期或稍晚。由此判断，城墙始筑年代上限不超过春秋中期。

第二，城墙包括底部基槽、夯土墙体和墙外护坡等部分，基槽是修筑城垣之前在地表挖出的浅坑，时代最早，墙外护坡是为保护城墙墙体而增筑的，其时代不早于最早的夯土城墙。墙体分为四个不同的夯筑区域，Ⅰ区最早，Ⅱ、Ⅲ区次之，从夯筑工艺看，Ⅰ区夯窝圆形圜底，夯土层明显但夯土不致密，Ⅱ区夯窝圆形平底，夯土层明显且夯土坚硬，Ⅲ区圆形尖圜底，夯土结构与Ⅱ区相近，这应该是所用夯具不同的结果。一般认为圆形平底夯筑技术多出现在战国晚期和汉代早期，圆形圜底夯筑技术更早一些，约为春秋晚期和战国早期，也就是说Ⅰ区时代大致在春秋晚期，Ⅱ、Ⅲ区夯土年代大致在战国晚期至西汉早期。

第三，城墙夯土内出土遗物特征基本一致，以夹砂灰陶为主，少量夹砂红陶，印纹硬陶和原始瓷占有一定比例。陶器器形主要有折腹和弧腹浅盘豆、折沿盆、敛口罐等，折腹豆豆盘外壁内凹特征明显，弧腹豆豆盘内有细刻划纹，陶盆多为宽折沿，沿面内折或内凹，均具有春秋中晚期陶器的特点；印纹硬陶残片较多，可辨器形较少，主要为尖唇束颈鼓腹罐，在江南土墩墓出土器物中称之为坛，器表纹饰有方格纹、菱形填线纹等，均为春秋中期偏晚或晚期硬陶器特征。

2）关于小城的年代和分期

小城进行了较大规模的考古发掘，因年度发掘目标和任务的不同，东周时期遗存揭露情况不一，如为保护 2006 年发掘的东区东周时期的排水系统，该区域没有继续向下发掘；为完成 2008 年西区史前时期的发掘任务，该区域东周时期遗存没有进行考古发掘。虽然如此，小城的各类遗迹仍然非常丰富，从已揭露情况大致能够分析出小城的布局和结构（前文已述），这些遗迹中出土大量遗物，其中陶器特征明显。根据小城构建过程、遗迹之间的叠压关系和遗物特征，将其分为三期：

第一期，属于本期遗存的主要遗迹是城址营建之前和营建初期形成的，代表遗迹单位主要包括开口于夯土台基下的 H149、H153、H154、H160、H164、H202、H203、H220 等，以及通过其他层位关系可以判断属于该期遗存的 G1~G4、F1、M1、M9~M17 等。这一时期发现遗迹主要分布于东区，包括灰坑、灰沟、房址和墓葬，房址较少。从生活遗存看，主要器物组合为鬲、豆、罐、盆，出土遗物有 A 型 Ⅰ 式鬲，Aa 型 Ⅰ 式、Aa 型 Ⅱ 式、Ac 型 Ⅰ 式、Ba 型 Ⅰ 式矮柄豆，Ⅰ 式高柄豆，C 型陶罐，B 型、C 型 Ⅰ 式、C 型 Ⅱ 式陶罐口沿，A 型 Ⅰ 式、A 型 Ⅱ 式陶盆口沿，A 型 Ⅰ 式陶盉，Ⅰ 式陶盘等。陶鬲折沿、弧裆较高、锥状足，与山东莒县杭头 M2：5[③] 陶鬲形制相近；陶豆流行矮柄深腹豆，盘壁内弧或斜直，高柄陶豆多为弧腹，

①山东大学历史系考古专业教研室：《泗水尹家城》，文物出版社，1990 年，第 284 页。
②山东省文物考古研究所、山东省博物馆、济宁地区文物组、曲阜县文管会：《曲阜鲁国故城》，齐鲁书社，1982 年，第 104 页。
③山东省文物考古研究所，莒县博物馆：《山东莒县杭头遗址》，《考古》1988 年第 12 期，第 1069 页。

Ac 型Ⅰ式矮柄豆与山东曲阜鲁故城 M316 ： 1[①]相近，Ⅰ式高柄豆与洛阳中州路 M2405 ： 3[②]相近；陶罐口沿主要为折沿或卷沿；陶盆多为斜折口沿，弧腹，圜底，A 型Ⅰ式、A 型Ⅱ式陶盆口沿与兖州西吴寺Ⅴ式陶盆[③]相近；基本不见陶钵（表 4-1）。上述器形特征均具有春秋中期或稍晚陶器的特征。从墓葬看，该期遗存墓葬分布于生活区内，均为竖穴土坑墓，以女性为多，仅 M17 发现有豆、罐两件随葬品，这两件器物特征明显，与曲阜鲁故城、滕州薛故城春秋中期出土同类器相近。因此该期遗存属于春秋中期文化遗存。

　　第二期，属于本期遗存的主要遗迹是城址使用期间形成的，代表遗迹单位主要包括夯土台基 TJ1，排水系统 G14~G17 和 H285，建筑基址 F5、F18，石砌水井 J2、J4、J13，灰坑 H44、H97、H186、H289、H296、H298、H360、H365 等。该期遗存主要是建筑遗迹、排水系统、灰坑、水井等生活遗存，集中分布于东区，发掘区内没有发现该期墓葬。主要器物组合为鬲、豆、罐、盆，原始瓷和印纹硬陶在这一时期数量明显增加，弧腹陶钵出现并流行。出土遗物有 A 型Ⅱ式、B 型陶鬲，Aa 型Ⅲ式、Ab 型Ⅰ式、Ab 型Ⅱ式、Ab 型Ⅲ式、Ac 型Ⅱ式、Ba 型Ⅱ式、Bb 型Ⅰ式、Bb 型Ⅱ式、Bb 型Ⅲ式矮柄豆，A 型Ⅰ式陶罐，Aa 型Ⅰ式、Aa 型Ⅱ式、Aa 型Ⅲ式、Ab 型Ⅰ式、D 型陶罐口沿，A 型Ⅲ式、B 型Ⅰ式陶盆口沿，A 型Ⅱ式、B 型Ⅰ式陶盂，A 型Ⅰ式、A 型Ⅱ式、B 型Ⅰ式陶钵，Ⅱ式陶盘，此外，原始瓷杯、盅及印纹硬陶杯等常见（表 4-1）。陶鬲折沿束颈或折沿有颈，弧腹、足基本消失，变为平裆下附矮实足，洛阳中州路 M504 ： 1[④]、长清仙人台 M5 ： 4[⑤]、滕州薛故城 M6 ： 13[⑥]均为形制相近的陶鬲；陶豆主要流行矮柄豆，豆盘逐渐变浅，盘壁由弧腹逐渐变为折腹，折腹由不明显逐渐明显；陶罐型式多样，从残存口沿看，流行高颈直口罐、敛口卷沿罐，无论哪种型式，罐沿外侧多有一周突起，特征极为鲜明，突起由不明显逐渐明显，由圆厚变方厚；陶盆口沿由斜折逐渐向平折演变；陶盂窄折沿、弧腹平底；陶盘由弧腹变为折腹，折腹靠上，圜底或凹底；陶钵开始流行，圆唇弧腹平底钵最为常见，外壁常饰以凹弦纹；原始瓷和印纹硬陶多为小器形器物，原始青瓷盅直腹平底，青瓷杯斜直腹平底，印纹硬陶多见器表饰小方格纹的杯。这些均为春秋中晚期或春秋晚期陶器特点，因此该期遗存属于春秋中晚期文化遗存。

　　第三期，属于本期遗存的主要遗迹是城址废弃以后形成的，代表遗迹单位主要包括 H5、H292、H295、H300、H315、H316 等灰坑，G19、G28 等灰沟，西区发现的 38 座墓葬也为这一时期遗存。这一时期遗存多打破第一期遗存，包括灰坑、墓葬，生活区仍主要集中在东区，墓葬则多发现于西区，墓葬除常见的竖穴土坑墓外，出现瓮棺葬、瓦棺葬、土洞墓等多种葬制，除葬具外，基本不见随葬品。出土遗物有 Ba 型Ⅲ式、Bb 型Ⅳ式矮柄豆，Ⅱ式、Ⅲ式高柄豆，A 型Ⅱ式、D 型、E 型陶罐，Aa 型Ⅳ式、Aa 型Ⅴ式、Ab 型Ⅱ式、Ab 型Ⅲ式、C 型Ⅲ式、C 型Ⅳ式陶罐口沿，A 型Ⅳ式、B 型Ⅱ式、B 型Ⅲ式陶盆口沿，A 型Ⅲ式、A 型Ⅳ

①　山东省文物考古研究所、山东省博物馆、济宁地区文物组、曲阜县文管会：《曲阜鲁国故城》，齐鲁书社，1982 年，第 104 页。
②　中国科学院考古研究所：《洛阳中州路（西工段）》，科学出版社，1959 年，第 73 页。
③　国家文物局考古领队培训班：《兖州西吴寺》，文物出版社，1990 年，第 167 页。
④　中国科学院考古研究所：《洛阳中州路（西工段）》，科学出版社，1959 年，第 69 页。
⑤　山东大学历史文化学院考古系：《长清仙人台五号墓发掘简报》，《文物》1998 年第 9 期，第 30 页。
⑥　山东省济宁市文物管理局：《薛国故城勘查和墓葬发掘报告》，《考古学报》1991 年第 4 期，第 484 页。

表4-1 东周时期主要陶器分期表

分期	年代	陶鬲 A	陶鬲 B	矮柄豆 Aa	矮柄豆 Ab	矮柄豆 Ac	矮柄豆 Ba	陶豆 Bb	高柄豆	陶罐 A	陶罐 B	陶罐 C	陶罐 D	陶罐 E	陶罐口沿 Aa	陶罐口沿 Ab	陶罐口沿 B	陶罐口沿 C	陶罐口沿 D	硬陶罐口沿	陶盆口沿 A	陶盆口沿 B	陶盆口沿 C	陶盆口沿 D	陶盂 A	陶盂 B	陶盂 C	陶钵 A	陶钵 B	陶钵 C	陶壶	陶盘	陶鼎	原始瓷 碗	原始瓷 杯	原始瓷 盅	印纹硬陶 杯	印纹硬陶 碗
一期	春秋中晚期	I		I · II	I	I	I		I			∨					∨				I · II											I		∨				
二期	春秋晚期	II · ∨	∨	III	II · III	II	II	I · II · III		I	∨			∨	I · II · III	I		I · II	∨	∨	III	I	∨	∨	I	I	∨	I · II	I			II		∨	∨	∨	∨	
三期	战国早中期					III	III	IV	II · III	II			∨		IV · V	II · III		III · IV			IV	II · III			III · IV	II · III · IV	∨	III · IV	II · III	I · II · III · IV	∨	III	∨		∨	∨		∨

式、B 型 II 式、B 型 III 式、B 型 IV 式、C 型陶盂，A 型 III 式、A 型 IV 式、B 型 II 式、B 型 III 式、C 型 I 式、C 型 II 式、C 型 III 式、C 型 IV 式陶钵，III 式陶盘、陶壶、陶鼎等（表 4-1）。陶鬲基本不见；陶豆以细高柄折腹浅盘为主，豆柄由空心逐渐变为实心，矮柄豆折腹明显，圈足出台；出现 D 型、E 型折沿小陶罐、直腹罐等，高颈直口罐沿外突起更为明显，形成一小台面，台面出现内凹现象，敛口罐沿外突起明显下移；陶盆口沿多演变为宽平沿，腹部由深变浅；陶盂出现沿外加厚突出弧腹平底钵，而且沿外缘加厚逐渐明显；新出现 C 形折腹陶钵，平底逐渐演变为矮圈足，器表常见有纵向波浪纹，原有的弧腹陶钵出现子母口，向陶盒的方向发展。细长颈陶壶、圈足捉手器盖、两方形立耳陶鼎等器形也逐渐流行起来。这些陶器组合和器物特征为战国时期陶器特点，大部分时代为战国早中期，部分器物年代会晚至战国中晚期。因此该期遗存为战国早中期文化遗存。

总体来看，三期遗存出土陶器组合基本一致，以豆、罐、盆为主，陶鬲见于前两期遗存，豆、盆等器物演变规律在第一期和第二期之间表现得更为密切，原始瓷和印纹硬陶也主要出现在第一期和第二期遗存，第三期遗存出现许多新器形，原始瓷等也基本不见。综上，第一期遗存与第二期遗存关系更为紧密，第三期遗存文化面貌出现了较多变化。

三、关于出土陶文

梁王城遗址的陶文材料出现在地层和灰坑内，层位明确，器物组合关系清晰。从印文形式看，这些陶文可分为戳印和刻划两类，后者仅 1 件，为一刻划箭头符号，其余 6 件为戳印陶文，器类明确，其中一件为陶豆，另五件均为同一类陶器，从尚能看出器形的陶文二（H5：21）来看，该类器应为敞口、斜直腹的陶盆，戳印陶文位于陶盆内底中心，而且复原所有带陶文的陶盆发现，其内底直径基本一致，为 21~22 厘米。由此可以推断，五件带有戳印陶文的陶器不仅同为陶盆，而且规格尺寸相当。将陶文戳印于陶豆豆柄，这在战国时期齐国陶文中较为常见，但将陶文戳印于陶盆内底的现象在齐国陶文中却较为少见。

从陶文内容看主要有三类：

1）"廪玺"　共 3 件。

"廪"在齐系陶文中已发现多例，如"廪豆""陈棏叁立事岁，右廪釜""陈固右廪亳釜"[①] 等。此外，新泰一中遗址出土有一钤印于罐形釜外腹部的圆形印文，陶文为"平易廪"[②]。对比发现，梁王城遗址出土"廪"字陶文的笔画写法与之基本相同。"玺"字陶文则少有发现，粗阅资料，尚未见齐国陶文中有"玺"者，梁王城遗址"廪""玺"并用，是为官营仓廪的专用印章。

2）"陈赓"　1 件。

3）"莒齐陈驲"　1 件。

陶文中涉及两个人名，即"陈赓"和"陈驲"，"陈"字清晰可辨，陈下从土。"陈下从土"这种书写形式是典型的战国齐文字写法。东周时期，齐国分为姜齐和田齐，公元前 386 年，

---

① 孙敬明：《从陶文看战国时期齐都近郊之制陶手工业》，《古文字研究》第二十一辑，中华书局，2001 年，第 199 页。
② 山东大学历史文化学院考古系、山东省博物馆等：《新泰出土田齐陶文》，文物出版社，2014 年，第 224 页。

田氏代齐，代齐田氏仍以"陈"自称，并于陈下缀土，成为田齐政权的一个典型特征。关于田氏代齐以后田和陈的关系，文献中多有记载，《史记·田敬仲完世家》："敬仲之如齐，以陈字为田氏。"①《集解》："徐广曰：应劭云始食菜地于田，由是改姓田氏。"②《索隐》："敬仲奔齐，以陈田二字声相近，遂以为田氏。"③某些文献田氏仍旧称陈，如田常，《左传·哀公十四年》称陈成子或陈恒④，《吴越春秋·夫差内传》则称陈成恒⑤。孙敬明等先生根据大量的文字资料，研究认为"陈字下缀'土'作，为田齐专用字。……春秋陈氏用陈不用田，陈不从土。战国田氏代齐，则陈皆从土，惟不见田氏者。"⑥战国时期，田氏在社会交往中已不再用"田"为氏称，而是直接称陈氏。由此可知，梁王城陶文为典型的战国时期田齐陶文。

梁王城遗址所见陶文均为官营陶文，有冠之以田齐贵族的"陈赓""陈驷"，有官印"廪玺"，表明这些陶器由国家统一制造，由陈氏贵族或官员监行其事。齐国开办官营制陶手工业，旨在通过此种手段严格控制、掌握国家所通行量器之标准及其生产权利，通过量器统一，保证国家经济收入和巩固政治上的集中与统一，另一方面，官营陶文在梁王城一带出现足以表明齐国统治者对于该地的重视。总体上看，这批陶文属于战国时期陶文，且为齐国官营陶文，显示当时统治者对于齐国南境的重视。陶文器类以陶盆为主，且多戳印于陶盆内底，异于以往发现的齐系陶文，陶盆规格相当，当属量器。

四、关于城址的性质

梁王城城址始建年代上限为春秋中期，主要使用年代为春秋中晚期，战国时期城址废弃，战国晚期至西汉时期城址有重新修筑痕迹。

关于梁王城城址的性质，已有孔令远⑦、耿建军⑧等多位学者发表学术观点。目前基本认为梁王城城址为古徐国后期的都城，以下从两方面予以说明。其一，从文献记载看，该处地望与古徐国位置相当。《后汉书·东夷列传》："偃王仁而无权……乃北走彭城武原县东山下，百姓随之者以万数，因名其山为徐山。"⑨《后汉书》中该条记载将周穆王、楚文王、徐偃王混在一起，现学者一般认为徐偃王"北走"时间为春秋中期。《水经注·泗水》武原"县东有徐庙山……山上有石室，徐庙也。"⑩现梁王城遗址东有禹王山，因山上有禹王庙而得名，按禹、徐音近，禹王山即为徐王山。其二，从考古发现看，梁王城城址春秋中期开始修筑城墙，并形成大城与小城的双城制格局，小城第一期、第二期遗存遗迹丰富，其时代集中在春秋中期至春秋晚期，与文献记载基本相当。在梁王城遗址东北约3千米的禹王山北侧，当地人称

---

① 《史记·田敬仲完世家第十六》，中华书局，1959年，第1880页。

② 同注释①。

③ 同注释①。

④ 杨伯峻编著：《春秋左传注四·昭公 定公 哀公》，中华书局，1981年，第1682、1686页。

⑤ 〔汉〕赵晔撰，〔元〕徐天祜音注，苗麓校点，辛正审订：《吴越春秋》，江苏古籍出版社，1999年，第62页。

⑥ 孙敬明、李剑、张龙海：《临淄齐古城内外新发现的陶文》，《文物》1988年第2期，第81页。

⑦ 孔令远：《徐国的考古发现与研究》，中国文史出版社，2005年。

⑧ 耿建军：《试论古徐国的后期都城》，《南京大学历史系考古专业成立三十周年纪念文集》，天津人民出版社，2002年。

⑨ 《后汉书·传九》，中华书局，1965年，第2808页。

⑩ 王国维校，袁英光、刘寅生整理标点：《水经注校》，上海人民出版社，1984年，第824页。

之为"九女墩"的地方，自 1982 年以来，陆续发现五座春秋晚期的高等级大墓，均由斜坡墓道、墓坑组成，墓上由高大的封土堆，其中三号墓保存最好，墓室东西长 9.8~11.6、南北宽 9.5 米、深 3.1~3.2 米，墓内有殉人 18 个，出土各类随葬品 310 件，以工艺精美的青铜器为主，特别是墓内随葬一套编钟 19 件，其纽钟上有"徐王之孙ஃ月乍，择其吉金，铸其和钟"等铭文，明确指出墓主人为徐王之孙 ①。二号墓出土的青铜编镈上也有"余攻王之玄孙" ② 的内容。关于二号墓出土编镈，有学者认为是吴器，认为"攻王"即"攻吴王" ③；另有学者认为是徐器，并指出可能是徐国先君驹王 ④。我们从后说，认为九女墩春秋墓群为徐王的家族墓地。综上所述，梁王城城址为春秋中期以后徐国后期的都城所在。

在干戈扰攘、互相争斗、不断兼并的春秋战国时代，徐国最终消失在历史长河中。《左传·昭公三十年》："冬十二月，吴子执钟吴子。遂伐徐，防山以水之。己卯，灭徐。徐子章禹断其发，携其夫人以逆吴子。吴子唁而送之，使其迄臣从之，遂奔楚。" ⑤ 公元前 512 年，徐国灭亡，随后梁王城一带先后成为吴、魏、齐、楚等列国攻伐之地，多次易主。梁王城遗址第三期文化遗存正是这一时期的文化特点，虽然基本陶器组合仍为罐、豆、盆、盂等，但文化面貌更为多元和复杂，吴文化中常见的原始瓷和印纹硬陶、齐文化中特点鲜明的"立事"陶文等在该期遗存中都有发现。

---

① 孔令远、陈永清：《江苏邳州市九女墩三号墩的发掘》，《考古》2002 年第 5 期，第 19~30 页。
② 谷建祥、魏宜辉：《邳州九女墩所出编镈铭文考辨》，《考古》1999 年第 11 期，第 71~73 页。
③ 同注释②。
④ 孔令远：《徐国青铜器群的综合研究》，《考古学报》2011 年第 4 期，第 503~524 页。
⑤ 杨伯峻编著：《春秋左传注四·昭公 定公 哀公》，中华书局，1981 年，第 1508 页。

第五章　北朝—隋时期遗存

梁王城遗址北朝—隋时期的文化遗存同样是梁王城遗址历史时期重要堆积之一，在"金銮殿"高台的发掘区内发现有北朝—隋文化时期的灰坑 68 个、水井 6 个、灰沟 3 个、窑址 2 座以及墓葬 7 座。该时期的地层及生活遗迹内出土了大量时代特征鲜明的器物，以山东中陈郝窑出产的各类青釉瓷器为代表，典型器形有碗、盏、高足盘、罐等；另外还有大量用于农业生产及生活的铁器，种类丰富，数量众多，反映了时代特征。（图 5-1、5-2、5-3）

第一节　生活遗迹

一、灰坑

灰坑数量较多，三区皆有分布，共 68 个，坑口形状不一，有圆形、椭圆形、方形、梯形、不规则形等，坑口尺寸也大小不一。现将部分灰坑介绍如下。

H29

位于 T8 西北部，开口于第 5 层下，打破第 6 层。灰坑平面呈不规则形，斜壁，平底。坑口长 2.34、宽 1.62 米，深 0.25 米。坑内堆积为黑黄色土，土质疏松。出土有青瓷片、陶片、兽骨及蚌壳等。（图 5-4；图版一三四，1）

H32

位于 T7 中部略偏南，开口于第 4 层下，打破第 5~8 层和 H31。灰坑平面近长方形，直壁，底微圜。坑内堆积分 2 层：第 1 层长 3.65、宽 2.69、厚 0.3 米，填土为灰土，土质疏松，含黄色黏土块及烧土颗粒，出土绳纹瓦、绳纹陶片及青瓷片，该层底部铺有东西、南北向各一条青砖砌成的砖排，近西侧坑壁亦有一小排砖；第 2 层长 5.0、宽 2.9、厚 1.8 米，填土灰黑色，土质特别松软，含大量的陶片、碎砖块及瓷片等。（图 5-5；图版一三四，2）

H34

位于 T5 中部，开口于第 3 层下，打破 H59。灰坑平面呈一角圆钝的方形，斜壁，平底。坑口东西 2.84、南北 2.48 米，深 0.52 米。坑内填土为灰褐色土，夹杂黄色黏土斑，土质较硬，

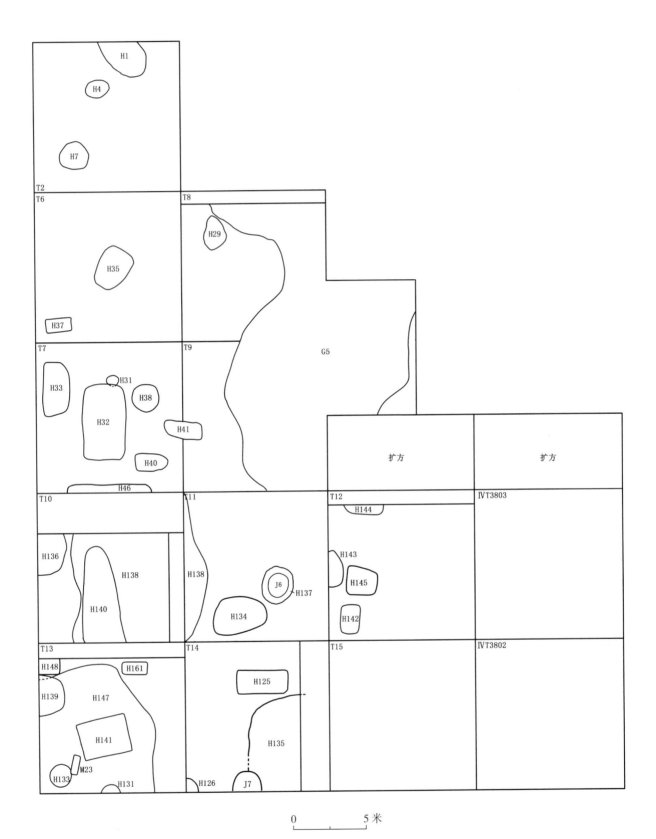

图 5-1　梁王城遗址东区北朝—隋时期遗迹分布图

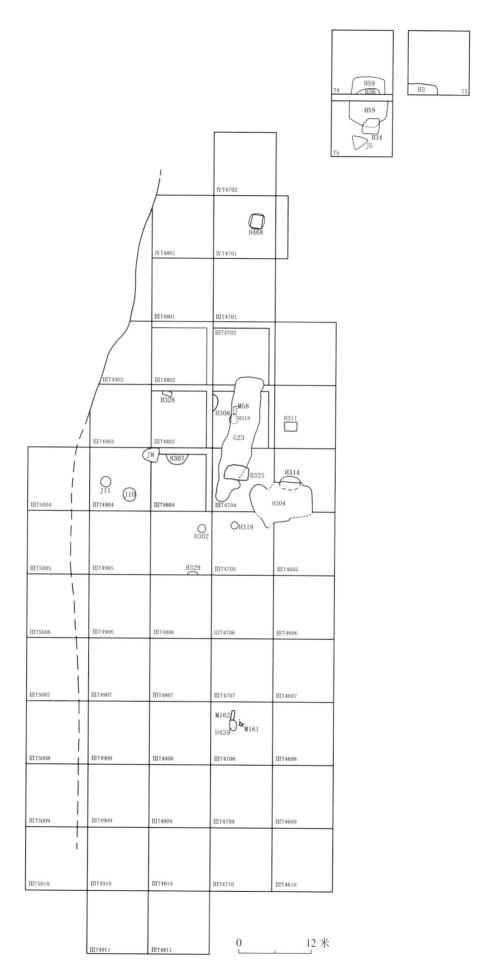

图 5-2　梁王城遗址西区北朝—隋时期遗迹分布图

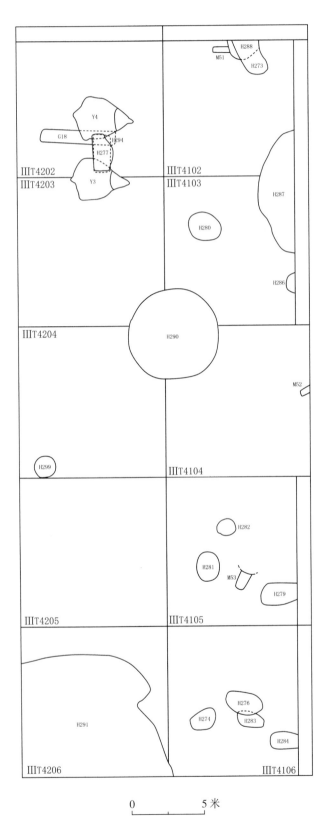

图 5-3 梁王城遗址中区北朝—隋时期遗迹分布图

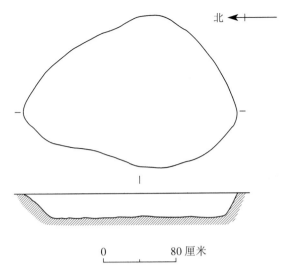

图 5-4 北朝—隋时期灰坑 H29 平、剖面图

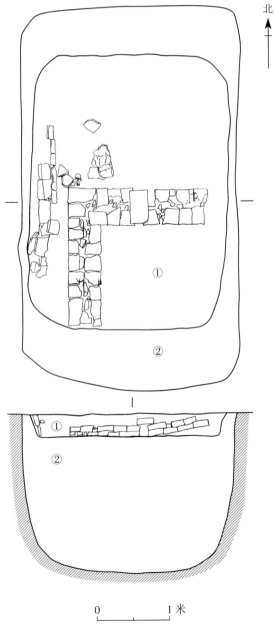

图 5-5 北朝—隋时期灰坑 H32 平、剖面图

包含物有青瓷片、瓦当、陶片、马镫等。
（图5-6；图版一三四，3）

H138

位于T10、T11内，因面积较大，未
完全揭露，向南、北均延伸出探方外。
灰坑开口于第5层下，打破7~11层及生
土层，被H140打破。整体呈不规则形，
斜壁，底不平。坑口东西宽9.45、南北
长超过10米。坑内堆积分2层：第1层
最厚约2.2米，灰黑色土，夹杂大量红烧
土及草木灰；第2层最厚约1.3米，灰绿
色土，土质疏松。两层内出土遗物基本
一致，有大量的青瓷小件和残片，可见
器形多为碗、盘等；灰陶器形可辨有缸、
盆、钵及瓦等，胎质较粗，器形厚重；
另出土有铁器、铜钱、石器及兽骨等。（图
5-7；图版一三五，1）

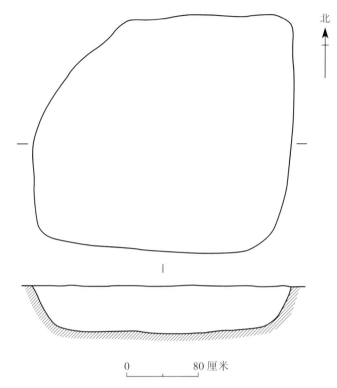

图5-6　北朝—隋时期灰坑H34平、剖面图

H290

横跨ⅢT4203、ⅢT4103、ⅢT4104、ⅢT4204四个探方内，开口于第5层下，被ST1打破。

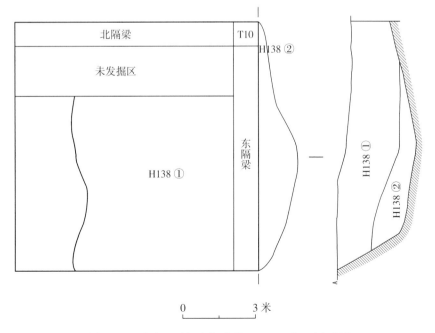

图5-7　北朝—隋时期灰坑H138平、剖面图

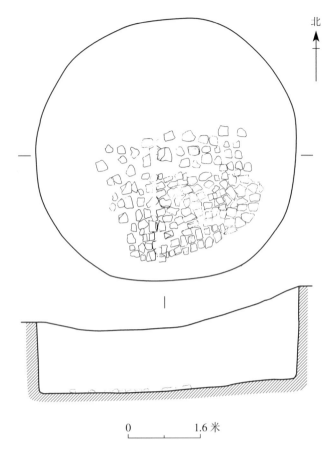

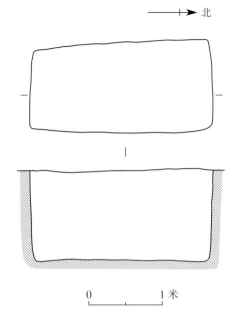

图 5-9　北朝—隋时期灰坑 H294 平、剖面图

图 5-8　北朝—隋时期灰坑 H290 平、剖面图

坑口平面近圆形，直壁，平底，坑口东高西
低呈斜坡状。坑口直径 5.77 米，深 1.3~2.0 米。
坑内填土灰黑色，土质松软，夹杂红烧土块
和草木灰。坑底平铺一层碎石，未完全盖住
坑底。出土陶瓷片较多，陶器可辨器形有罐、
盆；瓷器主要是青瓷碗等。（图 5-8；图版
一三四，4）

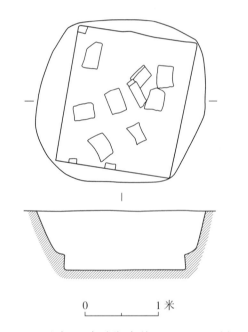

图 5-10　北朝—隋时期灰坑 H468 平、剖面图

H294

位于Ⅲ T4202 南部，开口于第 5 层下，被 Y4、H277 打破，叠压于 G18 上。坑口平面长
方形，直壁，平底。坑口南北长 2.5、东西宽 1.0~1.2 米，深 1.2 米。坑内填土灰褐色，土质
松软，内夹杂红烧土块。出土遗物以灰陶为主，少量红陶及青瓷片，可辨器形有陶钵、陶罐、
青瓷碗、瓦、瓦当、铁器等。（图 5-9；图版一三四，5）

H468

位于Ⅳ T4701 中部偏东，开口于第 5 层下，打破第 6~9 层及生土层。坑口平面近圆形，

坑底近方形，斜弧壁，平底。坑口直径 2.14 米，底径长 1.85、宽 1.6 米，深 0.8 米。坑内堆积为浅灰色土，土质松散。出土遗物有青瓷碗、青瓷杯、陶碗、陶钵、瓦以及铜、铁小件等。（图 5-10；图版一三四，6）

二、灰沟

灰沟 3 条，G5、G18 和 G23。

G5

位于 T8、T9 西半部分，向北、南延伸出扩方外。开口于第 5 层下。因未全面揭露，沟口形状近不规则形，斜壁，平底。已揭露部分沟口宽约 12.6 米，深 1.52 米。坑内堆积根据土质土色可分为 4 层：第 1 层厚约 0.48 米，灰黄土，出土青瓷片及碎陶片等；第 2 层厚约 0.39 米，土色发灰，出土较多的铁器，如镢、犁、刀等，以及青瓷片及灰陶片等；第 3 层厚约 0.37 米，青灰色土，出土大量的铁、瓷、陶器以及少量的骨器等；第 4 层厚约 0.3 米，青灰色淤土，出土器物种类同第 3 层，仅数量减少。（图 5-11）

G18

位于 Ⅲ T4202 南部，位于第 6 层面上，被 H277、Y4 打破，叠压于 H294 下。G18 东西向，平面呈长条形，直壁，平底，两壁用形状大小不一的石块堆砌，上盖石块，底部同样用石块铺底。东西长 5.0、南北宽 0.7、深 0.28 米。沟内填土呈青灰色淤土，土质疏松，夹细红烧土颗粒及炭屑。沟内包含物极少，仅零星夹砂灰陶片。（图 5-12；图版一三五，2）

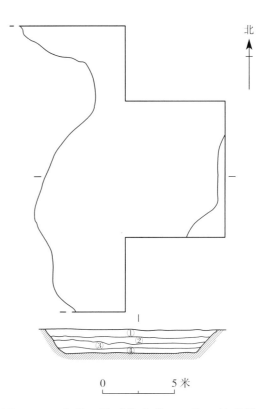

图 5-11　北朝—隋时期灰沟 G5 平、剖面图

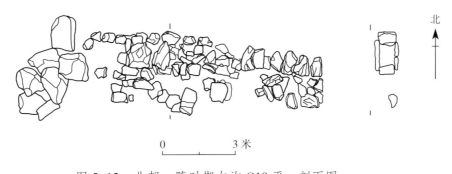

图 5-12　北朝—隋时期灰沟 G18 平、剖面图

G23

G23 呈南北向，跨 Ⅲ T4702、Ⅲ T4703、Ⅲ T4704 三个探方。开口于第 3 层下，打破第 4~7 层，被 H325 打破，打破 H318、M58。平面呈不规则长条形，南北长 20.6、东西宽 2.2~4.6、深 1.25 米，沟壁一侧较直、一侧斜直，底部高低不平。沟内填土为灰褐色，土质疏松，内含青灰色砖块、瓦片、碎陶片以及青瓷片等。（图 5-13）

三、窑

2 座，Y3 和 Y4。

Y3

位于 Ⅲ T4202 南部，并延伸至 Ⅲ T4203 北隔梁内。开口于第 3 层下，打破第 4 层，打破 H294，被 H277 及一晚期灰坑打破。Y3 为单室窑，平面梨形，东西向，窑门东向，窑顶坍塌不存，西部、南部各残留一条烟道，东部有一较深的火塘。窑东西长 4.0、南北残宽 2.78、残深约 0.2 米。窑壁底部由于烧烤形成了较为致密的红烧土层，窑壁厚 3~7、残高 18 厘米，窑底厚 7 厘米。两条烟道均为半椭圆形，尺寸接近，长 0.28、宽 0.28、残深 0.16 米。火塘椭圆形，东壁上部倾斜，并有一长方形槽，可能为燃料进口，其余各壁皆为直壁。火塘东西长 1.34、南北宽 0.26~1.02、残深 1.28 米，槽宽 0.26、残深 0.6 米。Y3 的建造方法是先在地面挖出窑塘和火塘，再于窑塘上用泥构筑顶部而成。填土黑灰色，较为疏松。填土内未见包含物。（图 5-14；图版一三六，1）

Y4

位于 Ⅲ T4202 中部，与 Y3 南北并列，开口于第 3 层下，打破 H294、第 4 层，被 H277 打破。Y4 与 Y3 形制相同，为单室窑，平面梨形，东西向，窑门东向，窑顶坍塌不存，西部、西北部各残留一烟道，东部有一较深火塘。Y4 东西长 3.97、南北残宽 2.84、残深 0.21 米。窑壁底部由于烧烤形成较为致密的红烧土层，窑壁厚 2~15、残高 12 厘米，窑底厚 6 厘米。烟道半椭圆形，西部烟道较大，南北 0.6、东西 0.26、残深 0.06 米，西北部烟道较小，南北 0.52、东西 0.26、深 0.08 米。火塘椭圆形，东壁上部东斜，并有一长方形槽，可能为燃料进口，其余各壁皆为直壁。火塘东西长 1.1、南北宽 0.26~1.34、残深 1.0 米，槽宽 0.26、残深 0.22 米。其建造方法是先在地面挖掘窑塘和火塘，再于窑塘壁上用泥构筑顶部而成。填土黑灰色，较为疏松。填土内未见包含物。（图 5-15；图版一三六，2）

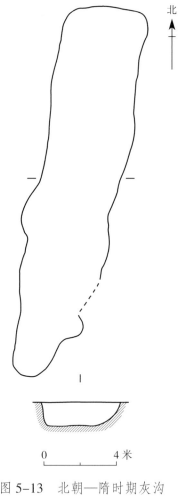

0 ————— 4 米

图 5-13　北朝—隋时期灰沟
G23 平、剖面图

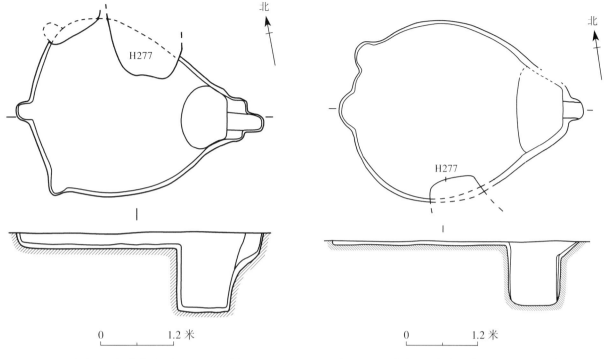

图 5-14　北朝—隋时期窑址 Y3 平、剖面图　　　　图 5-15　北朝—隋时期窑址 Y4 平、剖面图

四、水井

6 口，为 J5、J6、J7、J8、J10、J11。

J5

位于 T5 南部，开口于第 2 层下，向下直至打破生土。平面为三角形，直壁，平底。口部长边长 2.0、短边长 1.7 米，深 6.12 米。井内堆积为灰绿土，含沙量较大，土质松软。出土有青瓷片、瓦当以及大量砖瓦等。（图 5-16）

J6

位于 T11 中部，开口于第 3 层下，打破 H137。J6 的上部由于塌陷，上部的覆土形状近似南北向椭圆形，当向下挖至 0.6 米深时，覆土下出现一圆形井。井直壁，井壁平整光滑，井口径 1.6 米，挖至 2.05 米时因大量渗水而暂停。井内填土灰褐色，土质松软，包含物有砖、石块、零星兽骨、筒瓦和板瓦残片及泥质灰陶片等。（图 5-17；图版一三六，3）

J7

位于 T14 的南壁中部，探方外未做清理。开口于第 4 层下，向下直至打破生土。同样由于井的上部塌陷，形成井口范围较大，向下挖至约 1 米处才到井的外圹。井的口径约 1.9 米，直壁，挖至 3.2 米时因渗水而暂停。井内填土为灰褐色土，夹杂黄沙颗粒，土质疏松，包含物有板瓦和筒瓦残片、青瓷片以及砖瓦块等。（图 5-18）

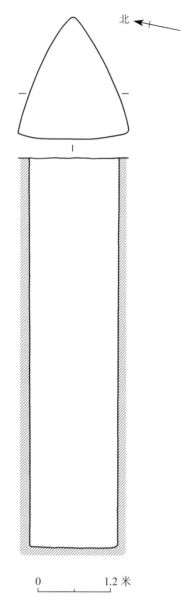

图5-16　北朝—隋时期水井 J5 平、剖面图

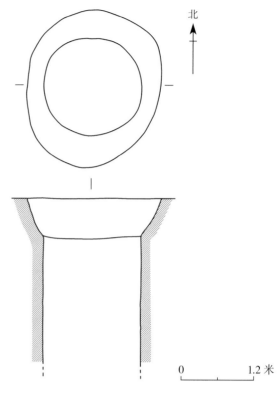

图5-17　北朝—隋时期水井 J6 平、剖面图

J8

位于 Ⅲ T4804 西北角及 Ⅲ T4904 东北角，开口于第 4 层下，向下直至打破生土。平面近圆角三角形，井壁向下斜直，井口东西长 2.67、南北长 2.3 米，挖至 2.8 米时因渗水暂停。井内填土为灰褐色，土质疏松，包含物有青瓷片、灰陶片、筒瓦和板瓦残片、兽骨及石块等。（图 5-19；图版一三六，4）

J10

位于 Ⅲ 4904 东南部，开口于第 5 层下。平面呈圆形。该井先挖外井圹，然后在井中心上下垒砌陶井圈。外井圹直径 2.6 米，井圈直径 1.6、厚 0.05 米。挖至 3.05 米时因渗水暂停，共清理陶井圈 4 个。井圈内填土为灰褐色土，土质松软，含水量大，包含物有残瓦片及碎陶片等。井圈外填土为浅灰褐色土，土质较硬，包含物有碎陶片等。（图 5-20；图版一三六，5）

J11

位于 Ⅲ 4904 西南部，开口于第 5 层下。平面呈圆形，直壁，井口直径约 1.6 米，挖至 1.2 米处因渗水暂停。井内填土灰褐色，土质松软，包含物有各类碎陶片、筒瓦和板瓦残片及石块等。（图 5-21；图版一三六，6）

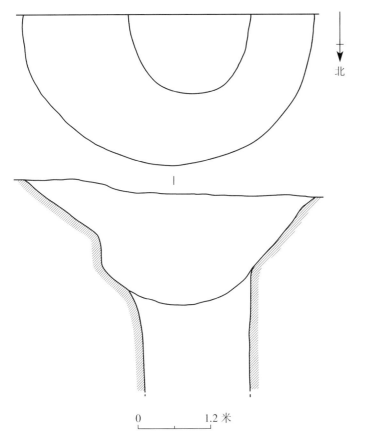

0　　　　　1.2 米

图 5-18　北朝—隋时期水井 J7 平、剖面图

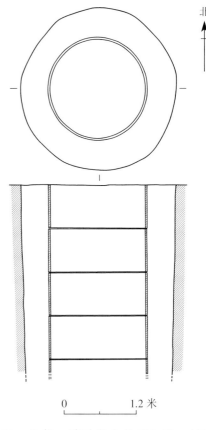

0　　　　　1.2 米

图 5-20　北朝—隋时期水井 J10 平、剖面图

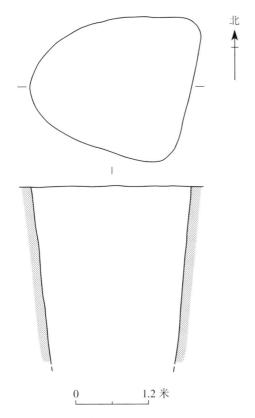

0　　　　　1.2 米

图 5-19　北朝—隋时期水井 J8 平、剖面图

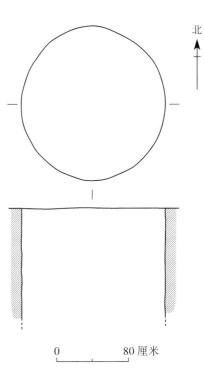

0　　　　　80 厘米

图 5-21　北朝—隋时期水井 J11 平、剖面图

第二节　生活遗迹及地层出土遗物

一、瓷器

青瓷碗　多为直口，圆唇，弧腹，饼足。施釉多青色或青黄色，施釉不均，滴釉及聚釉现象多见，极少见内外均施满釉者，多为碗内施满釉，外壁施釉不全，釉面常有细小开片，碗底常见三个细支钉痕。根据底部特征分三型。

A 型　17 件。饼足，足底近平。

G5 ③：3，口微敛，足壁外撇。胎色发灰。釉色青黄，碗内施满釉，多已剥落，外施半釉。碗内三个细支钉痕。口径 8.8、足径 3.9、高 5.4 厘米。（图 5-22，1；图版一三七，1）

H138：24，敞口。胎色发灰，胎质细腻。釉色青绿，表面有细小开片，碗内施满釉，外施釉近底。碗内底有数道密集弦纹及三个细支钉痕。口径 13.5、足径 6.0、高 6.9 厘米。（图 5-22，2；图版一三七，2）

H138：26，敞口，尖圆唇，足壁外撇。胎色紫红。釉色青绿发白，碗内外施釉均不及底。口径 14.2、足径 6.0、高 6.1 厘米。（图 5-22，3；图版一三七，3）

H139：3，直口，足壁外撇。胎色灰白。釉色青黄，表面有细小开片，碗内施满釉，外施半釉，有积釉。唇下两道细弦纹，碗内三个支钉痕。口径 14.4、足径 6.6、高 8.1 厘米。（图 5-22，4；图版一三七，4）

H147：1，敛口，方唇，唇下内凹，足较矮。胎色灰白。釉色灰绿，釉质光润，碗内施满釉，外施釉近底。碗内三个细支钉痕。口径 9.2、足径 4.5、高 5.2 厘米。（图 5-22，5；图版一三七，5）

H147：4，侈口，尖圆唇，足壁外撇。胎色灰黑。釉色青绿，表面有细小开片，碗内外施釉均不及底。口径 11.0、足径 4.2、高 5.1 厘米。（图 5-22，6；图版一三七，6）

H147：5，口近直，足壁外撇。胎色灰黄。釉色黄绿。表面有细小开片，碗内外施釉均不及底。口径 9.1、足径 3.8、高 5.2 厘米。（图 5-22，7；图版一三八，1）

H147：9，敞口，尖圆唇。胎色发灰。釉色青黄，表面有细小开片，碗内施满釉，外施半釉。口沿下一周弦纹。口径 9.2、足径 3.4、高 4.9 厘米。（图 5-22，8）

H161：1，口残。胎色发灰。釉色青黄，表面有细小开片，碗内施满釉，外施半釉。碗内残留支钉痕。足径 3.0、残高 5.0 厘米。（图 5-22，9）

H291：1，直口，尖圆唇，弧腹，饼足。胎色紫红，釉色青黄，内满釉，外施釉至下腹。釉多数已剥落，露灰白色化妆土。口径 8.3、底径 4.2、高 3.2 厘米。（图 5-22，10）

H468：5，口近直。胎色灰白。釉色青绿，碗内施满釉，外施釉近底。碗内可见残留支钉痕。口径 10.8、足径 4.8、高 6.6 厘米。（图 5-22，11）

T5 ②：4，敞口。胎色发白。碗内外均未施釉。口径 8.6、足径 3.6、高 4.8 厘米。（图 5-22，12；图版一三八，2）

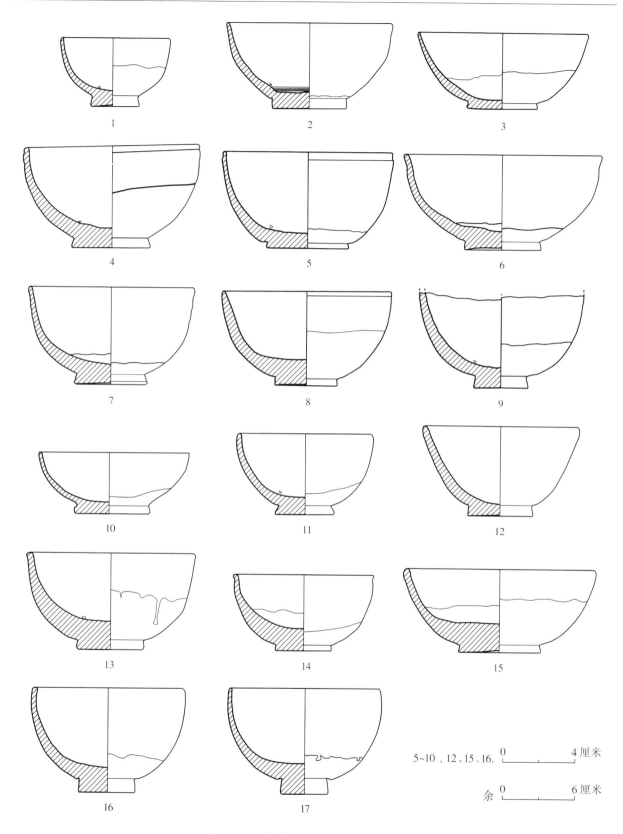

图 5-22 北朝—隋时期青瓷碗 A 型

1. G5③：3 2. H138：24 3. H138：26 4. H139：3 5. H147：1 6. H147：4 7. H147：5 8. H147：9
9. H161：1 10. H291：1 11. H468：5 12. T5②：4 13. T13⑤：10 14. ⅢT4805④：5 15. T8⑤：3
16. ⅢT4105③：5 17. ⅢT4803④：25

T13⑤：10，口近直，方唇。胎色灰白。釉色灰绿，碗内施满釉，碗底积釉，外施半釉，有滴釉。碗内三个细支钉痕。口径13.5、足径5.2、高7.8厘米。（图5-22，13；图版一三八，3）

ⅢT4805④：5，口微侈，方唇，沿下微凹。胎色发红。釉色青绿，表面有细小开片，碗内外均施半釉。口径11.4、足径4.6、高6.1厘米。（图5-22，14）

T8⑤：3，口微敛，浅弧腹。胎色红褐。釉色青绿，釉质光润，碗内外均施半釉。口径10.3、足径4.6、高4.5厘米。（图5-22，15；图版一三八，4）

ⅢT4105③：5，口微敛，方唇。胎色灰白。釉色青绿，表面有细小开片，碗内施满釉，外施釉近底。口径8.3、足径3.1、高5.6厘米。（图5-22，16；图版一三八，5）

ⅢT4803④：25，敛口，尖圆唇。胎色灰白。釉色青绿，表面有细小开片，碗内施满釉，碗底积釉，外壁施釉及下腹，有流釉。口径12.3、足径3.9、高8.4厘米。（图5-22，17；图版一三八，6）

B型　109件。饼足，足底内凹。

G5①：2，直口，尖圆唇。胎色发灰。釉色灰绿，碗内施满釉，碗底积釉，外施半釉，有流釉。碗内三个粗支钉痕。口径13.4、足径6.0、高7.4厘米。（图5-23，1；图版一三九，1）

G5②：5，口微敛。胎色发灰。釉色黄绿，碗内施满釉，碗底积釉，外施半釉，有流釉。碗内三个粗支钉痕。口径12.8、足径5.2、高7.6厘米。（图5-23，2；图版一三九，2）

G5②：9，口微敛，尖圆唇，深弧腹。胎色灰白。釉色黄绿，碗内施满釉，碗底积釉，外施釉至下腹，有流釉。碗内三个支钉痕。口径13.8、足径6.0、高7.6厘米。（图5-23，3；图版一三九，3）

G5③：11，口近直。胎色灰褐。釉色灰绿，碗内施满釉，外施釉至下腹，内外壁均积釉。口沿下一周褐彩弦纹。碗内三个支钉痕。口径15.1、足径6.3、高8.1厘米。（图5-23，4；图版一三九，4）

G5④：3，直口，尖圆唇。胎色发灰。釉色青黄不均，碗内施满釉，外施半釉。口沿下一周褐彩弦纹。碗内三个细支钉痕。口径9.4、足径3.8、高5.5厘米。（图5-23，5；图版一三九，5）

G21：1，直口略侈，尖圆唇，深弧腹。胎色发红。釉色灰绿，表面有细小开片，碗内施满釉，碗底积釉，外施半釉，有积釉。碗内三个支钉痕。口径9.4、足径3.8、高6.0厘米。（图5-23，6；图版一三九，6）

H135：20，口近直，圆唇，足壁外撇。胎色发红。釉色青黄，碗内施满釉，外施半釉，釉多已剥落。口径9.0、足径4.3、高5.4厘米。（图5-23，7；图版一四〇，1）

H138：27，口微敛，足壁外撇。胎色发灰，胎质细腻。釉色青绿，表面有细小开片，碗内施满釉，外施釉近底，碗内外均积釉。碗内有三个支钉痕。口径9.0、足径3.3、高6.0厘米。（图5-23，8；图版一四〇，2）

H29：4，直口，方唇，足壁微外撇，足底边缘斜切。胎色灰白。青釉翠绿，釉质光润，表面有细小开片，碗内施满釉，外壁施釉不及底。口径7.2、足径3.0、高5.0厘米。（图

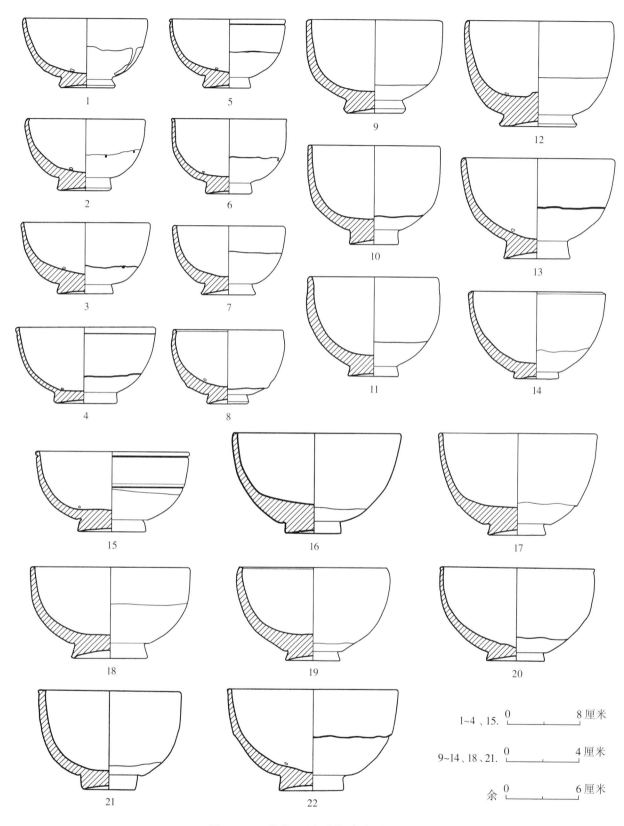

图 5-23 北朝—隋时期青瓷碗 B 型

1. G5①：2 2. G5②：5 3. G5②：9 4. G5③：11 5. G5④：3 6. G21：1 7. H135：20 8. H138：27
9. H29：4 10. H32：2 11. H32：8 12. H125②：2 13. H135：19 14. H138：25 15. G22④：1 16. G5④：1
17. H135：10 18. H138：6 19. H138：22 20. H138：23 21. H138：9 22. H139：1

5-23，9；图版一四○，3）

H32：2，口微敛，方圆唇，足壁微外撇。胎色发红。青釉翠绿，釉质光润，表面有细小开片，碗内施满釉，外壁施釉不及底。口径7.2、足径2.7、高5.4厘米。（图5-23，10；图版一四○，4）

H32：8，口微敛，足壁微外撇。胎色发灰。青釉略发黄，表面有细小开片，碗内施满釉，外施釉不及底。口径7.0、足径2.8、高5.2厘米。（图5-23，11；图版一四○，5）

H125②：2，敛口，尖圆唇，足壁外撇。胎色灰白，胎质细腻。青釉略发黄，釉质较光润，表面有细小开片。碗内施满釉，外壁施半釉。碗内三个细支钉痕。口径8.0、足径4.1、高5.6厘米。（图5-23，12；图版一四○，6）

H135：19，口微侈。胎色红褐。釉色青绿，碗内施满釉，外施半釉，内外壁均有积釉。碗内三个粗支钉痕。口径8.3、足径3.6、高5.4厘米。（图5-23，13；图版一四一，1）

H138：25，口微敛。胎色发红，胎质细腻。釉色青绿，表面有细小开片。碗内施满釉，外施釉至下腹。口径7.2、足径2.5、高4.7厘米。（图5-23，14；图版一四一，2）

G22④：1，口微侈。胎色发灰。釉色黄绿，表面有细小开片，碗内施满釉，外施半釉。唇外一周凹弦纹，腹中部一宽一窄两道凹弦纹。碗内三个细支钉痕。口径16.8、足径7.2、高8.6厘米。（图5-23，15；图版一四一，3）

G5④：1，直口，方唇。胎色发灰。釉色黄绿，表面有细小开片，碗内施满釉，外施釉不到底。口径13.8、足径4.5、高7.9厘米。（图5-23，16；图版一四一，4）

H135：10，口近直，圆唇，深弧腹，足壁外撇。胎色发灰，胎质较粗。釉色青绿，表面有细小开片，碗内施满釉，外施釉不及底。口径12.9、足径4.5、高8.2厘米。（图5-23，17；图版一四一，5）

H138：6，直口。胎色发红。青釉灰绿，表面有细小开片，碗内施满釉，外施半釉，釉多已剥落。口径8.7、足径4.2、高4.9厘米。（图5-23，18；图版一四一，6）

H138：22，敛口，足壁外撇。胎色灰白，胎质细腻。釉色青绿，碗内施满釉，外施釉近底。口径12.0、足径4.5、高7.5厘米。（图5-23，19；图版一四二，1）

H138：23，直口，足壁外撇。胎色灰红，胎质细腻。釉色青绿，表面有细小开片，碗内施满釉，外施釉近底。口径12.7、足径4.6、高7.4厘米。（图5-23，20）

H138：9，口近直。胎色灰红，胎质细腻。釉色青绿，釉质光润，表面有细小开片，碗内施满釉，外壁施釉不及底。口径7.8、足径2.8、高5.3厘米。（图5-23，21；图版一四二，2）

H139：1，口近直，足壁外撇。胎色灰红。釉色灰绿，表面有细小开片，碗内施满釉，外施半釉，外壁有滴釉。碗内三个支钉痕。口径14.0、足径5.2、高8.0厘米。（图5-23，22；图版一四二，3）

H140：7，敛口，方唇。胎色发红。釉色灰绿，碗内施满釉，外施釉及下腹。口径7.2、足径3.1、高5.6厘米。（图5-24，1；图版一四二，4）

H141：1，直口，唇下一道凹槽，足壁外撇。胎色灰白。釉色青灰，表面有细小开片，碗内外施釉均不及底，外釉多已剥落。口径8.6、足径3.3、高5.8厘米。（图5-24，2；图

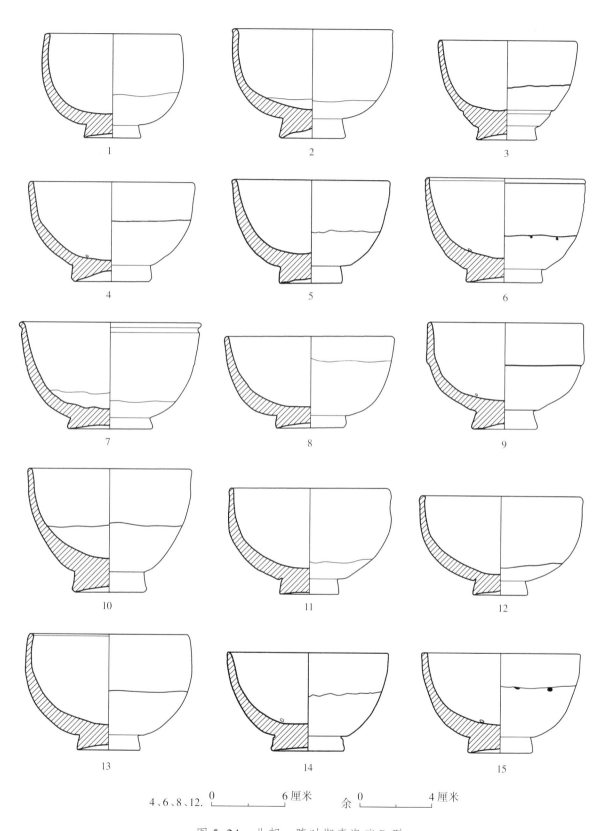

4、6、8、12. ⊢0————6厘米⊣　　余 ⊢0————4厘米⊣

图 5-24　北朝—隋时期青瓷碗 B 型

1. H140：7　2. H141：1　3. H141：2　4. H141：3　5. H141：4　6. H141：5　7. H147：2　8. H277：2　9. H280：2
10. H284：2　11. H290：5　12. H290：7　13. H290：8　14. H294：1　15. H294：2

版一四二，5）

H141：2，口近直，口沿近平似经打磨。胎色灰白。釉色青灰，表面有细小开片，碗内施满釉，外施半釉，碗内外积釉和流釉。碗心有烧结气泡，足底有线切痕。口径7.5、足径3.2、高5.3厘米。（图5-24，3；图版一四二，6）

H141：3，直口。胎色橘红。釉色灰绿，碗内施满釉，外施半釉，多已剥落。足底有线切痕，碗内三个支钉痕。口径13.2、足径6.0、高8.1厘米。（图5-24，4；图版一四三，1）

H141：4，口近直。胎色灰白，釉色灰绿。碗内施满釉，外施半釉，多已剥落。口径8.6、足径3.4、高5.4厘米。（图5-24，5；图版一四三，2）

H141：5，口微敛。胎色灰黄。釉色灰绿，表面有细小开片，碗内施满釉，外施半釉，有滴釉。碗内三个支钉痕。口径12.9、足径6.0、高8.4厘米。（图5-24，6；图版一四三，3）

H147：2，直口微侈，唇下内凹，足壁外撇。胎色灰褐。釉色灰绿，表面有细小开片，碗内外施釉均不及底。口径9.8、足径4.6、高5.8厘米。（图5-24，7；图版一四三，4）

H277：2，敞口。胎色发灰。釉色灰绿，碗内施满釉，外仅口部施釉。口径13.6、足径5.4、高7.5厘米。（图5-24，8；图版一四三，5）

H280：2，敛口，尖圆唇。胎色青灰。釉色黄绿，表面有细小开片，碗内施满釉，外壁施半釉，碗底及外壁均有积釉。碗内残留一个支钉痕。口径8.5、足径3.6、高5.8厘米。（图5-24，9；图版一四三，6）

H284：2，直口，方圆唇，弧腹较深。胎色灰黄泛红。碗内及外壁约半施灰黄色化妆土，土质较粗糙，未见施釉。口径8.8、足径3.8、高6.5厘米。（图5-24，10；图版一四四，1）

H290：5，口微敛，方唇。胎色发紫。釉色青灰，表面有细小开片，碗内施满釉，外施釉近底。口径8.6、足径3.2、高5.8厘米。（图5-24，11；图版一四四，2）

H290：7，口微敛。胎色灰白。釉色青灰，表面有细小开片，碗内施满釉，外施釉近底，有积釉。口径13.2、足径4.4、高7.9厘米。（图5-24，12；图版一四四，3）

H290：8，敛口，方唇。胎色灰白。釉色青绿，表面有细小开片，碗内施满釉，外施半釉。口径8.7、足径3.4、高6.2厘米。（图5-24，13；图版一四四，4）

H294：1，口微侈，尖圆唇。胎色灰白。釉色青黄，表面有细小开片，碗内施满釉，外施半釉。碗底三个粗支钉痕。口径8.7、足径3.8、高5.3厘米。（图5-24，14；图版一四四，5）

H294：2，直口。胎色灰白。釉色青黄，表面有细小开片，碗内施满釉，有积釉，外施半釉，有滴釉。碗底三个粗支钉痕。口径8.8、足径3.4、高5.4厘米。（图5-24，15；图版一四四，6）

H294：3，直口微侈。胎色红褐。釉色青褐，表面有细小开片，碗内施满釉，外施半釉，有滴釉。碗底五个细支钉痕。口径13.8、足径6.2、高7.9厘米。（图5-25，1；图版一四五，1）

H294：4，直口。胎色灰白。釉色青灰，表面有细小开片，碗内施满釉，外施半釉。碗底残留一个支钉痕。口径9.0、足径4.0、高5.0厘米。（图5-25，2；图版一四五，2）

H294：5，口微敛。胎色灰黄泛红，胎身有线切痕。釉色青黄，釉层较厚，碗内施满釉，外施半釉，有积釉。碗底三个支钉痕。口径9.0、足径4.2、高5.6厘米。（图5-25，3；图

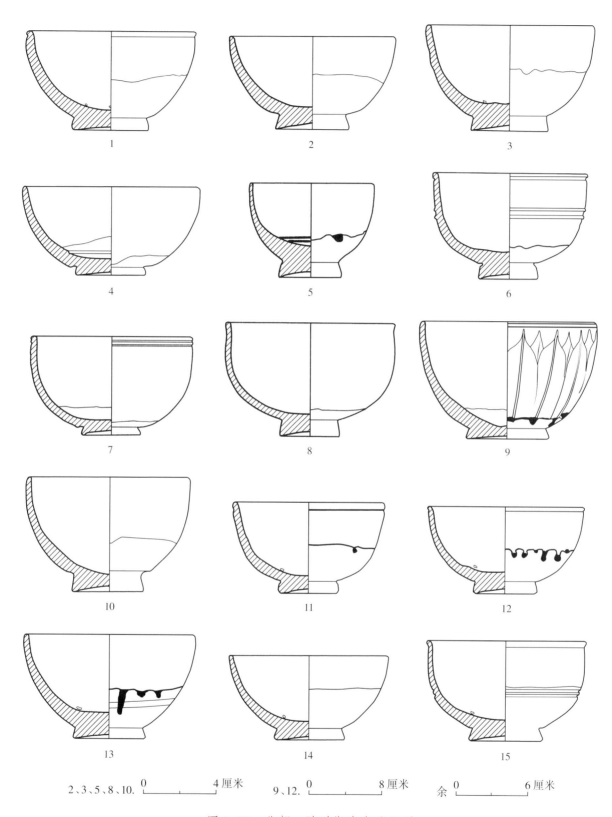

图 5-25　北朝—隋时期青瓷碗 B 型

1. H294：3　2. H294：4　3. H294：5　4. H304：5　5. H307：1　6. H314：1　7. H439：1　8. H468：1　9. H468：2
10. J5：4　11. J5：5　12. T2①：1　13. T2②：14　14. T2③：22　15. T2③：24

版一四五，3）

H304：5，敞口。胎色发紫。釉色青绿发白，内外壁施釉均不及底。碗心一道凹弦纹。口径14.4、足径5.6、高7.2厘米。（图5-25，4；图版一四五，4）

H307：1，直口微敛，尖圆唇。胎色发灰。釉色青绿，内施满釉，有积釉，外壁施釉近底，有流釉。碗底两周褐彩弦纹。口径6.8、足径3.3、高5.0厘米。（图5-25，5；图版一四五，5）

H314：1，口近直，尖圆唇。胎色灰黄。釉色青黄，碗内施满釉，外施釉及下腹。沿下一道凹弦纹，腹部两道凸弦纹。口径12.6、足径4.8、高8.5厘米。（图5-25，6）

H439：1，口近直，方唇。胎色发黄。釉色青黄，碗内外壁施釉均不及底。沿下两周凹弦纹。口径13.4、足径4.8、高8.1厘米。（图5-25，7；图版一四五，6）

H468：1，直口微侈，方唇。胎色灰白。釉色青绿，釉质润泽，表面有细小开片，碗内施满釉，外施釉近底部。口径9.2、足径3.2、高6.1厘米。（图5-25，8；图版一四六，1）

H468：2，直口。胎色灰黄。釉色青黄，碗内外壁施釉均不及底。腹部刻划莲瓣纹。口径18.8、足径8.8、高12.6厘米。（图5-25，9）

J5：4，口微敛，尖圆唇，深弧腹。胎色发红。釉色灰绿，碗内施满釉，外施半釉，内外釉多已剥落，露出釉下的白色化妆土。口径8.8、足径3.8、高6.1厘米。（图5-25，10；图版一四六，2）

J5：5，直口。胎色灰红。釉色灰绿，表面有细小开片，碗内施满釉，碗底积釉，外施半釉，有滴釉。沿下一周褐彩弦纹。碗内三个支钉痕。口径12.4、足径4.5、高7.4厘米。（图5-25，11；图版一四六，3）

T2①：1，直口微侈。胎色灰白。釉色青黄，表面有细小开片，碗内施满釉，外施半釉，有滴釉。碗内三个支钉痕。口径17.2、足径6.4、高9.4厘米。（图5-25，12；图版一四六，4）

T2②：14，口近直。胎色发灰。釉色灰绿，碗内施满釉，外施半釉，有滴釉。下腹部两道细弦纹。碗内三个支钉痕。口径13.8、足径5.8、高8.4厘米。（图5-25，13；图版一四六，5）

T2③：22，敞口。胎色发灰，胎质较粗疏。釉色灰绿，内施满釉，外施半釉，釉多已剥落。碗内三个支钉痕。口径13.4、足径5.8、高6.8厘米。（图5-25，14；图版一四六，6）

T2③：24，口微侈。胎色发灰。釉色灰绿，碗内施满釉，外施半釉，釉多已剥落。碗中部两道凹弦纹。碗内三个支钉痕。口径13.2、足径6.0、高8.1厘米。（图5-25，15；图版一四七，1）

T2③：25，口近直，尖圆唇。胎色发灰。釉色黄绿，碗内施满釉，碗底积釉，外施半釉，釉多已剥落。口径8.4、足径3.4、高5.4厘米。（图5-26，1）

T3③：1，敞口。胎色发红。釉色黄绿不均，釉层较厚，碗内施满釉，外施半釉。沿下一周褐彩弦纹。碗口有烧结痕。口径10.3、足径3.7、高5.4厘米。（图5-26，2；图版一四七，2）

T3③：13，敛口，方圆唇。胎色灰黄。釉色黄绿，表面有细小开片，碗内施满釉，外施釉至下腹，有滴釉。口径13.2、足径4.8、高7.8厘米。（图5-26，3；图版一四七，3）

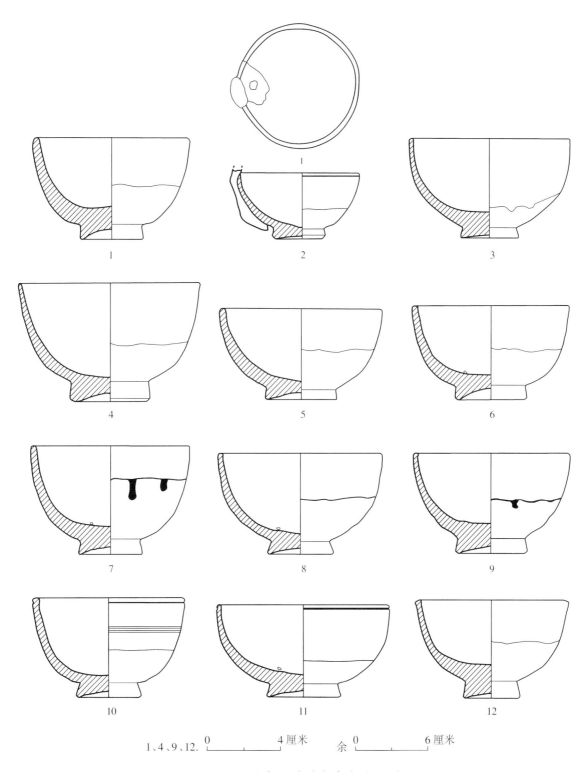

图 5-26　北朝—隋时期青瓷碗 B 型

1. T2③：25　2. T3③：1　3. T3③：13　4. T4②：17　5. T5②：3　6. T5③：1　7. T5③：2　8. T5③：3　9. T6④：5
10. T6④：6　11. T6④：7　12. T6④：9

T4②：17，直口。胎色发灰。釉色灰绿，碗内施满釉，外施半釉。口径 9.8、足径 4.0、高 6.4 厘米。（图 5-26，4；图版一四七，4）

T5②：3，口微敛。胎色灰黄，胎质较粗疏。釉色灰绿，碗内施满釉，外施半釉，釉多剥落。口径 13.2、足径 5.7、高 7.4 厘米。（图 5-26，5；图版一四七，5）

T5③：1，敞口。胎色灰红。碗内外均未施釉，外壁施白色化妆土至腹中部。碗内三个细支钉痕。口径 12.9、足径 5.4、高 7.6 厘米。（图 5-26，6；图版一四七，6）

T5③：2，直口，尖圆唇。胎色灰白。釉色灰绿，碗内施满釉，碗底积釉，外仅口部施釉，有滴釉。碗内三个细支钉痕。口径 12.8、足径 5.2、高 8.7 厘米。（图 5-26，7；图版一四八，1）

T5③：3，直口微敛。胎色红褐。釉色青黄，碗内施满釉，碗底釉多剥落，外施半釉，有积釉。碗内三个细支钉痕。口径 13.5、足径 5.2、高 8.1 厘米。（图 5-26，8；图版一四八，2）

T6④：5，直口。胎色发灰。釉色灰绿，碗内施满釉，碗底积釉，外施半釉，有滴釉。口径 8.5、足径 3.6、高 5.4 厘米。（图 5-26，9；图版一四八，3）

T6④：6，口微侈。胎色灰黄。釉色黄绿，碗内施满釉，外施半釉，内外釉多已剥落。碗外口沿及腹中部饰细弦纹。口径 12.4、足径 5.0、高 8.1 厘米。（图 5-26，10；图版一四八，4）

T6④：7，直口。胎色发红。釉色黄绿，碗内施满釉，外施半釉，内外釉多已剥落。口沿下一周褐彩弦纹。碗内三个支钉痕。口径 13.8、足径 6.0、高 7.5 厘米。（图 5-26，11；图版一四八，5）

T6④：9，直口。胎色灰褐。釉色灰绿，釉质光润，表面有细小开片，碗内施满釉，外施半釉。口径 8.0、足径 3.0、高 5.2 厘米。（图 5-26，12；图版一四八，6）

T6④：12，口微侈。胎色发灰，足胎发黄。釉色灰绿，碗内施满釉，外施半釉。碗内残留两个支钉痕。口径 13.6、足径 5.7、高 8.1 厘米。（图 5-27，1；图版一四九，1）

T6④：18，直口。胎色发灰。釉色灰绿，碗内施满釉，外施半釉。碗内残留两个支钉痕。口径 14.4、足径 5.6、高 8.7 厘米。（图 5-27，2；图版一四九，2）

T6④：19，直口。胎色发灰。釉色灰绿，碗内施满釉，碗底积釉，外施半釉，有滴釉。口径 7.6、足径 3.0、高 5.5 厘米。（图 5-27，3；图版一四九，3）

T6④：20，直口。胎色发灰。釉色灰绿，碗内施满釉，碗底积釉，外施半釉，有滴釉。口径 8.4、足径 4.0、高 5.6 厘米。（图 5-27，4；图版一四九，4）

T6⑤：6，直口，平圆唇，弧折腹。胎色发灰。釉色黄绿，碗内仅口部施釉，外施半釉。口径 11.1、足径 4.0、高 6.6 厘米。（图 5-27，5；图版一四九，5）

T6⑤：12，直口微侈。胎色发灰。釉色黄绿，碗内施满釉，外施半釉，釉多剥落。碗内口沿一周凹弦纹。碗内三个支钉痕。口径 13.5、足径 6.4、高 6.6 厘米。（图 5-27，6；图版一四九，6）

T8③：10，口近直。胎色发灰。釉色灰绿，碗内施满釉，外施半釉。沿下一周褐彩弦纹。碗内残留两个细支钉痕。口径 13.2、足径 5.4、高 8.0 厘米。（图 5-27，7；图版一五〇，1）

T8③：9，直口。胎色发灰。釉色青黄，碗内施满釉，外施半釉。沿下一周凹弦纹。碗

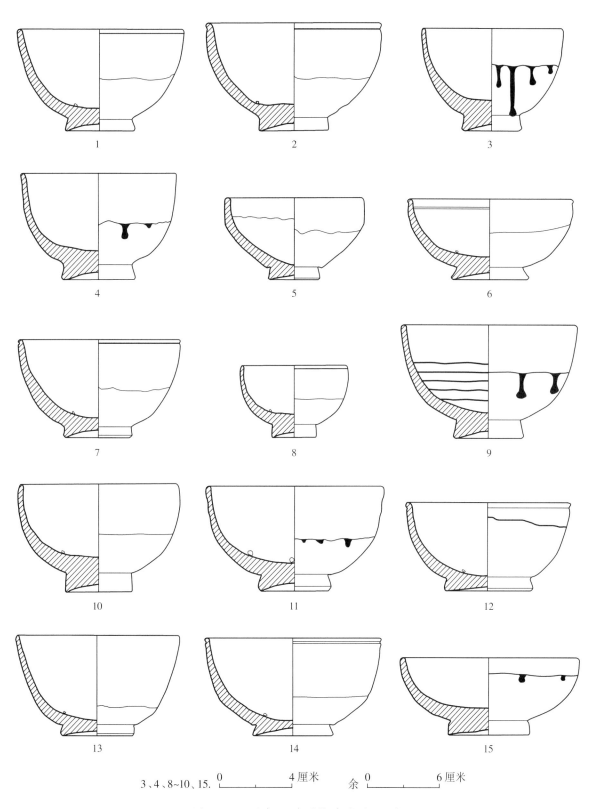

图 5-27　北朝—隋时期青瓷碗 B 型

1. T6④：12　2. T6④：18　3. T6④：19　4. T6④：20　5. T6⑤：6　6. T6⑤：12　7. T8③：10　8. T8③：9
9. T9③：2　10. T9④：5　11. T9④：8　12. T10⑤：13　13. T10⑤：14　14. T10⑤：15　15. T11②a：2

内三个细支钉痕。口径5.8、足径2.4、高3.9厘米。（图5-27，8；图版一五〇，2）

T9③：2，直口。胎色灰红。釉色灰绿，釉质光润，碗内施满釉，碗底积釉，外施半釉，有滴釉。碗内有五周褐彩弦纹。口径9.6、足径3.7、高6.1厘米。（图5-27，9；图版一五〇，3）

T9④：5，口微敛。胎色灰白。釉色青黄，碗内施满釉，外施半釉。碗底三个支钉痕。口径8.6、足径3.6、高5.7厘米。（图5-27，10；图版一五〇，4）

T9④：8，直口。胎色灰白。釉色青黄，碗内施满釉，外施釉至下腹。碗底三个支钉痕。口径14.4、足径5.4、高8.4厘米。（图5-27，11；图版一五〇，5）

T10⑤：13，口微侈。胎色发红。釉色黄绿，碗内施满釉，多已剥落，外壁未施釉，口沿外侧施白色化妆土。碗底残留两个支钉痕。口径13.6、足径7.2、高7.2厘米。（图5-27，12；图版一五〇，6）

T10⑤：14，口微敛。胎色灰白。釉色青白，匀净光亮，碗内施满釉，外施釉近底。碗底三个支钉痕。口径13.2、足径5.7、高8.1厘米。（图5-27，13；图版一五一，1）

T10⑤：15，口微敛。胎色灰黄。釉色青黄，碗内施满釉，外施半釉，釉多剥落。沿下一周凹弦纹。碗底三个支钉痕。口径14.7、足径6.6、高7.8厘米。（图5-27，14；图版一五一，2）

T11②a：2，敞口。胎色灰白。釉色青黄，碗内施满釉，碗外施釉仅口部，有滴釉。碗底残留两个支钉痕。口径9.9、足径4.5、高4.0厘米。（图5-27，15；图版一五一，3）

T11⑤：4，口微敛，尖圆唇，深弧腹。胎色灰白。釉色黑绿，碗内施满釉，碗底积釉，碗外施半釉，有滴釉。口径8.2、足径3.6、高6.1厘米。（图5-28，1；图版一五一，4）

T12③：1，口近直。胎色灰褐。釉色青绿，表面有细小开片，碗内外均施釉不及底。口径13.6、足径5.4、高8.9厘米。（图5-28，2；图版一五一，5）

T13④：4，直口，尖圆唇，深弧腹。胎色发灰。釉色灰绿，碗内施满釉，釉多已剥落，外施半釉。外沿下一周凹弦纹。碗内三个细支钉痕。口径13.6、足径6.3、高8.0厘米。（图5-28，3；图版一五一，6）

T13⑤：4，直口。胎色灰红。釉色黄绿，碗内施满釉，外施半釉。碗腹两道凹弦纹。碗内三个细支钉痕。口径15.6、足径6.4、高8.9厘米。（图5-28，4；图版一五二，1）

T14③：4，口微侈。胎色灰红。釉色黄褐，碗内施满釉，外施半釉，碗内外釉多已剥落。碗底三个支钉痕。口径13.6、足径5.5、高8.0厘米。（图5-28，5；图版一五二，2）

Ⅳ T3904②：2，口近直，方唇。胎色灰黄。釉色青绿，表面有细小开片，碗内施满釉，碗底积釉，外施半釉，有滴釉。口径13.3、足径5.7、高8.7厘米。（图5-28，6；图版一五二，3）

Ⅲ T4102③：3，口微侈，尖圆唇，唇下微凹。胎色灰红。釉色青绿，碗内施满釉，外施半釉，碗内外釉多已剥落，釉面下覆白色化妆土。碗底三个支钉痕。口径8.8、足径3.4、高4.7厘米。（图5-28，7；图版一五二，4）

Ⅲ T4104③：1，口微敛。胎色灰白。釉色青黄，碗内施满釉，外施半釉。碗内三个细支钉痕。口径9.3、足径3.9、高5.7厘米。（图5-28，8；图版一五二，5）

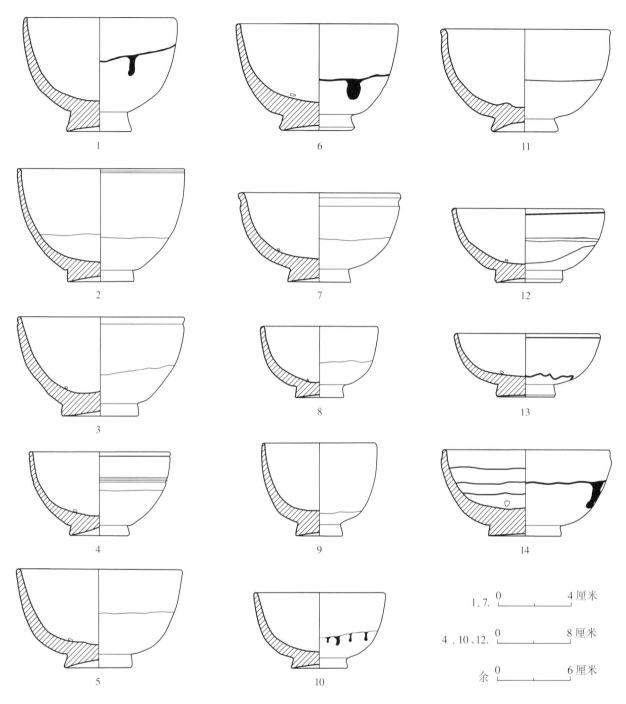

图 5-28　北朝—隋时期青瓷碗 B 型

1. T11⑤：4　2. T12③：1　3. T13④：4　4. T13⑤：4　5. T14③：4　6. Ⅳ T3904②：2　7. Ⅲ T4102③：3　8. Ⅲ T4104③：1　9. Ⅲ T4104⑤：1　10. Ⅲ T4202④：5　11. Ⅲ T4105③：4　12. Ⅲ T4205⑤：1　13. Ⅲ T4205⑤：2　14. Ⅲ T4206⑤：1

　　Ⅲ T4104⑤：1，口微敛，尖圆唇，深弧腹。胎色灰白。釉色青灰匀净，表面有细小开片，碗内施满釉，外施釉及下腹。口径 9.3、足径 3.9、高 7.5 厘米。（图 5-28，9；图版一五二，6）

　　Ⅲ T4105③：4，口微侈。胎色灰白。釉色青黄，碗内施满釉，外施半釉。口径 14.0、足径 5.3、高 8.3 厘米。（图 5-28，11；图版一五三，1）

Ⅲ T4202 ④：5，侈口。胎色灰白。釉色青灰，碗内施满釉，碗底积釉，外施半釉，有滴釉。口径 13.8、足径 6.0、高 8.0 厘米。（图 5-28，10；图版一五三，2）

Ⅲ T4205 ⑤：1，敞口。胎色灰白。釉色灰绿，碗内施满釉，外施釉不均。碗沿下一周粗褐彩弦纹，腹中部两周细褐彩弦纹。碗底三个支钉痕。口径 16.4、足径 6.8、高 8.0 厘米。（图 5-28，12；图版一五三，3）

Ⅲ T4205 ⑤：2，敞口。胎色灰白。釉色青绿，釉面有细小开片，碗内施满釉，外施釉及下腹，有积釉。碗底三个粗支钉痕。口径 12.0、足径 4.6、高 5.0 厘米。（图 5-28，13；图版一五三，4）

Ⅲ T4206 ⑤：1，直口微敛。胎色灰白。釉色青绿，碗内施满釉，碗底积釉，外施半釉，有滴釉。碗底三个支钉痕。口径 13.8、足径 6.0、高 6.9 厘米。（图 5-28，14；图版一五三，5）

Ⅲ T4206 ⑤：8，口微敛，方唇。胎色灰紫。釉色青绿，表面有细小开片，碗内施满釉，外施釉至下腹。口径 9.3、足径 3.4、高 5.5 厘米。（图 5-29，1；图版一五三，6）

Ⅲ T4602 ③：1，直口，尖圆唇。胎色发灰。釉色灰绿，碗内施满釉，外施半釉。沿下一周凹弦纹，内填褐彩。口径 10.4、足径 3.9、高 6.4 厘米。（图 5-29，2）

Ⅲ T4602 ③：3，直口，尖圆唇。胎色发灰。釉色灰绿，碗内施满釉，外施半釉。沿下一周褐彩弦纹。口径 13.3、足径 6.6、高 8.7 厘米。（图 5-29，3）

Ⅲ T4602 ③：4，直口。胎色发灰。釉色黄绿，釉面开裂，碗内施满釉，外施釉及下腹，有滴釉。碗底三个支钉痕。口径 13.2、足径 5.7、高 8.8 厘米。（图 5-29，4）

Ⅲ T4604 ④：7，敞口，尖圆唇，斜弧腹。胎色红褐。釉色青绿，碗内外均施釉及下腹。口径 11.1、足径 4.6、高 5.1 厘米。（图 5-29，5；图版一五四，1）

Ⅲ T4705 ④：4，口微敛。胎色灰白。釉色青黄，碗内施满釉，外壁施半釉。口径 8.0、足径 4.0、高 4.1 厘米。（图 5-29，6；图版一五四，2）

Ⅲ T4802 ③：11，口近直。胎色灰白。釉色青黄，碗内施满釉，碗底积釉，外壁施釉至下腹，有流釉。碗底三个支钉痕。口径 13.2、足径 5.7、高 8.0 厘米。（图 5-29，7；图版一五四，3）

Ⅲ T4802 ③：7，口微侈。胎色灰白。釉色灰绿，碗内施满釉，外壁施釉及下腹，内外均积釉。沿下一周褐彩弦纹。碗底三个支钉痕。口径 13.6、足径 5.5、高 8.1 厘米。（图 5-29，8；图版一五四，4）

Ⅲ T4802 ③：13，口近直，方唇。胎色红褐。釉色青绿，表面有细小开片，碗内施满釉，外壁施釉至下腹。口径 9.0、足径 3.0、高 6.0 厘米。（图 5-29，9；图版一五四，5）

Ⅲ T4802 ④：1，口近直，方唇，深弧腹内收。胎色灰白。釉色青绿，表面有细小开片，碗内施满釉，外壁施釉至下腹。口径 12.6、足径 4.4、高 8.0 厘米。（图 5-29，10；图版一五四，6）

Ⅲ T4803 ③：20，口微敛。胎色发灰。釉色黄绿，碗内施满釉，外壁仅口部施釉。碗内三个支钉痕。口径 14.1、足径 5.7、高 9.3 厘米。（图 5-29，11；图版一五五，1）

Ⅲ T4804 ④：2，直口，尖唇，深弧腹。胎色灰白。釉色青绿，碗内施满釉，碗底积釉，

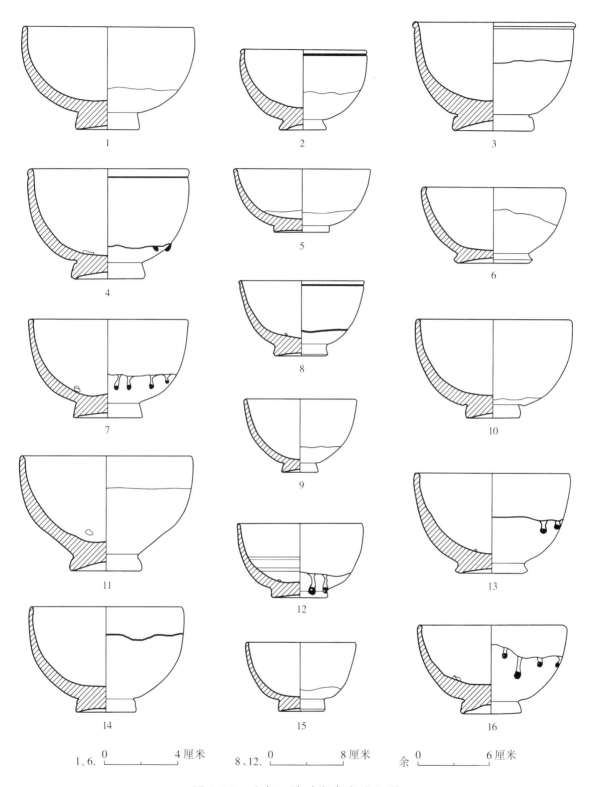

图 5-29　北朝—隋时期青瓷碗 B 型

1. Ⅲ T4206⑤：8　2. Ⅲ T4602③：1　3. Ⅲ T4602③：3　4. Ⅲ T4602③：4　5. Ⅲ T4604④：7　6. Ⅲ T4705④：4
7. Ⅲ T4802③：11　8. Ⅲ T4802③：7　9. Ⅲ T4802③：13　10. Ⅲ T4802④：1　11. Ⅲ T4803③：20　12. Ⅲ T4804④：2
13. Ⅲ T4803④：27　14. Ⅲ T4804⑤：6　15. Ⅲ T4805③：14　16. Ⅲ T4805④：4

外壁施釉不均，有滴釉。碗内两周褐彩弦纹。碗底三个支钉痕。口径13.6、足径6.0、高8.0厘米。（图5-29，12；图版一五五，2）

ⅢT4803④：27，直口微敛。胎色灰白。釉色灰绿，碗内施满釉，外壁施半釉，有滴釉。碗底三个支钉痕。口径13.0、足径5.4、高8.1厘米。（图5-29，13；图版一五五，3）

ⅢT4804⑤：6，口微敛，尖唇。胎色发红。釉色青绿，碗内施满釉，外壁仅口部施釉，有滴釉。口径12.3、足径4.9、高8.5厘米。（图5-29，14）

ⅢT4805③：14，口微敛，尖唇。胎色发红。釉色青绿，碗内施满釉，外壁施釉及下腹。口径9.0、足径3.6、高5.5厘米。（图5-29，15；图版一五五，4）

ⅢT4805④：4，敛口。胎色发灰。釉色灰绿，碗内施满釉，碗底积釉，外壁施半釉，有滴釉。口径12.3、足径5.0、高7.2厘米。（图5-29，16；图版一五五，5）

C型　20件。饼足，足底内凹且有一周凹槽。

G5①：1，口近直，尖圆唇。胎色发灰。釉色青绿，表面有细小开片，碗内施满釉，碗底积釉，外施釉近底。口径13.6、足径4.4、高8.0厘米。（图5-30，1；图版一五五，6）

H29：1，直口。胎色灰黄，胎质细腻。青釉呈淡黄色，釉层薄而匀，釉质光润，表面有细小开片，碗内施满釉，外壁施釉不及底。口径13.5、足径4.0、高7.5厘米。（图5-30，2；图版一五六，1）

H138：4，口近直。胎色紫红。青釉灰绿，表面有细小开片，碗内施釉约半，外施釉近底。口径14.4、足径6.0、高7.6厘米。（图5-30，3；图版一五六，2）

H138：19，口近直，方唇，足壁外撇。胎色灰黄。釉色青绿，釉质光润，表面有细小开片，碗内施满釉，外施釉不及底。碗内残留一个支钉痕。口径12.6、足径4.6、高9.0厘米。（图5-30，4；图版一五六，3）

H290：1，口近直，尖圆唇。胎色灰红。釉色青绿，表面有细小开片，碗内施满釉，外施釉近底。口径14.4、足径4.5、高8.1厘米。（图5-30，5；图版一五六，4）

H290：3，口微敛，方唇。胎色灰白。釉色青灰，表面有细小开片，碗内施满釉，外施釉近底。口径12.9、足径4.6、高7.8厘米。（图5-30，6；图版一五六，5）

H290：4，口微敛，方唇。胎色发灰。釉色青灰，表面有细小开片，碗内施满釉，外施釉近底。口径13.6、足径4.3、高8.0厘米。（图5-30，7；图版一五六，6）

H468：10，直口。胎色灰白。釉色青灰，釉质润泽，表面有细小开片，碗内施满釉，外施釉至下腹。口径11.4、足径3.9、高7.8厘米。（图5-30，8；图版一五七，1）

H468：14，口近直，方圆唇，弧腹内收。胎色灰紫。釉色青灰，釉质润泽，内外壁施釉均不及底。沿下两道细凹弦纹。口径14.4、足径4.8、高8.1厘米。（图5-30，9；图版一五七，2）

H468：15，直口，方圆唇。胎色发灰。釉色青黄，釉质润泽，表面有细小开片，碗内施满釉，外施釉不及底。口径12.8、足径3.9、高8.1厘米。（图5-30，10；图版一五七，3）

T2盗：3，口微敛，窄方唇。胎色灰黄。釉色青绿，表面有细小开片，碗内施满釉，外施釉近底。口径13.5、足径4.8、高8.8厘米。（图5-30，11；图版一五七，4）

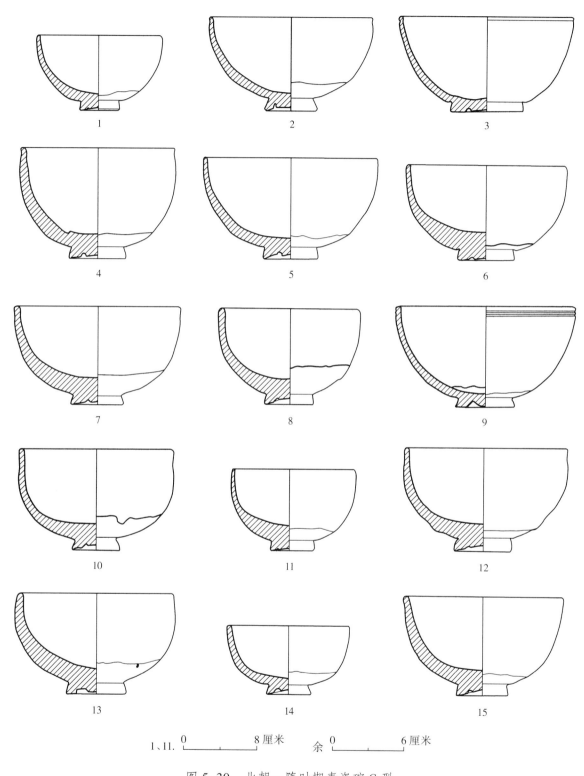

图 5-30　北朝—隋时期青瓷碗 C 型

1. G5①：1　2. H29：1　3. H138：4　4. H138：19　5. H290：1　6. H290：3　7. H290：4　8. H468：10　9. H468：14　10. H468：15　11. T2盗：3　12. H468：19　13. T8④：1　14. ⅢT4102⑤：1　15. ⅢT4103③：2

H468：19，直口。胎色发灰。釉色青绿，碗内施满釉，外施釉不及底。口径13.2、足径4.8、高8.4厘米。（图5-30，12）

T8④：1，直口微敛。胎色发灰。釉色青黄，釉质光润，表面有细小开片，碗内施满釉，外施釉至下腹。碗内残留两个细支钉痕。口径12.6、足径4.8、高8.1厘米。（图5-30，13；图版一五七，5）

ⅢT4102⑤：1，直口，方唇。胎色灰红。釉色灰绿，表面有细小开片及气泡，碗内施满釉，外壁施釉不及底。口径10.2、足径3.6、高5.5厘米。（图5-30，14；图版一五七，6）

ⅢT4103③：2，口近直。胎色灰白。釉色青绿，表面有细小开片，碗内施满釉，外施釉及下腹。口径13.2、足径4.2、高8.0厘米。（图5-30，15；图版一五八，1）

ⅢT4603④：9，口近直。胎色灰黄。釉色黄绿，碗内施满釉，外施釉及下腹，多已剥落。口沿下一周凹弦纹，腹中部两道凹弦纹。口径12.8、足径5.2、高8.0厘米。（图5-31，1；图版一五八，2）

ⅢT4604④：4，口微侈。胎色灰白。釉色黄绿，碗内施满釉，碗底积釉，外施釉及下腹。口径12.6、足径5.7、高7.2厘米。（图5-31，2；图版一五八，3）

ⅢT4702④：2，口近直。胎色灰红。釉色青绿，碗内施满釉，碗底积厚釉，外壁施半釉，有流釉。碗底三个支钉痕。口径12.9、足径5.1、高8.4厘米。（图5-31，3；图版一五八，4）

ⅢT4803④：20，直口，方唇。胎色发灰。釉色黄绿，碗内施满釉，碗底积釉，外壁施釉近底，有流釉。口径12.3、足径4.2、高9.3厘米。（图5-31，4；图版一五八，5）

ⅢT4805④：6，口微侈，方唇。胎色灰白。釉色青绿，釉面有细小开片，碗内施满釉，外施釉近底。口径12.0、足径4.5、高9.0厘米。（图5-31，5；图版一五八，6）

D型　7件。饼足，足底平，底部一周凹槽。

H29：9，直口，方唇，足壁微外撇。胎色发灰。青釉色泽暗沉，表面有细小开片，碗内施满釉，外施釉近底。外壁口沿下两周凹弦纹。口径10.8、足径4.0、高6.3厘米。（图5-31，6；图版一五九，1）

H138：11，口微敛，方圆唇，足壁外撇。胎色灰白，胎质细腻。釉色青灰，釉质光润，表面有细小开片，碗内施满釉，外施釉不及底，碗内外均积釉和滴釉。外壁中部有三道淡褐彩弦纹。碗内心凸起，为烧结气泡。口径13.2、足径4.6、高8.2厘米。（图5-31，7；图版一五九，2）

H138：28，口微敛，方唇，足壁外撇。胎色灰黄。釉色青绿，釉质光润，表面有细小开片，碗内施满釉，外施釉不及底。口径7.4、足径3.0、高5.1厘米。（图5-31，8）

H468：16，口近直，方圆唇。胎色发灰。釉色青绿，釉质润泽，表面有细小开片，内外壁施釉均不及底。碗口外侧两道弦纹。口径14.1、足径5.4、高8.1厘米。（图5-31，9；图版一五九，3）

T7④：1，敛口，方唇。胎色灰红，瓷胎致密。釉色青绿，表面有细小开片，碗内施满釉，外施釉近底，有积釉、流釉。碗内三个支钉痕。口径14.1、足径6.0、高9.0厘米。（图5-31，10；图版一五九，4）

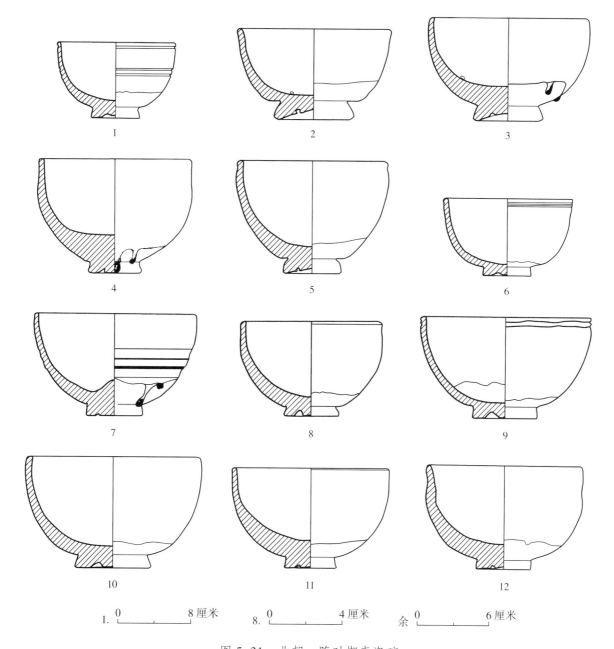

图 5-31　北朝—隋时期青瓷碗

1~5. C 型（Ⅲ T4603 ④：9、Ⅲ T4604 ④：4、Ⅲ T4702 ④：2、Ⅲ T4803 ④：20、Ⅲ T4805 ④：6）　6~12. D 型（H29：9、H138：11、H138：28、H468：16、T7 ④：1、T13 ⑤：14、T13 ⑤：19）

　　T13 ⑤：14，口微敛，斜沿，方唇。胎色灰黄。碗内施满釉，釉色黄绿，外施釉近底，釉色青绿。口径 12.9、足径 4.3、高 8.1 厘米。（图 5-31，11；图版一五九，5）

　　T13 ⑤：19，直口微侈，沿下微束。胎色灰红。釉色青绿，碗内施满釉，外施釉近底。口径 12.8、足径 4.5、高 8.4 厘米。（图 5-31，12；图版一五九，6）

　　青瓷盘　32 件。多为敞口，方唇，浅腹，饼形足，足底多内凹。釉色及施釉情况与碗相似，盘内积釉、外壁滴釉现象多见，盘底常见三个粗支钉痕。纹饰多盘内施褐彩同心弦纹及弧线连线纹。

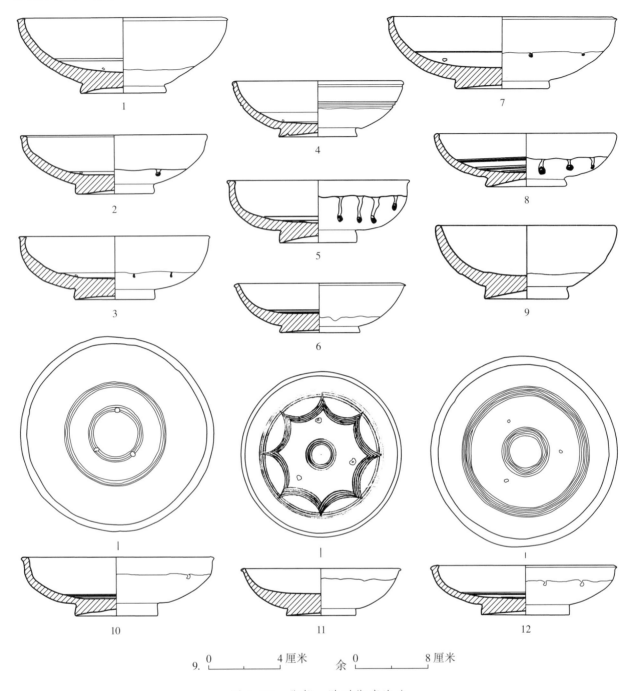

图 5-32　北朝—隋时期青瓷盘

1. H34：6　2. H125②：4　3. H273：2　4. H280：1　5. T6④：10　6. T2①：3　7. H273：3　8. T8盗：1
9. H137：4　10. T5③：10　11. T6④：16　12. T9④：1

　　H34：6，唇外折，足壁外撇。胎色灰白。青釉略泛黄，釉质光润，盘内施满釉，外施釉不及底。盘底两周弦纹并残留两个支钉痕。口径22.0、足径9.4、高7.9厘米。（图5-32，1；图版一六〇，1）

　　H125②：4，直口微敛，足壁微外撇。胎色灰红，胎质细腻。青釉灰绿，盘内施满釉，盘底积釉，盘外施半釉，有流釉。盘内一周弦纹。盘底三个粗支钉痕。口径20.4、足径8.4、

高 6.2 厘米。（图 5-32，2；图版一六〇，2）

H273：2，口微敛，平沿，尖圆唇。胎色灰白。釉色黄绿，釉质光润，表面有细小开片，盘内施满釉，外施半釉，盘底及外壁均积釉。盘内两道同心弦纹。盘底三个粗支钉痕。口径 21.2、足径 8.8、高 6.8 厘米。（图 5-32，3；图版一六〇，3）

H280：1，胎色灰白。釉色青黄，施釉不均，盘内施满釉，盘底积釉，盘外半釉，有积釉和滴釉。盘内两周弦纹，盘外三周弦纹，碗底有数道细同心弦纹。盘内残留一个支钉痕。口径 18.4、足径 8.8、高 6.0 厘米。（图 5-32，4；图版一六〇，4）

T6④：10，直口，平沿。胎色发灰。釉色黄绿，釉质光润，盘内施满釉，有积釉，盘外仅口部施釉，有滴釉。盘内两周褐彩弦纹。口径 20.4、足径 8.4、高 6.8 厘米。（图 5-32，5；图版一六〇，5）

T2①：3，胎色发灰。釉色灰绿。盘内施满釉，盘底积釉，盘外半釉，有积釉和滴釉。盘内两道褐彩弦纹。口径 18.0、足径 8.8、高 7.2 厘米。（图 5-32，6；图版一六〇，6）

H273：3，斜方唇。胎色灰白。釉色黄绿，釉质光润，表面有细小开片，盘内施满釉，外施半釉，盘底及外壁均积釉。盘内一周弦纹。盘底残留一个粗支钉痕。口径 24.4、足径 10.4、高 7.6 厘米。（图 5-32，7）

T8盗：1，口微敛，平圆唇。胎色灰白。釉色灰绿，釉质光润，盘内施满釉，盘外施半釉，有滴釉。盘内饰三组同心弦纹。口径 19.6、足径 8.8、高 5.7 厘米。（图 5-32，8）

H137：4，口微敛，圆唇，足壁微外撇。胎色灰红。釉色黄绿，釉质光润，表面有细小开片，盘内施满釉，外施半釉，盘内外均积釉。口径 9.8、足径 4.6、高 4.0 厘米。（图 5-32，9）

T5③：10，沿面稍平。胎色灰红。釉色灰绿，盘内施满釉，盘外半釉，有滴釉。盘内两组褐彩弦纹及三个支钉痕。口径 20.8、足径 9.2、高 6.4 厘米。（图 5-32，10；图版一六一，1）

T6④：16，斜沿，方唇，弧腹下收。胎色发灰。釉色黄绿，釉质光润，盘内施满釉，盘外仅口部施釉，有滴釉。盘内饰两组重圈纹，其间饰连弧纹。盘内三个支钉痕。口径 17.2、足径 7.6、高 5.0 厘米。（图 5-32，11；图版一六一，2）

T9④：1，敛口，斜沿，浅盘，饼形足，足底内凹。胎色发灰。釉色黄绿，釉质光润，盘内施满釉，盘底积釉，盘外施半釉，有滴釉。盘内饰两组重圈纹。盘内三个支钉痕。口径 19.6、足径 9.6、高 5.2 厘米。（图 5-32，12；图版一六一，3）

J5：3，斜沿。胎色发灰。釉色青绿，盘内施满釉，盘心釉多剥落，盘外壁施半釉。盘心刻绘莲瓣纹，多漫漶不清。口径 23.8、足径 10.0、高 8.6 厘米。（图 5-33，1）

T9③：4，斜沿外折。胎色发灰。釉色青绿，盘内施满釉，盘外壁施半釉。盘内饰三组重圈纹，其间饰两组连弧纹。口径 24.6、足径 10.4、高 6.4 厘米。（图 5-33，2）

T13④：5，侈口，卷沿。胎色红褐。釉色青绿，盘内施满釉，盘底釉多剥落，盘外施釉不及底。口径 18.6、足径 8.4、高 6.0 厘米。（图 5-33，3；图版一六一，4）

Ⅲ T4206④：1，直口。胎色灰黄。釉色青黄，盘内施满釉，釉剥落殆尽，外施半釉。

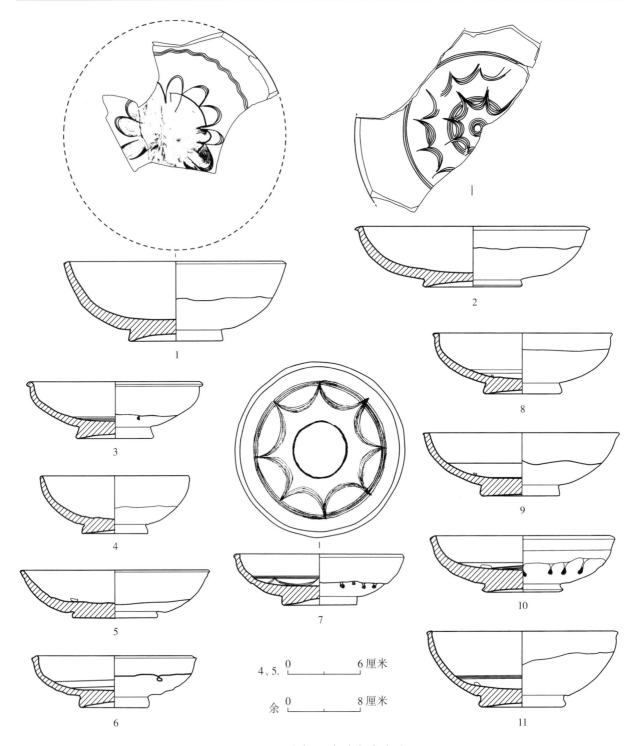

图 5-33　北朝—隋时期青瓷盘

1. J5：3　2. T9③：4　3. T13④：5　4. Ⅲ T4206④：1　5. Ⅲ T4602③：5　6. Ⅲ T4602④：1　7. T14③：6
8. Ⅲ T4602④：3　9. Ⅲ T4703④：1　10. Ⅲ T4704④：3　11. Ⅲ T4703④：3

口径 12.2、足径 5.4、高 4.6 厘米。（图 5-33，4）

　　Ⅲ T4602③：5，敞口。胎色发红，胎质粗疏。釉色灰白，盘内施满釉，外施半釉。盘底残留一个支钉痕。口径 15.4、足径 6.8、高 3.8 厘米。（图 5-33，5）

Ⅲ T4602④：1，斜沿。胎色发灰。釉色黄绿，盘内施满釉，盘底积釉，外施半釉，有滴釉。盘内两周褐彩弦纹。口径17.2、足径7.4、高5.6厘米。（图5-33，6；图版一六一，5）

T14③：6，口微敛，斜沿，方唇，沿下微束。胎色红褐。釉色青绿，盘内施满釉，盘外施半釉，有滴釉。盘内饰两组重圈纹，其间饰连弧纹。口径18.4、足径8.1、高5.6厘米。（图5-33，7；图版一六一，6）

Ⅲ T4602④：3，直口。胎色红褐。釉色黄绿，盘内施满釉，外仅口部施釉，外釉多已剥落，露褐色化妆土。盘心两周褐彩弦纹。盘底三个支钉痕。口径19.6、足径8.2、高6.6厘米。（图5-33，8；图版一六二，1）

Ⅲ T4703④：1，胎色灰黄。釉色灰绿，盘内施满釉，外施半釉。盘内两周褐彩弦纹，弦纹间三个粗支钉痕。口径21.6、足径8.5、高6.8厘米。（图5-33，9；图版一六二，2）

Ⅲ T4703④：3，短斜沿。胎色灰黄。釉色灰绿，盘内施满釉，外壁施半釉。盘内四周细褐彩弦纹。盘底三个支钉痕。口径20.4、足径8.9、高8.0厘米。（图5-33，11；图版一六二，3）

Ⅲ T4704④：3，足壁外撇。胎色发灰。釉色黄绿，盘内施满釉，盘底积釉，外施半釉，有流釉。盘内饰两组细弦纹，盘心三个支钉痕。口径19.2、足径8.0、高6.0厘米。（图5-33，10；图版一六二，4）

Ⅲ T4603④：8，方圆唇。胎色发灰。釉色青灰，盘内施满釉，外施半釉，有滴釉。盘内饰褐彩弦纹及窄叶莲瓣纹。残留一个支钉痕。口径22.8、足径10.4、高7.2厘米。（图5-34，1；图版一六二，5）

Ⅲ T4703④：2，胎色发灰。釉色青灰，内施满釉，外施半釉，有滴釉。盘内饰褐彩弦纹及窄叶莲瓣纹。残留两个支钉痕。口径22.8、足径10.8、高7.4厘米。（图5-34，2；图版一六二，6）

Ⅲ T4704④：4，足壁外撇。胎色发灰。釉色黄绿，内施满釉，盘底积釉，外施釉及下腹，有流釉。盘心有二三周漫漶不清的褐彩弦纹且留有三个粗支钉痕。口径20.0、足径8.6、高5.8厘米。（图版一六三，1）

Ⅲ T4802③：3，方唇，足壁外撇。胎色青灰。釉色青绿，匀净光亮，盘内施满釉，外施半釉，有流釉。盘内两组褐彩弦纹，盘心三个支钉痕。口径20.8、足径9.6、高7.7厘米。（图5-34，3；图版一六三，2）

Ⅲ T4802③：8，方唇，足壁外撇。胎色红褐。釉色灰绿，内施满釉，外施半釉，有流釉。盘心残留两个支钉痕。口径19.2、足径7.6、高5.6厘米。（图5-34，4；图版一六三，3）

Ⅲ T4804④：8，足壁外撇。胎色红褐。釉色青绿，盘内施满釉，外施半釉。盘心一周褐彩弦纹，外壁近底部一周凹弦纹。内有三个支钉痕。盘口径23.8、足径10.0、高7.6厘米。（图5-34，5；图版一六三，4）

Ⅲ T4805③：7，瓷胎灰白。盘内外均未施釉。口径18.4、足径8.0、高5.8厘米。（图5-34，6）

Ⅲ T4805③：9，胎色发灰。釉色灰绿，盘内施满釉，外施半釉，有滴釉。盘内两周褐

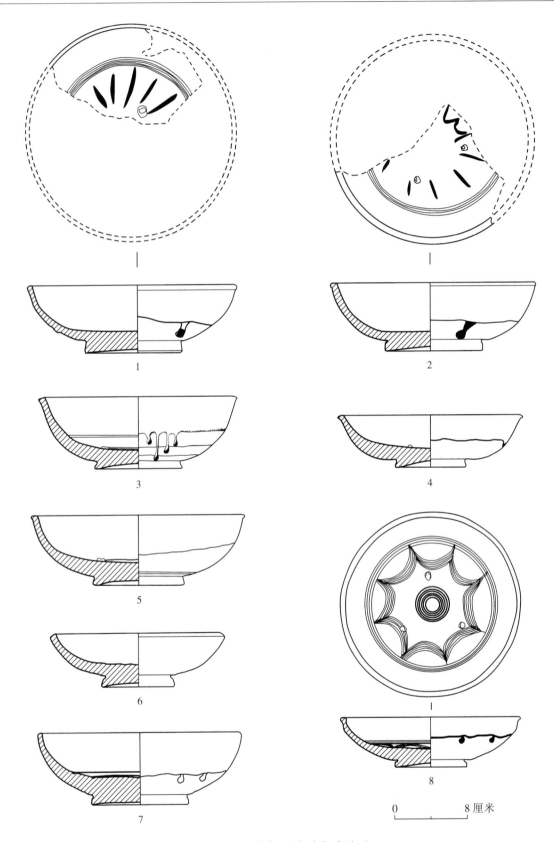

图 5-34　北朝—隋时期青瓷盘

1. Ⅲ T4603 ④：8　2. Ⅲ T4703 ④：2　3. Ⅲ T4802 ③：3　4. Ⅲ T4802 ③：8　5. Ⅲ T4804 ④：8　6. Ⅲ T4805 ③：7
7. Ⅲ T4805 ③：9　8. Ⅲ T4805 ④：7

彩弦纹并残留一个支钉痕。口径 22.4、足径 10.8、高 7.7 厘米。（图 5-34，7）

Ⅲ T4805 ④：7，口近直。胎色发灰。釉色黄绿，碗内施满釉，外施半釉，有滴釉。盘内两组褐彩弦纹，其间饰褐彩连弧纹。盘内三个粗支钉痕。口径 20.0、足径 7.8、高 5.3 厘米。（图 5-34，8；图版一六三，5、6）

青瓷高足盘　5 件。浅盘，根据盘壁特征又可分两型。

A 型　1 件。盘壁浅弧。

H135：8，敞口，盘心平坦，下承喇叭圈足。胎色发黄，胎质细腻。青釉灰绿，盘壁内外施满釉，圈足未施釉。盘内中部饰两道弦纹，盘心饰四道弦纹，盘外中部饰一道弦纹。盘内留有三个粗支钉痕。口径 14.2、足径 9.4、高 5.2 厘米。（图 5-35，1；图版一六四，1）

B 型　4 件。盘壁竖折。

H306：2，侈口，尖唇，细柄外撇成喇叭状圈足，近足底处出台。胎色灰白。釉色黄绿，盘内施满釉，外盘身及柄上部施釉，柄下部及圈足内不施釉，盘壁折腹处积釉较深，内有积釉，外有滴釉。口径 14.7、足径 9.0、高 11.1 厘米。（图 5-35，2；图版一六四，2）

T2 ②：10，直口，圆唇，细柄，喇叭形圈足，近足底处出台。胎色红褐。釉色灰绿，盘内施满釉，外施釉近足底，折盘处及足下釉色较深。盘心内残有一个支钉痕。口径 16.2、足径 9.2、高 14.0 厘米。（图 5-35，3；图版一六四，3）

J5：1，侈口，尖唇，喇叭形圈足。胎色发灰。釉色黄绿，盘壁内外施满釉，圈足仅上部施釉，流釉至下部。折盘处一道褐彩弦纹。口径 14.0、足径 8.0、高 7.2 厘米。（图 5-35，4；图版一六四，4）

T6 ⑤：8，口微侈，尖圆唇，喇叭形圈足。胎色发灰。釉色黄绿，盘壁内外施满釉，足底不施釉。口径 12.6、足径 8.7、高 6.9 厘米。（图 5-35，5；图版一六四，5）

青瓷罐　5 件。根据整器特征略分四型。

A 型　2 件。四系罐，口近直或微侈，短颈，溜肩，深弧腹，饼足，肩部等距离塑贴双泥条四系。

H277：1，圆唇，下腹及底残。四系均残。胎色灰褐，胎质较粗疏。釉色灰绿，罐内施满釉，外壁施釉至罐下腹，有滴釉，釉多剥落。口径 6.9、残高 10.8 厘米。（图 5-35，6；图版一六五，1）

Ⅲ T4803 ③：1，斜沿，束颈，足底内凹。胎色发灰。釉色青灰发亮，罐内施满釉，内壁积釉，外施釉及下腹，有流釉。肩及下腹部各有两道凸棱，棱上戳印斜刻划纹。口径 5.7、足径 6.0、高 15.3 厘米。（图 5-35，7；图版一六五，2）

B 型　1 件。

采集：2，小直口，弧肩，深弧腹，饼形足，足底内凹。瓷胎灰白。罐内外壁均未施釉。肩腹交接处两周掐印纹，肩部戳印数个小圆圈。口径 15.2、足径 6.0、高 8.0 厘米。（图版一六五，3）

C 型　1 件。

Ⅲ T4705 ④：1，敛口，圆唇，鼓肩，深弧腹内收，平底。胎色褐色，胎质较粗。釉色青灰，

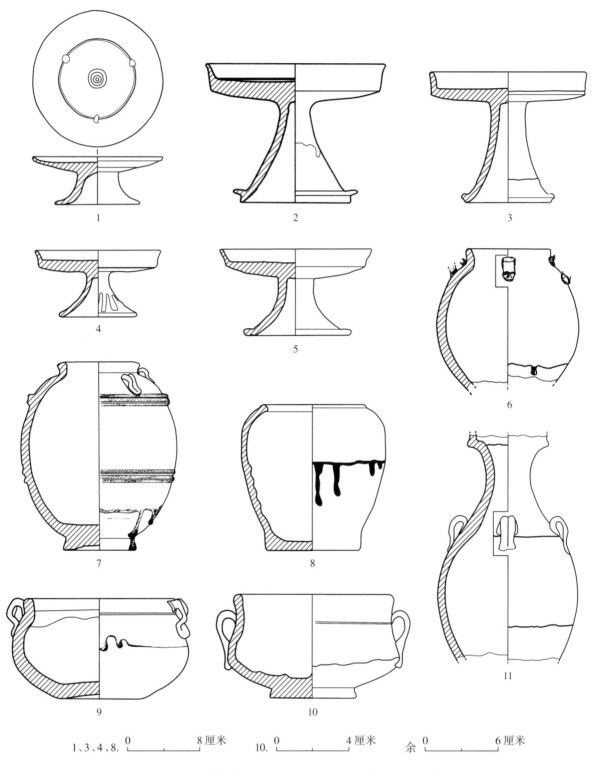

图 5-35　北朝—隋时期青瓷高足盘、罐、盂、壶

1. 高足盘 A 型（H135：8）　　2~5. 高足盘 B 型（H306：2、T2②：10、J5：1、T6⑤：8）　　6、7. 罐 A 型（H277：1、
Ⅲ T4803③：1）　　8. 罐 C 型（Ⅲ T4705④：1）　　9、10. 盂（H302：2、Ⅲ T4604③：8）　　11. 壶（T12②：2）

罐内不施釉，外壁施半釉，施釉不均，有积釉和流釉。口径 11.2、底径 10.4、高 15.7 厘米。（图 5-35，8；图版一六五，4）

D 型 1 件。

Ⅲ T4602③：2，口微侈，方唇，短束颈，鼓肩，深弧腹至底部内收，平底内凹。红色瓷胎，胎质较轻。罐内外壁均未施釉。口径 5.8、底径 5.7、高 8.9 厘米。（图版一六四，6）

青瓷盂 2 件。

H302：2，直口微侈，圆唇，卷沿，圆鼓腹，平底微内凹。沿下等距离塑贴双泥条二系。胎色灰白，胎质致密。釉色灰绿，釉质光润，盂内施满釉，外施半釉，有滴釉。口径 12.0、底径 6.6、高 8.1 厘米。（图 5-35，9；图版一六五，5）

Ⅲ T4604③：8，口微侈，厚圆唇，直颈微束，扁腹，矮饼足。颈腹部一对系耳。胎色发红，釉色灰绿，盂内施满釉，外施半釉。口径 8.4、足径 4.7、高 5.5 厘米。（图 5-35，10；图版一六五，6）

青瓷壶 1 件。

T12②：2，四系盘口壶。盘口残，束颈，溜肩，鼓腹，底残。肩部塑贴等距离双泥条四系。胎色发红。釉色青绿，釉质光润，壶外壁施釉及下腹，内侧仅口沿施釉。残高 18.3 厘米。（图 5-35，11）

二、陶器

钵 24 件。多为泥质灰陶。依整器特征可分为五型。

A 型 7 件。敞口，圆唇，斜弧腹，平底或平底微凹。与碗相似，比碗略大。

H294：6，泥质红陶。口径 15.6、底径 8.0、高 8.7 厘米。（图 5-36，1；图版一六六，1）

H468：8，口径 17.2、底径 7.6、高 8.0 厘米。（图 5-36，2）

T4③：13，夹砂灰褐陶。口径 17.6、底径 10.8、高 7.6 厘米。（图 5-36，3；图版一六六，2）

Ⅲ T4802④：5，夹砂灰褐陶。口径 20.4、底径 8.8、高 8.0 厘米。（图 5-36，4；图版一六六，3）

Ⅲ T4803④：13，口径 16.4、底径 5.6、高 8.0 厘米。（图 5-36，5；图版一六六，4）

Ⅲ T4803④：17，器身内外均有轮制痕迹。口径 16.4、底径 6.4、高 8.4 厘米。（图 5-36，6；图版一六六，5）

Ⅲ T4803④：19，内外壁均有轮制痕迹。口径 16.0、底径 6.0、高 7.6 厘米。（图 5-36，7；图版一六六，6）

B 型 4 件。敛口，弧腹，平底。

H41：1，沿下一周凸起。口径 13.2、底径 9.6、高 7.5 厘米。（图 5-36，8；图版一六七，1）

H41：2，口径 14.4、底径 8.0、高 9.2 厘米。（图 5-36，9；图版一六七，2）

H283：1，腹中部有一道弦纹。口径 15.2、底径 8.4、高 9.4 厘米。（图 5-36，10；图版一六七，3）

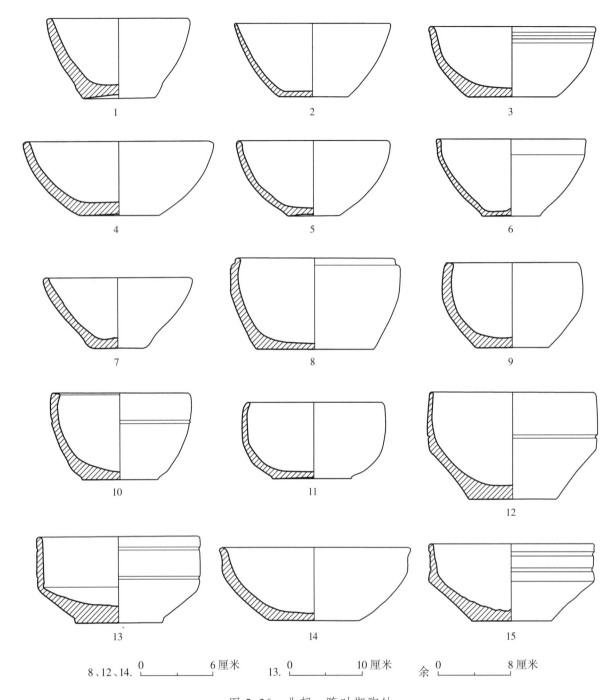

8、12、14. 0————6厘米   13. 0————10厘米   余 0————8厘米

图 5-36 北朝—隋时期陶钵

1~7. A 型（H294：6、H468：8、T4③：13、Ⅲ T4802④：5、Ⅲ T4803④：13、Ⅲ T4803④：17、Ⅲ T4803④：19）
8~11. B 型（H41：1、H41：2、H283：1、Ⅲ T4705⑤：2） 12~15. C 型（T2③：13、T7⑤：4、T9⑤：4、
Ⅲ T4105④：8）

  Ⅲ T4705⑤：2，口径 14.8、底径 8.8、高 8.2 厘米。（图 5-36，11）

  C 型 11 件。口近直，上腹较直，下腹弧收，平底。

  T2③：13，腹中部一道凹弦纹。口径 13.5、底径 7.2、高 8.7 厘米。（图 5-36，12；图
版一六七，4）

T7⑤：4，口沿下及腹中部各饰一道凹弦纹。口径22.5、底径12.0、高11.5厘米。（图5-36，13；图版一六七，5）

T9⑤：4，口径15.6、底径7.5、高5.9厘米。（图5-36，14；图版一六七，6）

Ⅲ T4105④：8，腹部有轮修痕。口径18.0、底径8.8、高8.4厘米。（图5-36，15）

Ⅲ T4202⑤：8，唇下一周凹弦纹。口径13.8、底径8.1、高8.1厘米。（图5-37，1；图版一六八，1）

Ⅲ T4204⑤：2，器表有轮修时形成的凸棱。口径14.8、底径9.6、高9.2厘米。（图5-37，2）

Ⅲ T4603④：15，夹砂黑皮陶。斜颈微束，鼓肩，斜腹弧收，平底内凹。口径18.4、底径8.4、高8.2厘米。（图5-37，3；图版一六八，2）

Ⅲ T4805⑤：6，口径14.8、底径6.0、高8.0厘米。（图5-37，4；图版一六八，3）

H3：1，平底内凹。口径13.6、底径9.2、高7.4厘米。（图5-37，5；图版一六八，4）

G23：3，口微敛，斜沿，上腹较直，下腹折收，平底。口径7.0、底径4.2、高4.1厘米。（图5-37，6）

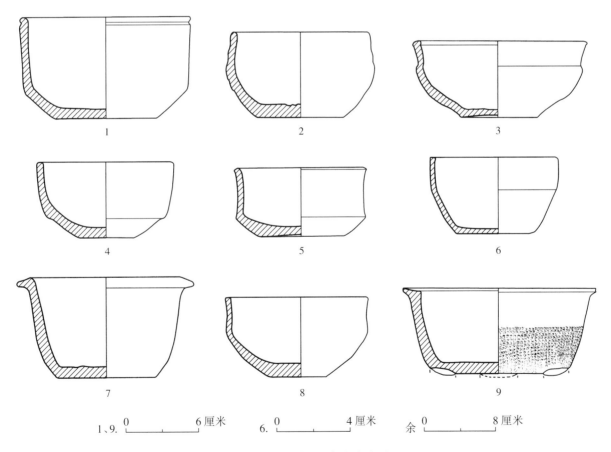

图 5-37　北朝—隋时期陶钵

1~6、8. C型（Ⅲ T4202⑤：8、Ⅲ T4204⑤：2、Ⅲ T4603④：15、Ⅲ T4805⑤：6、H3：1、G23：3、Ⅲ T4603④：10）　7. D型（H59②：7）　9. E型（G5④：7）

Ⅲ T4603 ④：10，口近直，上腹弧凹，下腹折收，小平底。口径 15.6、底径 6.0、高 8.5 厘米。（图 5-37，8）

D 型　1 件。直腹钵。

H59 ②：7，泥质灰陶。敞口，斜沿外折，圆唇，斜直腹，平底。口径 16.4、底径 10.8、高 10.6 厘米。（图 5-37，7；图版一六八，5）

E 型　1 件。直腹，底附三足。

G5 ④：7，敞口，斜沿，斜直腹，平底，底附三足，三足均残。钵腹部拍印小方格纹。口径 16.2、残高 6.9 厘米。（图 5-37，9；图版一六八，6）

碗　44 件。泥质灰陶或灰褐陶。敞口，圆唇，弧腹，多平底或底微凹，个别为圈足。

H135：4，沿下一周细凹弦纹。口径 22.4、底径 10.8、高 9.0 厘米。（图 5-38，1）

H135：9，下腹部有轮修痕迹。口径 17.2、底径 8.4、高 7.6 厘米。（图 5-38，2；图版一六九，1）

H138：5，底部一周经打磨。口径 14.4、底径 5.8、高 6.0 厘米。（图 5-38，3；图版一六九，2）

H138：10，口径 15.6、底径 7.5、高 7.2 厘米。（图 5-38，4）

H138：15，口径 17.6、底径 4.8、高 8.1 厘米。（图 5-38，5；图版一六九，3）

H138：21，碗底有切痕。口径 9.4、底径 4.4、高 5.7 厘米。（图 5-38，6；图版一六九，4）

H138：29，口径 16.0、底径 7.2、高 8.8 厘米。（图 5-38，7）

H147：6，口径 16.0、底径 7.6、高 7.0 厘米。（图 5-38，8）

H147：7，口径 16.8、底径 7.2、高 8.0 厘米。（图 5-38，9）

H147：8，口径 15.2、底径 6.4、高 7.4 厘米。（图 5-38，10）

H147：10，口径 16.6、底径 7.4、高 7.3 厘米。（图 5-38，11）

H147：11，口径 7.8、底径 3.8、高 4.3 厘米。（图 5-38，12；图版一六九，5）

H290：6，口径 14.0、底径 7.0、高 7.0 厘米。（图 5-38，13；图版一六九，6）

H314：3，碗心鼓突。口径 14.8、底径 6.8、高 7.2 厘米。（图 5-38，14）

T1 ②：1，矮圈足，圈足经打磨。口径 16.4、足径 6.0、高 6.4 厘米。（图 5-38，15）

T5 ③：6，口径 16.0、底径 6.8、高 9.0 厘米。（图 5-38，16）

T5 ③：7，口径 16.0、底径 8.0、高 7.3 厘米。（图 5-38，17）

T6 ④：14，口径 16.1、底径 7.2、高 8.0 厘米。（图 5-38，18）

T8 ③：3，口径 8.8、底径 3.6、高 4.7 厘米。（图 5-39，1）

T8 ③：1，口径 10.6、底径 5.4、高 5.4 厘米。（图 5-39，2）

T8 ④：21，口径 16.0、底径 7.8、高 6.6 厘米。（图 5-39，3）

T11 ⑤：5，上腹较直，下腹斜收，腹部有轮修痕迹。口径 16.1、底径 7.2、高 8.4 厘米。（图 5-39，4）

T14 ③：2，口径 8.0、足径 3.4、高 5.0 厘米。（图 5-39，5；图版一七〇，1）

T13 ⑤：12，口径 16.2、底径 7.7、高 7.8 厘米。（图 5-39，6）

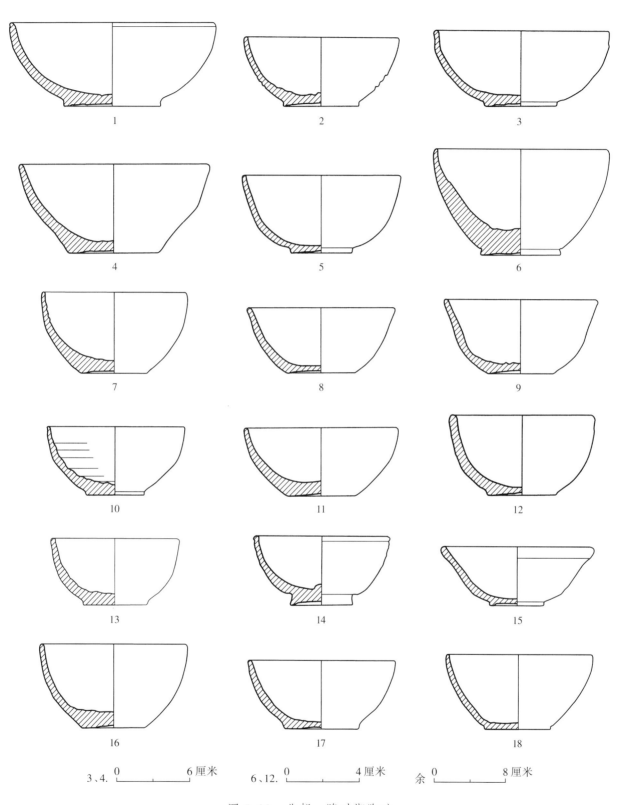

图 5-38　北朝—隋时期陶碗

1. H135：4　2. H135：9　3. H138：5　4. H138：10　5. H138：15　6. H138：21　7. H138：29　8. H147：6
9. H147：7　10. H147：8　11. H147：10　12. H147：11　13. H290：6　14. H314：3　15. T1②：1　16. T5③：6
17. T5③：7　18. T6④：14

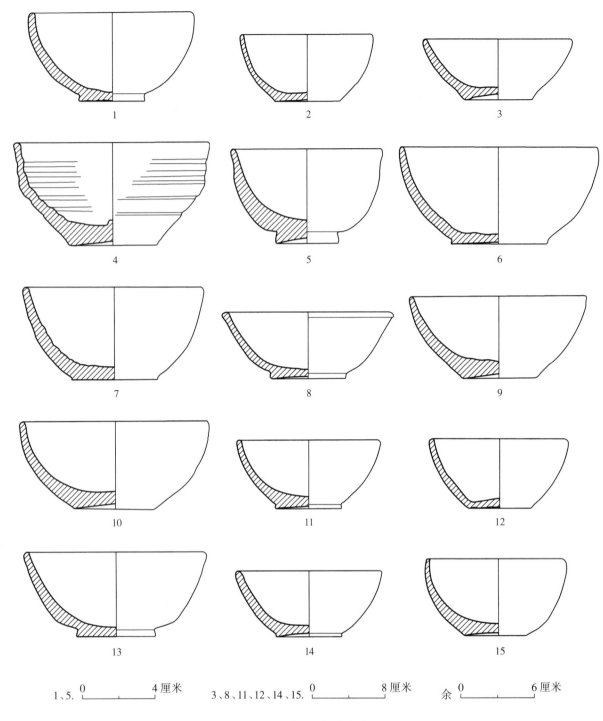

1、5. 0 ____ 4厘米   3、8、11、12、14、15. 0 ____ 8厘米   余 0 ____ 6厘米

图 5-39　北朝—隋时期陶碗

1. T8③：3　2. T8③：1　3. T8④：21　4. T11⑤：5　5. T14③：2　6. T13⑤：12　7. T14⑤：1　8. Ⅲ T4102④：2　9. Ⅲ T4103④：1　10. Ⅲ T4206⑤：2　11. Ⅲ T4802③：10　12. Ⅲ T4803④：6　13. H32：5　14. Ⅲ T4805⑤：16　15. G5③：8

　　T14⑤：1，碗底留有轮制时切割痕。口径14.8、底径7.2、高7.5厘米。（图 5-39，7；图版一七〇，2）

　　Ⅲ T4102④：2，口径18.0、底径8.0、高7.2厘米。（图 5-39，8；图版一七〇，3）

Ⅲ T4103 ④：1，口径 14.4、底径 6.0、高 6.6 厘米。（图 5-39，9；图版一七〇，4）

Ⅲ T4206 ⑤：2，口径 15.3、底径 6.6、高 7.1 厘米。（图 5-39，10）

Ⅲ T4802 ③：10，口径 15.6、底径 7.2、高 7.4 厘米。（图 5-39，11；图版一七〇，5）

Ⅲ T4803 ④：6，口径 14.4、底径 6.8、高 7.6 厘米。（图 5-39，12；图版一七〇，6）

H32 ：5，饼足。口径 14.7、足径 6.5、高 6.9 厘米。（图 5-39，13）

Ⅲ T4805 ⑤：16，口径 16.0、底径 7.2、高 7.2 厘米。（图 5-39，14）

G5 ③：8，底微凹。口径 15.2、底径 6.4、高 8.4 厘米。（图 5-39，15）

G5 ②：10，口径 16.0、底径 6.4、高 8.5 厘米。（图 5-40，1）

T13 ⑤：13，饼足。口径 16.0、足径 6.4、高 8.4 厘米。（图 5-40，2）

T2 ③：2，饼足。内壁有轮制痕，且刻有"人""王"等字样。口径 14.4、足径 5.1、高 7.5

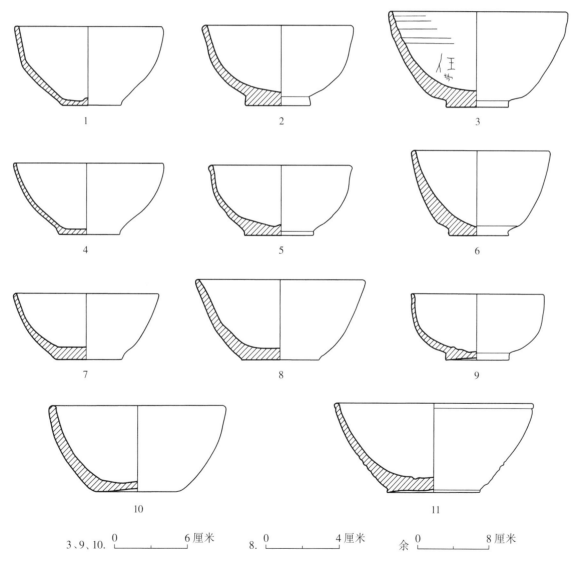

图 5-40　北朝—隋时期陶碗

1. G5 ②：10　2. T13 ⑤：13　3. T2 ③：2　4. Ⅲ T4803 ④：21　5. Ⅲ T4805 ⑤：17　6. Ⅲ T4604 ④：9　7. Ⅲ T4804 ⑤：2
8. H29：3　9. H135：3　10. H46：1　11. H135：2

厘米。（图5-40，3）

　　Ⅲ T4803 ④：21，口径16.0、底径7.1、高6.8厘米。（图5-40，4）

　　Ⅲ T4805 ⑤：17，圆唇。口径15.4、底径7.4、高7.4厘米。（图5-40，5）

　　Ⅲ T4604 ④：9，饼足。口径14.8、足径6.4、高10.0厘米。（图5-40，6）

　　Ⅲ T4804 ⑤：2，口径15.6、底径7.2、高7.0厘米。（图5-40，7）

　　H29：3，口径9.1、底径4.2、高4.4厘米。（图5-40，8）

　　H135：3，口径11.1、底径5.4、高5.4厘米。（图5-40，9）

　　H46：1，口径14.1、底径6.9、高6.9厘米。（图5-40，10）

　　H135：2，沿下一周凹弦纹。口部变形。口径22.0~23.0、底径10.8、高9.4厘米。（图5-40，11）

　　豆　15件。泥质灰陶或灰褐陶。直口或口微侈，尖圆唇，折壁，浅盘，矮柄，喇叭形圈足。

　　H59 ②：4，口径11.6、足径7.2、高12.0厘米。（图5-41，1）

　　H59 ②：5，口残，深盘。足径7.8、残高12.0厘米。（图5-41，2；图版一七一，1）

　　T10 ⑤：1，口径10.5、足径7.3、高8.9厘米。（图5-41，3）

　　H287：1，盘腹较深。口径17.8、足径11.6、高17.6厘米。（图5-41，4）

　　H291：3，口径11.0、足径8.1、高8.8厘米。（图5-41，5；图版一七一，2）

　　H291：2，口径12.0、足径7.0、高10.8厘米。（图5-41，6）

　　T7 ⑤：5，口径11.7、足径7.8、高10.6厘米。（图5-41，7）

　　Ⅲ T4103 ⑤：3，口径11.1、足径6.6、高11.0厘米。（图5-41，8；图版一七一，3）

　　Ⅲ T4106 ④：1，口径11.1、足径7.0、高10.5厘米。（图5-41，9）

　　Ⅲ T4106 ④：2，口径11.7、底径7.5、高11.4厘米。（图5-41，10）

　　Ⅲ T4605 ⑤：1，口径13.5、足径7.8、高10.5厘米。（图5-41，11；图版一七一，4）

　　Ⅲ T4803 ⑤：9，口径11.7、足径7.8、高10.8厘米。（图5-41，12；图版一七一，5）

　　H38：2，口径11.4、足径8.4、高10.6厘米。（图5-41，13；图版一七一，6）

　　H38：4，口径13.0、残高11.0厘米。（图5-41，14）

　　Ⅲ T4205 ⑤：3，口径11.4、足径8.4、高11.2厘米。（图5-41，15）

　　罐　11件。根据整器特征可略分四型。

　　A型　7件。牛鼻形耳罐。均为夹细砂或泥质灰陶。短颈，耸肩，弧腹，平底。肩部一对牛鼻形耳。

　　H134：4，腹部以下残。口径13.6、残高11.6厘米。（图5-42，1）

　　T1 ②：7，沿面有一道凹槽。口径14.7、底径14.1、高25.2厘米。（图5-42，2；图版一七二，1）

　　Ⅲ T4803 ④：9，子母口，方唇，器身有轮修痕。口径6.0、底径6.4、高14.0厘米。（图5-42，3）

　　H314：2，子母口。口径12.5、底径13.5、高25.5厘米。（图5-42，4）

　　Ⅲ T4102 ③：4，口内凹。口径15.5、底径18.0、高29.1厘米。（图5-42，5；图版

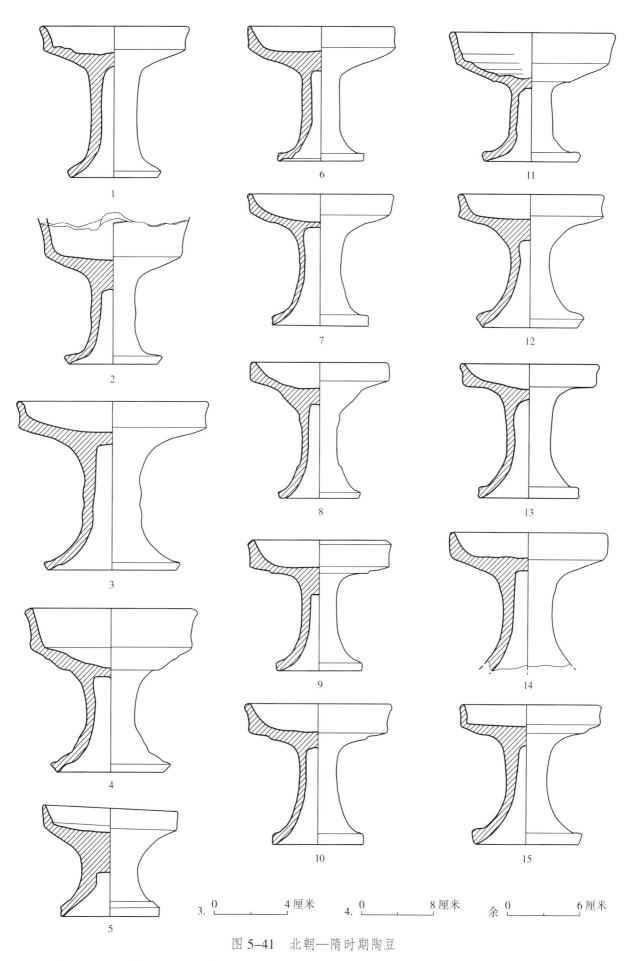

图 5-41　北朝—隋时期陶豆

1. H59 ② : 4　2. H59 ② : 5　3. T10 ⑤ : 1　4. H287 : 1　5. H291 : 3　6. H291 : 2　7. T7 ⑤ : 5　8. Ⅲ T4103 ⑤ : 3
9. Ⅲ T4106 ④ : 1　10. Ⅲ T4106 ④ : 2　11. Ⅲ T4605 ⑤ : 1　12. Ⅲ T4803 ⑤ : 9　13. H38 : 2　14. H38 : 4
15. Ⅲ T4205 ⑤ : 3

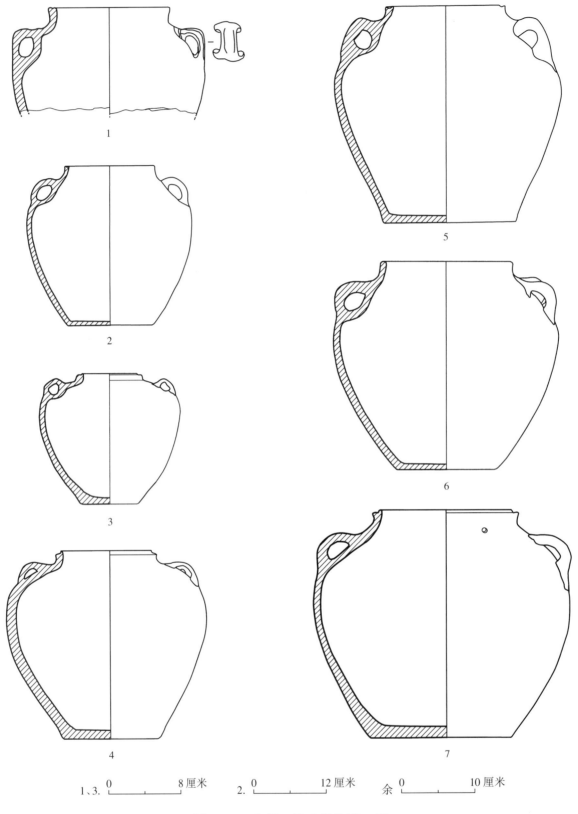

图 5-42 北朝—隋时期陶罐 A 型

1. H134：4 2. T1②：7 3. Ⅲ T4803④：9 4. H314：2 5. Ⅲ T4102③：4 6. Ⅲ T4803③：9 7. H314：4

一七二，2）

　　Ⅲ T4803 ③ ：9，直口。口径 17.5、底径 13.5、高 28.0 厘米。（图 5-42，6；图版一七二，3）

　　H314：4，子母口，颈部留有一圆形钻孔。口径 18.0、底径 19.5、高 30.5 厘米。（图 5-42，7）

　　B 型　1 件。

　　H135：5，泥质灰陶。子母口，矮束颈，溜肩，深弧腹，平底微凹。口径 7.6、底径 8.0、高 15.2 厘米。（图 5-43，1；图版一七二，4）

　　C 型　2 件。泥质灰陶。直口或微侈，短折沿，短颈，扁腹，平底。

　　T1 ③ ：2，颈部钻一小圆孔。口径 7.5、底径 4.9、高 6.6 厘米。（图 5-43，3；图版一七二，5）

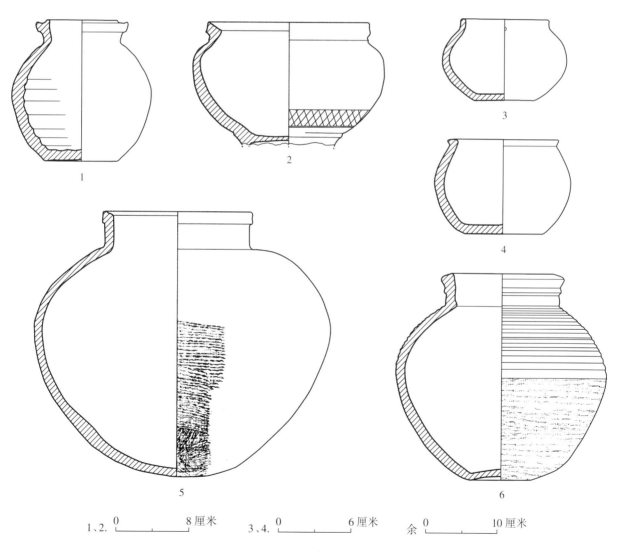

图 5-43　北朝—隋时期陶罐、瓮

1.罐 B 型（H135：5）　2.罐 D 型（H138：7）　3、4.罐 C 型（T1 ③ ：2、T1 ③ ：1）　5、6.瓮（H39：1、Ⅲ T4105 ④ ：14）

T1③：1，口径9.3、底径6.6、高7.5厘米。（图5-43，4）

D型　1件。圈足罐。

H138：7，泥质灰陶。侈口，斜沿，方圆唇，束颈，弧肩，鼓腹，圈足残，残断处经打磨。下腹部饰两周弦纹，其间填充菱形方格纹。口径17.6、残高13.2厘米。（图5-43，2；图版一七二，6）

瓮　2件。

H39：1，泥质灰陶。直口，方唇，直颈，鼓肩，弧腹，圜底。腹中下部饰横向绳纹，近底部饰交错绳纹。口径20.5、高35.5厘米。（图5-43，5；图版一七三，1）

ⅢT4105④：14，泥质灰陶。直口微侈，斜方唇，斜直颈，鼓肩，弧腹，圜底内凹。肩部及上腹部饰凹棱，下腹部拍印横向绳纹。口径14.5、底径8.5、高28.0厘米。（图5-43，6）

盆　4件。根据整器特征略分两型。

A型　2件。泥质灰陶。敞口，弧腹。

H126：1，卷沿，圆唇，平底。口径43.6、底径26.0、高12.6厘米。（图5-44，1）

H138：20，宽沿外折，方唇，平底。口径39.0、底径21.6、高38.4厘米。（图5-44，2；图版一七三，2）

B型　2件。泥质灰陶。口近直或微敛，沿外卷，鼓肩，腹斜折，平底内凹。

H131：3，器身有轮制痕。口径44.8、底径27.2、高16.8厘米。（图5-44，3；图版一七三，3）

H311：1，口径44.8、底径25.6、高16.0厘米。（图5-44，4；图版一七三，4）

盘　4件。略分两型。

A型　3件。敞口，圆唇，浅弧腹，大平底内凹。

T6④：1，夹砂黑陶。口径34.0、底径28.0、高5.2厘米。（图5-44，5；图版一七三，5）

T6④：17，泥质灰陶。口径31.2、底径24.8、高5.6厘米。（图5-44，6）

ⅢT4104⑤：6，泥质红褐陶。口径28.5、底径23.1、高5.9厘米。（图5-44，7；图版一七三，6）

B型　1件。

G5②：8，泥质灰陶。敞口，浅盘，假腹，底近平。口径19.2、底径8.8、高3.4厘米。（图5-44，8）

三足盘　1件。

ⅢT4705⑤：1，夹砂红褐陶。敛口，圆唇，弧腹，平底微凹，底附乳丁状矮足。口径11.7、高4.8厘米。（图5-44，9）

釉陶釜　1件。

H311：2，制作粗糙。宽沿，圆唇，腹斜收成尖圜底。沿下残留釉，釉色灰绿，多已剥落，胎为夹砂红褐陶。口径8.6、高3.6厘米。（图5-44，10；图版一七四，1）

杯　1件。

H38：3，夹砂黑陶。敛口，圆唇，弧腹，平底。口径10.0、底径4.5、高9.7厘米。（图

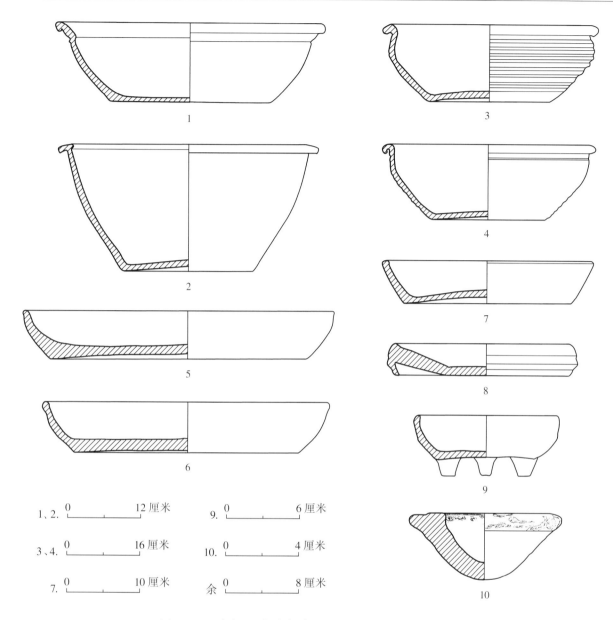

图 5-44　北朝—隋时期陶盆、盘、三足盘及釉陶釜

1、2. 盆 A 型（H126：1、H138：20）　3、4. 盆 B 型（H131：3、H311：1）　5~7. 盘 A 型（T6④：1、T6④：17、Ⅲ T4104⑤：6）　8. 盘 B 型（G5②：8）　9. 三足盘（Ⅲ T4705⑤：1）　10. 釉陶釜（H311：2）

5-45，1；图版一七四，2）

　　拍　3 件。形态均不一致。

　　T6⑤：4，夹砂灰陶。拍面圆弧，拍背较直，柱状把手，拍背及柄部饰粗绳纹。拍径 15.2、高 11.2 厘米。（图 5-45，2）

　　Ⅲ T4202⑤：6，夹砂灰陶。拍面呈上窄下宽的梯形，捉手为半环形。拍面有叶脉纹刻划痕。长 9.3、宽 3.3~5.7、高 4.2 厘米。（图 5-45，3；图版一七四，3、4）

　　Ⅲ T4603④：1，夹砂灰陶。整体呈馒头形，俯面对切四角，留十字形梁，梁中部横穿四孔。梁俯面拍印规律的叶脉纹及圆圈纹，底部亦有一圆孔，未对穿。底径约 9.6、高 7.0 厘米。（图

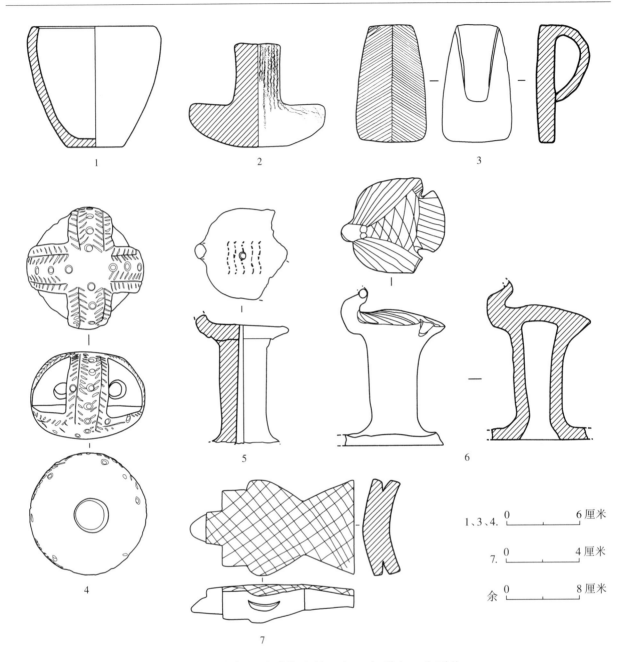

图 5-45　北朝—隋时期陶拍、杯、鸟形座、鱼形饰

1. 杯（H38：3）　2~4. 拍（T6⑤：4、Ⅲ T4202⑤：6、Ⅲ T4603④：1）　5、6. 鸟形座（H59②：8、H59②：1）　7. 鱼形饰（H4：1）

5-45，4；图版一七四，5、6）

鸟形座　2件。

H59②：8，夹砂灰陶。豆状，座首为鸟形，形象较为模糊，鸟头、尾俱残，鸟背拍印浅细绳纹。座柄粗圆，底座残。整体上下对穿一小圆孔。鸟残长 10.4、残宽 10.0、残高 14.0厘米。（图 5-45，5；图版一七五，1、2）

H59②：1，夹砂灰陶。豆状，座首为鸟形，曲颈，掠翅，展尾。鸟身有多道交错刻划纹，座柄粗圆，中空，底座为圆面，较平。鸟长 11.2、鸟宽 10.4、高 16.8 厘米。（图 5-45，6；

图版一七五，3、4）

鱼形饰　1件。

H4：1，泥质灰陶。系用残陶片或陶瓦打磨成鱼形，其背部有刻划网格纹。长9.0、宽5.0、厚1.5厘米。（图5-45，7）

纺轮　7件。

Ⅲ T4103④：3，泥质灰陶。平面圆形，两面较平，两侧较直，中有一孔。直径7.1、厚1.5、孔径0.9厘米。（图5-46，1；图版一七六，1）

Ⅲ T4603④：6，泥质灰陶。平面圆形，截面近梭形，两侧略弧，中有一孔。直径4.8、厚0.3~1.5、孔径1.2厘米。（图5-46，2；图版一七六，2）

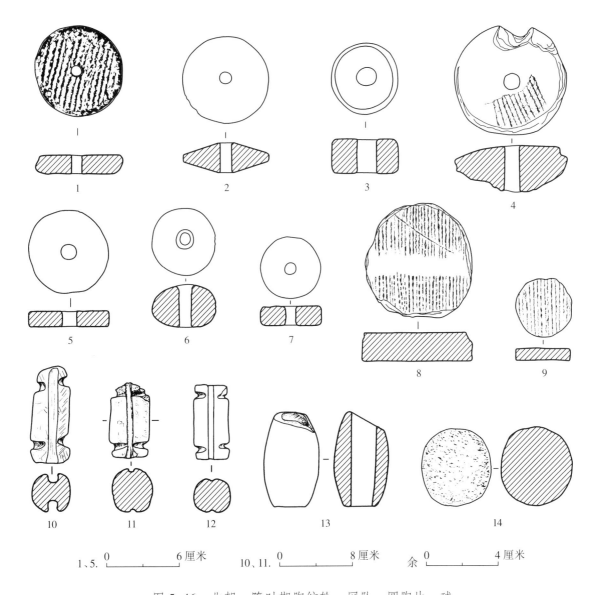

图5-46　北朝—隋时期陶纺轮、网坠、圆陶片、球

1~7.纺轮（Ⅲ T4103④：3、Ⅲ T4603④：6、Ⅲ T4705④：9、H138：2、H161：2、Ⅲ T4811④：1、H29：8）　8、9.圆陶片（H140：1、H138：12）　10~12.网坠B型（Ⅲ T4605③：10、Ⅲ T4805⑤：15、Ⅲ T4805⑤：14）　13.网坠A型（Ⅲ T4803③：6）　14.球（H147：12）

ⅢT4705④：9，泥质灰陶。平面近圆形，四周未经打磨，截面近长条形，中有一孔。直径3.6、厚1.7、孔径0.9厘米。（图5-46，3；图版一七六，3）

H138：2，平面近圆形，剖面近椭圆形，中有一孔，正面有拍印绳纹，背面部分崩坏。直径约4.6、厚2.5、孔径0.6厘米。（图5-46，4）

H161：2，泥质褐陶。圆饼形，两面较平，两侧较直，中钻一孔。直径6.6、厚1.2、孔径1.3厘米。（图5-46，5）

ⅢT4811④：1，夹砂褐陶。平面圆形，剖面近椭圆形，两侧微鼓，中间穿孔。直径3.5、厚2.4、孔径0.7厘米。（图5-46，6；图版一七六，4）

H29：8，泥质灰陶。平面圆形，截面近长条形，中有一孔。直径3.4、厚1.0、孔径0.6厘米。（图5-46，7）

圆陶片　2件。系用泥质灰陶片打磨而成，横截面近长条形，周边不甚规整，表面拍印绳纹。

H140：1，直径6.0、厚1.5厘米。（图5-46，8）

H138：12，直径3.0、厚0.6厘米。（图5-46，9）

网坠　4件，略分两型。

A型　1件。

ⅢT4803③：6，泥质红褐陶。长椭圆形，上下对钻一孔。长5.0、最大径3.0厘米。（图5-46，13；图版一七六，5）

B型　3件。长圆柱形，首尾端各有一周凹槽，器身正背面亦各有一道凹槽。

ⅢT4605③：10，泥质黑陶。长10.4、最宽4.4厘米。（图5-46，10；图版一七六，6）

ⅢT4805⑤：15，泥质灰陶。残长8.0、最宽4.4厘米。（图5-46，11；图版一七六，7）

ⅢT4805⑤：14，泥质灰陶。长4.0、最宽2.0厘米。（图5-46，12；图版一七六，8）

球　1件。

H147：12，泥质灰陶，实心。直径3.9厘米。（图5-46，14；图版一七六，9）

三、瓦当

多为圆瓦当，仅一例为半瓦当。

圆瓦当　46件。有云纹瓦当和莲花纹瓦当。

云纹瓦当　12件。当面主体纹饰为云纹，双线界格将当面分为四区，每区内饰云纹四朵，云纹多为蘑菇形云纹和卷云纹。根据当面纹饰不同可分为两型。

A型　10件。当面饰蘑菇形云纹。根据当心不同又可分两亚型。

Aa型　1件。当心为方格纹。

ⅢT4202⑤：16，当面径15.1、边轮宽0.8厘米。（图5-47，1；图版一七七，1）

Ab型　9件。当心为大乳丁，乳丁四周饰放射状弦纹。

ⅢT4206⑤：6，当面径15.5、边轮宽1.1厘米。（图5-47，2；图版一七七，2）

ⅢT4802④：12，当面径17.1、边轮宽1.3厘米。（图5-47，3；图版一七七，3）

ⅢT4804⑤：4，当面径14.7、边轮宽1.0厘米。（图5-47，4；图版一七七，4）

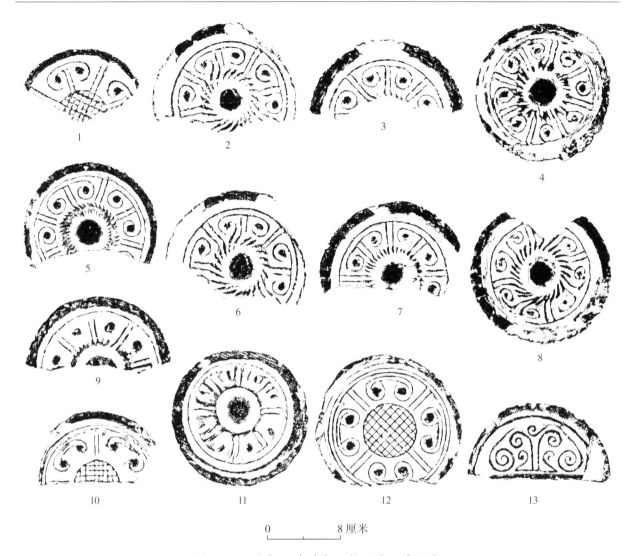

图 5-47　北朝—隋时期云纹瓦当、半瓦当

1. 云纹瓦当 Aa 型（Ⅲ T4202 ⑤：16）　2~9、11. 云纹瓦当 Ab 型（Ⅲ T4206 ⑤：6、Ⅲ T4802 ④：12、Ⅲ T4804 ⑤：4、G23：1、H32：11、采集：1、采集：13、J5：6、Ⅲ T4802 ④：11）　10、12. 云纹瓦当 B 型（Ⅲ T4804 ⑤：10、T13 ④：6）　13. 半瓦当（Ⅲ T4805 ③：2）

G23：1，当面径 14.8、边轮宽 0.8 厘米。（图 5-47，5；图版一七七，5）

H32：11，当面径 15.6、边轮宽 0.8 厘米。（图 5-47，6；图版一七七，6）

采集：1，当面径 16.0，边轮宽 1.2 厘米。（图 5-47，7）

采集：13，当面径 15.6，边轮宽 1.2 厘米。（图 5-47，8）

J5：6，当面径 15.8、边轮宽 0.9 厘米。（图 5-47，9）

Ⅲ T4802 ④：11，当面径 14.8、边轮宽 1.2 厘米。（图 5-47，11）

B 型　2 件。当面饰卷云纹，当心为方格纹。

Ⅲ T4804 ⑤：10，当面径 15.3、边轮宽 0.9 厘米。（图 5-47，10；图版一七八，1）

T13 ④：6，当面径 15.8、边轮宽 0.1 厘米。（图 5-47，12）

莲花纹瓦当　34 件。当面主体纹饰为莲花纹，当心（莲房）多为实心大乳丁状，无莲子，

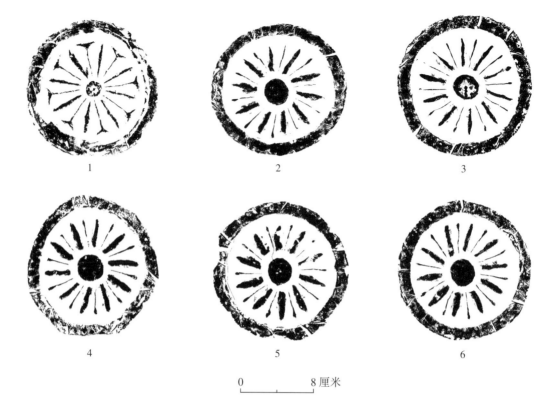

图 5-48　北朝—隋时期莲花纹瓦当

1. A 型（Ⅲ T4704 ④：2）　2~6. B 型（H141：15、H147：18、H147：19、H304：12、Ⅲ T4704 ④：5）

或莲子突出不显，莲瓣多为无郭单瓣，当面低于边轮或与边轮等高。根据纹饰可略分两型。

A 型　2 件。八瓣莲瓣，莲瓣饱满，莲瓣间分割线顶端作倒三角形。

G22 ④：2，莲房中心有不明显莲子 8 颗。当面径 14.5、边轮宽 1.4 厘米。（图版一七八，2）

Ⅲ T4704 ④：2，当面径 14.5、边轮宽 1.6 厘米。（图 5-48，1；图版一七八，3）

B 型　32 件。十瓣莲瓣，莲瓣细长，莲瓣间分隔线顶端作镞状。

G23：2，当面径 14.2、边轮宽 1.2 厘米。（图版一七八，4）

G23：4，当面径 14.2、边轮宽 1.2 厘米。（图版一七八，5）

G23：6，当面径 14.3、边轮宽 1.2 厘米。（图版一七八，6）

H141：15，当面径 14.8、边轮宽 1.2 厘米。（图 5-48，2；图版一七九，1）

H147：16，当面径 14.2、边轮宽 1.0 厘米。（图版一七九，2）

H147：17，当面径 14.0、边轮宽 1.2 厘米。（图版一七九，3）

H147：18，当面径 14.8、边轮宽 1.2 厘米。（图 5-48，3；图版一七九，4）

H147：19，当面径 14.4、边轮宽 1.2 厘米。（图 5-48，4；图版一七九，5）

H147：20，当面径 14.0、边轮宽 1.3 厘米。（图版一七九，6）

H147：21，当面径 14.3、边轮宽 1.2 厘米。（图版一八〇，1）

H147：22，当面径 14.0、边轮宽 1.4 厘米。（图版一八〇，2）

H304：2，当面径 14.0、边轮宽 1.2 厘米。（图版一八〇，3）

H304：4，当面径 14.5、边轮宽 1.5 厘米。（图版一八〇，4）

H304：8，当面径 14.3、边轮宽 1.4 厘米。（图版一八〇，5）

H304：9，当面径 14.2、边轮宽 1.4 厘米。（图版一八〇，6）

H304：10，当面径 14.2、边轮宽 1.2 厘米。（图版一八一，1）

H304：12，当面径 14.8、边轮宽 1.3 厘米。（图 5-48，5；图版一八一，2）

H304：13，当面径 14.2、边轮宽 1.3 厘米。（图版一八一，3）

H325：1，当面径 14.1、边轮宽 1.2 厘米。（图版一八一，4）

H325：2，当面径 14.2、边轮宽 1.8 厘米。（图版一八一，5）

T1③：3，当面径 14.2、边轮宽 1.1 厘米。（图版一八一，6）

T8③：12，当面径 14.2、边轮宽 1.3 厘米。（图版一八二，1）

Ⅲ T4604④：1，当面径 14.2、边轮宽 1.2 厘米。（图版一八二，2）

Ⅲ T4604④：3，当面径 14.3、边轮宽 1.0 厘米。（图版一八二，3）

Ⅲ T4604④：11，当面径 14.5、边轮宽 1.1~1.4 厘米。（图版一八二，4）

Ⅲ T4604④：13，当面径 14.5、边轮宽 1.1~1.4 厘米。（图版一八二，5）

Ⅲ T4702④：11，当面径 14.2、边轮宽 1.2 厘米。（图版一八二，6）

Ⅲ T4704③：2，当面径 14.2、边轮宽 1.2 厘米。（图版一八三，1）

Ⅲ T4704④：5，当面径 14.4、边轮宽 1.2 厘米。（图 5-48，6；图版一八三，2）

Ⅲ T4705④：3，当面径 14.5、边轮宽 1.3 厘米。（图版一八三，3）

Ⅲ T4804④：14，当面径 14.4、边轮宽 1.3 厘米。（图版一八三，4）

Ⅲ T4805⑤：3，当面径 14.6、边轮宽 1.4 厘米。（图版一八三，5）

半瓦当　1 件。

Ⅲ T4805③：2，卷云纹瓦当，当面饰一大卷云纹，其间饰一蘑菇状卷云纹，两侧又各饰一朵小卷云纹。当面径 15.8、边轮宽 0.8 厘米。（图 5-47，13；图版一八三，6）

四、瓦

包括筒瓦和板瓦。

筒瓦　2 件。瓦的凹凸面及胎身均为灰褐色。瓦头横截面均为半弧形，凸面无纹饰，凹面有细小麻布纹以及褶痕，舌身结合处较粗糙。

T13⑤：1，瓦身长 35.0、宽 16.0、厚约 2.3 厘米。（图 5-49，1）

H304：1，瓦身长 32.5、宽 16.0、厚约 1.5 厘米。（图 5-49，2；图版一八四，1）

板瓦　2 件。瓦的凹凸面及胎身均为灰褐色。瓦头横截面为小半弧形，凹面均有麻布垫纹。

J5：9，凸面拍印大菱形纹，凹面有细小麻布纹。瓦身长 37.0、宽 26.5、厚约 1.5 厘米。（图 5-50，1；图版一八四，2）

H284：3，略残。凸面无纹饰，凹面有细小麻布纹。瓦身长 33.0、宽 29.0、厚约 2.0 厘米。（图 5-50，2）

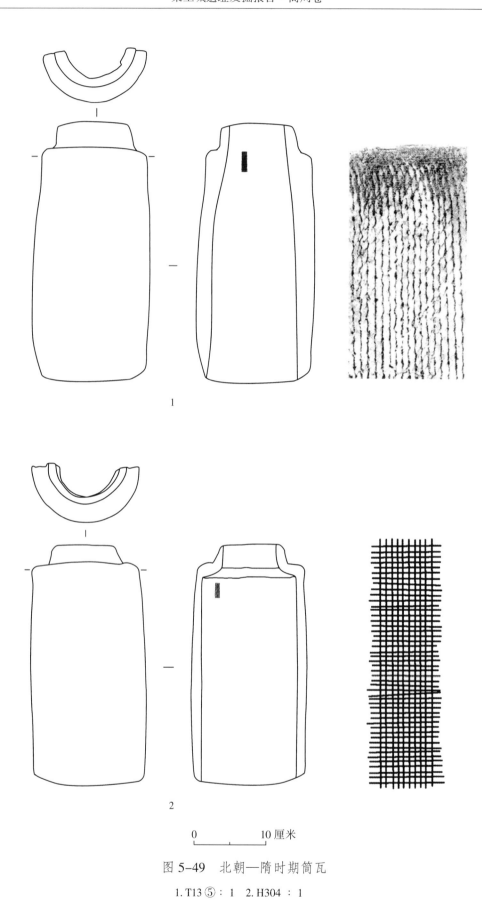

1

2

0 ＿＿＿＿ 10厘米

图 5-49　北朝—隋时期筒瓦

1. T13⑤：1　2. H304：1

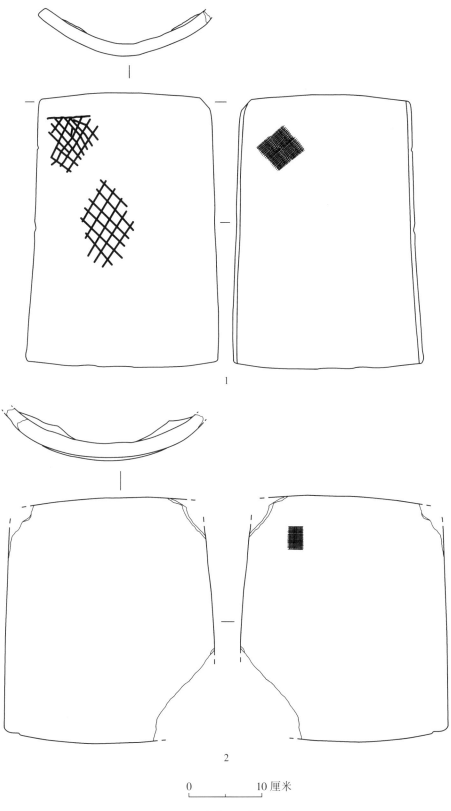

图 5-50　北朝—隋时期板瓦

1. J5 ： 9　2. H284 ： 3

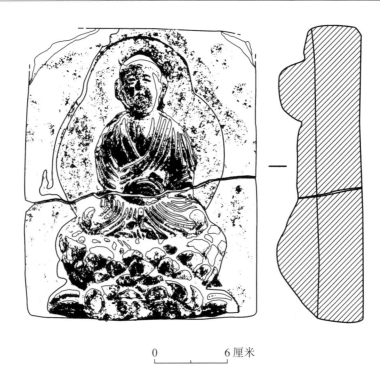

图 5-51　北朝—隋时期佛像砖（H306：1）

五、佛像砖

H306：1，结跏趺坐于圆形莲台上。髻饰微凸，面相端庄，耳厚颔肥，着交领袈裟，衣褶较密，双手交握匿于宽大僧袍中，背光舟形，端部钝圆。砖中间断裂，首端略残。砖长23.5、宽 19.2、厚 4.0~7.0 厘米。（图 5-51；图版一八四，3）

六、铁器

空首斧　2 件，略分两型。

A 型　1 件。倒梯形，刃部窄于銎口。

H279：7，长 11.6、最宽 6.4、最厚 3.6 厘米。（图 5-52，1；图版一八五，1）

B 型　1 件。长条形，刃部与銎口等宽。

Ⅲ T4804⑤：1，銎口呈四边形。长 10.5、銎长 6.3、銎宽 3.3 厘米。（图 5-52，2；图版一八五，2）

斧　1 件。

Ⅲ T4803④：30，斧体长条形略扁平，刃部略弧，双面刃。中部对穿一扁圆形銎用以装柄。长约 7.8、最宽 4.5、銎径 0.5~1.4 厘米。（图 5-52，3；图版一八五，3）

锤　2 件。略分两型。

A 型　1 件。

H135：7，锤体为四棱形，锤身中部横穿一椭圆形銎用以装柄。长 7.2、宽 4.5、厚 3.6 厘米。

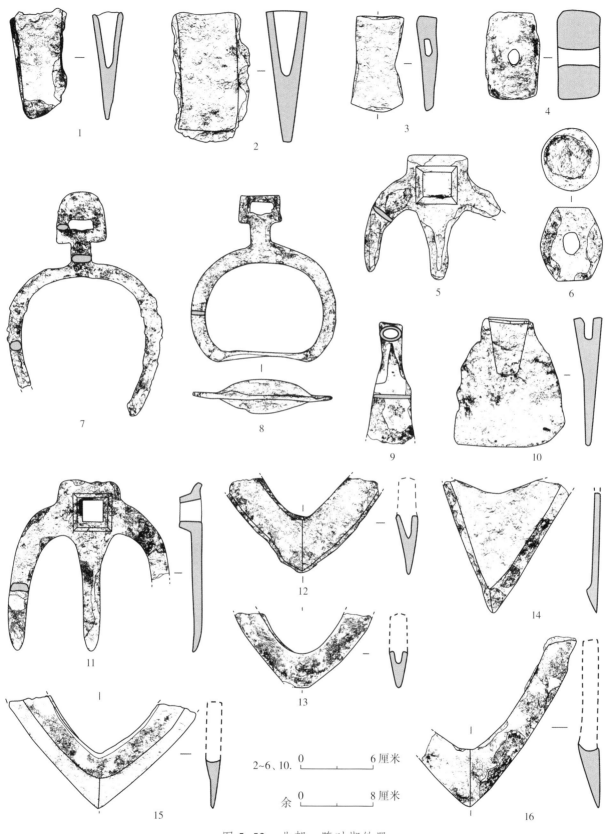

图 5-52　北朝—隋时期铁器

1. 空首斧 A 型（H279：7）　2. 空首斧 B 型（Ⅲ T4804 ⑤：1）　3. 斧（Ⅲ T4803 ④：30）　4. 锤 A 型（H135：7）
5、11. 三齿镢（采集：3、T6 ④：13）　6. 锤 B 型（Ⅲ T4705 ④：12）　7、8. 马镫（G5 ④：8、H34：2）　9. 铲 A 型（T8 ④：4）
10. 铲 B 型（Ⅲ T4702 ④：5）　12、13、15、16. 铧冠（H302：1、H302：3、G5 ②：2-1、G5 ②：2-2）　14. 犁铧（Ⅲ T4105 ④：11）

（图5-52，4；图版一八五，4）

B型　1件。

Ⅲ T4705 ④：12，锤体近六边体，锤身中部横穿一圆銎用以装柄。高6.0、短径5.2、孔径1.8厘米。（图5-52，6；图版一八五，5）

马镫　2件。

G5 ④：8，镫环上宽下窄，剖面近椭圆形，脚踏板处残，镫环上方为半弧形梁，梁顶半弧形，梁中有一长方形穿用以系镫。长18.0厘米。（图5-52，7；图版一八六，1）

H34：2，镫环近圆形略扁，剖面扁长，踏板底部凸起一横脊，脊两端与镫环相连。镫环上方为长方形梁，梁中部有一长方形穿用以系镫。长18.0、最宽16.0厘米。（图5-52，8；图版一八六，2）

三齿镢　2件。整器竖长，有三齿，近背部有方形銎，銎周沿凸起成横棱。

T6 ④：13，通长18.5、銎径2.1、齿长12.0厘米。（图5-52，11；图版一八六，3）

采集：3，通长13.6、銎径2.8、齿长11.6厘米。（图5-52，5；图版一八六，4）

铲　2件。约分两型。

A型　1件。

T8 ④：4，竖銎，銎口呈圆形，溜肩，铲体细长，刃部残。长约9.9厘米。（图5-52，9；图版一八六，5）

B型　1件。

Ⅲ T4702 ④：5，溜肩，铲体上窄下宽略呈梯形，刃部较直。残长14.0、刃宽12.2厘米。（图5-52，10；图版一八六，6）

铧冠　4件。套装在犁铧前端的铁刃，整器呈"V"字形，两外侧边为刃部，内侧为"V"字形銎以套装木铧。

H302：1，长约10.8、最宽16.8厘米。（图5-52，12；图版一八七，1）

H302：3，长约8.4、最宽15.1厘米。（图5-52，13）

G5 ②：2-1，残长12.0、翼最宽处20.9厘米。（图5-52，15）

G5 ②：2-2，残长19.0厘米。（图5-52，16）

犁铧　1件。

Ⅲ T4105 ④：11，整器近三角形，背面平，正面前端凸起，前部为尖刃。残长14.9、翼最宽14.0厘米。（图5-52，14；图版一八七，2）

六角锄　1件。

T6 ⑤：3，背部作梯形，下部作横长方形，上部居中有方形横銎，正面銎口周边凸起，六角圆钝。长8.8、刃宽16.4厘米，銎内长3.2、内宽2.4、厚0.4厘米。（图5-53，1；图版一八七，3）

砍刀　10件。体形一般较大。依据柄部特征分两型。

A型　8件。带柄。柄宽于刀身，刀体横断面呈楔形。

G5 ①：3，柄残。长约13.8厘米。（图5-53，2；图版一八七，4）

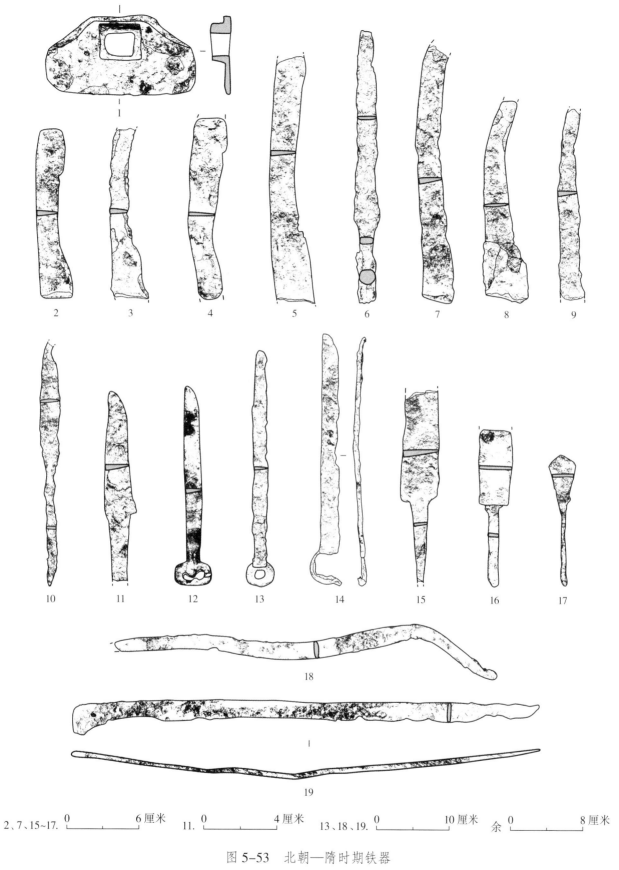

图 5-53　北朝—隋时期铁器

1.六角锄（T6⑤：3）　2~9.砍刀 A 型（G5①：3、T4③：3、Ⅲ T4105④：3、G5③：17、Ⅲ T4604④：6、Ⅲ T4803④：44、Ⅲ T4803④：5、Ⅲ T4803④：35）　10、11.砍刀 B 型（Ⅲ T4803⑤：1、T13④：11）　12~14.环首刀（T2③：6、Ⅲ T4604④：5、Ⅲ T4803④：46）　15~17.装柄削刀（G5④：5、T13④：2、T9④：15）　18.弓（采集：5）　19.长刀（采集：4）

T4③：3，柄及刀尖均残。残长 18.0 厘米。（图 5-53，3；图版一八七，5）

Ⅲ T4105④：3，柄及刀尖均残。残长 19.6 厘米。（图 5-53，4）

G5③：17，柄及刀尖均残。残长 26.4 厘米。（图 5-53，5）

Ⅲ T4604④：6，细柄，柄窄于刀身，刀体横截面近扁椭圆形，柄部横截面近圆形。残长 29.6 厘米。（图 5-53，6）

Ⅲ T4803④：44，柄及刀尖均残。残长约 20.8 厘米。（图 5-53，7）

Ⅲ T4803④：5，宽柄，刀尖残，刀体横截面近扁椭圆形。残长 21.9 厘米。（图 5-53，8）

Ⅲ T4803④：35，柄及刀尖均残。残长 20.8 厘米。（图 5-53，9）

B 型　2 件。装柄。刀的柄部一般呈扁锥状或楔形以装柄，刀体横截面为楔形。

Ⅲ T4803⑤：1，残长 25.6 厘米。（图 5-53，10；图版一八七，6）

T13④：11，残长约 10.2 厘米。（图 5-53，11；图版一八七，7）

环首刀　3 件，直体，刀体与刀柄分界不甚明显，刀体横截面呈楔形。端部均为环首。

T2③：6，长约 21.6 厘米。（图 5-53，12；图版一八八，1）

Ⅲ T4604④：5，残长 32.0、厚约 0.2 厘米。（图 5-53，13）

Ⅲ T4803④：46，残长 27.2 厘米。（图 5-53，14）

装柄削刀　3 件。刀体扁薄，柄部细长用以装柄。

G5④：5，柄与刀身分界明显。残长约 15.6 厘米。（图 5-53，15；图版一八八，2）

T13④：2，柄与刀身分界明显。残长 12.6、柄径约 0.9、刃宽约 2.7 厘米。（图 5-53，16）

T9④：15，刀身呈三角形，尖部呈"V"形。残长约 10.5 厘米。（图 5-53，17）

长刀　1 件。

采集：4，长约 64.5 厘米。（图 5-53，19；图版一八八，3）

弓　1 件。

采集：5，残长 53.0 厘米。（图 5-53，18；图版一八八，4）

空首锥　1 件。

Ⅲ T4105④：1，竖銎，銎剖面近圆形。长约 12.2、銎径约 2.0 厘米。（图 5-54，1；图版一八九，1）

竖銎锥　1 件。

T7⑤：6，短竖銎。长约 8.2 厘米。（图 5-54，5；图版一八九，2）

环首钎　1 件。

T9④：14，长条形，环首，钎端残断。环径 3.3、长 9.3 厘米。（图 5-54，3；图版一八九，3）

"S"形钩　1 件。

Ⅲ T4705④：8，整器为 S 形。长约 5.9 厘米。（图 5-54，2；图版一八九，4）

环首钩　1 件。

T13⑤：6，器形较小，端部环首，尾部弯钩。长约 9.3 厘米。（图 5-54，4；图版

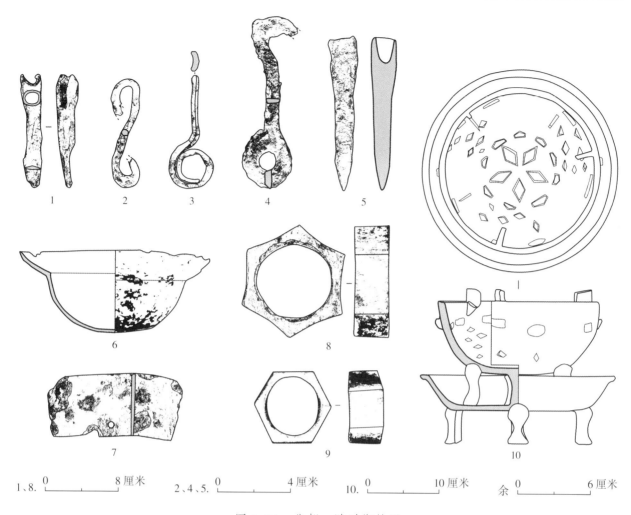

图 5-54　北朝—隋时期铁器

1. 空首锥（ⅢT4105④：1）　2. "S" 形钩（ⅢT4705④：8）　3. 环首钎（T9④：14）　4. 环首钩（T13⑤：6）
5. 竖銎锥（T7⑤：6）　6. 釜（ⅢT4804④：16）　7. 铠甲片（T9④：17）　8、9. 六边形器（G5③：18、ⅢT4802⑤：2）
10. 炉（ⅢT4103④：2）

一八九，5）

釜　1件。

ⅢT4804④：16，束颈，宽沿外折似大敞口，浅腹，圜底。口径约15.6、高约6.6厘米。
（图5-54，6；图版一九○，1）

炉　1件。

ⅢT4103④：2，三足炉身，三足盛灰盘。炉身为圆形，大口，弧腹，口沿处有三个立耳，
底微圜，下附三蹄足，炉底有五个菱形箅孔及若干小箅孔。托盘为圆形，大敞口，浅腹，平
底，底附三蹄形足。口径21.7、高19.0厘米。（图5-54，10；图版一九○，2）

铠甲片　1件。

T9④：17，器体极薄，上有圆形小孔用以穿系。长约11.0、宽约5.0、厚约0.3、孔径约0.4
厘米。（图5-54，7；图版一九○，3）

六边形器　2件。内环为圆形，外环为六边形。

G5③：18，边长约6.0、宽约4.1厘米。（图5-54，8；图版一九〇，4）

Ⅲ T4802⑤：2，边长约3.3、宽3.0厘米。（图5-54，9；图版一九〇，5）

镞　30件。根据镞身特征分两型。

A型　5件。三棱镞。

G5②：4，镞身较短，中脊呈扁三棱形，三棱前聚成锋，铤部细长，截面近扁圆形。长约5.6厘米。（图5-55，1；图版一九一，1）

Ⅲ T4803④：16-2，镞身较长，中脊呈三棱形，三棱前聚成锋，铤部残断，横截面近三角形。残长7.4厘米。（图5-55，2；图版一九一，2）

T13④：10，镞身较短，中脊呈三棱形，长铤，截面近四边形。残长约12.7厘米。（图5-55，3；图版一九一，3）

T10④：4，前锋残，镞身较短，中脊呈扁三棱形，铤部细长，截面近圆形。残长约9.4厘米。（图5-55，4；图版一九一，4）

Ⅲ T4105④：5，镞身较短，两翼及前锋残断，中脊近三棱形，长铤，前部较细，后部较粗，尾部最粗，铤截面近四棱形，尾部截面近扁圆形。残长29.4厘米。（图5-55，5）

B型　25件。四棱镞。

H137：2，镞身较长，中脊呈四棱形，短铤，截面为四棱形。长约5.2厘米。（图5-55，6）

T2③：30，中脊四棱形，细铤，截面为圆形。残长6.2厘米。（图5-55，7；图版一九一，5）

G21：2，中脊四棱形，铤部细长，截面为四棱形。长约10.6厘米。（图5-55，8；图版一九一，6）

H134：2，中脊四棱形，铤部较细，截面为四棱形。长约7.4厘米。（图5-55，9；图版一九一，7）

T2③：29，镞身较长，变形严重，中脊呈四棱形，铤部残断，截面为四棱形。长约7.0厘米。（图5-55，10）

H138：16，前锋残，中脊呈四棱形，细长铤，截面为四棱形。残长约10.2厘米。（图5-55，11）

T6⑤：16，箭镞锈蚀变形严重。前锋残断，中脊呈不规则四棱形，铤部残，截面近圆形。残长约6.4厘米。（图5-55，12；图版一九二，1）

T8④：10，中脊呈四棱形，前锋残，铤部残，铤部截面亦近四棱形。残长6.8厘米。（图5-55，13）

T13⑤：7，中脊呈四棱形，扁铤，截面近扁四边形，尾端残。长约6.2厘米。（图5-55，14）

Ⅲ T4803④：15，镞身较短，中脊近四棱形，铤部残，截面为圆形。残长6.9厘米。（图5-55，15）

T9④：3，前锋残短，中脊呈四棱形，铤部截面亦呈四棱形，尾部残断。残长约6.8厘米。

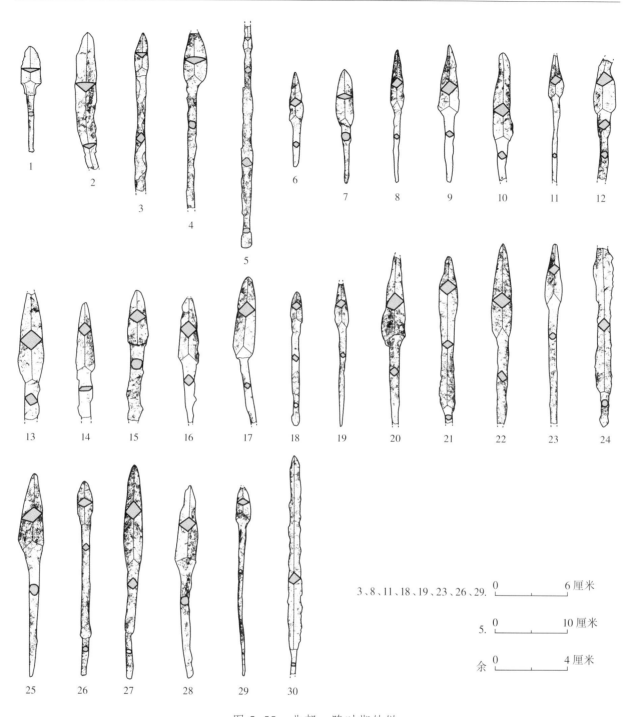

图 5-55　北朝—隋时期铁镞

1~5. 三棱镞（G5②：4、Ⅲ T4803④：16-2、T13④：10、T10④：4、Ⅲ T4105④：5）　6~30. 四棱镞（H137：2、
T2③：30、G21：2、H134：2、T2③：29、H138：16、T6⑤：16、T8④：10、T13⑤：7、Ⅲ T4803④：15、
T9④：3、T2③：32、H135：15、H134：3、T8④：3、T2③：27、T13④：3、Ⅲ T4803④：18、
T13⑤：5、Ⅲ T4803④：7、T4③：2、T2③：21、H135：1、G5②：6）

（图 5-55，16）

　　T2③：32，镞身较长，中脊呈四棱形，细铤，截面为四棱形。长约 8.0 厘米。（图
5-55，17；图版一九二，2）

T8④：11，镞身较长，两翼较短，两翼前聚成锋，中脊呈四棱形，短铤，尾部较粗，铤截面亦呈四棱形。长约10.8厘米。（图5-55，18）

H135：15，前锋残，镞身较长，中脊呈四棱形，细长铤，截面为四棱形。残长约11.7厘米。（图5-55，19）

H134：3，中脊呈四棱形，前锋残断，细长铤，尾部残断，铤截面亦为四棱形。残长约8.0厘米。（图5-55，20；图版一九二，3）

T8④：3，镞身较长，两翼不显，中脊呈四棱形，铤部残，截面近扁圆形。残长约9.0厘米。（图5-55，21；图版一九二，4）

T2③：27，镞身较长，中脊呈四棱形，铤部细长残断，截面为四棱形。残长约9.8厘米。（图5-55，22；图版一九二，5）

T13④：3，中脊呈四棱形，细长铤，铤部截面亦呈四棱形，尾部残。残长约14.4厘米。（图5-55，23）

Ⅲ T4803④：18，镞身较长，两翼及前锋残，中脊近四棱形，铤部圆短。残长9.6厘米。（图5-55，24）

T13⑤：5，中脊呈四棱形，细长铤，铤部截面近圆形。长约11.0厘米。（图5-55，25）

Ⅲ T4803④：7，镞身较长，两翼较短，前聚成锋，中脊前部近扁四棱形，中后部四棱形较鼓，铤部较短，截面近圆形。残长15.2厘米。（图5-55，26）

T4③：2，镞身较长，两翼前聚成锋，中脊呈四棱形，细短铤，截面为扁圆形。长约11.6厘米。（图5-55，27；图版一九二，6）

T2③：21，镞身较长，中脊呈四棱形，铤部细长，截面为圆形。长约10.4厘米。（图5-55，28）

H135：1，前锋残，镞身较短，中脊呈四棱形，细长铤，截面为四棱形。残长约15.3厘米。（图5-55，29）

G5②：6，镞身较长，两翼不显，中脊近四棱形，细铤残断，截面近扁圆形。长约11.4厘米。（图5-55，30；图版一九二，7）

七、铜器

削　1件。

Ⅲ T4202⑤：3，细柄，刀体扁平，剖面细楔形。残长7.8厘米。（图5-56，1；图版一九三，1）

弩机悬刀　1件。

T6⑤：1，长条形。长9.8、最宽2.0厘米。（图5-56，2；图版一九三，2）

弩机钩心　1件。

H279：3，长5.7、最宽2.8、厚约0.8、孔径0.6厘米。（图5-56，7；图版一九三，3）

镞　28件。根据镞身特征可分为两型。

A 型　26件。三棱镞。又可分为两亚型。

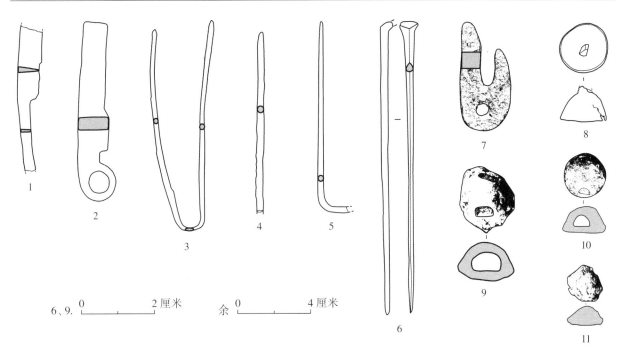

图 5-56　北朝—隋时期铜器

1. 削（Ⅲ T4202⑤∶3）　2. 弩机悬刀（T6⑤∶1）　3~6. 簪（Ⅲ T4805④∶2、Ⅲ T4202④∶6、G5③∶15、H138∶14）
7. 弩机钩心（H279∶3）　8. 泡钉 A 型（Ⅲ T4804⑤∶3）　9、10. 泡钉 B 型（T13④∶1、Ⅲ T4803⑤∶3）　11. 泡钉 C 型（H468∶11）

Aa 型　23 件。镞身三棱形，无外伸之翼，三棱前聚成锋，一般为短铤，有的有短关。

H3∶2，短关，铤横截面近圆形。长 3.5、镞身宽 1.0 厘米。（图 5-57，1；图版一九三，4）

H32∶10，镞身以下锈蚀残断。残长约 3.1 厘米。（图 5-57，2）

H32∶1，铤部残断，横截面近圆形。残长 3.2 厘米。（图 5-57，3；图版一九三，5）

H135∶16，铤部四棱形。长 3.2、镞身宽 1.0 厘米。（图 5-57，4；图版一九三，6）

H279∶16，短铤。长 3.0、镞身宽 1.2 厘米。（图 5-57，5）

H279∶10，铤残。残长 3.2、镞身宽 1.4 厘米。（图 5-57，6）

H279∶8，长 3.2、镞身宽 1.2 厘米。（图 5-57，7）

H290∶2，短铤残。残长 4.0、镞身宽 1.3 厘米。（图 5-57，8）

T13④∶12，短关，铤残，截面为圆形。残长 4.4、镞身宽 1.1 厘米。（图 5-57，9）

T2③∶9，铤部较长，截面呈不规则形。长 4.0、镞身宽 1.2 厘米。（图 5-57，10）

T2③∶10，短关，铤呈四棱形。长 3.1、镞身宽 1.1 厘米。（图 5-57，11）

T3③∶7，长 3.3、镞身宽 1.2 厘米。（图 5-57，12）

T3③∶15，长 3.2、镞身宽 1.1 厘米。（图 5-57，13）

T9⑤∶7，短关，短铤。长 5.5、镞身宽 2.0 厘米。（图 5-57，14；图版一九四，1）

T6⑤∶13，短关，细长铤，截面呈圆形。长 8.6、镞身宽 1.0 厘米。（图 5-57，15；图版一九四，2）

T10④∶1，短关，两翼后锋较明显。长 3.0、镞身宽 1.1 厘米。（图 5-57，16）

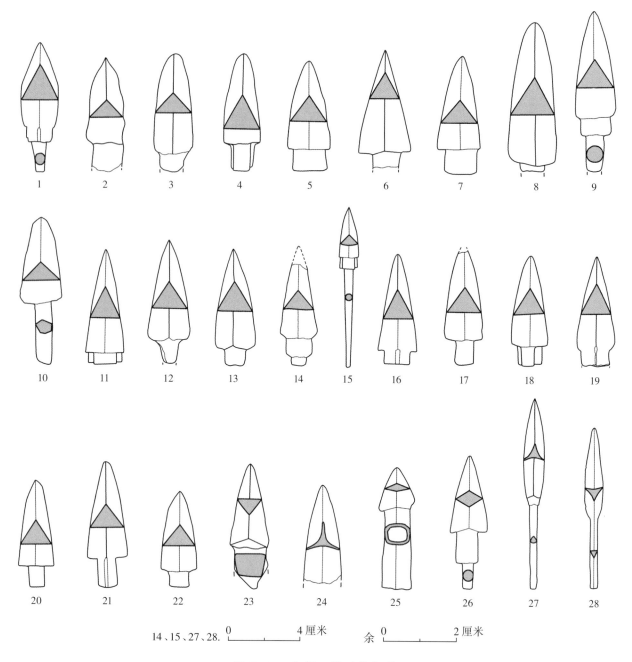

14、15、27、28. ├0─────4厘米┤　　　　余 ├0─────2厘米┤

图 5-57　北朝—隋时期铜镞

1~23. Aa 型（H3：2、H32：10、H32：1、H135：16、H279：16、H279：10、H279：8、H290：2、T13④：12、T2③：9、T2③：10、T3③：7、T3③：15、T9⑤：7、T6⑤：13、T10④：1、Ⅲ T4104⑤：4、T2③：8、Ⅲ T4206⑤：4、Ⅲ T4702④：4、Ⅲ T4803④：24、Ⅲ T4803④：26、Ⅲ T4804④：11）　24、27、28. Ab 型（T10④：2、T2③：16、T7⑤：1）　25、26. B 型（T4③：8、Ⅲ T4205④：2）

　　Ⅲ T4104⑤：4，前锋残，短铤。残长 3.2、镞身宽 1.0 厘米。（图 5-57，17）

　　T2③：8，短关，短铤，铤呈四棱形。长 3.0、镞身宽 1.0 厘米。（图 5-57，18；图版一九四，3）

　　Ⅲ T4206⑤：4，铤残。残长 3.0、镞身宽 1.1 厘米。（图 5-57，19）

Ⅲ T4702 ④：4，长 2.9、镞身宽 1.0 厘米。（图 5-57，20；图版一九四，4）

Ⅲ T4803 ④：24，长 3.4、镞身宽 1.1 厘米。（图 5-57，21；图版一九四，5）

Ⅲ T4803 ④：26，长 2.6、镞身宽 1.0 厘米。（图 5-57，22；图版一九四，6）

Ⅲ T4804 ④：11，短关，截面呈倒梯形，铤残。残长 3.4、镞身宽 1.1 厘米。（图 5-57，23）

Ab 型　4 件。镞身一般较长，无外伸之翼，棱面内凹。

T10 ④：2，中脊尾部残。残长 2.7、镞身宽 1.0 厘米。（图 5-57，24；图版一九五，1）

T2 ③：16，细长铤，截面近三角形。长 10.2、镞身宽 1.2 厘米。（图 5-57，27；图版一九五，2）

T7 ⑤：1，细长铤。长 8.8、镞身宽 1.0 厘米。（图 5-57，28；图版一九五，3）

Ⅲ T4102 ⑤：2，有短关，短铤，截面圆形。（图版一九五，4）

B 型　2 件。四棱镞。

T4 ③：8，镞身较短且呈扁四棱形，无铤，管銎较长。长 3.3、镞身宽 0.9 厘米。（图 5-57，25；图版一九五，5）

Ⅲ T4205 ④：2，镞身较短，后关较长，短圆铤。长 3.6、镞身宽 1.05 厘米。（图 5-57，26；图版一九五，6）

簪　4 件。双叉。

Ⅲ T4805 ④：2，长 11.4、直径 0.4 厘米。（图 5-56，3）

Ⅲ T4202 ④：6，一叉残断。残长 9、直径 0.4 厘米。（图 5-56，4；图版一九六，1）

G5 ③：15，一叉残断。残长 10.4、直径 0.4 厘米。（图 5-56，5；图版一九六，2）

H138：14，一叉残断。残长 7.9、直径 0.4 厘米。（图 5-56，6）

泡钉　4 件。略分三型。

A 型　1 件。圆伞形钉帽，帽沿向内斜折，帽内中央有一圆柱形铜钉，钉头尖圆。

Ⅲ T4804 ⑤：3，直径 2.6、残高 1.9 厘米。（图 5-56，8；图版一九六，3）

B 型　2 件。圆伞形钉帽，钉帽对钻一孔，无铜钉。

T13 ④：1，直径 1.5~1.8、高约 1.0 厘米。（图 5-56，9）

Ⅲ T4803 ⑤：3，直径 2.2、高约 1.4 厘米。（图 5-56，10；图版一九六，4）

C 型　1 件。圆伞形钉帽，无钻孔及铜钉。

H468：11，直径 1.8、高 1.0 厘米。（图 5-56，11）

八、骨器

主要有骨针、锥、簪、饰等种类。

针　4 件。

G5 ③：7，针体前部较圆，尾部扁平，有一圆形穿孔，尖部残。残长 17.2、截面宽 0.4~1.4 厘米。（图 5-58，1；图版一九七，1）

H288：1，针体细长，尖部残。残长 14.6、截面最宽 0.4 厘米。（图 5-58，2；图版

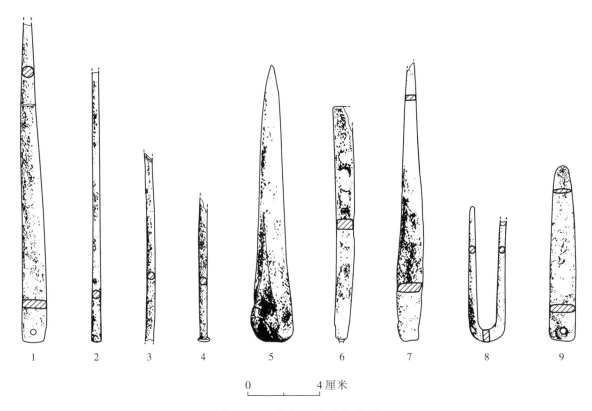

图 5-58　北朝—隋时期骨器

1~4. 针（G5③：7、H288：1、H276：1、T9⑤：3）　5. 锥（H135：13）　6~8. 簪（ⅢT4705④：2、ⅢT4805⑤：2、ⅢT4805④：3）　9. 饰件（H40：1）

一九七，2）

　　H276：1，尖、尾部皆残。残长 10.0 厘米。（图 5-58，3；图版一九七，3）

　　T9⑤：3，尖部残，尾部较平，残长 7.8、截面宽约 0.4 厘米。（图 5-58，4；图版一九七，4）

　　锥　1件。

　　H135：13，系用动物骨改制而成，通体打磨光滑，长约 15.0 厘米。（图 5-58，5；图版一九七，5）

　　簪　3件。其中 2 件为单叉，1 件双叉。

　　ⅢT4705④：2，单叉，簪体扁平，圆锥形尾部残断。残长 12.6、截面宽约 0.5~1.0 厘米。（图 5-58，6；图版一九七，6）

　　ⅢT4805⑤：2，单叉，簪体扁平，尖部残。残长 15.0、截面宽 0.4~1.4 厘米。（图 5-58，7；图版一九七，7）

　　ⅢT4805④：3，双叉，一叉尖部略残。长约 7.4 厘米。（图 5-58，8；图版一九七，8）

　　饰件　1件。

　　H40：1，通体打磨光滑，器身扁平，尾部有一圆形钻孔。长约 9.4、截面宽 0.2~1.4、孔径 0.3 厘米。（图 5-58，9；图版一九七，9）

九、铜钱

常平五铢　2 枚。周边起郭，中为方孔，面文直读，钱背无纹。

H343：1，直径 2.3、孔径 0.9、厚 0.15 厘米。（图版一九六，5）

Ⅲ T4705 ③：10，直径 2.4、孔径 0.9、厚 0.15 厘米。（图版一九六，6）

第三节　墓葬

墓葬共 7 座，分别为 M23、M51、M52、M53、M58、M161、M162。M51 和 M52 为瓦棺葬，葬具为大片板瓦，余均为竖穴土坑墓，墓葬内均未见随葬品。墓葬填土内可见青瓷片。

M23

位于 T13 西南，开口于第 3 层下，方向 5 度。墓坑整体为长方形，坑口有三块石板覆盖，其中两块正盖，一块侧置于墓坑西壁。石板厚约 10 厘米。石板揭开后发现墓葬南北两壁分别立有 1 块和 2 块方砖，砖块基本完整，砖长 41、宽 13、厚约 16 厘米。墓坑长约 2.48、宽约 0.9、深 0.58 米。墓坑内人骨架一具，人骨摆放比较零乱，身首异处：南侧散乱着肩胛骨、椎骨、股骨；中部分布股骨、胫骨、肋骨等；北部分布有肋骨、骨盆等。两根股骨上下摆放，且股骨头均朝南朝西；头骨面部已经破碎，顶骨、枕骨、眉弓尚完整。头骨分布在墓南，其上颌位于墓南部，下颌位于墓北部且破裂；骨盆已裂为两块，分布在墓的两侧。从其现状看，头向东，面向南。人骨散乱，保存不好。初步推断为二次葬，或为非正常死亡。经鉴定，墓主为女性，年龄 45~50 岁。墓内无随葬品，墓坑填土中发现铁棺钉及青瓷碎片。（图 5-59；图版一九八，1）

M51

位于 Ⅲ T4102 近北隔梁处，开口于第 3 层下，被 H288、H273 打破，方向 272 度。长方形竖穴土坑墓，直壁，墓底西高东低呈坡状。东西残长 1.47、宽 0.65、残深 0.18 米。无棺，用大型板瓦从东向西叠压覆盖，瓦多残缺不全，瓦面饰绳纹，瓦宽约 20 厘米。瓦下清理人骨架一具，保存状况较差。肱骨及股骨以下残。仰身直肢葬，头向西，面向北。经鉴定，墓主为女性，年龄 31~40 岁。墓坑内未见随葬品。（图 5-60；图版一九九，1、2）

M52

位于 Ⅲ T4104 东隔梁内，开口于第 3 层下，打破第 4 层，方向 256 度。长方形竖穴土坑墓，直壁，墓底西高东低呈坡状。东西残长 1.46、南北最宽 0.6、深 0.3 米。坑内无棺，用大型板瓦自西向东叠压覆盖，板瓦多残缺不全，宽约 20 厘米。板瓦下清理人骨架一具，仰身葬，保存状况较差，头向西，面向南，盆骨以下残。经鉴定，墓主为男性，年龄 31~40 岁。墓坑内无随葬品。（图 5-61；图版二〇〇，1、2）

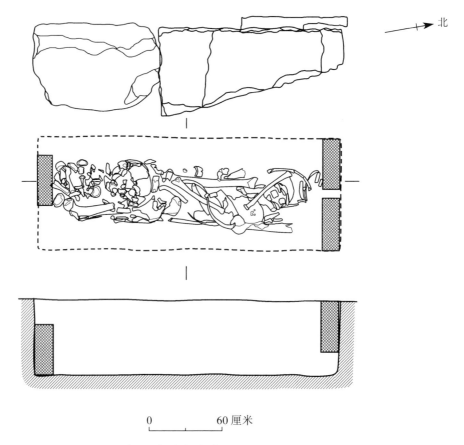

图 5-59　北朝—隋时期墓葬 M23 平、剖面图

M53

位于 Ⅲ T4105 中部略偏东南，开口于第 4 层下，打破第 5 层。方向 200 度。长方形竖穴土坑墓，直壁，平底，北部被近现代坑打破。墓坑南北残长 2.3、东西宽 0.88、深 0.32 米。人骨架一具，侧身直肢葬，保存状况较差，盆骨以下不存，头向西南，面向西北。经鉴定，墓主为男性，年龄 35~39 岁。墓坑内未发现随葬品。（图 5-62；图版一九八，2）

M58

位于 Ⅲ T4703 中部偏北，叠压于 G23 下，被 H318 打破，打破第 5 层。方向 5 度。长方形竖穴土坑墓，直壁，平底。墓坑残长 1.35、宽 0.4~0.45 米，残深约 0.08 米。墓坑内人骨架一具，仰身葬，盆骨以下残，头向北，面向上。经鉴定，墓主为女性，已成年。墓坑内未发现随葬品。（图 5-63；图版一九八，3）

M161

位于 Ⅲ T4708 中部偏北，开口于第 5 层下，被晚期灰坑破坏。方向 185 度。竖穴土坑墓，直壁，平底。墓口残长 1.3、宽 0.4~0.65、残深 0.13 米。墓坑内发现人骨架一具，仰身葬，头向南，面向上。由于被破坏，胸部以下及大部分肋骨、脊椎均不存。性别年龄无法鉴定。

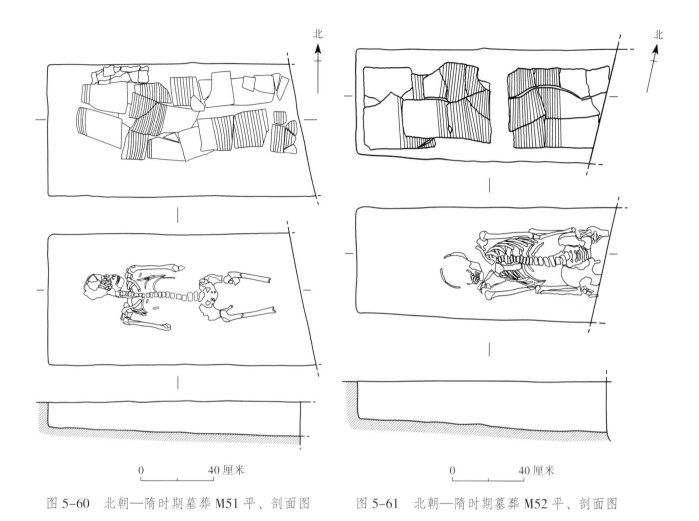

图 5-60　北朝—隋时期墓葬 M51 平、剖面图

图 5-61　北朝—隋时期墓葬 M52 平、剖面图

图 5-62　北朝—隋时期墓葬 M53 平、剖面图

图 5-63　北朝—隋时期墓葬 M58 平、剖面图

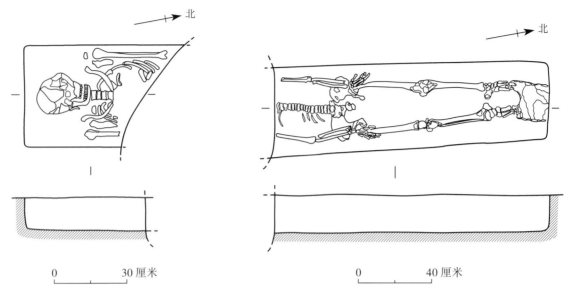

图 5-64　北朝—隋时期墓葬 M161 平、剖面图　　图 5-65　北朝—隋时期墓葬 M162 平、剖面图

墓坑内未发现随葬品。（图 5-64）

M162

位于Ⅲ T4708 北部，开口于第 5 层下，被 H439 打破。方向 190 度。长方形竖穴土坑墓，直壁，平底。墓口残长 1.5、宽 0.4~0.45、深 0.2 米。仰身直肢葬，头向南，面向不详。由于被破坏，骨架肩部以上部位不存。经鉴定，墓主为一成年女性，具体年龄不详。墓坑内未发现随葬品。（图 5-65；图版一九八，4）

第四节　小结

古史资料显示，邳在夏商之时就已建国，西周早期为徐国领土，徐偃王被吴灭后，邳地属吴，越灭吴后又属越，后又成为楚、魏、齐等国领地。至公元前 221 年秦统一六国，于邳置县，史称下邳县。西汉早期，分下邳为武原、良城和下邳三县，隶属楚；汉武帝时期，三县归徐州（治所在薛）刺史部。东汉明帝时期，置下邳国，治下邳，领 17 县。汉献帝建安五年（200年），曹操攻下邳，下邳入魏。

三国两晋南北朝时期，由于战乱不断，政权更迭频繁，大批中原难民，逃到淮泗流域，更转而逃到江南，这些流徙的人口，使得江南和太湖地区得到了更深度的开发。而下邳所在的淮泗流域，正是这样一个南北政权犬牙交错的地带。

梁王城遗址这一时期发现的瓷器，主要是青瓷碗类，另有少量的盘和罐，其质量精粗不一，青灰色胎，有的胎体厚重粗糙，含有沙粒，气孔显著，施青釉，不甚均匀；有的胎质稍细，釉色青中泛绿，稍有光泽。碗内施全釉，外施半釉，可见施釉方法有蘸釉与涮釉两种。部分碗实足圈足外侈内凹，并削棱一周。未发现窑具，碗内常发现三足支钉痕，推测窑具可

能有三足支钉。这些特征，与山东中陈郝窑出土的北朝晚期—隋代的瓷器特征基本一致。

除瓷器外，本时期梁王城遗址出土的另一类重要的遗物为瓦当，有云纹瓦当和莲花纹瓦当两类。从瓦当的发展历史看，云纹瓦当的时代应该早于莲花纹瓦当。北魏洛阳城的资料显示，北魏时期莲花纹瓦当与兽面纹瓦当盛行后，云纹瓦当消失，而在梁王城遗址，两者应该并行使用过一段时期。

此时的莲花纹瓦当数量较多，造型单一，当心皆为莲蓬（莲窝显或不显），莲花单瓣，瓣尖，瓦当外区无装饰。这种造型更接近南朝中期莲花纹瓦当的风格。

再则，遗址中还出土了相当数量的铁器，大多为斧、铲、犁、锄、刀等农业生产用具，少量为炉、钩等生活用具以及权等度量工具，另外还发现有弓、镞以及马镫，说明游牧民族或其生产生活方式仍占据一定比重。

综上所述，遗址中出土的瓷器及佛像砖，具有典型的北方（北朝—隋）风格，尤其是瓷器。在与此同时期的南方，正是越窑的大发展时期，然在遗址中却未发现一件具有越窑典型风格的瓷器；瓦当尤其是莲花纹瓦当，却与南朝中晚期瓦当的风格极为接近。

究其原因，正如劳榦先生在《魏晋南北朝简史》一书中所写："几个大都市，因为附近的区域较为广大而趋向繁荣，沿海以及西北区域，因为得到国际贸易，也得到了繁荣。但长期封建状态之下，却使许多偏僻的地方，因孤立而荒废，以致中央和地方，起了若干不必要的隔阂。……在南朝因封建领主和皇朝之间利益始终不能一致，不论在哪一个段落之中，都未曾集中有效的力量，也就注定了南朝限制在长江流域，而无法统一中原，光复华夏。"[1]封建割据势力长期拉锯般的存在，是地方文化呈现复杂化和多样化的重要原因。

---

① 劳榦：《魏晋南北朝简史》，中华书局，2018年，第6页。

第六章　唐—宋元时期遗存

唐—宋元时期的文化遗存数量不多，未发现明确的唐代文化遗存堆积，遗迹主要为灰坑、灰沟及水井，出土遗物中瓷器主要为碗、盏、碟、壶、钵等；陶器常见碗、盆；铁器数量较多，有斧、铲、铧冠、犁铧、镢，各类刀、剑、锥、凿、权、镬、剪刀、器盖、灯盏、勺、豆、马镫、盔、铠甲片、盾、镞等；铜器常见刀、削及镞等，另有簪等饰品。（图 6-1、6-2）

第一节　唐代遗迹

仅灰坑 4 个，分别为 H125 ①（H125 ② 层为北朝—隋时期堆积）、H275、H278、H310。现介绍如下。

H125

位于 T14 北部，开口于第 3 层下，向下打破第 4 层直至生土。坑口平面呈长方形，直壁，平底，坑壁清晰。坑口东西长 3.5、南北宽 1.5 米，深 4.3 米。坑内堆积可分 2 层：第 1 层深约 1.34 米，填土呈灰黄色，土质疏松，夹杂较多的黄沙颗粒，出土有各类青瓷片、筒瓦、板瓦及兽骨等；第 2 层深约 2.96 米，土色偏灰，土质较为坚硬，出土遗物除青瓷片外，还有大量的夹砂灰陶罐、缸等残片以及大量的砖、瓦残块及石块等。从出土遗物来看，第 2 层应为北朝—隋时期的堆积，第 1 层应为唐代文化堆积。（图 6-3；图版二〇一，1）

H275

位于 Ⅲ T4203 东南部，开口于第 3 层下，打破第 4、5 层。坑口平面近半圆形，斜壁，圜底。坑口东西 2.8、南北 1.5、深 0.4 米。坑内填土黄褐色，夹杂红烧土块及少量草木灰。出土遗物有各类青瓷片及筒、板瓦等。（图 6-4）

H278

位于 Ⅲ T4203 西部，开口于第 3 层下，打破第 4、5 层。坑口已清理部分近半椭圆形，斜壁，平底。坑口长径 2.5、短径 0.61 米，深 0.6 米。坑内填土呈黑褐色，夹杂零星红烧土颗粒。出土遗物包含各类青瓷片、灰陶片及筒瓦、板瓦等。（图 6-5）

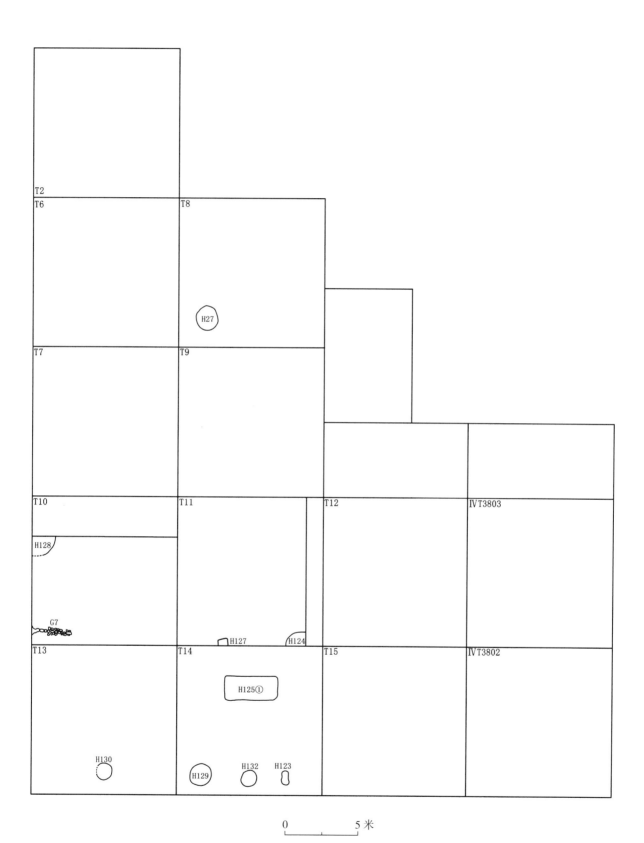

0 _____ 5 米

图 6-1　唐—宋元时期遗址东区遗迹分布示意图

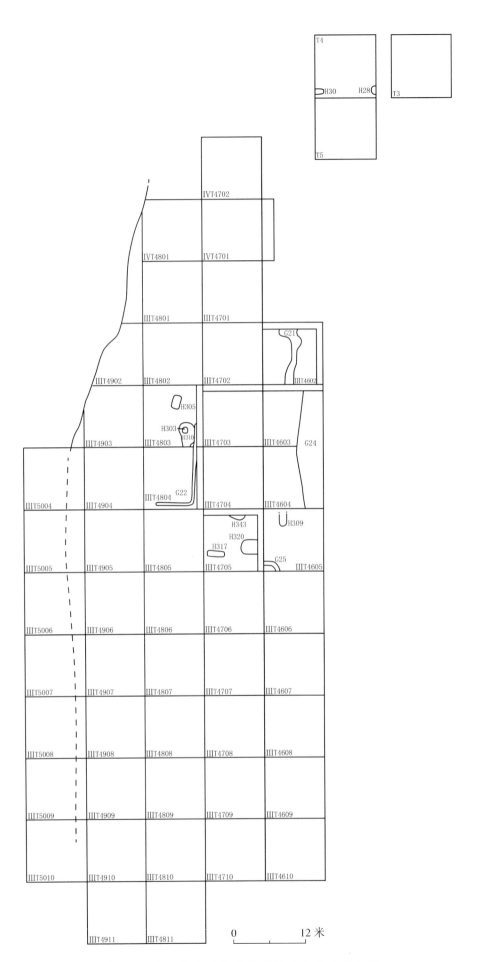

图 6-2　唐—宋元时期遗址西区遗迹分布示意图

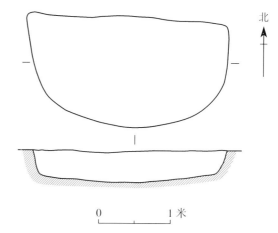

图 6-4　唐代灰坑 H275 平、剖面图

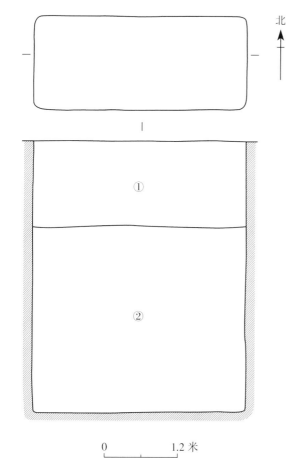

图 6-3　北朝—唐时期灰坑 H125 平、剖面图
①层：唐代堆积；②层：北朝—隋时期堆积

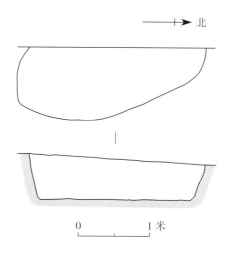

图 6-5　唐代灰坑 H278 平、剖面图

H310

　　位于Ⅲ T4803 东南部，开口于第 3 层下，打破第 4、5 层。坑口为不规则葫芦形，坑南部为直壁、平底，北部为弧壁、深圜底。坑口南北长 5.6、东西最宽 2.67 米，南部深约 0.54 米，北部深约 1.47 米。坑内填土为灰土，含较多红烧土颗粒。出土遗物中含大量碎砖块以及青瓷片、铜器等。（图 6-6）

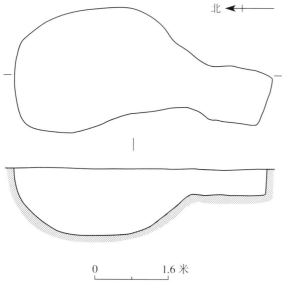

图 6-6　唐代灰坑 H310 平、剖面图

第二节　宋元遗迹

一、灰坑

16 个，分别为 H27、H28、H30、H123、H124、H127、H128、H129、H130、H132、H303、H305、H309、H317、H320、H343。现择其典型介绍如下。

H123

位于 T14 东南部，开口于第 2 层下，打破第 3 层。坑口近束腰的椭圆形，直壁，平底。坑口长径 1.76、短径 0.8 米，深 0.15~0.18 米。坑内填土为灰黄色土，土质松软。出土遗物中包含大量的青砖、筒瓦残片、铁镬残片、青白瓷残片以及铁镞等。（图 6-7；图版二〇一，2）

H305

位于 Ⅲ T4803 北部，开口于第 3 层下，打破第 4 层。坑口平面近圆角长方形，直壁，平底。坑口长约 2.2、宽约 1.4 米，深约 0.75 米。坑内堆积为灰褐色土，土质疏松。出土少量的灰陶片、板瓦残片以及铁铠甲片、铁镞等。（图 6-8）

H320

位于 Ⅲ T4705 东部，部分伸入东隔梁内，开口于第 3 层下，打破第 4 层。坑口已清理部

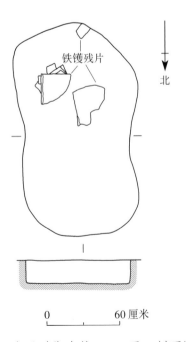

图 6-7　宋元时期灰坑 H123 平、剖面图

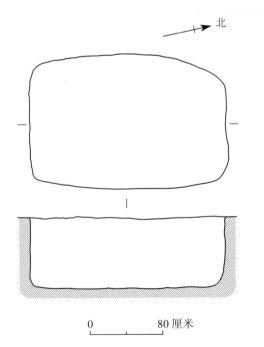

图 6-8　宋元时期灰坑 H305 平、剖面图

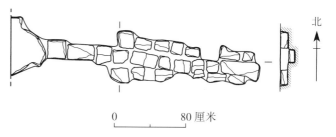

图 6-10　宋元时期灰沟 G7 平、剖面图

分近长条形,斜壁,圜底。坑口长约 2.8、宽 2.28
米,深 1.5 米。坑内填土为灰黄色,土质疏松。
出土遗物有泥质灰陶残片,可辨器形有罐耳、
豆柄,另有少量的筒瓦、板瓦、砖块及兽骨等。
(图 6-9)

二、灰沟

5 条, 分 别 为 G7、G21、G22、G24、
G25。现介绍如下。

G7

位于 T10 西南部,位于第 3 层下。G7 是
用砖、石块拼砌而成,两侧高,中间为凹槽,
西高东低。已清理部分长 2.75、宽 0.2~0.55、
深 0.8 米。沟两边有明显的人为踩踏面痕迹,
沟内未清理出遗物。(图 6-10;图版二〇一,
3)

G21

G21 发现于 Ⅲ T4602 中部,南、北两侧
均伸出隔梁外且未做清理,开口于第 3 层下。
沟口为不规则长条形,北宽南窄,深浅不等,
沟壁呈斜坡状,沟底为圜底。已清理的沟口
长 9.23、 宽 0.92~1.74 米, 深 0.1~0.75 米。
填土为灰褐色土,土质疏松。出土遗物有筒
瓦、板瓦、青瓷、白瓷、灰陶残片以及铁镞
等小件。(图 6-11;图版二〇一,4)

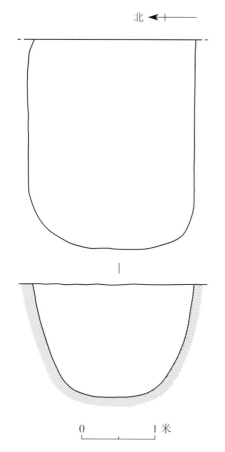

图 6-9　宋元时期灰坑 H320 平、剖面图

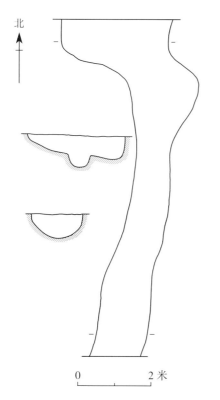

图 6-11　宋元时期灰沟 G21 平、剖面图

G22

G22 位于 Ⅲ T4803、Ⅲ T4804 内，整体近"L"形，开口于第 3 层下。弧壁，圜底。沟口南北向部分长 12.9、东西向部分长 6.0 米，沟口宽约 0.53 米，深约 0.55 米。沟内堆积单一，填土为灰土，土质疏松。出土遗物较少，仅少量青瓷片和白瓷片。（图 6–12）

G24

G24 发现于 Ⅲ T4603、Ⅲ T4604 内，向北延伸至 Ⅲ T4602，向南延伸至 Ⅲ T4605，开口于第 3 层下，打破第 4~7 层。已清理出的沟口近山字形，弧壁，底不平。沟口南北长 19.0、宽 2.0~3.4 米。沟内堆积分 2 层：第 1 层最深 1.3 米，为灰黄色土，土质疏松，出土大量的青砖、板瓦、筒瓦及灰陶片等；第 2 层深 0.39~1.17 米，填土为深灰色土，夹杂大量块状的黄色斑块，出土遗物极少，仅一些残砖碎瓦。（图 6–13）

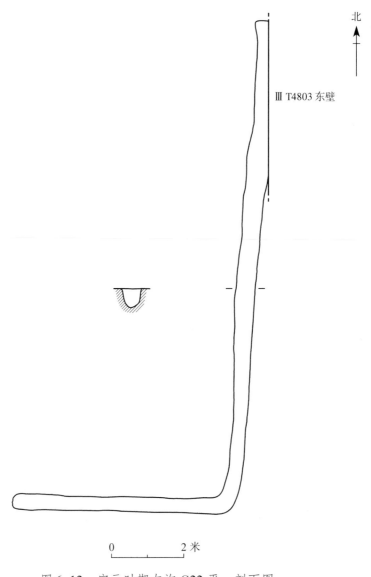

图 6–12　宋元时期灰沟 G22 平、剖面图

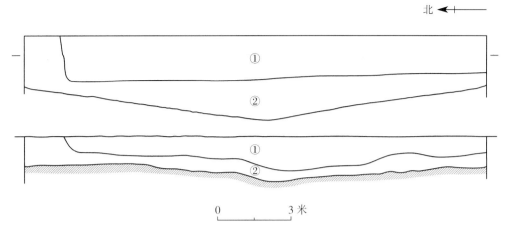

图 6-13　宋元时期灰沟 G24 平、剖面图

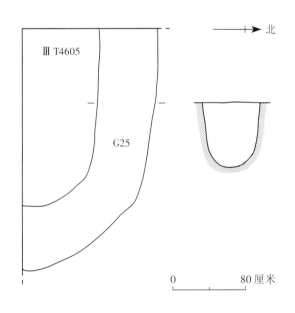

图 6-14　宋元时期灰沟 G25 平、剖面图

G25

位于Ⅲ T4605 西南角，向西延伸至Ⅲ T4705 内，向南延伸至Ⅲ T4606 内，均未做清理，开口于第 3 层下，打破第 4 层。弯弧状，弧壁，圜底。已清理部分长 2.6 米，口宽约 0.7 米，深约 0.7 米。出土遗物极少，仅一些残砖碎瓦。（图 6-14）

第三节　唐—宋元时期遗物

一、唐代瓷器

均为青瓷器，釉色青黄、青灰、青白或青黑，器形有碗、盘、盏和钵。

碗　18件。多为敞口，厚圆唇，唇下多有一道凹槽。胎色多灰红，碗内常施满釉，釉色青黄。外施半釉或仅及口部。碗内常见三或五个支钉痕，支钉细长。

H125①：1，敞口，厚圆唇，唇下一道凹槽，弧腹，饼足。胎色灰红。釉色青黄，碗内施满釉，外约三分之一施釉。碗内三个粗支钉痕。口径约17.2、足径8.4、高约6.8厘米。（图6-15，1；图版二〇二，1）

H275：1，敞口，尖圆唇外卷，弧腹，饼足，足底内凹，足圈斜内削。灰白胎，胎质致密。青釉，碗内满釉，外施釉不均，釉不及底，有流釉。碗内三个粗支钉痕。口径19.2、足径9.6、高6.4厘米。（图6-15，2；图版二〇二，2）

H278：1，敞口，卷沿外翻，弧腹，饼足，足底内凹，足圈斜内削。胎色灰白，胎质坚硬。釉色米黄色，碗内满釉，外约三分之二施釉。碗内三个支钉痕。口径19.6、足径8.4、高6.4厘米。（图6-15，3；图版二〇二，3）

ⅢT4805③：12，直口微侈，尖圆唇，唇下微凹，弧壁，饼足。胎色灰红，胎质粗疏。釉色青黄，碗内施满釉，外壁施半釉，施釉不均。碗内三个粗支钉痕。口径11.7、足径6.0、高4.6厘米。（图6-15，4）

ⅢT4102③：1，敞口，口部变形较甚，圆唇，唇下内凹，弧腹，饼足，足底内凹，足圈斜削。胎色灰白，胎质致密。釉色青白，碗内施满釉，外施釉及口沿下。口径18.5~19.0、足径8.8、高约6.4~7.2厘米。（图6-15，5；图版二〇二，4）

ⅢT4103③：4，口微敛，略变形，圆唇，唇下一道凹槽，弧腹，饼足。胎色发红，胎质略粗疏。釉色青黄，施釉不均，有流釉，釉下覆白色化妆土。碗内三个粗支钉痕。口径16.8~17.8、足径8.4、高6.2~7.0厘米。（图6-15，6）

ⅢT4105③：3，敞口，圆唇，唇下一道凹槽，弧腹，饼足。胎色灰红，胎质粗疏。釉色青灰，施釉不均，有积釉，碗内满釉，外约半釉。碗内三个粗支钉痕。口径16.8、足径8.0、高6.0厘米。（图6-15，7）

ⅢT4106③：3，敞口，圆唇外翻，弧腹，饼足，足底内凹，足圈斜削。胎色灰白，胎质粗疏。釉色青黑，碗内施满釉，外约三分之二施釉。碗底三个粗支钉痕。口径17.6、足径7.6、高约7.2厘米。（图6-15，8）

ⅢT4203③：2，敞口，圆唇，唇下一道凹槽，弧腹，饼足，足底内凹，足圈斜内削。胎色灰红，胎质致密。釉色青白，碗内施满釉，外施釉及口沿下。口径18.6、足径8.8、高约6.4厘米。（图6-15，9）

ⅢT4203③：8，敞口，圆唇外翻，弧腹，饼足，足底内凹，足圈斜削。胎色灰红，胎质致密。釉色青白。碗内施满釉，外施釉仅及口沿下，施釉不均有流釉。口径19.6、足径6.0、高约6.1厘米。（图6-15，10）

ⅢT4203③：1，敞口，圆唇，弧腹，饼足，足底内凹，足圈斜内削。胎色发红，胎质略粗疏。釉色青黄，釉多剥落，碗内施满釉，外施釉仅及口沿，釉下覆白色化妆土。碗内残留两个粗支钉痕。口径18.2、足径8.8、高约7.2厘米。（图6-15，11）

ⅢT4203③：4，侈口，尖圆唇，上腹弧凹，下腹弧折，饼足，足底内凹，足圈斜削。

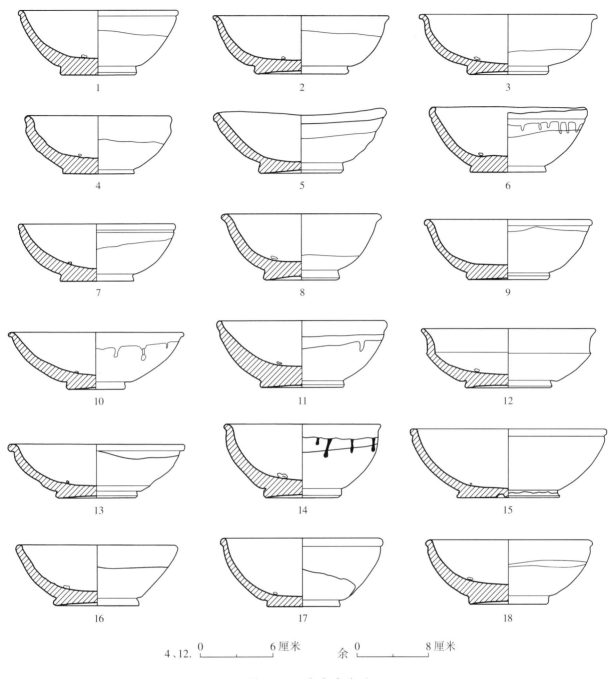

图 6-15　唐代青瓷碗

1. H125①：1　2. H275：1　3. H278：1　4. ⅢT4805③：12　5. ⅢT4102③：1　6. ⅢT4103③：4　7. ⅢT4105③：3　8. ⅢT4106③：3　9. ⅢT4203③：2　10. ⅢT4203③：8　11. ⅢT4203③：1　12. ⅢT4203③：4　13. ⅢT4203③：5　14. ⅢT4203③：3　15. ⅢT4604③：2　16. ⅢT4802③：1　17. ⅢT4805③：3　18. ⅢT4805③：8

灰白胎，胎质致密。青釉，碗内施满釉，外壁不施釉。碗内残留两个支钉痕。口径 14.4、足径 6.9、高约 7.8 厘米。（图 6-15，12）

　　ⅢT4203③：5，敞口，圆唇，弧腹，饼足，足底内凹，足圈斜削。胎色不均，红白参半，胎质致密。釉色发青，碗内施满釉，外施釉仅及唇下。碗内残留一个粗支钉痕。口径 19.6、

足径 8.4、高 5.8 厘米。（图 6-15，13）

Ⅲ T4203 ③：3，敞口，圆唇外翻，弧腹，饼足，足底内凹，足圈斜削。胎色发灰，胎质粗疏。釉色青灰，施釉不均，有积釉，碗内施满釉，外壁施釉及唇下，釉下覆白色化妆土。碗内三个粗支钉痕。口径 17.2、足径 7.6、高 8.0 厘米。（图 6-15，14；图版二○二，5）

Ⅲ T4604 ③：2，敞口，圆唇，唇下一道凹槽，弧腹，饼足，足底一周凹槽。胎色发白，胎质致密。釉色黄绿，碗内施满釉，外壁施釉及足，釉色不均有流釉。碗底残留一个细支钉痕。口径 22.0、足径 11.2、高 7.4 厘米。（图 6-15，15；图版二○二，6）

Ⅲ T4802 ③：1，敞口，圆唇，弧腹，饼足，足底微内凹，足圈微斜削。胎色灰红，胎质致密。釉色青黄，施釉不均有积釉，碗内施满釉，外壁施半釉。碗内残留三个较粗的支钉痕。口径 17.2、足径 9.6、高约 6.5 厘米。（图 6-15，16；图版二○三，1）

Ⅲ T4805 ③：3，敞口，圆唇外翻，弧腹，饼足，平底。胎色发灰，胎质粗疏。釉色灰绿，施釉不均，碗底有积釉，碗内施满釉，外壁施釉不均但不及足。碗底残留一个支钉痕。口径 17.2、足径 8.0、高 7.3 厘米。（图 6-15，17；图版二○三，2）

Ⅲ T4805 ③：8，敞口，圆唇，唇下一道凹槽，弧腹，饼足，足底微内凹。胎色发红，胎质略致密。青釉均剥落，可见碗内施满釉，外约三分之一施釉，釉下覆白色化妆土。口径 17.6、足径 8.4、高 7.0 厘米。（图 6-15，18；图版二○三，3）

钵　8 件。多为敛口，口下弧折，大平底。多灰胎。釉色青黑，内满釉，外釉及半或及底，底不施釉。

H310：1，敛口，尖圆唇，弧腹，矮饼足，足底内凹。灰胎。釉色青黑，钵内施满釉，外壁施釉及底，底不施釉。口径 8.0、底径 5.8、高约 4.4 厘米。（图 6-16，1；图版二○三，4）

H310：2，口微敛，尖圆唇，口下弧折，大平底。胎色灰红，胎质略致密。釉色青灰，钵内施满釉，外壁施半釉。口径 16.8、底径 12.0、高 6.6 厘米。（图 6-16，2；图版二○三，5）

H310：3，口部略呈子母口状，口下略折，弧腹，平底内凹。灰胎。釉色青黑，钵内施釉及底，底不施釉，钵外施釉及下腹。口径 15.6、底径 9.2、高 6.5 厘米。（图 6-16，3）

H310：4，直口微敛，尖圆唇，口下弧折，弧腹，大平底。灰胎。釉色青黑，钵内施满釉，外壁施釉及底，底部不施釉。口径 9.4、底径 6.9、高 4.5 厘米。（图 6-16，4）

T12 ②：1，口微敛，尖圆唇，口下弧折，弧腹，大平底。灰胎。釉色青褐，钵内施满釉，钵外施釉近底。口径 14.4、底径 9.3、高 5.7 厘米。（图 6-16，5；图版二○三，6）

Ⅲ T4803 ③：2，敛口，尖圆唇，弧腹，平底内凹。灰胎。釉色青褐，钵内施满釉，外壁施釉及底，底部不施釉。口径 11.1、底径 5.5、高 4.5 厘米。（图 6-16，6；图版二○四，1）

Ⅲ T4803 ③：5，敛口，尖圆唇，沿下弧折，弧腹内收，平底内凹。灰胎。釉色青褐，钵内施满釉，外壁施半釉，施釉不均有流釉。口径 8.1、底径 5.2、高 4.0 厘米。（图 6-16，7；图版二○四，2）

Ⅲ T4803 ③：7，直口微敛，圆唇，唇下一道凹槽，弧腹至底部略收，平底微凹。灰胎。釉色青褐，钵内施满釉，外施釉及底，底不施釉。口径 16.0、底径 9.6、高 6.6 厘米。（图 6-16，8；图版二○四，3）

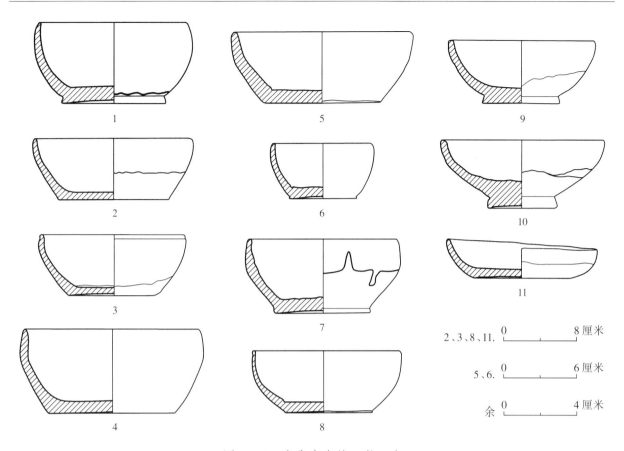

图 6-16 唐代青瓷钵、盏、盘

1~8.钵（H310：1、H310：2、H310：3、H310：4、T12②：1、ⅢT4803③：2、ⅢT4803③：5、ⅢT4803③：7）
9、10.盏（ⅢT4206③：1、ⅢT4602③：6） 11.盘（H275：2）

盏 2 件。

ⅢT4206③：1，直口微敛，圆唇，弧腹，饼足，足底近平。胎色灰紫。内外未施釉，仅在盏内部及外壁约半处刷白色化妆土。口径 8.0、底径 4.2、高 3.4 厘米。（图 6-16，9；图版二〇四，4）

ⅢT4602③：6，敞口，圆唇，下腹斜收，饼足略内凹。灰红胎，胎质粗疏。釉色青灰，青釉之上又覆白色化妆土，后又浇透明釉加以烧制，故整器釉色为灰白色，仅在沿下露小部分青釉。口径 9.0、足径 3.5、高 3.7 厘米。（图 6-16，10；图版二〇四，5）

盘 1 件。

H275：2，器形不甚规整，敞口，浅弧腹，大平底。胎灰红，较致密。青釉发灰，盘内施满釉，外施半釉，施釉不均。口径 16.8、底径 10.4、高 3.6~4.0 厘米。（图 6-16，11；图版二〇四，6）

二、宋（金）瓷器

碗 12 件。根据釉色可分为青瓷和青白瓷两类。

青瓷碗 11 件。可略分两型。

A 型　8 件。敞口，圆唇，弧腹较浅，矮圈足较小，足底平削。胎色灰红，釉色青灰，釉面乳浊。碗内外施满釉，足底心不施釉。

T11②a：3，口径 16.8、足径 6.2、高 6.0 厘米。（图 6-17，1）

T11②a：1，碗内心有圈烧痕，口径 18.0、足径 5.6、高 4.2 厘米。（图 6-17，2；图版二〇五，1）

T12①：1，碗心有单圈，圈内有印花，已漫漶不清。口径 17.2、足径 6.4、高 6.0 厘米。（图 6-17，3；图版二〇五，2）

T14②：1，碗壁外侧有轮修痕，碗内心有单圈，圈内有印款"庖"。口径 19.0、足径 6.9、高 6.4 厘米。（图 6-17，4；图版二〇五，3、4）

Ⅳ T3904①：2，口径 18.2、足径 6.4、高 6.0 厘米。（图 6-17，5；图版二〇五，5）

Ⅲ T4804③：3，碗心一道单圈，内有印花，已漫漶不清。口径 16.4、足径 6.0、高 6.1 厘米。（图 6-17，6；图版二〇五，6）

Ⅲ T4803③：4，碗心一道单圈，口径 18.6、足径 6.4、高 7.2 厘米。（图 6-17，7；图版二〇六，1）

Ⅲ T4803③：11，口径 17.8、足径 6.4、高 6.8 厘米。（图 6-17，8）

B 型　1 件。

采集：8，敞口，斜腹较深，矮圈足较宽。釉色青绿，釉面匀净，碗内外均施满釉，碗底露红胎。碗外壁刻划一周莲瓣纹。口径 18.0、足径 6.0、高 7.2 厘米。（图 6-17，9；图版二〇六，2）

C 型　2 件。斗笠碗。敞口，圆唇，深弧腹，小矮圈足。釉色匀净光亮，碗内外皆施满釉，底不施釉。

Ⅲ T4604③：6，口径 10.7、足径 3.3、高 5.4 厘米。（图 6-17，10；图版二〇六，3）

Ⅲ T4602③：7，外壁一道弦纹。口径 10.8、足径 3.3、高 4.8 厘米。（图 6-17，11；图版二〇六，4）

青白瓷碗　1 件。

Ⅲ T4004③：11，斗笠碗。大口，斜腹，小圈足。胎色灰白。内外壁满施青白釉，釉色匀净光亮，足底不施釉。碗外壁刻划瘦菊瓣纹一周，内壁有细小的直线刻划纹。口径 12.3、足径 3.9、高 5.8 厘米。（图 6-17，12；图版二〇六，5）

碟　4 件。均为钧窑系天蓝釉瓷碟。四件瓷碟为上下摞放一同出土。均为敞口，尖唇，浅弧腹，矮圈足，足底出尖。釉色呈较匀净的天蓝色，内外壁多见较大的开片，碟内及足底均施釉，足墙一般不施釉，但外足墙多覆有外壁滴落下来的釉。

Ⅲ T4703③：10-1，口径 14.8、足径 5.4、高 3.3 厘米。（图 6-17，13；图版二〇七，1、2）

Ⅲ T4703③：10-2，口径 15.6、足径 5.2、高 3.6 厘米。（图 6-17，14；图版二〇七，3、4）

Ⅲ T4703③：10-3，口径 15.0、足径 5.4、高 3.75 厘米。（图 6-17，15；图版二〇七，5）

Ⅲ T4703③：10-4，口径 15.3、足径 5.4、高 3.6 厘米。（图 6-17，16；图版二〇七，6）

玉壶春瓶　1 件。

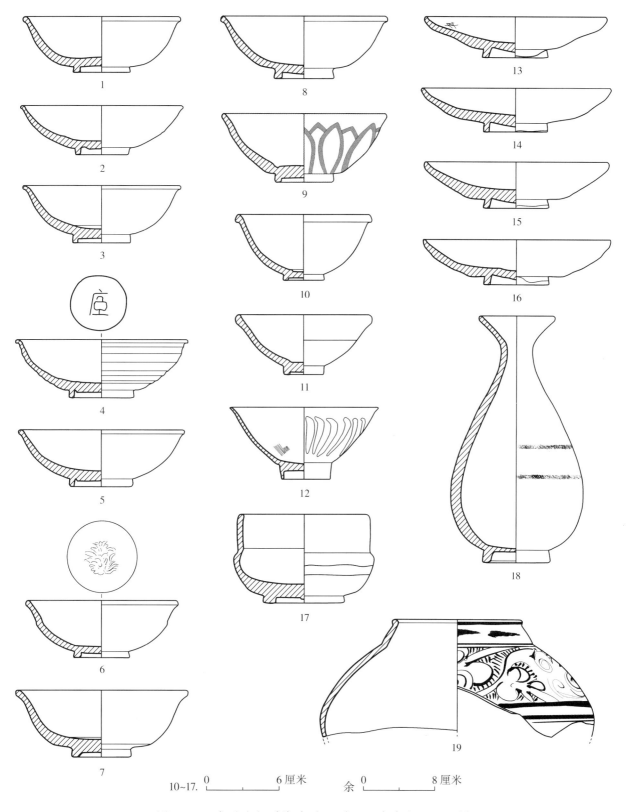

图 6-17　宋（金）时期瓷碗、碟、玉壶春瓶、盂、罐

1~8.青瓷碗 A 型（T11 ② a：3、T11 ② a：1、T12 ①：1、T14 ②：1、Ⅳ T3904 ①：2、Ⅲ T4804 ③：3、Ⅲ T4803 ③：4、Ⅲ T4803 ③：11）　9.青瓷碗 B 型（采集：8）　10、11.青瓷碗 C 型（Ⅲ T4604 ③：6、Ⅲ T4602 ③：7）　12.青白瓷碗（Ⅲ T4004 ③：11）　13~16.天蓝釉瓷碟（Ⅲ T4703 ③：10-1、Ⅲ T4703 ③：10-2、Ⅲ T4703 ③：10-3、Ⅲ T4703 ③：10-4）　17.盂（Ⅲ T4604 ③：1）　18.玉壶春瓶（Ⅲ T4202 ⑤：1）　19.罐（T12 ②：3）

Ⅲ T4202 ⑤：1，喇叭口，细颈，蛋形垂腹，矮圈足。瓶内外施蓝灰色釉，足底不施釉，釉色暗沉，底露灰胎，肩、腹部两周褐彩。口径 8.0、足径 7.6、高 26.6 厘米。（图 6-17，18；图版二〇六，6）

盂　1 件。

Ⅲ T4604 ③：1，直口微敛，腹部扁鼓，矮圈足。胎色灰黄，盂内外施白色化妆土，外部化妆土仅及下腹部，后在化妆土上施透明釉烧制而成。口径 10.5、足径 6.6、高 7.2 厘米。（图 6-17，17；图版二〇七，7）

罐　1 件。

T12 ②：3，小口微敛，束颈，肩部浑圆，肩部以下收折，腹部及以下残。褐胎，内外壁施透明釉。外壁在施釉之前先上白色化妆土，后绘黑彩，最后再附着一层透明釉。残高约 12.0 厘米。（图 6-17，19；图版二〇七，8）

三、（金）元瓷器

共 18 件，器形为瓷碗或瓷碟。

碗　16 件。碗内及碗外壁及下腹处施白色化妆土，其上覆透明釉或青釉，以覆透明釉者为多数。根据碗腹深浅可略分两型。

A 型　7 件。敞口，深弧腹，矮圈足。碗内及外壁均覆透明釉，碗内心常见褐彩重圈纹，碗心带字款或图案，多已漫漶不清。

H309：1，口径 17.2、足径 6.0、高 7.6 厘米。（图 6-18，1；图版二〇八，1）

Ⅳ T3904 ①：1，口径 16.8、足径 6.0、高 7.0 厘米。（图 6-18，2；图版二〇八，2）

Ⅲ T4603 ③：3，口径 20.6、足径 7.0、高 8.6 厘米。（图 6-18，3；图版二〇八，3）

Ⅲ T4604 ③：4，碗心残留一个细支钉痕。口径 17.0、足径 6.8、高 8.0 厘米。（图 6-18，4）

Ⅲ T4803 ③：3，外壁施近乎透明的青釉。口径 17.0、足径 4.2、高 7.6 厘米。（图 6-18，5；图版二〇八，4）

Ⅲ T4804 ③：5，红胎。底款书一“王”字。口径 17.0、足径 6.0、高 6.6 厘米。（图 6-18，6；图版二〇八，5）

Ⅲ T4805 ③：13，口径 16.2、足径 6.4、高 6.4 厘米。（图 6-18，7；图版二〇八，6）

B 型　9 件。敞口，弧腹较浅，碗内近底部多折为平底，多为矮圈足，个别为饼足。

T14 ③：12，足底出尖。碗内心褐彩重圈纹，底心有褐彩，纹样不清。口径 14.8、足径 5.2、高 5.2 厘米。（图 6-19，1；图版二〇九，1）

T8 ②：1，底心残留三个支钉痕。口径 18.4、足径 6.4、高 5.4 厘米。（图 6-19，2；图版二〇九，2）

Ⅲ T4102 ③：2，足底出尖。外壁不施釉。口沿下施一周褐彩。碗心有圈支烧痕。口径 17.2、足径 5.6、高 5.6 厘米。（图 6-19，3；图版二〇九，3）

Ⅲ T4105 ③：9，器形较小。碗内一圈支烧痕。口径 10.6、足径 4.2、高 3.9 厘米。（图 6-19，4；图版二〇九，4）

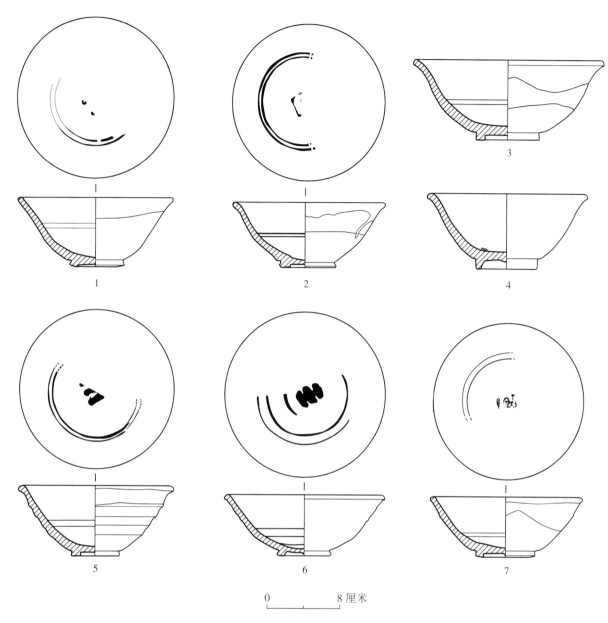

图 6-18 金（元）时期瓷碗 A 型

1. H309：1 2. Ⅳ T3904 ①：1 3. Ⅲ T4603 ③：3 4. Ⅲ T4604 ③：4 5. Ⅲ T4803 ③：3 6. Ⅲ T4804 ③：5
7. Ⅲ T4805 ③：13

Ⅲ T4602 ③：8，饼足，露红胎。碗内心残留一个支钉痕。口径 15.6、足径 7.2、高 4.0 厘米。
（图 6-19，5）

Ⅲ T4604 ③：3，碗内五个细支钉痕。口径 19.6、足径 8.0、高 6.4 厘米。（图 6-19，6；
图版二〇九，5）

Ⅲ T4603 ③：4，碗内残留一个支钉痕。口径 16.0、足径 7.2、高 4.4 厘米。（图 6-19，7；
图版二〇九，6）

Ⅲ T4604 ③：5，灰胎，化妆土外施青釉。碗心残留两个支钉痕。口径 17.6、足径 7.4、
高 4.8 厘米。（图 6-19，8；图版二一〇，1）

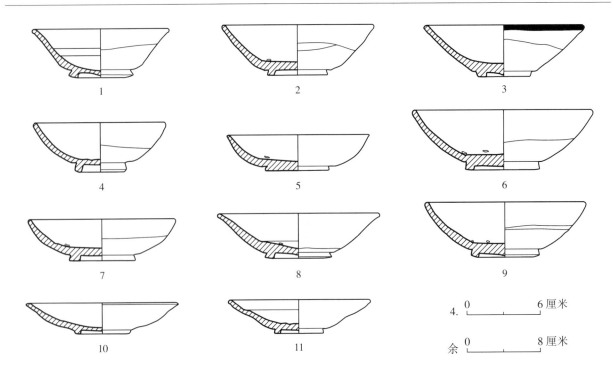

图 6-19　金（元）时期瓷碗、碟

1~9.碗 B 型（T14③：12、T8②：1、Ⅲ T4102③：2、Ⅲ T4105③：9、Ⅲ T4602③：8、Ⅲ T4604③：3、Ⅲ T4603③：4、
Ⅲ T4604③：5、Ⅲ T4604③：7）　10、11.黑釉碟（T3③：2、Ⅲ T4202③：9）

　　Ⅲ T4604③：7，碗心五个细支钉痕。口径 17.2、足径 7.2、高 6.0 厘米。（图 6-19，9；
图版二一〇，2）

　　碟　2 件。黑釉瓷。

　　T3③：2，敞口，浅腹，圈足内窝。碟内施白色化妆土，其上覆透明釉，碟外施黑釉，
足底亦施釉。口径 16.2、足径 5.8、高 3.4 厘米。（图 6-19，10；图版二一〇，3）

　　Ⅲ T4202③：9，敞口，浅腹，矮圈足。胎色灰黄，胎质较粗疏。碟内施满釉，外不施釉。
碟心有圈支烧痕，烧痕部分露胎。口径 15.6、足径 5.2、高 3.6 厘米。（图 6-19，11；图版
二一〇，4、5）

四、唐—宋元时期陶器

　　主要有碗、钵、盆、盘及水管等。

　　碗　2 件。均为泥质灰陶。

　　Ⅳ T3904②：3，口微侈，弧腹，平底内凹。口径 15.0、底径 7.8、高 6.5 厘米。（图
6-20，1；图版二一一，1）

　　H34：1，敞口，圆唇，弧腹，玉璧形足。口径 20.0、足径 7.2、高 8.2 厘米。（图 6-20，3；
图版二一一，2）

　　钵　1 件。

　　Ⅲ T4803③：21，直口，深弧腹，平底。口径 16.0、底径 7.2、高 8.0 厘米。（图 6-20，2；

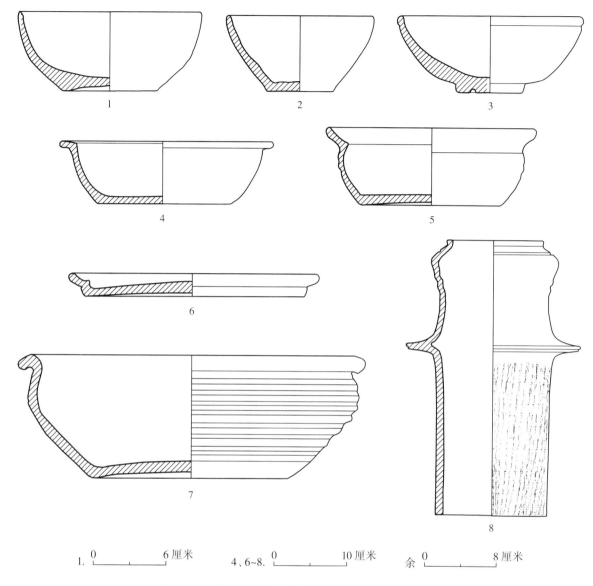

图 6-20 唐—宋元时期陶碗、钵、盆、盘、水管

1、3. 碗（Ⅳ T3904②：3、H34：1） 2. 钵（Ⅲ T4803③：21） 4、5、7. 盆（Ⅲ T4805③：4、采集：9、H131：1）
6. 盘（Ⅲ T4803③：10） 8. 水管（T2②：16）

图版二一一，3）

盆 3件。均为灰陶盆，器形较大。

Ⅲ T4805③：4，敞口，斜折沿，弧腹，大平底。口径 29.0、底径 18.0、高 8.5 厘米。（图 6-20，4；图版二一一，4）

采集：9，敞口，宽折沿，弧腹，平底内凹。黄釉，多已剥落。口径 22.8、底径 15.6、高 8.4 厘米。（图 6-20，5）

H131：1，短折沿外翻，束颈，鼓肩，斜腹，平底内凹。颈下及下腹部有凸棱。口径 44.5、底径 27.0、高 16.5 厘米。（图 6-20，7）

盘 1件。

Ⅲ T4803③：10，泥质灰陶。敞口，圆唇，折沿，浅腹，大平底内凹，内底几乎与口沿平。口径 33.8、底径 30.0、高 3.0 厘米。（图 6-20，6；图版二一一，5）

水管 1 件。

T2②：16，泥质灰陶。上口处短束口，口下鼓突，直筒腹，腹中部偏上有一周外凸的细腰檐，下口平直。腰檐以下饰竖向细绳纹。上口径 13.0、腰檐径 24.2、下口径 15.5、高 37.0 厘米。（图 6-20，8；图版二一一，6）

五、唐—宋元时期铁器

空首斧 2 件。銎口呈六边形。

T2③：26，銎口外侧有宽箍，銎口沿向外下斜，刃部残。残长 8.5、最宽处 5.4、最厚处 3.3 厘米。（图 6-21，1；图版二一二，1）

T7②：2，长约 7.8、最宽 6.0、最厚 2.4 厘米。（图 6-21，2）

斧 1 件。

T7③：2，斧身上部横穿一銎。残长约 11.2、残宽约 6.0、銎径 0.8~2.4 厘米。（图 6-21，3；图版二一二，2）

铲 2 件。

T2③：14，竖銎，銎口呈六边形，溜肩，刃部残。残长 9.6、最宽 10.8 厘米，銎长径 5.2、短径 3.2 厘米。（图 6-21，6；图版二一二，3）

Ⅲ T4703③：1，銎部残，仅剩扁舌形刃部。长约 8.8、刃宽 10.0 厘米，銎长径 3.2、短径 2.3 厘米。（图 6-21，7；图版二一二，4）

铧冠 3 件。整器呈"V"字形，两外侧边为刃部，内侧为 V 字形銎以套装木铧。

T4②：11，残长 10.0、翼最宽处 20.4 厘米。（图 6-21，8）

Ⅲ T4202③：4，残长 10.4、翼宽 17.4 厘米。（图 6-21，9）

Ⅲ T4202③：3，残长 9.7、翼最宽处 17.2 厘米。（图 6-21，10；图版二一三，1）

犁铧 2 件。整器近长三角形，背部较平，靠上端有一圆孔，正面开"V"字形竖銎，两翼开刃，刃及前锋残损。

T2②：2，长约 33.9、最宽 19.2 厘米。（图 6-21，12；图版二一三，2）

Ⅲ T4703③：14，残长 29.2、翼最宽处 14.8 厘米。（图 6-21，13；图版二一三，3）

横銎镢 1 件。

Ⅲ T4603③：6，长条形，刃部较宽略弧，銎部向上弯起，圆角长方銎。长 36.2、刃宽 10.0 厘米，銎长 5.5、宽 4.0 厘米。（图 6-21，11；图版二一二，5）。

砍刀 8 件。依据装柄方式可分为 A、B 两型。

A 型 3 件。带柄。刃部横截面近扁楔形或菱形。

T4②：14，残长 25.6 厘米。（图 6-22，1；图版二一四，1）

T4②：15，残长 25.6 厘米。（图 6-22，2；图版二一四，2）

T8③：6，残长 15.6 厘米。（图 6-22，3）

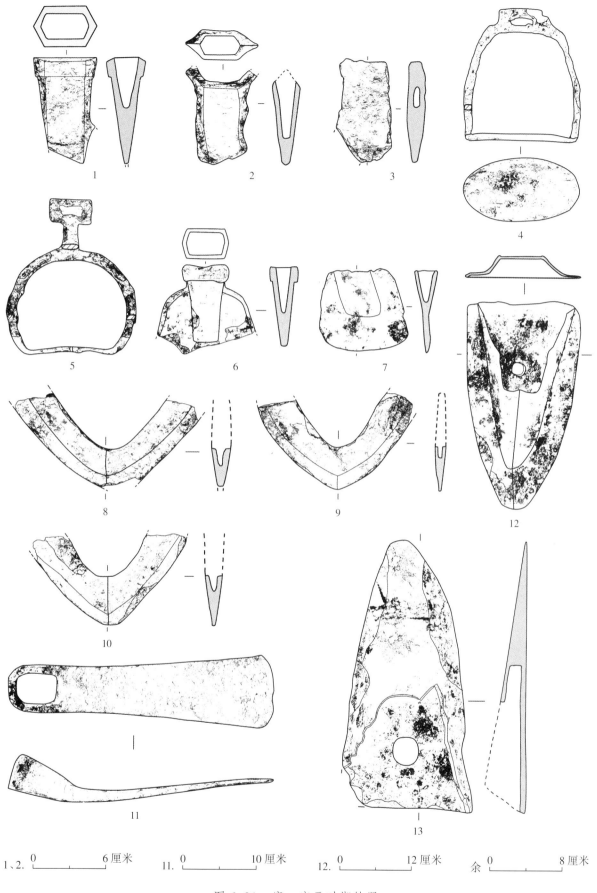

图 6-21 唐—宋元时期铁器

1、2.空首斧（T2③：26、T7②：2） 3.斧（T7③：2） 4、5.马镫（Ⅲ T4805③：1、Ⅲ T4805③：11） 6、7.铲（T2③：14、Ⅲ T4703③：1） 8~10.铧冠（T4②：11、Ⅲ T4202③：4、Ⅲ T4202③：3） 11.横銎镢（Ⅲ T4603③：6） 12、13.犁铧（T2②：2、Ⅲ T4703③：14）

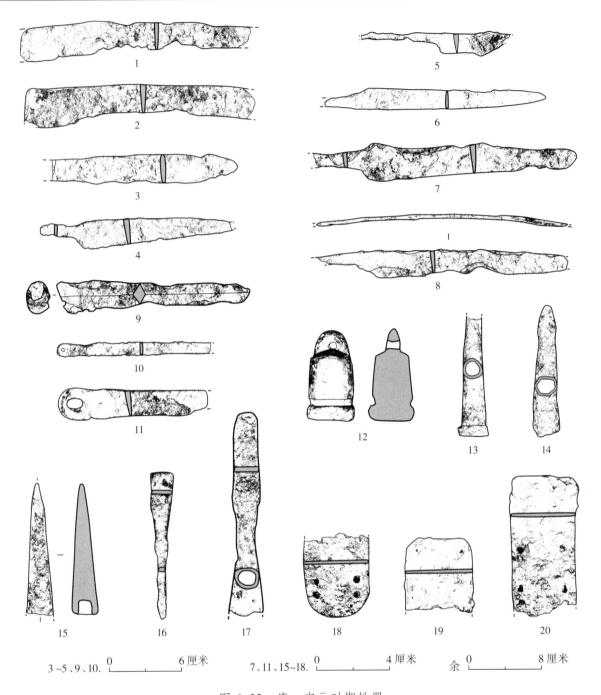

3~5、9、10. ⊢—————⊣ 6厘米　　7、11、15~18. ⊢—————⊣ 4厘米　　余 ⊢—————⊣ 8厘米
　　　　0　　　　　　　　　　　　　　　　0　　　　　　　　　　　　　　0

图6-22　唐—宋元时期铁器

1~3. 砍刀A型（T4②：14、T4②：15、T8③：6）　4~8. 砍刀B型（Ⅲ T4804③：12、Ⅲ T4702③：5、
Ⅲ T4802③：9、Ⅲ T4804③：6、采集：1）　9. 剑（采集：10）　10、11. 穿孔小刀（T2②：1、T4②：2）　12. 权（H317：1）　13、
14. 空首锥（T4②：6、H320：1）　15. 竖銎锥（T7②：1）　16. 装柄削刀（Ⅲ T4804③：11）　17. 凿（采集：11）
18~20. 铠甲片（H305：2-1、H305：2-2、H305：2-3）

B型　5件。装柄。刀的柄部一般呈扁锥状或楔形以装柄。

Ⅲ T4804③：12，残长约15.9厘米。（图6-22，4；图版二一四，3）

Ⅲ T4702③：5，残长约12.3厘米。（图6-22，5；图版二一四，5）

Ⅲ T4802③：9，残长24.4厘米。（图6-22，6；图版二一四，4）

Ⅲ T4804 ③：6，长约 14.6 厘米。（图 6-22，7；图版二一四，6）

采集：1，残长 27.6 厘米。（图 6-22，8；图版二一四，7）

装柄削刀　1 件。

Ⅲ T4804 ③：11，柄部细长，刀部扁平。长约 8.0 厘米。（图 6-22，16；图版二一五，1）

穿孔小刀　2 件。端部圆弧有一穿孔，刀身扁平。

T2 ②：1，残长 12.9 厘米。（图 6-22，10；图版二一五，2）

T4 ②：2，残长约 8.4 厘米。（图 6-22，11；图版二一五，3）

剑　1 件。

采集：10，短鋬，内有木柄残留。双刃，中部起脊。残长约 16.2 厘米。（图 6-22，9；图版二一五，4）

空首锥　2 件。竖銎，銎剖面近圆形。

T4 ②：6，残长 12.8、径约 3.4 厘米。（图 6-22，13）

H320：1，长约 14.4、径约 3.2 厘米。（图 6-22，14；图版二一五，5）

竖銎锥　1 件。

T7 ②：1，短竖銎。长约 7.2 厘米。（图 6-22，15；图版二一五，6）

凿　1 件。

采集：11，有圆銎，刃部扁平。长约 11.0 厘米。（图 6-22，17；图版二一五，7）

权　1 件。

H317：1，权身长圆形，近底部有箍痕，上部有半弧形梁，其上有一圆形穿孔。高 10.0、底宽 5.2 厘米。（图 6-22，12；图版二一五，8）

镬　1 件。

H123：6，口微敛，平沿，弧腹，底残。肩部一对耳銎。口径 51.0、残高 28.5 厘米。（图 6-23，1；图版二一六，1）

剪刀　1 件。

T5 ②：9，尾部环形，长 28.4、最宽 6.1 厘米。（图 6-23，2；图版二一五，9）

器盖　1 件。

T7 ③：4，尖圆纽，盖壁弧折，口微敛。直径 6.4、高 2.4 厘米。（图 6-23，4；图版二一六，2）

灯盏　1 件。

T14 ②：2，敞口，弧腹，小平底，口沿部带一流形短把。口径 12.4~13.0、高 6.4 厘米。（图 6-23，5；图版二一六，3）

勺　1 件。

采集：12，带长柄。口径约 19.0、底径约 14.0、高约 12.2 厘米。（图 6-23，3；图版二一六，4）

豆　1 件。

采集：6，口残，深腹，短柄，矮圈足。底径 7.8、残高 10.2 厘米。（图 6-23，6；图

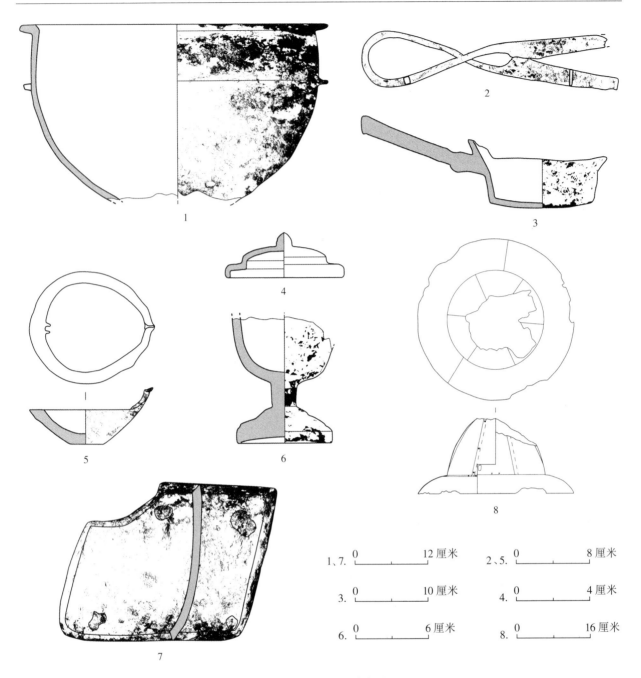

图 6-23　唐—宋元时期铁器

1. 镜（H123：6）　2. 剪刀（T5②：9）　3. 勺（采集：12）　4. 器盖（T7③：4）　5. 灯盏（T14②：2）　6. 豆（采集：6）　7. 盾（Ⅲ T4103③：6）　8. 盔（T1②：3）

版二一六，5）

马镫　2件。

Ⅲ T4805③：1，镫环近长圆形，踏板为椭圆形，镫环上方为长方形梁，梁中部有一扁圆形穿用以系镫。长14.4厘米，踏板面长径12.8、短径6.8厘米。（图6-21，4；图版二一七，1）

Ⅲ T4805③：11，镫环近圆形略扁，剖面扁长，踏板为细条状，镫环上方为长方形梁，

梁中部有一长方形穿用以系镫。长17.2、最宽14.4厘米。（图6-21，5；图版二一七，2）

铁盔 T1②：3 斗笠状，由帽顶和帽檐组成，均为分件铸造然后组装而成，顶残，沿略残。帽顶由六瓣弧形甲片按顺时针方向依次叠压用铆钉固定，帽檐由两块甲片交互叠压用铆钉固定。帽顶两侧对称各置两个圆形小孔，孔径0.3、孔间距0.8厘米，佩戴时以丝织物固定，其中一侧穿孔内尚有丝织物残留。穿孔一侧有一近圆形孔洞，长1.5、宽0.8厘米，有明显的由外向内刺穿痕迹，应为锐器所致。帽檐直径34、残高15.8厘米，重952克。（图6-23，8；图版二一六，6、7）

铠甲片 3件。薄片状，上有小孔用以穿缚。（图版二一七，3~5）

H305：2-1，残长4.5、宽3.5、厚0.2厘米，孔径0.3厘米。（图6-22，18；图版二一七，3）

H305：2-2，残长3.7、宽3.7、厚0.2厘米，孔径0.3厘米。（图6-22，19；图版二一七，4）

H305：2-3，残长7.6、宽3.7、厚0.2厘米，孔径0.3厘米。（图6-22，20；图版二一七，5）

盾 1件。

Ⅲ T4103③：6，长方形。长约31.2、宽约25.2、厚约1.2厘米。（图6-23，7；图版二一七，6）

镞 33件。同样可分为两型。

A型 1件。三棱镞。

T2②：33，镞身较短，中脊呈三棱形，三棱前聚成锋，长铤。长约8.4厘米。（图6-24，1；图版二一八，1）

B型 32件。四棱镞。

H123：2，镞身较长，前锋残，短铤，截面近四棱形。残长约6.8厘米。（图6-24，2；图版二一八，2）

T1②：5，镞身较长，铤残，截面近圆形。残长6.8厘米。（图6-24，3；图版二一八，3）

T2②：3，镞身短，长铤，短尾，铤、尾截面均为圆形。长约10.2厘米。（图6-24，4；图版二一八，4）

T2②：6，镞身较长，前锋残，长铤，短弯尾亦残，铤部截面四棱形，尾部截面近圆形。残长约9.9厘米。（图6-24，5；图版二一八，5）

T2②：8，铤残，截面近四棱形。残长7.8厘米。（图6-24，6；图版二一八，6）

T2②：15，短镞身，长铤，尾部残，截面近四棱形。残长6.8厘米。（图6-24，7）

T3②：2，镞身较长，长铤，长尾，铤与尾部的截面均为圆形。残长11.8厘米。（图6-24，8）

T3②：4，尾部残，铤与尾部的截面近圆形。残长约8.2厘米。（图6-24，9）

T4②：3，长铤残，截面近四棱形。残长7.6厘米。（图6-24，10）

T8③：8，长身，长铤，短尾，铤部截面近四棱形，尾部为圆形。长约12.4厘米。（图6-24，11；图版二一八，7）

T4②：8，铤残，截面近四棱形。残长6.4厘米。（图6-24，12）

T4②：12，镞身较扁，铤残，截面近扁圆形。残长5.6厘米。（图6-24，13）

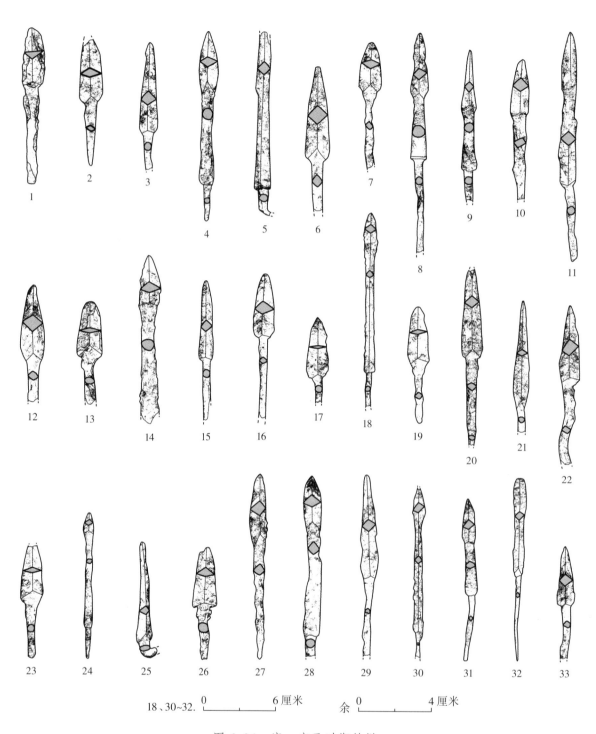

图6-24　唐—宋元时期铁镞

1. A 型（T2 ② ： 33）　2~33. B 型（H123 ： 2、T1 ② ： 5、T2 ② ： 3、T2 ② ： 6、T2 ② ： 8、T2 ② ： 15、T3 ② ： 2、T3 ② ： 4、T4 ② ： 3、T8 ③ ： 8、T4 ② ： 8、T4 ② ： 12、T5 ② ： 6、T7 ② ： 3、T7 ③ ： 3、T8 ② ： 6、T8 ③ ： 4、T14 ③ ： 3、T9 ③ ： 1、T13 ③ ： 3、T8 ③ ： 13、T14 ③ ： 5、T14 ③ ： 7、T14 ③ ： 9、T15 ② ： 1、Ⅲ T4805 ③ ： 6、Ⅲ T4605 ③ ： 4、Ⅲ T4702 ③ ： 4、Ⅲ T4802 ③ ： 6、Ⅲ T4803 ③ ： 18、Ⅲ T4804 ③ ： 7、Ⅲ T4804 ③ ： 13）

T5②：6，镞身较短，长铤，铤部截面近圆形。残长 8.9 厘米。（图 6-24，14；图版二一八，8）

T7②：3，镞身较长，铤残，截面近圆形。残长 7.4 厘米。（图 6-24，15；图版二一八，9）

T7③：3，长铤残，截面近四棱形。残长 8.1 厘米。（图 6-24，16；图版二一九，1）

T8②：6，镞身较扁，铤残，截面近圆形。残长约 4.4 厘米。（图 6-24，17；图版二一九，2）

T8③：4，镞身较短，长铤，长尾残，铤部截面为四棱形，尾部截面为圆形。残长约 15.5 厘米。（图 6-24，18；图版二一九，3）

T14③：3，镞身较扁，铤部截面近四棱形。长约 6.4 厘米。（图 6-24，19）

T9③：1，前锋略残，尾残，铤部截面近四棱形，尾部近扁圆形。残长 9.4 厘米。（图 6-24，20）

T13③：3，长身，短铤残，截面近圆形。残长 7.2 厘米。（图 6-24，21）

T8③：13，铤部略弯折，截面近四棱形。残长 8.6 厘米。（图 6-24，22）

T14③：5，前锋略残，短铤截面近圆形。残长 6.0 厘米。（图 6-24，23）

T14③：7，短身，长铤，短尾，铤截面近四棱形，尾部近扁圆形。长 7.9 厘米。（图 6-24，24）

T14③：9，短尾略弯。残长约 6.2 厘米。（图 6-24，25）

T15②：1，短铤，截面近圆形。残长约 6.0 厘米。（图 6-24，26；图版二一九，4）

Ⅲ T4805③：6，铤部截面近四棱形。长约 10.0 厘米。（图 6-24，27）

Ⅲ T4605③：4，短身，长铤，尾部残，铤身截面近四棱形，尾部截面近圆形。残长 9.8 厘米。（图 6-24，28；图版二一九，5）

Ⅲ T4702③：4，长身、长细铤，端部残。残长 9.8 厘米。（图 6-24，29）

Ⅲ T4802③：6，前锋略残，长铤截面近四棱形，短尾截面近圆形。残长 13.3 厘米。（图 6-24，30；图版二一九，6）

Ⅲ T4803③：18，铤部及尾部截面近不规则四棱形，长尾。长约 13.0 厘米。（图 6-24，31；图版二一九，7）

Ⅲ T4804③：7，前锋不显，细长尾，尾部截面近四棱形。长约 14.5 厘米。（图 6-24，32；图版二一九，8）

Ⅲ T4804③：13，长铤残，截面近不规则形。残长 6.6 厘米。（图 6-24，33；图版二一九，9）

六、唐—宋元时期铜器

带钩 1件。

T2②：17，琵琶形，窄体短颈，纽在钩体中部。素面。长约 10.0 厘米。（图 6-25，1；图版二二〇，1）

刀 1件。

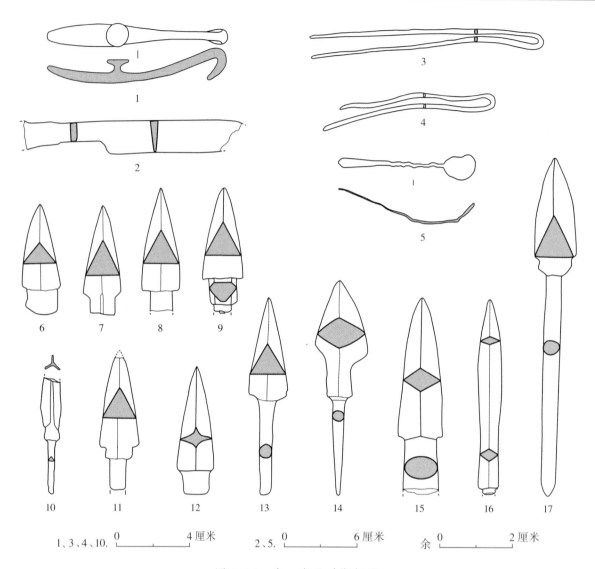

图 6-25　唐—宋元时期铜器

1. 带钩（T2②：17）　2. 刀（采集：7）　3、4. 簪（T7③：1、T13③：1）　5. 勺（Ⅲ T4602③：9）　6~9、11、13、17. 镞 Aa 型（T14②：4、Ⅲ T4105③：2、Ⅲ T4105③：8、Ⅲ T4202③：11、Ⅲ T4203③：6、Ⅲ T4202③：10、T8③：2）　10. 镞 Ab 型（T10③：1）　12、15、16. 镞 Ba 型（T3②：3、Ⅲ T4203③：7、Ⅲ T4605③：7）　14. 镞 Bb 型（T7③：6）

采集：7，单锋双刃，刃部及柄均较为扁平，首尾皆残。残长 18.0、宽 2.7 厘米。（图 6-25，2；图版二二〇，2）

勺　1 件。

Ⅲ T4602③：9，勺头扁圆，勺柄细长。长约 11.4 厘米。（图 6-25，5；图版二二〇，3）

簪　2 件。皆为双叉。

T7③：1，长约 12.8 厘米。（图 6-25，3；图版二二〇，5）

T13③：1，长约 9.6 厘米。（图 6-25，4；图版二二〇，4）

镞　12 件。根据镞身形态可分两型。

A 型　8 件。三棱式。略分两亚型。

Aa 型　7 件。镞身三棱式。

T14 ②：4，铤残。残长 3.0 厘米。（图 6-25，6；图版二二一，1）

Ⅲ T4105 ③：2，长约 3.0 厘米。（图 6-25，7；图版二二一，2）

Ⅲ T4105 ③：8，铤残。残长约 3.3 厘米。（图 6-25，8）

Ⅲ T4202 ③：11，铤残，截面近三角形。残长约 3.4 厘米。（图 6-25，9；图版二二一，3）

Ⅲ T4203 ③：6，镞尖及铤尾皆残。残长约 3.6 厘米。（图 6-25，11；图版二二一，6）

Ⅲ T4202 ③：10，细圆铤。长约 4.9 厘米。（图 6-25，13）

T8 ③：2，细长圆铤。长约 9.1 厘米。（图 6-25，17；图版二二一，4）

Ab 型　1 件。镞身三棱式，三面内凹。

T10 ③：1，镞身较长，细铤，截面近三角形，镞尖残。残长 6.2 厘米。（图 6-25，10；图版二二一，5）

B 型　4 件。四棱式。略分两亚型。

Ba 型　3 件。两翼夹角较小，锋底部近平。

T3 ②：3，短圆铤。长约 3.5 厘米。（图 6-25，12；图版二二一，7）

Ⅲ T4203 ③：7，扁圆铤残。残长约 5.3 厘米。（图 6-25，15；图版二二一，8）

Ⅲ T4605 ③：7，长身，铤残。残长约 5.3 厘米。（图 6-25，16；图版二二二，1）

Bb 型　1 件。两翼夹角较大，锋底略斜。

T7 ③：6，细圆铤。长约 5.8 厘米。（图 6-25，14；图版二二二，2）

七、唐—宋元时期铜钱

唐—宋元时期的铜钱有数十枚，主要为北宋真宗、仁宗、神宗及哲宗年间的。

开元通宝

Ⅲ T4202 ③：1，周边起郭，中为方孔，面文直读，钱背无纹。直径 2.5、孔径 0.7、厚 0.1 厘米。（图版二二二，3）

祥符通宝

Ⅲ T4705 ③：9，周边起郭，中为方孔，面文旋读。直径 2.5、孔径 0.6、厚 0.1 厘米。（图版二二二，4）

天圣元宝

Ⅲ T4703 ③：2，周边起郭，中为方孔，面文旋读。直径 2.5、孔径 0.7、厚 0.15 厘米。（图版二二二，5）

皇宋通宝

T13 ③：2，周边起郭，中为方孔，面文旋读。直径 2.4、孔径 0.7、厚 0.15 厘米。（图版二二二，6）

至和元宝

Ⅲ T4104 ③：6，周边起郭，中为方孔，面文旋读。直径 2.4、孔径 0.7、厚 0.1 厘米。（图版二二三，1）

嘉祐元宝

T4②：1，周边起郭，中为方孔，面文旋读。直径2.3、孔径0.7、厚0.1厘米。（图版二二三，2）

熙宁元宝

Ⅲ T4602③：10，周边起郭，中为方孔，面文旋读。直径2.3、孔径0.7、厚0.1厘米。（图版二二三，3）

元丰通宝

Ⅲ T4705③：6，周边起郭，中为方孔，面文旋读。直径2.4、孔径0.7、厚0.1厘米。（图版二二三，4）

绍圣元宝

Ⅲ T4705③：4，周边起郭，中为方孔，面文旋读。直径2.4、孔径0.6、厚0.15厘米。（图版二二三，5）

元符通宝

T8②：4，周边起郭，中为方孔，面文旋读。直径2.5、孔径0.7、厚0.1厘米。（图版二二三，6）

第四节　小结

唐—宋元时期的梁王城遗址虽已衰落，但在地层及遗迹单位中仍出土了数量较多的日用瓷器（片），如青瓷碗、盏、钵、盘，白瓷碗、盂，黑釉瓷碟、白釉黑花罐（残片）等，还出土了一套钧窑系天蓝釉浅碟，釉色清冽透亮，釉面莹润有光泽，虽略有残破，却仍不失为珍品。除瓷器外，还出土了数量较多的铁器，有农具、工具、车马器、兵器以及日用器等，特别是日用器，如剪刀、铁镬、器盖、灯（豆）、勺（镦斗）、权等，反映了彼时百姓生活的多元。

梁王城遗址发掘报告

商周卷

（下）

南京博物院　徐州博物馆　浙江大学　邳州市博物馆　编著

主　编　林留根
副主编　胡颖芳　原　丰

文物出版社
北京·2023

The Archaeological Excavation Report
of the Liangwangcheng Site

A Volume for the Shang and Zhou Remains
（II）

(With Abstracts in English and Japanese)

by

Nanjing Museum　**Xuzhou Museum**　**Zhejiang University**　**Pizhou Museum**

Cultural Relics Press

Beijing · 2023

附　表

附表一　岳石文化灰坑、灰沟登记表

编号	探方	层位	形状	结构	长＊宽－深（长径＊短径－深、边长／直径／半径－深）／米	与周围遗迹关系	备注
H12	T2	⑥	近半圆形	斜壁、平底	1.15－0.5		
H77	T8	⑨	近长方形	斜壁、平底	3.2*2.4－0.5	H77→H87	
H87	T8	⑨	近椭圆形	直壁、平底	1.25*0.97－0.2	H77→H87	
H94	T7	⑨	近圆形	直壁、平底	1.64－0.28		
H96	T6	⑨	近大半个扇形	直壁、平底	1.9－0.85		
H180	T11	⑧	不规则形	弧壁、底近平	2.1*1.3－0.8		
H253	T13	⑧	半长方形	斜壁、底近平	3.3*2.6－0.5		
H254	T13	⑨	近不规则方形	直壁、平底	1.28*（1.0~1.58）－0.3		
H255	T12	⑧	近不规则圆形	斜壁、平底	2.2*2.1－0.55		
H267	T15	⑧	不规则形	直壁、圜底	2.6*2.15－（0.38~0.5）		
H385	Ⅲ T4702	⑧	近椭圆形	西壁斜弧内收、东壁斜、底不平	3.0*2.44－0.47		
H390	Ⅲ T4702	H366下	近半圆形	弧壁、底不平	1.2*2.0－0.4		
H408	Ⅲ T4903	⑧	近椭圆形	斜壁、平底	1.8*1.56－0.15		
H410	Ⅲ T4904	⑧	近椭圆形	斜直壁、平底	2.62*1.9－0.6		
H427	Ⅲ T4906	⑧	近椭圆形	直壁、平底	2.63*1.7－0.3		
H432	Ⅲ T4906	⑧	近椭圆形	直壁、平底	4.0*2.8－0.4		
H470	Ⅲ T4801	⑧	近梯形	直壁、底部出矮台阶	2.35*（1.0~1.45）－（0.7~0.8）		
H473	Ⅲ T4808	⑧	半椭圆形	弧壁，底不规整	5.2*1.55－（1.4~1.7）		
H474	Ⅲ T4709	⑧	近半圆形	弧壁、圜底	1.8－0.35		
H491	Ⅲ T4910	⑧	半圆形	斜壁、平底	2.0－0.95		
H500	Ⅲ T4909	⑧	不规则形	弧壁、圜底	1.2*0.8－0.15		
H505	Ⅲ T4810	⑧	近不规则椭圆形	斜壁、平底	2.5*1.6－0.52		
H508	Ⅲ T4809	⑧	近椭圆形	斜壁、圜底	1.9*1.56－0.15		
H511	Ⅲ T4909	⑧	长条形	斜直壁、平底微凹	4.6*1.4－0.84		
H525	Ⅲ T4808	⑧	近圆形	直壁、平底	1.1－0.2		
H541	T8、T9及其扩方	⑨	不规则形	西壁斜坡状、东壁弧壁近直、平底	7.0*4.18－1.35		
G29	Ⅲ T4710	⑧	长条形	斜直壁、缓坡状底	5.14*1.4－（0.8~1.0）	H501→G29	

附表二 商时期灰坑登记表

编号	探方	层位	形状	结构	长＊宽－深（长径＊短径－深、边长／直径／半径－深）／米	与周围遗迹关系	备注
H18	T3	⑥	近圆形	直壁、平底	4.1－0.65		
H79	T4	⑦	近椭圆形	直壁、平底	1.6＊1.2－0.33		
H82	T7	⑨	近圆形	直壁、平底	1.9－0.45		
H95	T6	⑨	不规则扇形	直壁、平底	1.5＊1.3－0.96		
H103	T9	⑨	近不规则长椭圆形	直壁、平底	3.9＊1.6－0.9		
H165	T14	⑧	近不规则长条形	弧壁、底不平	3.2＊（1.1~1.6）－（0.25~0.65）		
H166	T13	⑧	半圆形	弧壁、圜底	3.0＊1.6－1.2		
H174	T11	⑧	近椭圆形	斜壁、平底	2.1＊2.0－0.75	H169、H171、H172、H173→H174	
H213	T15	夯土台基下	小半扇形	直壁、平底	1.63－0.45	H251、H269→H213	
H238	T12北扩方	⑧	小半扇形	直壁、平底	1.3＊0.75－0.83	H224、H229→H238	
H244	T12北扩方	⑧	近扇形	直壁、平底	1.76＊1.0－0.45		
H248	T12	⑧	椭圆形	直壁、平底	2.7＊1.6－0.6	H248→H266	
H251	T15	⑧	不规则扇形	西壁直，东壁弧收为平底	4.3＊3.5－0.84	H251→H269、H213	
H260	T12	⑧	椭圆形	直壁、平底	3.05＊2.6－0.6	H260→H262	
H262	T12	⑧	近椭圆形	斜弧壁、圜底	5.0＊3.2－0.6	H256、H260→H262	
H263	T15	⑧	不规则形	弧壁、圜底	3.1＊2.0－（0.2~0.7）		
H266	T12	⑧	近圆形	直壁、平底	2.0＊1.8－0.6		
H269	T15	⑧	近椭圆形	直壁、平底	（底）3.05＊2.6－1.9	H251→H269→H213	
H406	Ⅲ T4905	⑧	近椭圆形	弧壁、底近平	3.0＊1.6－0.7		
H476	Ⅲ T4909	⑧	近半圆形	弧壁、圜底	1.4－0.6		

附表三　西周时期灰坑、灰沟登记表

编号	探方	层位	形状	结构	长 * 宽 - 深（长径 * 短径 - 深、边长 / 直径 / 半径 - 深）/ 米	与周围遗迹关系	备注
H19	T3	⑥	圆形	直壁、平底	2.12-0.62		
H22	T3	⑥	圆形	直壁、平底	1.71-0.7		
H23	T3	⑥	圆形	斜直壁、平底	2.5-1.0		
H43	T8	⑦	圆形	直壁、平底	1.02-0.32		
H52	T8	⑦	椭圆形	斜壁、平底	1.3*0.77-0.5		
H55	T7	⑥	近方形	直壁、平底	2.1*1.8-0.22	H55=H56、H83；H55 → H74	
H56	T7	⑦	近椭圆形	斜壁、平底	1.1*0.9-0.24	H55=H56 → H83	
H57	T7	⑥	近圆形	斜壁、平底	0.77*0.52		
H58	T7	⑥	已清理部分近扇形	斜壁、平底	1.08*0.47-0.41	H58 → H74	
H60	T8	⑧	不规则形	直壁、平底	1.55*1.2-0.35	H60 → H76	
H61	T8	⑧	近不规则圆形	直壁、平底	2.14-0.65		坑内堆积分两层
H62	T4	⑤	近椭圆形	弧壁、平底	2.7*1.85-0.4		
H64	T9	⑦	近椭圆形	斜壁、底部不平	2.33*2.1-0.48		坑内堆积分两层
H67	T6	⑦	长方形	直壁、平底	1.44*0.67-0.84	H67 → F6	
H68	T6	⑦	近长方形	直壁、平底	1.67*0.92-0.6	H68 → F6	
H70	T8	⑧	近圆形	直壁、平底	1.95-0.57	H70 → H76	
H73	T4	⑤	已清理部分近方形	直壁、平底	1.1-0.9	H73=H90	
H74	T7	⑧	已清理部分近扇形	直壁、平底	1.63*1.07-1.4	H55、H58 → H74	
H76	T8	⑨	近圆形	斜壁、平底	2.72*2.59-0.48	H60、H70 → H76	
H78	T6	⑦	近椭圆形	直壁、平底	2.0*1.6-1.0	H78 → M22、F6	
H83	T7	⑧	近椭圆形	直壁、平底	2.0*1.66-0.8	H55=H83；H56 → H83	
H89	T5	⑥	不规则扇形	弧壁、圜底	7.5*2.5-0.9	H89 → H107 H109、H89=H108	
H90	T4	⑥	扇形	斜壁、平底	4.4-1.0	H73=H90	
H99	T6	G4 下	近椭圆形	直壁、平底	2.05*1.67-0.55	G4（东周）=H99；H81（东周）→ H99；H99 → F6	
H101	T6	G4 下	圆形	直壁、平底	1.8-0.84	G4（东周）=H101；H101 → F6	
H107	T5	⑦	近扇形	弧壁、平底	5.1-0.6	H89 → H107 → H109	

续附表三

编号	探方	层位	形状	结构	长 * 宽 – 深（长径 * 短径 – 深、边长 / 直径 / 半径 – 深）/ 米	与周围遗迹关系	备注
H108	T5	⑧	椭圆形	弧壁、平底	2.2*1.2–0.34	H89＝H108	
H109	T5	⑦	近扇形	弧壁、圜底	6.2–0.6	H107、H89→H109	
H150	T11	夯土台基下	圆角方形	斜壁、平底	0.9*0.77–0.26	H150→H159	
H151	T11	夯土台基下	圆形	直壁、平底	1.5–0.8	H151→H167、H168	
H152	T11	夯土台基下	椭圆形	斜壁、平底	2.5*2.0–0.35	H152→M26、M50、H236	
H157	T11	夯土台基下	近椭圆形	直壁、平底	1.72*1.54–0.48		
H158	T11	夯土台基下	口小底大近圆形	直壁、平底	1.86–1.3	H158→H183	
H159	T11	夯土台基下	近圆形	斜壁、平底	2.3*1.92–0.56	H150、M24→H159→H172	
H163	T14	夯土台基下	不规则形	弧壁、圜底	2.46*1.2–0.7		
H167	T11	⑦	圆形	斜壁、平底	1.65–0.74	H151→H167→H168	
H168	T11	⑦	口小底大近圆形	斜壁、平底	2.22–0.72	J6（北朝－隋）、H151、H167→H168	
H169	T11	⑦	近方形	斜壁、圜底	0.64–0.7	H169→H171、H172、H173	
H171	T11	⑦	不规则形	直壁、平底	1.1*0.62–0.56	H169→H171→H173	
H172	T11	⑦	不规则形	直壁、平底	1.28*1.12–0.6	H159、H169、M24→H172→H173	
H173	T11	⑦	近圆形	直壁、平底	1.9*1.6–0.6	H169、H171、H172→H173	
H176	T14	⑥	近椭圆形	直壁、平底	2.5*2.1–0.42		
H177	T14	夯土台基下	近长方形（已清理部分）	直壁、平底	1.6*0.3–1.5	H177→H192、H193、H195	
H179	T13	⑦	近椭圆形	弧壁、圜底	1.7*1.0–0.4		
H183	T11	⑧	不规则形	弧壁、斜底	3.1*2.05–0.92	H158→H183	
H184	T11	⑧	近圆形	弧壁、圜底	1.15–0.32		
H189	T14	⑦	近圆形	直壁、底不平	2.0–（0.4~0.52）		
H191	T14	⑦	近椭圆形	弧壁、平底	3.46*2.82–0.45	H191→H200	
H192	T14	⑧	多被破坏，剩下小半弧形	直壁、平底	1.18*1.38–0.6	H177→H192	
H193	T13	⑦	已清理部分近长方形	直壁、平底	0.9*0.35–0.5	H177→H193→H195	
H194	T14	⑧	近三角形	直壁、平底	2.25*1.44–0.5	H194→H196	

续附表三

编号	探方	层位	形状	结构	长＊宽－深（长径＊短径－深、边长/直径/半径－深）/米	与周围遗迹关系	备注
H195	T13	⑦	近扇形	直壁、平底	1.97*0.9-0.56	H193 → H195	
H196	T14	⑧	近半圆形	直壁、平底	2.35-0.45	H194 → H196 → H200	
H197	T13	⑦	近圆形	斜壁、平底	1.6-0.4		
H198	T13	⑦	近圆形	直壁、平底	1.28-0.4		
H200	T14	⑧	近圆形	弧壁、平底	2.3-0.6	H191、H196 → H200	
H201	T15	夯土台基下	近椭圆形	直壁、平底	1.8*1.54-0.42	H201 → H210	
H204	T15	夯土台基下	已清理部分近梯形	直壁、平底	2.5*1.87-0.4	H204 → H215、H222、H223	
H205	T12、T15	⑥	近椭圆形	直壁、平底	2.5*2.2-0.58	H205 → H221、M38	
H206	T12	夯土台基下	近椭圆形	直壁、平底	1.7*1.54-0.3	M41 → H206	
H207	T12	⑥	近椭圆形	直壁、平底	1.67*1.4-0.2	H207 → S1	
H208	T12	夯土台基下	近椭圆形	直壁、平底	2.23*1.85-0.3	H208 → S1、H256	
H209	T15	夯土台基下	近圆形	直壁、平底	1.54-0.3	H209 → H217	
H210	T15	夯土台基下	近圆形	直壁、平底	1.9-0.75	H201 → H210 → H212	
H211	T15	夯土台基下	近圆形	直壁、平底	1.9-0.6	H211 → H259	
H212	T15	夯土台基下	近圆形	直壁、平底	2.0-0.82	H210 → H212	
H214	T15	⑥	已清理部分近半圆形	直壁、平底	1.3-0.46	H214 → H216、M37	
H215	T15	⑥	近圆形	直壁、平底	2.6-1.1	H204 → H215	
H216	T15	⑥	已清理部分近椭圆形	直壁、平底	1.2-0.5	H214 → H216 → H217	
H217	T15	⑥	近圆形	直壁、平底	1.54-0.8	H209、H216 → H217	
H218	T15	⑥	近椭圆形	直壁、平底	2.23*2.41-0.22	H218 → H222	
H219	T15	⑥	已清理部分近大半圆形	直壁、平底	1.72*2.64-0.72	H219 → S2、F14、H264	
H221	T15	⑥	不规则形	直壁、平底	3.87*2.74-0.55	H205 → H221 → M38、M40、M46、H256、F16	
H222	T15	⑥	已清理部分近半圆形	直壁、平底	2.9*1.54-1.38	H218、H204 → H222 → H223	
H223	T15	⑥	已清理部分近扇形	直壁、平底	1.23-0.7	H204、H222 → H223	

续附表三

编号	探方	层位	形状	结构	长＊宽－深（长径＊短径－深、边长／直径／半径－深）／米	与周围遗迹关系	备注
H225	T12	⑥	近圆形	直壁、平底	1.24－0.3	H225→M42	
H226	T12	⑥	近圆形	直壁、平底	1.8－0.4	H226→M49、H230、M41	
H227	T11	⑥	近圆形	直壁、平底	1.9－0.48	H227→S4	
H228	T9	⑥	近椭圆形	直壁、平底	1.64＊1.41－0.3	H228→H240	
H229	T12扩方北	⑥	近椭圆形	直壁、平底	2.2＊1.8－0.4	H229→H231、H250	
H230	T12	⑥	近圆形	直壁、缓坡状底	1.45－（0.55~0.65）	H226→H230→M41	
H231	T12扩方	⑥	近椭圆形	直壁、平底	2.22＊2.13－0.38	H229→H231→H250	
H232	T12、Ⅳ T3803	⑥	已清理部分近半圆形	直壁、平底	1.7＊2.2－0.5		
H233	T12扩方	⑥	近圆形	直壁、平底	1.8－0.6		
H234	T12扩方北	⑥	近椭圆形	直壁、平底	2.7＊2.05－0.6	H234→H240	
H235	T12	⑥	近圆形	直壁、平底	1.95＊1.8－0.4	H235→S6	
H236	T11、T12	⑥	近椭圆形	直壁、平底	2.7＊1.85－0.6	H152→H236→H237、M43、M50	
H237	T11、T12	⑥	近椭圆形	直壁、平底	1.64＊1.41－0.3	H236→H237→H241、M47	
H239	T12北扩方	⑥	近椭圆形	直壁、平底	2.26＊1.59－0.3	H239→H249	
H240	T12北扩方	⑥	近椭圆形	直壁、平底	2.13＊1.65－0.6	H228、H234→H240	
H241	T12	⑥	近椭圆形	直壁、平底	1.87＊1.9－0.45	H237→H241→M47、M28	
H242	T12	⑥	近圆形	直壁、平底	1.54－0.38		
H243	T12	⑥	近圆形	直壁、平底	1.65－0.52		
H245	T15	⑥	近圆形	直壁、平底	2.05－1.1	M37→H245	
H246	T15	⑥	近圆形	直壁、平底	1.8－1.3	M34→H246→H259	
H247	T12	⑥	近圆形	直壁、平底	1.45－0.5	M32→H247	
H249	T12北扩方	⑥	近圆形	直壁、平底	1.46－0.46	H239→H249	
H250	T12北扩方	⑥	近椭圆形	直壁、平底	1.1＊1.2－0.7	H229、H231→H250	
H252	T11、T12、T14、T15	⑥	近椭圆形	斜壁、平底	3.0＊2.6－0.38	M45→H252→F16、H258	
H256	T12	⑦	近圆形	直壁、平底	2.5－1.0	H221、H208、S3→H256	

续附表三

编号	探方	层位	形状	结构	长 * 宽 – 深（长径 * 短径 – 深、边长 / 直径 / 半径 – 深）/ 米	与周围遗迹关系	备注
H257	T15	⑦	已清理部分近扇形	直壁、平底	2.5*1.2–0.65	M40 → H257	
H258	T12	⑦	近圆形	直壁、平底	1.3–0.55	H252 → H258 → F16	
H259	T15	⑦	近椭圆形	弧壁、圜底	2.2*2.05–0.6	H211、H246、M34 → H259	
H264	T15	⑧	长椭圆形	斜壁、平底	3.3*1.54–0.35	S2、S7、H219 → H264	
H265	Ⅳ T3802	⑧	近圆形	直壁、平底	1.75–0.78		
H330	Ⅲ T4703	⑥	近椭圆形	斜壁、底部不平	2.8*2.3–（0.8~1.0）		
H334	Ⅲ T4702	⑥	近椭圆形	斜壁、圜底	3.0*2.3–0.84	H334 → H359	
H336	Ⅲ T4805	⑥	近圆形	斜壁、平底	1.48–0.8	H336 → H387	
H338	Ⅲ T4705	⑥	近椭圆形	斜壁、平底	1.46*1.1–1.02		
H340	Ⅲ T4704	⑥	不规则形	斜壁、平底	2.29*1.14–0.7		
H341	Ⅲ T4604	⑥	近方形	直壁、平底	1.1–0.6	H341 → H348	
H344	Ⅲ T4602	⑥	圆形	直壁、平底	1.9–1.0	H344 → H355	
H346	Ⅲ T4802	⑥	不规则椭圆	斜壁、平底	1.88*1.48–0.8		
H347	Ⅲ T4604	⑥	已清理部分近扇形	弧壁、平底	1.5*2.7–0.7	H347 → H348、H363	
H348	Ⅲ T4604	⑥	已清理部分近小半圆	弧壁、平底	2.6*1.09–1.1	H341、H347 → H348 → H363	
H349	Ⅲ T4704	⑥	近圆形	直壁、平底	1.9–0.4		
H350	Ⅲ T4604	⑥	近椭圆形	斜壁、平底	2.06*1.71–（0.7~1.7）		
H351	Ⅲ T4602	⑥	圆形	直壁、平底	2.02–0.3		
H352	Ⅲ T4704	⑥	近长方形	直壁、平底	2.4*2.17–0.4		
H353	Ⅲ T4705	⑥	近圆形	斜壁、平底	1.8–0.7	H353 → H370	
H355	Ⅲ T4602	⑥	长条形	斜壁、平底	3.5（残）*1.5–0.8	H344 → H355 → M66	
H358	Ⅲ T4702	⑥	近椭圆形	斜壁、平底	1.5*1.1–0.5		
H359	Ⅲ T4702	⑥	长椭圆形	直壁、底不平	3*（1.4~1.7）–（1.1~1.24）	H334 → H359	
H361	Ⅲ T4704	⑥	不规则长条形	直壁、平底	2.7*1.3–0.38	H361 → F19	
H362	Ⅲ T4602	⑥	近梯形	直壁、底不平	3.3*（2.0~2.3）–（0.27~0.45）		
H363	Ⅲ T4604	⑥	已清理部分近扇形	弧壁、平底	2.67*2.27–（0.75~0.8）	H347、H348 → H363	
H367	Ⅲ T4703	⑥	近椭圆形	弧壁、尖圜底	1.8*1.6–0.38		

续附表三

编号	探方	层位	形状	结构	长 * 宽 – 深（长径 * 短径 – 深、边长 / 直径 / 半径 – 深）/ 米	与周围遗迹关系	备注
H368	Ⅲ T4603	⑥	已清理部分近小半圆	弧壁、圜底	3.66*1.4–0.3		
H369	Ⅲ T4702	⑥	圆形	直壁、平底	1.85–0.8	H369 → H393	
H370	Ⅲ T4705	⑥	已清理部分近小半圆	直壁、平底	1.0（残）–0.94	H353 → H370	
H371	Ⅲ T4802	⑥	长方形	直壁、平底	1.45*0.7–0.9		
H372	Ⅲ T4703	⑥	近圆形	直壁、平底	2.4–0.7		
H374	Ⅲ T4705	⑦ c	近圆形	弧壁、底部不平	1.85–1.02		
H376	Ⅲ T4702	⑥	近椭圆形	斜壁、圜底	2.5*2.3–0.9	H376 → H393	
H377	Ⅲ T4702	⑥	已清理部分略呈三角形	斜壁、底部不平	1.95*1.2–1.1		
H378	Ⅲ T4704	⑦ b	近椭圆形	弧壁、平底	2.5*1.8–0.6		
H379	Ⅲ T4704	⑦ b	不规则形	直壁、坡状底	3.06*2.0–1.38		
H381	Ⅲ T4604	⑦ c	近大半圆形	斜壁、平底	2.1–0.7		
H383	Ⅲ T4805	⑥	已清理部分近半圆形	斜壁、平底	2.1–0.8	H383 → H392	
H384	Ⅲ T4804	⑥	近椭圆形	斜壁、平底	2.6*1.9–0.65		
H386	Ⅲ T4805	⑥	近椭圆形	斜壁、底不平	2.4*1.8–0.58		
H387	Ⅲ T4805	⑥	圆形	斜壁、平底	2.0–0.8	H336 → H387 → H388、H399	
H388	Ⅲ T4805	⑥	椭圆形	斜壁、平底	2.1*1.4–0.7	H387 → H388	
H389	Ⅲ T4805	⑦	近半圆形	近直壁、平底	1.7–1.0		
H392	Ⅲ T4805	⑥	已发掘部分近小半圆	斜壁、平底	2.21–1.3	H383 → H392	
H393	Ⅲ T4702	⑦	近大半圆形	斜壁、底不平	2.74–（0.6~0.8）	H376、H369 → H393	
H396	Ⅲ T4804	⑦ c 下	近圆形	斜壁、平底	2.2*2.1–0.3		
H397	Ⅲ T4805	⑥	近圆形	斜壁、平底	1.9–0.7		
H399	Ⅲ T4805	⑥	近圆形	斜壁、平底	1.6–1.24	H387 → H399	
H400	Ⅲ T4804	⑦ c 下	已清理部分近四分之一圆形	斜壁、坡底	1.9–（0.48~0.65）		
H404	Ⅲ T4704	⑧	不规则形	斜壁、圜底	2.7*1.9–0.22	F19 → H404	
H435	Ⅲ T4905	⑦	不规则形	弧壁、底部不平	2.9*1.4–（0.4~0.6）		
H438	Ⅲ T4801	⑥	近圆形	斜壁、平底	1.4–0.86		
H442	Ⅲ T4910	⑥	近椭圆形	直壁、平底	1.4*1.2–0.65		

续附表三

编号	探方	层位	形状	结构	长＊宽－深（长径＊短径－深、边长／直径／半径－深）／米	与周围遗迹关系	备注
H443	Ⅲ T4801	⑥	近半圆形	直壁、平底	1.54*1.03－0.7		
H444	Ⅲ T4809	⑦a	长方形	直壁、平底	1.35*1.1－1.0		
H445	Ⅲ T4710	⑥	圆形	斜壁、平底	1.9－0.4		
H450	Ⅲ T4710	⑥	近椭圆形	弧壁、底近平	2.02*1.75－0.15		坑底直径用 10~16 厘米不等的圆木铺底，每根圆木间隔 10~26 厘米，其中用木板平铺
H451	Ⅲ T4708	⑥	近圆形	直壁、平底	2.1*1.9－0.4		
H453	Ⅲ T4809	⑦b	近椭圆形	弧凹壁、平底	0.66*0.57－0.15		坑内出土五块石头
H454	Ⅲ T4809	⑦b	近圆形	弧凹壁、平底	0.6－0.1		坑内发现破碎人头骨一只，以及 3 块石头
H455	Ⅲ T4810	⑦a	近圆形	直壁、平底	1.26－0.25		
H456	Ⅲ T4910	⑦a	近长方形	直壁、平底	1.2*0.6－0.45	H456 → H463	
H457	Ⅲ T4909	⑦a	近圆形	弧壁、平底	1.7－0.7		
H458	Ⅲ T4909	⑥	近圆形	弧壁、平底	1.3－0.62	H458 → H462，H458＝M214	
H459	Ⅲ T4909	⑦a	近圆形	弧壁、平底	2.12－0.9		
H460	Ⅲ T4808	⑦a	近圆形	弧壁、平底	1.74－0.57		
H461	Ⅳ T4801	⑥	椭圆形	直壁、平底	2.6*2.2－1.6		
H462	Ⅲ T4909	⑥	圆形	弧壁、平底	1.75－0.7	H458 → H462	
H463	Ⅲ T4910	⑦a	近圆形	直壁、平底	1.7－0.44	H456 → H463	
H464	Ⅲ T4609	⑥	不规则形	斜壁、平底	3.4*2.7－0.6	H464 → H494	坑内发现破碎人头骨一只
H465	Ⅲ T4808	⑥	已清理部分近扇形	直壁、平底	1.3－0.95		
H466	Ⅲ T4810	⑦a 层面上	近圆形	直壁、平底	1.75－0.45		
H467	Ⅲ T4910	⑦a 层面上	近椭圆形	直壁、平底	2.26*1.5－0.45		

续附表三

编号	探方	层位	形状	结构	长＊宽－深（长径＊短径－深、边长/直径/半径－深）/米	与周围遗迹关系	备注
H471	Ⅲ T4909	⑦ a	近圆形	弧壁、圜底	2.3－0.8	H471 → H483，H471＝M214	
H472	Ⅲ T4801	⑦	近圆形	直壁、底不平	3.0－1.1	H472 → H540	
H475	Ⅲ T4609	⑥	近圆形	斜壁、平底	2.68－0.5		
H477	Ⅳ T4701	⑦ b	近圆形	直壁、平底	1.54－0.3		
H478	Ⅳ T4701	⑦ b	不规则长方形	直壁、平底	1.7＊1.2~1.1－0.3		
H479	Ⅲ T4810	⑦ b	近圆形	斜壁、平底	1.3－0.64		
H480	Ⅲ T4810	⑦ b	近圆形	斜壁、平底	1.3－0.6	H480 → H490	
H481	Ⅲ T4709	⑦ b	近方形	弧壁、平底	1.7＊0.55－0.6		
H482	Ⅲ T4708	⑥	不规则形	斜直壁、平底	2.3＊1.7－0.64		
H483	Ⅲ T4909	⑦ b	近椭圆形	弧壁、圜底	2.1＊1.8－0.88	H471、M165 → H483	
H484	Ⅲ T4809	⑦ c	近圆形	直壁、平底	2.0－0.4		
H485	Ⅳ T4701	⑦ b	近圆形	直壁、平底	2.2－0.6		
H486	Ⅲ T4810	⑦ b	近椭圆形	斜直壁、平底	1.52＊1.26－0.3	H486 → H502	
H487	Ⅲ T4708	⑦	近椭圆	斜直壁、平底	2.0＊1.8－1.0		
H488	Ⅲ T4709	⑦ b	已清理部分近扇形	直壁、平底	3.9＊2.1－0.3		
H489	Ⅲ T4810	⑦ b	近椭圆形	斜直壁、平底	1.7＊1.5－1.06		
H490	Ⅲ T4810	⑦ b	近圆形	斜直壁、平底	1.2－0.7	H480 → H490	
H492	Ⅲ T4910	⑦ b	近圆形	斜直壁、平底	1.5－0.95		
H493	Ⅲ T4910	⑦ b	近圆形	直壁、平底	2.5－0.92		
H494	Ⅲ T4609	⑥	近圆形	直壁、平底	2.3－0.8	H464 → H494	
H495	Ⅲ T4809	⑦ c	近圆形	直壁、平底	0.8－0.8		
H496	Ⅲ T4911	⑦ b	近圆形	直壁、平底	1.83－0.7		
H497	Ⅲ T4710	⑥	近长方形	直壁、平底	3.74＊1.7－（0.24~0.3）		
H499	Ⅲ T4808	⑦ b	不规则椭圆形	弧壁、圜底	2.9＊2.4－0.6	M196 → H499	
H501	Ⅲ T4809	⑦ b	近椭圆形	直壁、平底	2.6＊2.3－1.7		
H502	Ⅲ T4810	⑦ c	近圆形	斜直壁、平底	1.7－1.2	H486 → H502	
H503	Ⅲ T4810	⑦ d	已清理部分近半椭圆形	斜直壁、平底	2.04＊1.1－0.6		
H506	Ⅲ T4808 等	⑦ b	近椭圆形	斜壁、平底	2.7＊2.24－1.05		
H510	Ⅲ T4808	⑦	近椭圆形	斜壁、平底	1.15＊1.43－0.2		

续附表三

编号	探方	层位	形状	结构	长 * 宽 - 深（长径 * 短径 - 深、边长 / 直径 / 半径 - 深）/ 米	与周围遗迹关系	备注
H513	Ⅳ T4701	⑦	圆形	直壁、平底	2.04-0.4		
H526	Ⅲ T4807	⑦	不规则长条形	直壁、平底	3.4*2.3-0.4		
H528	Ⅲ T4807	⑦	圆形	直壁、平底	1.9-0.3		
H531	Ⅲ T4707	⑦	已清理部分近半个椭圆形	直壁、平底	4.3*2.17-0.25		
H539	Ⅲ T4801	⑦	近圆形	斜壁、平底	3.1*-1.79		坑外围边缘有四个柱洞
H540	Ⅲ T4801	⑦	近圆形	直壁、平底	2.7*-0.66	H472 → H540	坑外围边缘有两个柱洞
G9	T13	夯土台基下	宽窄不一长条形	弧壁、底近平	5.0*2.6-1.7		
G27	Ⅲ T4803、Ⅲ T4903	⑧	长条形	斜壁、底略平	13.75*（0.7~1.7）-0.6		

附表四　西周时期房址登记表

房址号	所在探方	层位	形状	长 * 宽 / 米；面积 / 平方米	方向 / 度	结构	柱洞 / 基槽	与周围遗迹关系
F2	T2	⑥层面上	近圆形	5.8*5.2；30	30	地面式	12 个柱洞，圆形，圜底锥状	
F6	T6	⑨层面上	近方形	6.5*5.2；34	0	地面式	12 个柱洞，圆形，柱状	H67、H68、H78、H99、H101 及 M19、M22 → F6
F14	T15	⑦层面上	推测为（长）方形	不详	不详	地面式	残留基槽一段，直壁、平底；柱洞 7 个，直壁、圜底	H219 → F14
F16	T15	⑧层面上	近长方形	4.5*2.3；15	不详	地面式	39 个柱洞，直壁或斜壁，圜底	H221、H252、M45 → F16
F19	Ⅲ T4704	⑦层面上	长方形	3.04*3.7	不详	地面式	无柱洞和基槽，为烧土堆积	H361 → F19 → H404

附表五　西周时期墓葬登记表

墓号	探方及开口层位	形制	长 * 宽 - 深 / 米	方向 / 度	葬式
M19	T6⑧层下	竖穴土坑墓	1.8*（0.36~0.4）-0.37	68	单人仰身直肢葬
M22	T6⑧层下	竖穴土坑墓	2.0*（0.66~0.7）-0.35	82	单人仰身直肢葬
M24	T11⑥层下	竖穴土坑墓	0.8*0.4-0.13	118	单人屈肢葬
M25	T11⑦层下	竖穴土坑墓	2.3*0.68-1.1	105	单人仰身直肢葬
M26	T11⑦层面上	竖穴土坑墓	2.2*0.56-0.2	109	单人仰身直肢葬
M27	T12⑥层下	竖穴土坑墓，东侧有熟土二层台	2.05*（0.5~0.6）-0.66	94	单人仰身直肢葬
M28	T12⑥层下	竖穴土坑墓	1.64（残）*（0.67~0.83）-0.22	95	单人仰身直肢葬
M29	T12夯土台基下	竖穴土坑墓	1.7*0.56-0.22	197	单人仰身直肢葬
M31	T12⑥层下	竖穴土坑墓	2.55*0.74-0.35	97	单人仰身直肢葬
M32	T12⑥层下	竖穴土坑墓	2.0*0.76-0.2	107	双人葬
M33	T12夯土台基下	竖穴土坑墓	1.6*（0.37~0.42）-（0.27~0.47）	120	单人仰身直肢葬
M34	T15夯土台基下	竖穴土坑墓，东侧有生土二层台	2.05*0.68-0.66	87	单人仰身直肢葬
M35	T12夯土台基下	竖穴土坑墓	1.95*0.7-0.57	108	单人仰身直肢葬
M36	T12夯土台基下	竖穴土坑墓	2.4*0.84-0.55	98	单人仰身直肢葬
M37	T15⑥层下	竖穴土坑墓	1.25（残）*（0.5~0.6）-0.07（残）	110	单人仰身直肢葬
M38	T15⑥层下	竖穴土坑墓	0.9（残）*0.5-0.1（残）	103	单人仰身直肢葬
M39	T15⑥层下	竖穴土坑墓	0.8（残）*0.5-0.05（残）	101	不详
M40	T15⑥层下	竖穴土坑墓	0.9（残）*0.8-0.15（残）	355	不详
M41	T12⑥层下	竖穴土坑墓	1.8*0.6-0.07（残）	95	不详
M42	T12⑥层下	竖穴土坑墓	1.7*0.47-0.42	108	单人仰身直肢葬
M43	T12夯土台基下	竖穴土坑墓	2.45*（0.55~0.66）-0.75	93	单人仰身直肢葬
M44	T12夯土台基下	竖穴土坑墓	1.95*（0.64~0.75）-0.54	135	单人仰身直肢葬
M45	T15夯土台基下	竖穴土坑墓	0.87（残）*（0.36~0.48）-0.26（残）	106	不详

性别	年龄／岁	头向	面向	保存状况	随葬品、葬具	与周围遗迹关系	备注
男	40±	东北	上	较好	无		
女	成年	东	北	较好	无	H78→M22	
不详	3~6	东南	上	较好	无	M24→H159、H172	
男	35~39	东	南	较好	发现木质棺痕。墓底中部有腰坑，内殉一狗。随葬陶鬲1、陶簋1、残陶豆盘1	（东周）H153、（东周）H154→M25	
女	20~23	东南	南	较好	陶豆1、陶鬲1、陶罍1	（北朝—隋）J6、H152、（东周）H164→M26	
女	30~35	东	北	较好	陶罐1、陶豆2、陶鬲2、陶簋1、陶钵1、水晶饰2	M27→M33、S5、S6	
男	45~50	东	北	较好	铜镞3	H241→M28→M44	
男	20~23	头骨移至左股骨处	东北	左肩胛骨、尺骨、肱骨不见，似被斜砍下	陶鬲1	M29→M35	
不详	成年	东	南	较好，左侧肱骨上有朱砂痕	陶豆2、陶罐2、陶簋2、陶鬲1、陶环1及贝壳若干	M31→H248	
北侧：女	45~50	东南	西南	较好		M32→H247	
南侧：不详	0~2	东	北	破碎	婴儿下颌处放置贝壳1		
女	31~34	东南	东北	较好		M27→M33→S5	
女	35~39	东	上	较好	陶豆1、陶簋1、陶罐1、骨笄1、贝壳8	M34→H246、H259	
男	40~44	东南	东北	较好		M29→M35→M36	
不详	成年	东	北	较好	陶罐1、陶簋1、骨镞1	M35→M36	单棺
不详	12±	东南	西南	差	贝壳1	H214→M37→H245	
女	30~35	东	上	差		H205、H221→M38	
不详	不详	东	不详	差			
不详	成年	北	不详	差	贝壳2	H221→M40、H257	
不详	成年	东	不详	差		H226、H230→M41→H206	
女	45~50	东南	上	较好	骨管1	H225→M42	
女	25~35	东	北	较好	发现木质棺痕。随葬陶鬲1	H236→M43	
女	19~20	东南	西南	较好	发现木质棺痕	M28→M44	
不详	成年	东南	不详	差	陶簋1、陶豆1	H220→M45→H252	

续附表五

墓号	探方及开口层位	形制	长 * 宽 - 深 / 米	方向 / 度	葬式
M46	T12 夯土台基下	竖穴土坑墓	1.5（残）*0.36-0.5（残）	97	不详
M47	T11 夯土台基下	竖穴土坑墓	0.85（残）*0.41-0.19（残）	96	不详
M48	Ⅳ T3803 ⑦层下	竖穴土坑墓	1.36（残）*（0.4~0.52）-0.3（残）	105	单人仰身直肢葬
M49	T12 北扩方	竖穴土坑墓	1.92*（1.04~1.16）-0.44	284	双人仰身直肢葬
M50	T11 夯土台基下	竖穴土坑墓	0.55（残）*0.4-0.28（残）	88	单人仰身葬
M54	Ⅲ T4102 ⑥层下	竖穴土坑墓	1.67*0.6-0.28	270	单人侧身屈肢葬
M55	Ⅲ T4205 ⑥层下	平地掩埋		140	单人俯身屈肢葬
M56	Ⅲ T4205 ⑥层下	平地掩埋		140	单人俯身屈肢葬
M66	Ⅲ T4602 ⑥层下	平地掩埋		95	三人合葬，①号葬式不明，②③号均俯身葬
M80	Ⅲ T4805 ⑥层下	竖穴土坑墓	2.4*0.6-（0.7~0.95）	90	单人仰身直肢葬
M165	Ⅲ T4909 ⑥层下	竖穴土坑墓，东侧有熟土二层台	2.2*（0.5~0.6）-0.2	108	单人仰身直肢葬
M166	Ⅲ T4910 ⑥层下	竖穴土坑墓	1.68*（0.48~0.64）-0.19	93	单人仰身直肢葬
M169	Ⅲ T4909 ⑥层下	竖穴土坑墓	2.5*（0.56~0.63）-0.2	97	单人仰身直肢葬
M171	Ⅲ T4809 ⑥层下	竖穴土坑墓	1.4*0.6-0.13	185	单人仰身直肢葬
M173	Ⅲ T4809 ⑥	竖穴土坑墓，东侧有熟土二层台	2.2*0.87-0.2	105	单人仰身直肢葬
M174	Ⅲ T4811 ⑥层下	竖穴土坑墓	1.9*（0.4~0.48）-0.17	187	单人仰身直肢葬
M175	Ⅲ T4811 ⑥层下	竖穴土坑墓	1.1*（0.4~0.55）-0.1	92	不详
M177	Ⅲ T4909 ⑥层下	竖穴土坑墓	2.0*0.5-0.6	10	单人仰身直肢葬
M178	Ⅲ T4909 ⑥层下	竖穴土坑墓	2.4*0.64-0.2	125	单人仰身直肢葬
M179	Ⅲ T4809 ⑦b层下	竖穴土坑墓	1.4*0.4-（0.05~0.21）	275	单人仰身直肢葬
M180	Ⅲ T4810 ⑥层下	竖穴土坑墓	1.95*0.77-0.45	91	单人仰身直肢葬
M181	Ⅲ T4811 ⑥层下	竖穴土坑墓	2.1*（0.63~0.7）-（0.1~0.2）	96	单人仰身直肢葬，腹部压有2块石头
M182	Ⅲ T4811 ⑥层下	竖穴土坑墓	1.75*0.32-0.12	175	单人仰身直肢葬
M183	Ⅲ T4910 ⑥层下	竖穴土坑墓	2.45*（0.43~0.63）-0.4	195	单人仰身直肢葬

性别	年龄/岁	头向	面向	保存状况	随葬品、葬具	与周围遗迹关系	备注
不详	成年	东	不详	差	陶罐1	H221 → M46	未鉴定
不详	不详	东	不详	差		H237、H241 → M47	
男	20~23	东	不详	差			
北侧：女	27~28	西	北	较好	两人间随葬一只狗骨。墓底有腰坑，内殉一狗	H226 → M49	
南侧：男	20~25	西	北	较好			
不详	1±	东	上	差		H152 → M50	
不详	30±	西	不详	一般			
不详	不详	不详	不详	一般			
不详	不详	不详	不详				
（北侧）①不详	不详	不详	不详				
（中侧）②不详	不详	东	下			H355 → M66	
（南侧）③不详	不详	东	下				
男	24~26	东	北	较好	陶簋1、陶豆2		
男	24~26	东南	东北	较好	陶鬲1、陶罐1、零星蚌壳	M165 → H483	
不详	50±	东	南	较差	零星蚌壳	H442 → M166	
男	18~20	东	北	较好	发现木质棺痕。墓底发现椭圆形腰坑，内殉一狗。陶簋1、陶鬲1、陶罐1、陶罍1		
不详	2±	南	不详	较差	陶鬲1		
女	17~19	东	南	较好	陶鬲1、陶簋1、陶罐2		
男	27~28	南	上	一般			
不详	17~19	不详	不详	差			
女	35±	北	西	较好	陶鬲1、陶簋1、蚌壳1、兽骨1		
男	50±	东南	西南	右上肢骨缺	陶鬲1		
不详	50±	西	上	一般，双脚趾骨缺			
不详	17~19	东	上	一般			
不详	15~18	东	上	一般	墓坑内发现单棺痕迹。随葬陶豆1		
不详	不详	南	不详	差，盆骨以上部分不存	蚌壳1		
不详	45~50	南	上	差	陶鬲1、陶簋1、陶豆1、陶罐1、贝壳1		

续附表五

墓号	探方及开口层位	形制	长 * 宽 – 深 / 米	方向 / 度	葬式
M184	Ⅲ T4810 ⑥ 层下	竖穴土坑墓	2.0*（0.6~0.65）–0.3	90	单人仰身直肢葬
M185	Ⅲ T4708 ⑥ 层下	竖穴土坑墓	1.48*0.34–0.1	330	单人仰身直肢葬
M186	Ⅲ T4608 ⑦ a 层下	竖穴土坑墓，四侧均有熟土二层台	2.26*0.7–0.7	70	单人仰身直肢葬
M191	Ⅲ T4910 ⑥ 层下	竖穴土坑墓	1.4*0.44–0.2	180	俯身葬
M192	Ⅲ T4809 ⑥ 层下	竖穴土坑墓	1.2*0.45–（0.1~0.17）	285	单人屈肢葬
M193	Ⅲ T4709 ⑥ 层下	竖穴土坑墓	1.33*0.65–（0.05~0.1）	45	不详
M196	Ⅲ T4808 ⑦ a 层下	竖穴土坑墓	0.56*0.5–0.15	205	不详
M197	Ⅲ T4810 ⑥ 层下	竖穴土坑墓	1.8*0.5–0.2	95	单人仰身直肢葬
M198	Ⅳ T4801 ⑥ 层下	竖穴土坑墓	1.05*0.5–0.1	255	单人仰身屈肢葬
M199	Ⅲ T4710 ⑥ 层下	竖穴土坑墓	1.1*0.5–0.1	205	单人仰身直肢葬
M200	Ⅲ T4809 ⑥ 层下	竖穴土坑墓	0.98*（0.28~0.48）–0.11	185	单人屈肢葬
M203	Ⅲ T4801 ⑥ 层下	竖穴土坑墓	0.77*0.6–0.9	165	单人仰身直肢葬
M205	Ⅲ T4810 ⑦ a 层上	竖穴土坑墓	1.7*0.6–0.2	14	俯身葬
M206	Ⅲ T4610 ⑥ 层下	竖穴土坑墓	1.3*0.45–（0.1~0.2）	85	单人仰身直肢葬
M207	Ⅲ T4610 ⑥ 层下	竖穴土坑墓	1.7*0.6–0.1	180	单人仰身直肢葬
M208	Ⅲ T4710 ⑥ 层下	竖穴土坑墓	1.85*0.5–（0.09~0.16）	90	单人仰身直肢葬
M209	Ⅲ T4609 ⑥ 层下	竖穴土坑墓	1.74*0.5–0.24	80	单人仰身直肢葬
M210	Ⅲ T4911 ⑥ 层下	竖穴土坑墓	1.8*0.7–0.3	187	不详
M213	Ⅲ T4809 ⑦ c 层下	竖穴土坑墓	1.58*0.52–0.1	95	单人仰身直肢葬
M214	Ⅲ T4909 ⑦ c 层下	竖穴土坑墓	1.95*0.53–0.2	10	单人仰身直肢葬
M215	Ⅲ T4909 ⑦ c 层下	竖穴土坑墓	2.0*（0.44~0.48）–0.15	9	单人仰身直肢葬
M220	Ⅲ T4909 ⑦ c 层下	竖穴土坑墓	2.05*0.5–0.65	350	单人俯身直肢葬
M221	Ⅲ T4809 ⑦ c 层下	竖穴土坑墓	1.6*0.45–0.12	20	单人仰身屈肢葬
M224	Ⅲ T4810 ⑦ c 层下	竖穴土坑墓	2.1*0.53–0.6	10	单人俯身直肢葬

性别	年龄／岁	头向	面向	保存状况	随葬品、葬具	与周围遗迹关系	备注
不详	50±	东	北	较好			
不详	10±	西北	东北	较好			
男	18~19	东北	东南	较好	墓主身下发现一长方形腰坑，内殉一狗。随葬陶簋1、陶鬲1		
男	45~50	南	下	差，似被扰乱			
不详	4~5	西	上	一般			
女	38±	不详	不详	差			
不详	18~35	不详	不详	差			
女	40~44	东	南	差			
男	25~35	西	南	差		H461 → M198	
女	17~19	西南	东南	差，盆骨以下残失			
男	19~20	南	下	一般			
不详	15~18	南	上	差			
女	29~30	北	下	差		M205 → S12	
不详	6±	东	北	一般			
男	17~19	南	上	差			
不详	45~50	东	上	一般	发现木质单棺朽痕		
男	18~19	东	北	一般	陶罐1、陶纺轮1		
男？	35±	南	不详	差	陶簋1、陶罐1		
不详	9~10	东	北	较好			
女	17~19	北	东	一般，左腿股骨残失		H458、H471=M214	
女	19~20	北	东	差			
男	40~44	北	西	较好	墓主身下发现一长方形腰坑，内殉一狗		
女	45~50	东北	东南				
男	40~44	北	西	较好	墓主身下发现一长方形腰坑，内殉一狗		

附表六　西周时期兽坑登记表

坑号	探方及层位	形状	结构	长*宽-深（长径*短径-深、边长/直径/半径-深）/米	与周围遗迹关系	性质	备注
S1	T12夯土台基下	圆形	直壁、底不平	（1.7~2.03）-0.43	S1→S3	马坑	植物铺底
S2	Ⅳ T3802⑥层下	近圆形	直壁、底不平	2.2-（0.25~0.38）		牛坑	坑底有草木灰
S3	T12夯土台基下	近长方形	直壁、平底	1.98*1.26-0.36	S1→S3→H256	马坑	植物铺底
S4	T11⑥层下	近椭圆形	直壁、平底	1.6*1.2-0.33	H227→S4	马坑	
S5	T12⑥层下	近圆形	近直壁、平底	1.0*0.6-0.25	M27、M33→S5	犬坑	
S6	T12扩方⑥层下	椭圆形	斜壁、平底	1.82*1.36-0.47	H235、M27→S6	马坑	
S7	Ⅳ T3802⑦层下	近椭圆形	直壁、斜坡状底	2.17*1.2-（0.24~0.36）		马坑	坑内出土铜箭镞一枚
S8	Ⅲ T4102⑥层下	椭圆形	直壁、平底	1.76*1.32-0.22		猪坑	坑内有大小石块
S9	Ⅲ T4805⑧层下	长方形	直壁、平底	1.05*0.64-0.2		羊坑	
S10	Ⅲ T4710⑥层下	长方形	直壁、平底	3.1*1.8-0.4	S10=S12	马坑	木板铺底
S11	Ⅲ T4608⑥层下	长方形	直壁、斜平底	2.3*（0.7~1.0）-（0.1~0.3）		马坑	木板铺底
S12	Ⅲ T4810⑦c层下	不规则长方形	弧壁、底近圆	（1.95~2.0）*（0.7~1.1）-0.35	S10=S12	马坑	植物铺底

附表七　东周时期房址登记表

房址号	所在探方	层位	形状	长*宽，面积/平方米	方向	结构	柱洞、基槽、墙体	与周围遗迹关系
F1	T2	⑥层下	长方形	2.5*5.8，14.5（已清理）	不详	地面式	灰白土居住面，仅残留一柱洞	
F5	T7、T9	⑤层下	长方形	11.7*8.6，95	近正南北	地面立柱式	11个柱，圆形，内垫有石板础	叠压于G1、G2、G4、M15、H53、H75之上，被H65、H50打破
F18	Ⅲ T4102~Ⅲ T4104	⑥层下	不详	南北向墙体长约20米，北侧墙体残长7.5、南侧墙体残长8.4米，墙体宽0.3~0.6米	不详	地面石墙式	石砌墙体	被ST1、H280、H290打破

附表八　东周时期灰坑、灰沟、水井登记表

编号	探方	开口层位	形状	结构	长*宽－深（长径*短径－深、边长/直径/半径－深）/米	与周围遗迹关系	备注
H2	T1	④层下	长方形	直壁、平底		H2→H13	
H5	T3	③层下	已清理部分呈扇形	斜壁、底微圜	7.3*7.0－2.2	J2→H5→H6	
H6	T3	③层下	近椭圆形	直壁、平底	1.5*0.85－0.47	H5→H6	
H8	T1	④层下	近椭圆形	直壁、平圜底	1.74*1.2－0.3	H8→H13	
H9	T1	④层下	不规则圆形	直壁、平底微凹	2.06*1.7－0.7	H9→H13	
H10	T1	④层下	不规则椭圆形	弧壁、圜底	1.56*0.7－0.47	H10→H13	
H11	T2	⑥层下	圆形	直壁、平底	1.7－1.1		
H13	T1、T2	④层下	不规则形	斜壁、底不平	12.0－（2.0~5.0）	H2、H8、H9、H10→H13	坑内堆积分三层
H17	T3	④层下	已清理部分近扇形	斜壁、平圜底	2.12*1.2－1.7		
H42	T5	④层下	圆形	直壁、平底	2.1－0.62	H42→H45、H51	
H44	T8	⑥层下	不规则形	直壁、平底	1.98*2.3－0.52	H44→M9	
H45	T5	④层下	椭圆形	直壁、平底	1.8*1.1－0.4	H42→H45→H51	
H47	T9	⑤层下	不规则形	斜壁、平底	1.75*0.88－0.6	H47→G1、H50	
H48	T8	⑦层下	近椭圆形	直壁、平底	1.9*1.4－0.43	G1→H48	
H49	T4、T5	③层下	近椭圆形	直壁、平底	2.6*2.5－0.66	H49→H97、H80	
H50	T9	⑤层下	近圆形	斜壁、平底	1.18－0.45	H47→H50→G1	
H51	T5	④层下	近椭圆形	直壁、平底	2.7*2.3－0.68	H42、H45→H51	
H53	T9	⑥层下	近椭圆形	斜壁、平底	2.5－0.8	G1＝H53	
H54	T9	⑤层下	近椭圆形	壁不规则、底不平	2.05－0.85	H54→G1	坑内堆积分两层
H63	T4	⑤层下	已清理部分半圆	直壁、平底	1.03－0.34		
H65	T9	⑤层下	近长椭圆形	直壁、平底	2.5*0.8－2.4	H65→G1、H75	坑内堆积分两层
H66	T8	⑧层下	近椭圆形	直壁、平底	2.6*2.25－0.3	G1→H66→M12	
H69	T5	④层下	不规则长条形	弧壁、底微圜	4.5*0.43－1.0		
H71	T8	⑤层下	近长方形	直壁、平底	1.1*0.7－1.84	G1→H71	
H72	T9	⑧层下	不规则方形	直壁、平底	2.0－0.55		
H75	T9	⑥层下	近圆形	直壁、平底	2.2－0.3	H65、G1→H75	
H80	T4	④层下	长方形	直壁、平底	1.4*1.2－0.6	H49、H97→H80	

续附表八

编号	探方	开口层位	形状	结构	长*宽-深（长径*短径-深、边长/直径/半径-深）/米	与周围遗迹关系	备注
H81	T6	G4下	椭圆形	直壁、平底	2.0*1.88-0.77	G4→H81	发现完整陶鬲1
H97	T4、T5	⑤层下	圆角方形	直壁、平底	5.0*3.5-1.2	H49→H97→H80	
H112	T4	⑦层下	近圆形	直壁，未清理至底	3.2-0.3（不到底）	H112→J4	
H121	TG1	NCQ下	近圆形	直壁、平底	0.72-0.25	NCQ=H121→H122	
H122	TG1	NCQ下	近圆形	直壁、平底	1.1-0.25	NCQ=H122；H121→H122	
H146	T14	夯土台基下	已清理部分近大半圆形	斜壁、平底	1.96-1.04	H146→H175	
H149	T11	夯土台基下	近长方形	直壁、平底	1.16*0.66-0.6	TJ1=H149	
H153	T14	夯土台基下	近椭圆形	弧壁、底不平	3.4*1.3-1.13	TJ1=H153→H190	
H154	T14	夯土台基下	长方形	直壁、平底	1.06*0.94-1.0	TJ1=H154	
H155	T14	夯土台基下	长方形	直壁、平底	1.6*0.7-0.55	TJ1=H155→H185	
H156	T10	⑤层下	已清理部分为半圆形	直壁、平底	1.9-0.2	H156→TJ1	
H160	T11	夯土台基下	近椭圆形	直壁、底不平	1.0*0.8-1.0	TJ1=H160	
H162	T14	H135下	已清理部分近半椭圆形	斜壁、平底	2.2*0.85-0.85	H162→H178	
H164	T11	夯土台基下	近圆形	斜壁、平底	1.96-1.04	TJ1=H164	
H170	T14	⑥层下	近圆形	直壁、平底	0.88-1.0	TJ1→H170→H185	
H175	T14	⑥层下	已清理部分近四分之一圆形	斜壁、圜底	7.6-1.7	H146→H175	
H178	T14	⑥层下	近圆形	直壁、平底	1.2-1.45	H162→H178	
H181	T14	⑥层下	近圆形	斜壁、平底，坑壁有人工加工痕迹	2.08-1.1	TJ1=H181→H182	坑内堆积分两层，有小件
H182	T14	⑥层下	近圆形	斜壁、平底	2.2（口）、2.4（底）-1.36	TJ1=H182；H181→H182	
H185	T14	⑥层下	近圆形	直壁、平底	2.0-0.77	TJ1、H155、H170→H185	
H186	T15	⑤层下	近圆形	直壁、平底	3.28-3.06（不到底）		应为水井
H190	T14	⑥层下	近椭圆形	弧壁、平底	1.92*0.87-0.8	H153→H190	
H202	T12	夯土台基下	近长方形	斜壁、平底	1.9*1.45-1.1	TJ1=H202	

续附表八

编号	探方	开口层位	形状	结构	长 * 宽 – 深（长径 * 短径 – 深、边长 / 直径 / 半径 – 深）/ 米	与周围遗迹关系	备注
H203	T12、T15	夯土台基下	椭圆形	斜壁、平底	2.4*1.7–0.6	TJ1=H203 → H220	
H220	T12、T15	夯土台基下	近椭圆形	斜壁、平底	3.35*2.1–0.5	TJ1=H220；H203 → H220	
H224	T12北扩方	⑤层下	近不规则形	直壁、平底	3.5*2.7–2.85		
H285	Ⅲ T4106	④层下	近椭圆形	斜壁、圜底	2.25*1.9–0.65	H285 → G14	
H289	Ⅲ T4102	⑥层下	圆角方形	斜壁、圜底	1.84*1.53–0.57		
H292	Ⅲ T4205	⑥层下	近圆形	直壁、平底	1.58–1.4	H292 → G16	
H293	Ⅲ T4205	⑥层下	近椭圆形	斜壁、平底	1.76*1.18–0.38		
H295	Ⅲ T4202	⑥层下	近圆形	弧壁、平圜底	1.72–0.54	H295 → G17	
H296	Ⅲ T4202	⑥层下	近圆形	弧壁、平圜底	2.02–0.5		
H297	Ⅲ T4204	⑥层下	近圆形	直壁、平底	1.16–0.4		
H298	Ⅲ T4204	⑥层下	近圆形	斜壁、平底	1.3*1.5–0.53		
H300	Ⅲ T4204	⑥层下	近圆形	直壁、平底	1.25–0.4		
H301	Ⅲ T4203	⑥层下	近圆形	直壁、平底	1.75–1.0		
H308	Ⅲ T4605	⑤层下	近圆形	直壁、平底	1.2–0.6		
H312	Ⅲ T4603	④层下	近圆形	斜壁、圜底	2.05–0.5	H312 → H315；H312=H332	
H313	Ⅲ T4602	④层下	长方形	直壁、平底	1.5*1.0–3.1	H313 → H315	
H315	Ⅲ T4602、Ⅲ T4603	④层下	不规则形	直壁、底不平	4.8*5.26–1.0	H312 → H315 → H332	
H316	Ⅲ T4602	④层下	圆形	直壁、平底	1.35–0.95		
H321	Ⅲ T4804	⑤层下	已清理部分近半椭圆形	斜弧壁、平底	2.7*1.3–0.38		
H322	Ⅲ T4603	⑥层下	不规则形	直壁、平底	0.8*0.5–0.34		
H323	Ⅲ T4702	⑤层下	近长方形	直壁、平底	2.3*0.9–1.3		
H324	Ⅲ T4702	⑤层下	近长方形	直壁、平底	1.8*1.0–1.66		
H326	Ⅲ T4704	④层下	近圆形	斜壁、平底	1.75（口）、2.06（底）–1.67		
H327	Ⅲ T4703	⑥层下	近方形	直壁、平底	1.2–1.11		
H331	Ⅲ T4602	⑥层下	近半圆形	斜壁、底部不平	2.8–（1.0~1.15）		
H332	Ⅲ T4603	⑥层下	近椭圆形	直壁、平底	2.44*1.74–2.4	H315 → H332；H312=H332	
H333	Ⅲ T4805	⑤层下	已清理部分为半圆形	斜壁、平底	1.74–0.4		

续附表八

编号	探方	开口层位	形状	结构	长*宽−深（长径*短径−深、边长/直径/半径−深）/米	与周围遗迹关系	备注
H335	Ⅲ T4703	④层下	已清理部分为小半圆形	斜壁、圜底	2.8*0.8−1.0		
H337	Ⅲ T4805	⑤层下	近长方形	斜壁、平底	1.3*1.04−0.5	H337→H356、M74	
H339	Ⅲ T4804	⑤层下	近不规则椭圆形	斜弧壁、平底	2.5*2.15−0.8	H339→M64	
H342	Ⅲ T4603	⑥层下	近圆形	弧壁、圜底	5.0−1.44		
H345	Ⅲ T4803	⑤层下	近长方形	直壁、平底	0.7*0.54−0.3		
H354	Ⅲ T4804	⑤层下	近长方形	直壁、平底	1.7*0.75−2.2		
H356	Ⅲ T4805	⑤层下	近方形	直壁、平底	1.2*1.04−0.5	H337→H356→M74、M77	
H357	Ⅲ T4805	⑤层下	近方形	直壁、平底	1.76*1.5−0.5		
H360	Ⅲ T4705	⑥层下	近圆形	直壁、平底	1.6−0.36		
H364	Ⅲ T4802	⑤层下	近方形	弧壁、圜底	0.75*0.55−1.5		
H365	Ⅲ T4802	⑤层下	已清理部分近圆弧形	弧壁、平底	4*2.5−1.0		
H366	Ⅲ T4802	⑥层下	已清理部分呈圆弧形	斜壁、圜底	9.6*3.1−1.1		
H375	Ⅲ T4702	⑥层下	已清理部分近圆弧形	斜壁、底不平	3.14*2.1−0.8		
H380	Ⅲ T4804	⑥层下	近不规则椭圆形	斜壁、平底	2.35*2.1−0.55	M65→H380	
H382	Ⅲ T4804	⑥层下	已清理部分近大半圆形	斜壁、平底	1.5*1.4−0.25		
H401	Ⅲ T4804	⑥层下	已清理部分近大半圆形	斜壁、平底	2.15*1.9−1.75	H401→M63	
H403	Ⅲ T4904	⑥层下	近椭圆形	斜壁、底不平	2.6*1.9−0.3		
H430	Ⅲ T4703	⑥层下	近圆形	直壁、平底	1.3−0.3		
H437	Ⅳ T4702	⑥层下	已清理部分呈不规则形	弧壁、平底	2.7*0.9−0.6		
H440	Ⅲ T4907	⑤层下	近椭圆形	弧壁、圜底	1.6*1.4−0.75		
H441	Ⅲ T4808	⑤层下	近圆形	斜直壁、平底	1.95−0.75		
H446	Ⅲ T4710	⑥层下	近长方形	直壁、平底	1.1*0.58−1.36		
H447	Ⅲ T4801	⑥层下	近圆形	直壁、平底	1.7*1.62		
H448	Ⅲ T4808、Ⅲ T4908	⑤层下	近半圆形	斜壁、底不平	13.9（口）、8.25（底）−1.6	M204、M72→H448	坑内堆积分为5层
H449	Ⅲ T4608	⑥层下	近长方形	直壁、平底	2.7*1.0−1.4		
H452	Ⅲ T4801	⑥层下	已清理部分近半圆形	直壁、平底	2.1−0.6		

续附表八

编号	探方	开口层位	形状	结构	长*宽－深（长径*短径－深、边长/直径/半径－深）/米	与周围遗迹关系	备注
H469	Ⅳ T4701	⑤层下	不规则形	斜壁、平底	4.1*2.4－1.2	H469 → H478	
G1	T7、T8、T9	⑥层下	不规则长条带状	斜壁、平底	22.4*（4.0~8.6）－0.8	H65、H47、H54 → G1 → H66、G4、H48、H71、H53、H75、M11、M14；F5=G1	坑内堆积分两层
G2	T6、T7	⑥层下	"S"长条形	斜壁、圜底	15.0*（1.4~2.8）－0.7	F5=G2 → G3、G4	
G3	T6	⑥层下	长条弧形	弧壁、圜底	4.8*1.3－1.2	G2 → G3、G4	
G4	T6、T7	⑥层下	长条形	斜壁、底不平	19.2*6.5－1.98	G1、G2、G3、TJ1 → G4 → H81、M15、M13；F5=G4	坑内堆积分四层
G14	Ⅲ T4203、Ⅲ T4204等探方	⑤层下	长条形	斜壁、底部有基槽，基槽内叠放板瓦	32.6*0.52－0.5	H285、H290、ST1 → G14 → G15	与H285组成一套排水系统
G15	Ⅲ T4204、Ⅲ T4205等探方	⑥层下	长条形	斜壁、底部有基槽，基槽内铺小石块，后沿槽壁两侧垒砌石块，顶部用石板覆盖	23.6*（1.3~1.8）－（0.49~0.92）	H299、G14 → G15	排水沟
G16	Ⅲ T4205	⑥层下	长条形	斜壁、底部有基槽，基槽底铺石板或石块，后沿槽壁两侧垒砌石块，顶部用石板覆盖	5.3*（0.6~0.7）－0.37	H292 → G16	排水沟
G17	Ⅲ T4202	⑥层下	长条形	东侧挖有浅基槽，基槽底部铺有碎石，槽壁一侧垒砌石块，另一侧不明	7.7*1.0－（0.15~0.3）	G19、H295、H294 → G17	排水沟
G19	Ⅲ T4203、Ⅲ T4202	⑤层下	不规则长条形	斜壁、未清理至底	15.3*（1.25~2.0）－1.0	G19 → G17	不到底
G28	Ⅲ T4801	⑤层下	不规则弯弧形	直壁、平底	3.2*（0.45~1.2）－0.6		
J2	T3	③层下	已清理部分扇形	石砌井壁、平底	3.2*2.5（外）、1.6（内）－5.8	J2 → H5	
J4	T4	⑤层下	圆形	石砌井壁，井口外侧有浅坑	3.2（外）、1.4（内）－1.5	J4 → H112	不到底
J9	Ⅲ T5005	⑤层下	圆形	斜直壁	1.55－1.0		不到底
J12	Ⅲ T4905	⑤层下	近圆形	井壁外有井坑，井壁由数个井圈上下相接而成	2.8（外）、1.0（内）－1.3		不到底
J13	Ⅲ T4703	⑥层下	近圆形	石砌井壁	2.8（外）、1.7（内）－1.3		不到底

附表九　东周时期墓葬登记表

墓号	探方开口层位	形制	长 * 宽 – 深（长径 * 短径 – 深、边长 / 直径 / 半径 – 深）/ 米	方向 / 度	葬式
M1	T2⑥层下	竖穴土坑墓	2.0*（0.68~0.79）–0.8	86	单人仰身直肢葬
M9	T8⑥层下	竖穴土坑墓	1.4*0.7–0.37	180	单人仰身直肢葬
M10	T9⑥层下	竖穴土坑墓	2.0*0.8–0.2	199	单人仰身直肢葬
M11	T8⑥层下	竖穴土坑墓	2.2*0.54–（0.4~0.59）	182	单人仰身直肢葬
M12	T8⑥层下	竖穴土坑墓	0.8*0.5–0.08	74	单人仰身直肢葬
M13	T6⑥层下	竖穴土坑墓	1.56*（0.6~0.7）–0.3	75	单人侧身屈肢葬
M14	T8⑥层下	竖穴土坑墓	1.52*0.4–0.2	90	单人仰身直肢葬
M15	T7⑥层下	竖穴土坑墓	1.7*1.2–0.2	60	双人葬
M16	T6⑥层下	竖穴土坑墓	1.4*（0.38~0.4）–0.42	96	单人仰身直肢葬
M17	T6⑥层下	竖穴土坑墓	2.2*0.7–1.4	92	单人仰身直肢葬
M57	ⅢT4205⑥层下	竖穴土坑墓	2.2*0.7–0.7	28	单人仰身直肢葬
M59	ⅢT4803⑤层下	竖穴土坑墓	1.32*0.4–0.32	188	单人侧身葬
M60	ⅢT4803⑤层下	竖穴土坑墓	1.9*0.4–0.4	190	单人葬
M61	ⅢT4805⑤层下	竖穴土坑墓	（0.8~1.07）*0.55–0.45	190	单人葬
M62	ⅢT4703⑤层下	竖穴土坑墓，瓮棺葬	0.82*0.43–0.18	125	
M63	ⅢT4804⑤层下	近椭圆形竖穴土坑墓	2.2*1.35–（0.15~0.3）	270	双人屈肢葬
M64	ⅢT4804⑤层下	竖穴土坑墓	（1.41~1.58）*0.7–0.15	20	仰身直肢葬
M65	ⅢT4804⑤层下	竖穴土坑墓	2.18*0.95–0.26	0	不详
M67	ⅢT4802⑤层下	竖穴土坑墓，瓮棺葬，瓮罐置于土坑的壁龛中	1.16*0.6–0.63	20	不详
M68	ⅢT4705⑤层下	竖穴土坑墓	1.05*（0.33~0.47）–0.13	108	单人仰身直肢葬
M69	ⅢT4805⑤层下	竖穴土坑墓，北、南、西三侧有生土二层台	1.1*（0.37~0.5）–1.8	285	单人仰身直肢葬
M70	ⅢT4803⑤层下	竖穴土坑墓	1.25*0.32–0.6	190	单人仰身直肢葬
M71	ⅢT4703⑤层下	竖穴土坑墓，瓦棺葬	0.88*（0.4~0.6）–0.6	25	不详
M72	ⅢT4803⑤层下	竖穴土坑墓	1.55*0.55–0.3	175	单人仰身直肢葬
M73	ⅢT4602⑥层下	平地掩埋		95	双人葬
M74	ⅢT4805⑤层下	竖穴土坑墓，瓮棺葬	0.87*0.67–0.42	88	不详
M75	ⅢT4805⑤层下	竖穴土坑墓，北、西、东三侧有熟土二层台	（1.22~1.45）*0.73–1.17	20	不详
M76	ⅢT4803⑥层下	竖穴土坑墓	1.85*0.45–0.18	190	单人仰身直肢葬

性别	年龄	头向	面向	保存状况	随葬品／葬具	与周围遗迹关系	备注
女	40~44 岁	东	上	较好	无		
女	45~47 岁	南	东	一般	无	H44 → M9	
男	45~50 岁	西南	东南	一般	无		
男	40~44 岁	南	西	一般	无		
女	31~35 岁	东北	西北	盆骨及以下破坏不存	无	H66 → M12	
不详	成年	东	北	差	无	G4 → M13	
女	21~25 岁	东	上	一般	无		
（成人）女（幼儿）不详	成人及幼儿	（成人）东、（幼儿）不详		差	无	G4 → M15	
不详	10~12 岁	东	南	较好	无		
女	40~44 岁	东	上	一般	陶豆1、陶罐1		
不详	6± 岁	东北	东南	较好	无		
不详	14~17 岁	南	西	一般	无		
不详	成年	南	不详	差，似被扰乱	无		
不详	成年	南	不详	差	无	H329 → M61	
不详	婴幼儿	不详	不详	不存	（葬具）两片板瓦及两块陶罐底		
①号男性、②号女性	①号 40~44 岁、②号 16~18 岁	①号南、②号西	①号东、②号上	一般	无		
男	51~60 岁	东北	东南	一般	无	H339 → M64	
女	41~47 岁	北	西		无	M65 = H380	
不详	不详	不详	不详	差	（葬具）陶瓮2		
不详	2~5 岁	东南	上	差	无		
不详	3± 个月	西	上	差	无		
不详	不详	南	上	一般	无		
不详	不详	不详	不详	不存	（葬具）板瓦2		
不详	未成年	南	东	一般	无		
不详	不详	均向南	下	仅存头骨	无		
不详	3± 个月	不详	不详	差	（葬具）陶瓮2	H356、H337 → M74	
不详	不详	不详	不详	差	无		
女	35~41 岁	南	西	一般	无		

续附表九

墓号	探方开口层位	形制	长 * 宽 – 深（长径 * 短径 – 深、边长 / 直径 / 半径 – 深）/ 米	方向 / 度	葬式
M77	Ⅲ T4805 ⑤层下	竖穴土坑墓，瓦棺葬	0.92*（0.38~0.4）–（0.15~0.19）	5	单人侧身屈肢葬
M78	Ⅲ T4804 ⑥层下	竖穴土坑墓	1.9*（0.37~0.39）–0.29	190	单人仰身直肢葬
M79	Ⅲ T4804 ⑥层下	竖穴土坑墓	2.1*0.5–0.15	190	单人仰身直肢葬
M86	Ⅲ T4804 ⑥层下	竖穴土坑墓，瓮棺葬	1.1*0.53–0.48	180	不详
M91	Ⅲ T4805 ⑤层下	竖穴土坑墓	1.3*0.6–0.64	195	不详
M100	Ⅲ T4805 ⑤层下	竖穴土坑墓，两侧有生土二层台	1.5*0.7–0.68	190	不详
M102	Ⅲ T4803 ⑥层下	竖穴土坑墓	1.3*（0.38~0.57）–0.6	200	不详
M155	Ⅲ T4906 ⑥层下	竖穴土坑墓，瓦棺葬	1.0*0.4–0.42	105	不详
M163	Ⅲ T4808 ⑥层下	竖穴土坑墓	2.0*（0.36~0.43）–0.05	285	单人仰身直肢葬
M164	Ⅲ T4709 ⑥层下	竖穴土坑墓	1.92*0.72–0.1	90	单人仰身屈肢葬
M167	Ⅲ T4708 ⑥层下	竖穴土坑墓	1.96*0.46–（0.07~0.15）	190	单人仰身直肢葬
M168	Ⅲ T4608 ⑥层下	竖穴土坑墓	1.8*0.4–（0.07~0.15）	185	单人仰身直肢葬
M170	Ⅲ T4608 ⑥层下	竖穴土坑墓	1.4*0.45–0.1	284	单人仰身葬
M172	Ⅲ T4908 ⑥层下	土洞墓，有二层台	墓口：（1.5~1.31）*（0.65~0.72）–0.9，（洞室）1.35*0.38–0.4	200	单人葬
M176	Ⅲ T4708 ⑥层下	竖穴土坑墓	1.1*0.65–0.65	10	单人葬
M194	Ⅲ T4708 ⑥层下	竖穴土坑墓，四周有熟土二层台，瓦棺葬	（墓口）1.35*0.66–0.9	10	不详
M195	Ⅲ T4708 ⑥层下	竖穴土坑墓，底部四周有二层台，瓦棺葬	（墓口）1.24*0.66–0.44	190	不详
M201	Ⅲ T4701 ⑥层下	竖穴土坑墓	（0.55~0.73）*0.44–（0.11~0.15）	20	不详
M204	Ⅲ T4908 ⑥层下	竖穴土坑墓，瓦棺葬	1.2*（0.45~0.52）–0.4	186	不详
M212	Ⅳ T4702 ⑥层下	竖穴土坑墓，瓦棺葬	1.0*0.56–0.15	25	不详

性别	年龄	头向	面向	保存状况	随葬品 / 葬具	与周围遗迹关系	备注
不详	2.5±岁	北	西	差	（葬具）板瓦 3	H356→M77	
女	35~39 岁	南	上	较好	无		
男	41~47 岁	南	上	较好	无		
不详	不详	不详	不详	差	（葬具）陶瓮 2		
不详	不详	南	不详	差	无		
不详	6±岁	南	不详	差	无		
不详	不详	西南	西北	差	无		
不详	8~9 个月	东	不详	差	无		
女	25±岁	西北	上	一般	无		
女	20~23 岁	东	北	较好	无		人骨下颌骨处有涂朱
女	30~35 岁	南	东	较好	无		
男	35~39 岁	南	东	较好	无		
不详	6±岁	西	南	较差	无		
不详	1±岁	西南	东南	较差	无		骨架周围一周青膏泥，外侧一周黄膏泥
不详	18±个月	北	上	差	无		骨架周围一周黄膏泥
不详	不详	不详	不详	差	（葬具）板瓦 4		
不详	不详	不详	不详	差	（葬具）板瓦 4		
不详	成年	不详	不详	仅做部分清理	无		
不详	不详	不详	不详	不存	（葬具）板瓦 4		
不详	不详	不详	不详	不存	（葬具）板瓦 3		

附表一〇 北朝—隋时期灰坑、灰沟、水井登记表

编号	探方	开口层位	形状	结构	长＊宽–深（长径＊短径–深、边长/直径/半径–深）/米	与周围遗迹关系	备注
H1	T2	③层下	椭圆形	斜壁、圜底	2.6*2.46–1.54		
H3	T3	③层下	长条形	直壁、凹底	4.84*1.7–（0.5~1.1）		
H4	T2	③层下	椭圆形	直壁、平底	1.66*1.2–0.35		
H7	T2	③层下	近圆形	斜壁、平底	2.04–0.65		
H29	T8	⑤层下	不规则形	斜壁、平底	2.34*1.62–0.25		
H31	T7	⑤层下	近圆形	斜壁、圜底	0.8–0.45	H32 → H31	
H32	T7	④层下	近长方形	直壁、底微圜	①层 3.65*2.69–0.3；②层 5.0*2.9–2.1	H32 → H31	坑内堆积分2层
H33	T7	⑤层下	圆角长条形	斜壁、平底	3.46*2.26–0.48		
H34	T5	③层下	近方形	斜壁、平底	2.84*2.48–0.52	H34 → H59	
H35	T6	⑤层下	近圆角长方形	斜壁、近圜底	3.0*2.4–0.4		
H36	T4	③层下	小半圆形	斜壁、平底	3.6*1.9–1.2	H36 → H59	
H37	T6	⑤层下	长方形	直壁、平底	1.76*0.92–1.25		
H38	T7	⑤层下	近圆形	斜壁、平底	1.85–0.3		
H40	T7	⑤层下	不规则长方形	直壁、平底	1.96*1.17–1.62		
H41	T7、T9	⑤层下	不规则长方形	斜壁、平底	1.46*1.05–0.4		
H46	T7	⑤层下	长条形	斜壁、平底	5.6–2.1		
H59	T4、T5	③层下	圆角方形	直壁、平底	3.3*3.4–1.25	H34、H36 → H59	
H125	T14	③层下	长方形	直壁、平底	3.5*1.3–4.3		②北朝—隋 ①唐
H126	T14	②层下	近扇形	直壁、平底	0.75*0.7–1.3		
H131	T13	②层下	近半圆形	直壁、不到底	1.37–1.3		坑内堆积分3层，原应为水井
H133	T13	③层下	圆形	直壁、平底	1.5*0.88	M23 → H133 → H147	
H134	T11	④层下	不规则椭圆形	斜壁、平底	3.78*2.4–0.56		
H135	T14	③层下	已清理部分近1/4椭圆形	直壁、圜底	6.4*4.7–0.7	J7 → H135	
H136	T10	⑤层下	已清理部分近似扇形	直壁、平底	2.7*1.8–0.4		
H137	T11	④层下	近圆形	直壁、平底	2.08*2.5–0.5	J6 → H137	
H138	T10、T11（南北延伸出探方）	⑤层下	不规则形	斜壁、底不平	10.0*9.45–2.45	H140 → H138	
H139	T13	④层下	已清理部分近半圆形	弧壁、圜底	2.8–1.25	H139 → H147	

续附表一〇

编号	探方	开口层位	形状	结构	长*宽－深（长径*短径－深、边长/直径/半径－深）/米	与周围遗迹关系	备注
H140	T10	⑤层下	长条形，向南延伸出探方外	斜壁、底不平	6.5*2.4-1.15	H140→H138	
H141	T13	④层下	长方形	直壁、底近平	3.4*2.5-0.4	H141→H147	
H142	T12	③层下	长方形	直壁、平底	1.9*1.15-1.6		
H143	T12	③层下	已清理部分近小半椭圆形	斜壁、平底	2.28*1.0-0.34		
H144	T12	③层下	已清理部分近小半长条形	弧壁、圜底	2.7-0.3		
H145	T12	④层下	近梯形	直壁、平底	1.98*（1.2~1.75）-0.18		
H147	T13	⑤层下	不规则形，向西、向南延伸出探方	斜壁、底不平	8.5*7.8-1.5	H133、H139、H141、M23、M131→H147	
H148	T13	⑤层下	长方形	直壁、平底	1.58*1.05-0.5		
H161	T13	④层下	长方形	直壁、平底	1.7*0.8-2.6		
H273	Ⅲ T4102	③层下	已清理部分近长条形	斜壁、平底	2.3*1.8-0.76	H273→H288、M51	
H274	Ⅲ T4106	④层下	不规则形	斜壁、平底	1.86*1.4-0.34		
H276	Ⅲ T4106	④层下	近椭圆形	斜壁、平底	1.3*0.78-0.3	H276→H283	
H277	Ⅲ T4202	③层下	近长方形	直壁、平底	2.5*1.3-0.74	H277→H294、G18、Y3、Y4	
H279	Ⅲ T4105	③层下	长椭圆形	斜壁、圜底	2.6*1.32-0.9		
H280	Ⅲ T4103	④层下	椭圆形	直壁、平底	2.27*1.83-0.48		
H281	Ⅲ T4105	④层下	椭圆形	斜壁、圜底	1.96*1.6-0.34		
H282	Ⅲ T4105	④层下	椭圆形	斜壁、圜底	1.4*1.2-0.32		
H283	Ⅲ T4106	④层下	椭圆形	斜壁、平底	1.8*0.85-0.25	H276→H283	
H284	Ⅲ T4106	④层下	椭圆形	斜壁、平底	1.9*1.0-0.4		
H286	Ⅲ T4103	④层下	已清理部分为圆形	直壁、平底	1.3*0.67-1.2		
H287	Ⅲ T4102、Ⅲ T4103	④层下	已清理部分为小半椭圆形	弧壁、圜底	8.3*2.5-1.1		
H288	Ⅲ T4102	⑤层下	已清理部分近半椭圆形	斜壁、圜底	2.0*1.3-0.78	H273→H288、M51	
H290	Ⅲ T4203、Ⅲ T4103、Ⅲ T4204、Ⅲ T4104	⑤层下	圆形	直壁、斜底	5.77-（1.3~2.0）		
H291	Ⅲ T4206	③层下	不规则圆形	直壁、斜底	9.9*7.1-1.4		
H294	Ⅲ T4202	⑤层下	长方形	直壁、平底	2.5*（1.0~1.2）-1.2	H277、Y4→H294；H294=G18	

续附表一〇

编号	探方	开口层位	形状	结构	长＊宽－深（长径＊短径－深、边长/直径/半径－深）/米	与周围遗迹关系	备注
H299	Ⅲ T4204	⑤层下	圆形	直壁、平底	1.45-0.6		
H302	Ⅲ T4805	③层下	圆形	直壁、平底	1.25-0.5		
H304	Ⅲ T4604	③层下	不规则形	斜壁、底近平	6.2*4.0-1.5	H304→H314	
H306	Ⅲ T4703	③层下	不规则形	斜壁、平底	2.7*2.24-0.7		
H307	Ⅲ T4804	④层下	已清理部分为半圆形	斜弧壁、平底	3.7*1.6-0.7		
H311	Ⅲ T4603	③层下	圆角方形	直壁、平底	2.0*1.4-1.7		
H314	Ⅲ T4604	④层下	椭圆形	弧壁、圜底	1.95*3.2-1.12	H304→H314	
H318	Ⅲ T4703	④层下	近椭圆形	斜壁、平底	1.8*1.3-0.7	H318→M58	
H319	Ⅲ T4705	④层下	圆形	直壁、平底	1.2-0.76		
H325	Ⅲ T4704	③层下	不规则形	斜壁、平底	3.46*（1.14~2.4）-1.56	H325→G23	
H328	Ⅲ T4803	⑤层下	长方形	直壁、平底	1.5*0.75-2.4		
H329	Ⅲ T4805	④层下	已清理部分为小半圆形	弧壁、圜底	1.6*0.45-0.92		
H439	Ⅲ T4708	⑤层下	椭圆形	斜壁、平底	1.66-0.46		
H468	Ⅳ T4701	⑤层下	口部为圆形、底部为方形	斜弧壁、平底	口2.14、底1.85*1.6-0.8		
H537	TG5 东壁	②层下	长方形	直壁、平底	1.8*0.6-1.12		
H538	TG5 东壁	②层下	长方形	直壁、平底	1.9*0.7-1.5		
G5	T8、T9	⑤层下	不规则形	斜壁、平底	19.2*12.6-1.54		坑内堆积分4层
G18	Ⅲ T4202	③层下	长条形	石块垒砌，两壁及底部	5.0*0.7-0.28	H277、Y4→G18；H294=G18	
G23	Ⅲ T4702、Ⅲ T4703、Ⅲ T4704	③层下	不规则长条形	沟壁一侧较直、一侧斜直，底不平	20.6*（2.2~4.6）-1.25	H325→G23→H318、M58	
Y3	Ⅲ T4202	③层下	梨形	单室窑，烟道两条，火塘一个	4.0*2.78-0.2	H277→Y3→H294	
Y4	Ⅲ T4202	③层下	梨形	单室窑，烟道两条，火塘一个	3.97*2.84-0.21	H277→Y4→H294、G18	
J5	T5	②层下	三角形	直壁、平底	2.0*1.7-6.12		
J6	T11	③层下	圆形	直壁	1.6-2.05（不到底）	J6→H137	
J7	T14	④层下	圆形	直壁	1.9-3.2（不到底）		
J8	Ⅲ T4804、Ⅲ T4904	④层下	圆角三角形	直壁	2.67*2.3-2.8（不到底）		
J10	Ⅲ T4904	⑤层下	圆形	井壁砌陶井圈	2.6-3.05（不到底）		
J11	Ⅲ T4904	⑤层下	圆形	直壁	1.6-1.2（不到底）		

附表——　北朝—隋时期墓葬登记表

墓号	探方开口层位	形制	长*宽-深（长径*短径-深、边长/直径/半径-深）/米	方向/度	葬式	性别	年龄/岁	头向	面向	保存状况	随葬品/葬具	与周围遗迹关系	备注
M23	T13③层下	竖穴土坑墓	2.48*0.9-0.58	5	二次葬或非正常死亡	女	45~50	不详	不详	较差	无		坑口有石板覆盖，墓内南北两壁分别立1块和2块方砖
M51	Ⅲ T4102③层下	竖穴土坑墓	1.47*0.65-0.18	272	仰身直肢葬	女	31~40	西	北	较差	无	H273、H288→M51	大型板瓦覆盖人骨
M52	Ⅲ T4104③层下	竖穴土坑墓	1.46*0.6-0.3	256	仰身葬	男	31~40	西	南	较差	无		大型板瓦覆盖人骨
M53	Ⅲ T4105④层下	竖穴土坑墓	3.0*0.88-0.32	200	侧身直肢葬	男	35~39	西南	西北	较差	无		
M58	G23下	竖穴土坑墓	1.35*（0.4~0.45）-0.08	5	仰身葬	女	成年	北	上	较差	无	H318→M58；G23=M58	
M161	Ⅲ T4708⑤层下	竖穴土坑墓	1.3*（0.4~0.65）-0.13	185	仰身葬	不详	不详	南	上	较差	无		
M162	Ⅲ T4708⑤层下	竖穴土坑墓	1.5*（0.4~0.45）-0.2	190	仰身直肢葬	女	不详	南	不详	较差	无	H439→M162	

附表一二　唐—宋元时期遗迹登记表

编号	探方	开口层位	形状	结构	长*宽-深（长径*短径-深、边长/直径/半径-深）/米	与周围遗迹关系	时代	备注
H27	T8	②层下	近圆形	直壁、平底	1.56-0.6		宋元	
H28	T4	②层下	半圆形	直壁、平底	1.48*0.82-1.1		宋元	
H30	T4	②层下	长条形	直壁、平底	1.36*0.72-0.74		宋元	
H123	T14	②层下	椭圆形	直壁、平底	1.76*0.8-（0.15~0.18）		宋元	
H124	T11	②b层下	扇形	斜壁、平底	1.4*（0.9~0.99）		宋元	
H127	T11	③层下	方形	斜壁、平底	0.68*0.46-0.56		宋元	
H128	T10	③层下	近扇形	斜壁、平底	1.1*0.85-0.6		宋元	
H129	T14	②层下	近圆形	斜壁、平底	1.5-0.95		宋元	
H130	T13	②层下	近圆形	直壁、平底	1.24-0.6		宋元	
H132	T14	②层下	近圆形	直壁、平底	1.1-0.85		宋元	
H275	Ⅲ T4203	③层下	近半圆形	斜壁、圜底	2.8*1.5-0.4		唐	
H278	Ⅲ T4203	③层下	半椭圆形	斜壁、平底	2.5*0.61-0.6		唐	
H303	Ⅲ T4803	③层下	圆形	直壁、平底	1.08-0.25		宋元	
H305	Ⅲ T4803	③层下	圆角长方形	直壁、平底	2.2*1.4-0.75		宋元	
H309	Ⅲ T4605	③层下	长椭圆形	弧壁、圜底	2.45*1.3-1.54		宋元	
H310	Ⅲ T4803	③层下	不规则葫芦形	南：直壁、平底；北：弧壁、圜底	5.6*2.67-（0.54~1.47）		唐	
H317	Ⅲ T4705	③层下	长方形	直壁、平底	2.6*0.8-2.78		宋元	
H320	Ⅲ T4705	③层下	近长条形	斜壁、圜底	2.8*2.28-1.5		宋元	
H343	Ⅲ T4705	③层下	小半圆形	斜直壁、平底	3.0*1.16-2.2		宋元	
G7	T10	③层下	长条形	砖、石拼砌；两侧高、中间低	2.75*（0.2~0.55）-0.8		宋元	
G21	Ⅲ T4602	③层下	不规则长条形	斜壁、圜底	9.23*（0.92~1.74）-（0.1~0.75）		宋元	
G22	Ⅲ T4803、Ⅲ T4804	③层下	近"L"形	弧壁、圜底	18.9*0.53-0.55		宋元	
G24	Ⅲ T4603、Ⅲ T4604	③层下	近山字形	弧壁、底不平	19.0*（2.0~3.4）-（1.69~2.47）		宋元	
G25	Ⅲ T4605 等	③层下	弯弧状	弧壁、圜底	2.6*0.7-0.7		宋元	

附 录

附录一

梁王城遗址西周墓地人骨研究

梁王城遗址共出土西周时期墓葬 71 座，收集人骨标本 69 例，笔者对出土人骨进行了性别、年龄鉴定，对保存较好的骨骼进行了观察、测量，并进行了初步的体质类型分析。

由于我国目前出土的明确为周人族属的人骨材料极其有限，目前仅有陕西凤翔南指挥西村周墓、陕西铜川瓦窑沟和甘肃合水九站出土的先周文化墓葬等几批材料，而江苏境内的周代体质人类学材料几乎为空白，因此梁王城西周墓地出土人骨材料对于认识西周居民的体质特征、研究周人与相关文化居民的亲疏关系、探讨周人的来源与构成具有重大意义。

一　性别年龄情况及人口寿命研究

以骨盆形态为主，结合颅骨、下颌骨及其他相关骨骼对性别进行综合判定，以耻骨联合面的形态变化、牙齿的萌出或磨耗情况为主，结合颅骨骨缝及骨骺的愈合情况对年龄进行综合判定。

（一）性别年龄鉴定

共鉴定骨骼标本 69 例，性别明确者 41 例，不能鉴定性别者 28 例，鉴定率为 59.4%；男性标本 21 例，女性标本 20 例，男女性别比为 1 ∶ 0.95。

（二）人口寿命研究

1. 死亡年龄分布统计

在 69 例标本中，年龄段明确者 60 例，鉴定率为 87%。青年期及中年期死亡年龄略高，未成年即夭折的比例为 15%。（表 F1-1）

表 F1-1　梁王城周代居民死亡年龄分布统计表

年龄阶段 / 岁	男性		女性		性别不明		合计	
	例数	百分比	例数	百分比	例数	百分比	例数	百分比
婴儿期（0~2）	0	0	0	0	3	15	3	5
幼儿期（3~6）	0	0	0	0	3	15	3	5
少年期（7~14）	0	0	0	0	3	15	3	5
青年期（15~23）	8	38.1	6	31.6	4	20	18	30

续表 F1-1

年龄阶段 / 岁	男性		女性		性别不明		合计	
	例数	百分比	例数	百分比	例数	百分比	例数	百分比
壮年期（24~35）	5	23.8	7	36.8	2	10	14	23.3
中年期（36~55）	8	38.1	6	31.6	5	25	19	31.7
老年期（≥56）	0	0	0	0	0	0	0	0
以上合计	21	100	19	100	20	100	60	100
仅可判断已成年	0		1		6		7	
无法判断年龄	0		0		2		2	
总计	21		20		28		69	

2. 平均寿命研究

将梁王城西周组出土的所有人骨视为同一代人来编制简略生命表，进行平均寿命的计算，梁王城西周组居民的平均寿命，男性为 30.83 岁，女性为 31.18 岁，女性略大于男性。（表 F1-2、F1-3）

表 F1-2　梁王城西周组古代居民男性组人口简略生命表

年龄组 X	死亡概率 nqx	尚存人数 lx	各年龄组死亡人数 ndx	各年龄组内生存人年数 nlx	未来生存人年数累计 tx	平均预期寿命 ex
0-	0	21	0	21	647.5	30.83
1-	0	21	0	84	626.5	29.83
5-	0	21	0	105	542.5	25.83
10-	0	21	0	105	437.5	20.83
15-	23.80952	21	5	92.5	332.5	15.83
20-	31.25	16	5	67.5	240	15
25-	9.090909	11	1	52.5	172.5	15.68
30-	10	10	1	47.5	120	12
35-	22.22222	9	2	40	72.5	8.06
40-	57.14286	7	4	25	32.5	4.64
45-	100	3	3	7.5	7.5	2.5

表 F1-3　梁王城西周组古代居民女性组人口简略生命表

年龄组 X	死亡概率 nqx	尚存人数 lx	各年龄组死亡人数 ndx	各年龄组内生存人年数 nlx	未来生存人年数累计 tx	平均预期寿命 ex
0-	0	19	0	19	592.5	31.18421
1-	0	19	0	76	573.5	30.18421

续表 F1-3

年龄组 X	死亡概率 nqx	尚存人数 lx	各年龄组死亡人数 ndx	各年龄组内生存人年数 nlx	未来生存人年数累计 tx	平均预期寿命 ex
5-	0	19	0	95	497.5	26.18421
10-	0	19	0	95	402.5	21.18421
15-	26.31579	19	5	82.5	307.5	16.18421
20-	7.142857	14	1	67.5	225	16.07143
25-	15.38462	13	2	60	157.5	12.11538
30-	36.36364	11	4	45	97.5	8.863636
35-	42.85714	7	3	27.5	52.5	7.5
40-	25	4	1	17.5	25	6.25
45-	100	3	3	7.5	7.5	2.5

二　颅骨的形态特征研究

梁王城西周墓地出土人骨中，可用于形态观察的颅骨共 30 例，均已成年并可明确鉴定其性别，其中男性 15 例，女性 15 例。颅骨非测量性形态特征的观察标准依据《人体测量手册》[①] 的相关著述。统计结果见表 F1-4。

表 F1-4　梁王城西周组男女两性颅骨非测量性形态特征统计表

观察项目	性别（例数）	形态特征（例数）
颅形	男（7）	卵圆形（2），盾形（3），楔形（2）
	女（2）	盾形（2）
眉弓突度	男（11）	微显（5），稍显（6）
	女（10）	微显（7），稍显（3）
眉弓范围	男（11）	2级（8），1级（3）
	女（10）	2级（3），1级（7）
眉间突度	男（10）	不显（8），稍显（2）
	女（8）	不显（7），稍显（1）
前额	男（9）	平直（2），中等（3），倾斜（4）
	女（5）	中等（4），倾斜（1）
额中缝	男（10）	无（9），全（1）
	女（11）	无（11）

①邵象清：《人体测量手册》，上海辞书出版社，1985 年。

续表 F1–4

观察项目	性别（例数）	形态特征（例数）
前囟段	男（8）	微波型（3），深波型（5）
	女（3）	微波型（1），深波型（1），锯齿型（1）
顶段	男（7）	深波型（2），锯齿型（5）
	女（4）	微波型（1），深波型（1），锯齿型（2）
顶孔段	男（6）	微波型（2），深波型（4）
	女（3）	锯齿型（3）
人字点段	男（9）	深波型（2），锯齿型（6），复杂型（1）
	女（2）	微波型（1），锯齿型（1）
眶形	男（6）	方形（4），长方形（1），圆形（1）
	女（2）	方形（1），长方形（1）
鼻根点凹陷	男（5）	1级（2），0级（3）
	女（6）	0级（6）
鼻前棘	男（7）	1级（6），2级（1）
	女（1）	1级（1）
梨状孔	男（3）	心型（3）
	女（1）	梨型（1）
梨状孔下缘	男（8）	锐型（3），鼻前窝型（3），鼻前沟型（2）
	女（2）	锐型（1），鼻前沟型（1）
犬齿窝	男（5）	1级（5）
	女（2）	1级（2）
铲形门齿	男（10）	铲形门齿（10）
	女（9）	铲形门齿（9）
齿弓形状	男（13）	抛物线形（12），U形（1）
	女（10）	抛物线形（10）
腭圆枕	男（12）	瘤状型（4），嵴状型（2），无（6）
	女（7）	嵴状型（2），丘状型（2），无（3）
乳突	男（13）	小（7），中等（6）
	女（10）	小（8），中等（2）
枕外隆突	男（14）	稍显（13），缺如（1）
	女（7）	稍显（5），缺如（2）
矢状嵴	男（10）	无（6），有（4）
	女（3）	有（1），无（2）

续表 F1-4

观察项目	性别（例数）	形态特征（例数）
翼区	男（2）	H 型（2）
	女（1）	X 型（1）
下颌圆枕	男（14）	无（7），弱（4），明显（3）
	女（12）	无（8），弱（3），明显（1）
下颌角区	男（12）	外翻（6），直形（4），内翻（2）
	女（12）	外翻（4），直形（1），内翻（7）
颏型	男（13）	圆形（8），方形（5）
	女（12）	圆形（10），方形（2）

　　两性差异比较大的非测量项目如下。颅形：男性主要有卵圆形、盾形、楔形三种，女性皆为盾形；梨状孔：男性皆为心型，女性仅 1 例可供观察，为梨型；翼区：男性可供观察的仅有 2 例，均为 H 型，女性可供观察的仅有 1 例，为 X 型。额中缝：仅观察到 1 例男性标本存在，女性标本未发现。

　　两性非测量项目在出现比例上存在差异的项目如下。眉弓发育程度：据眉弓突度、眉弓范围、眉间突度几项非测量形态的观察结果，可以看出男性略强于女性；前额形态：男性呈倾斜状的个体所占比例较大；眶形，男性以方形居多，也有长方形、圆形，女性可供观察的仅有 2 例，分别为长方形，圆形；鼻根点凹陷程度：女性皆为不显（0 级），男性则有 2 例为稍显（1 级）；鼻前棘：男性标本有 1 例为稍显（2 级），其余 6 例为不显（1 级），女性仅有 1 例可供观察，为不显（1 级）；梨状孔下缘：男性有锐型、鼻前窝型、鼻前沟型三种类型，女性有锐型和鼻前沟型两种类型；乳突：男性较女性略大；枕外隆突：男性呈稍显级别的比例大于女性；矢状脊：男性的出现率大于女性；下颌圆枕：男性出现的比例高于女性；下颌角形态，男性外翻个体占比较大，女性内翻个体占比较大；颏型：男女两性都为圆形、方形两种，方形在男性中所占比例较大，女性则大部分为圆形。

　　男女两性在非测量项目上，几乎相同的项目如下：颅顶缝不复杂，以微波型、深波型、锯齿型为主；犬齿窝均较浅；所有可供观察的标本皆为铲形门齿；齿弓形状绝大多数为抛物线形，仅有 1 例为 U 形；腭圆枕出现率男性为 50%，女性为 57%。

　　综上，男女两性在非测量项目上存在显著差异的项目极少，仅在颅形、梨状孔、翼区等项目上有区别，这可能与此几项特征可供观察的个体数较少有关；男女两性在铲形门齿、齿弓形状、腭圆枕出现率等项目上比较一致。女性在眉弓、鼻根点凹陷、鼻前棘、乳突、枕外隆突等几个特征的发育上弱于男性，前额倾斜比例小于男性、下颌角形态多为内翻（男性多为外翻），女性中颏型为方形的比例小于男性，这些差异应属于性别上的差异，应不存在人种类型或种族的差异。

　　梁王城西周组铲形门齿 100% 的出现率、表现为不显或稍显的鼻根凹陷和鼻前棘都是蒙古人种的标志性特征，梁王城西周组居民应归属于蒙古人种。

三　颅骨测量性状的研究

（一）颅骨测量数据的统计

梁王城西周墓地可供测量的头骨男性 11 例、女性 9 例，测量条件比较好的颅骨男性 5 例，女性 4 例。对这几例颅骨进行测量的结果显示，梁王城西周组颅骨具有中颅型结合高颅、狭颅的特点，同时具有狭额、高眶、阔鼻、正颌的面部特征，并且具有长狭的下颌。（表 F1–5）

表 F1–5　梁王城西周组男性颅骨测量数据统计表

（长度：毫米；角度：度；指数：100%）

序号	项目	平均值（例数）	序号	项目	平均值（例数）
1	1 颅骨最大长 g-op	179.17（6）	24	46 中面宽 zm-zm	98.6（5）
2	5 颅基底长 n-enba	99.67（3）	25	47 全面高 n-gn	123（3）
3	7 枕骨大孔长 enba-o	36.03（6）	26	48 上面高 n-pr	72.62（5）
4	8 颅骨最大宽 eu-eu	140（6）	27	48 上面高 n-sd	76.08（5）
5	9 额骨最小宽 ft-ft	92.27（7）	28	50 前眶间宽 mf-mf	19.13（3）
6	11 耳点间宽 au-au	127（8）	29	51 眶宽 mf-ec L	40.25（4）
7	12 枕骨最大宽 ast-ast	112.8（8）	30	51 眶宽 mf-ec R	40.15（6）
8	16 枕骨大孔宽	33.92（6）	31	51a 眶宽 d-ec L	35.53（3）
9	17 颅高 b-ba	141（3）	32	51a 眶宽 d-ec R	36.7（2）
10	21 耳上颅高 po-po	117.25（6）	33	52 眶高 L	35.05（4）
11	23 颅周长 g-op-g	500（1）	34	52 眶高 R	34.96（5）
12	24 颅横弧 po-b-po	313（2）	35	MH 颧骨高 fmo-zm L	—
13	25 颅矢状弧 n-o	368（4）	36	MH 颧骨高 fmo-zm R	44.83（6）
14	26 额骨矢状弧 n-b	126.5（6）	37	MB 颧骨宽 zm-rim.Orb	—
15	27 顶骨矢状弧 b-l	128.6（5）	38	54 鼻宽	25.42（6）
16	28 枕骨矢状弧 l-o	118.92（6）	39	55 鼻高 n-ns	51.58（5）
17	29 额骨矢状弦 n-b	111.12（6）	40	SC 鼻最小宽	6.9（2）
18	30 顶骨矢状弦 b-l	112.88（5）	41	SS 鼻最小宽高	2.25（2）
19	31 枕骨矢状弦 l-o	99.13（6）	42	60 上颌齿槽弓长 pr-alv	50.78（6）
20	40 面底长 pr-enba	95（2）	43	61 上颌齿槽弓宽 ecm-ecm	64.11（7）
21	43 上面宽 fmt-fmt	105.39（8）	44	62 腭长 ol-sta	41.36（3）
22	44 两眶宽 ec-ec	96.32（5）	45	63 腭宽 enm-enm	45.03（7）
23	45 面宽／颧点间宽 zy-zy	128.5（2）	46	FC 两眶内宽 fmo-fmo	96.59（7）

续表 F1-5

序号	项目	平均值（例数）	序号	项目	平均值（例数）
47	FS 鼻根点至两眶内宽之矢高 n to fmo-fmo	15.33（6）	78	70 下颌支高 L	63.35（8）
48	DC 眶间宽 d-d	23.7（1）	79	70 下颌支高 R	57.28（5）
49	鼻棘下点至中面宽之矢高	23.87（3）	80	71 下颌支宽Ⅰ L	42.08（6）
50	32 额侧角Ⅰ ∠ n-m and FH	84.92（6）	81	71 下颌支宽Ⅰ R	41.26（5）
51	32 额侧角Ⅱ ∠ g-m and FH	77.5（6）	82	71 下颌支宽Ⅱ L	34.95（6）
52	前囟角Ⅰ ∠ g-b and FH	45.75（6）	83	71 下颌支宽Ⅱ R	32.72（5）
53	前囟角Ⅱ ∠ n-b and FH	51.17（6）	84	71a 下颌支最小宽 L	35.26（7）
54	72 总面角 ∠ n-pr and FH	85.9（5）	85	71a 下颌支最小宽 R	32.67（7）
55	73 中面角 ∠ n-ns and FH	89.8（5）	86	79 下颌角	119.94（8）
56	74 齿槽面角 ∠ ns-pr and FH	69.8（5）	87	颏孔间弧	59.33（9）
57	75 鼻梁侧角 ∠ n-rhi and FH	63（2）	88	下颌联合弧	37（8）
58	77 鼻颧角 ∠ fmo-n-fmo	143.57（5）	89	8:1 颅长宽指数	79.06（5）
59	颧上颌角 ∠ zm-ss-zm	129.51（3）	90	17:1 颅长高指数	79.26（3）
60	鼻梁角 ∠ 72-75	21.5（1）	91	17:8 颅宽高指数	102.94（3）
61	面三角 ∠ n-ba-pr	46.37（3）	92	9:8 额宽指数	65.59（5）
62	面三角 ∠ n-pr-ba	70.73（3）	93	16:7 枕骨大孔指数	94.55（6）
63	面三角 ∠ pr-n-ba	62.9（3）	94	40:5 面突指数	92.62（2）
64	65 下颌髁突间宽 cdl-cdl	131.05（4）	95	48:17 垂直颅面指数 pr	53.51（3）
65	66 下颌角间宽 go-go	103.04（8）	96	48:17 垂直颅面指数 sd	56.33（3）
66	67 髁孔间宽	48.6（9）	97	48:45 上面指数（K）pr	55.31（2）
67	68 下颌体长	78.38（8）	98	48:45 上面指数（K）sd	58.94（2）
68	68-1 下颌体最大投影长	107（4）	99	48:46 上面指数（V）pr	72.26（4）
69	69 下颌联合高 id-gn	35.31（8）	100	48:46 上面指数（V）sd	76.03（4）
70	69-1 下颌体高Ⅰ L	31.83（6）	101	54:55 鼻指数	49.16（5）
71	69-1 下颌体高Ⅰ R	31.18（9）	102	52:51 眶指数 L	86.83（3）
72	69-1 下颌体高Ⅱ L	29.09（7）	103	52:51 眶指数 R	86.42（5）
73	69-1 下颌体高Ⅱ R	29.73（9）	104	52:51a 眶指数 L	94.7（2）
74	69-3 下颌体厚Ⅰ L	13.81（8）	105	52:51a 眶指数 R	96.19（2）
75	69-3 下颌体厚Ⅰ R	13.7（9）	106	54:51 鼻眶指数 L	64.59（3）
76	69-3 下颌体厚Ⅱ L	16.06（9）	107	54:51 鼻眶指数 R	62.47（5）
77	69-3 下颌体厚Ⅱ R	16.46（9）	108	54:51a 鼻眶指数 L	68.19（2）

续表 F1-5

序号	项目	平均值（例数）	序号	项目	平均值（例数）
109	54∶51a 鼻眶指数 R	70.02（2）	113	17∶(1+8)/2 高平均指数	89.52（3）
110	SS∶SC 鼻根指数	32.46（2）	114	68∶65 下颌骨指数	59.09（4）
111	63∶62 腭指数	109.3（3）	115	71∶70 下颌支指数 L	65.13（6）
112	45∶(1+8)/2 横颅面指数	82.83（2）	116	71∶70 下颌支指数 R	72.6（5）

（二）与现代亚洲蒙古人种各地域类型的比较

将梁王城西周组与亚洲蒙古人种的北亚、东北亚、东亚和南亚四个区域性类型进行比较，比较的项目包括颅长、颅宽、颅指数、颅高、颅长高指数、颅宽高指数、最小额宽、额角、颧宽、上面高、垂直颅面指数、上面指数、鼻颧角、面角、眶指数、鼻指数、鼻根指数。梁王城西周组有1(3)项目落入蒙古人种变异范围。未落入蒙古人种变异范围的4项，其差异状况如下：颅宽高指数略大于变异范围，眶指数略大于变异范围，颧宽值略小于变异范围，受颧宽略小的影响上面指数大于变异范围。从中可以大致理出梁王城西周组居民异于现代蒙古人种的形态特点：更狭的颅型、略窄的颧宽、更高的眼眶。（表 F1-6）

表 F1-6　梁王城西周组头骨测量值与亚洲蒙古人种各类型的比较（男）

（长度：毫米；角度：度；指数：%）

马丁号	项目	梁王城西周组	亚洲蒙古人种				
			北亚	东北亚	东亚	南亚	亚洲蒙古人种范围
1	颅长（g-op）	179.2	174.9~192.7	180.7~192.4	175.0~182.2	169.9~181.3	169.9~192.7
8	颅宽（eu-eu）	140	144.4~151.5	134.3~142.6	137.6~143.9	137.9~143.9	134.3~151.5
8∶1	颅指数	79.1	75.4~85.9	69.8~79.0	76.9~81.5	76.9~83.3	69.8~85.9
17	颅高（ba-b）	141	127.1~132.4	132.9~141.1	135.3~140.2	134.4~137.8	127.1~141.1
17∶1	颅长高指数	79.3	67.4~73.5	72.6~75.2	74.3~80.1	76.5~79.5	67.4~80.1
17∶8	颅宽高指数	102.9	85.2~91.7	93.3~102.8	94.4~100.3	95.0~101.3	85.2~102.8
9	最小额宽（ft-ft）	92.3	90.6~95.8	94.2~96.6	89.0~93.7	89.7~95.4	89.0~96.6
32	额角（n-mFH）	84.9	77.3~85.1	77.0~79.0	83.3~86.9	84.2~87	77.0~87.0
45	颧宽（zy-zy）	128.5	138.2~144.0	137.9~144.8	131.3~136.0	131.5~136.3	131.3~144.8
48	上面高（n-sd）	76.1	72.1~77.6	74.0~79.4	70.2~76.6	66.1~71.5	66.1~79.4
48∶17	垂直颅面指数 sd	56.3	55.8~59.2	53.0~58.4	52.0~54.9	48.0~52.2	48~59.2
48∶45	上面指数 sd	58.9	51.4~55.0	51.3~56.6	51.7~56.8	49.9~53.3	49.9~56.8

续表 F1-6

马丁号	项目	梁王城西周组	亚洲蒙古人种				
			北亚	东北亚	东亚	南亚	亚洲蒙古人种范围
77	鼻颧角（fmo-n-fmo）	143.6	147.0~151.4	149.0~152.0	145.0~146.6	142.1~146.0	142.1~152
72	面角（n-prFH）	85.9	85.3~88.1	80.5~86.3	80.6~86.5	81.1~84.2	80.5~88.1
52：51	眶指数　右	86.4	79.3~85.7	81.4~84.9	80.7~85.0	78.2~81.0	78.2~85.7
54：55	鼻指数	49.2	45.0~50.7	42.6~47.6	45.2~50.2	50.3~55.5	42.6~55.5
SS：SC	鼻根指数	32.5	26.9~38.5	34.7~42.5	31.0~35.0	26.1~36.1	26.1~42.5

梁王城西周组有 9 项指标落入北亚蒙古人种范围，包括颅长、颅指数、最小额宽、额角、上面高、垂直颅面指数、面角、鼻指数、鼻根指数。有 1 项指标（眶指数）略大于北亚蒙古人种的上限。

有 5 项指标落入东北亚蒙古人种范围，包括颅宽、颅高、上面高、垂直颅面指数、面角。有 1 项指标略大于东北亚蒙古人种的上限。

有 10 项指标落入东亚蒙古人种范围，包括颅长、颅宽、颅指数、颅长高指数、最小额宽、额角、上面高、面角、鼻指数、鼻根指数。有两项指标接近东亚蒙古人种范围，其中颧宽略小于东亚蒙古人种下限，上面指数略大于东亚蒙古人种上限。

有 8 项指标落入南亚蒙古人种范围，包括颅长、颅宽、颅指数、颅长高指数、最小额宽、额角、鼻颧角、鼻根指数。

综上所述，从落入变异范围的项目数来看，梁王城西周居民的主要体质性状落入亚洲蒙古人种的东亚、北亚类型较多。从具体的项目来看，梁王城西周居民在颅型上与现代亚洲蒙古人种的东亚类型最为接近，在面部特征上与东亚类型、北亚类型都比较接近。

（三）与各相关古代组的比较

笔者对梁王城西周墓地出土的 10 例男性头骨和 10 例女性头骨进行了测量，计算各个项目的平均值，将平均值与国内其他地点出土的青铜时代人骨如河南安阳殷墟中小墓组（商代）、甘肃玉门火烧沟组（夏至早商）、陕西凤翔南指挥西村周墓组（先周）、陕西铜川瓦窑沟组（先周文化晚期）、甘肃合水九站组（先周晚期到西周晚期）、青海循化托伦都阿哈特拉组（时代相当于夏末周初）、青海湟中李家山组（时代相当于夏末周初）、山东滕州前掌大墓地 B 组（商至周）以及梁王城大汶口文化墓地出土人骨进行对比，对比组选取了 9 组颅骨的相关数据（表 F1-7），采用欧氏距离聚类进行分类。

欧氏距离系数计算公式为：

$$D_{ij} = \sqrt{\sum_{j=1}^{m}(X_{ij}-X_{kj})^2}$$

其中，i、k代表颅骨组，j代表测定项目，m代表测定项目数。应用此方法计算所得的D_{ij}函数值越小，说明两个颅骨组在形态特征上有可能越接近。

从欧氏距离系数的计算结果可以看出，梁王城西周墓地居民与先周居民（瓦窑沟组、西村周组、合水九站组）、商代居民（殷墟中小墓Ⅱ组、玉门火烧沟组）、青海青铜时代居民（阿哈特拉组、李家山组）都存在较大的形态学距离，梁王城西周组与当地新石器居民的形态距离更大。与前掌大B组、殷墟中小墓Ⅲ组的形态距离最大（表F1-8）。

表 F1-7　梁王城西周组与各古代组聚类分析所选项目

（长度：毫米；角度：度；指数：%）

项目	阿哈特拉组[1]	李家山组[2]	瓦窑沟组[3]	西村周组[4]	九站组[5]	梁王城西周组	殷墟中小墓Ⅱ组[6]	殷墟中小墓Ⅲ组[7]	梁王城大汶口组[8]	火烧沟组[9]
颅长（g-op）1	182.9	182.2	181.33	180.63	177.34	179.2	184.03	187.18	176.1	182.78
颅宽（eu-eu）8	140.3	140	140.08	136.81	139.34	140	140.13	142.67	140.64	138.44
颅高（ba-b）17	138.2	136.5	139.45	139.29	134.67	141	140.32	134.83	149.67	139.27
最小额宽（ft-ft）9	90	91.2	91.5	93.29	94	92.27	90.43	93.86	93.72	90.06
颧宽（zy-zy）45	133.7	138.6	136.33	131.48	137.34	128.5	133.08	145.4	141.94	136.25
上面高（n-sd）48	74.8	77.3	72.5	72.6	68.67	76.1	73.81	75.08	75.24	73.82
眶高 右52	35.2	35.4	32.46	33.62	30	34.96	33.55	35.52	34.73	33.63
眶宽（mf-ek）右51	42.8	43.2	40.83	42.48	38.34	40.15	42.43	44.88	41.83	42.5
鼻高（n-ns）55	55.2	57	55	51.61	49.34	51.58	53.38	56.42	53.5	53.59
鼻宽54	26.1	26.7	26.38	27.74	24.67	25.42	26.99	28.96	25.67	26.73
总面角（n-pr-FH）72	85.8	87	83.33	81.05	79.34	85.9	83.81	84.63	79.75	86.68
颅指数8:1	76.7	76.93	77.25	75.75	78.63	79.06	76.5	76.27	79.62	75.9
颅长高指数17:1	75.6	74.96	76.9	77.16	75.87	79.26	76.09	72.08	84.38	76.12
颅宽高指数17:8	98.8	97.6	99.55	102.04	96.67	102.94	99.35	94.53	105.84	100.66

[1] 韩康信：《青海循化阿哈特拉山古墓地人骨研究》，《考古学报》2000年第3期，第395~420页。
[2] 张君：《青海李家山卡约文化墓地人骨种系研究》，《考古学报》1993年第3期，第381~416页。
[3] 陈靓：《瓦窑沟青铜时代墓地颅骨的人类学特征》，《人类学学报》2000年第1期，第32~43页。
[4] 焦南峰：《凤翔南指挥西村周墓人骨的初步研究》，《考古与文物》1985年第3期，第55~75页。
[5] 朱泓：《合水九站青铜时代颅骨的人种学分析》，《考古与文物》1992年第2期，第78~83页。
[6] 韩康信、潘其风：《安阳殷墟中小墓人骨的研究》，《安阳殷墟头骨研究》，文物出版社，1985年。
[7] 韩康信、潘其风：《安阳殷墟中小墓人骨的研究》，《安阳殷墟头骨研究》，文物出版社，1985年。
[8] 朱晓汀、朱泓、林留根：《江苏邳州梁王城遗址大汶口文化墓地出土人骨研究》，《东南文化》2013年第4期。
[9] 韩康信：《甘肃玉门火烧沟古墓地人骨的研究》，《中国西北地区古代居民种族研究》，复旦大学出版社，2005年，第191~293页。

续表 F1-7

项目	阿哈特拉组	李家山组	瓦窑沟组	西村周组	九站组	梁王城西周组	殷墟中小墓Ⅱ	殷墟中小墓Ⅲ	梁王城大汶口组	火烧沟组
上面指数 48：45（n-sd）	56	55.88	53.24	55.1	50	58.94	53.98	51.66	52.63	54.41
眶指数 右 52：51	82.3	82.02	79.87	79.25	78.23	86.42	78.59	79.32	83.02	78.47
鼻指数 54：55	47.4	47.01	48.21	53.84	50.03	46.19	50.98	51.41	47.09	49.92
鼻根指数（ss/sc）	39.4	39.02	25.03	33.71	30.23186	32.46	35.35	43.84	41.96	35.57

表 F1-8　梁王城西周组与各相关古代组之间欧氏距离系数计算结果

案例	欧氏距离									
	阿哈特拉组	李家山组	瓦窑沟组	西村周组	合水九站组	梁王城西周组	殷墟中小墓Ⅱ	殷墟中小墓Ⅲ	梁王城大汶口组	甘肃玉门火烧沟组
阿哈特拉组	.000									
李家山组	6.535	.000								
瓦窑沟组	16.105	16.912	.000							
西村周组	13.328	16.609	13.415	.000						
合水九站组	19.699	20.626	13.387	15.135	.000					
梁王城西周组	14.282	18.201	16.077	14.496	20.773	.000				
殷墟中小墓Ⅱ	8.119	11.735	12.086	8.287	16.139	15.176	.000			
殷墟中小墓Ⅲ	17.232	13.882	24.681	23.389	24.481	29.660	18.786	.000		
梁王城大汶口组	21.316	22.025	24.435	22.050	26.061	22.125	21.512	27.193	.000	
火烧沟组	7.810	9.573	12.130	10.075	16.520	15.610	5.245	17.778	20.925	.000

根据以上欧氏距离系数做组间连接聚类（图 F1-1），结果显示，在与同为青铜时代居民的对比中，梁王城西周墓地出土的人骨材料与殷墟中小墓Ⅱ组、甘肃玉门火烧沟组（夏至早商时期）所代表的商人，陕西凤翔南指挥西村周墓、陕西铜川瓦窑沟组、甘肃合水县九站遗址所代表的先周至西周居民，青海循化阿哈特拉、青海湟中李家山所代表的西北地区青铜时代居民相比，都有比较远的形态距离。梁王城西周组与殷墟中小墓Ⅲ组、梁王城大汶口组的形态距离则更远。

邳州梁王城西周墓地出土人骨在形态上与河南、陕西、甘肃、青海出土的同时代人骨有一定差异，但这种差异比其与梁王城大汶口组差异要小。可见梁王城西周居民并非由新石器时代居民一脉相承发展而来的，其中存在着外部基因的流入甚至是取代。梁王城西周居民与时代和地理位置都比较接近的前掌大 B 组居民的体质差异更大，这种体质差异所反映的社会层次的原因更值得我们深思。

重新调整距离聚类合并

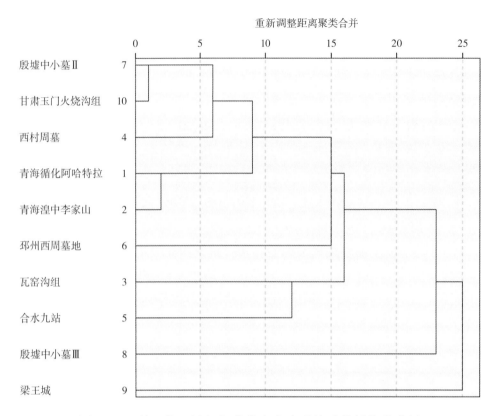

图 F1-1　梁王城西周组与其他古代人群关系的树状聚类图

四　身高的研究

对梁王城西周墓地出土人骨的保存较好的 10 例男性肢骨和 6 例女性肢骨进行测量，依据《体质人类学》中记录[①]的利用长骨推算黄种人身高的公式，根据每个个体的肱骨、尺骨、桡骨、股骨、胫骨、腓骨的最大长分别计算出身高值，再将这几个值取平均值，进而得到每个个体的身高值。经过计算梁王城西周组成年男性的平均身高为 166.4 厘米，女性的平均身高为 156.8 厘米。

五　小结

1）梁王城西周组居民男女性别比为 1∶0.95，其在青年期及中年期死亡率略高，未成年即夭折的比例为 15%，男性的平均寿命为 30.83 岁，女性的平均寿命为 31.18 岁。

2）梁王城西周组男女两性的非测量性状基本一致，存在的细微差异应属于性别上的差异，不存在种族或人种类型的差异。梁王城西周组居民应属于蒙古人种。

3）梁王城西周居民具有中颅型结合高颅、狭颅的特点，同时具有狭额、高眶、阔鼻、正颌的面部特征，并且具有长狭的下颌。在颅型上与现代亚洲蒙古人种的东亚类型最为接近，在面部特征上与东亚类型、北亚类型都比较接近。

①朱泓：《体质人类学》，高等教育出版社，2004 年，第 153~154 页。

4）梁王城西周组人骨在形态上与河南、陕西、甘肃、青海出土的同时代人骨在形态上存在一定差异，但这种差异比其与梁王城西周组与梁王城大汶口组之间的差异要小。可见邳州梁王城西周居民并非由新石器时代一脉相承发展而来的，其中当存在着外部基因的流入甚至是取代。梁王城西周组与前掌大 B 组、殷墟中小墓Ⅲ之间也存在相当大的差异。

5）梁王城西周居民成年男性的平均身高为 166.4 厘米，成年女性的平均身高为 156.8厘米。

附表 F1-1　西周时期墓葬性别年龄表

序号	墓号	性别	年龄
1	M19	♂	40±
2	M24	?	3~6
3	M25	♂	35~39
4	M26	♀	20~23
5	M27	♀	30~35
6	M28	♂	45~50
7	M29	♂	20~23
8	M31	?	成年
9	M32	♀	45~50
10	M32（身侧婴儿）	?	0~2
11	M33	♀	31~34
12	M34	♀	35~39
13	M35	♂	40~44
14	M36	?	成年
15	M37	?	12±
16	M38	♀	30~35
17	M39	?	?
18	M40	?	成年
19	M41	?	成年
20	M42	♀	45~50
21	M43	♀	25~35
22	M44	♀	19~20
23	M45	?	成年
24	M46	?	成年
25	M48	♂	20~23
26	M49 南侧人骨	♂	20~25
27	M49 北侧人骨	♀	27~28

续附表 F1-1

序号	墓号	性别	年龄
28	M50	?	1 ±
29	M54	?	30 ±
30	M80	♂	24~26
31	M185	?	10 ±
32	M171	?	2 ±
33	M173	♀	17~19
34	M179	?	50 ±
35	M193	♀	38 ±
36	M192	?	4~5
37	M169	♂	18~20
38	M178	♂	50 ±
39	M186	♂	18~19
40	M174	♂	27~28
41	M175	?	17~19
42	M182	?	?
43	M181	?	15~18
44	M180	?	17~19
45	M165	♂	24~26
46	M196	?	18~35
47	M166	?	50 ±
48	M177	♀	35 ±
49	M198	♂	25~35
50	M197	♀	40~44
51	M184	?	50 ±
52	M199	♀	17~19
53	M200	♂	19~20
54	M191	♂	45~50
55	M183	?	45~50
56	M203	?	15~18
57	M205	♀	29~30
58	M206	?	6 ±
59	M207	♂	17~19
60	M208	?	45~50
61	M209	♂	18~19

续附表 F1-1

序号	墓号	性别	年龄
62	M210	♂	35±
63	M213	?	9~10
64	M215	♀	19~20
65	M214	♀	17~19
66	M220	♂	40~44
67	M224	♂	40~44
68	M221	♀	45~50
69	M22	♀	成年

附表 F1-2 梁王城西周墓地男性颅骨测量表

（长度：毫米；角度：度；指数：%）

序号	项目	M19	M25	M28	M29	M35	M49（南）	M80	M169	M191	M186	M174	平均值（例数）
1	1 颅骨最大长 g-op	168	186.5	—	—	—	181.5	184	—	175	180	—	179.17（6）
2	5 颅基底长 n-enba	94.5	—	—	—	—	93	111.5	—	—	—	—	99.67（3）
3	7 枕骨大孔长 enba-o	33.6	—	36.7	—	32.8	37.5	36.5	—	—	39.1	—	36.03（6）
4	8 颅骨最大宽 eu-eu	138	—	—	—	138.5	134	139	—	150	140.5	—	140（6）
5	9 额骨最小宽 ft-ft	91.5	92.2	—	94.1	—	93.6	86.4	—	93.6	94.5	—	92.27（7）
6	11 耳点间宽 au-au	127	124	126.5	—	133	127	118	—	127.5	133	—	127（8）
7	12 枕骨最大宽 ast-ast	103.4	113	105.5	—	114	112.5	111.5	—	111.5	131	—	112.8（8）
8	16 枕骨大孔宽	31.6	—	31.8	—	36	30.3	40	—	—	33.8	—	33.92（6）
9	17 颅高 b-ba	132	—	—	—	—	142.5	148.5	—	—	—	—	141（3）
10	21 耳上颅高 po-po	112	122	—	—	—	118	126	—	117.5	108	—	117.25（6）
11	23 颅周长 g-op-g	500	—	—	—	—	—	—	—	—	—	—	500（1）
12	24 颅横弧 po-b-po	306	—	—	—	—	—	—	—	320	—	—	313（2）
13	25 颅矢状弧 n-o	353	390	—	—	—	—	385	—	—	344	—	368（4）
14	26 额骨矢状弧 n-b	110	135	—	—	—	130	130	—	133	121	—	126.5（6）
15	27 顶骨矢状弧 b-l	130	130	—	—	—	—	131	—	135	117	—	128.6（5）
16	28 枕骨矢状弧 l-o	113	130	116	—	—	123.5	125	—	—	106	—	118.92（6）

续附表 F1-2

序号	项目	M19	M25	M28	M29	M35	M49（南）	M80	M169	M191	M186	M174	平均值（例数）
17	29 额骨矢状弦 n-b	102.5	115.7	—	—	—	115	110.8	—	114.7	108	—	111.12（6）
18	30 顶骨矢状弦 b-l	110	116.2	—	—	—		114.3	—	115.9	108	—	112.88（5）
19	31 枕骨矢状弦 l-o	98	105.1	93.4	—	—	102	103.7	—	—	92.6	—	99.13（6）
20	40 面底长 pr-enba	92			—	—	—	98	—	—		—	95（2）
21	43 上面宽 fmt-fmt	103.7	107.7	120	103.7	—	101.7	103.5	—	105	97.8	—	105.39（8）
22	44 两眶宽 ec-ec	95	—	—	—	—	93.6	101	—	98.6	93.4	—	96.32（5）
23	45 面宽 / 颧点间宽 zy-zy	139				—	118			—			128.5（2）
24	46 中面宽 zm-zm	102.4	—	108	—	—	90.2	—	—	97.2	95.2	—	98.6（5）
25	47 全面高 n-gn	112.8	—	—	—	—	128.2	—	—	128		—	123（3）
26	48 上面高 n-pr	70.6	—	—	—	—	70.6	85.4	—	73.5	63	—	72.62（5）
27	48 上面高 n-sd	72.8	—	—	—	—	77.3	88.5	—	76	65.8	—	76.08（5）
28	50 前眶间宽 mf-mf	18.4	—	—	—	—			—	21	18	—	19.13（3）
29	51 眶宽 mf-ec L	42.6	38	—	—	—	—	—	—	40.4	40	—	40.25（4）
30	51 眶宽 mf-ec R	40	—	—	38.1	—	38.4	44	—	40.4	40	—	40.15（6）
31	51a 眶宽 d-ec L	37.4	31.2	—	—	—	—	—	—	—	38	—	35.53（3）
32	51a 眶宽 d-ec R	36.9	—	—	—	—	—	—	—	36.5	—	—	36.7（2）
33	52 眶高 L	35.3	—	—	—	—	33.5		—	35.3	36.1		35.05（4）
34	52 眶高 R	35	—	—	33.2	—		36		35	35.6		34.96（5）
36	MH 颧骨高 fmo-zm R	47.6	—	44.4	44.7	—	45.3	—	—	45.6	41.4		44.83（6）
37	MB 颧骨宽 zm-rim.Orb	—								—			—
38	54 鼻宽	26.4	—	26	—	—	22.6	24.5	—	28	25	—	25.42（6）
39	55 鼻高 n-ns	51.2	—	—	—	—	52	55	—	51	48.7	—	51.58（5）
40	SC 鼻最小宽	7.7	—	—	—	—	—	—	—	—	6.1	—	6.9（2）
41	SS 鼻最小宽高	2.6	—	—	—	—	—	—	—	—	1.9	—	2.25（2）

续附表 F1-2

序号	项目	M19	M25	M28	M29	M35	M49（南）	M80	M169	M191	M186	M174	平均值（例数）
42	60 上颌齿槽弓长 pr-alv	53.1	—	46.6	—	—	47	50.8	—	61	46.2	—	50.78（6）
43	61 上颌齿槽弓宽 ecm-ecm	64.6	64.8	61.5	—	—	61.2	66.7	—	68.4	61.6	—	64.11（7）
44	62 腭长 ol-sta	41.6	—	—	—	—	—	40.6	—	—	41.9	—	41.36（3）
45	63 腭宽 enm-enm	46.9	45.9	43.1	—	—	42.9	45.7	—	47.7	43	—	45.03（7）
46	FC 两眶内宽 fmo-fmo	95.9	99.5	106.4	96.1	—	93.6	93.4	—	—	91.2	—	96.59（7）
47	FS 鼻根点至两眶内宽之矢高 n to fmo-fmo	13.5	16.2	—	14.9	—	15	17.8	—	—	14.6	—	15.33（6）
48	DC 眶间宽 d-d	23.7	—	—	—	—	—	—	—	—	—	—	23.7（1）
49	鼻棘下点至中面宽之矢高	21.7	—	—	—	—	24	—	—	—	25.9	—	23.87（3）
50	32 额侧角 I ∠ n-m and FH	85.5	93	—	—	—	79	80	—	90	82	—	84.92（6）
51	32 额侧角 II ∠ g-m and FH	79.5	85	—	—	—	71	77	—	82.5	70	—	77.5（6）
52	前囟角 I ∠ g-b and FH	46.5	50	—	—	—	40	50	—	46	42	—	45.75（6）
53	前囟角 II ∠ n-b and FH	50	56	—	—	—	47	52	—	52	50	—	51.17（6）
54	72 总面角 ∠ n-pr and FH	81.5	—	—	—	—	91	90	—	81	86	—	85.9（5）
55	73 中面角 ∠ n-ns and FH	90	—	—	—	—	94	91	—	87	87	—	89.8（5）
56	74 齿槽面角 ∠ ns-pr and FH	70	—	—	—	—	69	73	—	63	74	—	69.8（5）
57	75 鼻梁侧角 ∠ n-rhi and FH	60	—	—	—	—	—	—	—	—	66	—	63（2）
58	77 鼻颧角 ∠ fmo-n-fmo	148.66	—	—	—	—	139.08	129.9	—	154.34	145.87	—	143.57（5）
59	颧上颌角 ∠ zm-ss-zm	133.14	—	—	—	—	122.86		—	—	132.52	—	129.51（3）
60	鼻梁角 ∠ 72-75	21.5	—	—	—	—	—	—	—	—	—	—	21.5（1）
61	面三角 ∠ n-ba-pr	44	—	—	—	—	49.3	45.8	—	—	—	—	46.37（3）
62	面三角 ∠ n-pr-ba	66.5	—	—	—	—	70.8	74.9	—	—	—	—	70.73（3）
63	面三角 ∠ pr-n-ba	69.5	—	—	—	—	59.9	59.3	—	—	—	—	62.9（3）
64	65 下颌髁突间宽 cdl-cdl	130	—	138.9	—	—	127	—	—	128.3	—	—	131.05（4）

续附表 F1-2

序号	项目	M19	M25	M28	M29	M35	M49（南）	M80	M169	M191	M186	M174	平均值（例数）
65	66 下颌角间宽 go-go	102.3	96	114.9	—	95	102.6	100.7	—	107.8	—	105	103.04（8）
66	67 髁孔间宽	46.9	47.1	49.5	—	46.5	49.4	52.2	—	47.9	49.4	48.5	48.6（9）
67	68 下颌体长	71.7	80.3	83.3	—	78.7	81.3	79.8	—	73.4	—	78.5	78.38（8）
68	68-1 下颌体最大投影长	96.7		110.4	—	—	115.2	—	—	105.7	—	—	107（4）
69	69 下颌联合高 id-gn	34.1	36.7	34	—	35.1	34.3	37.9	—	38.6	31.8	—	35.31（8）
70	69-1 下颌体高 I L	32.5	35.6	30	—	—	—	36.4	—	31	25.5	—	31.83（6）
71	69-1 下颌体高 I R	32.5	32	30	—	31.5	31.8	37	—	31	24.8	30	31.18（9）
72	69-1 下颌体高 II L	31.1	32.3	26.4	—		28.6	32.7	—	30.8	21.7	—	29.09（7）
73	69-1 下颌体高 II R	31.3	31	28.3	—	30.4	31.4	34.7	—	28.6	22.9	29	29.73（9）
74	69-3 下颌体厚 I L	13.9	14.3	13	—	13.5		16.2	—	14.2	11.4	14	13.81（8）
75	69-3 下颌体厚 I R	15.1	14.3	13	—	13.9	11.8	15.8	—	12.9	12.5	14	13.7（9）
76	69-3 下颌体厚 II L	15.8	16.6	15.2	—	14.8	15.5	16.6	—	18	16.5	15.5	16.06（9）
77	69-3 下颌体厚 II R	17.5	17.9	14.9	—	15.2	15.7	17.6	—	16.8	16.5	16	16.46（9）
78	70 下颌支高 L	65.1	63.4	64	—	66.4	54.3	64.5	—	64.8	—	64.3	63.35（8）
79	70 下颌支高 R	64.6	—	57	—	—	54.1	—	—	63.4	47.3	—	57.28（5）
80	71 下颌支宽 I L	39.2	41.2	46.1	—	39	—	—	—	42	—	45	42.08（6）
81	71 下颌支宽 I R	40	—	45.5	—	—	43.2	—	—	42.2	35.4	—	41.26（5）
82	71 下颌支宽 II L	32.7	37	36.3	—	—	34.6	—	—	34.3	—	34.8	34.95（6）
83	71 下颌支宽 II R	32.8	—	36.4	—	—	35.8	—	—	31.9	26.7	—	32.72（5）
84	71a 下颌支最小宽 L	32.8	40	36.6	—	31.1	34.3	37.2	—	34.8	—	—	35.26（7）
85	71a 下颌支最小宽 R	31	—	35.5	—	31.9	35	36.1	—	31.8	27.4	—	32.67（7）
86	79 下颌角	115	115	119	—	112	135	117.5	—	126	—	120	119.94（8）
87	颏孔间弧	55	59	63	—	57	62	63	—	57	61	57	59.33（9）

续附表 F1-2

序号	项目	M19	M25	M28	M29	M35	M49（南）	M80	M169	M191	M186	M174	平均值（例数）
88	下颌联合弧	39	40	35	—	38	35	39	—	39	31		37（8）
89	8∶1 颅长宽指数	82.14	—	—	—	—	73.83	75.54	—	85.71	78.06	—	79.06（5）
90	17∶1 颅长高指数	78.57	—	—	—	—	78.51	80.71	—	—	—	—	79.26（3）
91	17∶8 颅宽高指数	95.65	—	—	—	—	106.34	106.83	—	—	—	—	102.94（3）
92	9∶8 额宽指数	66.3	—	—	—	—	69.85	62.16	—	62.4	67.26	—	65.59（5）
93	16∶7 枕骨大孔指数	94.05	—	86.65	—	109.8	80.8	109.59	—	—	86.45	—	94.55（6）
94	40∶5 面突指数	97.35	—	—	—	—	—	87.89					92.62（2）
95	48∶17 垂直颅面指数 pr	53.48	—	—	—	—	49.54	57.51	—				53.51（3）
96	48∶17 垂直颅面指数 sd	55.15	—	—	—	—	54.25	59.6	—				56.33（3）
97	48∶45 上面指数（K）pr	50.79	—	—	—	—	59.83						55.31（2）
98	48∶45 上面指数（K）sd	52.37	—	—	—	—	65.51	—		—			58.94（2）
99	48∶46 上面指数（V）pr	68.95	—	—	—	—	78.27	—		75.62	66.18	—	72.26（4）
100	48∶46 上面指数（V）sd	71.09	—	—	—	—	85.7	—		78.19	69.12	—	76.03（4）
101	54∶55 鼻指数	51.56	—	—	—	—	43.46	44.55	—	54.9	51.33	—	49.16（5）
102	52∶51 眶指数 L	82.86	—	—	—	—	—			87.38	90.25	—	86.83（3）
103	52∶51 眶指数 R	87.5	—	—	87.14	—	—	81.82	—	86.63	89	—	86.42（5）
104	52∶51a 眶指数 L	94.39	—	—	—	—	—	—		—	95	—	94.7（2）
105	52∶51a 眶指数 R	94.85	—	—	—	—	—	—		—	97.53	—	96.19（2）
106	54∶51 鼻眶指数 L	61.97	—	—	—	—	—			69.31	62.5	—	64.59（3）
107	54∶51 鼻眶指数 R	66	—	—	—	—	58.85	55.68	—	69.31	62.5	—	62.47（5）
108	54∶51a 鼻眶指数 L	70.59	—	—	—	—	—			—	65.79		68.19（2）
109	54∶51a 鼻眶指数 R	71.54	—	—	—	—	—			—	68.49		70.02（2）
110	SS∶SC 鼻根指数	33.77	—	—	—	—	—			—	31.15	—	32.46（2）

续附表 F1-2

序号	项目	M19	M25	M28	M29	M35	M49（南）	M80	M169	M191	M186	M174	平均值（例数）
111	63：62 腭指数	112.74	—	—	—	—	—	112.56	—	—	102.62	—	109.3（3）
112	45：（1+8）/2 横颅面指数	90.85	—	—	—	—	74.8	—	—	—	—	—	82.83（2）
113	17：（1+8）/2 高平均指数	86.27	—	—	—	—	90.33	91.95	—	—	—	—	89.52（3）
114	68：65 下颌骨指数	55.15	—	59.97	—	—	64.02	—	—	57.21	—	—	59.09（4）
115	71：70 下颌支指数 L	60.22	64.98	72.03	—	58.73	—	—	—	64.81	—	69.98	65.13（6）
116	71：70 下颌支指数 R	61.92	—	79.82	—	—	79.85	—	—	66.56	74.84	—	72.6（5）

附表 F1-3　梁王城西周墓地女性颅骨测量表

（长度：毫米；角度：度；指数：%）

序号	项目	M26	M27	M33	M42	M44	M193	M197	M203	M221	平均值（例数）
1	1 颅骨最大长 g-op	188	—	175	177	173	158	—	—	—	174.2（5）
2	5 颅基底长 n-enba	—	—	97	91	—	—	—	—	—	94（2）
3	7 枕骨大孔长 enba-o	—	—	38.2	34	—	—	—	—	—	36.1（2）
4	8 颅骨最大宽 eu-eu	—	—	132	143.5	128	—	—	—	—	134.5（3）
5	9 额骨最小宽 ft-ft	—	—	89.8	—	89.6	—	—	—	—	89.7（2）
6	11 耳点间宽 au-au	124	—	131	125	121	—	—	—	—	125.13（4）
7	12 枕骨最大宽 ast-ast	104	—	115	106.5	102	109	—	108	—	107.25（6）
8	16 枕骨大孔宽	—	—	—	—	—	—	—	—	—	—
9	17 颅高 b-ba	—	—	131	121.5	—	—	—	—	—	126.25（2）
10	21 耳上颅高 po-po	—	—	110	—	106	—	—	—	—	108.15（2）
11	23 颅周长 g-op-g	—	—	—	—	—	—	—	—	—	—
12	24 颅横弧 po-b-po	—	—	—	305	285	—	—	—	—	295（2）
13	25 颅矢状弧 n-o	—	—	366	362	347	—	—	—	—	358.33（3）
14	26 额骨矢状弧 n-b	—	—	130	123	119	119	—	—	—	122.75（4）
15	27 顶骨矢状弧 b-l	125	—	125	133	118	108	—	—	—	121.8（5）
16	28 枕骨矢状弧 l-o	116	—	113	110	110	—	—	—	—	112.25（4）
17	29 额骨矢状弦 n-b	—	—	109	109.3	104	108	—	—	—	107.68（4）
18	30 顶骨矢状弦 b-l	115	—	114	118.3	106	103	—	—	—	111.38（5）

续附表 F1-3

序号	项目	M26	M27	M33	M42	M44	M193	M197	M203	M221	平均值（例数）
19	31 枕骨矢状弦 l-o	97	——	92.7	90.9	91.2	——	——	——	——	92.95（4）
20	40 面底长 pr-enba	——	——	——	——	——	——	——	——	——	——
21	43 上面宽 fmt-fmt	——	——	105	——	97.2	——	——	——	——	101.1（2）
22	44 两眶宽 ec-ec	——	——	——	——	90.3	——	——	——	——	90.3（1）
23	45 面宽 / 颧点间宽 zy-zy	——	——	——	——	124	——	——	——	——	124（1）
24	46 中面宽 zm-zm	——	——	98	——	100	——	——	——	——	99（2）
25	47 全面高 n-gn	——	——	——	——	104	——	——	——	——	104.2（1）
26	48 上面高 n-pr	——	——	——	——	60.6	——	——	——	——	60.6（1）
27	48 上面高 n-sd	——	——	——	——	62.9	——	——	——	——	62.9（1）
28	50 前眶间宽 mf-mf	——	——	22.9	——	21.5	20	——	——	——	21.47（3）
29	51 眶宽 mf-ec L	——	——	——	——	——	——	——	——	——	——
30	51 眶宽 mf-ec R	——	——	——	——	37.2	——	——	——	——	37.2（1）
31	51a 眶宽 d-ec L	——	——	——	——	——	——	——	——	——	——
32	51a 眶宽 d-ec R	——	——	38	——	36.1	——	——	——	——	37.05（2）
33	52 眶高 L	——	——	——	——	——	——	——	——	——	——
34	52 眶高 R	——	——	31	——	31.6	——	——	——	——	31.3（2）
36	MH 颧骨高 fmo-zm R	——	——	41.5	——	41.7	——	——	——	——	41.6（2）
37	MB 颧骨宽 zm-rim.Orb	——	——	——	——	——	——	——	——	——	——
38	54 鼻宽	23.6	——	——	——	——	——	——	——	——	23.6（1）
39	55 鼻高 n-ns	——	——	——	——	48.3	——	——	——	——	48.3（1）
40	SC 鼻最小宽	——	——	——	——	——	——	——	——	——	——
41	SS 鼻最小宽高	——	——	——	——	——	——	——	——	——	——
42	60 上颌齿槽弓长 pr-alv	53.2	——	54.8	——	——	——	——	——	——	54（2）
43	61 上颌齿槽弓宽 ecm-ecm	64.5	——	66	——	——	——	——	——	——	65.25（2）
44	62 腭长 ol-sta	——	——	——	——	——	——	——	——	——	——
45	63 腭宽 enm-enm	43.2	——	50	——	——	——	——	36	——	43.07（3）
46	FC 两眶内宽 fmo-fmo	——	——	——	——	91	96.8	——	——	——	93.9（2）
47	FS 鼻根点至两眶内宽之矢高 n to fmo-fmo					17					17（1）
48	DC 眶间宽 d-d	——	——	23.6	——	——	——	——	——	——	23.6（1）
49	鼻棘下点至中面宽之矢高	——	——	——	——	17.5	——	——	——	——	17.5（1）
50	32 额侧角 I ∠ n-m and FH	——	——	78.5	——	82	——	——	——	——	80.25（2）

续附表 F1-3

序号	项目	M26	M27	M33	M42	M44	M193	M197	M203	M221	平均值（例数）
51	32 额侧角 II ∠ g-m and FH	——	——	75	——	75	——	——	——	——	75（2）
52	前囟角 I ∠ g-b and FH	——	——	32.5	——	42.5	——	——	——	——	37.5（2）
53	前囟角 II ∠ n-b and FH	——	——	46	——	50	——	——	——	——	48（2）
54	72 总面角 ∠ n-pr and FH	——	——	——	——	84	——	——	——	——	84（1）
55	73 中面角 ∠ n-ns and FH	——	——	——	——	89	——	——	——	——	89（1）
56	74 齿槽面角 ∠ ns-pr and FH	——	——	——	——	70.5	——	——	——	——	70.5（1）
57	75 鼻梁侧角 ∠ n-rhi and FH	——	——	——	——	——	——	——	——	——	——
58	77 鼻颧角 ∠ fmo-n-fmo	——	——	——	——	——	——	——	——	——	——
59	颧上颌角 ∠ zm-ss-zm	——	——	——	——	——	——	——	——	——	——
60	鼻梁角 ∠ 72-75	——	——	——	——	——	——	——	——	——	——
61	面三角 ∠ pr-n-pr	——	——	——	——	——	——	——	——	——	——
62	面三角 ∠ n-pr-ba	——	——	——	——	——	——	——	——	——	——
63	面三角 ∠ n-ba-ba	——	——	——	——	——	——	——	——	——	——
64	65 下颌髁突间宽 cdl-cdl	131	——	122	130.2	117	——	——	117	——	123.22（5）
65	66 下颌角间宽 go-go	108	——	108	95.9	96.1	——	——	98.1	——	101.1（5）
66	67 髁孔间宽	51.1	52.6	42.3	48.7	48.1	——	——	48.3	——	48.52（6）
67	68 下颌体长	82.5	——	81.8	69.3	70	——	——	67	——	74.12（5）
68	68-1 下颌体最大投影长	112	——	59.1	97.5	90.7	——	——	90.5	——	90.02（5）
69	69 下颌联合高 id-gn	35	——	31	27.7	30.1	——	33.2	28.1	——	30.85（6）
70	69-1 下颌体高 I L	32.8	——	28.4	25.3	27.6	——	34	24.3	——	28.73（6）
71	69-1 下颌体高 I R	34.1	——	29.2	25.2	28.1	——	——	24.7	——	28.26（5）
72	69-1 下颌体高 II L	29.6	——	27.9	26.2	24.1	——	28.2	23.3	——	26.55（6）
73	69-1 下颌体高 II R	32.3	——	29.4	24.4	26.2	——	——	24.3	——	27.32（5）
74	69-3 下颌体厚 I L	14.8	——	16	14	11.9	——	13.7	14.5	——	14.15（6）
75	69-3 下颌体厚 I R	14.9	——	16	13.1	11.4	——	——	14.3	——	13.94（5）
76	69-3 下颌体厚 II L	17.6	——	16	16.5	14.1	——	19.8	16.8	——	16.8（6）
77	69-3 下颌体厚 II R	20	——	18	17	15.8	——	——	15.9	——	17.34（5）
78	70 下颌支高 L	54.2	——	54.7	56.4	46.2	——	55.2	48.2	——	52.48（6）
79	70 下颌支高 R	56.7	——	56.1	55	44.7	——	——	49.8	——	52.46（5）
80	71 下颌支宽 I L	40	——	44.1	——	——	——	37.4	39.2	——	40.18（4）
81	71 下颌支宽 I R	40.5	——	42.7	——	——	——	——	39.4	——	40.87（3）

续附表 F1-3

序号	项目	M26	M27	M33	M42	M44	M193	M197	M203	M221	平均值（例数）
82	71 下颌支宽Ⅱ L	34.7	——	38.7	——	——	——	31.3	35.1	——	34.95（4）
83	71 下颌支宽Ⅱ R	36.3	——	39.7	——	——	——	——	32.4	——	36.13（3）
84	71a 下颌支最小宽 L	35.2	——	38.7	32.2	35.3	——	31	35.2	——	34.6（6）
85	71a 下颌支最小宽 R	36.2	38.4	39.6	32.2	34.7	——	——	32.4	——	35.58（6）
86	79 下颌角	125	——	113	121	121	——	——	122	——	120.4（5）
87	颏孔间弧	63	65	52	60	57	——	——	58	60	59.29（7）
88	下颌联合弧	35	——	34	30	32	——	31.2	28	——	31.7（6）
89	8：1 颅长宽指数	——	——	75.4	81.07	74	——	——	——	——	76.83（3）
90	17：1 颅长高指数	——	——	74.9	68.64	——	——	——	——	——	71.75（2）
91	17：8 颅宽高指数	——	——	99.24	84.67	——	——	——	——	——	91.96（2）
92	9：8 额宽指数	——	——	68.03	——	70	——	——	——	——	69.02（2）
93	16：7 枕骨大孔指数	——	——	——	——	——	——	——	——	——	——
94	40：5 面突指数	——	——	——	——	——	——	——	——	——	——
95	48：17 垂直颅面指数 pr	——	——	——	——	——	——	——	——	——	——
96	48：17 垂直颅面指数 sd	——	——	——	——	——	——	——	——	——	——
97	48：45 上面指数（K）pr	——	——	——	——	48.87	——	——	——	——	48.87（1）
98	48：45 上面指数（K）sd	——	——	——	——	50.73	——	——	——	——	50.73（1）
99	48：46 上面指数（V）pr	——	——	——	——	60.6	——	——	——	——	60.6（1）
100	48：46 上面指数（V）sd	——	——	——	——	62.9	——	——	——	——	62.9（1）
101	54：55 鼻指数	——	——	——	——	——	——	——	——	——	——
102	52：51 眶指数 L	——	——	——	——	——	——	——	——	——	——
103	52：51 眶指数 R	——	——	——	——	84.95	——	——	——	——	84.95（1）
104	52：51a 眶指数 L	——	——	——	——	——	——	——	——	——	——
105	52：51a 眶指数 R	——	——	81.6	——	87.5	——	——	——	——	84.56（2）
106	54：51 鼻眶指数 L	——	——	——	——	——	——	——	——	——	——
107	54：51 鼻眶指数 R	——	——	——	——	——	——	——	——	——	——
108	54：51a 鼻眶指数 L	——	——	——	——	——	——	——	——	——	——
109	54：51a 鼻眶指数 R	——	——	——	——	——	——	——	——	——	——
110	SS：SC 鼻根指数	——	——	——	——	——	——	——	——	——	——
111	63：62 腭指数	——	——	——	——	——	——	——	——	——	——
112	45：（1+8）/2 横颅面指数	——	——	——	——	82.39	——	——	——	——	82.39（1）

续附表 F1-3

序号	项目	M26	M27	M33	M42	M44	M193	M197	M203	M221	平均值（例数）
113	17∶（1+8）/2 高平均指数	——	——	85.3	75.82	——	——	——	——	——	80.58（2）
114	68∶65 下颌骨指数	63	——	67.3	53.23	60	——	——	57.4	——	60.19（5）
115	71∶70 下颌支指数 L	73.8	——	80.6	——	——	——	67.8	81.3	——	75.88（4）
116	71∶70 下颌支指数 R	71.4	——	76.1	——	——	——	——	79.1	——	75.55（3）

附录二

梁王城遗址青铜时代动物遗存分析

宋艳波[1]　林留根[2]

（1.山东大学历史文化学院；2.南京博物院）

梁王城遗址青铜时代出土动物遗存共 1660 件（不包括西周时期兽坑内发现的基本完整骨架），时代包含了岳石文化时期、商代、西周时期、东周时期几个阶段。本文按照岳石文化时期、商代、西周时期和东周时期四个大的阶段对出土动物遗存进行了鉴定和数量分析。鉴定过程中主要参考山东大学动物考古实验室的现生动物标本和部分古代遗址中出土标本及相关文献[1]。

一、动物遗存概况

（一）岳石文化时期

出土动物遗存共 39 件，全部出自灰坑中。其中 1 件为骨针，4 件为中型哺乳动物肢骨和下颌残块，其余均可以进行种属鉴定。分类如下：

1. 软体动物门 Mollusca

1.1 瓣鳃纲 Lamellibranchia

1.1.1 真瓣鳃目 Eulamellibranchia

1.1.1.1 蚌科 Unionidae

标本共 7 件，其中 2 件保存状况较差，无法判明具体的种属，以蚌记之，另外 5 件分别为丽蚌和扭蚌。

1.1.1.1.1 丽蚌属 *Lamprotula*

标本共 3 件，左侧 2 件、右侧 1 件，总重 550 克，至少代表 2 个个体。

1.1.1.1.2 扭蚌属 *Arconaia*

标本共 2 件，左右各 1 件，总重 187 克，至少代表 1 个个体。

1.2 腹足纲 Gastropoda

1.2.1 中腹足目 Mesogastropoda

1.2.1.1 田螺科 Viviparidae

标本共 4 件，总重 6.17 克，保存状况较差，很难判明具体的种属。

---

① 伊丽莎白·施密德著，李天元译：《动物骨骼图谱》，中国地质大学出版社，1992 年；刘月英等编著：《中国经济动物志——淡水软体动物》，科学出版社，1979 年；盛和林著：《中国鹿类动物》，华东师范大学出版社，1992 年；Elizabeth J. Reitz and Elizabeth S. Wing: *Zooarchaeology*, Cambridge University Press，1999。

2. 脊椎动物门 Vertebrata

2.1 鱼纲 Pisces

标本仅 1 件，为青鱼 *Mylopharyngodon* 咽齿骨，重 35.01 克，代表 1 个个体。

2.2 哺乳动物纲 Mammalia

标本共 27 件，其中包括 4 件中型哺乳动物骨骼和 1 件骨针。其余 22 件标本经过鉴定，种属包括有黄牛、斑鹿、麋鹿、小型鹿和狗。

2.2.1 偶蹄目 Artiodactyla

2.2.1.1 牛科 Bovidae

2.2.1.1.1 黄牛属 *Bos*

标本共 5 件，其中 2 件为黄牛的左侧角，总重 727 克；另外 3 件分别为：左侧跟骨残块 1 件，重 98.52 克，表面有食肉动物咬痕；游离臼齿 2 件，总重 52.93 克。全部标本至少代表了 2 个成年雄性个体。

2.2.1.2 鹿科 Cervidae

标本共 9 件，可以依据角和测量尺寸等特征分为麋鹿、斑鹿和小型鹿科三个不同的种属。

2.2.1.2.1 麋鹿属 *Elaphurus*

2.2.1.2.1.1 麋鹿 *Elaphurus davidianus*

标本共 3 件，均为鹿角残块，总重 159 克。

2.2.1.2.2 鹿属 *Cervus*

2.2.1.2.2.1 斑鹿 *Cervus nippon*

标本共 5 件，其中 1 件为左侧髋骨残块，重 43.12 克；1 件为右侧掌骨，重 102 克；1 件为右侧股骨近端，重 42.22 克；1 件为左侧股骨远端，重 92 克；1 件为带头骨的鹿角残块，重 212 克。全部标本至少代表了 1 个成年雄性个体。

2.2.1.2.3 小型鹿科

标本仅 1 件，为右侧肱骨远端残块，远端最大长 23.48 毫米、最大宽 23.45 毫米，重 18.32 克，代表 1 个个体。

2.2.1.3 猪科 Suidae

2.2.1.3.1 猪属 *Sus*

2.2.1.3.1.1 家猪 *Sus scrofa domesticus*

标本共 4 件，总重 469.09 克，包括左侧肩胛骨 1 件，左侧跟骨 1 件（关节脱落），头骨残块 1 件，下颌带左侧 M_1–M_3、右侧 I_1–P_3 1 件。

全部标本至少代表 2 个不同年龄段的个体。

2.2.2 食肉目 Carnivora

大型食肉动物 2 件，分别为左侧肱骨和右侧肩胛骨，总重 557 克，未能进一步鉴定。其余标本可鉴定为狗的遗存。

2.2.2.1 犬科 Canidae

2.2.2.1.1 犬属 *Canis*

2.2.2.1.1.1 狗 *Canis familiaris*

标本共 2 件，分别为：头骨残块 1 件，重 10.37 克；左侧肱骨 1 件，高 157 毫米，重 35.74 克。两件标本至少代表 1 个个体。

（二）商代

发现标本共 39 件，全部出自灰坑中，其中 1 件为大型哺乳动物胸椎残块，4 件为骨制品，其余均可判断种属。

1. 软体动物门 Mollusca

1.1 瓣鳃纲 Lamellibranchia

1.1.1 真瓣鳃目 Eulamellibranchia

1.1.1.1 蚌科 Unionidae

共 24 件，可鉴定为丽蚌、裂嵴蚌、扭蚌和楔蚌。

1.1.1.1.1 丽蚌属 *Lamprotula*

标本共 18 件，包括左侧 10 件、右侧 8 件，总重 1293 克，至少代表 10 个个体。

1.1.1.1.2 裂嵴蚌属 *Schistodesmus*

标本仅 1 件右侧壳，重 21 克，代表 1 个个体。

1.1.1.1.3 扭蚌属 *Arconaia*

标本共 4 件，包括左侧 1 件、右侧 3 件，总重 182 克，至少代表 3 个个体。

1.1.1.1.4 楔蚌属 *Cuneopsis*

标本仅 1 件，为右侧壳，重 75 克，代表 1 个个体。

2. 脊椎动物门 Vertebrata

2.1 哺乳动物纲 Mammalia

共 15 件，其中 1 件为大型哺乳动物胸椎残块，4 件为骨制品，其余均可进一步鉴定。

2.1.1 偶蹄目 Artiodactyla

2.1.1.1 牛科 Bovidae

标本共 6 件，总重 1201.53 克，包括尺骨近端 1 件，左侧股骨近端 1 件（脱落关节），左侧距骨 1 件，右侧髋骨 1 件，右侧桡骨近端 1 件，右侧跖骨近端 1 件。

全部标本至少代表 1 个未成年个体。

2.1.1.2 鹿科 Cervidae

仅发现鹿角残块 1 件，重 24.56 克。

2.1.1.3 猪科 Suidae

2.1.1.3.1 猪属 *Sus*

2.1.1.3.1.1 家猪 *Sus scrofa domesticus*

标本共 3 件，总重 519 克，包括头骨残块 1 件，左侧髋骨 1 件，左侧股骨远端 1 件。

全部标本至少代表 1 个成年个体。

（三）西周时期

发现标本共 822 件（不包括兽坑中的马骨和牛骨），其中 17 件为残骨、43 件为骨角制品、1 件为卜骨，66 件只能鉴定为哺乳动物，其余均可判断种属。

1. 软体动物门 Mollusca

1.1 瓣鳃纲 Lamellibranchia

1.1.1 真瓣鳃目 Eulamellibranchia

1.1.1.1 蚌科 Unionidae

标本共 242 件，其中 28 件蚌壳残块保存状态较差，种属不明，总重 528.06 克，其余 180 件标本均可判断具体的属种。

1.1.1.1.1 楔蚌属 *Cuneopsis*

标本共 9 件，左侧 7 件、右侧 2 件，总重 196.88 克，至少代表 7 个个体。

1.1.1.1.2 扭蚌属 *Arconaia*

标本共 29 件，左侧 9 件、右侧 20 件，总重 1580.03 克，至少代表 20 个个体。

1.1.1.1.3 帆蚌属 *Hyriopsis*

仅发现左侧壳残块 1 件，重 111 克，代表 1 个个体。

1.1.1.1.4 丽蚌属 *Lamprotula*

标本共 167 件，左侧 90 件、右侧 77 件，总重 10486.95 克，至少代表 90 个不同种的个体。

1.1.1.1.5 裂嵴蚌属 *Schistodesmus*

标本共 8 件，左侧 5 件、右侧 3 件，总重 152.59 克，至少代表 5 个个体。

1.2 腹足纲 Gastropoda

1.2.1 中腹足目 Mesogastropoda

1.2.1.1 宝螺科 Cypraeidae

标本共 49 件，保存基本完整，全部有穿孔，除了 2 件出自 H461 外，其余全部出自墓葬中。

2. 脊椎动物门 Vertebrata

2.1 鱼纲 Pisces

仅发现 1 件骨骼残块，重 15.3 克。

2.2 爬行动物纲 Reptilia

2.2.1 龟鳖目 Testudoformes

2.2.1.1 鳖科 Trionychidae

仅发现 3 件背甲残块，总重 434.72 克。从背甲厚度测量数据来看应该属于 1 个大型个体。

2.2.1.2 龟科 Emydidae

仅发现 1 件背甲残块和 1 件腹甲残块，总重 58.25 克。从背甲厚度测量数据来看应该属于 1 个小型个体。

2.3 哺乳动物纲 Mammalia

属于哺乳动物的遗存共 525 件，其中包括 17 件残骨、43 件骨制品和 1 件卜骨；另有 66 件标本为保存较为残破的肢骨残片、肋骨残块和脊椎残块等，无法判明具体的种属，只能按照尺寸和厚度大概分成大型和中型哺乳动物两大类；其余398件标本可以鉴定出有狗、斑鹿、獐、麂、鹿、猪、马、黄牛和象等种属。

2.3.1 偶蹄目 Artiodactyla

2.3.1.1 牛科 Bovidae

2.3.1.1.1 黄牛属 Bos

牛类遗存共发现有119件，其中2件为残破的黄牛角，总重275.59克。结合遗址中出土牛骨的测量数据，我们推断本时期遗址中出土的牛应该为黄牛。

其余骨骼标本包括有：左侧髌骨残块1件，重54.56克；尺骨残块6件（左二右四，其中一件肘结节脱落），总重405.79克；跟骨残块2件（左右各一），总重161.38克；肱骨远端残块14件（左右各七，其中一件为关节脱落标本），总重2462.32克；右侧肱骨残块1件，重220克；左侧股骨近端残块1件重314克；股骨远端残块4件（左一右三），总重1043克；股骨残块3件（左一右二），总重1869克；寰椎残块4件，总重434.42克；肩胛骨残块5件（左二右三），总重611.9克；近端趾骨2件，总重94.42克；颈椎残块3件，总重230克；胫骨近端残块4件（左右各二，其中一件未愈合），总重487.7克；胫骨远端残块6件（左二右四），总重1527克；胫骨残块4件（左右各二，其中一件近端关节脱落），总重1462克；距骨2件（左一右一），总重134.3克；髋骨残块6件（左三右三），总重910.74克；肋骨残块4件，总重246.72克；桡骨近端残块5件（左二右三），总重887.75克；桡骨远端残块8件（左三右四，其中两件关节脱落），总重1572.06克；左侧上颌带 M^3 残块1件，重71.91克；右侧上颌带 M^1 残块1件，重44.8克；上颌带 M^1–M^2 残块2件（左右各一，其中一件 M^2 正在萌出），总重349克；两侧上颌带 M^2–M^3 残块各1件，总重249克；头骨残块2件，总重472克；左侧下颌带 M_1 残块3件，总重119.41克；下颌残块6件（左右各三），总重613.75克；左侧下颌带 M_1–M_3 残块1件，重277克；右侧下颌带 M_3 1件，重238克；两侧下颌带 P_2–M_3 残块各1件，总重988克；右侧下颌带 P_4–M_3 残块1件，重279克；左侧下颌带前臼齿残块1件，重4.12克；胸椎残块1件，重123克；右侧掌骨残块3件，总重676克；跖骨残块3件（左一右二），总重814克；左侧跖骨远端残块1件，重111克；右侧中央跗骨残块1件，重63.86克。全部标本至少代表8个个体。

2.3.1.2 鹿科 Cervidae

我们根据残破的鹿角和犬齿鉴定出有麋鹿、斑鹿、獐和麂等种属的存在，部分肢骨难以判明具体的种属，我们根据尺寸测量数据将其区分为大型、中型和小型鹿三种类别。综合来看，我们认为大型鹿应该为麋鹿的遗存，中型鹿应该为斑鹿的遗存，小型鹿则应为獐和麂的遗存。另有11件鹿角仅保留了角尖部位，特征不明确，难以判定具体的种属，我们以鹿记之，这部分标本总重486.38克。

2.3.1.2.1 麋鹿属 Elaphurus

2.3.1.2.1.1 麋鹿 Elaphurus davidianus

种属明确的标本共18件，全部为角残块，其中3件保留有角环（自然脱落），总重7908.22克。

大型鹿标本共 17 件，包括有：右侧肱骨远端残块 1 件，重 93 克；左侧股骨近端残块 2 件，总重 200.19 克；寰椎残块 1 件，重 47.01 克；左侧肩胛骨残块 1 件，重 62.19 克；近端趾骨残块 1 件，重 29.16 克；左侧胫骨近端残块 1 件，重 120 克；右侧胫骨远端残块 1 件，重 131 克；左侧髋骨 1 件，重 133 克；炮骨远端残块 1 件，重 32.74 克；左侧桡骨近端残块 1 件，重 57.97 克；桡骨远端残块 3 件（左二右一，其中一件关节脱落），总重 204.57 克；右侧下颌带 M_1–M_3 残块 1 件，重 34.3 克；右侧下颌带 M_2–M_3 残块 1 件，重 74.42 克；中间趾骨残块 1 件，总重 25.28 克。全部标本至少代表 3 个个体（其中两个为未成年个体）。

2.3.1.2.2 鹿属 *Cervus*

2.3.1.2.2.1 斑鹿 *Cervus nippon*

种属明确的标本共 37 件，全部为角残块，总重 6969.07 克，其中 16 件保留有角环部位，为自然脱落的标本。全部标本至少代表 3 个雄性个体（自然脱落的鹿角不参与最小个体数的统计）。

中型鹿标本共 22 件，包括有：右侧跟骨残块 1 件，重 42.29 克；左侧肱骨远端残块 2 件，总重 106.79 克；左侧股骨近端残块 1 件，重 53.59 克；股骨远端残块 2 件（左右各一），总重 188.75 克；右侧股骨残块 1 件，重 196 克；左侧肩胛骨残块 1 件，重 44.54 克；左侧胫骨远端残块 3 件（其中 1 件关节脱落），总重 147.44 克；髋骨残块 2 件（左右各一），总重 105.36 克；炮骨残块 1 件，重 50.15 克；左侧桡骨远端残块 1 件，重 49.89 克；右侧桡骨近端残块 2 件，总重 121.26 克；枢椎残块 1 件，重 29.92 克；左侧下颌带 P_2–M_3 残块 1 件，重 52.92 克；右侧掌骨近端 1 件，重 45.11 克；跖骨远端残块 2 件（左右各一），总重 57.87 克。全部标本至少代表 3 个不同年龄段的个体。

2.3.1.2.3 麂属 *Muntiacus*

仅发现角残块 1 件，重 37.49 克，代表 1 个雄性成年个体。

2.3.1.2.4 獐属 *Hydropotes*

獐 *Hydropotes inermis*

标本共 3 件，全部为左侧上犬齿残片，其中 2 件齿根有穿孔。这些标本至少代表 3 个成年雄性个体。

小型鹿，标本共 9 件，包括有：左侧股骨近端残块 1 件，重 24.04 克；左侧股骨远端残块 1 件（未愈合），重 97 克；右侧股骨残块 1 件（远端关节脱落），重 46.88 克；肩胛骨残块 2 件（左右各一），总重 23.75 克；右侧胫骨远端残块 3 件，总重 47.7 克；左侧掌骨近端残块 1 件，重 29.78 克。全部标本至少代表 3 个个体。

2.3.1.3 猪科 Suidae

2.3.1.3.1 猪属 *Sus*

2.3.1.3.1.1 家猪 *Sus scrofa domesticus*

标本共 116 件，包括有：尺骨残块 6 件（左三右二，其中两件肘结节脱落），总重 158.85 克；右侧腓骨残块 1 件；左侧跟骨 1 件（关节脱落），重 11.06 克；右侧肱骨近端残块 1 件，重

67.05 克；肱骨远端残块 7 件（左三右四），总重 252.64 克；肱骨残块 3 件（左二右一，其中两件近端关节脱落），重 281.55 克；右侧股骨近端残块 1 件，重 26.72 克；股骨远端残块 7 件（左五右二），总重 244.08 克；股骨残块 1 件，重 73.26 克；寰椎残块 2 件，总重 90.62 克；肩胛骨残块 10 件（左四右六），总重 366.22 克；胫骨远端残块 6 件（左三右二），总重 269.18 克；胫骨残块 8 件（左右各四，其中四件有关节脱落现象），总重 342.67 克；左侧髋骨残块 1 件，重 165 克；肋骨残块 2 件，总重 26.98 克；右侧桡骨近端残块 1 件，重 38.94 克；左侧桡骨 1 件（远端关节脱落），重 24.65 克；右侧上颌带 DM^2–M^1 1 件，重 8.99 克；右侧上颌带 M^1–M^2（M^3 未萌出）残块 1 件，重 27.03 克；左侧上颌带 M^2–M^3 1 件，重 71.33 克；左侧上颌带 P^1 1 件，重 9.99 克；右侧上颌带 P^3–M^2 残块 1 件，重 45.88 克；左侧上颌带 P^4–M^3 残块 1 件，重 46.64 克；两侧上前颌带 I^1–I^3 残块 1 件，重 8.37 克；头骨残块 7 件，总重 749.05 克；下颌残块 11 件，总重 243.39 克；右侧下颌带 C–M_2 残块（M_2 正萌出）1 件，重 71.66 克；左侧下颌带 C–M_3 残块（M_3 正萌出）1 件，重 105 克；右侧下颌带 DM_2–M_1 残块（M_1 正萌出）1 件，重 28.71 克；两侧下颌带 DM_2–M_1 各 1 件（M_2 未萌出），总重 124.31 克；左侧下颌带 DM_3 1 件，重 23.64 克；右侧下颌带 I_1–P_4 残块 1 件，重 93.85 克；左侧下颌带 I_2–M_1 残块 1 件，重 49.04 克；左侧下颌带 M_1（正萌出）1 件，重 27.43 克；左侧下颌带 M_1–M_2 残块 1 件，重 38.21 克；两侧下颌带 M_1–M_2 各 1 件（M_3 未萌出），总重 105.43 克；下颌带 M_1–M_3 残块 3 件（左一右二），总重 301.62 克；左侧下颌带 M_2–M_3 残块 3 件，总重 359.19 克；左侧下颌带 M_3 残块 3 件，总重 119.56 克；右侧下颌带 P_2–M_3 残块 1 件，重 73.94 克；右侧下颌带 P_4–M_3 残块 1 件，重 74.98 克；右侧下颌带犬齿残块 1 件，重 4.13 克；下颌带左侧 C–M_2，右侧 M_1–M_2 残块 1 件，重 139 克；下颌带左侧 I_1、C，右侧 I_1–P_1 残块 1 件，重 76.42 克；下颌带左侧 I_1–C 残块 1 件，右侧 I_1–P_4 残块 1 件，总重 69.34 克；下颌带左侧 I_1–P_1、右侧 I_1–M_1 残块 1 件，重 108 克；下颌联合带两侧 I_1–I_2 残块 1 件，重 81.12 克；胸椎残块 1 件，重 42.62 克；枕髁残块 1 件，重 23.08 克。全部标本至少代表 12 个不同年龄段的个体（其中大于等于 25 月 7 个；18~25 月 1 个；13~18 月 2 个；6~13 月 2 个）。

2.3.2 奇蹄目 Perissodactyla

2.3.2.1 马科 Equidae

标本共 12 件，分别为：尺骨残块 2 件（左右各一，其中一件肘结节脱落），总重 178 克；左侧第三掌骨 1 件，重 226 克；右侧股骨远端残块 1 件，重 411 克；近端趾骨 2 件，总重 140.5 克；右侧胫骨远端残块 1 件，重 156 克；门齿残块 1 件，重 11.95 克；末端趾骨 3 件，总重 111.97 克；左侧上颌颊齿残块 1 件，重 56.72 克。全部标本至少代表 1 个个体。

2.3.3 食肉目 Carnivora

发现数量不多，其中可以鉴定的种属为狗。另有 1 件右侧肱骨残块，重 170 克，属于大型食肉动物。

2.3.3.1 犬科 Canidae

2.3.3.1.1 犬属 Canis

2.3.3.1.1.1 狗 Canis familiaris

标本共 31 件，包括有：右侧股骨远端残块 2 件，总重 39.54 克；股骨残块 1 件，重 24.53 克；右侧肩胛骨残块 2 件，重 27.81 克；左侧胫骨远端 1 件，重 19.11 克；右侧胫骨残块 2 件，总重 55.17 克；左侧胫骨近端残块 1 件，重 28.85 克；髋骨残块 4 件（左一右三），总重 118.96 克；肋骨残块 1 件，重 8.5 克；左侧髂骨残块 2 件，总重 32.15 克；右侧桡骨残块 1 件，重 9.81 克；左侧上颌残块 1 件，重 16.92 克；右侧上颌带 P^1–M^1 残块 1 件，重 16.27 克；头骨残块 1 件，重 27.81 克；头骨带两侧上颌骨残块 1 件，重 171 克；右侧下颌残块 1 件，重 40.55 克；左侧下颌带 C–M_1 残块 1 件，重 24.98 克；左侧下颌带 M_2 残块 1 件，重 22.88 克；左侧下颌带 P_1–M_2 1 件，重 38.83 克；右侧下颌带 P_2–M_2 残块 1 件，重 39.81 克；左侧下颌带 P_3–M_2 1 件，重 44.72 克；下颌带左侧 P_3–M_2 残块 1 件，右侧 P_2–M_2 残块 1 件，总重 66.63 克；左侧下颌带 P_4 残块 1 件，重 21.44 克；腰椎残块 1 件，重 13.79 克。全部标本至少代表 5 个个体。

2.3.4 长鼻目 Proboscidea

2.3.4.1 象科 Elephantidae

仅发现 1 件寰椎残块，重 1301 克，至少代表 1 个个体。

（四）东周时期

标本共 759 件，包括骨角制品 22 件，残骨 15 件，卜骨 2 件。

1. 软体动物门 Mollusca

1.1 瓣鳃纲 Lamellibranchia

1.1.1 真瓣鳃目 Eulamellibranchia

1.1.1.1 蚌科 Unionidae

标本共 261 件，其中 1 件保存较差，种属不明确，重 7 克，其余标本均可进行属种的鉴定。

1.1.1.1.1 丽蚌属 *Lamprotula*

标本共 168 件，其中左侧 90 件、右侧 78 件，总重 11871.02 克，至少代表 90 个个体。

1.1.1.1.2 楔蚌属 *Cuneopsis*

标本共 35 件，其中左侧 10 件、右侧 25 件，总重 1954 克，至少代表 25 个个体。

1.1.1.1.3 矛蚌属 *Lanceolaria*

标本共 17 件，其中左侧 3 件、右侧 14 件，总重 434.7 克，至少代表 14 个个体。

1.1.1.1.4 扭蚌属 *Arconaia*

标本共 24 件，其中左侧 8 件、右侧 16 件，总重 1539 克，至少代表 16 个个体。

1.1.1.1.5 珠蚌属 *Unio*

标本仅 2 件，全部为右侧壳，至少代表 2 个个体。

1.1.1.1.6 裂嵴蚌属 *Schistodesmus*

标本共 14 件，其中左侧 3 件、右侧 11 件，至少代表 11 个个体。

1.2 腹足纲 Gastropoda

1.2.1 中腹足目 Mesogastropoda

1.2.1.1 宝螺科 Cypraeidae

标本共 19 件，保存基本完整，全部有穿孔，均出自 M614，应为某种有机物上的坠缀饰。

2. 脊椎动物门 Vertebrata

2.1 两栖动物纲 Amphibian

标本仅 1 件，为小型两栖动物的头骨残块，代表 1 个个体。

2.2 爬行动物纲 Reptilia

2.2.1 龟鳖目 Testudoformes

2.2.1.1 龟科 Emydidae

标本共 4 件，全部为背甲残块，总重 138.33 克，其中一个背甲基本完整。这些标本至少代表 2 个个体。

2.2.1.2 鳖科 Trionychidae

标本共 2 件，全部为背甲残块，总重 74.54 克，至少代表 1 个个体。

2.3 鸟纲 Aves

标本仅 3 件，分别为：左侧肱骨远端残块 2 件和左侧腕掌骨残块 1 件，总重 34.73 克。结合尺寸测量数据我们推测这些标本至少代表 2 个大型鸟类个体。

2.4 哺乳动物纲 Mammalia

标本共 469 件，其中包括 22 件骨角制品、2 件卜骨和 15 件残骨。另有 82 件标本，为残破的肢骨残片、肋骨残块和脊椎骨残块等，我们按照尺寸数据将其分为大型和小型哺乳动物。其余标本均可鉴定种属，包括有黄牛、麋鹿、斑鹿、小型鹿、马、狗、羊和猪等。

2.4.1 偶蹄目 Artiodactyla

2.4.1.1 牛科 Bovidae

2.4.1.1.1 黄牛属 *Bos*

发现黄牛角共 4 件，其中 2 件为较为完整的左侧黄牛角，1 件为基本完整的右侧黄牛角，总重 537.82 克，至少代表了 2 个成年雄性个体。

另有 70 件牛类遗存，我们根据尺寸等测量数据判断也应该是属于黄牛的。包括有：左侧尺骨残块 2 件，总重 262.07 克；左侧尺桡骨残块 1 件，重 275 克；骶骨残块 1 件，重 165 克；跟骨残块 2 件（左右各一），总重 161.19 克；肱骨近端残块 2 件（左右各一，其中一件未愈合），总重 696 克；左侧肱骨远端残块 2 件，总重 450 克；右侧肱骨残块 1 件，重 634 克；右侧股骨近端残块 1 件，重 87 克；股骨远端残块 5 件（左二右三），总重 1540.76 克；寰椎残块 1 件，重 28 克；肩胛骨残块 5 件（左三右一），总重 765.51 克；近端趾骨残块 3 件，总重 132.5 克；颈椎残块 4 件，总重 580 克；胫骨近端残块 2 件（左右各一，其中一件为脱落关节），总重 190.51 克；右侧胫骨远端残块 1 件，重 194 克；右侧胫骨 1 件，重 260 克；臼齿残块 1 件，重 14.19 克；左侧距骨 2 件，总重 283 克；左侧髋骨残块 2 件，总重 252 克；肋骨残块 1 件，重 90 克；末端趾骨残块 1 件，重 16.36 克；髂骨残块 2 件（左右各一），总重 1042 克；桡骨远端残块 3 件（左一右二，其中两件关节脱落），总重 461.8 克；左侧桡骨 1 件，重 460 克；左侧上颌 M^3 残块 1 件，重 67.65 克；左侧上颌带 M^1 残块 1 件，重 33.67 克；右侧上颌带 M^1－M^2 残块 1 件，重 74.79 克；左侧上颌 M^2 和 M^3 共 2 件，总重 73.37 克；右侧

上颌带 P^3–M^1 残块 1 件，重 140 克；上臼齿残块 1 件，重 62.13 克；右侧下颌 M_3 残块 1 件，重 53.56 克；左侧下颌残块 2 件，总重 231 克；左侧下颌带 DM_2–M_2 残块 1 件，重 296 克；下颌带 M_1–M_2 残块 2 件（左右各一，M_2 正萌出），总重 301 克；右侧下颌带 M_1–M_3 残块 1 件，重 357 克；右侧下颌带 M_2–M_3 残块 1 件，重 182 克；下颌带 P_3–M_3 残块 2 件（左右各一），总重 972 克；右侧下颌带 P_4–M_3 残块 2 件，总重 463 克；掌骨远端残块 3 件（左二右一，其中一件关节脱落），总重 406.09 克；右侧坐骨残块 1 件，重 102 克。全部标本至少代表 6 个个体。

2.4.1.1.2 羊亚科 Caprinae

标本仅 3 件，为角残块、头骨残块和右侧股骨残块，总重 217 克，至少代表 1 个个体。

2.4.1.2 鹿科 Cervidae

残破鹿角共 11 件，特征不明确，难以判明具体的种属，以鹿记之，这部分标本总重 419.47 克。其余鹿角标本均有明显特征，可辨种属包括麋鹿和斑鹿；另外我们还可以根据尺寸测量结果将鹿类动物的肢骨等分为大中小三种类型。

2.4.1.2.1 麋鹿属 Elaphurus

2.4.1.2.1.1 麋鹿 Elaphurus davidianus

标本共 16 件，全部为角残块，其中 2 件为保留有角环的自然脱落标本，1 件为带有明显锯痕的标本，总重 5337 克。

大型鹿标本共 12 件，应该也是属于麋鹿的。包括有：右侧尺骨残块 1 件，重 51.44 克；肱骨远端 2 件（左右各一），总重 201.95 克；右侧肱骨近端残块 1 件（关节脱落），重 202 克；右侧股骨近端残块 1 件，重 29.49 克；肩胛骨残块 1 件，重 25.17 克；近端趾骨 2 件，总重 66.4 克；左侧桡骨远端残块 1 件，重 109 克；右侧下颌带 P_3–M_2 残块 1 件，重 32.2 克；左侧下颌带 P_3–M_3 残块 1 件，重 91.22 克；左侧跖骨近端残块 1 件，重 36.35 克。全部标本至少代表 1 个个体。

2.4.1.2.2 鹿属 Cervus

2.4.1.2.2.1 斑鹿 Cervus nippon

标本共 18 件，全部为角残块，其中 5 件为保留有角环的自然脱落标本，1 件为带有明显人工砍锯痕迹的标本，总重 2082.9 克。全部标本至少代表 3 个成年雄性个体（自然脱落的鹿角不计入最小个体数统计）。

中型鹿标本共 36 件，应该也是属于斑鹿的。包括有：尺骨残块 2 件（左右各一），总重 63.78 克；左侧肱骨远端残块 4 件，总重 209.41 克；右侧股骨近端残块 1 件，重 47.39 克；股骨远端残块 3 件（左一右二，其中一件关节脱落），总重 305.61 克；肩胛骨残块 8 件（左五右二），总重 293.54 克；胫骨近端残块 2 件（左右各一），总重 67.77 克；胫骨远端残块 5 件（左三右二），总重 418.9 克；右侧距骨 1 件，重 56.25 克；髋骨残块 5 件（左三右二），总重 179.7 克；右侧桡骨近端残块 1 件，重 39.56 克；左侧桡骨远端残块 1 件，重 21 克；左侧下颌残块 1 件，重 11.31 克；右侧下颌带 M_2–M_3 残块 1 件，重 41.23 克；掌骨残块 1 件，重 19.19 克。全部标本至少代表 4 个个体。

2.4.1.2.3 小型鹿科

标本共 9 件，包括有：左侧股骨近端残块 1 件，重 19.75 克；左侧股骨远端残块 1 件，重 22.46 克；右侧胫骨远端残块 2 件，总重 50.75 克；右侧桡骨近端残块 2 件，总重 33.83 克；左侧下颌带 P_3–M_3 残块 1 件，重 12.04 克；掌骨残块 2 件（左右各一），总重 26.55 克。全部标本至少代表 2 个个体。

2.4.1.3 猪科 Suidae

2.4.1.3.1 猪属 *Sus*

2.4.1.3.1.1 家猪 *Sus scrofa domesticus*

标本共 104 件，包括有：左侧第二跖骨残块 1 件，重 6.7 克；第三跖骨残块 2 件（左右各一），总重 47.21 克；腓骨残块 2 件；肱骨残块 6 件（左二右四，关节脱落），总重 358.56 克；右侧肱骨近端残块 2 件（其中一件关节脱落），总重 112.1；肱骨远端残块 7 件（左三右三），总重 552.25 克；股骨远端残块 4 件（左一右三，其中一件关节脱落），总重 194.88 克；股骨残块 4 件（左二右一，其中两件两端关节脱落），总重 195.84 克；寰椎残块 3 件，总重 96.97 克；肩胛骨残块 11 件（左九右二），总重 319.39 克；左侧胫骨近端残块 1 件，重 42.97 克；胫骨远端残块 3 件（左二右一，其中一件关节脱落），总重 90.54 克；胫骨残块 6 件（左右各三，其中三件关节脱落），总重 378.99 克；髋骨残块 3 件（左二右一），总重 109.84 克；左侧髂骨残块 1 件，重 27.28 克；左侧桡骨远端残块 1 件，重 25.51 克；桡骨残块 4 件（左二右二，关节脱落），总重 175.55 克；右侧上颌带 P^3–M^3 残块 1 件，重 83.1 克；左侧上颌带犬齿残块 1 件，重 32.67 克；上犬齿残块 2 件（左右各一），总重 55.03 克；枢椎残块 1 件，重 8.16 克；头骨残块 8 件，总重 1106.23 克；完整头骨带左侧上颌 P^2–M^3，右侧上颌 P^3–M^3 残块 1 件，重 902 克；下颌残块 7 件（左二右一），总重 187.56 克；左侧下颌带 DM_1–M_1 残块 1 件（M_2 未萌出），重 34.82 克；右侧下颌带 DM_1–M_2 残块 1 件（M_2 正萌出），重 50.46 克；下颌带 DM_2–M_1 残块 3 件（左一右二，M_2 未萌出），总重 202.86 克；左侧下颌带 DM_2–M_2 残块 1 件，重 33.8 克；左侧下颌带 DM_3 残块 1 件（M_1 未萌出），重 16.24 克；右侧下颌带 DM_3–M_1 残块 1 件（M_2 未萌出），重 32.03 克；左侧下颌带 M_1–M_2 残块 2 件（M3 未萌出），总重 145.04 克；左侧下颌带 M_1–M_3 残块 1 件，重 46.97 克；左侧下颌带 M_2 残块 1 件，重 29.03 克；下颌带 M_2–M_3 残块 2 件（左右各一），总重 178.04 克；右侧下颌带 P_2–M_2 残块 1 件，重 131 克；右侧下颌带 P_3 残块 1 件，重 60.78 克；左侧下颌带 P_3–M_3 残块 2 件，总重 166.67 克；左侧下颌带 P_4–M_3 残块 1 件，重 41.51 克；下颌带左侧 I_1–M_3，右侧 I_1–M_1 残块 1 件，重 204 克；下前颌带两侧 I_1–I_2 残块 1 件，重 93 克；掌骨远端残块 1 件，重 16.72 克。全部标本至少代表 14 个不同年龄段的个体（小于 6 月，1 个；6~13 月，3 个；13~18 月，2 个；13~25 月，2 个；大于 25 月，6 个）。

2.4.2 奇蹄目 Perissodactyla

2.4.2.1 马科 Equidae

标本共 27 件，包括有：左侧肩胛骨残块 1 件，重 214 克；颈椎残块 2 件，总重 258 克；左侧胫骨近端残块 1 件，重 257 克；门齿残块 7 件，总重 67.82 克；左侧上颌带 DM^1–M^2（M^2

正萌出）1件，重 373 克；右侧上颌带 P^2–M^3 残块 1 件，重 219 克；左侧上颌带颊齿残块 1 件，重 100 克；右侧上颊齿残块 1 件，重 86.99 克；头骨残块 1 件，重 183 克；左侧下颌带 M_3 残块 1 件，重 28.9 克；右侧下颌带 P_1–M_2 残块 1 件，重 435 克；左侧下颌带 P_2 残块 1 件，重 229 克；左侧下颌带颊齿残块 2 件，总重 215.35 克；掌骨近端残块 2 件，总重 71.72 克；掌骨远端残块 1 件，重 68.75 克；右侧掌骨残块 1 件（远端关节脱落），重 84 克；右侧跖骨 1 件（远端关节脱落），重 152 克；左侧跖骨近端残块 1 件，重 214 克。全部标本至少代表 2 个个体。

2.4.3 食肉目 Carnivora

2.4.3.1 犬科 Canidae

2.4.3.1.1 犬属 *Canis*

2.4.3.1.1.1 狗 *Canis familiaris*

标本共 38 件，包括有：右侧尺骨残块 1 件，重 21.14 克；右侧肱骨近端残块 1 件，重 15.29 克；左侧肱骨远端残块 3 件，总重 66.32 克；股骨近端残块 5 件（左三右二，其中两件关节脱落），总重 88.7 克；右侧股骨远端残块 1 件，重 17.44 克；股骨残块 4 件（左三右一，其中一件两端关节脱落），总重 113.92 克；颈椎残块 1 件，重 14.81 克；左侧胫骨远端残块 1 件，重 18.19 克；胫骨残块 4 件（左二右二，其中一件近端关节脱落），总重 98.14 克；髋骨残块 4 件（左三右一），总重 121.61 克；右侧桡骨远端残块 1 件，重 22.5 克；桡骨残块 2 件（左右各一），总重 36.24 克；右侧上颌带 P^2–M^2 残块 1 件，重 41.52 克；头骨残块 1 件，重 38.27 克；下颌残块 2 件（左右各一），总重 57.6 克；下颌带 C–M_2 残块 2 件（左右各一），总重 95.1 克；左侧下颌带 I_1–M_3 残块 1 件，重 30.13 克；左侧下颌带 M_2 残块 2 件，总重 70.41 克；下颌带乳齿残块 1 件，重 18.65 克。全部标本至少代表 4 个个体。

二、讨论与分析

（一）家养动物分析

笔者曾经在对本遗址史前时期出土动物遗存分析[1]中探讨了猪、狗和牛的家养化问题，认为至少在大汶口文化时期梁王城遗址的先民们已经开始饲养家猪，同时狗也是与先民关系比较密切的家养动物，当时的牛可能已经是家养动物了。

从上文描述的青铜时代各动物遗存出土情况来看，相比史前时期有这样几点变化：

首先，是牛的数量较史前时期有了明显的增加（图 F2-1）。尤其是两周时期，牛的遗存不仅数量大大增加，其所代表的骨骼部位也明显增多。从死亡年龄来看，两周时期发现的牛以成年个体为主，说明先民饲养牛的主要目的并非获取肉食，而是获取牛奶、畜力等次级产品；从牛骨骼表面所带的砍痕、切割痕、磨痕、切锯痕和烧痕等痕迹来看，先民在其死后仍会将其用作肉食，且会进一步利用食剩的骨骼来取料制作器具。结合笔者对本遗址史前时期动物遗存的分析，遗址先民在史前时期开始饲养家牛，经历几千年时间到青铜时代先民对

---

[1] 宋艳波、林留根：《史前动物遗存分析》，《梁王城遗址发掘报告·史前卷》，文物出版社，2013 年。

牛的饲养水平和饲养规模都得到了很大的发展，先民对牛的利用不仅在于获取肉食资源和次级产品，还会将其用作祭品（如西周时期的兽坑中发现基本完整的牛骨架），在其死后也会进一步利用其骨骼来制作器具。

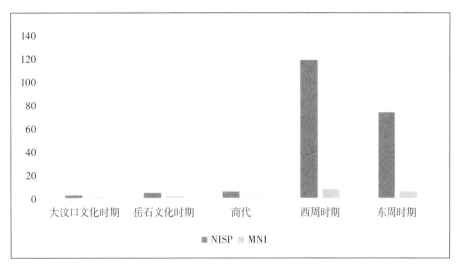

图 F2-1　梁王城遗址史前时期和青铜时期出土牛的数量分布示意图

其次，是马的出现。遗址大汶口文化时期到商代都没有发现马的遗存，西周时期开始出现马，东周时期仍有发现。此外，在属于西周时期的兽坑中还发现了基本完整的马骨架，这些证据都表明，马至少在西周时期开始出现在遗址中，从出土数量来看（图 F2-2），先民对马的利用程度并不高。

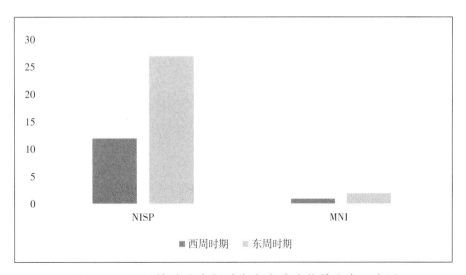

图 F2-2　梁王城遗址青铜时期出土马的数量分布示意图

再次，是羊的出现。大汶口文化时期到西周时期，遗址中均未发现羊的遗存，到东周时期开始出现家羊，而且无论是可鉴定标本数还是最小个体数，遗址中发现的羊数量都非常少，说明青铜时代羊在先民日常生活中占据的地位还比较低。

（二）自然环境复原

青铜时代与史前时期相比，家养动物的种属有所增加，野生动物的种属没有发生太大的变化，哺乳动物中仍然是以鹿类动物为主的；软体动物无论是种属还是数量相比史前时期都有所增加；其余鱼类和爬行动物等种属方面均未发生太大变化，数量上也都比较少。

鹿类动物中的麋鹿和斑鹿，存在于整个青铜时代，西周时期还发现有獐和麂子的存在，这些鹿类动物①所代表的生态环境为混交林、山地草原、森林边缘和水边的草丛和芦苇塘等，代表的是一种山地草原且有一定面积的水域环境。

龟、鳖、两栖动物和鱼类的发现，进一步证明遗址附近有淡水水域的存在。

扭蚌、楔蚌、丽蚌、裂脊蚌、珠蚌、矛蚌等淡水蚌类的存在，同样能够证明遗址周围有较大面积的淡水水域；根据各种蚌类的生活习性，我们可以推断遗址附近可能有浅湖、中深湖和滨湖河流等较大范围的淡水环境，而且岸边和冰湖地带水草茂盛，水底蕴含有大量微生物和有机质，水质清澈，底质为泥底或泥沙底，气候特征比较温暖湿润。

总的来说，本遗址青铜时期的自然环境与史前时期相比并未发生太大的变化，附近有一定面积的树林和淡水水域，气候温暖湿润。

（三）各类痕迹分析

骨骼表面发现的各类痕迹包括砍痕、切锯痕、切割痕、磨痕、钻孔、食肉动物咬痕和烧痕等，不同的痕迹代表了人跟动物的不同行为。

1. 岳石文化时期

带有痕迹的骨骼数量较少，只有3件，分别为猪的跟骨、牛的跟骨和鹿的掌骨，痕迹均为食肉动物啃咬的痕迹，表现的是先民食剩的残骸被食肉动物（狗）再利用的一种现象。

2. 商代

带有痕迹的骨骼数量较少，只有4件，分别为猪的股骨远端，牛的距骨、跖骨和股骨近端，痕迹均为食肉动物啃咬的痕迹，表现的是先民食剩的残骸被食肉动物（狗）再利用的一种现象。

3. 西周时期

带有痕迹的骨骼数量较多，痕迹可以分为三类：一类是人为原因造成的砍痕、切锯痕、切割痕、钻孔和磨痕等；一类是动物啃咬造成的食肉动物咬痕和啮齿动物咬痕；一类是烧痕。

带有啮齿动物咬痕的骨骼只有4件，分别为小型鹿的胫骨远端，猪的尺骨和股骨残块，狗的股骨残块等，表现的是先民食剩丢弃后的骨骼被啮齿动物利用的一种现象。

带有食肉动物啃咬痕迹的骨骼有54件，这些痕迹体现了先民以食剩的动物遗存饲养狗的行为。

带有砍痕的骨骼有16件，其中2件为猪下颌骨，其余均为鹿角（包括麋鹿和斑鹿角），

---

① 盛和林：《中国鹿类动物》，华东师范大学出版社，1992年。

猪骨上的砍痕应为先民肢解动物加工食物过程中留下的痕迹，而鹿角上的砍痕则应与先民利用鹿角制作器具的行为有关。

带有切锯痕的骨骼有 10 件，包括 1 件猪腓骨、1 件牛桡骨远端、4 件斑鹿角和 4 件麋鹿角，这些痕迹应该也为先民取料加工骨角制品的过程中留下来的。

带有磨痕的骨骼有 8 件，除 1 件为牛桡骨近端外，其余均为鹿角（包括斑鹿角和麋鹿角），可见这些痕迹应该也为先民加工骨角制品的过程中留下的。

带有切割痕的骨骼有 17 件，包括狗头骨带上颌骨，牛的肱骨远端、胫骨远端、掌骨、跖骨和寰椎，小型鹿股骨远端，中型鹿髋骨，猪的肱骨远端、桡骨近端、胫骨远端和寰椎等，这些骨骼部位均为动物身体的关节部位，表明这些痕迹的出现应与先民肢解动物、剥皮剔肉加工食物的行为有关。

带有烧痕的骨骼有 13 件，这些痕迹可能是先民取料或者加工食物过程中的辅助手段。

此外，还在獐上犬齿发现有齿根穿孔的现象，说明先民日常生活中是将獐的犬齿作为坠饰或配饰佩戴的。

4. 东周时期

带有痕迹的骨骼数量较多，主要痕迹可以分为两类：一类是人为原因造成的砍痕、削痕、切锯痕、切割痕和磨痕等；一类是动物啃咬造成的食肉动物咬痕和啮齿动物咬痕。

带有啮齿动物咬痕的骨骼只有 2 件，分别为猪的肱骨远端和狗的桡骨残块，表现的是先民食剩丢弃后的骨骼被啮齿动物利用的一种现象。

带有食肉动物啃咬痕迹的骨骼有 43 件，这些痕迹体现了先民以食剩的动物遗存饲养狗的行为。

带有砍痕的骨骼有 14 件，其中 8 件为牛的跟骨、马的下颌骨、哺乳动物的脊椎骨等，其余均为鹿角（包括麋鹿和斑鹿角），牛、马和哺乳动物骨骼上的砍痕应为先民肢解动物加工食物过程中留下的痕迹，而鹿角上的砍痕则应与先民利用鹿角制作器具的行为有关。

带有切锯痕的骨骼有 8 件，除 1 件为猪下颌外，其余均为鹿角（包括斑鹿和麋鹿角），这些痕迹应该也为先民取料加工骨角制品的过程中留下来的。

带有磨痕的骨骼有 7 件，除 1 件为哺乳动物肢骨残片外，其余均为鹿角（包括斑鹿角和麋鹿角），可见这些痕迹应该也为先民加工骨角制品的过程中留下的。

带有切割痕的骨骼有 18 件，包括狗的胫骨远端、肱骨远端和股骨近端，牛的肱骨远端、肱骨近端、股骨远端和肋骨，小型鹿桡骨近端，中型鹿距骨，猪的肱骨远端、股骨远端、头骨和寰椎等，这些骨骼部位均为动物身体的关节部位，表明这些痕迹的出现应与先民肢解动物、剥皮剔肉加工食物的行为有关。

（四）肉食构成分析

1. 岳石文化时期

本时期发现的动物遗存数量较少，从全部动物的构成情况来看（图 F2-3），以哺乳动物为主，软体动物次之，鱼类只占了很小的比例。

各科哺乳动物的构成情况如下：可鉴定标本数来看（图F2-4），以野生的鹿科动物为主；最小个体数来看（图F2-5），是以家养的牛科和猪科动物为主；从肉食量①分布情况来看（图F2-6），则是以家养牛科（黄牛）为主的。

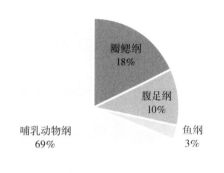

图F2-3　梁王城遗址岳石文化时期全部动物数量
分布示意图

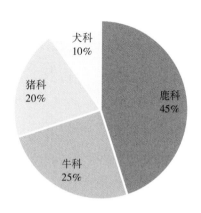

图F2-4　梁王城遗址岳石文化时期各科哺乳动物
可鉴定标本数分布示意图

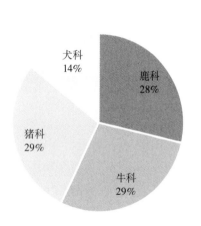

图F2-5　梁王城遗址岳石文化时期各科哺乳动物
最小个体数分布示意图
（单独采回的鹿角未参与最小个体数的统计）

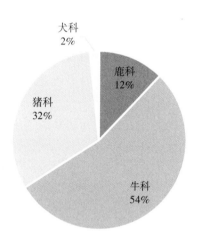

图F2-6　梁王城遗址岳石文化时期各科哺乳动物
肉量分布示意图

2. 商代

本时期出土动物遗存数量较少，从全部动物构成情况来看（图F2-7），以瓣鳃纲为代表的软体动物为主，哺乳动物次之。

从各科哺乳动物构成来看，可鉴定标本数（图F2-8）明显以家养的牛科和猪科为主。本时期鹿科动物遗存仅为1件鹿角，有可能为先民在野外拾获的自然脱落鹿角，因此并不计

---

① 关于各种哺乳动物肉量的计算参照 Elizabeth J. Reitz and Elizabeth S. Wing: *Zooarchaeology*, Cambridge University Press, 1999, p.223. White, T. E. 的计算方法。体重数据参考：夏武平等：《中国动物图谱（兽类）》，科学出版社，1988年；寿振黄：《中国经济动物志（兽类）》，科学出版社，1962年；盛和林等：《中国鹿类动物》，华东师范大学出版社，1992年；邱怀：《中国黄牛》，农业出版社，1992年。

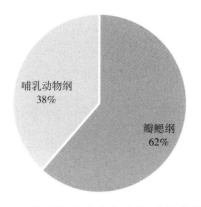

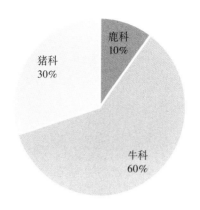

图 F2-7　梁王城遗址商代全部动物数量分布示意图　　　图 F2-8　梁王城遗址商代各科哺乳动物可鉴定标本数分布示意图

入最小个体数和肉量的统计。

3. 西周时期

本时期出土动物遗存数量较多，从全部动物的构成情况来看（图 F2-9），是以哺乳动物为主的，瓣鳃纲和腹足纲为代表的软体动物次之，鱼和爬行动物的数量都很少。

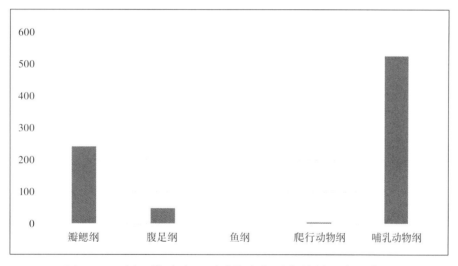

图 F2-9　梁王城遗址西周时期全部动物数量分布示意图

各科哺乳动物的构成情况如下：可鉴定标本数来看（图 F2-10），是以家养的猪科和牛科为主的，野生鹿科动物比重也比较高；最小个体数来看（图 F2-11），也是以家养的猪科和牛科为主的；从肉食量[①]分布情况来看（图 F2-12），还是以家养的猪科和牛科为主，远

---

① 关于各种哺乳动物肉量的计算参照 Elizabeth J. Reitz and Elizabeth S. Wing: *Zooarchaeology*, Cambridge University Press, 1999, p.223. White, T. E. 的计算方法。体重数据参考：《中国猪种》编写组：《中国猪种（一）》，上海人民出版社，1976 年；高耀亭等：《中国动物志·兽纲》，科学出版社，1987 年；夏武平等：《中国动物图谱（兽类）》，科学出版社，1988 年；寿振黄：《中国经济动物志（兽类）》，科学出版社，1962 年；盛和林等：《中国鹿类动物》，华东师范大学出版社，1992 年。幼年个体按照成年个体一半的标准进行统计。以下为各动物成年个体的平均肉量：麋鹿（大型鹿），平均肉量 80 千克；梅花鹿，平均肉量 60 千克；小型鹿，平均肉量 7.5 千克；猪，平均肉量 119 千克；中型食肉动物，平均肉量 10 千克；大型食肉动物，平均肉量 60 千克。

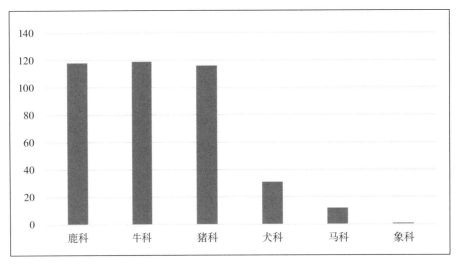

图 F2-10　梁王城遗址西周时期各科哺乳动物可鉴定标本数分布示意图

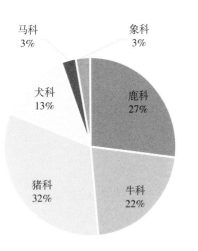

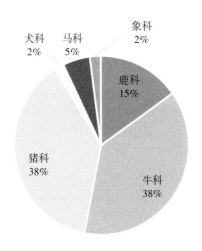

图 F2-11　梁王城遗址西周时期各科哺乳动物
最小个体数分布示意图

（自然脱落的鹿角未计入最小个体数统计）

图 F2-12　梁王城遗址西周时期哺乳动物肉量
分布示意图

（自然脱落的鹿角未计入肉食量的统计）

超野生动物。

4. 东周时期

本时期出土动物遗存数量较多，从全部动物的构成情况来看（图 F2-13），是以哺乳动物为主的，软体动物次之，两栖动物、爬行动物和鸟的数量都很少。

各科哺乳动物的构成情况如下：可鉴定标本数来看（图 F2-14），是以家养动物为主的（猪科、牛科、犬科和马科）；最小个体数来看（图 F2-15），也是以家养动物为主的；从肉食量（参考标准见上文）分布情况来看（图 F2-16），还是以家养动物为主的，家养动物的比重远超野生的鹿科动物。

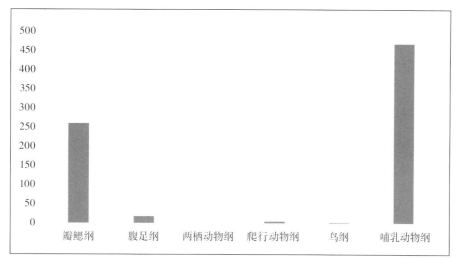

图 F2-13 梁王城遗址东周时期全部动物数量分布示意图

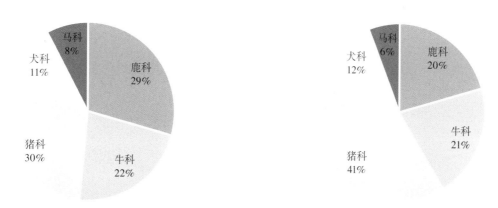

图 F2-14 梁王城遗址东周时期哺乳动物可鉴定 标本数分布示意图

图 F2-15 梁王城遗址东周时期哺乳动物最小 个体数分布示意图

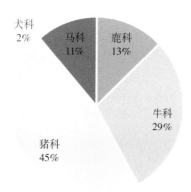

图 F2-16 梁王城遗址东周时期哺乳动物肉量分布示意图

（自然脱落的鹿角未参与肉食量的统计）

（五）小结

从上文的分析我们可以看出，整个青铜时代的气候环境与史前时期相比，并未发生太大的变化，仍然是保持有一定面积的树林和淡水水域；野生动物的种属方面以各类淡水蚌类和鹿类动物为主，显示出先民狩猎和捕捞的对象具有一定的倾向性；家养动物相对于史前时期来说有所增加，种属上增加了羊和马，其他动物在数量上也都有不同程度的增加，总的来说，整个青铜时代先民家畜饲养水平都比较高。家养动物不仅是先民的肉食资源，而且也被先民用作其他特殊用途（如西周时期的兽坑内发现的完整马和牛的骨架）。

本时期先民对动物遗存的利用，除了获取肉食资源这一大方面外，还会利用动物遗存（主要是各种鹿角和牛的长骨）来制作各类工具；而数量较多的骨骼上留下的食肉动物咬痕则与先民饲养狗的行为有关。

从青铜时代不同阶段的肉食构成情况来看，哺乳动物始终是当时先民的主要肉食来源，遗址周围丰富的自然环境也为先民提供了充足的肉食补充；而从哺乳动物的构成情况来看，一直是以家养动物为主的，家养动物中的牛和猪为先民提供了大部分的肉食资源，野生的鹿科动物和偶尔猎获的其他动物也是先民重要的肉食来源。

附表　梁王城遗址西周时期兽坑中随葬的动物骨架

单位	动物种属	前肢	后肢	头骨及上下颌骨	躯干骨
S11	马	缺左侧肩胛骨，其余基本完整	无	无	枢椎、肋骨和部分胸椎
S6	马	无	仅保留两侧胫骨和右侧股骨	头骨完整	脊椎肋骨基本完整
S7	马	基本完整，缺右侧掌骨、趾骨	仅有右侧距骨和趾骨	无	大量肋骨，部分颈椎、胸椎
S2	牛	基本完整，缺右侧肩胛骨和两侧趾骨	基本完整，缺右侧跗骨和两侧趾骨	上下颌不完整	部分胸骨、软肋、腰椎和胸椎
S1	马	基本完整，缺右侧肩胛骨	基本完整，缺两侧髋骨和左侧跟骨	无	完整脊椎
S10	马	基本完整，缺左侧肱骨	基本完整，缺右侧趾骨	无	部分脊椎和肋骨
S3	马	无	基本完整，缺趾骨	无	部分肋骨

附录三

梁王城遗址北朝—宋元时期动物遗存分析

宋艳波[1]　林留根[2]

（1.山东大学历史文化学院；2.南京博物院）

梁王城遗址历史时期出土动物遗存共 244 件，时代包含了北朝—隋时期、唐—宋元时期和明清时期几个阶段，其中明清时期仅出土鹿角尖（被锯断，当为角料）1 件，因此本文将按照北朝—隋时期和唐—宋元时期两个时期对出土动物遗存进行了鉴定和数量分析。鉴定过程中主要参考山东大学动物考古实验室的现生动物标本和相关文献[①]。

一、动物遗存概况

属于历史时期的动物遗存主要包含软体动物和脊椎动物两大类，其中脊椎动物全部为哺乳动物。

（一）北朝—隋时期

本时期动物遗存共 212 件，分类描述如下。

1. 软体动物门 Mollusca

1.1 瓣鳃纲 Lamellibranchia

1.1.1 真瓣鳃目 Eulamellibranchia

1.1.1.1 蚌科 Unionidae

50 件，其中 1 件保存残破，仅能鉴定为蚌科，其余标本均可进一步鉴定到属。

1.1.1.1.1 丽蚌属 *Lamprotula*

28 件，包括左侧 15 件、右侧 13 件，总重 1268 克，至少代表 15 个个体。

1.1.1.1.2 楔蚌属 *Cuneopsis*

4 件，包括左侧 3 件、右侧 1 件，总重 204 克，至少代表 3 个个体。

1.1.1.1.3 珠蚌属 *Unio*

3 件，包括左侧 1 件、右侧 2 件，总重 13.63 克，至少代表 2 个个体。

1.1.1.1.4 裂嵴蚌属 *Schistodesmus*

3 件，全部为右侧壳，总重 38 克，代表 3 个个体。

---

① 伊丽莎白·施密德著，李天元译：《动物骨骼图谱》，中国地质大学出版社，1992 年；刘月英等编著：《中国经济动物志——淡水软体动物》，科学出版社，1979 年；盛和林著：《中国鹿类动物》，华东师范大学出版社，1992 年；Elizabeth J. Reitz and Elizabeth S. Wing: *Zooarchaeology*, Cambridge University Press, 1999。

1.1.1.1.5 矛蚌属 *Lanceolaria*

4 件，包括左侧 2 件、右侧 2 件，总重 47 克，至少代表 2 个个体。

1.1.1.1.6 扭蚌属 *Arconaia*

7 件，包括左侧 3 件、右侧 4 件，总重 391 克，至少代表 4 个个体。

1.2 腹足纲 Gastropoda

1.2.1 中腹足目 Mesogastropoda

1.2.1.1 田螺科 Viviparidae

71 件壳残片，总重 9 克。

1.2.1.2 宝螺科 Cypraeidae

穿孔宝贝 5 件，代表 5 个个体，应为某种有机物的坠饰或装饰。

2. 脊椎动物门 Vertebrata

2.1 哺乳动物纲 Mammalia

遗存共 86 件，其中 13 件未能进一步鉴定，记为哺乳动物，总重 357.12 克；另有 17 件为骨制品，包括骨簪 / 锥 6 件、骨管 2 件、骨针 1 件、其他带有明显磨痕的骨制品 8 件。

2.1.1 偶蹄目 Artiodactyla

2.1.1.1 牛科 Bovidae

2.1.1.1.1 水牛属 *Bubalus*

2.1.1.1.1.1 水牛 *Bubalus bubalis*

33 件，总重 6202.44 克，包括右侧肱骨近端 3 件（其中一件未愈合），股骨近端 3 件（左一右二），股骨远端 4 件（左三右一，其中一件关节脱落），左侧股骨 1 件，寰椎 1 件，左侧肩胛骨 1 件，头骨带角残块 2 件，近端趾骨 1 件，右侧胫骨近端 2 件，左侧胫骨残块 3 件，左侧距骨 1 件，枢椎 1 件，游离牙齿 3 件，左侧上颌带 DM^1–$M^2$1 件，上前颌残块 1 件，左侧下颌残块 1 件，左侧下颌带 DM_1–M_2（M_2 正萌出）1 件，右侧下颌带 M_1–M_2（M_2 正萌出）1 件，右侧下颌带 $M_3$1 件，左侧下颌带 P_2–$M_3$1 件。全部标本至少代表 4 个不同年龄段的个体。

2.1.1.2 鹿科 Cervidae

大型鹿科左侧下颌带 DM_1–$M_1$1 件，重 166 克，可能为麋鹿，代表 1 个个体。其余鹿角均可鉴定为斑鹿。

2.1.1.2.1 鹿属 *Cervus*

2.1.1.2.1.1 斑鹿 *Cervus Nippon*

3 件，全部为角或角带头骨残块，总重 191 克，其中两件带有明显的砍痕、锯痕和磨痕，可视为角料。这些标本至少代表 1 个成年雄性个体。

2.1.1.3 猪科 Suidae

2.1.1.3.1 猪属 *Sus*

2.1.1.3.1.1 家猪 *Sus scrofa domesticus*

6 件，总重 124.835 克，包括腓骨 2 件，头骨残块 1 件，左侧下颌带犬齿 1 件，左侧下

颌带 M_1–M_2（M_3 未萌出）1 件，左侧下颌带 P_4（正萌出）1 件。全部标本至少代表 1 个 1.5 岁左右的个体。

2.1.2 食肉目 Carnivora

2.1.2.1 犬科 Canidae

2.1.2.1.1 犬属 *Canis*

2.1.2.1.1.1 家犬 *Canis familiaris*

左侧胫骨残块 1 件，两端关节脱落，重 24 克，代表 1 个未成年个体。

2.1.3 奇蹄目 Perissodactyla

2.1.3.1 马科 Equidae

12 件，总重 1214 克，包括尺骨近端 2 件（左右各一），跟骨 2 件（左右各一），左侧股骨远端脱落关节 1 件，右侧肩胛骨 1 件，左侧胫骨近端 1 件，左侧胫骨 1 件，右侧桡骨远端 1 件，左侧掌骨 1 件，左侧跖骨 1 件，左侧下颌带 P_2–$M_3$1 件。全部标本至少代表 2 个不同年龄段的个体。

（二）唐—宋元时期

本时期动物遗存共 31 件，全部为哺乳动物。其中 5 件标本未能进一步鉴定，以哺乳动物记之；另有 3 件为骨制品（包括 1 件骨针）带有明显的磨痕。其余标本分类描述如下。

1. 偶蹄目 Artiodactyla

1.1 牛科 Bovidae

7 件，总重 1780.98 克，包括左侧肱骨 1 件，左侧股骨近端 1 件，肩胛骨 1 件，颈椎 1 件，右侧胫骨近端 1 件，右侧胫骨残块 1 件（近端关节脱落），左侧腕骨 1 件。全部标本至少代表 2 个不同年龄段的个体。

1.2 鹿科 Cervidae

1.2.1 鹿属 *Cervus*

1.2.1.1 斑鹿 *Cervus Nippon*

3 件，总重 109.14 克，包括左侧胫骨近端 1 件，左侧掌骨近端 1 件，角残块 1 件。这些标本至少代表 1 个个体。

1.3 猪科 Suidae

1.3.1 猪属 *Sus*

1.3.1.1 家猪 *Sus scrofa domesticus*

3 件，总重 71.83 克，包括头骨残块、胸椎残块和上颌犬齿各 1 件，至少代表 1 个个体。

2. 食肉目 Carnivora

发现小型食肉动物桡骨残块 1 件，重 6.21 克，未能进一步鉴定。

2.1 犬科 Canidae

2.1.1 犬属 *Canis*

2.1.1.1 家犬 *Canis familiaris*

髂骨残块 1 件，重 8.55 克，代表 1 个个体。

3. 奇蹄目 Perissodactyla

3.1 马科 Equidae

8 件，总重 1181.09 克，包括右侧跟骨 1 件，肩胛骨 2 件（左右各一），游离牙齿 2 件，左侧下颌带 M_1–$M_3$1 件，左侧上颌带 P^2–$M^3$1 件，右侧上颌带 P^2–$M^2$1 件。全部标本至少代表 1 个成年个体。

二、讨论与分析

梁王城遗址历时较长，从史前的大汶口文化时期一直延续到明清时期，从获取的动物遗存来看，以青铜时期为主，史前时期和历史时期的遗存相对数量较少（图 F3–1）。从动物遗存出土的遗迹来看，史前时期的遗存多数出自墓葬中，青铜时期和历史时期的遗存则多数出自地层和灰坑等生活类遗迹中。

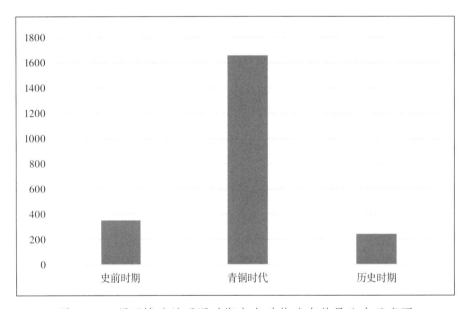

图 F3–1　梁王城遗址不同时期出土动物遗存数量分布示意图

（一）动物群构成

相对于青铜时代来看，本遗址历史时期的动物群构成相对简单，唐—宋元时期只发现有哺乳动物纲的遗存；北朝—隋时期发现的动物包括瓣鳃纲、腹足纲和哺乳动物纲，从比例来看，瓣鳃纲和腹足纲为代表的软体动物略多于哺乳动物（图 F3–2），鉴于软体动物所能提供的热量较少，因此北朝—隋时期先民更多的也还是依赖于哺乳动物来获取所需的肉食。

哺乳动物各科的构成情况能够反映出先民对不同动物的利用程度。北朝—隋时期，可鉴定标本数（图 F3–3）、最小个体数（图 F3–4）和肉食量[1]比例（图 F3–5）都显示出家养动

---

[1] 关于各种哺乳动物肉量的计算参照 Elizabeth J. Reitz and Elizabeth S. Wing: Zooarchaeology, Cambridge University Press, 1999, p.223. White, T. E. 的计算方法。体重数据参考：夏武平等：《中国动物图谱（兽类）》，科学出版社，1988 年；寿振黄：《中国经济动物志（兽类）》，科学出版社，1962 年；盛和林等：《中国鹿类动物》，华东师范大学出版社，1992 年；邱怀：《中国黄牛》，农业出版社，1992 年。

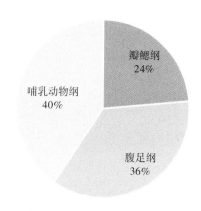

图 F3-2　梁王城遗址北朝—隋时期动物数量分布示意图

图 F3-3　梁王城遗址北朝—隋时期各科哺乳动物　　　图 F3-4　梁王城遗址北朝—隋时期各科哺乳动物
　　　　　可鉴定标本数分布示意图　　　　　　　　　　　　　　　　最小个体数分布示意图

物，尤其是家养的水牛是先民利用最多的动物，是先民非常重要的肉食来源。唐—宋元时期，各科哺乳动物构成情况与南北朝时期比较相似，可鉴定标本数（图 F3-6）、最小个体数（图 F3-7）和肉食量[①]比例（图 F3-8）都显示出家养动物是先民主要的肉食来源。

　　从岳石文化时期到宋元时期各科哺乳动物最小个体数比例演变来看（图 F3-9），各时期先民利用最多的动物都是家养动物，以鹿科动物为代表的野生动物比例呈现出随时间演变逐渐减少的趋势，表明先民对家养动物的利用程度的日益增强。从各科家养动物的比例来看，马科动物呈现出随时间演变逐渐增加的趋势，显示出先民对马科动物的利用程度日益增强。牛科和猪科动物的比例从西周时期开始呈现出此消彼长的趋势，显示出不同时期先民对家牛和家猪动物资源利用存在一定的差异。犬科（狗）的比例则基本保持在 10%~20% 之间（商代未发现狗的遗存），说明各时期先民对狗的利用程度相差不大。

---

　　① 关于各种哺乳动物肉量的计算参照 Elizabeth J. Reitz and Elizabeth S. Wing: *Zooarchaeology*, Cambridge University Press, 1999, p.223. White, T. E. 的计算方法。体重数据参考：夏武平等：《中国动物图谱（兽类）》，科学出版社，1988 年；寿振黄：《中国经济动物志（兽类）》，科学出版社，1962 年；盛和林等：《中国鹿类动物》，华东师范大学出版社，1992 年；邱怀：《中国黄牛》，农业出版社，1992 年。

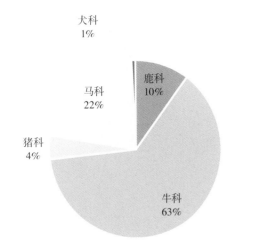

图 F3-5　梁王城遗址北朝—隋时期各科哺乳动物
　　　　　肉食量分布示意图

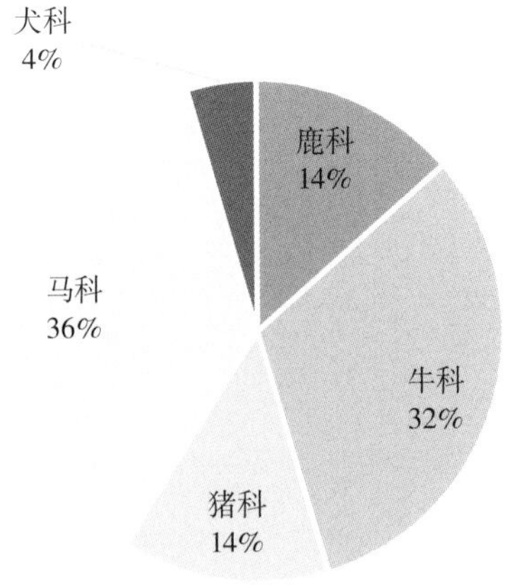

图 F3-6　梁王城遗址唐—宋元时期各科哺乳动物
　　　　　可鉴定标本数分布示意图

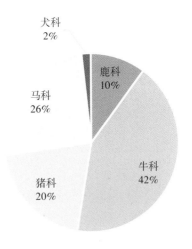

图 F3-7　梁王城遗址唐—宋元时期各科哺乳动物
　　　　　最小个体数分布示意图

图 F3-8　梁王城遗址唐—宋元时期各科哺乳动物
　　　　　肉量分布示意图

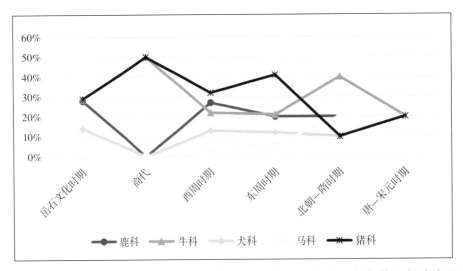

图 F3-9　梁王城遗址青铜时代到历史时期不同科哺乳动物最小个体数比例演变示意图

（二）骨骼表面各类痕迹分析

历史时期动物骨骼表面发现的各类痕迹，包括砍痕、切锯痕、切割痕、磨痕和食肉动物咬痕，不同的痕迹代表了人跟动物的不同行为。

北朝—隋时期，带有痕迹的骨骼数量相对较多，有 13 件，其中只有 1 件马的左侧胫骨远端表面带有食肉动物啃咬痕迹。带有砍痕的标本 9 件，其中 2 件为斑鹿角，其余标本均为牛的骨骼，包括胫骨、肱骨、股骨和肩胛骨等。带有切锯痕的标本 1 件，为斑鹿角残块；带有切割痕的标本有 3 件，分别为牛的肱骨、马的跟骨和肩胛骨。鹿角上发现的砍痕和切锯痕，表现出先民狩猎鹿科动物和利用鹿角制作器物的行为。牛和马四肢骨骼上发现的砍痕和切割痕，表现出先民肢解动物、剥皮剔肉和获取骨料制作器物的行为。本时期同时出土了 17 件不同形制不同特征的骨制品，进一步说明先民会利用食剩的动物骨骼来制作器物。

唐—宋元时期，带有痕迹的骨骼数量较少，只有 3 件，分别为带有切锯痕的牛肩胛骨、带有切割痕的牛胫骨和带有砍痕的斑鹿角。这些痕迹的存在，结合遗址中出土的 3 件骨制品，表明本时期的先民也会利用鹿角和牛骨来取料制作器物。

（三）关于本时期遗址发掘区性质的讨论

牛作为重要的耕作工具和运输工具，在以农业为本的中国古代社会有着重要的地位。自古以来统治者们对宰杀耕牛就有许多限制和规定，《礼记·王制》中记载："诸侯无故不杀牛，大夫无故不杀羊，士无故不杀犬豕，庶人无故不食珍"[1]，说明自古以来牛肉就是十分贵族化的肉食，只有王室和高等级贵族才有资格享用，并且只有在高规格的宗庙祭祀活动中才可以宰杀牛。

唐宋时期，统治者从法律政策等角度加大对耕牛的保护力度，禁止宰杀耕牛，杀牛罪甚至可被判死刑。《唐律疏议》卷第十九《贼盗律》规定："马牛军国所用，故与余畜不同，若盗而杀者，徒两年半。"[2]《宋刑统》中规定："臣等参详，今后应有盗官私马牛杂畜而杀之，或因仇嫌憎嫉而潜行屠杀者，请并为盗杀。如盗杀马牛，头首处死，从者减一等。如有盗割牛鼻，盗斫牛脚者，处死，从减一等，创合可用者，并减一等。如盗割盗斫至三头者，虽创合可用，头首不在减死之限。"[3]唐大中五年，"敕两京天下州府，起大中五年正月一日以后，三年内不得杀牛。如郊庙享祀合用者，则以诸畜代。"[4]可以看出无论是以法律还是敕令的形式，统治者都十分重视对耕牛的保护。

在官府严格控制宰杀耕牛的情况下，猪和羊成为当时人们主要的肉食来源。《太平广记》记载，唐代"周至鄠县界有果毅，每客来，恒买豚设馔"[5]，"庆植将聚亲宾客，备食，家

---

① 杨天宇：《礼记译注》，上海古籍出版社，2004 年，第 153 页。

② 〔唐〕长孙无忌等撰，刘俊文点校：《唐律疏议》卷第十九《贼盗律》，中华书局，1983 年，第 356 页。

③ 〔宋〕窦仪等撰，薛梅卿点校：《宋刑统》卷第十九《盗官私马牛杀》，法律出版社，1999 年，第 340~341 页。

④ 《旧唐书》卷第十八下，中华书局，1975 年，第 628 页。

⑤ 〔宋〕李昉等编：《太平广记》卷一百三十二，中华书局，1961 年，第 939 页。

人买得羊"[1]；《东京梦华录》记载，北宋都城南薰门，"唯民家所宰猪，续须从此入京，每日至晚，每群数万，止十数人驱逐，无有乱行者"[2]。

从上述文献可知，在历史时期，牛作为重要的耕作工具和运输工具，民间禁止宰杀，相应的猪和羊成为先民主要的肉食来源。本遗址的实际发现情况却与文献记载并不相符。首先，遗址中无论是北朝—隋时期还是唐—宋元时期，均未发现羊的遗存，猪的遗存在哺乳动物中占据的比例也都非常低；其次，无论是北朝—隋时期还是唐—宋元时期，牛的遗存在哺乳动物中占据的比例都比较高，尤其是北朝—隋时期，牛的比例是各哺乳动物中最高的；再次，从两个时期牛骨骼表面痕迹分布情况来看，这两个时期的牛都存在被先民用作肉食及在食用之后继续利用其骨骼制作骨器的现象。

可见，本遗址历史时期先民对牛这种动物利用程度较高，除食用外，还会利用其长大的肢骨来制作骨器。结合出土动物遗存的总体数量、哺乳动物各科动物骨骼分布比例及骨制品发现的情况来看，我们认为遗址发掘区并非先民集中宰杀肢解消费动物性食物的场所，至少在北朝—隋时期有可能属于先民取料制作加工骨器的场所，或距离先民制作加工骨器场所不远的区域。

（四）小结

本时期发现的野生动物，在遗址的青铜时代均有发现，说明遗址周边的地貌环境变化不大，仍然存在一定面积的林地和淡水水域。从出土动物群构成来看，历史时期相对于青铜时代而言相对更加简单，野生动物种类明显变少，说明先民对家养动物的利用程度进一步提高。

从历史文献的角度来看，牛作为农耕社会重要的耕作工具不应成为先民主要的肉食来源。但从本遗址的实际发现来看，两个时期先民对牛的利用程度都非常高。结合出土动物遗存的总体数量、哺乳动物各科动物骨骼分布比例、牛骨骼表面的各种痕迹分布和骨制品发现的情况来看，我们认为遗址发掘区并非先民集中宰杀肢解消费动物性食物的场所，至少在北朝—隋时期有可能属于先民取料制作加工骨器的场所，或距离先民制作加工骨器场所不远的区域。

---

[1]〔宋〕李昉等编：《太平广记》卷一百三十四，中华书局，1961年，第954页。
[2]〔宋〕孟元老撰，姜汉椿译注：《东京梦华录》卷第二《朱雀门外街巷》，贵州人民出版社，2009年，第25页。

后　记

　　梁王城遗址考古是在国家大型基本建设工程——南水北调东线先导工程之沂、沭、泗河洪水东调南下工程建设过程中进行的抢救性考古发掘工作。发掘工作历时5年，在4~10米的黄泛层下发现了大汶口文化和龙山文化聚落和墓地、商周墓地以及东周城址，考古项目获得国家文物局2007~2008年度田野考古三等奖，2013年梁王城遗址被国务院公布为第七批全国重点文物保护单位。考古发掘成果于2007年、2008年两度入围全国十大考古新发现终评，两次都因一票之差而与"十大考古"发现失之交臂。发掘工作期间，国家文物局专家组李伯谦先生、刘庆柱、赵福生先生莅临工地指导工作，提出梁王城遗址与古徐国关系密切，如果能够证实是徐国都城，那就是填补了一项重大历史空白，对研究扑朔迷离的古徐国和徐文化考古至关重要，这也是《梁王城遗址发掘报告·商周卷》之所以备受考古界关注的重要原因。在2013年《梁王城遗址发掘报告·史前卷》出版之后，考古队集中精力，全力以赴整理两周卷的相关考古资料，整理工作由林留根总负责，周润垦、原丰、胡颖芳承担资料整理、文物修复、器物摄影和报告编写。《梁王城遗址发掘报告·商周卷》是集体劳动的成果，感谢周恒明、贺亚炳为文物修复和资料核对付出的辛劳；感谢南京博物院文物保护研究所田建花、余伟对遗址中出土铁器进行修复和加固；感谢山东大学考古系的宋艳波女士，对遗址中出土的历史时期的动物遗存进行了鉴定并撰写鉴定报告。最后特别要感谢文物出版社谷艳雪同志为编辑出版这部考古报告所付出的辛勤劳动。

编　者

ABSTRACT

After 6 archaeological excavations from 2004 to 2009, a city site of the Eastern Zhou Dynasty with a total area of more than 1 million square meters was revealed at the Liangwangcheng Site. The city site was planned according to the two-city system which was a popular capital layout plan in the Eastern Zhou Dynasty, including a large city and a small city. The plane shape of the large city was nearly rectangle, slightly longer from north to south and slightly shorter from east to west. The distance between the east wall and the west wall was about 900 meters. The plane shape of the small city was nearly trapezoid which was narrower in the north and wider in the south, with a maximum length of 175 meters from north to south and 130 meters from east to west, and a total area of about 20,000 square meters. The small city was constructed on a high platform formed by early human activities, and then repaired and reinforced. The wall of the large city was built around the small city. As the core of the whole city site, the small city had perfect layout along with water supply and drainage facilities. The main remains included rammed earth foundations, large wooden constructions, the drainage system, water wells, tombs, and so on. According to the unearthed relics and stratigraphic relationships, it can be inferred that the city site was built in the mid Spring and Autumn Period, used until the late Spring and Autumn Period, and abandoned in the early-to-mid Warring States Period.

In the stratigraphic accumulation of the city site earlier than the Eastern Zhou Dynasty, a cemetery including 71 tombs and 12 animal pits of the early-to-mid Western Zhou Dynasty was discovered, which should belong to the adherents of the Shang Dynasty. The tombs were mainly east-west located, with a certain number of waist pits. In some tombs only a *li*-tripod was buried, while others had the combination of *li*-tripods, *gui*-food vessels, *dou*-dishes, and pots (*lei*-wine vessels). On some joint-crotched *li*-tripods, the rope pattern was not applied to the toes, where the scraping or polishing traces were commonly seen. A certain number of separate-crotched *li*-tripods also existed. Decorations such as the triangle pattern, the grid pattern, the spiral pattern and the mud cake were often applied to *gui*-food vessels and *lei*-wine vessels. There were considerable number of *dou*-dishes. The animal pits contained mainly horses, cattle, pigs and sheep.

In addition to the cultural accumulation during the Eastern and Western Zhou period, two *jia*-pottery vessels from the Yueshi culture were discovered at the Liangwangcheng Site, which are similar to the pottery vessels from the Nanguanwai period, indicating that they are also related to the early Shang culture in the eastern Henan region. More than 20 ash pits and specimens of Shang cultural artifacts have been discovered in Shang cultural remains, spanning from the middle of the Middle Shang Dynasty to the three periods of the Yin Ruins. The era characteristics of pottery reflect that the region has been strongly influenced by the Central Plains Shang culture from beginning to end.

Moreover, the cultural accumulation and relics of the Northern Dynasties to the Sui Dynasty and of the Tang Dynasty to the Song and Yuan Dynasties were also found at the Liangwangcheng Site. The porcelain and bricks with Buddhist figures which were of the Northern Dynasties characteristics, together with the lotus-patterned eaves tiles which were of the Southern Dynasties characteristics, show that the Huaisi Basin where Xiapi is located was a crisscross zone of the North and South regimes. Although the Liangwangcheng Site declined in the Tang, Song and Yuan Dynasties, the unearthed relics were rich in daily necessities, agricultural tools, chariot and horse fittings, weapons, and so on, reflecting the diversified life of the people at that time.

要　旨

　　梁王城遺跡は 2004 年から 2009 年にかけて 6 回の発掘調査が行われ、総面積 100 万平方メートルを超える東周時代の都市遺跡が発掘された。この城址は、東周時代に流行した双城制度に則って整備されたものであり、大城と小城が含まれている。大城の平面形は南北にやや長く、東西にやや狭い長方形に近く、東西の城壁の間隔は約 900 メートルである。小城の平面形は北がやや狭く、南が広い台形となっていて、長さは南北で最長 175 メートルで、東西で最長 130 メートルで、総面積は約 2 万平方メートルである。小城は初期の人間活動によって形成された高台を借りて、修理や補強を整え、その上に建物を建て直したものである。大城は小城を中心に城壁を建設した。小城は遺跡全体の核心として、城内の給水、排水施設が完備されていて、主な遺跡には基台、大型木造建築物、排水システム、井戸、墓などが含まれている。出土した遺物や地層から見れば、この城は春秋時代中期に築造され、春秋時代後期まで使用された後、戦国時代前期から中期に廃棄されたと判断されることができる。

　　東周の城址より早い時期の地層から、殷王朝の遺民と推定される西周前期から中期の墓地が発見された。その中から 71 基のお墓と 12 個の獣坑が発見された。お墓の向きは東西向きをメインとし、一定数の腰坑もあり、副葬品の組み合わせには鬲だけ、あるいは鬲、簋、豆と罐（罍）の組み合わせが中心である。一部の聯档鬲は先端まで縄文が施されたことがなく、先端には削ったり磨いたりした痕跡がよく見られ、一定数の分档鬲もある。簋、罍には三角模様、格子模様、渦巻き模様、丸く平たい泥で飾られたものが多く、豆の数が多い。獣坑には馬、牛、豚、羊のものがある。

　　両週間の文化堆積のほか、梁王城遺跡では岳石文化の陶罩が両点発見され、南関外期の陶罩に似ており、豫東地区の早商文化とも一定の関係があることを示している。商文化遺留物は 20 余りの灰色坑及び商文化器物標本を発見し、時代は中商中期から殷墟三期まで、陶器の時代特徴は当地区が始終から中原商文化の強い影響を受けていることを反映している。

　　梁王城遺跡は周王朝の文化層の堆積以外、北朝—隋文化及び唐—宋元時代の文化層の堆積と遺物も発見された。北朝の特徴を持つ磁器、仏像レンガ、南朝の特徴を持つ蓮華紋瓦当は、下邳のある淮泗流域は南北政権が複雑に絡み合っている地帯であったことを示している。唐—宋元時代の梁王城遺跡は衰退しつつあったが、出土品には日用品、農具、車馬具、武器などがあり、種類が豊富であることは、当時の人々の多様な生活を反映している。

图版

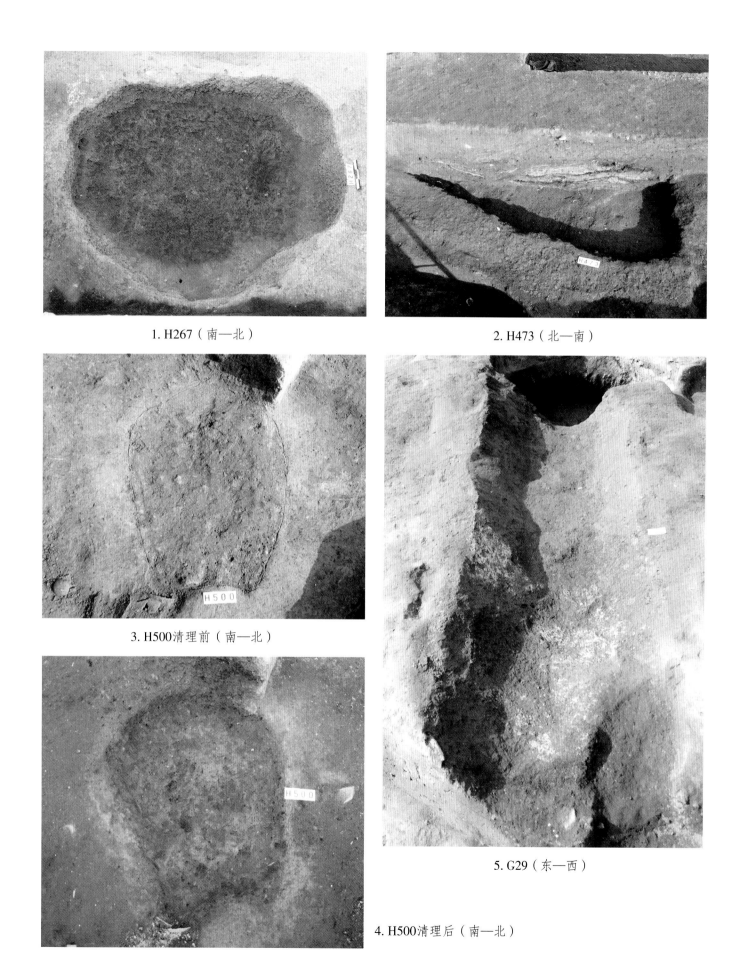

1. H267（南—北）

2. H473（北—南）

3. H500清理前（南—北）

5. G29（东—西）

4. H500清理后（南—北）

图版一　岳石文化灰坑与灰沟

1. A型（H500：1）

2. A型（H500：1）

3. B型（H500：2）

4. B型（H500：2）

图版二　岳石文化陶斝

1. 器盖A型（Ⅲ T4805⑧：1）

2. 器盖A型（Ⅲ T4809⑦c：2）

3. 器盖A型（T6⑧：7）

4. 器盖A型（T8⑨：1）

5. 器盖D型（H473：3）

6. 器盖纽B型（T9⑦：3）

图版三　岳石文化陶器盖、器盖纽

1. 陶尊形器口沿Ⅱ式（T8⑨：2）

2. 陶尊形器底（T8⑨：3）

3. 陶尊形器底（H77：1）

4. 陶盒A型Ⅰ式（H541：7）

5. 陶盒A型Ⅱ式（ⅣT4701⑧：1）

6. 陶盒A型Ⅱ式（T2⑥：1）

7. 陶盒B型Ⅱ式（H541：9）

8. 石刀（ⅢT4908⑧：1）

图版四　岳石文化陶尊形器、盒与石刀

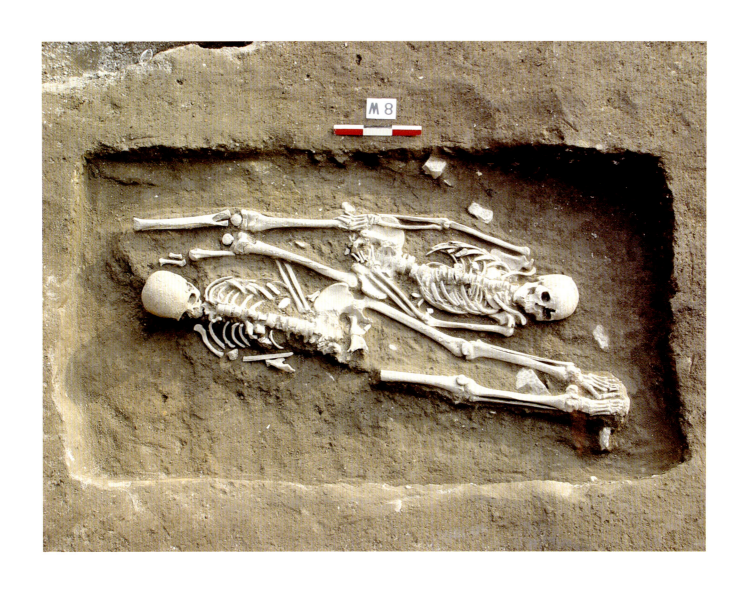

图版五　岳石文化墓葬M8（南—北）

1. H79（南—北）

4. H260（南—北）

2. H174（南—北）

5. H269（东—西）

3. H238（南—北）

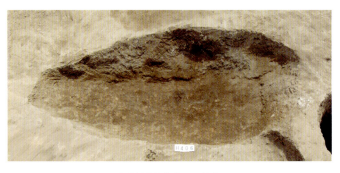

6. H406（北—南）

7. H476（东—西）

图版六　商时期灰坑

1. A型（H174：1）

2. B型（H269：1）

3. B型（H406：1）

4. C型（ⅣT4801⑦：1）

图版七　商时期陶鬲

1. 鬲口沿A型Ⅰ式（H262：6）

2. 鬲口沿A型Ⅱ式（H262：8）

3. 鬲口沿A型Ⅲ式（H262：10）

4. 鬲口沿C型（H262：1）

5. 豆A型（ⅢT4708⑦b：1）

图版八　商时期陶鬲口沿、豆

1. Aa型（H95：1）

2. Ab型（H82：1）

3. Ba型（H174：2）

4. Bb型（H18：1）

图版九　商时期陶罐

1. F2清理现场（西北—东南）

2. F16清理后（西—东）

3. F19清理后（东—西）

图版一〇　西周时期房址F2、F16、F19

1. F6清理前（东—西）

2. F6清理后（东—西）

3. F6柱洞D4

4. F14清理后（北—南）

图版一一　西周时期房址F6、F14

1. H60（西—东）

2. H61（东—西）

3. H74（南—北）

4. H101（西—东）

5. H150（南—北）

6. H152（东—西）

图版一二　西周时期灰坑

1. H163（北—南）

2. H179（西—东）

3. H196（东—西）

4. H210（南—北）

5. H215（东—西）

6. H227（西—东）

图版一三　西周时期灰坑

1. H241（西南—东北）

2. H252（南—北）

3. G9（南—北）

4. G27（东—西）

5. H62（南—北）

6. H73（西—东）

图版一四　西周时期灰坑与灰沟

1. H362（东—西）

2. H367（西—东）

3. H450坑底铺圆木清理前（东—西）

4. H450坑底铺圆木解剖后（东—西）

5. H453坑底垫石块（北—南）

6. H454坑底垫石及头骨（北—南）

图版一五　西周时期灰坑

1. H461清理过程中发现的头骨

2. H461清理完（北—南）

3. H462（西—东）

4. H464（东—西）

5. H464中①号头骨

6. H464中②号头骨

图版一六　西周时期灰坑

1. H483（南—北）

2. H492（南—北）

3. H539（北—南）

4. H539坑边柱洞

5. H540（东南—西北）

6. H540（东北—西南）

图版一七　西周时期灰坑

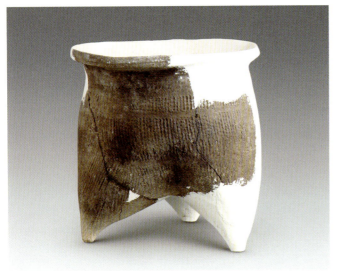

1. Aa型Ⅰ式（T9⑧：1）

2. Aa型Ⅱ式（ⅢT4609⑦：3）

3. Aa型Ⅱ式（ⅢT4801⑦：1）

4. Ab型Ⅰ式（H461：5）

5. Ab型Ⅰ式（ⅢT4710⑦b：1）

6. Ab型Ⅱ式（ⅢT4811⑦：1）

图版一八　西周时期陶分裆鬲

1. Ab型Ⅱ式（T14⑦：3）

2. Ab型Ⅱ式（ⅢT4810⑦a：1）

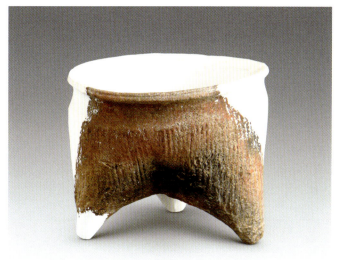

3. Ab型Ⅱ式（T7⑦：1）

4. Ba型（H215：3）

5. Ba型（H215：2）

6. Ba型（H461：10）

图版一九　西周时期陶分裆鬲

1. 分裆鬲Bb型（ⅣT3904⑦：1）

2. 弧裆鬲A型Ⅰ式（H81：1）

3. 弧裆鬲A型Ⅰ式（H181①：5）

4. 弧裆鬲A型Ⅰ式（H181①：3）

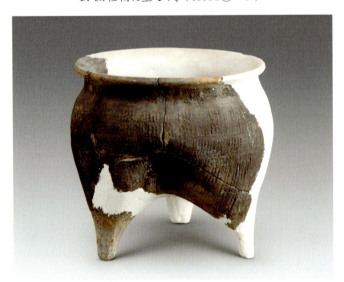

5. 弧裆鬲A型Ⅱ式（H185：1）

6. 弧裆鬲B型（ⅢT4909⑦b：1）

图版二〇　西周时期陶鬲

1. 弧裆鬲C型（G4③：9）

2. 弧裆鬲D型（ⅢT4809⑦c：1）

3. 弧裆鬲E型（ⅢT4710⑦a：3）

4. 弧裆鬲E型（T9⑧：2）

5. 平裆鬲A型（G4③：8）

6. 平裆鬲A型（H182：1）

图版二一　西周时期陶鬲

1. 平裆鬲B型Ⅰ式（H44：2）

4. 簋A型（H462：1）

2. 平裆鬲B型Ⅱ式（G4③：14）

5. 簋A型（H483：2）

3. 平裆鬲C型（G1②：2）

6. 簋D型（H492：2）

图版二二　西周时期陶鬲、簋

1. 簋B型（ⅢT4710⑦b：3）

4. 豆B型（ⅢT4604⑧：1）

2. 簋B型（ⅣT3904⑧：1）

5. 瓮（T11⑦：4）

3. 豆A型（T7⑨：1）

图版二三　西周时期陶簋、豆、瓮

1. A型Ⅰ式（H215：6）

2. A型Ⅰ式（H215：5）

3. A型Ⅱ式（H196：1）

4. B型（ⅢT4802⑦：1）

图版二四　西周时期陶罐

1. A型Ⅰ式（H215：4）

2. A型Ⅰ式（H461：1）

3. A型Ⅱ式（ⅢT4710⑦b：2）

4. B型（H492：1）

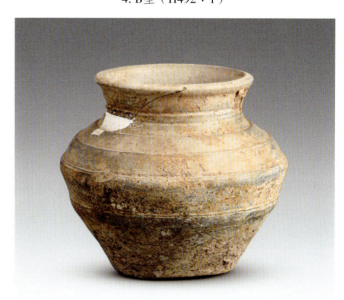

5. B型（T12⑦：1）

图版二五　西周时期陶罍

1. A型Ⅰ式（ⅢT4808⑦：6）

2. A型Ⅰ式（T5⑤：1）

3. A型Ⅱ式（H179：1）

4. A型Ⅲ式（H362：1）

5. B型（ⅢT4702⑦c：1）

6. C型（T14⑧：6）

图版二六　西周时期陶盆

1. A型Ⅰ式（ⅢT4702⑦c：2）

2. A型Ⅱ式（H483：2）

3. B型Ⅲ式（T4⑦：3）

4. C型Ⅱ式（ⅢT4605⑦c：2）

5. B型Ⅲ式（ⅢT4202⑦：1）

图版二七　西周时期陶钵

1. 陶甗Ⅰ式（T11⑦：5）

2. 陶甗Ⅱ式（T11⑦：1）

3. 陶甗（T6⑧：4）

4. 陶大口器（H362：2）

图版二八　西周时期陶甗、甗、大口器

1. 铜镞A型（T14⑧∶2）　　　　　2. 铜镞B型（T11⑦∶7）　　　　　3. 石斧（ⅢT4803⑦c∶1）

4. 石刀（H346∶1）　　　　　　　　　　　5. 石刀（H336∶2）

6. 骨镞A型（T15⑦∶3）　　　　7. 骨镞B型（T12⑦∶4）　　　　8. 骨镞C型（T14⑧∶5）

图版二九　西周时期铜镞、石斧与刀、骨镞

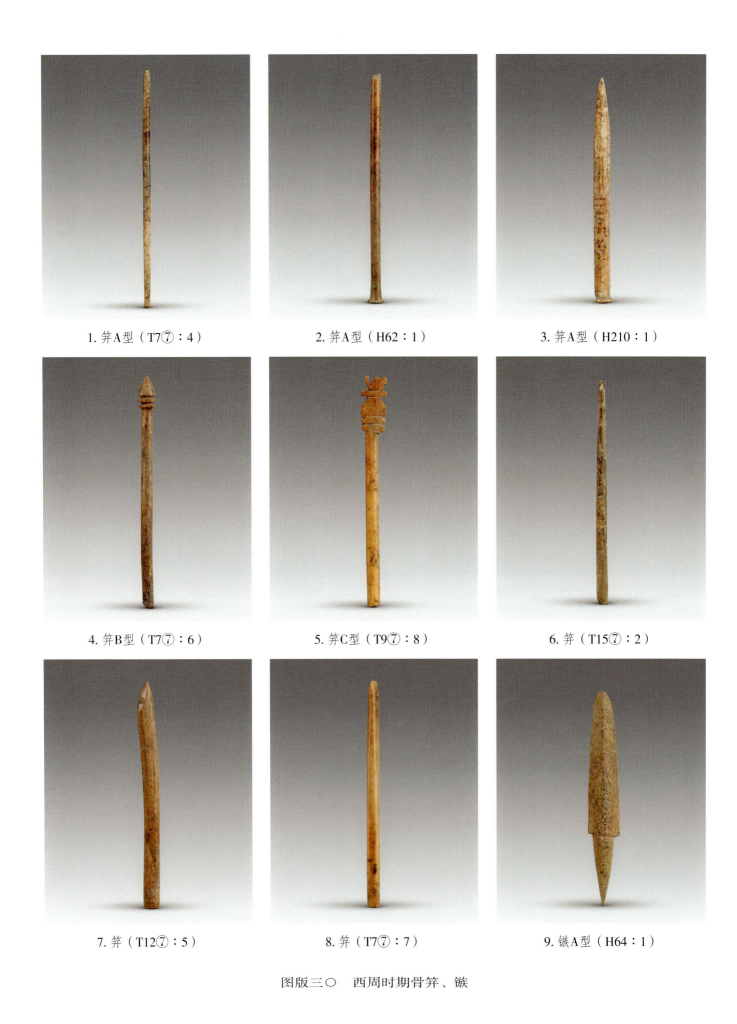

1. 笄A型（T7⑦：4）　　　　2. 笄A型（H62：1）　　　　3. 笄A型（H210：1）

4. 笄B型（T7⑦：6）　　　　5. 笄C型（T9⑦：8）　　　　6. 笄（T15⑦：2）

7. 笄（T12⑦：5）　　　　8. 笄（T7⑦：7）　　　　9. 镞A型（H64：1）

图版三〇　西周时期骨笄、镞

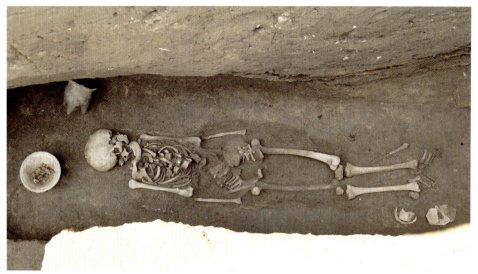

1. M25清理后（北—南）

2. M25陶簋内兽骨

3. M25墓底腰坑（南—北）

4. M25腰坑内狗骨（东—西）

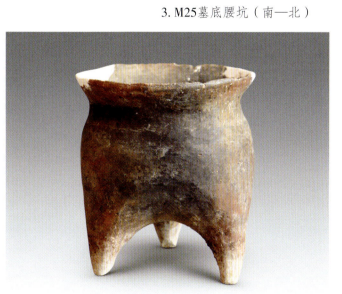

5. 陶鬲（M25：2）

6. 陶簋（M25：1）

图版三一　西周时期墓葬M25及其出土器物

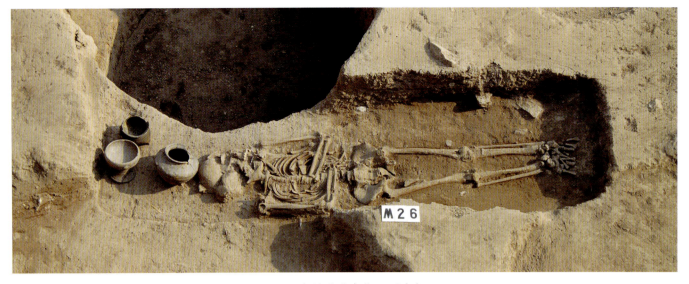

1. M26清理后（东北—西南）

2. 陶鬲（M26：2）

3. 陶豆（M26：1）

4. 陶罍（M26：3）

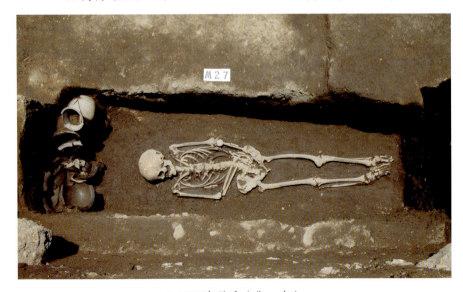

5. M27清理后（北—南）

6. M27出土水晶饰情形

图版三二　西周时期墓葬M26、M27及其出土器物

1. 陶鬲（M27：4）

4. 陶豆（M27：2）

2. 陶鬲（M27：9）

5. 陶豆（M27：3）

3. 陶簋（M27：5）

6. 陶罐（M27：1）

图版三三　M27出土器物

1. M28清理后（北—南）

2. M28出土铜镞情形

3. 铜镞（M28：3）

4. 陶鬲（M29：1）

5. M29清理后（西北—东南）

图版三四　西周时期墓葬M28、M29及其出土器物

1. M31清理后（北—南）

2. M31人骨上的朱砂

3. M31出土陶器内的兽骨

4. 骨针（M31：01）

5. 陶鬲（M31：4）

图版三五　西周时期墓葬M31及其出土器物

1. 陶簋（M31：3）

2. 陶簋（M31：6）

3. 陶豆（M31：1）

4. 陶豆（M31：5）

5. 陶罐（M31：2）

6. 陶罐（M31：7）

图版三六　M31出土器物

1. M32清理后（西南—东北）

2. M32墓主一侧婴儿骨骼清理情况

3. M33清理情况（东北—西南）

图版三七　西周时期墓葬M32、M33

1. M34清理后（北—南）

2. 陶簋（M34：1）

3. 陶豆（M34：2）

4. 陶罐（M34：3）

5. 骨笄（M34：4）

图版三八　西周时期墓葬M34及其出土器物

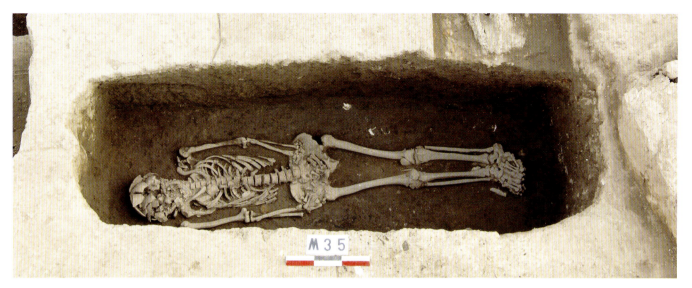

1. M35清理后（东北—西南）

2. M36清理后（北—南）

3. 陶簋（M36∶1）

4. 陶罐（M36∶2）

5. 骨镞（M36∶3）

图版三九　西周时期墓葬M35、M36及M36出土器物

1. M37清理后（西南—东北）

2. M38清理后（南—北）

3. M39清理后（北—南）

4. M40清理后（东—西）

5. M41清理后（北—南）

图版四〇　西周时期墓葬M37、M38、M39、M40、M41

1. M42清理后（东北—西南）

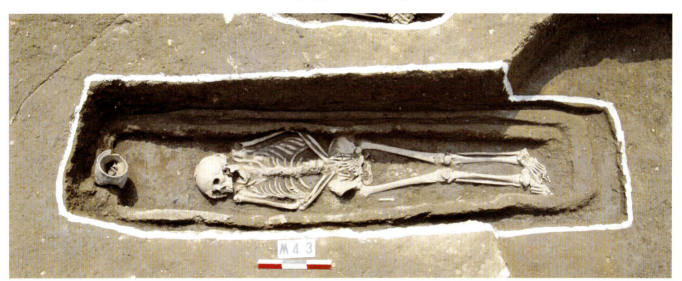

2. M43清理后（北—南）

3. 陶鬲（M43：1）

图版四一　西周时期墓葬M42、M43及M43出土器物

1. M44清理后（西南—东北）

2. M45清理后（东北—西南）

3. 陶簋（M45：1）

4. 陶豆（M45：2）

图版四二　西周时期墓葬M44、M45及M45出土器物

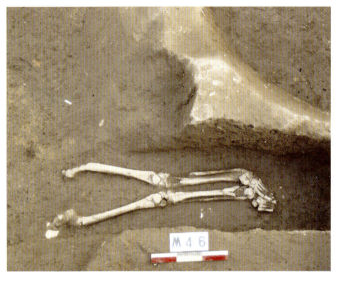

1. M46清理后（北—南）

2. M47清理后（北—南）

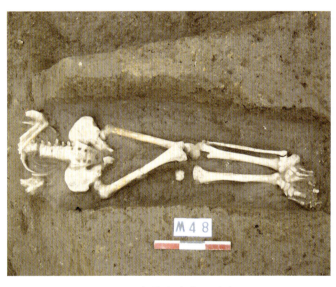

3. M48清理后（北—南）

4. M50清理后（西—东）

5. M49清理后（北—南）

6. 陶罍（M46：1）

图版四三　西周时期墓葬M46、M47、M48、M49、M50及M46出土器物

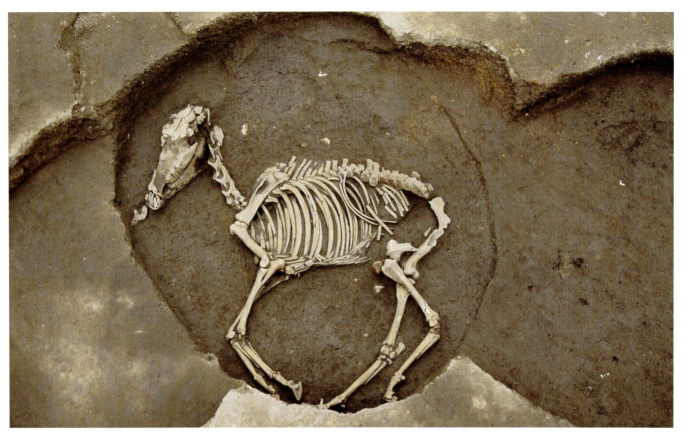

1. S1清理后（西北—东南）

2. S2清理后（西北—东南）

图版四四　西周时期兽坑S1、S2

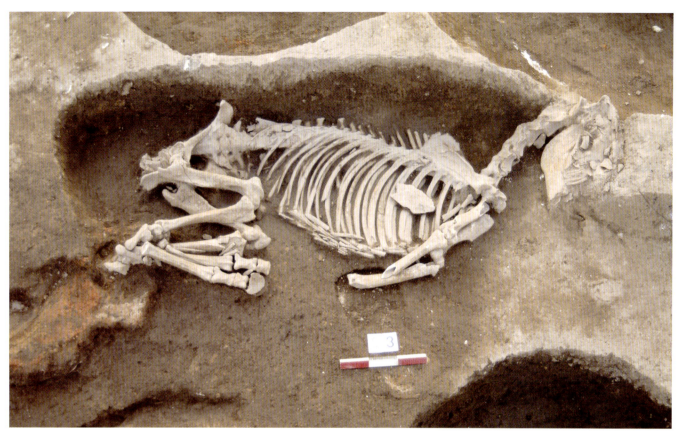

1. S3清理后（东—西）

2. S4清理后（西北—东南）

图版四五　西周时期兽坑S3、S4

1. S5清理后（东北—西南）

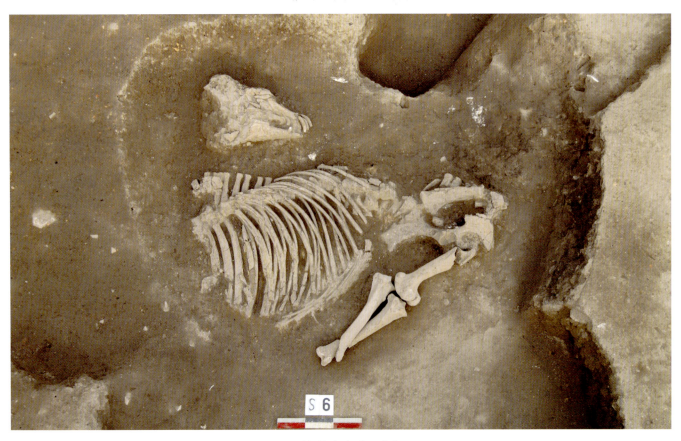

2. S6清理后（西—东）

图版四六　西周时期兽坑S5、S6

1. S7清理后（东南—西北）

2. M165清理后（东北—西南）

3. 陶鬲（M165∶1）

4. 陶罍（M165∶2）

图版四七　西周时期兽坑S7、墓葬M165及M165出土器物

1. M166清理后（北—南）

2. M169清理后（北—南）

3. M171清理后
（东—西）

图版四八　西周时期墓葬M166、M169、M171

1. 陶鬲（M169：3）

2. 陶簋（M169：1）

3. 陶罐（M169：2）

4. 陶罍（M169：4）

5. 陶鬲（M171：1）

图版四九　　M169、M171出土器物

1. M173清理后
（北—南）

2. 陶鬲（M173：2）

3. 陶簋（M173：4）

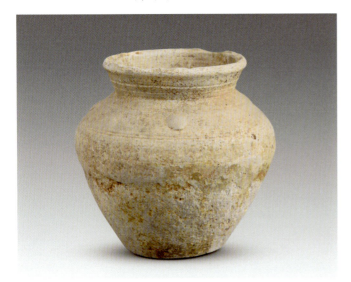

4. 陶罍（M173：1）

5. 陶罐（M173：3）

图版五〇　西周时期墓葬M173及其出土器物

1. M174清理后（东—西）

2. M175清理后（北—南）

3. M177清理后（西—东）

图版五一　西周时期墓葬M174、M175、M177

1. 陶鬲（M177：2）

2. 陶簋（M177：1）

3. M178清理后（东北—西南）

4. 陶鬲（M178：1）

5. 陶豆（M181：1）

图版五二　西周时期墓葬M178及M177、M178、M181出土器物

1. M180清理后（北—南）

2. M181清理后（北—南）

3. M182清理后（东—西）

图版五三　西周时期墓葬M180、M181、M182

1. M183清理后（东—西）

2. 陶鬲（M183：2）

3. 陶簋（M183：1）

4. 陶豆（M183：4）

5. 陶罍（M183：3）

图版五四　西周时期墓葬M183及其出土器物

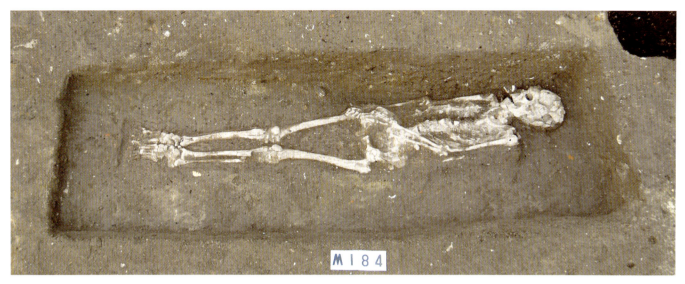

1. M184清理后（南—北）

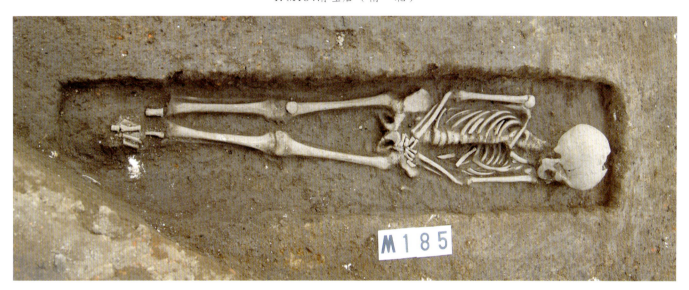

2. M185清理后（东北—西南）

3. M191清理后（东—西）

图版五五　西周时期墓葬M184、M185、M191

1. M186清理后（东南—西北）

2. M186墓底腰坑（西北—东南）

3. 陶鬲（M186：2）

4. 陶簋（M186：1）

图版五六　西周时期墓葬M186及其出土器物

1. M192清理后（北—南）

2. M193清理后（西南—东北）

3. M196清理后（西南—东北）

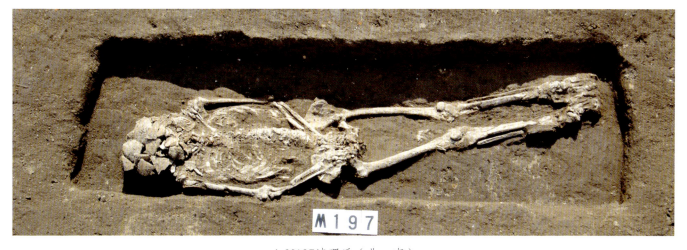

4. M197清理后（北—南）

图版五七　西周时期墓葬M192、M193、M196、M197

1. M199清理后（西北—东南）

2. M200清理后（东—西）

3. M205清理后（东—西）

4. M206清理后（北—南）

图版五八　西周时期墓葬M199、M200、M205、M206

1. M207清理后（东—西）

2. M208清理后（南—北）

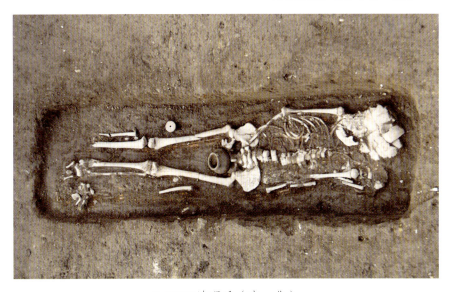

3. M209清理后（南—北）

4. 陶罐（M209：2）

图版五九　西周时期墓葬M207、M208、M209及M209出土器物

1. M210清理后（北—南）

2. 陶簋（M210：1）

3. M213清理后（西—东）

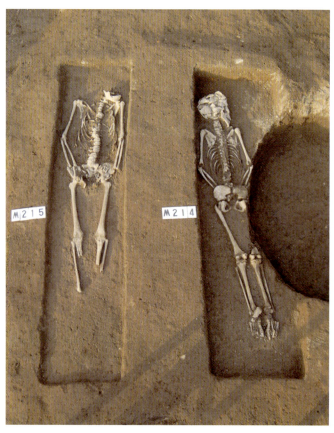

4. M214、M215清理后（南—北）

图版六〇　西周时期墓葬M210、M213、M214、M215及M210出土器物

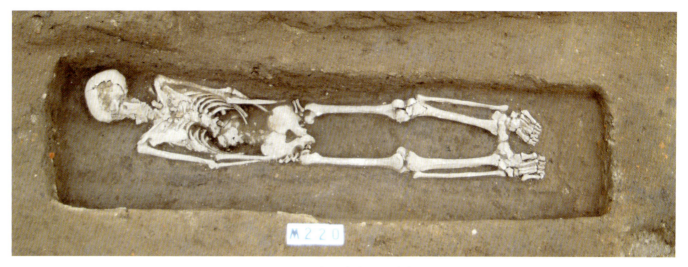

1. M220清理后（西—东）

2. M220墓底腰坑（西—东）

3. M221清理后（西南—东北）

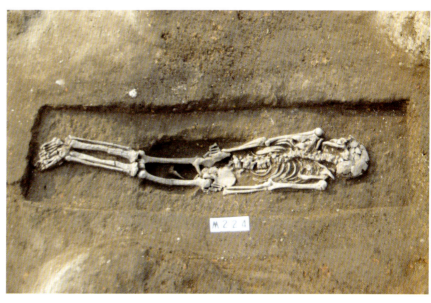

4. M224清理后（东—西）

图版六一　西周时期墓葬M220、M221、M224

1. S10清理后（东南—西北）

2. S11清理后（南—北）

3. S12清理后（东—西）

图版六二　西周时期兽坑S10、S11、S12

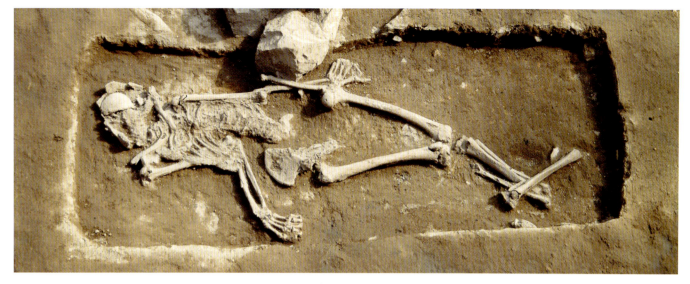

1. M54清理后（南—北）

2. M55清理后（西南—东北）

3. M56清理后（西南—东北）

4. M66清理后（西—东）

图版六三　西周时期墓葬M54、M55、M56、M66

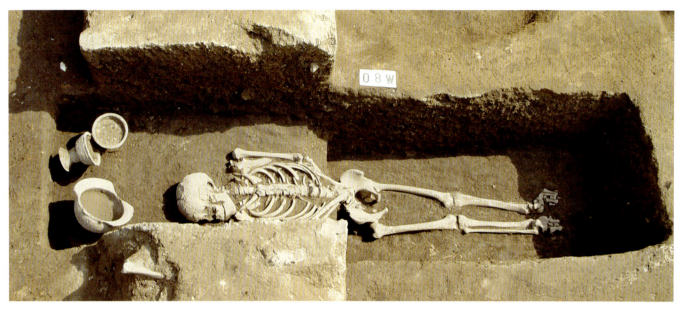

1. M80清理后（北一南）

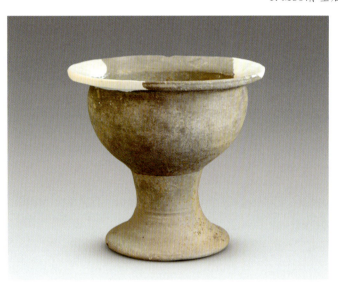

2. 陶簋（M80：1）

3. 陶豆（M80：2）

4. 陶豆（M80：3）

图版六四　西周时期墓葬M80及其出土器物

1. M198清理后（东—西）　　　　　　　　2. M203清理后（北—南）

3. S8清理后（北—南）

图版六五　西周时期墓葬M198、M203与兽坑S8

1. S9清理后（北—南）

2. S9局部

3. S9局部

图版六六　西周时期兽坑S9

1. 南城墙解剖现场（TG1）

2. 南城墙墙外侧护坡

图版六七　东周时期南城墙解剖现场及墙外侧护坡

1. 南城墙墙体夯土层

2. 南城墙墙体上的夯窝

图版六八　南城墙墙体夯土层与夯窝

1. TG5

2. TG5所见西城墙护坡与墙体关系

图版六九　TG5及TG5所见东周时期西城墙护坡与墙体关系

1. 西城墙墙体

2. 西城墙墙体外侧护坡

图版七〇　西城墙墙体与墙体外侧护坡

1. 南城墙下灰坑H121、H122

2. H121出土陶片

3. H122出土陶片

4. 陶豆（H121：1）

5. 南城墙下基槽内出土陶片

图版七一　南城墙下灰坑H121、H122及其与南城墙基槽内出土陶器

1. 豆（JC：1）

2. 豆（JC：12）

3. 豆（JC：11）

4. 盆（JC：7）

5. 罐口沿（JC：9）

6. 罐口沿（JC：10）

图版七二　南城墙基槽内出土陶器

1. 弧壁豆盘（NCQ I ⑬-⑭：1）

2. 弧壁豆盘（NCQ I ⑬-⑭：1）

3. 弧壁豆盘（NCQ I ①-③：7）

4. 折壁豆盘（NCQ I ⑰-⑱：5）

6. 折壁豆盘（NCQ I ⑯-⑰：6）

5. 折壁豆盘（NCQ I ⑦-⑨：4）

7. 折壁豆盘（NCQ I ①-③：8）

图版七三　南城墙墙体夯土层出土陶器

1. 高柄豆柄（NCQ I ①-③：6）

2. 高柄豆柄（NCQ I ⑦-⑨：5）

3. 高柄豆柄（NCQ I ⑮-⑯：1）

4. 高柄豆柄（NCQ I ⑬-⑭：10）

5. 印纹硬陶罐口沿（NCQ I ⑰-⑱：8）

6. 印纹硬陶罐口沿（NCQ I ⑬-⑭：4）

图版七四　南城墙墙体夯土层出土陶器

1. 罐口沿B类（NCQⅠ⑯-⑰：1）

2. 罐口沿C类（NCQⅠ⑬-⑭：5）

3. 罐口沿D类（NCQⅠ①-③：4）

4. 鬲口沿（NCQⅠ①-③：2）

5. 盆口沿（NCQⅠ⑰-⑱：7）

6. 盆口沿（NCQⅠ①-③：3）

图版七五　南城墙墙体夯土层出土陶器

1. 豆盘（NCQ附⑧：4）

2. 豆盘（NCQ附⑥：4）

3. 豆盘（NCQ附⑧：3）

4. 豆柄（NCQ附⑧：1）

5. 豆（NCQ附②：4）

6. 杯（NCQ附⑥：3）

图版七六　南城墙墙体外侧护坡出土陶器

1. 鬲口沿（NCQ附⑧：8）

2. 盆口沿（NCQ附⑥：1）

3. 罐口沿A类（NCQ附⑧：9）

4. 罐口沿B类（NCQ附⑧：2）

5. 罐口沿C类（NCQ附②：3）

图版七七　南城墙墙体外侧护坡出土陶器

1. T15内夯土台基

2. 台基东部边缘

图版七八　东周时期夯土台基TJ1

1. 夯土层

2. 台基夯土层解剖情况

3. 平整的台基夯土面

4. 夯窝

图版七九　夯土台基TJ1

1. F5（西—东）

2. 柱洞及柱础1（北—南）

3. 柱洞及柱础2（北—南）

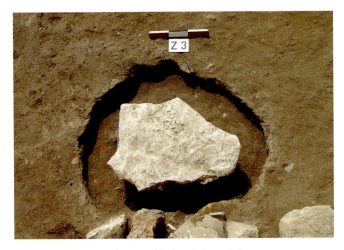

4. 柱洞及柱础3（北—南）

5. 柱洞及柱础4（北—南）

图版八〇　东周时期房址F5及其部分柱洞及柱础

1. 北—南

2. 南—北

3. 西—东

图版八一　东周时期房址F18

1. 东南—西北

2. 西北—东南

3. 东—西

图版八二　东周时期排水设施G14与H285

1. 东南—西北

2. 西北—东南

3. 南—北

图版八三　东周时期大型排水设施G15

1. G16（北—南）

2. G17（西—东）

3. J2

4. J4（南—北）

图版八四　东周时期排水设施与水井

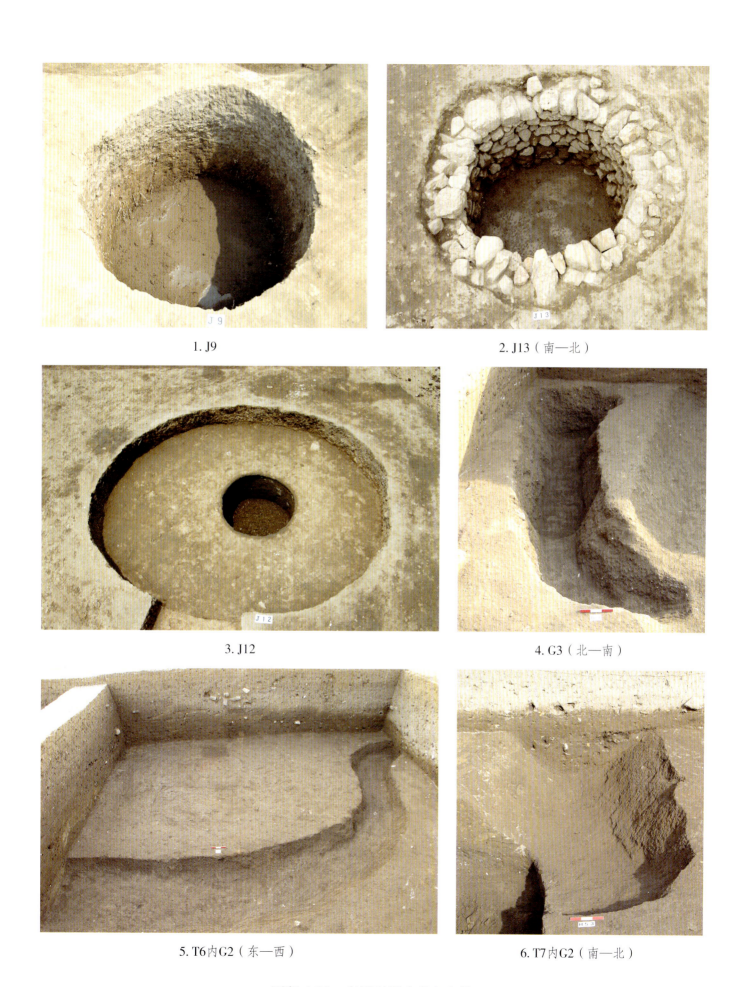

1. J9

2. J13（南—北）

3. J12

4. G3（北—南）

5. T6内G2（东—西）

6. T7内G2（南—北）

图版八五　东周时期水井与灰沟

1. T6内G4（南—北）

3. H44

4. H45

2. G28

5. H49

图版八六　东周时期灰沟与灰坑

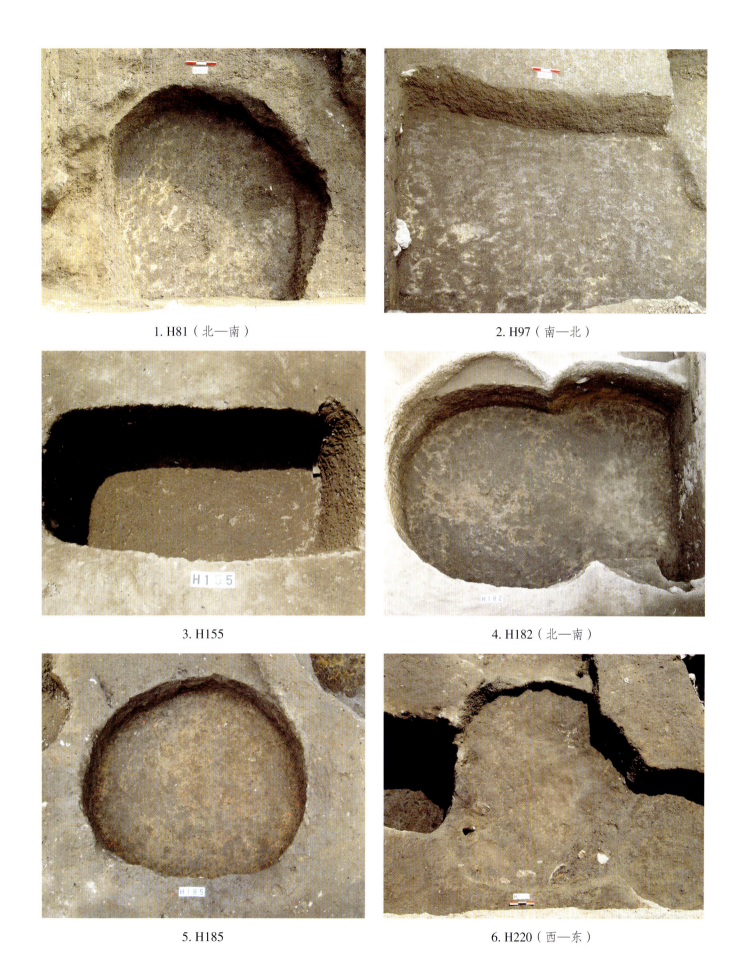

1. H81（北—南）

2. H97（南—北）

3. H155

4. H182（北—南）

5. H185

6. H220（西—东）

图版八七　东周时期灰坑

1. H289（北—南）

2. H298

3. H300（南—北）

4. H312

5. H313（南—北）

6. H326

图版八八　东周时期灰坑

1. H327　　　　　　　　　　　　　　　2. H440（南—北）

3. H448（西南—东北）

图版八九　东周时期灰坑

1. 鬲A型Ⅰ式（T4④：8）

2. 鬲B型（H298：1）

3. 矮柄豆Aa型Ⅰ式（H313：3）

4. 矮柄豆Aa型Ⅰ式（ⅢT4104⑥：5）

5. 矮柄豆Aa型Ⅰ式（ⅢT4104⑥：6）

6. 矮柄豆Aa型Ⅱ式（ⅢT4105⑥：1）

图版九〇　东周时期陶鬲、豆

1 Aa型Ⅲ式（T5④：2）

2. Aa型Ⅲ式（T5④：1）

3. Aa型Ⅲ式（T14⑥：2）

4. Ab型Ⅰ式（ⅢT4202⑥：9）

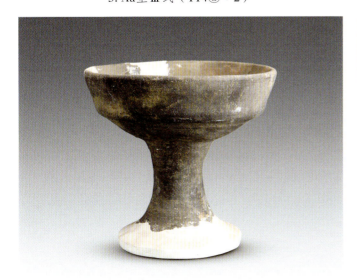

5. Ab型Ⅱ式（H5：5）

6. Ab型Ⅱ式（H5：8）

图版九一　东周时期陶矮柄豆

1. Ab型Ⅲ式（ⅢT4104⑥：7）

2. Ab型Ⅳ式（H313：4）

3. Ac型Ⅰ式（ⅢT4202⑥：10）

4. Ac型Ⅰ式（H448⑤：3）

5. Ac型Ⅱ式（H175：1）

6. Ac型Ⅱ式（H313：2）

图版九二　东周时期陶矮柄豆

1. Ac型Ⅱ式（H69：1）

2. T12⑥：3

3. Ba型Ⅰ式（ⅢT4202⑥：4）

4. Ba型Ⅱ式（H65：2）

5. Ba型Ⅱ式（H308：2）

6. Ba型Ⅱ式（ⅢT4202⑥：7）

图版九三　东周时期陶矮柄豆

1. Ba型Ⅱ式（H289：1）　　　　　　　　2. Ba型Ⅲ式（ⅢT4104⑥：2）

3. Ba型Ⅲ式（T6⑥：18）　　　　　　　　4. Bb型Ⅰ式（T2⑤：9）

5. Bb型Ⅰ式（H155：1）　　　　　　　　6. Bb型Ⅰ式（ⅢT4104⑥：8）

图版九四　东周时期陶矮柄豆

1. Ⅱ式（ⅣT4701⑥∶8）

2. Ⅱ式（H312∶1）

3. Ⅱ式（J9∶2）

4. Ⅱ式（H155∶3）

5. Ⅱ式（H289∶2）

6. Ⅲ式（J9∶1）

图版九五　东周时期陶矮柄豆Bb型

1. 矮柄豆Bb型Ⅲ式（ⅢT4602⑥：1）

2. 矮柄豆Bb型Ⅳ式（H297：2）

3. 矮柄豆Bb型Ⅳ式（ⅢT4203⑥：2）

4. 高柄豆Ⅰ式（T8⑥：3）

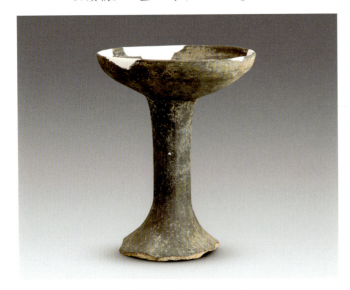

5. 高柄豆Ⅰ式（H327：3）

6. 高柄豆Ⅱ式（T6⑥：7）

图版九六　东周时期陶豆

1. A型Ⅰ式（H326：2）

2. A型Ⅱ式（ⅣT4801⑥：1）

3. A型Ⅱ式（ⅢT4805⑥：3）

4. B型（H308：3）

5. B型（H153：2）

6. B型（H190：1）

图版九七　东周时期陶罐

1. 罐D型（H308：6）

2. 罐E型（H308：5）

3. 盆A型Ⅱ式（T5⑤：2）

4. 盆A型Ⅱ式（T6⑥：2）

5. 盆B型Ⅰ式（ⅢT4604⑥：7）

6. 盆B型Ⅱ式（T1④：2）

图版九八　东周时期陶罐、盆

1. 盆B型Ⅲ式（H5：20）

2. 盆D型（ⅢT4605⑥：1）

3. 盆D型（ⅢT4705⑥：4）

4. 盂A型Ⅰ式（T2④：15）

5. 盂A型Ⅳ式（T2⑤：3）

6. 盂B型Ⅰ式（H6：1）

图版九九　东周时期陶盆、盂

1. 盂B型Ⅱ式（T12⑥：6）

4. 盘Ⅱ式（H45：1）

5. 盘Ⅱ式（T2④：5）

2. 盂B型Ⅲ式（H326：5）

6. 盘Ⅲ式（T6⑥：11）

3. 盂B型Ⅳ式（H155：4）

7. 盘Ⅲ式（G2：1）

图版一〇〇 东周时期陶盂、盘

1. T2④：13

2. H6：2

3. H430：1

4. H448⑤：1

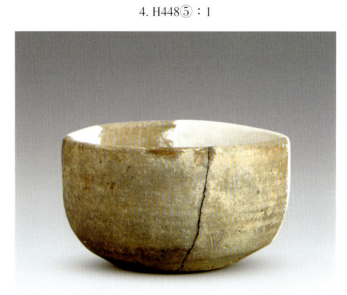

5. T2④：7

图版一〇一　东周时期陶钵A型Ⅰ式

1. H308：4

2. H448⑤：2

3. T2④：21

4. H327：1

5. H80：4

图版一〇二　东周时期陶钵A型Ⅱ式

1. A型Ⅲ式（H11：1）

2. A型Ⅳ式（H69：2）

3. A型Ⅴ式（H80：5）

4. B型Ⅰ式（H5：14）

5. B型Ⅱ式（T6⑥：8）

6. B型Ⅲ式（T6⑥：10）

图版一〇三　东周时期陶钵

1. Ⅰ式（H5：15）

2. Ⅰ式（T6⑥：17）

3. Ⅱ式（H5：12）

4. Ⅱ式（H5：16）

5. Ⅱ式（H327：2）

6. Ⅲ式（H5：22）

图版一〇四　东周时期陶钵C型

1. 钵C型Ⅲ式（H5∶18）

2. 钵C型Ⅲ式（H5∶19）

3. 钵C型Ⅳ式（T9⑥∶2）

4. 鼎（H97∶2）

5. 鼎（ⅢT4605④∶2）

6. 壶（H297∶1）

图版一〇五　东周时期陶钵、鼎、壶

1. A型Ⅰ式（H342∶8）

2. A型Ⅱ式（采集∶9）

3. A型Ⅲ式（H51∶1）

4. B型（ⅢT4605⑥∶4）

5. C型（H155∶7）

图版一〇六　东周时期陶器盖

1. 戳印"廩玺"（T7⑤：10）

2. 戳印"廩玺"（H5：21）

3. 戳印"廩玺"（H1：1）

4. 戳印"莒齐陈駟"（T6⑥：19）

5. 戳印"陈赓"（H323：1）

6. 刻划陶文（H44：5）

图版一〇七　东周时期陶文

1.原始瓷碗（T6⑤：20）

2.原始瓷盅（T7⑥：2）

3.原始瓷杯（ⅢT4202⑥：8）

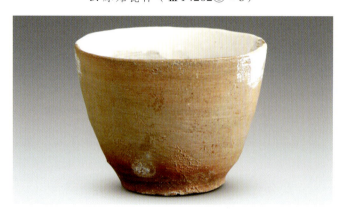

4.原始瓷杯（ⅢT4203⑥：1）

6.硬陶杯A型（H300：1）

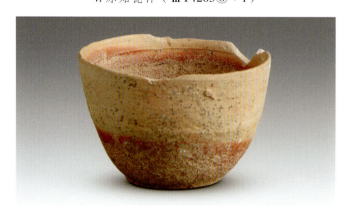

5.原始瓷杯（ⅢT4204⑥：5）

7.硬陶杯B型（H298：2）

图版一〇八　东周时期原始瓷碗、盅、杯及硬陶杯

1. 板瓦（H313∶1）

2. 筒瓦（ⅢT4803⑥∶5）

3. 筒瓦（H446∶1）

图版一〇九　东周时期板瓦、筒瓦

1. 瓦当（ⅢT4102⑥：5）

2. 瓦当（ⅢT4602⑥：2）

3. 铁凿（T8⑥：3）

4. 铁凿（H80：2）

5. 铁凿（H447：1）

6. 铁凿（H448⑤：5）

图版一一〇　东周时期瓦当、铁凿

1. 镞A型（ⅢT4102⑥：3）　　2. 镞A型（ⅢT4202⑥：1）　　3. 镞A型（ⅢT4202⑥：3）

4. 镞A型（ⅢT4202⑥：2）　　5. 镞A型（ⅢT4204⑥：3）

6. 镞B型（T8⑥：1）　　7. 镞B型（ⅢT4202⑥：14）　　8. 刻刀（ⅢT4202⑥：12）

图版一一一　东周时期铜镞、刻刀

1. 货泉（H294：8）

2. 货泉（ⅢT4805③：5）

3. 货泉（ⅢT4907⑤：2）

4. 货泉（ⅢT4907⑤：3）

5. 五铢（T3③：16）

6. 五铢（T9④：9）

7. 大泉五十（ⅢT4605③：3）

8. 大泉五十（ⅢT4804④：7）

图版一一二　汉代铜钱

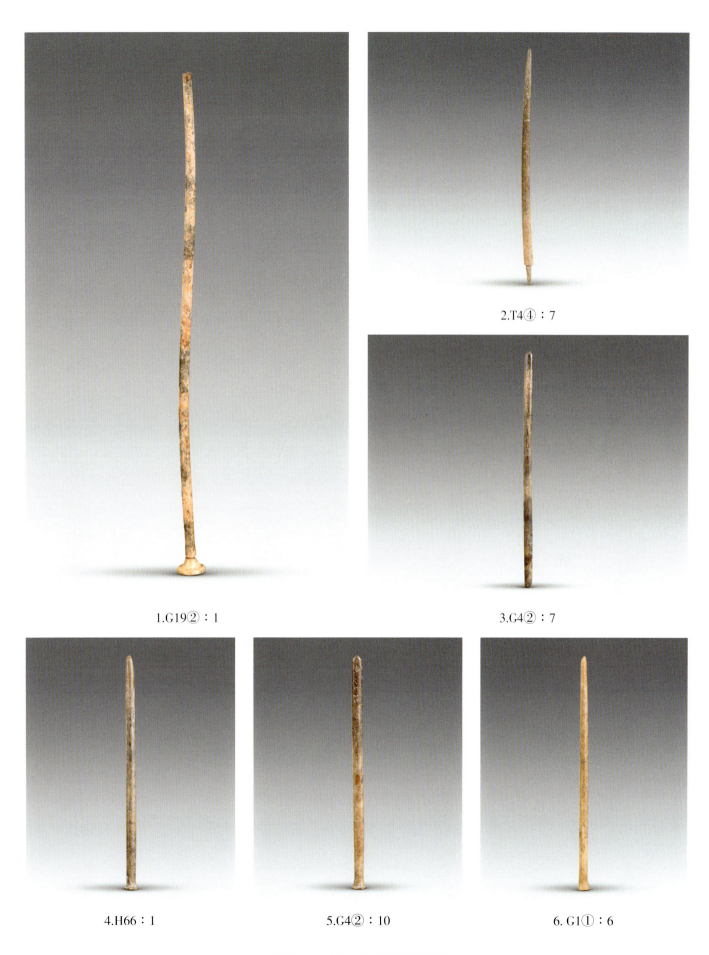

1.G19②：1

2.T4④：7

3.G4②：7

4.H66：1

5.G4②：10

6. G1①：6

图版一一三　东周时期骨笄

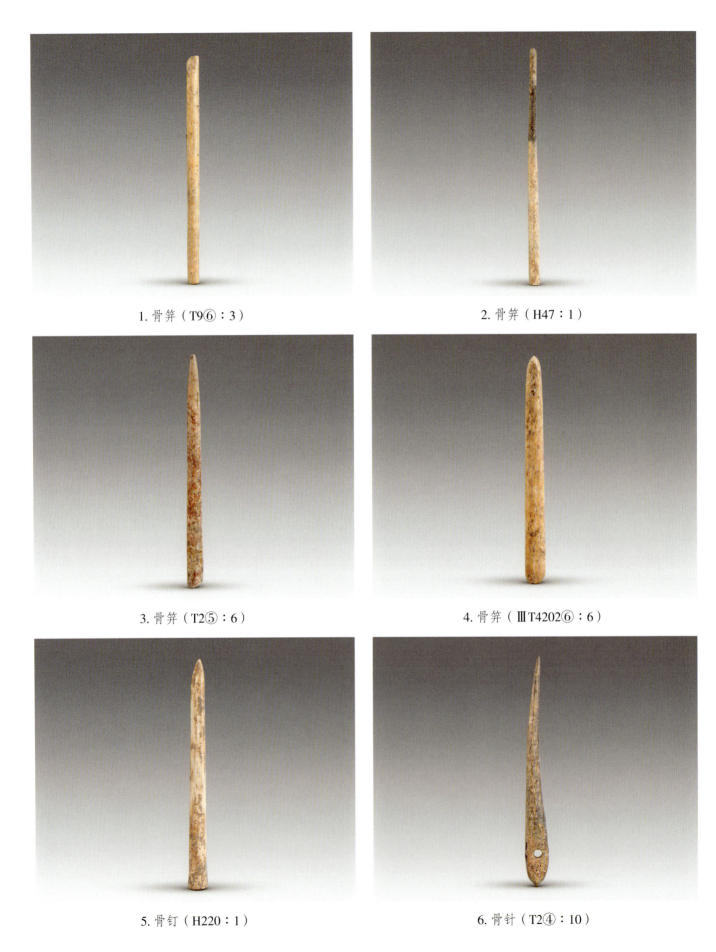

1. 骨笄（T9⑥：3）

2. 骨笄（H47：1）

3. 骨笄（T2⑤：6）

4. 骨笄（ⅢT4202⑥：6）

5. 骨钉（H220：1）

6. 骨针（T2④：10）

图版——四　东周时期骨笄、钉、针

1. M1（西—东）

2. M11（北—南）

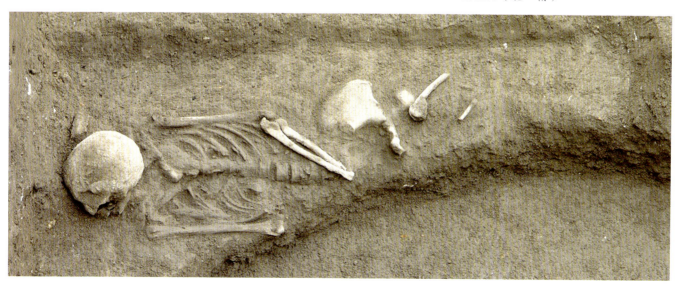

3. M9（东—西）

图版一一五　东周时期墓葬M1、M9、M11

1. M10（东南—西北）

2. M12（西北—东南）

3. M13（西—东）

4. M14（西—东）

图版一一六　东周时期墓葬M10、M12、M13、M14

1. M15（西—东）

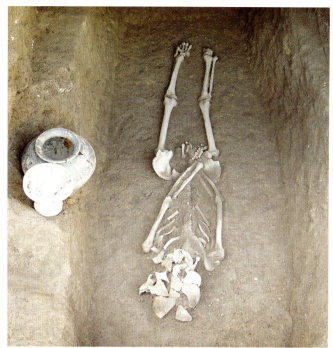

3. M17（东—西）

2. M16（西—东）

4. 陶豆（M17∶2）

5. 陶罐（M17∶1）

图版一一七　东周时期墓葬M15、M16、M17及M17出土器物

1. M57（西北—东南）

2. M59（东—西）

3. M60（西—东）

图版一一八　东周时期墓葬M57、M59、M60

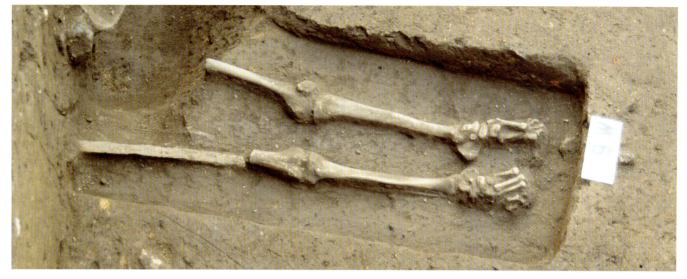

1. M61（东—西）

2. M62盖瓦揭开前（东北—西南）

3. M62盖瓦揭开后（东北—西南）

4. M63（南—北）

图版一一九　东周时期墓葬M61、M62、M63

1. M64（东南—西北）

2. M65（西—东）

3. M67（东南—西北）

4. M67（东南—西北）

图版一二〇　东周时期墓葬M64、M65、M67

1. 陶瓮（M67：1）

2. M68（西南—东北）

3. M69（南—北）

4. M70（北—南）

5. M73（西—东）

图版一二一　　M67葬具及东周时期墓葬M68、M69、M70、M73

1. M71盖瓦揭开前（东北—西南）

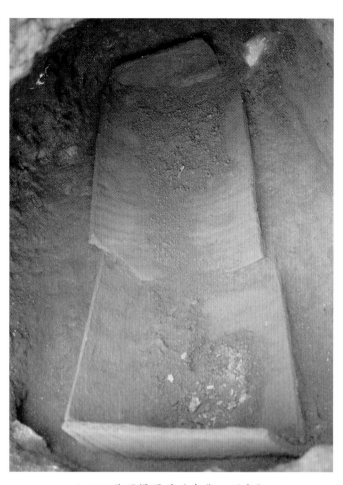

2. M71盖瓦揭开后（东北—西南）

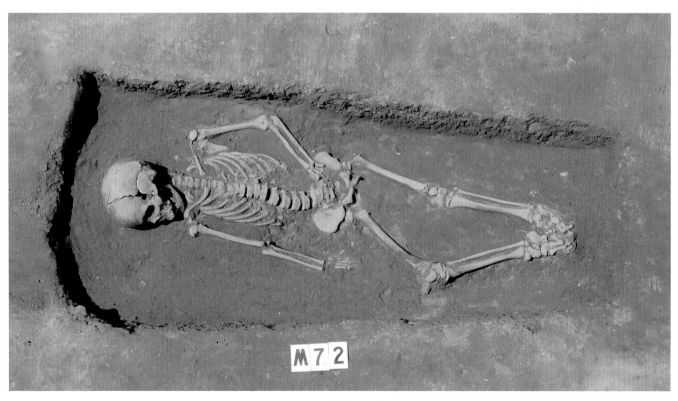

3. M72（东—西）

图版一二二　东周时期墓葬M71、M72

1. M74（北—南）

2. 陶瓮（M74：1）

3. 陶瓮（M74：2）

图版一二三　东周时期墓葬M74及其葬具

1. M76（东—西）

2. M77盖瓦揭开前（西—东）

3. M77盖瓦揭开后（西—东）

4. M78（西—东）

图版一二四　东周时期墓葬M76、M77、M78

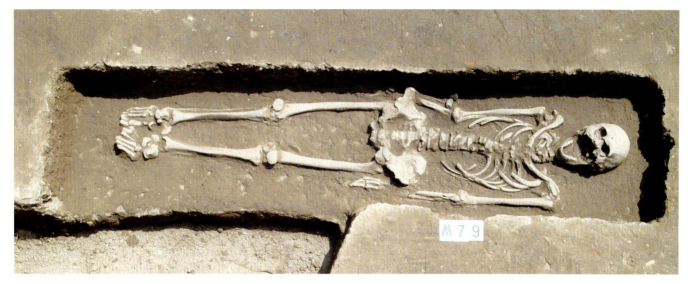

1. M79（西—东）

2. M91（西—东）

3. M100（东—西）

图版一二五　东周时期墓葬M79、M91、M100

1. M86（南—北）

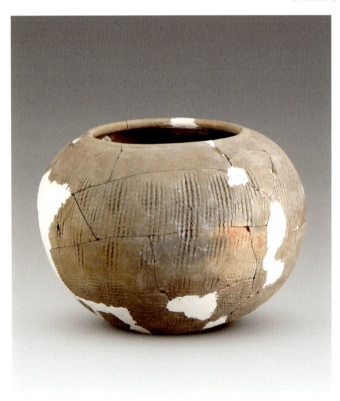

2. 陶瓮（M86：1）

3. 陶瓮（M86：2）

图版一二六　东周时期墓葬M86及其葬具

1. M102（西北—东南）

2. M155盖瓦揭开前
（南—北）

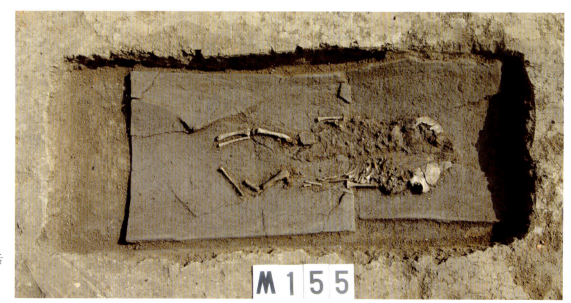

3. M155盖瓦揭开后
（南—北）

图版一二七　东周时期墓葬M102、M155

1. M163（北—南）

2. M164（北—南）

3. M167（东—西）

图版一二八　东周时期墓葬M163、M164、M167

1. M168（东—西）

2. M170（北—南）

3. M172（东南—西北）

图版一二九　东周时期墓葬M168、M170、M172

1. M176（东—西）

2. M201（西南—东北）

图版一三〇　东周时期墓葬M176、M201

1. M194盖瓦揭开前（西—东）

2. M194盖瓦揭开后（东—西）

图版一三一　东周时期墓葬M194

1. M195盖瓦揭开前（西—东）

2. M195盖瓦揭开后（西—东）

图版一三二　东周时期墓葬M195

1. M204盖瓦揭开前（南—北）

2. M204盖瓦揭开后（南—北）

3. M212盖瓦揭开前（西南—东北）

4. M212盖瓦揭开后（西南—东北）

图版一三三　东周时期墓葬M204、M212

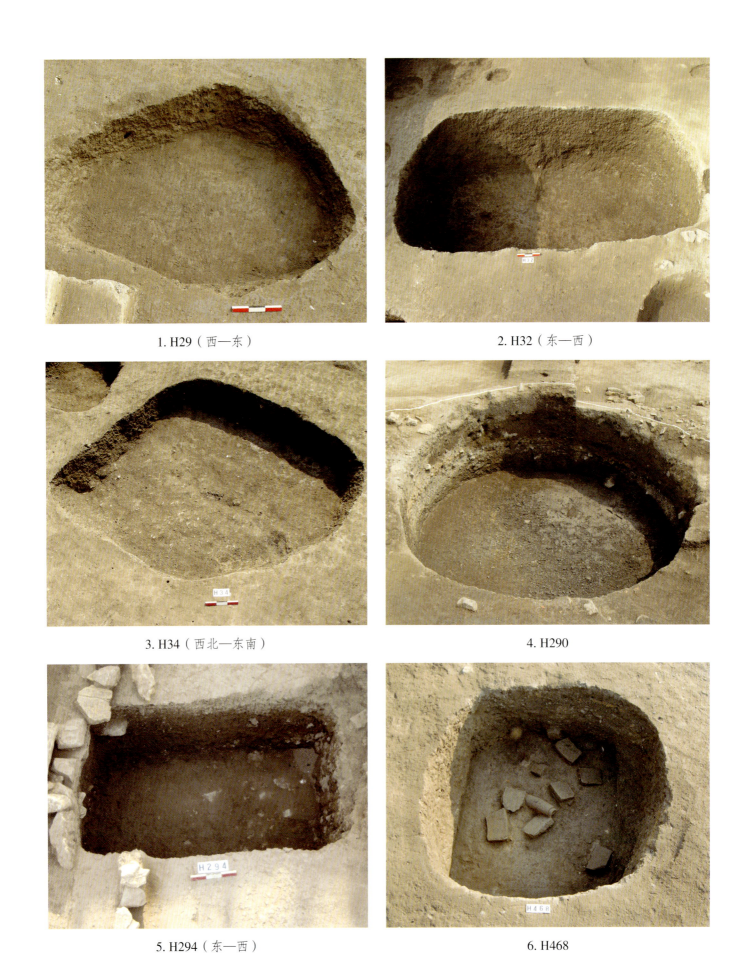

1. H29（西—东）

2. H32（东—西）

3. H34（西北—东南）

4. H290

5. H294（东—西）

6. H468

图版一三四　北朝—隋时期灰坑

1. H138（西—东）

2. G18（西—东）

图版一三五　北朝—隋时期灰坑与灰沟

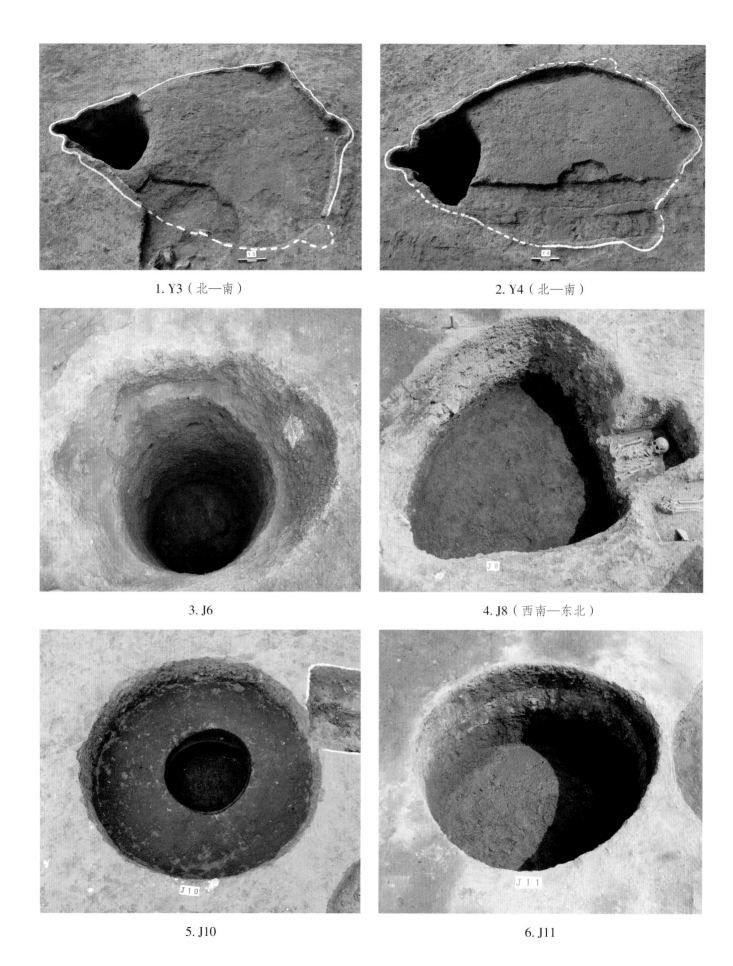

1. Y3（北—南）

2. Y4（北—南）

3. J6

4. J8（西南—东北）

5. J10

6. J11

图版一三六　北朝—隋时期窑炉与水井

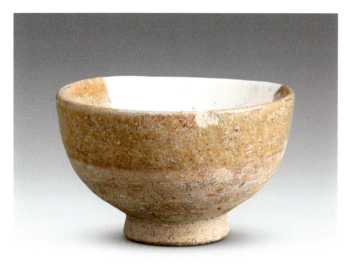

1. G5③：3

2. H138：24

3. H138：26

4. H139：3

5. H147：1

6. H147：4

图版一三七　北朝—隋时期青瓷碗A型

1. H147：5

2. T5②：4

3. T13⑤：10

4. T8⑤：3

5. ⅢT4105③：5

6. ⅢT4803④：25

图版一三八　北朝—隋时期青瓷碗A型

1. G5①：2

2. G5②：5

3. G5②：9

4. G5③：11

5. G5④：3

6. G21：1

图版一三九　北朝—隋时期青瓷碗B型

1. H135：20

2. H138：27

3. H29：4

4. H32：2

5. H32：8

6. H125②：2

图版一四〇　北朝—隋时期青瓷碗B型

1. H135：19

2. H138：25

3. G22④：1

4. G5④：1

5. H135：10

6. H138：6

图版一四一　北朝—隋时期青瓷碗B型

1. H138：22

2. H138：9

3. H139：1

4. H140：7

5. H141：1

6. H141：2

图版一四二　北朝—隋时期青瓷碗B型

1. H141：3

2. H141：4

3. H141：5

4. H147：2

5. H277：2

6. H280：2

图版一四三　北朝—隋时期青瓷碗B型

1. H284：2

2. H290：5

3. H290：7

4. H290：8

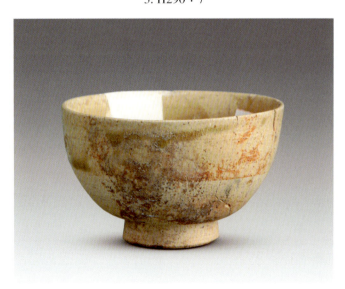

5. H294：1

6. H294：2

图版一四四　北朝—隋时期青瓷碗B型

1. H294：3

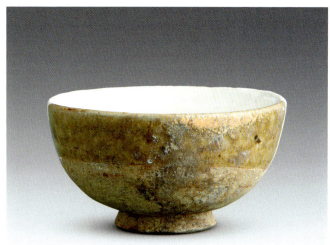

2. H294：4

3. H294：5

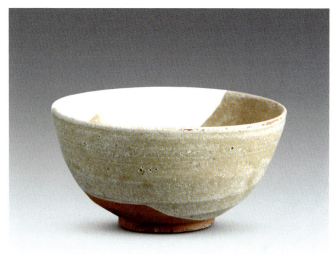

4. H304：5

5. H307：1

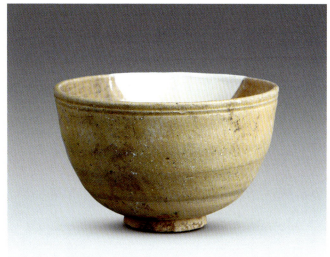

6. H439：1

图版一四五　北朝—隋时期青瓷碗B型

1. H468：1

2. J5：4

3. J5：5

4. T2①：1

5. T2②：14

6. T2③：22

图版一四六　北朝—隋时期青瓷碗B型

1. T2③：24

2. T3③：1

3. T3③：13

4. T4②：17

5. T5②：3

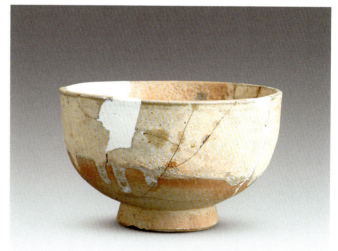

6. T5③：1

图版一四七　北朝—隋时期青瓷碗B型

1. T5③：2

2. T5③：3

3. T6④：5

4. T6④：6

5. T6④：7

6. T6④：9

图版一四八　北朝—隋时期青瓷碗B型

1. T6④：12

2. T6④：18

3. T6④：19

4. T6④：20

5. T6⑤：6

6. T6⑤：12

图版一四九　北朝—隋时期青瓷碗B型

1. T8③：10

2. T8③：9

3. T9③：2

4. T9④：5

5. T9④：8

6. T10⑤：13

图版一五〇　北朝—隋时期青瓷碗B型

1. T10⑤：14

2. T10⑤：15

3. T11②a：2

4. T11⑤：4

5. T12③：1

6. T13④：4

图版一五一　北朝—隋时期青瓷碗B型

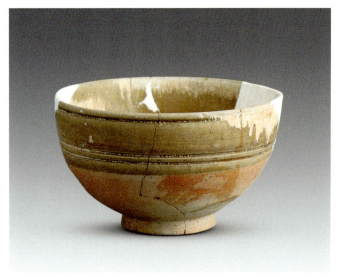

1. T13⑤：4

2. T14③：4

3. ⅣT3904②：2

4. ⅢT4102③：3

5. ⅢT4104③：1

6. ⅢT4104⑤：1

图版一五二　北朝—隋时期青瓷碗B型

1. ⅢT4105③：4

2. ⅢT4202④：5

3. ⅢT4205⑤：1

4. ⅢT4205⑤：2

5. ⅢT4206⑤：1

6. ⅢT4206⑤：8

图版一五三　北朝—隋时期青瓷碗B型

1. ⅢT4604④：7

2. ⅢT4705④：4

3. ⅢT4802③：11

4. ⅢT4802③：7

5. ⅢT4802③：13

6. ⅢT4802④：1

图版一五四　北朝—隋时期青瓷碗B型

1. B型（ⅢT4803③：20）

2. B型（ⅢT4804④：2）

3. B型（ⅢT4803④：27）

4. B型（ⅢT4805③：14）

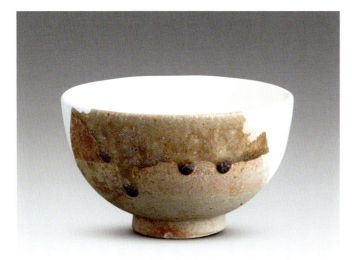

5. B型（ⅢT4805④：4）

6. C型（G5①：1）

图版一五五　北朝—隋时期青瓷碗

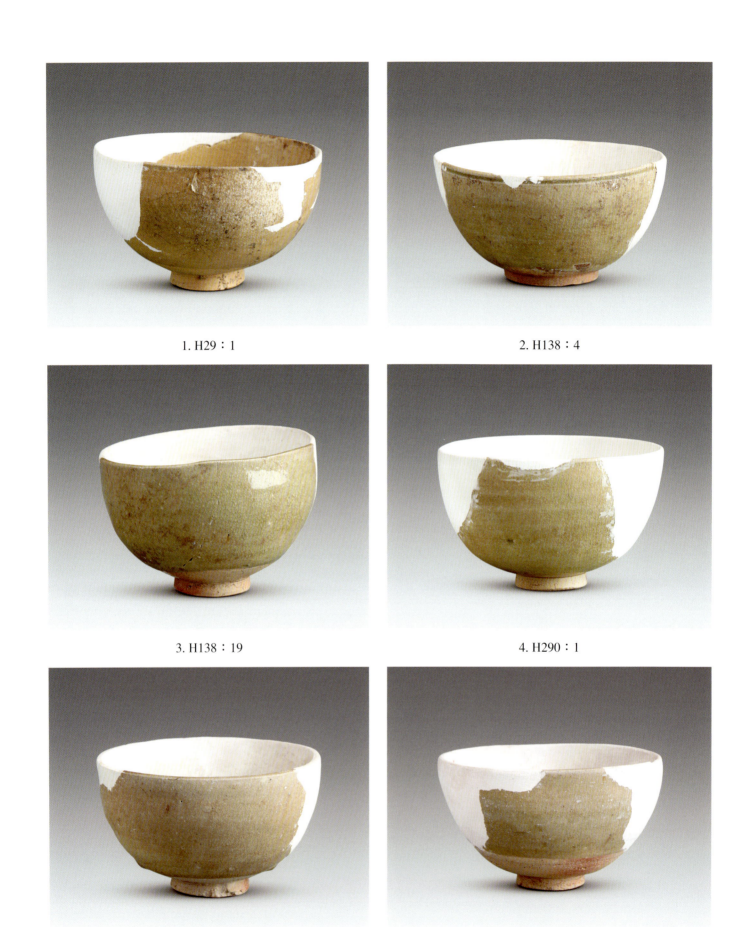

1. H29：1

2. H138：4

3. H138：19

4. H290：1

5. H290：3

6. H290：4

图版一五六　北朝—隋时期青瓷碗C型

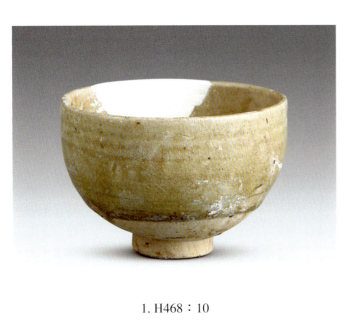

1. H468：10

2. H468：14

3. H468：15

4. T2盗：3

5. T8④：1

6. ⅢT4102⑤：1

图版一五七　北朝—隋时期青瓷碗C型

1. ⅢT4103③：2

2. ⅢT4603④：9

3. ⅢT4604④：4

4. ⅢT4702④：2

5. ⅢT4803④：20

6. ⅢT4805④：6

图版一五八　北朝—隋时期青瓷碗C型

1. H29：9

2. H138：11

3. H468：16

4. T7④：1

5. T13⑤：14

6. T13⑤：19

图版一五九　北朝—隋时期青瓷碗D型

1. H34：6

2. H125②：4

3. H273：2

4. H280：1

5. T6④：10

6. T2①：3

图版一六〇　北朝—隋时期青瓷盘

1. T5③：10

2. T6④：16

3. T9④：1

4. T13④：5

5. ⅢT4602④：1

6. T14③：6

图版一六一　北朝—隋时期青瓷盘

1. ⅢT4602④：3

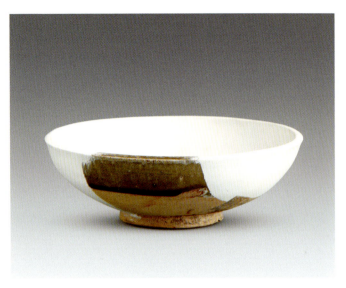

2. ⅢT4703④：1

3. ⅢT4703④：3

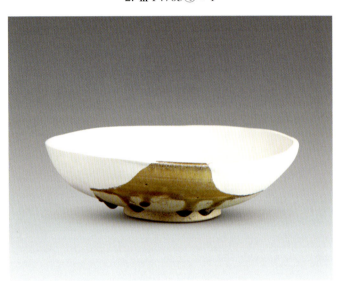

4. ⅢT4704④：3

5. ⅢT4603④：8

6. ⅢT4703④：2

图版一六二　北朝—隋时期青瓷盘

1. ⅢT4704④：4

4. ⅢT4804④：8

2. ⅢT4802③：3

5. ⅢT4805④：7

3. ⅢT4802③：8

6. ⅢT4805④：7

图版一六三　北朝—隋时期青瓷盘

1. 高足盘A型（H135：8）

2. 高足盘B型（H306：2）

3. 高足盘B型（T2②：10）

4. 高足盘B型（J5：1）

5. 高足盘B型（T6⑤：8）

6. 罐D型（ⅢT4602③：2）

图版一六四　北朝—隋时期青瓷高足盘、罐

1. 罐A型（H277：1）

2. 罐A型（ⅢT4803③：1）

3. 罐B型（采集：2）

4. 罐C型（ⅢT4705④：1）

5. 盂（H302：2）

6. 盂（ⅢT4604③：8）

图版一六五　北朝—隋时期青瓷罐、盂

1. H294∶6

2. T4③∶13

3. ⅢT4802④∶5

4. ⅢT4803④∶13

5. ⅢT4803④∶17

6. ⅢT4803④∶19

图版一六六　北朝—隋时期陶钵A型

1. B型（H41：1）

2. B型（H41：2）

3. B型（H283：1）

4. C型（T2③：13）

5. C型（T7⑤：4）

6. C型（T9⑤：4）

图版一六七　北朝—隋时期陶钵

1. C型（ⅢT4202⑤∶8）

2. C型（ⅢT4603④∶15）

3. C型（ⅢT4805⑤∶6）

4. C型（H3∶1）

5. D型（H59②∶7）

6. E型（G5④∶7）

图版一六八　北朝—隋时期陶钵

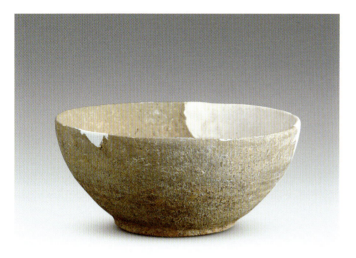

1. H135：9

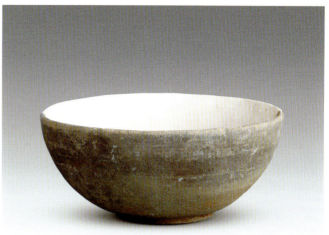

2. H138：5

3. H138：15

4. H138：21

5. H147：11

6. H290：6

图版一六九　北朝—隋时期陶碗

1. T14③：2

2. T14⑤：1

3. ⅢT4102④：2

4. ⅢT4103④：1

5. ⅢT4802③：10

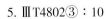

6. ⅢT4803④：6

1. H59②：5

2. H291：3

3. ⅢT4103⑤：3

4. ⅢT4605⑤：1

5. ⅢT4803⑤：9

6. H38：2

图版一七一　北朝—隋时期陶豆

1. A型（T1②：7）

2. A型（ⅢT4102③：4）

3. A型（ⅢT4803③：9）

4. B型（H135：5）

5. C型（T1③：2）

6. D型（H138：7）

1. 瓮（H39：1）

2. 盆A型（H138：20）

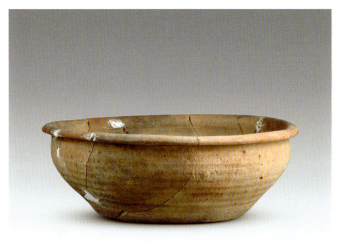

3. 盆B型（H131：3）

4. 盆B型（H311：1）

5. 盘A型（T6④：1）

6. 盘A型（ⅢT4104⑤：6）

图版一七三　北朝—隋时期陶瓮、盆、盘

1. 釉陶釜（H311：2）

2. 陶杯（H38：3）

3. 陶拍（ⅢT4202⑤：6）

4. 陶拍（ⅢT4202⑤：6）

5. 陶拍（ⅢT4603④：1）

6. 陶拍（ⅢT4603④：1）

图版一七四　北朝—隋时期釉陶釜及陶杯、拍

1. H59②：8

2. H59②：8

3. H59②：1

4. H59②：1

图版一七五　北朝—隋时期陶鸟形座

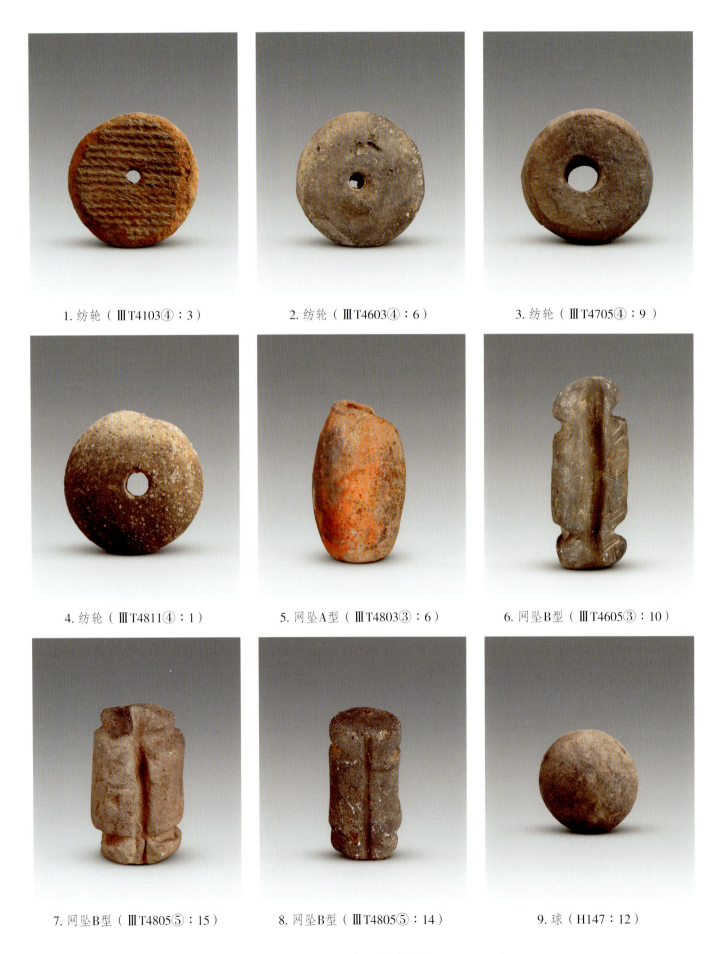

1. 纺轮（ⅢT4103④：3） 2. 纺轮（ⅢT4603④：6） 3. 纺轮（ⅢT4705④：9）

4. 纺轮（ⅢT4811④：1） 5. 网坠A型（ⅢT4803③：6） 6. 网坠B型（ⅢT4605③：10）

7. 网坠B型（ⅢT4805⑤：15） 8. 网坠B型（ⅢT4805⑤：14） 9. 球（H147：12）

图版一七六　北朝—隋时期陶纺轮、网坠、球

1. Aa型（ⅢT4202⑤：16）

2. Ab型（ⅢT4206⑤：6）

3. Ab型（ⅢT4802④：12）

4. Ab型（ⅢT4804⑤：4）

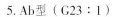

5. Ab型（G23：1）

6. Ab型（H32：11）

图版一七七　北朝—隋时期云纹瓦当A型

1. 云纹瓦当B型（ⅢT4804⑤：10）

2. 莲花纹瓦当A型（G22④：2）

3. 莲花纹瓦当A型（ⅢT4704④：2）

4. 莲花纹瓦当B型（G23：2）

5. 莲花纹瓦当B型（G23：4）

6. 莲花纹瓦当B型（G23：6）

图版一七八　北朝—隋时期瓦当

1. H147：15

2. H147：16

3. H147：17

4. H147：18

5. H147：19

6. H147：20

图版一七九　北朝—隋时期莲花纹瓦当B型

1. H147：21

2. H147：22

3. H304：2

4. H304：4

5. H304：8

6. H304：9

图版一八〇　北朝—隋时期莲花纹瓦当B型

1. H304：10

2. H304：12

3. H304：13

4. H325：1

5. H325：2

6. T1③：3

图版一八一　北朝—隋时期莲花纹瓦当B型

1. T8③：12

2. ⅢT4604④：1

3. ⅢT4604④：3

4. ⅢT4604④：11

5. ⅢT4604④：13

6. ⅢT4702④：11

图版一八二　北朝—隋时期莲花纹瓦当B型

1. 莲花纹瓦当B型（ⅢT4704③：2）

2. 莲花纹瓦当B型（ⅢT4704④：5）

3. 莲花纹瓦当B型（ⅢT4705④：3）

4. 莲花纹瓦当B型（ⅢT4804④：14）

5. 莲花纹瓦当B型（ⅢT4805⑤：3）

6. 半瓦当（ⅢT4805③：2）

图版一八三　北朝—隋时期瓦当

1. 筒瓦（H304：1）

2. 板瓦（J5：9）

3. 佛像砖（H306：1）

图版一八四　北朝—隋时期筒瓦、板瓦与佛像砖

1. 空首斧A型（H279：7）

2. 空首斧B型（ⅢT4804⑤：1）

3. 斧（ⅢT4803④：30）

4. 锤A型（H135：7）

5. 锤B型（ⅢT4705④：12）

图版一八五　北朝—隋时期铁斧、锤

1. 马镫（G5④：8）

2. 马镫（H34：2）

3. 三齿镢（T6④：13）

4. 三齿镢（采集：3）

5. 铲A型（T8④：4）

6. 铲B型（ⅢT4702④：5）

图版一八六　北朝—隋时期铁马镫、三齿镢、铲

1. 铧冠（H302：1）

2. 犁铧（ⅢT4105④：11）

3. 六角锄（T6⑤：3）

4. 砍刀A型（G5①：3）

5. 砍刀A型（T4③：3）

6. 砍刀B型（ⅢT4803⑤：1）

7. 砍刀B型（T13④：11）

图版一八七　北朝—隋时期铁铧冠、犁铧、六角锄、砍刀

1. 环首刀（T2③：6）

2. 装柄削刀（G5④：5）

3. 长刀（采集：4）

4. 弓（采集：5）

图版一八八　北朝—隋时期铁刀、弓

1. 空首锥（ⅢT4105④：1）

2. 竖銎锥（T7⑤：6）

3. 环首钎（T9④：14）

4. "S"形钩（ⅢT4705④：8）

5. 环首钩（T13⑤：6）

图版一八九　北朝—隋时期铁锥、钎、钩

1. 釜（ⅢT4804④：16）

2. 炉（ⅢT4103④：2）

3. 铠甲片（T9④：17）

4. 六边形器（G5③：18）

5. 六边形器（ⅢT4802⑤：2）

图版一九〇　北朝—隋时期铁釜、炉、铠甲片、六边形器

1. A型（G5②：4）　　　　2. A型（ⅢT4803④：16-2）　　　　3. A型（T13④：10）

4. A型（T10④：4）　　　　5. B型（T2③：30）

6. B型（G21：2）　　　　7. B型（H134：2）

图版一九一　北朝—隋时期铁镞

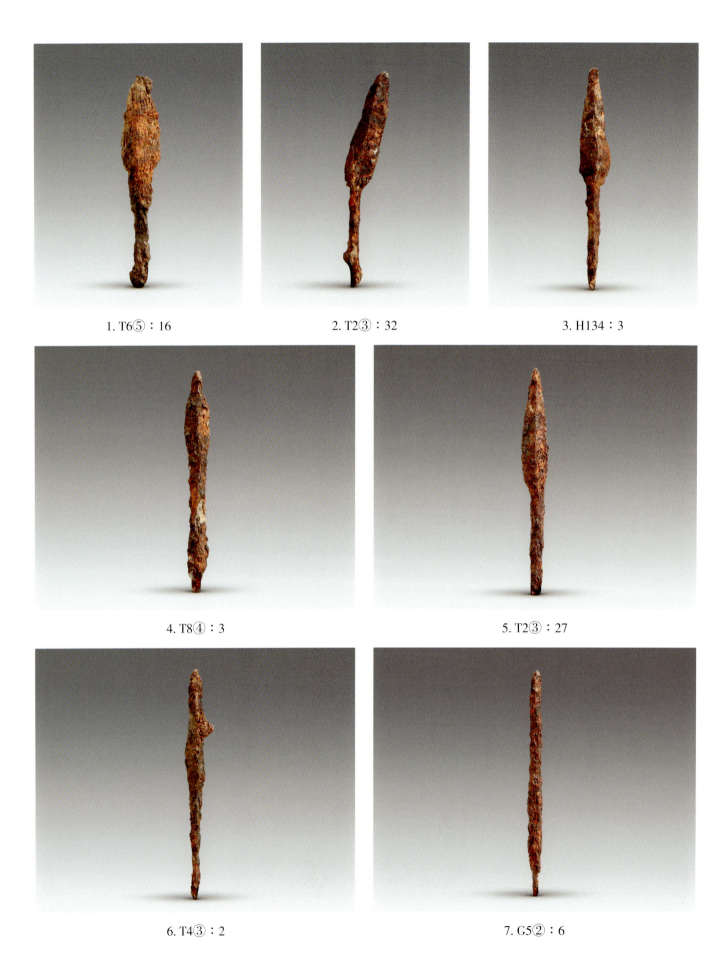

1. T6⑤：16   2. T2③：32   3. H134：3

4. T8④：3   5. T2③：27

6. T4③：2   7. G5②：6

图版一九二　　北朝—隋时期铁镞B型

1. 削（ⅢT4202⑤：3）

2. 弩机悬刀（T6⑤：1）

3. 弩机钩心（H279：3）

4. 镞Aa型（H3：2）

5. 镞Aa型（H32：1）

6. 镞Aa型（H135：16）

图版一九三　北朝—隋时期铜削、弩机构件、镞

1. T9⑤：7

2. T6⑤：13

3. T2③：8

4. ⅢT4702④：4

5. ⅢT4803④：24

6. ⅢT4803④：26

图版一九四　北朝—隋时期铜镞Aa型

1. Ab型（T10④：2）

2. Ab型（T2③：16）

3. Ab型（T7⑤：1）

4. Ab型（ⅢT4102⑤：2）

5. B型（T4③：8）

6. B型（ⅢT4205④：2）

图版一九五　北朝—隋时期铜镞

1. 簪（ⅢT4202④：6）

2. 簪（G5③：15）

3. 泡钉A型（ⅢT4804⑤：3）

4. 泡钉B型（ⅢT4803⑤：3）

5. 常平五铢（H343：1）

6. 常平五铢（ⅢT4705③：10）

图版一九六　北朝—隋时期铜簪、泡钉、铜钱

1. 针（G5③：7）　　　2. 针（H288：1）　　　3. 针（H276：1）

4. 针（T9⑤：3）　　　5. 锥（H135：13）　　　6. 簪（ⅢT4705④：2）

7. 簪（ⅢT4805⑤：2）　　　8. 簪（ⅢT4805④：3）　　　9. 饰件（H40：1）

图版一九七　北朝—隋时期骨针、锥、簪、饰件

1. M23（西—东）

2. M53（西北—东南）

3. M58（西—东）

4. M162（东—西）

图版一九八　北朝—隋时期墓葬M23、M53、M58、M162

1. M51清理前（北—南）

2. M51清理后（北—南）

图版一九九　北朝—隋时期墓葬M51

1. M52清理前
（东—西）

2. M52清理后
（东—西）

图版二〇〇　北朝—隋时期墓葬M52

1. 唐代灰坑H125①（南—北）

2. 宋元灰坑H123（西—东）

3. 宋元灰沟G7（东—西）

4. 宋元灰沟G21（东—西）

图版二〇一　唐—宋元时期灰坑与灰沟

1. H125①：1

2. H275：1

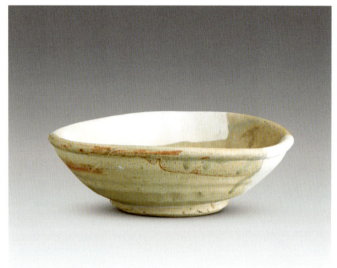

3. H278：1

4. ⅢT4102③：1

5. ⅢT4203③：3

6. ⅢT4604③：2

图版二〇二　唐代青瓷碗

1. 碗（ⅢT4802③：1）

2. 碗（ⅢT4805③：3）

3. 碗（ⅢT4805③：8）

4. 钵（H310：1）

5. 钵（H310：2）

6. 钵（T12②：1）

图版二〇三　唐代青瓷碗、钵

1. 钵（ⅢT4803③：2）

2. 钵（ⅢT4803③：5）

3. 钵（ⅢT4803③：7）

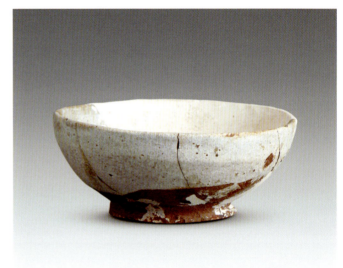

4. 盏（ⅢT4206③：1）

5. 盏（ⅢT4602③：6）

6. 盘（H275：2）

图版二〇四　唐代青瓷钵、盏、盘

1. T11②a：1

2. T12①：1

3. T14②：1

5. ⅣT3904①：2

4. T14②：1

6. ⅢT4804③：3

图版二〇五　宋（金）时期青瓷碗A型

1. 青瓷碗A型（ⅢT4803③：4）

2. 青瓷碗B型（采集：8）

3. 青瓷碗C型（ⅢT4604③：6）

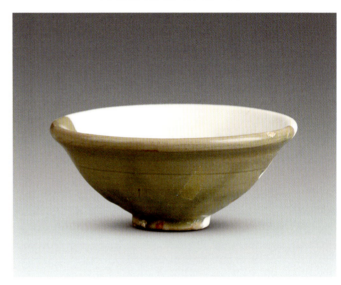

4. 青瓷碗C型（ⅢT4602③：7）

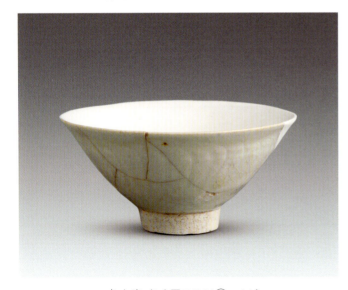

5. 青白瓷碗（ⅢT4004③：11）

6. 玉壶春瓶（ⅢT4202⑤：1）

图版二〇六　宋（金）时期瓷碗、玉壶春瓶

1. 天蓝釉碟（ⅢT4703③：10-1）

3. 天蓝釉碟（ⅢT4703③：10-2）

2. 天蓝釉碟（ⅢT4703③：10-1）

4. 天蓝釉碟（ⅢT4703③：10-2）

5. 天蓝釉碟（ⅢT4703③：10-3）

6. 天蓝釉碟（ⅢT4703③：10-4）

7. 盂（ⅢT4604③：1）

8. 罐（T12②：3）

图版二〇七　宋（金）时期瓷碟、盂、罐

1. H309：1

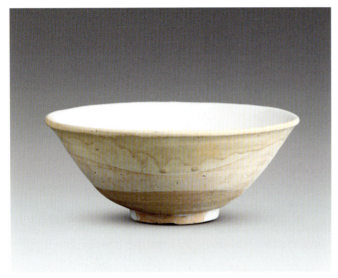

2. ⅣT3904①：1

3. ⅢT4603③：3

4. ⅢT4803③：3

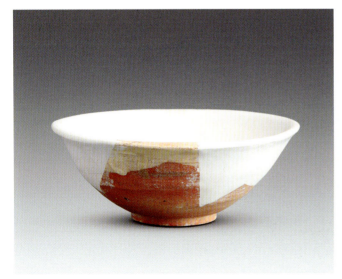

5. ⅢT4804③：5

6. ⅢT4805③：13

图版二〇八　金（元）时期瓷碗A型

1. T14③：12

2. T8②：1

3. ⅢT4102③：2

4. ⅢT4105③：9

5. ⅢT4604③：3

6. ⅢT4603③：4

图版二〇九　（金）元时期瓷碗B型

1. 碗B型（ⅢT4604③：5）

4. 黑釉碟（ⅢT4202③：9）

2. 碗B型（ⅢT4604③：7）

5. 黑釉碟（ⅢT4202③：9）

3. 黑釉碟（T3③：2）

图版二一〇　（金）元时期瓷碗、碟

1. 碗（ⅣT3904②：3）

3. 钵（ⅢT4803③：21）

2. 碗（H34：1）

4. 盆（ⅢT4805③：4）

5. 盘（ⅢT4803③：10）

6. 水管（T2②：16）

图版二一一　唐—宋元时期陶碗、钵、盆、盘、水管

1. 空首斧（T2③：26）

2. 斧（T7③：2）

3. 铲（T2③：14）

4. 铲（ⅢT4703③：1）

5. 横銎镢（ⅢT4603③：6）

图版二一二　唐—宋元时期铁斧、铲、镢

1. 铧冠（ⅢT4202③：3）

2. 犁铧（T2②：2）

3. 犁铧（ⅢT4703③：14）

图版二一三　唐—宋元时期铁铧冠、犁铧

1. 砍刀A型（T4②：14）

2. 砍刀A型（T4②：15）

6. 砍刀B型（ⅢT4804③：6）

3. 砍刀B型（ⅢT4804③：12）

4. 砍刀B型（ⅢT4802③：9）

5. 砍刀B型（ⅢT4702③：5）

7. 砍刀B型（采集：1）

图版二一四　唐—宋元时期铁刀

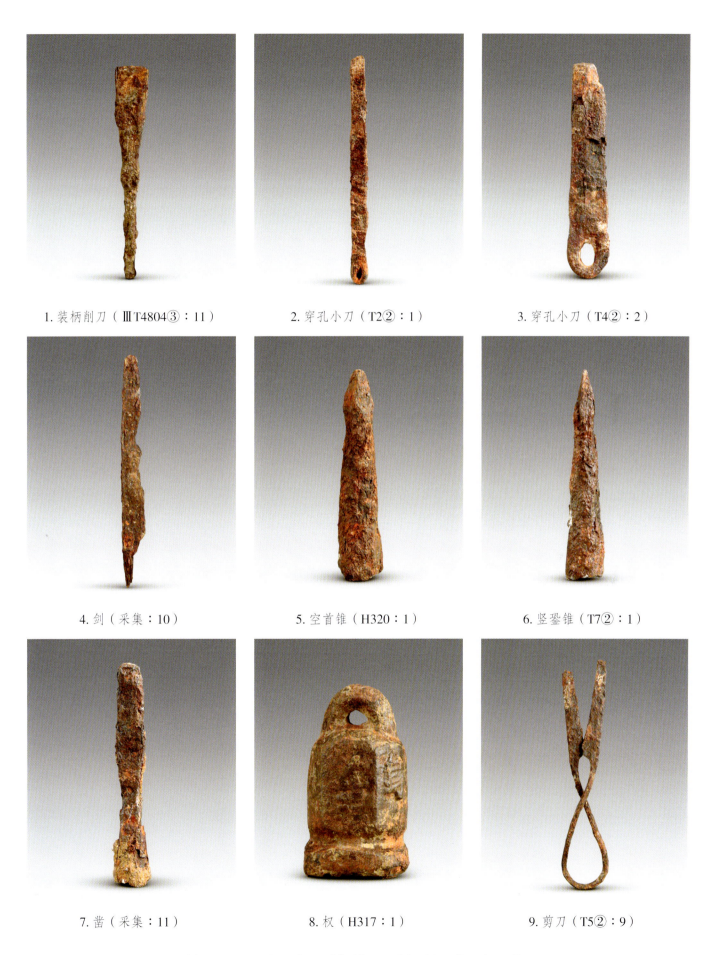

1. 装柄削刀（ⅢT4804③：11）　　2. 穿孔小刀（T2②：1）　　3. 穿孔小刀（T4②：2）

4. 剑（采集：10）　　5. 空首锥（H320：1）　　6. 竖銎锥（T7②：1）

7. 凿（采集：11）　　8. 权（H317：1）　　9. 剪刀（T5②：9）

图版二一五　唐—宋元时期铁刀、剑、锥、凿、权、剪刀

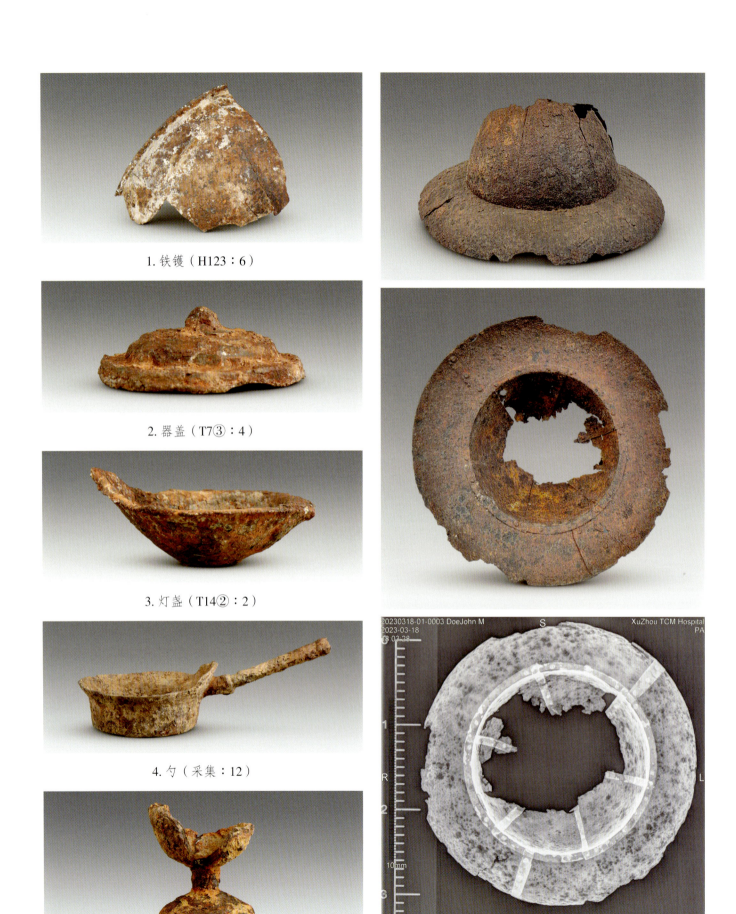

1. 铁镬（H123：6）

2. 器盖（T7③：4）

3. 灯盏（T14②：2）

4. 勺（采集：12）

5. 豆（采集：6）

6. 盆（T1②：3）

图版二一六　唐—宋元时期铁镬、器盖、灯盏、勺、豆、盆

1. 马镫（ⅢT4805③：1）

2. 马镫（ⅢT4805③：11）

3. 铠甲片（H305：2-1）

4. 铠甲片（H305：2-2）

5. 铠甲片（H305：2-3）

6. 盾（ⅢT4103③：6）

图版二一七　唐—宋元时期铁马镫、铠甲片、盾

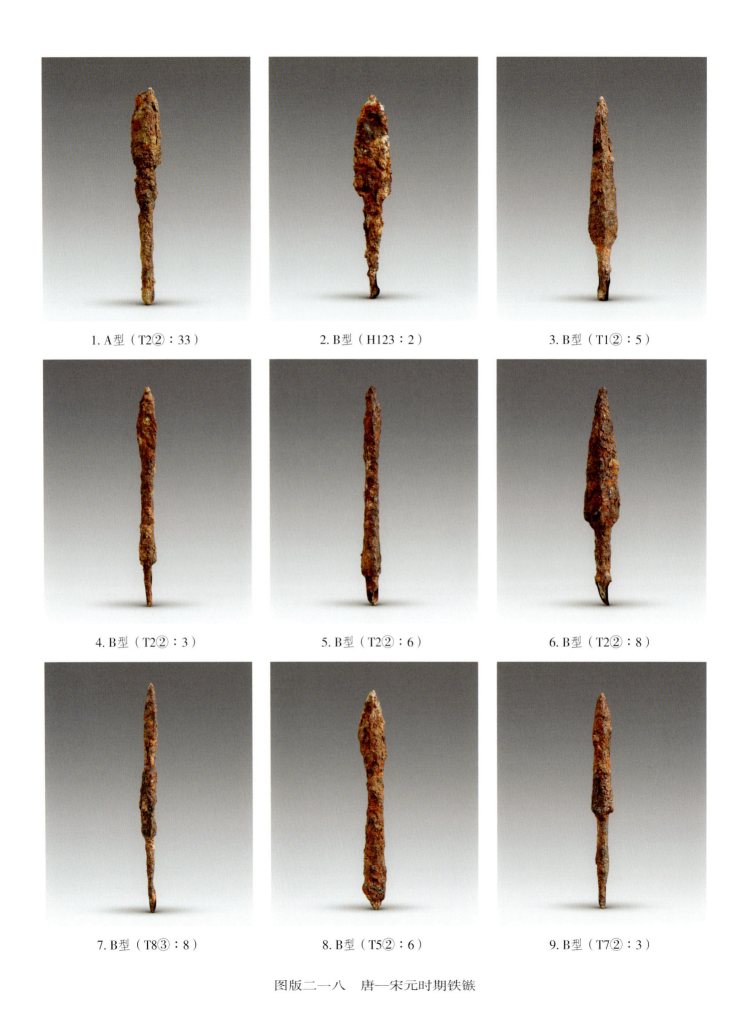

1. A型（T2②：33）　　　　2. B型（H123：2）　　　　3. B型（T1②：5）

4. B型（T2②：3）　　　　5. B型（T2②：6）　　　　6. B型（T2②：8）

7. B型（T8③：8）　　　　8. B型（T5②：6）　　　　9. B型（T7②：3）

图版二一八　唐—宋元时期铁镞

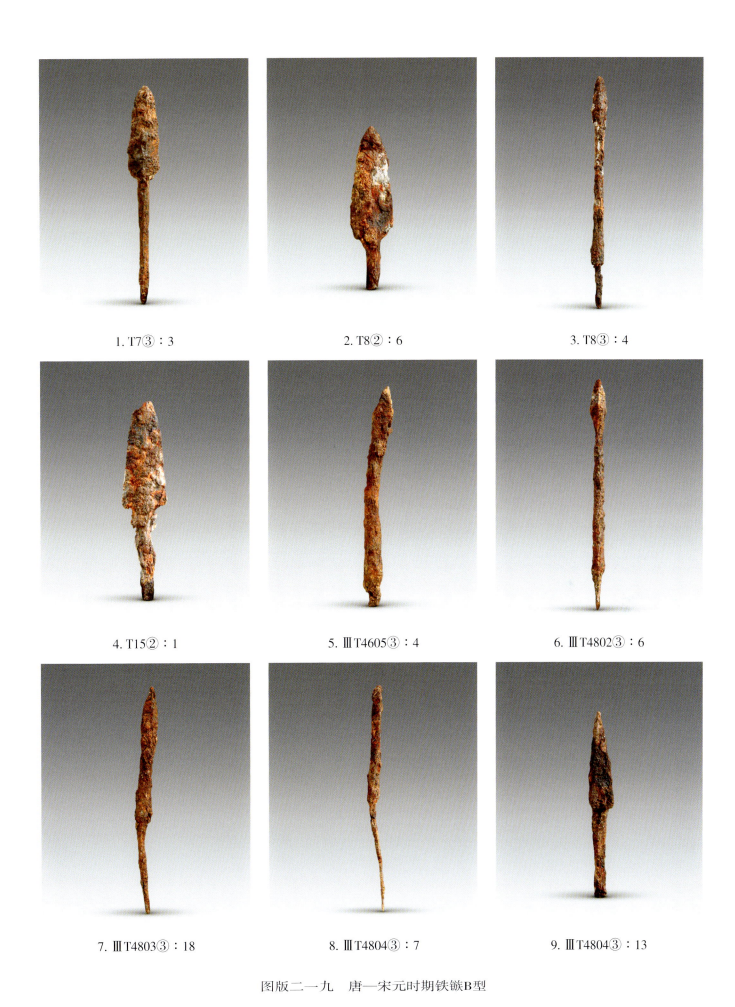

1. T7③：3　　　　　　　　　2. T8②：6　　　　　　　　　3. T8③：4

4. T15②：1　　　　　　　5. ⅢT4605③：4　　　　　　6. ⅢT4802③：6

7. ⅢT4803③：18　　　　　8. ⅢT4804③：7　　　　　　9. ⅢT4804③：13

图版二一九　唐—宋元时期铁镞B型

1. 带钩（T2②：17）

3. 勺（ⅢT4602③：9）

4. 簪（T13③：1）

2. 刀（采集：7）

5. 簪（T7③：1）

图版二二〇　唐—宋元时期铜带钩、刀、勺、簪

1. Aa型（T14②：4）

4. Aa型（T8③：2）

6. Aa型（ⅢT4203③：6）

2. Aa型（ⅢT4105③：2）

7. Ba型（T3②：3）

3. Aa型（ⅢT4202③：11）

5. Ab型（T10③：1）

8. Ba型（ⅢT4203③：7）

图版二二一　唐—宋元时期铜镞

1. Ba型镞（ⅢT4605③：7）

2. Bb型镞（T7③：6）

3. 开元通宝（ⅢT4202③：1）

4. 祥符通宝（ⅢT4705③：9）

5. 天圣元宝（ⅢT4703③：2）

6. 皇宋通宝（T13③：2）

图版二二二　唐—宋元时期铜镞、铜钱

1. 至和元宝（ⅢT4104③：6）

2. 嘉祐元宝（T4②：1）

3. 熙宁元宝（ⅢT4602③：10）

4. 元丰通宝（ⅢT4705③：6）

5. 绍圣元宝（ⅢT4705③：4）

6. 元符通宝（T8②：4）

图版二二三　唐—宋元时期铜钱